ŒUVRES COMPLÈTES

DE

VOLTAIRE

2

THÉATRE. I

ŒUVRES COMPLÈTES

DE

VOLTAIRE

2

THÉATRE. I

ANCIENNE MAISON J. CLAYE

PARIS. — IMPRIMERIE A. QUANTIN ET Cie

RUE SAINT-BENOIT

ŒUVRES COMPLÈTES

DE

VOLTAIRE

NOUVELLE ÉDITION

AVEC

NOTICES, PRÉFACES, VARIANTES, TABLE ANALYTIQUE

LES NOTES DE TOUS LES COMMENTATEURS ET DES NOTES NOUVELLES

Conforme pour le texte à l'édition de BEUCHOT

ENRICHIE DES DÉCOUVERTES LES PLUS RÉCENTES

ET MISE AU COURANT

DES TRAVAUX QUI ONT PARU JUSQU'A CE JOUR

PRÉCÉDÉE DE LA

VIE DE VOLTAIRE

PAR CONDORCET

ET D'AUTRES ÉTUDES BIOGRAPHIQUES

Ornée d'un portrait en pied d'après la statue du foyer de la Comédie-Française

THÉATRE — TOME PREMIER

PARIS

GARNIER FRÈRES, LIBRAIRES-ÉDITEURS

6, RUE DES SAINTS-PÈRES, 6

1877

INTRODUCTION

AU THÉATRE DE VOLTAIRE.

La présente édition commence, conformément à un usage traditionnel, par le théâtre. Cet usage ne tient aucunement, comme on l'a dit, à l'espèce de préséance qu'on accordait à la poésie sur la prose. Mais c'est qu'il est bon que, dans la suite des œuvres complètes, l'auteur apparaisse successivement tel qu'il s'est montré à ses contemporains, et que l'on assiste autant que possible au développement graduel de son esprit. Je sais bien qu'en donnant d'abord le théâtre entier, si nous commençons par les premières œuvres que Voltaire ait produites dans sa jeunesse, nous donnons à la fin les dernières que sa vieillesse ait enfantées. Mais il n'importe. Sous quel aspect se révèle d'abord Voltaire? Il se révèle d'abord comme poëte dramatique et comme poëte épique. C'est ainsi qu'il débute dans la vie littéraire, et c'est une raison fort concluante pour que, dans le long défilé de ses œuvres, nous donnions le premier rang aux pièces de théâtre et à *la Henriade*. Si nous commencions par les œuvres philosophiques plus considérables qui marquent la dernière partie de sa carrière, nous introduirions à coup sûr une certaine confusion qui serait sensible au lecteur. Supposons, pour prendre un exemple de nos jours, qu'on publie un jour les œuvres complètes de M. Sainte-Beuve. Ne faudra-t-il pas se conformer, non pas absolument sans doute, mais dans la mesure possible, à ce qui s'est passé dans l'existence de l'écrivain? Ne faudrait-il pas placer d'abord ses poésies et ses études sur le xvie siècle? Si nous commencions par ses *Causeries du lundi* ou par l'*Histoire de Port-Royal,* nous commettrions une faute. Eh bien! cette faute ne serait pas moindre, selon nous, si nous ouvrions la série des œuvres de Voltaire par le *Dictionnaire philosophique* et par l'*Essai sur les mœurs et l'esprit des nations.*

Lorsque Voltaire, vers sa dix-septième année, songea sérieusement à faire son entrée dans la carrière des lettres, c'est vers le théâtre, qui était alors comme aujourd'hui le grand chemin de la renommée, que l'élève du P. Porée tourna sa pensée. Il entreprit de lutter avec Pierre Corneille sur le sujet d'*Œdipe roi*, qui, depuis Sophocle, a tenté un si grand nombre de poëtes tragiques. Il avait ébauché son *Œdipe* à dix-huit ans. Deux ans plus tard, il cherchait à le faire accepter par les comédiens français, qui l'accueillaient très-froidement. Ils le font attendre quatre années. Pendant ce temps, il lit sa pièce dans les sociétés élégantes et raffinées où il est reçu : « Je me souviens bien, écrit-il à l'abbé de Chaulieu (20 juin 1716), des critiques que M. le grand-prieur (de Vendôme), et vous, me fîtes dans un certain souper chez M. l'abbé de Bussi. Ce souper-là fit beaucoup de bien à ma tragédie, et je crois qu'il me suffirait, pour faire un bon ouvrage, de boire quatre ou cinq fois avec vous. Socrate donnait ses leçons au lit, et vous les donnez à table : cela fait que vos leçons sont sans doute plus gaies que les siennes. »

Il en fit une lecture au château de Sceaux. Plus tard, beaucoup plus tard, en 1750, il rappelle à la duchesse du Maine les louanges qu'on lui donna et les observations qu'on lui adressa : « Votre Altesse sérénissime, dit-il dans l'épître dédicatoire d'*Oreste*, se souvient que j'eus l'honneur de lire *Œdipe* devant elle. La scène de Sophocle ne fut assurément pas comdamnée à ce tribunal, mais vous, et M. le cardinal de Polignac, et M. de Malézieu, et tout ce qui composait votre cour, vous blâmâtes universellement, et avec très-grande raison, d'avoir prononcé le mot d'amour dans un ouvrage où Sophocle avait si bien réussi sans ce malheureux ornement étranger, et ce qui seul avait fait recevoir ma pièce fut précisément le seul défaut que vous condamnâtes. »

Il eut l'honneur d'avoir pour critique Mgr le prince de Conti, qui lui fit remarquer quelques défauts qui avaient échappé aux plus fins connaisseurs. A force d'intéresser tout ce beau monde à son œuvre par une habile soumission et une reconnaissance affectée, il approchait du but. Une opinion avantageuse de sa pièce s'était répandue : « On attend avec impatience, écrit Brossette à Rousseau (20 avril 1717), la tragédie d'*Œdipe* par M. Arouet, dont on dit par avance beaucoup de bien. Pour moi, j'ai peine à croire qu'une excellente ou même une bonne tragédie puisse être l'ouvrage d'un jeune homme. » Rousseau répond : « Il y a longtemps que j'entends dire merveille de l'*Œdipe* du petit Arouet. J'ai fort bonne opinion de ce jeune homme ; mais je meurs de peur qu'il n'ait affaibli le terrible de ce grand sujet en y mêlant de l'amour. » Sur ce point capital, nous avons les confidences de Voltaire adressées au P. Porée une douzaine d'années plus tard :

« Je veux d'abord que vous sachiez, écrit-il au P. Porée, pour ma justification, que tout jeune que j'étais quand je fis l'*Œdipe*, je le composai à peu près tel que vous le voyez aujourd'hui ; j'étais plein de la lecture des anciens et de vos leçons, et je connaissais fort peu le théâtre de Paris ; je travaillais à peu près comme si j'avais été à Athènes. Je consultai M. Dacier, qui était du pays ; il me conseilla de mettre un chœur dans toutes les scènes, à la manière des Grecs ; c'était me conseiller de me promener dans Paris avec la robe de Platon. J'eus bien de la peine seulement à obtenir que les comédiens voulussent exécuter les chœurs qui paraissent trois ou quatre fois dans la pièce ; j'en eus bien davantage à faire recevoir une tragédie presque sans amour. Les comédiennes se moquèrent de moi quand elles virent qu'il n'y avait point de rôle pour l'amoureuse. On trouva la scène de la double confidence entre Œdipe et Jocaste, tirée en partie de Sophocle, tout à fait insipide. En un mot, les acteurs, qui étaient dans ce temps-là petits-maîtres et grands seigneurs, refusèrent de représenter l'ouvrage.

« J'étais extrêmement jeune ; je crus qu'ils avaient raison ; je gâtai ma pièce pour leur plaire, en affadissant par des sentiments de tendresse un sujet qui les comporte si peu. Quand on vit un peu d'amour, on fut moins mécontent de moi ; mais on ne voulut point de toute cette grande scène entre Jocaste et Œdipe : on se moqua de Sophocle et de son imitateur. Je tins bon ; je dis mes raisons, j'employai des amis ; enfin ce ne fut qu'à force de protections que j'obtins qu'on jouerait *Œdipe*.

« Il y avait un acteur nommé Quinault (Dufresne), qui dit tout haut que, pour me punir de mon opiniâtreté, il fallait jouer la pièce telle qu'elle était, avec ce mauvais quatrième acte tiré du grec. »

Déjà, quand Voltaire écrivait ainsi à son ancien maître, ses sentiments s'étaient modifiés sur plus d'un point important depuis qu'*Œdipe* avait paru. Il suffit de lire les lettres dont il fit précéder la pièce imprimée, pour se convaincre qu'il ne trouvait pas Sophocle un si grand maître, ni qu'il ne condamnait pas aussi résolûment l'idée d'introduire un peu de galanterie dans un sujet qui n'en comportait point. Mais il paraît certain que les comédiens encouragèrent cette erreur du jeune poëte.

Représenté le 18 novembre 1718, *Œdipe* réussit brillamment. Voltaire eut ainsi le bonheur de débuter au théâtre par un grand succès. Ce qui séduisit le public, ce fut moins peut-être la perfection de l'œuvre que certain souffle nouveau qui y courait d'un bout à l'autre, une liberté de pensée, un esprit agressif et déjà révolutionnaire, si l'on peut employer ce mot. Bien des vers durent faire tressaillir les contemporains, puisqu'ils nous frappent encore par leur hardiesse.

> Qu'eussé-je été sans lui ? rien que le fils d'un roi,
> Rien qu'un prince vulgaire.
> . . . .
> Un roi pour ses sujets est un dieu qu'on révère ;
> Pour Hercule et pour moi, c'est un homme ordinaire.
> . . . .
> J'ai fait des souverains et n'ai point voulu l'être.
> . . . .
> Ne nous endormons point sur la foi de leurs prêtres ;
> Au pied du sanctuaire il est souvent des traîtres.
> . . . .
> Ne nous fions qu'à nous ; voyons tout par nos yeux :
> Ce sont là nos trépieds, nos oracles, nos dieux.
> . . . .
> Nos prêtres ne sont pas ce qu'un vain peuple pense ;
> Notre crédulité fait toute leur science.

Remarquez aussi combien la conclusion du jeune auteur est différente de la conclusion de la pièce grecque. Tandis que la tragédie de Sophocle tient les spectateurs courbés sous le poids de la fatalité, et les pénètre de la crainte de l'incompréhensible courroux des dieux, et qu'elle est en cela un drame religieux, la pièce de Voltaire conclut nettement à la révolte :

> Honorez mon bûcher,

dit Jocaste,
> Et songez à jamais
> Qu'au milieu des horreurs du destin qui m'opprime
> J'ai fait rougir les dieux qui m'ont forcée au crime.

Voltaire, dès ce début précoce, est tout entier lui-même. Il semble avoir déjà conçu la tragédie comme une machine de guerre, et, dans les œuvres moins heureuses qui suivent *Œdipe*, il continue, comme il le fera toute sa vie, à semer de ces vers audacieux qui se gravent aisément dans les esprits.

Sa jeunesse, la séve et la vie qui l'animaient, se découvrent principalement dans les anecdotes qui courent à son sujet : à la représentation d'*Œdipe*, on dit qu'il trouva plaisant de se montrer sur le théâtre, portant la queue du grand-prêtre, et risquant par cette espièglerie de compromettre le succès de son ouvrage. Lorsque *Artémire* est sifflée, il s'élance sur la scène, court à la rampe, harangue le parterre. Le bruit s'apaise; on l'écoute et on l'applaudit, et la pièce peut suivre son cours et arriver tant bien que mal jusqu'à la fin. Plus singulière encore est l'historiette du président Bouhier racontant que Voltaire monta une cabale pour empêcher de jouer une seconde fois cette malheureuse *Artémire*, et que la garde dut le jeter hors du parterre par les épaules.

Ces traits pourraient faire croire à quelque insouciance, et c'était, au contraire, une passion extrême qui l'animait; il travaillait ses pièces avec un véritable acharnement, comme il travaillait à toutes choses. Il refaisait deux ou trois fois chacune d'elles.

Le critique Geoffroy, avec la perspicacité d'un ennemi, a bien fait ressortir la manière dont Voltaire travaillait ses tragédies :

« Dès que Voltaire avait choisi un sujet de tragédie, il jetait rapidement sur le papier les scènes telles qu'elles se présentaient à son imagination échauffée. La besogne était expédiée et la tragédie faite ordinairement en trois semaines ou un mois. Il envoyait ensuite ce croquis à ses anges, c'est-à-dire au comte d'Argental, et surtout à la comtesse, qu'il appelait Mme Scaliger à cause des grands commentaires qu'elle faisait sur les impromptus et les *prestos* tragiques qu'il offrait à sa censure. Si les remarques lui semblaient justes, il corrigeait, retouchait, réformait... Souvent, de lui-même, il remaniait son esquisse, il changeait des actes entiers; il faisait de nouvelles tirades; ce travail était bien plus long que celui de la première composition. Enfin, lorsqu'il avait satisfait son conseil privé et lui-même, il s'occupait de la représentation, et c'était là une source de combinaisons profondes. »

Il y a du vrai dans ce que dit là Geoffroy, et l'on peut très-bien n'y voir qu'un renseignement curieux, malgré l'intention satirique qui animait le critique. Les poëtes, comme les peintres, ont des procédés différents : comme

Molière l'explique dans son poëme de *la Gloire du Val-de-grâce*, les uns peignent la fresque :

> Avec elle il n'est point de retour à tenter,
> Et tout, au premier coup, se doit exécuter ;

les autres procèdent par retouches, et il est certain que Voltaire, esprit d'ailleurs partout si facile, est de ceux-ci quand il travaille pour le théâtre, et l'on s'en apercevra bien à la quantité presque toujours considérable de variantes dont il faut faire suivre le texte de ses pièces. Cela permettait à Piron de dire avec fatuité : « Voltaire travaille en marqueterie, et moi, je coule en bronze » ; mot qui nous fait sourire aujourd'hui.

Mais ce n'est pas tout d'avoir remanié sa pièce scène par scène : il faut la faire jouer. Que de circonstances dans une vie si agitée viennent ajourner la représentation! Que d'allées et de venues, de mécomptes! que de combats à livrer ! Les amis critiquent, les acteurs se querellent, les censeurs s'effrayent et hésitent. Et lorsque les dernières difficultés sont surmontées, les répétitions exigent de nouveaux soins, de nouvelles fatigues. Voltaire y était curieux à observer. La vivacité de son caractère s'y déployait. Il ne pouvait se contenir quand on rendait mal sa pensée ; il avait d'étonnantes façons de stimuler et de reprendre les interprètes faibles ou exagérés. Beaucoup d'anecdoctes ont été recueillies à ce sujet par la tradition. Pendant les répétitions de *Mérope*, Voltaire n'était pas content du jeu de Mlle Dumesnil dans la scène avec Cresphonte, au quatrième acte. Aux observations qu'il lui fit l'actrice repartit : « Il faudrait avoir le diable au corps pour arriver au ton que vous voulez me faire prendre. — Eh! vraiment oui, mademoiselle, riposta Voltaire ; c'est le diable au corps qu'il faut avoir pour exceller dans tous les arts ! »

Le comédien Legrand, chargé du rôle d'Omar, dans *Mahomet*, ayant au deuxième acte à peindre l'effet que l'arrivée du prophète produit sur le sénat de la Mecque, dit :

> Au milieu de leurs cris, le front calme et serein,
> Mahomet marche en maître, et l'olive à la main ;
> La trêve est publiée, et le voici lui-même.

En entendant l'acteur réciter ces vers du ton le plus plat, Voltaire s'écria : « Oui, oui, Mahomet arrive ; c'est comme si l'on disait : *Rangez-vous, voilà la vache!* »

Rappelez-vous le récit que fait Lekain de sa visite à Ferney, après les représentations de *l'Orphelin de la Chine*. Le succès que le tragédien, alors au commencement de sa carrière, avait eu à Paris dans le rôle de Gengis-Khan fit souhaiter à l'auteur de lui voir interpréter ce personnage ; Lekain s'empressa de céder à ce désir : il se mit à déclamer son rôle avec toute *l'énergie tartarienne*, comme lui-même le dit. A peine Voltaire eut-il entendu ces éclats de voix, ces accents furieux, que l'indignation et la colère se peignirent dans ses traits. « Arrêtez ! s'écria-t-il, arrêtez!... le malheureux ! il me tue ! il m'assassine ! » On fit de vains efforts pour le calmer ; c'était dans ce moment un vrai tigre ; il sortit plein de rage et courut s'enfermer dans son appartement. Lekain était consterné. Il ne lui restait qu'à partir. Le lendemain il demanda à voir Voltaire : « Qu'il vienne s'il veut ! » répondit le poëte toujours irrité. L'acteur se présente, exprime le désir de recevoir des conseils. L'auteur s'adoucit, récite le rôle, et Lekain, profitant de cette leçon, change du tout au tout la manière dont il jouait le personnage. Ses camarades, remarquant ce changement, à son retour à Paris, disaient malignement : « On voit bien qu'il revient de Ferney. »

Le roi de Prusse, désirant voir jouer *la Mort de César*, détermina l'auteur à y prendre un rôle. Celui-ci choisit le rôle de Brutus. Mais, comme les bons acteurs étaient rares en Prusse, il se trouva fort mal secondé. Dans une situation pathétique, l'acteur qui jouait le rôle de César, à l'aspect de son célèbre interlocuteur et du grand roi dont il fixait l'attention, fut interdit et ne put articuler une seule syllabe. Brutus-Voltaire, voyant par ce contre-temps la scène refroidie, entra tout à coup en fureur, et s'écria : « Parleras-tu, maudit César ? parle donc, ou je t'assomme ! »

A quatre-vingts ans, lorsqu'il faisait répéter sa dernière tragédie, *Irène*, il s'abandonnait encore aux mêmes vivacités ; un jour, il récitait des morceaux d'*Irène* à Mlle Clairon. Celle-ci, après avoir écouté ces vers : « Où trouver, dit-elle, une actrice assez forte pour les rendre ? Un pareil effort est capable de la tuer. — C'est ce que je prétends, s'écria le poëte ; je veux rendre ce service au public ! »

On pourrait multiplier ces anecdotes. Celles que nous venons de rappeler suffisent à montrer la passion que Voltaire apportait à ses compositions théâtrales, et l'ardent intérêt qu'il prit jusqu'à la fin de ses jours à leur fortune.

Voltaire, à la suite de l'outrage que lui fit le chevalier de Rohan, obligé de se réfugier en Angleterre et d'y demeurer près de trois années (mai 1726 — mars 1729), revint en France avec un nouveau fonds d'idées dramatiques que le théâtre anglais lui avait fournies. Il y avait appris à connaître Shakespeare, et, sans lui rendre une complète justice, il avait été frappé de la puissance de son génie. Dans la dix-huitième des *Lettres sur les Anglais* publiées en 1732, il le présente aux Français qui n'avaient guère entendu encore parler de lui : « Shakespeare, dit-il, que les Anglais prennent pour un Sophocle, créa leur théâtre ; il avait un génie plein de force et de fécondité, de naturel et de sublime, sans la moindre étincelle de bon goût et sans la moindre connaissance des règles... Il y a de si belles scènes, des morceaux si grands et si terribles répandus dans ses farces monstrueuses, qu'on appelle tragédies, que ses pièces ont toujours été jouées avec un grand succès. » Il ajoute sur les tragiques anglais en général : « Leurs pièces, presque toutes barbares, dépourvues de bienséance, d'ordre, de vraisemblance, ont des lueurs étonnantes au milieu de cette nuit. »

Il songea à introduire dans notre littérature quelques-unes de ces idées dramatiques qu'il rapportait de Londres. Il s'agissait, bien entendu, non pas d'imiter Shakespeare, Dryden, ni même Addison, mais de les *civiliser*, de les assujettir à l'étiquette de notre scène, d'emprunter ce qu'il croyait acceptable en France de cette barbarie éloquente, et de l'envelopper dans les formes rigoureuses de notre art. « J'ai toujours pensé, dit-il à la fin de sa traduction de *Julius César*, qu'un heureux et adroit mélange de l'action qui règne sur le théâtre de Londres et de Madrid, avec la sagesse, l'élégance, la noblesse, la décence du nôtre, pourrait produire quelque chose de parfait. » En un mot, Voltaire ne prétendit nullement faire une révolution dans notre théâtre; mais le ranimer, lui infuser en quelque sorte un sang nouveau et une nouvelle vie.

Il paraît avoir été surtout frappé du *Caton* d'Addison: « M. Addison, dit-il, est le premier Anglais qui ait fait une tragédie raisonnable. Je le plaindrais s'il n'y avait mis que de la raison. Sa tragédie de *Caton* est écrite d'un bout à l'autre avec cette élégance mâle et énergique dont Corneille le premier donna chez nous de si beaux exemples dans son style inégal. Il me semble que cette pièce est faite pour un auditoire un peu philosophe et très-républicain.... Il est triste que quelque chose de si beau ne soit pas une belle tragédie : des scènes décousues qui laissent souvent le théâtre vide, des apartés trop longs et sans art, des amours froids et insipides, une conspiration inutile à la pièce, un certain Sempronius déguisé et tué sur le théâtre; tout cela fait de la fameuse tragédie de *Caton* une pièce que nos comédiens n'oseraient jamais jouer, quand même nous penserions à la romaine ou à l'anglaise. La barbarie et l'irrégularité du théâtre de Londres ont percé jusque dans la sagesse d'Addison. Il me semble que je vois le czar Pierre qui, en réformant les Russes, tenait encore quelque chose des mœurs et de l'éducation de son pays. »

Il est facile d'apercevoir ici le principe, l'origine première de *Brutus* et de *la Mort de César*. Voltaire voulut transporter chez nous ces fiers et patriotiques sentiments, mais sans rien garder de la barbarie artistique de l'Angleterre. Les lignes de la Lettre XVIII sur les Anglais que nous venons de transcrire ont été écrites très-probablement après le médiocre succès de *Brutus*, avant *la Mort de César*. « La coutume d'introduire de l'amour à tort et à travers dans les ouvrages dramatiques, ajoute-t-il, passa de Paris à Londres vers l'an 1660 avec nos rubans et nos perruques. Les femmes, qui y parent les spectacles comme ici, ne veulent plus souffrir qu'on leur parle d'autre chose que d'amour. Le sage Addison eut la molle complaisance de plier la sévérité de son caractère aux mœurs de son temps, et gâta un chef-d'œuvre pour avoir voulu plaire. »

Voltaire, dans *Brutus,* avait fait un peu comme le sage Addison; mais il n'imita plus cette molle complaisance lorsqu'il traita *la Mort de César*.

Voltaire songeait évidemment aux spectres du théâtre anglais en essayant le terrible sujet d'*Ériphyle,* le même que celui d'*Oreste* et celui d'*Hamlet;* mais, comme dit M. Villemain, « le poëte français, s'il prenait à l'*Hamlet* de Shakespeare quelques impressions de terreur mélancolique, croyait avoir besoin de les relever, de les ennoblir, par le merveilleux mythologique et la pompe des traditions grecques. A ce prix il osait se passer d'amour, et demandait grâce pour cette innovation dans un ingénieux prologue ».

Othello fut incontestablement le modèle d'Orosmane. « J'imagine Voltaire, dit le même critique, lisant l'*Othello* de Shakespeare, et tout révolté de ces figures outrées, de ces bassesses de langage, de cette férocité d'Othello ; quelles images à présenter aux esprits polis du xviiie siècle et à ces belles pleureuses des premières loges, comme disait Rousseau. Voltaire avait entrevu cependant le profond pathétique du sujet, et voulait en profiter. Mais pour cela il faut tout changer, tout ennoblir : le Maure de Venise, l'officier de fortune vieilli sous les armes, deviendra le soudan de l'Asie... Cette intrigue obscure de garnison qui fomente la jalousie d'Othello, le poëte la remplace par les plus beaux noms et les souvenirs les plus poétiques de notre histoire : saint Louis, la croisade, Lusignan détrôné et mourant dans les fers ; Desdémona, si soumise, si dévouée à son amour, a disparu devant Zaïre, captive respectée dans le sérail même, fille des rois de Jérusalem, fière avec Orosmane, et lui disant :

> Demain tous mes secrets vous seront révélés. »

Zaïre a ravi tout le xviiie siècle, et, malgré les critiques qu'elle a essuyées depuis, elle n'en reste pas moins une des œuvres capitales de notre théâtre tragique. Elle consacrait le génie du poëte, jusqu'alors contesté. C'est Laharpe qui nous a transmis dans son *Cours de littérature* cette curieuse anecdote : « Je tiens de la bouche même de Voltaire, que les plus beaux esprits de ce temps, que Mme de Tencin rassemblait chez elle, et à leur tête Fontenelle et Lamotte, engagèrent cette dame à lui conseiller de ne plus s'obstiner à suivre une carrière pour laquelle il ne semblait pas fait, et d'appliquer à d'autres genres le grand talent qu'il avait pour la poésie, car alors on ne le lui disputait pas ; c'est depuis que son talent pour la tragédie eut éclaté de manière à ne pouvoir pas être mis en doute, qu'on s'avisa de lui contester celui de la poésie. Ainsi les sottises de la haine et de l'envie varient selon les temps et les circonstances ; mais l'envie et la haine ne changent point. Je demandai à Voltaire ce qu'il avait répondu à ce beau conseil : « Rien, me dit-il ; mais je donnai *Zaïre*. »

La réponse fut en effet péremptoire ; et, croyons-nous, les auteurs même d'*Inès de Castro* et de *Thétis et Pélée* se le tinrent pour dit et ne furent plus tentés de revenir à la charge. Le poëte tragique est hors de page.

Disciple de Corneille et de Racine, il commence par marcher sur leurs traces, mais en apportant à la scène, dès son début, la liberté de pensée qui anime toutes ses œuvres. L'étude du théâtre anglais fortifie son génie et lui ouvre quelques routes nouvelles. Dès *Zaïre*, la tragédie voltairienne est trouvée dans ses variétés principales : *Œdipe* sert de tête de ligne, si l'on nous passe l'expression, aux œuvres purement traditionnelles : *Mérope, Oreste, Sophonisbe, Atrée et Thyeste*. *Brutus* commence les pièces de propagande politique et philosophique : *la Mort de César, Rome sauvée, le Triumvirat, Mahomet*. *Zaïre* enfin est la première de ces tragédies plus romanesques et pathétiques, qui offraient tout ce que le théâtre français comportait alors d'innovation littéraire : *Adélaïde du Guesclin, Alzire, l'Orphelin de la Chine, Tancrède, Sémiramis.*

Voltaire remua avec une prodigieuse activité le vieux champ de la tragédie, et lui fit porter des moissons nouvelles. On ne peut se figurer quelle admiration, quel enthousiasme obtinrent, dans les générations qui vinrent immédiatement après lui, ces pièces aujourd'hui trop oubliées et dédaignées.

Lisez par exemple, dans une publication importante, les *Annales dramatiques, ou Dictionnaire général des théâtres* en neuf volumes (1812), l'article *Voltaire*. Voltaire, comme poëte dramatique, y est placé résolûment au-dessus de Corneille et de Racine :

« Corneille, Racine, Crébillon, dit l'auteur de cet article, n'ont guère songé, en composant leurs pièces, ni à corriger les mœurs ni à éclairer les spectateurs. Ils se sont bornés à rendre le crime odieux, sans faire aimer la vertu ; et, suivant tout bonnement l'instinct de leur génie ou la voie de leur intérêt, ils ont fait des tragédies uniquement pour faire des tragédies. Quelques-unes même de leurs pièces sont une école de mauvaises mœurs. Voltaire s'est presque toujours proposé un but moral, et n'a cherché à faire pleurer que pour attendrir les humains sur les malheurs de la vertu et exciter l'indignation contre le crime. Dans *Sémiramis,* il nous inspire la plus profonde horreur pour les crimes secrets ; *Zaïre* nous fait voir les suites funestes de la jalousie ; *Adélaïde du Guesclin,* l'empire de l'amitié fraternelle sur les cœurs honnêtes ; *Tancrède,* les dangers de la calomnie ; *l'Orphelin de la Chine,* les avantages d'un peuple civilisé sur un peuple barbare ; *Brutus,* le respect que l'on doit aux lois de son pays, et *Mahomet* les fureurs du fanatisme. Cette tragédie de *Mahomet,* quoiqu'elle ne soit pas conforme à l'histoire et quoique le caractère de Mahomet soit visiblement altéré, est, selon nous, la plus grande leçon qu'on puisse donner aux peuples ; c'est la plus grande preuve de la sublimité du génie de Voltaire. Disons-le au risque de déplaire à quelques enthousiastes : Racine est le peintre des femmes, Voltaire, celui des hommes. *Phèdre, Roxane, Hermione,* etc., sont tracées de main de maître et avec une supériorité que personne ne conteste ; mais ce qui est incontestable aussi, c'est que les portraits des héros de Racine sont, en général, un peu négligés, et que les héros des tragédies de Voltaire, *Orosmane, Gengis-Khan, Zamore, Vendôme, Tancrède* et *Mahomet* sont, au contraire, admirablement dessinés. Voltaire, en peignant les passions des hommes, a la même supériorité que Racine lorsqu'il peint les passions des femmes.

« Après avoir comparé Voltaire aux tragiques français ses compatriotes, qu'il nous soit permis de jeter un coup d'œil rapide sur les imitations qu'il a faites des anciens. Il a débuté dans la carrière dramatique, à l'âge de dix-huit ans, par la tragédie d'*Œdipe.* Voyez l'*Œdipe* de Sophocle et celui de Sénèque. Corneille avait manqué ce sujet difficile. Voltaire osa le traiter après le père de notre tragédie, et triompha tout à la fois de Sophocle, de Sénèque et de Corneille.

« Il a puisé dans l'*Othello* de Shakespeare le sujet de sa tragédie de *Zaïre ;* il l'emporte encore sur l'Anglais. Cette tragédie de Voltaire a été traduite en anglais et représentée sur le théâtre de Londres concurremment avec *Othello*. Les Anglais eux-mêmes ont donné la préférence à *Zaïre*. Enfin il a imité la *Mérope* du marquis de Maffei, et a également triomphé de ce poëte célèbre.

« La plupart des dénoûments de Voltaire sont en action, et c'est en cela qu'ils sont préférables à ceux de ses rivaux ; car la tragédie est faite pour les yeux comme pour les oreilles. Les récits, ou ce qui revient au même, les dénoûments de Racine sont pour la plupart languissants, et la flamme du génie et des mouvements impétueux animent tous ceux de Voltaire. Dans Racine, c'est un éclair qui ne fait que passer; dans Voltaire, c'est la foudre qui tombe et qui met tout en feu...

« On ne finirait pas, si l'on voulait citer tous les mots sublimes équivalant au *qu'il mourût!* qui sont dans les tragédies de Voltaire. Il a popularisé la morale, puisque ses belles sentences sortent à chaque instant de la bouche du peuple :

> Qui sert bien son pays n'a pas besoin d'aïeux, etc.

« Le théâtre de Voltaire, toutes ses pièces comprises, est à nos yeux le plus beau, le plus moral, le plus intéressant, et surtout le plus varié qu'il y ait jamais eu chez aucune nation du monde. »

Voilà qui n'est pas admirer à demi. Après tout, l'auteur ne faisait que préciser et résumer les conclusions du *Cours de littérature* de Laharpe. Le critique Geoffroy avait pris le parti contraire, et déclaré à la gloire tragique de Voltaire une guerre acharnée. Cette guerre littéraire fit presque autant de bruit que les grandes campagnes napoléoniennes qui marquèrent les premières années de ce siècle.

Les plus enthousiastes ont toujours abandonné à l'ennemi, presque sans combattre, les comédies de Voltaire. Laharpe n'a guère défendu que *Nanine*, qu'il proclame un petit chef-d'œuvre. L'admirateur que nous venons de citer fait encore appel aux connaisseurs en faveur de *l'Enfant prodigue*, de *l'Écossaise* et de la scène principale du *Droit du seigneur*.

On peut s'étonner que Voltaire, qui a tant d'esprit, tant de verve satirique, qui a le trait si aiguisé, l'ironie si mordante, n'ait pas plus brillamment réussi dans la comédie. Il y a là quelque chose de singulier, et presque d'incompréhensible à première vue. Il faut bien se rendre compte, pour l'expliquer, des conditions essentielles à l'art de la comédie, plus spécial encore que l'art de la tragédie. M. Villemain a dit le mot de l'énigme : « Voltaire n'a été bon plaisant que dans son propre rôle. » C'est-à-dire qu'il n'a pas su sortir en quelque sorte de lui-même pour entrer dans la peau des personnages qu'il voulait peindre, ni adopter leur manière de voir, de sentir, de juger et de parler. Il n'avait pas ces mille âmes dont parle Shakespeare.

Ses comédies, celles surtout qu'il a composées sans apprêt pour divertir ses hôtes, n'en sont pas moins fort amusantes, et elles réservent, aux curieux qui ne les connaissent pas et qui les liront, d'assez piquantes surprises.

Ses opéras aussi méritent de fixer l'attention du lecteur moderne. Ces sortes de poëmes étaient jusqu'alors purement mythologiques ou fabuleux. Il essaya d'en tirer parti et de leur donner un sens, une portée philosophique. *Samson, Tanis et Zélide, Pandore,* devancent nos grands opéras modernes, *la Muette, les Huguenots, le Prophète, Faust, Caïn,* etc., et si Voltaire ne réussit pas à transformer ce genre, si ses compositions ne purent arriver à la scène, c'est qu'ici il ne pouvait agir seul et qu'il avait à compter d'abord avec les musiciens, qui s'empressaient de l'abandonner. Que de mal il se donna pour tâcher d'amadouer l'intraitable Rameau ! Ce fut en vain qu'il déploya pour lui seul une patience surprenante ; en vain qu'il se fit placide, résigné jusqu'à l'affectation. « Ce Rameau est aussi grand original que grand musicien, écrivait-il au président Hénault ; il me mande que j'aie à mettre en quatre vers tout ce qui est en huit, et en huit tout ce qui est en quatre. » Le musicien ne se souciait pas plus de l'auteur de *Zaïre* que des plus vulgaires librettistes, et leur association n'aboutit à rien qu'au ballet de *la Princesse de Navarre.*

Cet ensemble considérable d'œuvres dramatiques variées, inégales, mais puissantes, va passer de nouveau sous les yeux du lecteur, qui, s'il est bien inspiré, se gardera des opinions toutes faites et voudra juger par lui-même.

Louis MOLAND.

AVERTISSEMENT

DE L'ÉDITION DU THÉATRE DE VOLTAIRE

PUBLIÉE EN 1768[1]

Nous donnons ici toutes les pièces de théâtre de M. de Voltaire, avec les variantes que nous avons pu recueillir; ce sera la seule édition correcte et complète. Toutes celles qu'on en a données[2] à Paris sont très-informes : cela ne pouvait être autrement. Il arriva plus d'une fois que le public, séduit par les ennemis de l'auteur, sembla rejeter aux premières représentations les mêmes morceaux qu'il redemanda ensuite avec empressement quand la cabale fut dissipée.

Quelquefois les acteurs, déroutés par les cris de la cabale, se voyaient forcés de changer eux-mêmes les vers qui avaient été le prétexte du murmure; ils leur en substituaient d'autres au hasard. Presque tous ses ouvrages dramatiques ont été représentés et imprimés à Paris dans son absence. De là viennent les fautes dont fourmillent les éditions faites dans cette capitale.

Par exemple, dans la pièce de *Gengis*[3], imprimée par nous[4] in-8°, sous les yeux de l'auteur, on trouve, dans la scène où Gengis paraît pour la première fois, les vers suivants[5] :

> Cessez de mutiler tous ces grands monuments,
> Ces prodiges des arts consacrés par les temps :
> Respectez-les; ils sont le prix de mon courage.
> Qu'on cesse de livrer aux flammes, au pillage,
> Ces archives des lois, ce vaste amas d'écrits,
> Tous ces fruits du génie, objets de vos mépris :
> Si l'erreur les dicta, cette erreur m'est utile;
> Elle occupe ce peuple, et le rend plus docile, etc.

---

1. On a souvent daté cet *Avertissement* de 1775. Il est de 1768, au tome second de l'édition in-4°. J'ai mis en variante la seule différence que présente l'édition de 1775. (B.)

2. Dans l'édition de 1775 ou encadrée, il y a : « Que nous avons pu recueillir. Toutes les éditions qu'on en a données à Paris, etc. » (B.)

3. Ou *l'Orphelin de la Chine*.

4. Ce sont les frères Cramer qui parlent ou sont censés parler.

5. Acte II, scène v.

AVERTISSEMENT.

Ce morceau est tronqué et défiguré[1] dans l'édition de Duchesne et dans les autres. Voici comme il s'y trouve :

> Cessez de mutiler tous ces grands monuments,
> Ces prodiges des arts consacrés par les temps,
> Échappés aux fureurs des flammes, du pillage :
> Respectez-les ; ils sont le prix de mon courage, etc.

On voit assez que ce qu'on a retranché était absolument nécessaire et très à sa place.

Ce vers qu'on a substitué,

> Échappés aux fureurs des flammes, du pillage,

est un vers indigne de quiconque est instruit des règles de son art, et connaît un peu l'harmonie. *Échappés aux fureurs des flammes* est une césure monstrueuse.

Ceux qui se plaisent à étudier l'esprit humain doivent savoir que les ennemis de l'auteur, pour faire tomber la pièce, insinuèrent que les meilleurs morceaux étaient dangereux, et qu'il fallait les retrancher ; ils eurent la malignité de faire regarder ces vers comme une allusion à la religion, qui rend le peuple plus docile. Il est évident que par ce passage on ne peut entendre que les sciences des Chinois, méprisées alors des Tartares. On a représenté cette pièce en Italie : il y en a trois traductions. Les inquisiteurs ne se sont jamais avisés de retrancher cette tirade.

La même difficulté fut faite en France à la tragédie de *Mahomet* ; on suscita contre elle une persécution violente ; on fit défendre les représentations : ainsi le fanatisme voulait anéantir la peinture du fanatisme. Rome vengea l'auteur. Le pape Benoît XIV protégea la pièce ; elle lui fut dédiée ; des académiciens la représentèrent dans plusieurs villes d'Italie, et à Rome même.

Il faut avouer qu'il n'y a pas de pays au monde où les gens de lettres aient été plus maltraités qu'en France : on ne leur rend justice que bien tard.

La tragédie de *Tancrède* est défigurée d'un bout à l'autre d'une manière encore plus barbare. Dans les éditions de France, il n'y a presque pas une scène où il ne se trouve des vers qui pèchent également contre la langue, l'harmonie et les règles du théâtre. Le libraire de Paris est d'autant plus inexcusable qu'il pouvait consulter notre édition, à laquelle il devait se conformer.

Les éditeurs de Paris ont porté la négligence jusqu'à répéter les mêmes vers dans plusieurs scènes d'*Adélaïde du Guesclin*. Nous trouvons dans leur édition, à la scène septième du second acte, ces vers qui n'ont pas de sens[2] :

> Gardez d'être réduit au hasard dangereux
> Que les chefs de l'État ne trahissent leurs vœux.

---

1. Voltaire revient sur ce sujet dans l'*Avis au lecteur*, qu'il publia en 1768, et qu'on trouvera à la suite des *Scythes*. (B.)
2. Voyez, dans la *Correspondance*, la lettre à Lekain, du 29 novembre 1765.

AVERTISSEMENT.

Il y a dans notre édition :

> Tous les chefs de l'État, lassés de ces ravages,
> Cherchent un port tranquille, après tant de naufrages.
> Gardez d'être réduit au hasard dangereux
> De vous voir ou trahir, ou prévenir par eux.

Ces vers sont dans les règles de la syntaxe la plus exacte. Ceux qu'on a substitués dans l'édition de Paris sont de vrais solécismes, et n'ont aucun sens. *Gardez d'être réduit au hasard que les chefs de l'État ne trahissent leurs vœux.* De quels vœux s'agit-il ? Que veut dire *Être réduit au hasard qu'un autre ne trahisse ses vœux ?* On s'imagine qu'il n'y a qu'à faire des vers qui riment, que le public ne s'aperçoit pas s'ils sont bons ou mauvais, et que la rapidité de la déclamation fait disparaître les défauts du style ; mais les connaisseurs remarquent ces fautes, et ils sont blessés des barbarismes innombrables qui défigurent presque toutes nos tragédies. C'est un devoir indispensable de parler purement sa langue.

Nous avons souvent entendu dire à l'auteur que la langue était trop négligée au théâtre, et que c'est là que les règles du langage doivent être observées avec le plus de scrupule, parce que les étrangers y viennent apprendre le français. Il disait que ce qui avait nui le plus aux belles-lettres était le succès de plusieurs pièces qui, à la faveur de quelques beautés, ont fait oublier qu'elles étaient écrites dans un style barbare. On sait que Boileau, en mourant, se plaignait [1] de cette horrible décadence. Les éloges prodigués à cette barbarie ont achevé de corrompre le goût.

Les comédiens croient que les lois de l'art d'écrire, l'élégance, l'harmonie, la pureté de la langue, sont des choses inutiles ; ils coupent, ils retranchent, ils transposent tout à leur plaisir, pour se ménager des situations qui les fassent valoir. Ils substituent à des passages nécessaires des vers ineptes et ridicules ; ils en chargent leurs manuscrits ; et c'est sur ces manuscrits que des libraires ignorants impriment des choses qu'ils n'entendent point.

L'extrême abondance des ouvrages dramatiques a dégradé l'art au lieu de le perfectionner : et les amateurs des lettres, accablés sous l'immensité des volumes, n'ont pas eu même le temps de distinguer si ces ouvrages imprimés sont corrects ou non.

Les nôtres du moins le seront ; et nous pouvons assurer les étrangers qui attendent notre édition qu'ils n'y trouveront rien qui offense une langue devenue leurs délices et l'objet constant de leurs études.

---

1. C'est de Crébillon que parlait Boileau.

ŒDIPE

TRAGÉDIE EN CINQ ACTES

AVEC DES CHOEURS

REPRÉSENTÉE, POUR LA PREMIÈRE FOIS, LE 18 NOVEMBRE 1718.

AVERTISSEMENT

SUR L'ŒDIPE [1]

L'auteur composa cette pièce à l'âge de dix-neuf ans [2]. Elle fut jouée, en 1718, quarante-cinq fois de suite. Ce fut le sieur Dufresne, célèbre acteur de l'âge de l'auteur, qui joua le rôle d'Œdipe; la demoiselle Desmares, très-grande actrice, joua celui de Jocaste, et quitta le théâtre quelque temps après. On a rétabli dans cette édition le rôle de Philoctète tel qu'il fut joué à la première représentation.

La pièce fut imprimée pour la première fois en 1719. M. de Lamotte approuva la tragédie d'*Œdipe*. On trouve dans son approbation cette phrase remarquable : « Le public, à la représentation de cette pièce, s'est promis un digne successeur de Corneille et de Racine; et je crois qu'à la lecture il ne rabattra rien de ses espérances. »

L'abbé de Chaulieu fit une mauvaise épigramme [3] contre cette approbation : il disait que l'on connaissait Lamotte pour un mauvais auteur, mais non pour un faux prophète. C'est ainsi que les grands hommes sont traités au commencement de leur carrière; mais il ne faut pas que tous ceux que l'on traite de même s'imaginent pour cela être de grands hommes : la médiocrité insolente éprouve les mêmes obstacles que le génie; et cela prouve seulement qu'il y a plusieurs manières de blesser l'amour-propre des hommes.

---

1. Le premier alinéa formait tout l'*Avertissement* en 1738. Le reste parut pour la première fois dans les éditions de Kehl, et probablement est des rédacteurs de cette édition. (B.)

2. Dans une note de son *Commentaire historique sur sa vie*, Voltaire parle d'une lettre écrite, en 1743, par Dacier, à *l'auteur, qui avait déjà fait sa pièce*. (B.)

3. Voici cette épigramme :

> O la belle approbation!
> Qu'elle nous promet de merveilles!
> C'est la sûre prédiction
> De voir Voltaire un jour remplacer les Corneilles.
> Mais où diable, Lamotte, as-tu pris cette erreur?
> Je te connaissais bien pour assez plat auteur,
> Et surtout très-méchant poëte,
> Mais non pour un lâche flatteur,
> Encor moins pour un faux prophète.

La première édition d'*Œdipe* fut dédiée à Madame, femme du Régent[1]. Voici cette dédicace : elle ressemble aux épitres dédicatoires de ce temps-là. Ce ne fut qu'après son voyage en Angleterre, et lorsqu'il dédia *Brutus* au lord Bolingbroke, que M. de Voltaire montra qu'on pouvait, dans une dédicace, parler à celui qui la reçoit d'autre chose que de lui-même.

« MADAME,

« Si l'usage de dédier ses ouvrages à ceux qui en jugent le mieux n'était pas établi, il commencerait par Votre Altesse Royale. La protection éclairée dont vous honorez les succès ou les efforts des auteurs met en droit ceux mêmes qui réussissent le moins d'oser mettre sous votre nom des ouvrages qu'ils ne composent que dans le dessein de vous plaire[2]. Pour moi, dont le zèle tient lieu de mérite auprès de vous, souffrez que je prenne la liberté de vous offrir les faibles essais de ma plume. Heureux si, encouragé par vos bontés, je puis travailler longtemps pour Votre Altesse Royale, dont la conservation n'est pas moins précieuse à ceux qui cultivent les beaux-arts qu'à toute la France, dont elle est les délices et l'exemple.

« Je suis, avec un profond respect,

« MADAME,

« DE VOTRE ALTESSE ROYALE,

« Le très-humble et très-obéissant
« serviteur,

« AROUET DE VOLTAIRE[3]. »

---

1. Françoise-Marie de Bourbon, dite Mlle de Blois, fille de Louis XIV et de Mme de Montespan, épouse de Philippe, duc d'Orléans, régent. Voyez aussi l'*Épitre au roi d'Angleterre George Ier, en lui envoyant la tragédie d'OEdipe.*
2. Dans la seconde édition d'*OEdipe,* qui est aussi de 1719, il y a : « ... de vous plaire. La liberté que je prends de vous offrir ces faibles essais n'est autorisée que par mon zèle qui me tient lieu de mérite auprès de vous. Heureux, etc. »
3. Il avait écrit au duc d'Orléans pour lui demander de souffrir qu'il lui dédiât son *OEdipe*. Cela est d'autant plus à noter qu'on avait voulu voir dans le personnage de Jocaste une allusion aux mœurs affreuses du Régent. Nous ne savons si le prince déclina catégoriquement l'hommage ; il est à croire, s'il en eût été ainsi, qu'Arouet n'eût pas osé le reporter sur un membre de la famille, la duchesse douairière d'Orléans. Le poëte envoya également sa tragédie au roi d'Angleterre en lui disant que ce tribut d'estime et de respect, ce n'était pas au roi, mais au sage, mais au héros qu'il le rendait. Même envoi et compliment pareil au duc et à la duchesse de Lorraine, auxquels il offrait les prémices de sa jeune muse : « C'est aux dieux qu'on les doit, et vous êtes les miens. » La dédicace à Madame a cela de remarquable qu'elle est signée « Arouet de Voltaire ». C'est la première fois qu'il prend ce nom. (G. D.)

AVERTISSEMENT SUR ŒDIPE.

On trouvera, page 47, une préface imprimée en 1729[1], dans laquelle M. de Voltaire combat les opinions de M. de Lamotte sur la tragédie. Lamotte y a répondu avec beaucoup de politesse, d'esprit et de raison. On peut voir cette réponse dans ses œuvres. M. de Voltaire n'a répliqué qu'en faisant *Zaïre*, *Alzire*, *Mahomet*, etc.; et jusqu'à ce que des pièces en prose, où les règles des unités seraient violées, aient fait autant d'effet au théâtre et autant de plaisir à la lecture, l'opinion de M. de Voltaire doit l'emporter[2].

---

1. Le millésime 1730 est celui de l'édition qui la contient. (B.)

2. Le 17 avril 1719, Dominique fit jouer, sur le théâtre italien, *ŒEdipe travesti*, comédie, imprimée en 1719, in-12, et qu'on trouve dans le tome Ier des *Parodies du nouveau théâtre italien*. Beaucoup d'autres écrits parurent à l'occasion d'*ŒEdipe* :

I. *Remarques critiques sur la nouvelle tragédie d'ŒEdipe, dénoncées à M. de Voltaire* (dans le *Nouveau Mercure*, mars 1719, pages 107-123).

II. *Lettre critique sur la nouvelle tragédie d'ŒEdipe*. Paris, Mongé, 1719, in-8°, attribuée au jésuite Arthuis.

III. *Lettre à M. de Voltaire sur la nouvelle tragédie d'ŒEdipe*. Paris, Guillaume, 1719, in-8°. Quelques personnes la croient de Longepierre. Une note que je crois de l'écriture de Voltaire, sans l'affirmer toutefois, la donne à Racine le cadet. Cette *Critique* est celle dont Laharpe parle dans son *Lycée* (dix-huitième siècle, chapitre III, section 1re), comme étant de Louis Racine, et la seconde de celles dont Voltaire parle dans la VIIe de ses *Lettres*, ci-après. On trouve à la fin près de cent vers d'*ŒEdipe*, imprimés en regard d'autant de vers de P. Corneille, J. Racine, La Fontaine, Mme de La Suze, Th. Corneille, Molière, Despréaux, l'abbé Genest, et d'un *Recueil d'épigrammes*, auxquels ressemblaient beaucoup de vers dont Voltaire a depuis changé une partie.

IV. *Critique de l'ŒEdipe de M. de Voltaire, par M. Le G*** (Legendre, ou Le Grimarets, ou plutôt Le Grand, le comédien). Paris, Gandouin, 1719, in-8°.

V. *Apologie de Sophocle, ou Remarques sur la troisième lettre critique de M. de Voltaire* (par l'abbé Capperonier). Paris, Coustelier, 1719, in-8°.

VI. *Apologie de la nouvelle tragédie d'ŒEdipe, par M. Mannory, avocat au parlement*. Paris, Huet, 1719, in-8°.

VII. *Réponse à l'apologie du nouvel ŒEdipe, par M. M****. Paris, Trabouillet, 1719, in-8°.

VIII. *Le Journal satirique intercepté, ou Apologie de M. Arouet de Voltaire et de M. Houdard de Lamotte, par le sieur Bourguignon* (Gacon). 1719, in-8° de quarante-huit pages.

IX. *Lettre d'un abbé à un gentilhomme de province, contenant des observations sur le style et les pensées de la nouvelle tragédie d'ŒEdipe, et des Réflexions sur la dernière lettre de M. de Voltaire*. Paris, Mongé, 1719, in-8°.

X. *Lettre d'un gentilhomme suédois à M***, maître de la langue française, sur la nouvelle tragédie d'ŒEdipe*. Paris, Cailleau (1719), in-8°.

XI. *Réfutation de la lettre d'un gentilhomme suédois, etc., par M. D****. Paris, Jollet et Lamesle, 1719, in-8°.

XII. *Lettre de M. le marquis de M*** à un gentilhomme de ses amis, contenant la critique des critiques de l'ŒEdipe de M. de Voltaire*. Paris, Sevestre (1719), in-8°.

XIII. *Lettre à madame ***, contenant la critique de l'ŒEdipe de M. de Voltaire, par M. Van Effen* (dans le *Journal historique, politique, critique et galant*, mars-avril 1719).

XIV. *Nouvelles Remarques sur l'Œdipe de M. de Voltaire et sur ses lettres critiques où l'on justifie Corneille, etc.* (par l'abbé Gérard). Paris, L. D'Houry, 1719, in-8°.

Dix ans plus tard, à l'occasion d'une représentation de l'*Œdipe* de Corneille, l'abbé Pellegrin fit insérer dans le *Mercure* (1729, deuxième volume de juin, pages 1315-1345, et mois d'août, pages 1700-1731) une *Dissertation sur l'Œdipe de Corneille et sur celui de M. de Voltaire, par M. le chevalier de..., à madame la comtesse de...*

La Grange Chancel a fait une *Épître à M. Arouet de Voltaire sur sa tragédie d'Œdipe et sur les deux dissertations qui la suivent*. (B.)

LETTRES

ÉCRITES EN 1719

QUI CONTIENNENT LA CRITIQUE DE L'*ŒDIPE* DE SOPHOCLE, DE CELUI DE CORNEILLE, ET DE CELUI DE L'AUTEUR [1].

LETTRE PREMIÈRE

ÉCRITE AU SUJET DES CALOMNIES DONT ON AVAIT CHARGÉ L'AUTEUR [2].

Je vous envoie, monsieur, ma tragédie d'*Œdipe* que vous avez vue naître. Vous savez que j'ai commencé cette pièce à dix-neuf ans : si quelque chose pouvait faire pardonner la médiocrité d'un ouvrage, ma jeunesse me servirait d'excuse. Du moins, malgré les défauts dont cette tragédie est pleine, et que je suis le premier à reconnaître, j'ose me flatter que vous verrez quelque différence entre cet ouvrage et ceux que l'ignorance et la malignité m'ont imputés.

[3] Vous savez mieux que personne que cette satire intitulée les

---

1. Tel est le titre de ces lettres dans les éditions de 1768, 1775, etc. Les éditeurs de Kehl et leurs successeurs les ont intitulées : *Lettres à M. Genonville, etc.* Le ton de ces lettres m'a permis de ne pas les classer dans la *Correspondance*, et me porte à douter qu'elles aient été adressées à Genonville, que Voltaire traitait bien moins cérémonieusement; voyez, dans la *Correspondance*, l'année 1718; les *Lettres sur OEdipe*, imprimées en 1719, à la suite de la tragédie, n'ont été comprises dans les *OEuvres* de l'auteur qu'à partir de 1764. Le début de la seconde lettre prouve qu'elles doivent être placées avant la pièce. (B.)

2. Les éditions de 1719 portent de plus ces mots : « Imprimée par permission expresse de monseigneur le duc d'Orléans. » (B.)

Ce n'étaient pas des calomnies qui l'avaient fait mettre à la Bastille. Il se défend ici d'être l'auteur des *J'ai vu;* mais il sait bien que c'est pour le *Puero regnante* qu'il fut arrêté; et le *Puero regnante* est bien de lui. (G. A.)

3. Dans l'édition de 1719, au lieu de ce qui suit, on lisait :

« Je sens combien il est dangereux de parler de soi; mais mes malheurs ayant été publics, il faut que ma justification le soit aussi. La réputation d'honnête

J'ai vu, est d'un poëte du Marais, nommé Le Brun, auteur de l'opéra d'*Hippocrate amoureux*, qu'assurément personne ne mettra en musique.

Ces *J'ai vu* sont grossièrement imités de ceux de l'abbé

homme m'est plus chère que celle d'auteur : ainsi je crois que personne ne trouvera mauvais qu'en donnant au public un ouvrage pour lequel il a eu tant d'indulgence, j'essaie de mériter entièrement son estime en détruisant l'imposture qui pourrait me l'ôter.

« Je sais que tous ceux avec qui j'ai vécu sont persuadés de mon innocence; mais aussi, bien des gens, qui ne connaissent ni la poésie ni moi, m'imputent encore les ouvrages les plus indignes d'un honnête homme et d'un poëte.

« Il y a peu d'écrivains célèbres qui n'aient essuyé de pareilles disgrâces; presque tous les poëtes qui ont réussi ont été calomniés; et il est bien triste pour moi de ne leur ressembler que par mes malheurs.

« Vous n'ignorez pas que la cour et la ville ont de tout temps été remplies de critiques obscurs, qui, à la faveur des nuages qui les couvrent, lancent, sans être aperçus, les traits les plus envenimés contre les femmes et contre les puissances, et qui n'ont que la satisfaction de blesser adroitement, sans goûter le plaisir dangereux de se faire connaître. Leurs épigrammes et leurs vaudevilles sont toujours des enfants supposés dont on ne connait point les vrais parents; ils cherchent à charger de ces indignités quelqu'un qui soit assez connu pour que le monde puisse l'en soupçonner, et qui soit assez peu protégé pour ne pouvoir se défendre. Telle était la situation où je me suis trouvé en entrant dans le monde. Je n'avais pas plus de dix-huit ans; l'imprudence attachée d'ordinaire à la jeunesse pouvait aisément autoriser les soupçons que l'on faisait naître sur moi : j'étais d'ailleurs sans appui, et je n'avais jamais songé à me faire des protecteurs, parce que je ne croyais pas que je dusse jamais avoir des ennemis.

« Il parut, à la mort de Louis XIV, une petite pièce imitée des *J'ai vu* de l'abbé Regnier. C'était un ouvrage où l'auteur passait en revue tout ce qu'il avait vu dans sa vie; cette pièce est aussi négligée aujourd'hui qu'elle était alors recherchée; c'est le sort de tous les ouvrages qui n'ont d'autre mérite que celui de la satire. Cette pièce n'en avait point d'autre; elle n'était remarquable que par les injures grossières qui y étaient indignement répandues, et c'est ce qui lui donna un cours prodigieux : on oublia la bassesse du style en faveur de la malignité de l'ouvrage. Elle finissait ainsi :

« J'ai vu ces maux, et je n'ai pas vingt ans. »

« Comme je n'avais pas vingt ans alors, plusieurs personnes crurent que j'avais mis par là mon cachet à cet indigne ouvrage; on ne me fit pas l'honneur de croire que je pusse avoir assez de prudence pour me déguiser. L'auteur de cette misérable satire ne contribua pas peu à la faire courir sous mon nom, afin de mieux cacher le sien. Quelques-uns m'imputèrent cette pièce par malignité, pour me décrier et pour me perdre; quelques autres, qui l'admiraient bonnement, me l'attribuèrent pour m'en faire honneur : ainsi un ouvrage que je n'avais point fait, et même que je n'avais point encore vu alors, m'attira de tous côtés des malédictions et des louanges.

« Je me souviens que, passant alors par une petite ville de province, les beaux-esprits du lieu me prièrent de leur réciter cette pièce, qu'ils disaient être un chef-d'œuvre; j'eus beau leur répondre que je n'en étais point l'auteur, et que la pièce était misérable, ils ne m'en crurent point sur ma parole; ils admirèrent ma retenue, et j'acquis ainsi auprès d'eux, sans y penser, la réputation d'un grand poëte et d'un homme fort modeste.

« Cependant ceux qui m'avaient attribué ce malheureux ouvrage continuèrent

Regnier, de l'Académie, avec qui l'auteur n'a rien de commun. Ils finissent par ces vers :

> J'ai vu ces maux, et je n'ai pas vingt ans.

Il est vrai que je n'avais pas vingt ans alors ; mais ce n'est pas à me rendre responsable de toutes les sottises qui se débitaient dans Paris, et que moi-même je dédaignais de lire. Quand un homme a eu le malheur d'être calomnié une fois, il est sûr de l'être toujours, jusqu'à ce que son innocence éclate, ou que la mode de le persécuter soit passée ; car tout est mode en ce pays, et on se lasse de tout à la fin, même de faire du mal.

« Heureusement ma justification est venue, quoique un peu tard ; celui qui m'avait calomnié et qui avait causé ma disgrâce m'a signé lui-même, les larmes aux yeux, le désaveu de sa calomnie, en présence de deux personnes de considération, qui ont signé après lui. M. le marquis de la Vrillière a eu la bonté de faire voir ce certificat à monseigneur le Régent.

« Ainsi il ne manquait à ma justification que de la faire connaître au public. Je le fais aujourd'hui parce que je n'ai pas eu occasion de le faire plutôt ; et je le fais avec d'autant plus de confiance, qu'il n'y a personne en France qui puisse avancer que je suis l'auteur des choses dont j'ai été accusé, ni que j'en aie débité aucune, ni même que j'en aie jamais parlé que pour marquer le mépris souverain que je fais de ces indignités.

« Je m'attends bien, etc. » (Voyez, ci-après, page 16 du texte.)

Dans l'édition de 1775, Voltaire fit des additions et corrections à ce morceau. Il y a : « Quand un homme a eu le malheur d'être calomnié une fois, on dit qu'il le sera longtemps. On m'assure que de toutes les modes de ce pays-ci, c'est celle qui dure davantage.

« La justification est venue, quoique un peu tard ; le calomniateur a signé, les larmes aux yeux, le désaveu de sa calomnie devant un secrétaire d'État ; c'est sur quoi un vieux connaisseur en vers et en hommes m'a dit : « *Oh ! le beau billet* « *qu'a La Châtre !* Continuez, mon enfant, à faire des tragédies ; renoncez à toute « profession sérieuse pour ce malheureux métier ; et comptez que vous serez « harcelé publiquement toute votre vie, puisque vous êtes assez abandonné de « Dieu pour vous faire de gaieté de cœur un homme public. » Il m'en a cité cent exemples ; il m'a donné les meilleures raisons du monde pour me détourner de faire des vers. Que lui ai-je répondu ? Des vers.

« Je me suis donc aperçu de bonne heure qu'on ne peut ni résister à son goût dominant, ni vaincre sa destinée. Pourquoi la nature force-t-elle un homme à calculer, celui-ci à faire rimer des syllabes, cet autre à former des croches et des rondes sur des lignes parallèles ?

> « Scit Genius, natale comes qui temperat astrum. »
> HORACE, II, épître II, v. 187.

« Mais on prétend que tous peuvent dire :

> « Ploravero suis non respondere favorem
> « Speratum meritis. »
> *Id.*, II, épître Ire, v. 2.

« Boileau disait à Racine (épître VII, 43-45) :

> « Cesse de t'étonner si l'Envie animée,
> « Attachant à ton nom sa rouille envenimée,
> « La calomnie en main, quelquefois te poursuit. »

« Scudéri et l'abbé d'Aubignac calomniaient Corneille ; Montfleury et toute sa une raison qui puisse faire croire que j'ai fait les vers de M. Le Brun.

Hos Le Brun versiculos fecit; tulit alter honores.

J'apprends que c'est un des avantages attachés à la littérature, et surtout à la poésie, d'être exposé à être accusé sans cesse de toutes les sottises qui courent la ville. On vient de me montrer une épître de l'abbé de Chaulieu au marquis de La Fare, dans laquelle il se plaint de cette injustice. Voici le passage :

> . . . .
> Accort, insinuant, et quelquefois flatteur,
>   J'ai su d'un discours enchanteur
>   Tout l'usage que pouvait faire
>   Beaucoup d'imagination,
>   Qui rejoignît avec adresse,
>   Au tour précis, à la justesse,
>   Le charme de la fiction.
> . . . .
>
> Chapelle, par malheur, ...
> . . . . comme moi libertin,
>   Entre les amours et le vin,
>   M'apprit, sans rabot et sans lime,
>   L'art d'attraper facilement,

troupe calomniaient Molière ; Térence se plaint dans ses prologues (*Andria*, prol., 5-7) d'être calomnié par un vieux poëte ; Aristophane calomnia Socrate ; Homère fut calomnié par Margitès. C'est là l'histoire de tous les arts et de toutes les professions.

« Il s'est trouvé des gens, etc. » (Voyez, dans le texte, page 16, l'alinéa qui commence ainsi.)

« Vous savez comment M. le Régent a daigné me consoler de ces petites persécutions ; vous savez quel beau présent il m'a fait. Je ne dirai pas, comme Chapelain disait de Louis XIII :

> « Les trois fois mille francs qu'il met dans ma famille
> « Témoignent mon mérite, et font connaître assez
> « Qu'il ne hait pas mes vers, pour être un peu forcés. »

« Chœrile, Chapelain et moi, nous avons été tous trois trop bien payés pour de mauvais vers.

« *Retulit acceptos, regale numisma, Philippos.* »
HORACE, II, épître I, v. 234.

« Le Régent, qui s'appelle Philippe, rend la comparaison parfaite. Ne nous enorgueillissons ni des méchancetés de nos ennemis, ni des bontés de nos protecteurs : on peut être avec tout cela un homme très-médiocre ; on peut être récompensé et envié sans aucun mérite.

« Mais il faut convenir que c'est un grand bonheur pour les lettres, etc. » (La fin comme dans le texte.)

L'édition de Kehl est la première qui ait donné le texte actuel. Le présent fait par le Régent à Voltaire était une pension de 2,000 francs. (B.)

Sans être esclave de la rime,
Ce tour aisé, cet enjoûment
Qui seul peut faire le sublime.

Que ne m'ont point coûté ces funestes talents !
Dès que j'eus bien ou mal rimé quelque sornette,
Je me vis, tout en même temps,
Affublé du nom de poëte.
Dès lors on ne fit de chanson,
On ne lâcha de vaudeville,
Que, sans rime ni sans raison,
On ne me donnât par la ville.

Sur la foi d'un ricanement,
Qui n'était que l'effet d'un gai tempérament,
Dont je fis, j'en conviens, assez peu de scrupule,
Les fats crurent qu'impunément
Personne devant moi ne serait ridicule.
Ils m'ont fait là-dessus mille injustes procès :
J'eus beau les souffrir et me taire,
On m'imputa des vers que je n'ai jamais faits ;
C'est assez que j'en susse faire.

Ces vers, monsieur, ne sont pas dignes de l'auteur de *la Tocane* et de *la Retraite* ; vous les trouverez bien plats[1], et aussi remplis de fautes que d'une vanité ridicule. Je vous les cite comme une autorité en ma faveur ; mais j'aime mieux vous citer l'autorité de Boileau. Il ne répondit un jour aux compliments d'un campagnard qui le louait d'une impertinente satire contre les évêques, très-fameuse parmi la canaille, qu'en répétant à ce pauvre louangeur :

Vient-il de la province une satire fade,
D'un plaisant du pays insipide boutade ;
Pour la faire courir on dit qu'elle est de moi,
Et le sot campagnard le croit de bonne foi.

BOILEAU, épître VI, vers 69-72.

Je ne suis ni ne serai Boileau ; mais les mauvais vers de M. Le Brun m'ont attiré des louanges et des persécutions qu'assurément je ne méritais pas.

1. Tout ce morceau fut retranché dans l'édition qu'on fit de ces lettres, parce qu'on ne voulut pas affliger l'abbé de Chaulieu : on doit des égards aux vivants ; on ne doit aux morts que la vérité. — Cette note est posthume, ainsi que le passage auquel elle se rapporte. Cependant la sentence qui la termine est citée par Trublet, page 139 de ses *Mémoires pour servir à l'histoire de Fontenelle*, 1759 ou 1761, in-12. (B.)

¹ Je m'attends bien que plusieurs personnes, accoutumées à juger de tout sur le rapport d'autrui, seront étonnées de me trouver si innocent, après m'avoir cru, sans me connaître, coupable des plus plats vers du temps présent. Je souhaite que mon exemple puisse leur apprendre à ne plus précipiter leurs jugements sur les apparences les plus frivoles, et à ne plus condamner ce qu'ils ne connaissent pas. On rougirait bientôt de ses décisions, si l'on voulait réfléchir sur les raisons par lesquelles on se détermine.

² Il s'est trouvé des gens qui ont cru sérieusement que l'auteur de la tragédie d'*Atrée* était un méchant homme, parce qu'il avait rempli la coupe d'Atrée du sang du fils de Thyeste; et aujourd'hui il y a des consciences timorées qui prétendent que je n'ai point de religion, parce que Jocaste se défie des oracles d'Apollon. C'est ainsi qu'on décide presque toujours dans le monde³; et ceux qui sont accoutumés à juger de la sorte ne se corrigeront pas par la lecture de cette lettre; peut-être même ne la liront-ils point.

Je ne prétends donc point ici faire taire la calomnie, elle est trop inséparable des succès; mais du moins il m'est permis de souhaiter que ceux qui ne sont en place que pour rendre justice ne fassent point des malheureux sur le rapport vague et incertain du premier calomniateur. Faudra-t-il donc qu'on regarde désormais comme un malheur d'être connu par les talents de l'esprit, et qu'un homme soit persécuté dans sa patrie, uniquement parce qu'il court une carrière dans laquelle il peut faire honneur à sa patrie même?

Ne croyez pas, monsieur, que je compte parmi les preuves de mon innocence le présent dont M. le Régent a daigné m'honorer; cette bonté pourrait n'être qu'une marque de sa clémence; il est au nombre des princes qui, par des bienfaits, savent lier à leur devoir ceux mêmes qui s'en sont écartés. Une preuve plus sûre de mon innocence, c'est qu'il a daigné dire que je n'étais point

---

1. Cet alinéa existait dès 1719, ainsi que presque tout le reste de cette lettre. (B.)

2. La plus grande partie de cet alinéa est aussi de 1719. (B.)

3. Dans la première édition de 1719, on lisait : « ... d'Apollon. Voilà comme on décide presque toujours dans le monde; et rien n'est si dangereux que de se faire connaître par les talents de l'esprit qui, en donnant à un homme un peu de célébrité, ne font que prêter des armes à la calomnie. Ne croyez, etc. » L'alinéa qui commence par les mots : « Je ne prétends point, etc. », fut ajouté dans la seconde édition de 1719. (B.)

coupable, et qu'il a reconnu la calomnie lorsque le temps a permis qu'il pût la découvrir.

Je ne regarde point non plus cette grâce que monseigneur le duc d'Orléans m'a faite comme une récompense de mon travail, qui ne méritait tout au plus que son indulgence; il a moins voulu me récompenser que m'engager à mériter sa protection [1].

Sans parler de moi, c'est un grand bonheur pour les lettres que nous vivions sous un prince qui aime les beaux-arts autant qu'il hait la flatterie, et dont on peut obtenir la protection plutôt par de bons ouvrages que par des louanges, pour lesquelles il a un dégoût peu ordinaire dans ceux qui, par leur naissance et par leur rang, sont destinés à être loués toute leur vie.

LETTRE II

Monsieur, avant que de vous faire lire ma tragédie, souffrez que je vous prévienne sur le succès qu'elle a eu, non pas pour m'en applaudir, mais pour vous assurer combien je m'en défie.

Je sais que les premiers applaudissements du public ne sont pas toujours de sûrs garants de la bonté d'un ouvrage. Souvent un auteur doit le succès de sa pièce ou à l'art des acteurs qui la jouent, ou à la décision de quelques amis accrédités dans le monde, qui entraînent pour un temps les suffrages de la multitude; et le public est étonné, quelques mois après, de s'ennuyer à la lecture du même ouvrage qui lui arrachait des larmes dans la représentation.

Je me garderai donc bien de me prévaloir d'un succès peut-être passager, et dont les comédiens ont plus à s'applaudir que moi-même.

On ne voit que trop d'auteurs dramatiques qui impriment à la tête de leurs ouvrages des préfaces pleines de vanité; « qui comptent les princes et les princesses qui sont venus pleurer aux représentations; qui ne donnent d'autres réponses à leurs censeurs que l'approbation du public »; et qui enfin, après s'être placés à côté de Corneille et de Racine, se trouvent confondus dans la foule des mauvais auteurs, dont ils sont les seuls qui s'exceptent.

J'éviterai du moins ce ridicule; je vous parlerai de ma pièce

---

1. Dans les éditions de 1719, on lisait de plus ici cette phrase : « L'envie de lui plaire me tiendra lieu désormais de génie. » (B.)

plus pour avouer mes défauts que pour les excuser; mais aussi je traiterai Sophocle et Corneille avec autant de liberté que je me traiterai avec justice.

J'examinerai les trois *Œdipes* avec une égale exactitude. Le respect que j'ai pour l'antiquité de Sophocle et pour le mérite de Corneille ne m'aveuglera pas sur leurs défauts; l'amour-propre ne m'empêchera pas non plus de trouver les miens. Au reste, ne regardez point ces dissertations comme les décisions d'un critique orgueilleux, mais comme les doutes d'un jeune homme qui cherche à s'éclairer. La décision ne convient ni à mon âge, ni à mon peu de génie; et si la chaleur de la composition m'arrache quelques termes peu mesurés, je les désavoue d'avance, et je déclare que je ne prétends parler affirmativement que sur mes fautes.

LETTRE III

CONTENANT LA CRITIQUE DE L'OEDIPE DE SOPHOCLE[1].

Monsieur, mon peu d'érudition ne me permet pas d'examiner « si la tragédie de Sophocle fait son imitation par le discours, le nombre et l'harmonie; ce qu'Aristote appelle expressément un discours agréablement assaisonné[2] ». Je ne discuterai pas non plus « si c'est une pièce du premier genre, simple et implexe : simple parce qu'elle n'a qu'une simple catastrophe; et implexe, parce qu'elle a la reconnaissance avec la péripétie ».

Je vous rendrai seulement compte avec simplicité des endroits qui m'ont révolté, et sur lesquels j'ai besoin des lumières de ceux qui, connaissant mieux que moi les anciens, peuvent mieux excuser tous leurs défauts.

La scène ouvre, dans Sophocle, par un chœur de Thébains prosternés au pied des autels, et qui, par leurs larmes et par leurs cris, demandent aux dieux la fin de leurs calamités. Œdipe, leur libérateur et leur roi, paraît au milieu d'eux.

« Je suis Œdipe, leur dit-il, si vanté par tout le monde. » Il y a quelque apparence que les Thébains n'ignoraient pas qu'il s'appelait Œdipe.

---

1. Sophocle est mieux apprécié par Voltaire dans l'*Épître dédicatoire à la duchesse du Maine*, qui est en tête d'*Oreste*. Une critique de cette troisième lettre parut en 1719; voyez le n° V de ma note, page 9. (B.)
2. M. Dacier, préface sur l'*OEdipe* de Sophocle.

A l'égard de cette grande réputation dont il se vante, M. Dacier dit que c'est une adresse de Sophocle, qui veut fonder par là le caractère d'Œdipe, qui est orgueilleux.

« Mes enfants, dit Œdipe, quel est le sujet qui vous amène ici ? » Le grand-prêtre lui répond : « Vous voyez devant vous des jeunes gens et des vieillards. Moi qui vous parle, je suis le grand-prêtre de Jupiter. Votre ville est comme un vaisseau battu de la tempête ; elle est prête d'être abîmée, et n'a pas la force de surmonter les flots qui fondent sur elle. » De là le grand-prêtre prend occasion de faire une description de la peste, dont Œdipe était aussi bien informé que du nom et de la qualité du grand-prêtre de Jupiter. D'ailleurs ce grand-prêtre rend-il son homélie bien pathétique, en comparant une ville pestiférée, couverte de morts et de mourants, à un vaisseau battu par la tempête ? Ce prédicateur ne savait-il pas qu'on affaiblit les grandes choses quand on les compare aux petites ?

Tout cela n'est guère une preuve de cette perfection où on prétendait, il y a quelques années, que Sophocle avait poussé la tragédie ; et il ne paraît pas qu'on ait si grand tort dans ce siècle de refuser son admiration à un poëte qui n'emploie d'autre artifice pour faire connaître ses personnages que de faire dire à l'un : « Je m'appelle Œdipe, si vanté par tout le monde » ; et à l'autre : « Je suis le grand-prêtre de Jupiter. » Cette grossièreté n'est plus regardée aujourd'hui comme une noble simplicité.

La description de la peste est interrompue par l'arrivée de Créon, frère de Jocaste, que le roi avait envoyé consulter l'oracle, et qui commence par dire à Œdipe :

« Seigneur, nous avons eu autrefois un roi qui s'appelait Laïus.

ŒDIPE.

Je le sais, quoique je ne l'aie jamais vu.

CRÉON.

Il a été assassiné, et Apollon veut que nous punissions ses meurtriers.

ŒDIPE.

Fut-ce dans sa maison ou à la campagne que Laïus fut tué ? »

Il est déjà contre la vraisemblance qu'Œdipe, qui règne depuis si longtemps, ignore comment son prédécesseur est mort ; mais qu'il ne sache pas même si c'est aux champs ou à la ville que ce meurtre a été commis, et qu'il ne donne pas la moindre raison ni la moindre excuse de son ignorance, j'avoue que je ne connais point de terme pour exprimer une pareille absurdité.

C'est une faute du sujet, dit-on, et non de l'auteur : comme si ce n'était pas à l'auteur à corriger son sujet lorsqu'il est défectueux ! Je sais qu'on peut me reprocher à peu près la même faute; mais aussi je ne me ferai pas plus de grâce qu'à Sophocle, et j'espère que la sincérité avec laquelle j'avouerai mes défauts justifiera la hardiesse que je prends de relever ceux d'un ancien.

Ce qui suit me paraît également éloigné du sens commun. OEdipe demande s'il ne revint personne de la suite de Laïus à qui on puisse en demander des nouvelles; on lui répond « qu'un de ceux qui accompagnaient ce malheureux roi, s'étant sauvé, vint dire dans Thèbes que Laïus avait été assassiné par des voleurs, qui n'étaient pas en petit, mais en grand nombre ».

Comment se peut-il faire qu'un témoin de la mort de Laïus dise que son maître a été accablé sous le nombre, lorsqu'il est pourtant vrai que c'est un homme seul qui a tué Laïus et toute sa suite?

Pour comble de contradiction, OEdipe dit au second acte qu'il a ouï dire que Laïus avait été tué par des voyageurs, mais qu'il n'y a personne qui dise l'avoir vu; et Jocaste, au troisième acte, en parlant de la mort de ce roi, s'explique ainsi à OEdipe :

« Soyez bien persuadé, seigneur, que celui qui accompagnait Laïus a rapporté que son maître avait été assassiné par des voleurs : il ne saurait changer présentement ni parler d'une autre manière; toute la ville l'a entendu comme moi. »

Les Thébains auraient été bien plus à plaindre, si l'énigme du sphinx n'avait pas été plus aisée à deviner que toutes ces contradictions [1].

Mais ce qui est encore plus étonnant, ou plutôt ce qui ne l'est point après de telles fautes contre la vraisemblance, c'est qu'OEdipe, lorsqu'il apprend que Phorbas vit encore, ne songe pas seulement à le faire chercher; il s'amuse à faire des imprécations et à consulter des oracles, sans donner ordre qu'on amène devant lui le seul homme qui pouvait lui fournir [2] des lumières. Le chœur lui-même, qui est si intéressé à voir finir les malheurs de Thèbes, et qui donne toujours des conseils à OEdipe, ne lui donne pas celui d'interroger ce témoin de la mort du feu roi; il le prie seulement d'envoyer chercher Tirésie.

Enfin Phorbas arrive au quatrième acte. Ceux qui ne connaissent point Sophocle s'imaginent sans doute qu'OEdipe, impatient

---

1. Les éditions de 1719 à 1775 portent : « que tout ce galimatias ». (B.)
2. Toutes les éditions du vivant de l'auteur portent : *donner*. (B.)

de connaître le meurtrier de Laïus et de rendre la vie aux Thébains, va l'interroger avec empressement sur la mort du feu roi. Rien de tout cela. Sophocle oublie que la vengeance de la mort de Laïus est le sujet de sa pièce : on ne dit pas un mot à Phorbas de cette aventure ; et la tragédie finit sans que Phorbas ait seulement ouvert la bouche sur la mort du roi son maître. Mais continuons à examiner de suite l'ouvrage de Sophocle.

Lorsque Créon a appris à Œdipe que Laïus a été assassiné par des voleurs qui n'étaient pas en petit, mais en grand nombre, Œdipe répond au sens de plusieurs interprètes : « Comment des voleurs auraient-ils pu entreprendre cet attentat, puisque Laïus n'avait point d'argent sur lui ? » La plupart des autres scoliastes entendent autrement ce passage, et font dire à Œdipe : « Comment des voleurs auraient-ils pu entreprendre cet attentat, si on ne leur avait donné de l'argent ? » Mais ce sens-là n'est guère plus raisonnable que l'autre : on sait que des voleurs n'ont pas besoin qu'on leur promette de l'argent pour les engager à faire un mauvais coup.

Et puisqu'il dépend souvent des scoliastes de faire dire tout ce qu'ils veulent à leurs auteurs, que leur coûterait-il de leur donner un peu de bon sens ?

Œdipe, au commencement du second acte, au lieu de mander Phorbas, fait venir devant lui Tirésie. Le roi et le devin commencent par se mettre en colère l'un contre l'autre. Tirésie finit par lui dire :

« C'est vous qui êtes le meurtrier de Laïus. Vous vous croyez fils de Polybe, roi de Corinthe, vous ne l'êtes point ; vous êtes Thébain. La malédiction de votre père et de votre mère vous a autrefois éloigné de cette terre ; vous y êtes revenu, vous avez tué votre père, vous avez épousé votre mère, vous êtes l'auteur d'un inceste et d'un parricide ; et si vous trouvez que je mente, dites que je ne suis pas prophète. »

Tout cela ne ressemble guère à l'ambiguïté ordinaire des oracles : il était difficile de s'expliquer moins obscurément ; et si vous joignez aux paroles de Tirésie le reproche qu'un ivrogne a fait autrefois à Œdipe qu'il n'était pas fils de Polybe, et l'oracle d'Apollon qui lui prédit qu'il tuerait son père et qu'il épouserait sa mère, vous trouverez que la pièce est entièrement finie au commencement de ce second acte.

Nouvelle preuve que Sophocle n'avait pas perfectionné son art, puisqu'il ne savait pas préparer les événements, ni cacher sous le voile le plus mince la catastrophe de ses pièces.

Allons plus loin. Œdipe traite Tirésie de *fou* et de *vieux enchanteur* : cependant, à moins que l'esprit ne lui ait tourné, il doit le regarder comme un véritable prophète. Eh! de quel étonnement et de quelle horreur ne doit-il point être frappé en apprenant de la bouche de Tirésie tout ce qu'Apollon lui a prédit autrefois? Quel retour ne doit-il point faire sur lui-même en apprenant ce rapport fatal qui se trouve entre les reproches qu'on lui a faits à Corinthe qu'il n'était qu'un fils supposé, et les oracles de Thèbes qui lui disent qu'il est Thébain? entre Apollon qui lui a prédit qu'il épouserait sa mère et qu'il tuerait son père, et Tirésie qui lui apprend que ses destins affreux sont remplis? Cependant, comme s'il avait perdu la mémoire de ces événements épouvantables, il ne lui vient d'autre idée que de soupçonner Créon, son *ancien et fidèle ami* (comme il l'appelle), d'avoir tué Laïus; et cela, sans aucune raison, sans aucun fondement, sans que le moindre jour puisse autoriser ses soupçons, et (puisqu'il faut appeler les choses par leur nom) avec une extravagance dont il n'y a guère d'exemple parmi les modernes, ni même parmi les anciens.

« Quoi! tu oses paraître devant moi! dit-il à Créon; tu as l'audace d'entrer dans ce palais, toi qui es assurément le meurtrier de Laïus, et qui as manifestement conspiré contre moi pour me ravir ma couronne!

« Voyons, dis-moi, au nom des dieux, as-tu remarqué en moi de la lâcheté ou de la folie pour que tu aies entrepris un si hardi dessein? N'est-ce pas la plus folle de toutes les entreprises que d'aspirer à la royauté sans troupes et sans amis, comme si, sans ce secours, il était aisé de monter au trône? »

Créon lui répond :

« Vous changerez de sentiment si vous me donnez le temps de parler. Pensez-vous qu'il y ait un homme au monde qui préférât d'être roi, avec toutes les frayeurs et toutes les craintes qui accompagnent la royauté, à vivre dans le sein du repos avec toute la sûreté d'un particulier qui, sous un autre nom, posséderait la même puissance? »

Un prince qui serait accusé d'avoir conspiré contre son roi, et qui n'aurait d'autre preuve de son innocence que le verbiage de Créon, aurait besoin de la clémence de son maître. Après tous ces grands discours, étrangers au sujet, Créon demande à OEdipe :

« Voulez-vous me chasser du royaume[1]?

OEDIPE.

Ce n'est pas ton exil que je veux; je te condamne à la mort.

---

1. On avertit qu'on a suivi partout la traduction de M. Dacier. *(Note de l'auteur.)*

CRÉON.

Il faut que vous fassiez voir auparavant si je suis coupable.

OEDIPE.

Tu parles en homme résolu de ne pas obéir.

CRÉON.

C'est parce que vous êtes injuste.

OEDIPE.

Je prends mes sûretés.

CRÉON.

Je dois prendre aussi les miennes.

OEDIPE.

O Thèbes! Thèbes!

CRÉON.

Il m'est permis de crier aussi : Thèbes! Thèbes! »

Jocaste vient pendant ce beau discours, et le chœur la prie d'emmener le roi ; proposition très-sage, car, après toutes les folies qu'OEdipe vient de faire, on ne ferait pas mal de l'enfermer.

JOCASTE.

« J'emmènerai mon mari quand j'aurai appris la cause de ce désordre.

LE CHOEUR.

OEdipe et Créon ont eu ensemble des paroles sur des rapports fort incertains. On se pique souvent sur des soupçons très-injustes.

JOCASTE.

Cela est-il venu de l'un et de l'autre ?

LE CHOEUR.

Oui, madame.

JOCASTE.

Quelles paroles ont-ils donc eues ?

LE CHOEUR.

C'est assez, madame ; les princes n'ont pas poussé la chose plus loin, et cela suffit. »

Effectivement, comme si cela suffisait, Jocaste n'en demande pas davantage au chœur.

C'est dans cette scène qu'OEdipe raconte à Jocaste qu'un jour, à table, un homme ivre lui reprocha qu'il était un fils supposé : « J'allai, continue-t-il, trouver le roi et la reine ; je les interrogeai sur ma naissance ; ils furent tous deux très-fâchés du reproche qu'on m'avait fait. Quoique je les aimasse avec beaucoup de tendresse, cette injure, qui était devenue publique, ne laissa pas de me demeurer sur le cœur, et de me donner des soupçons. Je partis donc, à leur insu, pour aller à Delphes : Apollon ne daigna pas répondre précisément à ma demande ; mais il me dit les choses les plus affreuses et les plus épouvantables dont on ait jamais ouï parler : que j'épouserais infailliblement ma propre mère ; que je ferais voir aux hommes une race malheureuse qui les remplirait d'horreur, et que je serais le meurtrier de mon père. »

Voilà encore la pièce finie. On avait prédit à Jocaste que son fils tremperait ses mains dans le sang de Laïus, et porterait ses crimes jusqu'au lit de sa mère. Elle avait fait exposer ce fils sur le mont Cithéron, et lui avait fait percer les talons (comme elle l'avoue dans cette même scène) : OEdipe porte encore les cicatrices de cette blessure ; il sait qu'on lui a reproché qu'il n'était point fils de Polybe : tout cela n'est-il pas pour OEdipe et pour Jocaste une démonstration de leurs malheurs ? et n'y a-t-il pas un aveuglement ridicule à en douter ?

Je sais que Jocaste ne dit point dans cette scène qu'elle dût un jour épouser son fils ; mais cela même est une nouvelle faute. Car, lorsque OEdipe dit à Jocaste : « On m'a prédit que je souillerais le lit de ma mère, et que mon père serait massacré par mes mains », Jocaste doit répondre sur-le-champ : « On en avait prédit autant à mon fils » ; ou du moins elle doit faire sentir au spectateur qu'elle est convaincue, dans ce moment, de son malheur.

Tant d'ignorance dans OEdipe et dans Jocaste n'est qu'un artifice grossier du poëte, qui, pour donner à sa pièce une juste étendue, fait filer jusqu'au cinquième acte une reconnaissance déjà manifestée au second, et qui viole les règles du sens commun pour ne point manquer en apparence à celles du théâtre.

Cette même faute subsiste dans tout le cours de la pièce.

Cet OEdipe, qui expliquait les énigmes, n'entend pas les choses les plus claires. Lorsque le pasteur de Corinthe lui apporte la nouvelle de la mort de Polybe, et qu'il lui apprend que Polybe n'était pas son père, qu'il a été exposé par un Thébain sur le mont Cithéron, que ses pieds avaient été percés et liés avec des courroies, OEdipe ne soupçonne rien encore : il n'a d'autre crainte que d'être né d'une famille obscure ; et le chœur, toujours présent dans le cours de la pièce, ne prête aucune attention à tout ce qui aurait dû instruire OEdipe de sa naissance. Le chœur, qu'on donne pour une assemblée de gens éclairés, montre aussi peu de pénétration qu'OEdipe ; et, dans le temps que les Thébains devraient être saisis de pitié et d'horreur à la vue des malheurs dont ils sont témoins, il s'écrie : « Si je puis juger de l'avenir, et si je ne me trompe dans mes conjectures, Cithéron, le jour de demain ne se passera pas que vous ne nous fassiez connaître la patrie et la mère d'OEdipe, et que nous ne menions des danses en votre honneur, pour vous rendre grâces du plaisir que vous aurez fait à nos princes. Et vous, prince, duquel des dieux êtes-vous donc fils ? Quelle nymphe vous a eu de Pan, dieu des montagnes? Êtes-vous le fruit des amours d'Apollon ? car Apollon se plaît aussi sur les montagnes. Est-ce Mercure ou Bacchus, qui se tient aussi sur les sommets des montagnes? etc. »

Enfin celui qui a autrefois exposé OEdipe arrive sur la scène. OEdipe l'interroge sur sa naissance; curiosité que M. Dacier condamne après Plutarque, et qui me paraîtrait la seule chose raisonnable qu'OEdipe eût faite dans toute la pièce, si cette juste envie de se connaître n'était pas accompagnée d'une ignorance ridicule de lui-même.

OEdipe sait donc enfin tout son sort au quatrième acte. Voilà donc encore la pièce finie.

M. Dacier, qui a traduit l'*OEdipe* de Sophocle, prétend que le spectateur attend avec beaucoup d'impatience le parti que prendra Jocaste, et la manière dont OEdipe accomplira sur lui-même les malédictions qu'il a prononcées contre le meurtrier de Laïus. J'avais été séduit là-dessus par le respect que j'ai pour ce savant homme, et j'étais de son sentiment lorsque je lus sa traduction. La représentation de ma pièce m'a bien détrompé; et j'ai reconnu qu'on peut sans péril louer tant qu'on veut les poëtes grecs, mais qu'il est dangereux de les imiter.

J'avais pris dans Sophocle une partie du récit de la mort de Jocaste et de la catastrophe d'OEdipe. J'ai senti que l'attention du spectateur diminuait avec son plaisir au récit de cette catastrophe : les esprits, remplis de terreur au moment de la reconnaissance, n'écoutaient plus qu'avec dégoût la fin de la pièce. Peut-être que la médiocrité des vers en était la cause ; peut-être que le spectateur, à qui cette catastrophe est connue, regrettait de n'entendre rien de nouveau ; peut-être aussi que la terreur ayant été poussée à son comble, il était impossible que le reste ne parût languissant. Quoi qu'il en soit, je me suis cru obligé[1] de retrancher ce récit, qui n'était pas de plus de quarante vers ; et dans Sophocle, il tient tout le cinquième acte. Il y a grande apparence qu'on ne doit point passer à un ancien deux ou trois cents vers inutiles, lorsqu'on n'en passe pas quarante à un moderne.

M. Dacier avertit dans ses notes que la pièce de Sophocle n'est point finie au quatrième acte. N'est-ce pas avouer qu'elle est finie que d'être obligé de prouver qu'elle ne l'est pas? On ne se trouve

---

1. Toutes les éditions du vivant de l'auteur portent : « j'ai été obligé ». (B.)

pas dans la nécessité de faire de pareilles notes sur les tragédies de Racine et de Corneille; il n'y a que *les Horaces* qui auraient besoin d'un tel commentaire; mais le cinquième acte des *Horaces* n'en paraîtrait pas moins défectueux.

Je ne puis m'empêcher de parler ici d'un endroit du cinquième acte de Sophocle, que Longin a admiré, et que Despréaux a traduit[1] :

> Hymen, funeste hymen, tu m'as donné la vie;
> Mais dans ces mêmes flancs où je fus renfermé
> Tu fais rentrer ce sang dont tu m'avais formé;
> Et par là tu produis et des fils et des pères,
> Des frères, des maris, des femmes et des mères,
> Et tout ce que du sort la maligne fureur
> Fit jamais voir au jour et de honte et d'horreur.

Premièrement, il fallait exprimer que c'est dans la même personne qu'on trouve ces mères et ces maris; car il n'y a point de mariage qui ne produise de tout cela. En second lieu, on ne passerait point aujourd'hui à Œdipe de faire une si curieuse recherche des circonstances de son crime, et d'en combiner ainsi toutes les horreurs; tant d'exactitude à compter tous ses titres incestueux, loin d'ajouter à l'atrocité de l'action, semble plutôt l'affaiblir.

Ces deux vers de Corneille[2] disent beaucoup plus :

> Ce sont eux qui m'ont fait l'assassin de mon père;
> Ce sont eux qui m'ont fait le mari de ma mère.

Les vers de Sophocle sont d'un déclamateur, et ceux de Corneille sont d'un poëte.

Vous voyez que, dans la critique de l'*Œdipe* de Sophocle, je ne me suis attaché à relever que les défauts qui sont de tous les temps et de tous les lieux : les contradictions, les absurdités, les vaines déclamations, sont des fautes par tout pays. Je ne suis point étonné que, malgré tant d'imperfections, Sophocle ait surpris l'admiration de son siècle : l'harmonie de ses vers et le pathétique qui règne dans son style ont pu séduire les Athéniens, qui, avec tout leur esprit et toute leur politesse, ne pouvaient avoir une juste idée de la perfection d'un art qui était encore dans son enfance.

Sophocle touchait au temps où la tragédie fut inventée : Eschyle, contemporain de Sophocle, était le premier qui se fût[3] avisé de

---

1. *Traité du sublime*, chapitre XIX.
2. *Œdipe*, V, v.
3. Toutes les éditions du vivant de l'auteur portent : « qui s'était ». (B.)

mettre plusieurs personnages sur la scène. Nous sommes aussi touchés de l'ébauche la plus grossière dans les premières découvertes d'un art, que des beautés les plus achevées lorsque la perfection nous est une fois connue. Ainsi Sophocle et Euripide, tout imparfaits qu'ils sont, ont autant réussi chez les Athéniens que Corneille et Racine parmi nous. Nous devons nous-mêmes, en blâmant les tragédies des Grecs, respecter le génie de leurs auteurs : leurs fautes sont sur le compte de leur siècle, leurs beautés n'appartiennent qu'à eux ; et il est à croire que, s'ils étaient nés de nos jours, ils auraient perfectionné l'art qu'ils ont presque inventé de leur temps.

Il est vrai qu'ils sont bien déchus de cette haute estime où ils étaient autrefois : leurs ouvrages sont aujourd'hui ou ignorés ou méprisés ; mais je crois que cet oubli et ce mépris sont au nombre des injustices dont on peut accuser notre siècle. Leurs ouvrages méritent d'être lus, sans doute ; et, s'ils sont trop défectueux pour qu'on les approuve, ils sont trop pleins de beautés pour qu'on les méprise entièrement.

Euripide surtout, qui me paraît si supérieur à Sophocle, et qui serait le plus grand des poëtes s'il était né dans un temps plus éclairé, a laissé des ouvrages qui décèlent un génie parfait, malgré les imperfections de ses tragédies.

Eh! quelle idée ne doit-on point avoir d'un poëte qui a prêté des sentiments à Racine même? Les endroits que ce grand homme a traduits d'Euripide, dans son inimitable rôle[1] de Phèdre, ne sont pas les moins beaux de son ouvrage.

> Dieux, que ne suis-je assise à l'ombre des forêts!
> Quand pourrai-je, au travers d'une noble poussière,
> Suivre de l'œil un char fuyant dans la carrière?
> . . . . Insensée, où suis-je? et qu'ai-je dit?
> Où laissé-je égarer mes vœux et mon esprit?
> Je l'ai perdu, les dieux m'en ont ravi l'usage.
> Œnone, la rougeur me couvre le visage;
> Je te laisse trop voir mes honteuses douleurs,
> Et mes yeux, malgré moi, se remplissent de pleurs.
>
> *Phèdre*, I, III.

Presque toute cette scène est traduite mot pour mot d'Euripide. Il ne faut pas cependant que le lecteur, séduit par cette traduction, s'imagine que la pièce d'Euripide soit un bon ouvrage : voilà le seul bel endroit de sa tragédie, et même le seul raisonnable; car

---

1. Les éditions de 1719 à 1775 disent : « inimitable tragédie ». (B.)

c'est le seul que Racine ait imité. Et comme on ne s'avisera jamais d'approuver l'*Hippolyte* de Sénèque, quoique Racine ait pris dans cet auteur toute la déclaration de Phèdre, aussi ne doit-on pas admirer l'*Hippolyte* d'Euripide pour trente ou quarante vers qui se sont trouvés dignes d'être imités par le plus grand de nos poëtes.

Molière prenait quelquefois des scènes entières dans Cyrano de Bergerac, et disait pour son excuse : « Cette scène est bonne ; elle m'appartient de droit : je reprends mon bien partout où je le trouve[1]. »

Racine pouvait à peu près en dire autant d'Euripide.

Pour moi, après avoir dit bien du mal de Sophocle, je suis obligé de vous en dire tout le bien[2] que j'en sais : tout différent en cela des médisants, qui commencent par louer un homme, et qui finissent par le rendre ridicule.

J'avoue que peut-être sans Sophocle je ne serais jamais venu à bout de mon *Œdipe*; je ne l'aurais même jamais entrepris. Je traduisis d'abord la première scène de mon quatrième acte ; celle du grand-prêtre qui accuse le roi est entièrement de lui ; la scène des deux vieillards lui appartient encore. Je voudrais lui avoir d'autres obligations, je les avouerais avec la même bonne foi. Il est vrai que, comme je lui dois des beautés, je lui dois aussi des fautes, et j'en parlerai dans l'examen de ma pièce, où j'espère vous rendre compte des miennes.

LETTRE IV

CONTENANT LA CRITIQUE DE L'OEDIPE DE CORNEILLE[3].

Monsieur, après vous avoir fait part de mes sentiments sur l'*Œdipe* de Sophocle, je vous dirai ce que je pense de celui de Corneille. Je respecte beaucoup plus, sans doute, ce tragique français que le grec ; mais je respecte encore plus la vérité, à qui je dois les premiers égards. Je crois même que quiconque ne sait pas connaître les fautes des grands hommes est incapable de sentir le prix de leurs perfections. J'ose donc critiquer l'*Œdipe* de Corneille ; et je le ferai avec d'autant plus de liberté, que je ne crains

---

1. Partout répété, ce mot de Molière n'a pourtant rien d'authentique.
2. Les éditions antérieures à celles de Kehl portent : « le peu de bien ». (B.)
3. Comparez la critique du même *OEdipe* faite par Voltaire quarante-cinq ans plus tard, dans ses *Commentaires sur Corneille*.

pas que vous me soupçonniez de jalousie, ni que vous me reprochiez de vouloir m'égaler à lui. C'est en l'admirant que je hasarde ma censure ; et je crois avoir une estime plus véritable pour ce fameux poëte que ceux qui jugent de l'*Œdipe* par le nom de l'auteur, et non par l'ouvrage même, et qui eussent méprisé dans tout autre ce qu'ils admirent dans l'auteur de *Cinna*.

Corneille sentit bien que la simplicité ou plutôt la sécheresse de la tragédie de Sophocle ne pouvait fournir toute l'étendue qu'exigent nos pièces de théâtre. On se trompe fort lorsqu'on pense que tous ces sujets, traités autrefois avec succès par Sophocle et par Euripide, l'*Œdipe*, le *Philoctète*, l'*Électre*, l'*Iphigénie en Tauride*, sont des sujets heureux et aisés à manier : ce sont les plus ingrats et les plus impraticables ; ce sont des sujets d'une ou de deux scènes tout au plus, et non pas d'une tragédie. Je sais qu'on ne peut guère voir sur le théâtre des événements plus affreux ni plus attendrissants ; et c'est cela même qui rend le succès plus difficile. Il faut joindre à ces événements des passions qui les préparent : si ces passions sont trop fortes, elles étouffent le sujet ; si elles sont trop faibles, elles languissent. Il fallait que Corneille marchât entre ces deux extrémités, et qu'il suppléât, par la fécondité de son génie, à l'aridité de la matière. Il choisit donc l'épisode de Thésée et de Dircé ; et quoique cet épisode ait été universellement condamné, quoique Corneille eût pris dès longtemps la glorieuse habitude d'avouer ses fautes, il ne reconnut point celle-ci ; et parce que cet épisode était tout entier de son invention, il s'en applaudit dans sa préface : tant il est difficile aux plus grands hommes, et même aux plus modestes, de se sauver des illusions de l'amour-propre !

Il faut avouer que Thésée joue un étrange rôle pour un héros. Au milieu des maux les plus horribles dont un peuple puisse être accablé, il débute par dire [1] que,

> Quelque ravage affreux qu'étale ici la peste,
> L'absence aux vrais amants est encor plus funeste.

En parlant dans la troisième scène [2], à Œdipe :

> Je vous aurais fait voir un beau feu dans mon sein,
> Et tâché d'obtenir cet aveu favorable
> Qui peut faire un heureux d'un amant misérable.

1. Acte Ier, scène Ire.
2. Les éditions antérieures à l'édition de Kehl portent : *seconde scène*. Mais Voltaire ayant, dans son édition de Corneille, fait, avec raison, deux scènes de la première, il était assez naturel que les éditeurs de Voltaire suivissent la distribution qu'il avait faite, et missent ici : *troisième scène*. (B.)

.... Il est tout vrai, j'aime en votre palais ;
Chez vous est la beauté qui fait tous mes souhaits.
Vous l'aimez à l'égal d'Antigone et d'Ismène ;
Elle tient même rang chez vous et chez la reine ;
En un mot, c'est leur sœur, la princesse Dircé,
Dont les yeux...

OEdipe répond :

Quoi ! ses yeux, prince, vous ont blessé ?
Je suis fâché pour vous que la reine sa mère
Ait su vous prévenir pour un fils de son frère.
Ma parole est donnée, et je n'y puis plus rien :
Mais je crois qu'après tout ses sœurs la valent bien.

THÉSÉE.

Antigone est parfaite, Ismène est admirable :
Dircé, si vous voulez, n'a rien de comparable ;
Elles sont l'une et l'autre un chef-d'œuvre des cieux ;
Mais. . . . .
Ce n'est pas offenser deux si charmantes sœurs
Que voir en leur aînée aussi quelques douceurs.

Il faut avouer que les discours de Guillot-Gorju et de Tabarin ne sont guère différents.

Cependant l'ombre de Laïus demande un prince ou une princesse de son sang pour victime : Dircé, seul reste du sang de ce roi, est prête à s'immoler sur le tombeau de son père ; Thésée, qui veut mourir pour elle, lui fait accroire qu'il est son frère, et ne laisse pas de lui parler d'amour, malgré la nouvelle parenté[1] :

J'ai mêmes yeux encore, et vous mêmes appas. . . .
Mon cœur n'écoute point ce que le sang veut dire ;
C'est d'amour qu'il gémit, c'est d'amour qu'il soupire ;
Et, pour pouvoir sans crime en goûter la douceur,
Il se révolte exprès contre le nom de sœur.

Cependant, qui le croirait ? Thésée, dans cette même scène, se lasse de son stratagème. Il ne peut pas soutenir plus longtemps le personnage de frère ; et sans attendre que le frère de Dircé soit connu, il lui avoue toute la feinte, et la remet par là dans le péril dont il voulait la tirer, en lui disant pourtant que

. . . L'amour, pour défendre une si chère vie,
Peut faire vanité d'un peu de tromperie.

---

1. Acte IV, scène 1re.

Enfin, lorsque OEdipe reconnaît qu'il est le meurtrier de Laïus, Thésée, au lieu de plaindre ce malheureux roi, lui propose un duel pour le lendemain, et il épouse Dircé à la fin de la pièce. Ainsi la passion de Thésée fait tout le sujet de la tragédie, et les malheurs d'OEdipe n'en sont que l'épisode.

Dircé, personnage plus défectueux que Thésée, passe tout son temps à dire des injures à OEdipe et à sa mère; elle dit à Jocaste, sans détour[1], qu'elle est indigne de vivre :

> Votre second hymen put avoir d'autres causes :
> Mais j'oserai vous dire, à bien juger des choses,
> Que, pour avoir reçu la vie en votre flanc,
> J'y dois avoir sucé fort peu de votre sang.
> Celui du grand Laïus, dont je m'y suis formée,
> Trouve bien qu'il est doux d'aimer et d'être aimée;
> Mais il ne trouve pas qu'on soit digne du jour,
> Quand aux soins de sa gloire on préfère l'amour.

Il est étonnant que Corneille, qui a senti ce défaut, ne l'ait connu que pour l'excuser. « Ce manque de respect, dit-il[2], de Dircé envers sa mère ne peut être une faute de théâtre, puisque nous ne sommes pas obligés de rendre parfaits ceux que nous y faisons voir. » Non, sans doute, on n'est pas obligé de faire des gens de bien de tous ses personnages; mais les bienséances exigent du moins qu'une princesse qui a assez de vertu pour vouloir sauver son peuple aux dépens de sa vie, en ait assez pour ne point dire des injures atroces à sa mère.

Pour Jocaste, dont le rôle devrait être intéressant, puisqu'elle partage tous les malheurs d'OEdipe, elle n'en est pas même le témoin; elle ne paraît point au cinquième acte, lorsque OEdipe apprend qu'il est son fils : en un mot, c'est un personnage absolument inutile, qui ne sert qu'à raisonner avec Thésée, et à excuser les insolences de sa fille, qui agit, dit-elle,

> En amante à bon titre, en princesse avisée[3].

Finissons par examiner le rôle d'OEdipe, et avec lui la contexture du poëme.

Il commence par vouloir marier une de ses filles avant que de s'attendrir sur les malheurs des Thébains; bien plus condam-

---

1. Acte III, scène II.
2. Dans l'*Examen d'OEdipe*.
3. Acte Ier, scène V.

nable en cela que Thésée, qui, n'étant point, comme lui, chargé du salut de tout ce peuple, peut sans crime écouter sa passion.

Cependant comme il fallait bien dire, au premier acte, quelque chose du sujet de la pièce, on en touche un mot dans la cinquième scène. OEdipe soupçonne que les dieux sont irrités contre les Thébains, parce que Jocaste avait autrefois fait exposer son fils, et trompé par là les oracles des dieux qui prédisaient que ce fils tuerait son père et épouserait sa mère.

Il me semble qu'il doit croire plutôt que les dieux sont satisfaits que Jocaste ait étouffé un monstre au berceau ; et vraisemblablement ils n'ont prédit les crimes de ce fils qu'afin qu'on l'empêchât de les commettre.

Jocaste soupçonne, avec aussi peu de fondement, que les dieux punissent les Thébains de n'avoir pas vengé la mort de Laïus. Elle prétend qu'on n'a jamais pu venger cette mort : comment donc peut-elle croire que les dieux la punissent de n'avoir pas fait l'impossible ?

Avec moins de fondement encore OEdipe répond[1] :

> Pourrions-nous en punir des brigands inconnus,
> Que peut-être jamais en ces lieux on n'a vus?
> Si vous m'avez dit vrai, peut-être ai-je moi-même
> Sur trois de ces brigands vengé le diadème ;
> Au lieu même, au temps même, attaqué seul par trois,
> J'en laissai deux sans vie, et mis l'autre aux abois.

OEdipe n'a aucune raison de croire que ces trois voyageurs fussent des brigands, puisqu'au quatrième acte[2], lorsque Phorbas paraît devant lui, il lui dit :

> Et tu fus un des trois que je sus arrêter
> Dans ce passage étroit qu'il fallut disputer.

S'il ne les a arrêtés lui-même, et s'il ne les a combattus que parce qu'ils ne voulaient pas lui céder le pas, il n'a pas dû les prendre pour des voleurs, qui font ordinairement très-peu de cas des cérémonies, et qui songent plutôt à détrousser les gens qu'à leur disputer le haut du pavé.

Mais il me semble qu'il y a dans cet endroit une faute encore plus grande. OEdipe avoue à Jocaste qu'il s'est battu contre trois inconnus, au temps même et au lieu même où Laïus a été tué.

---

1. Acte Ier, scène VI.
2. Scène IV.

Jocaste sait que Laïus n'avait avec lui que deux compagnons de voyage : ne devrait-elle donc pas soupçonner que Laïus est peut-être mort de la main d'Œdipe? Cependant elle ne fait nulle attention à cet aveu ; et de peur que la pièce ne finisse au premier acte, elle ferme les yeux sur les lumières qu'Œdipe lui donne ; et, jusqu'à la fin du quatrième acte, il n'est pas dit un mot de la mort de Laïus, qui pourtant est le sujet de la pièce. Les amours de Thésée et de Dircé occupent toute la scène.

C'est au quatrième acte[1] qu'Œdipe, en voyant Phorbas, s'écrie :

> C'est un de mes brigands à la mort échappé,
> Madame, et vous pouvez lui choisir des supplices :
> S'il n'a tué Laïus, il fut un des complices.

Pourquoi prendre Phorbas pour un brigand ? et pourquoi affirmer avec tant de certitude qu'il est complice de la mort de Laïus ? Il me paraît que l'Œdipe de Corneille accuse Phorbas avec autant de légèreté que l'Œdipe de Sophocle accuse Créon.

Je ne parle point de l'acte gigantesque d'Œdipe qui tue trois hommes tout seul dans Corneille, et qui en tue sept dans Sophocle. Mais il est bien étrange qu'Œdipe se souvienne, après seize ans, de tous les traits de ces trois hommes ; « que l'un avait le poil noir, la mine assez farouche, le front cicatrisé et le regard un peu louche ; que l'autre avait le teint frais et l'œil perçant ; qu'il était chauve sur le devant et mêlé sur le derrière »; et pour rendre la chose encore moins vraisemblable, il ajoute (acte IV, scène IV) :

> On en peut voir en moi la taille et quelques traits.

Ce n'était point à Œdipe à parler de cette ressemblance ; c'était à Jocaste, qui, ayant vécu avec l'un et avec l'autre, pouvait en être bien mieux informée qu'Œdipe, qui n'a jamais vu Laïus qu'un moment en sa vie. Voilà comme Sophocle a traité cet endroit : mais il fallait que Corneille, ou n'eût point lu du tout Sophocle, ou le méprisât beaucoup, puisqu'il n'a rien emprunté de lui, ni beautés, ni défauts.

Cependant, comment se peut-il faire qu'Œdipe ait seul tué Laïus, et que Phorbas, qui a été blessé à côté de ce roi, dise pourtant qu'il a été tué par des voleurs ? Il était difficile de concilier cette contradiction ; et Jocaste, pour toute réponse, dit que

> C'est un conte
> Dont Phorbas, au retour, voulut cacher sa honte.

1. Scène IV.

Cette petite tromperie de Phorbas devait-elle être le nœud de la tragédie d'*OEdipe*? Il s'est pourtant trouvé des gens qui ont admiré cette puérilité ; et un homme distingué à la cour par son esprit m'a dit que c'était là le plus bel endroit de Corneille.

Au cinquième acte[1], OEdipe, honteux d'avoir épousé la veuve d'un roi qu'il a massacré, dit qu'il veut se bannir et retourner à Corinthe ; et cependant il envoie chercher Thésée et Dircé, pour lire

> En leur âme
> S'ils prêteraient la main à quelque sourde trame.

Eh ! que lui importent les sourdes trames de Dircé, et les prétentions de cette princesse sur une couronne à laquelle il renonce pour jamais ?

Enfin il me paraît qu'OEdipe apprend avec trop de froideur son affreuse aventure. Je sais qu'il n'est point coupable, et que sa vertu peut le consoler d'un crime involontaire ; mais s'il a assez de fermeté dans l'esprit pour sentir qu'il n'est que malheureux, doit-il se punir de son malheur ? et s'il est assez furieux et assez désespéré pour se crever les yeux, doit-il être assez froid pour dire à Dircé dans un moment si terrible [2] :

> Votre frère est connu ; le savez-vous, madame ?....
> Votre amour pour Thésée est dans un plein repos.
> . . . .
> Aux crimes, malgré moi, l'ordre du ciel m'attache ;
> Pour m'y faire tomber, à moi-même il me cache ;
> Il offre, en m'aveuglant sur ce qu'il a prédit,
> Mon père à mon épée, et ma mère à mon lit.
> Hélas ! qu'il est bien vrai qu'en vain on s'imagine
> Dérober notre vie à ce qu'il nous destine !
> Les soins de l'éviter font courir au-devant,
> Et l'adresse à le fuir y plonge plus avant.

Doit-il rester sur le théâtre à débiter plus de quatre-vingts vers avec Dircé et avec Thésée, qui est un étranger[3] pour lui, tandis que Jocaste, sa femme et sa mère, ne sait encore rien de son aventure, et ne paraît pas même sur la scène ?

Voilà à peu près les principaux défauts que j'ai cru apercevoir

---

1. Scène 1ʳᵉ.
2. Acte V, scène VII.
3. Dans les éditions antérieures à l'édition de Kehl, il y a : « qui sont deux étrangers pour lui ». (B.)

dans l'*Œdipe* de Corneille. Je m'abuse peut-être ; mais je parle de ses fautes avec la même sincérité que j'admire les beautés qui y sont répandues ; et quoique les beaux morceaux de cette pièce me paraissent très-inférieurs aux grands traits de ses autres tragédies, je désespère pourtant de les égaler jamais ; car ce grand homme est toujours au-dessus des autres, lors même qu'il n'est pas entièrement égal à lui-même.

Je ne parle point de la versification : on sait qu'il n'a jamais fait de vers si faibles et si indignes de la tragédie. En effet, Corneille ne connaissait guère la médiocrité, et il tombait dans le bas avec la même facilité qu'il s'élevait au sublime.

J'espère que vous me pardonnerez, monsieur, la témérité avec laquelle je parle, si pourtant c'en est une de trouver mauvais ce qui est mauvais, et de respecter le nom de l'auteur sans en être l'esclave.

Et quelles fautes voudrait-on que l'on relevât ? Seraient-ce celles des auteurs médiocres, dont on ignore tout, jusqu'aux défauts ? C'est sur les imperfections des grands hommes qu'il faut attacher sa critique ; car si le préjugé nous faisait admirer leurs fautes, bientôt nous les imiterions, et il se trouverait peut-être que nous n'aurions pris de ces célèbres écrivains que l'exemple de mal faire.

LETTRE V

QUI CONTIENT LA CRITIQUE DU NOUVEL ŒDIPE.

Monsieur, me voilà enfin parvenu à la partie de ma dissertation la plus aisée, c'est-à-dire à la critique de mon ouvrage ; et pour ne point perdre de temps, je commencerai par le premier défaut, qui est celui du sujet. Régulièrement, la pièce d'*Œdipe* devrait finir au premier acte. Il n'est pas naturel qu'Œdipe ignore comment son prédécesseur est mort. Sophocle ne s'est point mis du tout en peine de corriger cette faute ; Corneille, en voulant la sauver, a fait encore plus mal que Sophocle ; et je n'ai pas mieux réussi qu'eux. Œdipe, chez moi, parle ainsi à Jocaste (acte 1er, scène III) :

> On m'avait toujours dit que ce fut un Thébain
> Qui leva sur son prince une coupable main.

> [1] Pour moi, qui, sur son trône élevé par vous-même,
> Deux ans après sa mort ai ceint le diadème,
> Madame, jusqu'ici respectant vos douleurs,
> Je n'ai point rappelé le sujet de vos pleurs,
> Et, de vos seuls périls chaque jour alarmée,
> Mon âme à d'autres soins sembla't être fermée.

Ce compliment ne me paraît point une excuse valable de l'ignorance d'Œdipe. La crainte de déplaire à sa femme en lui parlant de son premier mari ne doit point du tout l'empêcher de s'informer des circonstances de la mort de son prédécesseur; c'est avoir trop de discrétion et trop peu de curiosité. Il ne lui est pas permis non plus de ne point savoir l'histoire de Phorbas : un ministre d'État ne saurait jamais être un homme assez obscur pour être en prison plusieurs années sans qu'on n'en sache rien.

Jocaste a beau dire (acte Ier, scène III) :

> Dans un château voisin conduit secrètement,
> Je dérobai sa tête à leur emportement;

on voit bien que ces deux vers ne sont mis que pour prévenir la critique; c'est une faute qu'on tâche de déguiser, mais qui n'est pas moins faute.

Voici un défaut plus considérable qui n'est pas du sujet, et dont je suis seul responsable; c'est le personnage de Philoctète. Il semble qu'il ne soit venu à Thèbes que pour y être accusé; encore est-il soupçonné peut-être un peu légèrement. Il arrive au premier acte, et s'en retourne au troisième; on ne parle de lui que dans les trois premiers actes, et on n'en dit pas un seul mot dans les deux derniers. Il contribue un peu au nœud de la pièce, et le dénoûment se fait absolument sans lui. Ainsi il paraît que ce sont deux tragédies dont l'une roule sur Philoctète et l'autre sur Œdipe.

J'ai voulu donner à Philoctète le caractère d'un héros; mais j'ai bien peur d'avoir poussé la grandeur d'âme jusqu'à la fanfaronnade. Heureusement, j'ai lu dans Mme Dacier qu'un homme peut parler avantageusement de soi lorsqu'il est calomnié. Voilà le cas où se trouve Philoctète : il est réduit par la calomnie à la nécessité de dire du bien de lui-même. Dans une autre occasion, j'aurais tâché de lui donner plus de politesse que de fierté ; et s'il s'était trouvé dans les mêmes circonstances que Sertorius et Pompée, j'aurais pris la conversation héroïque de ces

---

1. Ce vers et le suivant ne sont dans aucune édition d'*Œdipe*. La première même contient les deux qu'on lit aujourd'hui. (B.)

deux grands hommes pour modèle, quoique je n'eusse pas espéré de l'atteindre. Mais comme il est dans la situation de Nicomède, j'ai donc cru devoir le faire parler à peu près comme ce jeune prince, et qu'il lui était permis de dire : *un homme tel que moi, lorsqu'on l'outrage.* Quelques personnes s'imaginent que Philoctète était un pauvre écuyer d'Hercule, qui n'avait d'autre mérite que d'avoir porté ses flèches, et qui veut s'égaler à son maître dont il parle toujours. Cependant il est certain que Philoctète était un prince de la Grèce, fameux par ses exploits, compagnon d'Hercule, et de qui même les dieux avaient fait dépendre le destin de Troie. Je ne sais si je n'en ai point fait en quelques endroits un fanfaron; mais il est certain que c'était un héros.

Pour l'ignorance où il est, en arrivant, sur les affaires de Thèbes, je ne la trouve pas moins condamnable que celle d'OEdipe. Le mont OEta, où il avait vu mourir Hercule, n'était pas si éloigné de Thèbes qu'il ne pût savoir aisément ce qui se passait dans cette ville. Heureusement, cette ignorance vicieuse de Philoctète m'a fourni une exposition du sujet qui m'a paru assez bien reçue; et c'est ce qui me persuade que les beautés d'un ouvrage naissent quelquefois d'un défaut.

Dans toutes les tragédies, on tombe dans un écueil tout contraire. L'exposition du sujet se fait ordinairement à un personnage qui en est aussi bien informé que celui qui lui parle. On est obligé, pour mettre les auditeurs au fait, de faire dire aux principaux acteurs ce qu'ils ont dû vraisemblablement déjà dire mille fois. Le point de perfection serait de combiner tellement les événements, que l'acteur qui parle n'eût jamais dû dire ce qu'on met dans sa bouche que dans le temps même où il le dit. Telle est, entre autres exemples de cette perfection, la première scène de la tragédie de *Bajazet*. Acomat ne peut être instruit de ce qui se passe dans l'armée; Osmin ne peut savoir des nouvelles du sérail; ils se font l'un à l'autre des confidences réciproques qui instruisent et qui intéressent également le spectateur; et l'artifice de cette exposition est conduit avec un ménagement dont je crois que Racine seul était capable.

Il est vrai qu'il y a des sujets de tragédie où l'on est tellement gêné par la bizarrerie des événements, qu'il est presque impossible de réduire l'exposition de sa pièce à ce point de sagesse et de vraisemblance. Je crois, pour mon bonheur[1], que le sujet d'*OEdipe* est

---

1. On lit *bonheur* dans les éditions de 1768 et 1775. Il y a *honneur* dans celles de 1719. (B.)

de ce genre ; et il me semble que, lorsqu'on se trouve si peu maître du terrain, il faut toujours songer à être intéressant plutôt qu'exact : car le spectateur pardonne tout, hors la longueur ; et lorsqu'il est une fois ému, il examine rarement s'il a raison de l'être.

A l'égard de ce souvenir d'amour[1] entre Jocaste et Philoctète, j'ose encore dire que c'est un défaut nécessaire. Le sujet ne me fournissait rien par lui-même pour remplir les trois premiers actes ; à peine même avais-je de la matière pour les deux derniers. Ceux qui connaissent le théâtre, c'est-à-dire ceux qui sentent les difficultés de la composition aussi bien que les fautes, conviendront de ce que je dis. Il faut toujours donner des passions aux principaux personnages. Eh ! quel rôle insipide aurait joué Jocaste, si elle n'avait eu du moins le souvenir d'un amour légitime, et si elle n'avait craint pour les jours d'un homme qu'elle avait autrefois aimé[2] ?

Il est surprenant que Philoctète aime encore Jocaste après une si longue absence : il ressemble assez aux chevaliers errants, dont la profession était d'être toujours fidèles à leurs maîtresses. Mais je ne puis être de l'avis de ceux qui trouvent Jocaste trop âgée pour faire naître encore des passions : elle a pu être mariée si jeune, et il est si souvent répété dans la pièce qu'Œdipe est dans une grande jeunesse, que, sans trop presser les temps, il est aisé de voir qu'elle n'a pas plus de trente-cinq ans. Les femmes seraient bien malheureuses si on n'inspirait plus de sentiments à cet âge.

Je veux que Jocaste ait plus de soixante ans dans Sophocle et dans Corneille ; la construction de leur fable n'est pas une règle pour la mienne ; je ne suis pas obligé d'adopter leurs fictions ; et s'il leur a été permis de faire revivre dans plusieurs de leurs pièces des personnes mortes depuis longtemps, et d'en faire mourir d'autres qui étaient encore vivantes, on doit bien me passer d'ôter à Jocaste quelques années.

Mais je m'aperçois que je fais l'apologie de ma pièce au lieu de la critique que j'en avais promise ; revenons vite à la censure.

Le troisième acte n'est point fini : on ne sait pourquoi les acteurs sortent de la scène. Œdipe dit à Jocaste (acte Ier, scène v) :

> Suivez mes pas, rentrons ; il faut que j'éclaircisse
> Un soupçon que je forme avec trop de justice.

---

1. Les éditions antérieures à celles de Kehl portent : « A l'égard de l'amour de Jocaste et de Philoctète ». (B.)
2. Voyez l'épître dédicatoire d'*Oreste* à la duchesse du Maine.

> .... Suivez-moi,
> Et venez dissiper ou combler mon effroi.

Mais il n'y a pas de raison pour qu'OEdipe éclaircisse son doute plutôt derrière le théâtre que sur la scène : aussi, après avoir dit à Jocaste de le suivre, revient-il avec elle le moment d'après, et il n'y a aucune autre distinction entre le troisième et le quatrième acte que le coup d'archet qui les sépare.

La première scène du quatrième acte est celle qui a le plus réussi ; mais je ne me reproche pas moins d'avoir fait dire dans cette scène à Jocaste et à OEdipe tout ce qu'ils avaient dû s'apprendre depuis longtemps. L'intrigue n'est fondée que sur une ignorance bien peu vraisemblable : j'ai été obligé de recourir à un miracle pour couvrir ce défaut du sujet.

Je mets dans la bouche d'OEdipe (acte IV, scène 1re) :

> Enfin je me souviens qu'aux champs de la Phocide
> (Et je ne conçois pas par quel enchantement
> J'oubliais jusqu'ici ce grand événement;
> La main des dieux sur moi si longtemps suspendue
> Semble ôter le bandeau qu'ils mettaient sur ma vue) :
> Dans un chemin étroit je trouvai deux guerriers, etc.

Il est manifeste que c'était au premier acte qu'OEdipe devait raconter cette aventure de la Phocide; car, dès qu'il apprend de la bouche du grand-prêtre que les dieux demandent la punition du meurtrier de Laïus, son devoir est de s'informer scrupuleusement et sans délai de toutes les circonstances de ce meurtre. On doit lui répondre que Laïus a été tué en Phocide, dans un chemin étroit, par deux étrangers; et lui, qui sait que, dans ce temps-là même, il s'est battu contre deux étrangers en Phocide, doit soupçonner dès ce moment que Laïus a été tué de sa main. Il est triste d'être obligé, pour cacher cette faute, de supposer que la vengeance des dieux ôte dans un temps la mémoire à OEdipe, et la lui rend dans un autre. La scène suivante d'OEdipe et de Phorbas me paraît bien moins intéressante chez moi que dans Corneille. OEdipe, dans ma pièce, est déjà instruit de son malheur avant que Phorbas achève de l'en persuader; Phorbas ne laisse l'esprit du spectateur dans aucune incertitude, il ne lui inspire aucune surprise, il ne doit donc point l'intéresser. Dans Corneille, au contraire, OEdipe, loin de se douter d'être le meurtrier de Laïus, croit en être le vengeur, et il se convainc lui-même en voulant convaincre Phorbas. Cet artifice de Corneille serait admirable, si OEdipe avait

quelque lieu de croire que Phorbas est coupable, et si le nœud de
la pièce n'était pas fondé sur un mensonge puéril.

>C'est un conte
>Dont Phorbas, au retour, voulut cacher sa honte.
>Acte IV, scène IV.

Je ne pousserai pas plus loin la critique de mon ouvrage ; il
me semble que j'en ai reconnu les défauts les plus importants. On
ne doit pas en exiger davantage d'un auteur, et peut-être un censeur ne m'aurait-il pas plus maltraité. Si on me demande pourquoi
je n'ai pas corrigé ce que je condamne, je répondrai qu'il y a souvent dans un ouvrage des défauts qu'on est obligé de laisser malgré soi ; et d'ailleurs il y a peut-être autant d'honneur à avouer ses
fautes [1] qu'à les corriger. J'ajouterai encore que j'en ai ôté autant
qu'il en reste : chaque représentation de mon *Œdipe* était pour moi
un examen sévère où je recueillais les suffrages et les censures du
public, et j'étudiais son goût pour former le mien. Il faut que
j'avoue que monseigneur le prince de Conti est celui qui m'a fait
les critiques les plus judicieuses et les plus fines [2]. S'il n'était
qu'un particulier, je me contenterais d'admirer son discernement ;
mais puisqu'il est élevé au-dessus des autres par son rang autant
que par son esprit, j'ose ici le supplier d'accorder sa protection
aux belles-lettres dont il a tant de connaissance.

J'oubliais de dire que j'ai pris deux vers dans l'*Œdipe* de Corneille. L'un est au premier acte (scène Ire) :

>Ce monstre à voix humaine, aigle, femme, et lion.

L'autre est au dernier acte [3] ; c'est une traduction de Sénèque ;
Œdip., act. V, v. 950 :

>. . . . Nec sepultis mistus, et vivis tamen
>Exemptus. . .
>Et le sort qui l'accable
>Des morts et des vivants semble le séparer.

Je n'ai point fait scrupule de voler ces deux vers, parce
qu'ayant précisément la même chose à dire que Corneille, il
m'était impossible de l'exprimer mieux ; et j'ai mieux aimé donner

---

1. C'est ainsi qu'on lit dès la seconde édition. Mais dans la première, il y a :
« Et d'ailleurs j'ai peut-être autant de plaisir à les avouer que j'en aurais à les
corriger ». (B.)

2. Il est tout naturel que Voltaire encense ici le prince de Conti, qui, après
la première représentation d'*OEdipe*, lui adressa une pièce de vers enthousiaste.

3. Scène VI.

deux bons vers de lui que d'en donner deux mauvais de moi.

Il me reste à parler de quelques rimes que j'ai hasardées dans ma tragédie. J'ai fait rimer *frein* à *rien*[1], *héros* à *tombeaux*, *contagion* à *poison*, etc. Je ne défends point ces rimes, parce que je les ai employées ; mais je ne m'en suis servi que parce que je les ai crues bonnes. Je ne puis souffrir qu'on sacrifie à la richesse de la rime toutes les autres beautés de la poésie, et qu'on cherche plutôt à plaire à l'oreille qu'au cœur et à l'esprit. On pousse même la tyrannie jusqu'à exiger qu'on rime pour les yeux encore plus que pour les oreilles. *Je ferois, j'aimerois*, etc., ne se prononcent point autrement que *traits* et *attraits*; cependant on prétend que ces mots ne riment point ensemble, parce qu'un mauvais usage veut qu'on les écrive différemment. M. Racine avait mis dans son *Andromaque* (III, 1) :

> M'en croirez-vous ? lassé de ses trompeurs attraits,
> Au lieu de l'enlever, seigneur, je la fuirois.

Le scrupule lui prit, et il ôta la rime *fuirois*, qui me paraît, à ne consulter que l'oreille, beaucoup plus juste que celle de *jamais* qu'il lui substitua.

La bizarrerie de l'usage, ou plutôt des hommes qui l'établissent, est étrange sur ce sujet comme sur bien d'autres. On permet que le mot *abhorre*, qui a deux *r*, rime avec *encore*, qui n'en a qu'une. Par la même raison, *tonnerre* et *terre* devraient rimer avec *père* et *mère*: cependant on ne le souffre pas, et personne ne réclame contre cette injustice.

Il me paraît que la poésie française y gagnerait beaucoup, si on voulait secouer le joug de cet usage déraisonnable et tyrannique. Donner aux auteurs de nouvelles rimes, ce serait leur donner de nouvelles pensées, car l'assujettissement à la rime fait que souvent on ne trouve dans la langue qu'un seul mot qui puisse finir un vers : on ne dit presque jamais ce qu'on voulait dire ; on ne peut se servir du mot propre ; on est obligé de chercher une pensée pour la rime, parce qu'on ne peut trouver de rime pour exprimer ce que l'on pense.

C'est à cet esclavage qu'il faut imputer plusieurs impropriétés

---

[1]. L'auteur a depuis changé les vers où était cette rime (acte II, scène 1re), qui lui avait été reprochée par La Grange Chancel, dans l'épître dont j'ai parlé ci-dessus, dans ma note, page 9.

> ...De *frein* avec *rien* tu n'as pas d'éloquence
> Qui fasse tolérer l'horrible dissonance.

Voyez les *Variantes*, à la suite d'*OEdipe*. (B.)

qu'on est choqué de rencontrer dans nos poëtes les plus exacts. Les auteurs sentent encore mieux que les lecteurs la dureté de cette contrainte, et ils n'osent s'en affranchir. Pour moi, dont l'exemple ne tire point à conséquence, j'ai tâché de regagner un peu de liberté; et si la poésie occupe encore mon loisir, je préférerai toujours les choses aux mots, et la pensée à la rime.

LETTRE VI

QUI CONTIENT UNE DISSERTATION SUR LES CHOEURS.

Monsieur, il ne me reste plus[1] qu'à parler du chœur que j'introduis dans ma pièce. J'en ai fait un personnage qui paraît à son rang comme les autres acteurs, et qui se montre quelquefois sans parler, seulement pour jeter plus d'intérêt dans la scène, et pour ajouter plus de pompe au spectacle.

Comme on croit d'ordinaire que la route qu'on a tenue était la seule qu'on devait prendre, je m'imagine que la manière dont j'ai hasardé les chœurs est la seule qui pouvait réussir parmi nous.

Chez les anciens, le chœur remplissait l'intervalle des actes, et paraissait toujours sur la scène. Il y avait à cela plus d'un inconvénient; car, ou il parlait dans les entr'actes de ce qui s'était passé dans les actes précédents, et c'était une répétition fatigante ; ou il prévenait de ce qui devait arriver dans les actes suivants, et c'était une annonce qui pouvait dérober le plaisir de la surprise ; ou enfin il était étranger au sujet, et par conséquent il devait ennuyer.

La présence continuelle du chœur dans la tragédie me paraît encore plus impraticable. L'intrigue d'une pièce intéressante exige d'ordinaire que les principaux acteurs aient des secrets à se confier. Eh! le moyen de dire son secret à tout un peuple? C'est une chose plaisante de voir Phèdre, dans Euripide, avouer à une troupe de femmes un amour incestueux, qu'elle doit craindre de s'avouer à elle-même. On demandera peut-être comment les anciens pouvaient conserver si scrupuleusement un usage si sujet au ridicule : c'est qu'ils étaient persuadés que le chœur était la base et le fondement de la tragédie. Voilà bien les hommes, qui prennent presque toujours l'origine d'une chose pour l'essence de la chose même. Les anciens savaient que ce spectacle avait commencé par

[1]. La première édition ne contenait que six lettres. (B.)

une troupe de paysans ivres qui chantaient les louanges de Bacchus, et ils voulaient que le théâtre fût toujours rempli d'une troupe d'acteurs qui, en chantant les louanges des dieux, rappelassent l'idée que le peuple avait de l'origine de la tragédie. Longtemps même le poëme dramatique ne fut qu'un simple chœur; les personnages qu'on y ajouta ne furent regardés que comme des épisodes; et il y a encore aujourd'hui des savants qui ont le courage d'assurer que nous n'avons aucune idée de la véritable tragédie, depuis que nous en avons banni les chœurs. C'est comme si, dans une même pièce, on voulait que nous missions Paris, Londres et Madrid sur le théâtre, parce que nos pères en usaient ainsi lorsque la comédie fut établie en France.

M. Racine, qui a introduit des chœurs dans *Athalie* et dans *Esther*, s'y est pris avec plus de précaution que les Grecs; il ne les a guère fait paraître que dans les entr'actes; encore a-t-il eu bien de la peine à le faire avec la vraisemblance qu'exige toujours l'art du théâtre.

A quel propos faire chanter une troupe de Juives lorsque Esther a raconté ses aventures à Élise? Il faut nécessairement, pour amener cette musique, qu'Esther leur ordonne de lui chanter quelque air (I, II) :

> Mes filles, chantez-nous quelqu'un de ces cantiques...

Je ne parle pas du bizarre assortiment du chant et de la déclamation dans une même scène; mais du moins il faut avouer que des moralités mises en musique doivent paraître bien froides après ces dialogues pleins de passion qui font le caractère de la tragédie. Un chœur serait bien mal venu après la déclaration de Phèdre, ou après la conversation de Sévère et de Pauline.

Je croirai donc toujours, jusqu'à ce que l'événement me détrompe, qu'on ne peut hasarder le chœur dans une tragédie qu'avec la précaution de l'introduire à son rang, et seulement lorsqu'il est nécessaire pour l'ornement de la scène; encore n'y a-t-il que très-peu de sujets où cette nouveauté puisse être reçue. Le chœur serait absolument déplacé dans *Bajazet,* dans *Mithridate,* dans *Britannicus,* et généralement dans toutes les pièces dont l'intrigue n'est fondée que sur les intérêts de quelques particuliers : il ne peut convenir qu'à des pièces où il s'agit du salut de tout un peuple.

Les Thébains sont les premiers intéressés dans le sujet de ma tragédie : c'est de leur mort ou de leur vie dont il s'agit; et il n'est pas hors des bienséances de faire paraître quelquefois sur la scène ceux qui ont le plus d'intérêt de s'y trouver.

LETTRE VII[1]

A L'OCCASION DE PLUSIEURS CRITIQUES QU'ON A FAITES D'ŒDIPE.

Monsieur, on vient de me montrer une critique[2] de mon *Œdipe*, qui, je crois, sera imprimée avant que cette seconde édition puisse paraître. J'ignore quel est l'auteur de cet ouvrage. Je suis fâché qu'il me prive du plaisir de le remercier des éloges qu'il me donne avec bonté, et des critiques qu'il fait de mes fautes avec autant de discernement que de politesse.

J'avais déjà reconnu, dans l'examen que j'ai fait de ma tragédie, une bonne partie des défauts que l'observateur relève : mais je me suis aperçu qu'un auteur s'épargne toujours quand il se critique lui-même, et que le censeur veille lorsque l'auteur s'endort. Celui qui me critique a vu sans doute mes fautes d'un œil plus éclairé que moi : cependant je ne sais si, comme j'ai été un peu indulgent, il n'est pas quelquefois un peu trop sévère. Son ouvrage m'a confirmé dans l'opinion où je suis que le sujet d'*Œdipe* est un des plus difficiles qu'on ait jamais mis au théâtre. Mon censeur me propose un plan sur lequel il voudrait que j'eusse composé ma pièce : c'est au public à en juger ; mais je suis persuadé que, si j'avais travaillé sur le modèle qu'il me présente, on ne m'aurait pas fait même l'honneur de me critiquer. J'avoue qu'en substituant, comme il le veut, Créon à Philoctète, j'aurais peut-être donné plus d'exactitude à mon ouvrage ; mais Créon aurait été un personnage bien froid, et j'aurais trouvé par là le secret d'être à la fois ennuyeux et irrépréhensible.

On m'a parlé de quelques autres critiques : ceux qui se donnent la peine de les faire me feront toujours beaucoup d'honneur, et même de plaisir, quand ils daigneront me les montrer. Si je ne puis à présent profiter de leurs observations, elles m'éclaireront du moins pour les premiers ouvrages que je pourrai composer, et me feront marcher d'un pas plus sûr dans cette carrière dangereuse.

On m'a fait apercevoir que plusieurs vers de ma pièce se trouvaient dans d'autres pièces de théâtre. Je dis qu'on m'en a fait

---

1. Cette septième lettre ne parut qu'avec la seconde édition d'*OEdipe*, en 1719. (B.)
2. C'est celle que j'ai mentionnée sous le n° II, dans ma note, page 9. (B.)

apercevoir ; car, soit qu'ayant la tête remplie de vers d'autrui, j'aie cru travailler d'imagination quand je ne travaillais que de mémoire, soit qu'on se rencontre quelquefois dans les mêmes pensées et dans les mêmes tours, il est certain que j'ai été plagiaire sans le savoir, et que, hors ces deux beaux vers de Corneille que j'ai pris hardiment, et dont je parle dans mes lettres, je n'ai eu dessein de voler personne.

Il y a dans les *Horaces* (I, III) :

> Est-ce vous, Curiace, en croirai-je mes yeux ?

Et dans ma pièce il y avait (I, I) :

> Est-ce vous, Philoctète, en croirai-je mes yeux ?

J'espère qu'on me fera l'honneur de croire que j'aurais bien trouvé tout seul un pareil vers. Je l'ai changé cependant, aussi bien que plusieurs autres, et je voudrais que tous les défauts de mon ouvrage fussent aussi aisés à corriger que celui-là.

On m'apporte en ce moment une nouvelle critique de mon *Œdipe*[1] : celle-ci me paraît moins instructive que l'autre, mais beaucoup plus maligne. La première est d'un religieux, à ce qu'on vient de me dire ; la seconde est d'un homme de lettres ; et, ce qui est assez singulier, c'est que le religieux possède mieux le théâtre, et l'autre le sarcasme. Le premier a voulu m'éclairer, et y a réussi ; le second a voulu m'outrager, mais il n'en est point venu à bout. Je lui pardonne sans peine ses injures en faveur de quelques traits ingénieux et plaisants dont son ouvrage m'a paru semé. Ses railleries m'ont plus diverti qu'elles ne m'ont offensé ; et même, de tous ceux qui ont vu cette satire en manuscrit, je suis celui qui en ai jugé le plus avantageusement. Peut-être ne l'ai-je trouvée bonne que par la crainte où j'étais de succomber à la tentation de la trouver mauvaise : le public jugera de son prix.

Ce censeur assure, dans son ouvrage, que ma tragédie languira tristement dans la boutique de Ribou, lorsque sa lettre aura dessillé les yeux du public. Heureusement il empêche lui-même le mal qu'il veut me faire : si sa satire est bonne, tous ceux qui la liront auront quelque curiosité de voir la tragédie qui en est l'objet ; et, au lieu que les pièces de théâtre font vendre d'ordinaire leurs critiques, cette critique fera vendre mon ouvrage. Je lui

---

1. C'est la *Lettre à M. de Voltaire*, etc. (par Louis Racine), dont il est question sous le n° III, dans ma note, page 9. (B.)

aurai la même obligation qu'Escobar eut à Pascal. Cette comparaison me paraît assez juste ; car ma poésie pourrait bien être aussi relâchée que la morale d'Escobar ; et il y a quelques traits dans la satire de ma pièce qui sont peut-être dignes des *Lettres provinciales,* du moins pour la malignité.

Je reçois une troisième critique[1] : celle-ci est si misérable que je n'en puis moi-même soutenir la lecture. On m'en promet encore deux autres[2]. Voilà bien des ennemis : si je fais encore une tragédie, où fuirai-je[3] ?

1. Ce doit être la pièce intitulée : *Critique de l'OEdipe de M. de Voltaire,* par *Le G****, Paris, Gandouin, 1719, in-8°, attribuée à Le Gendre, à Le Grand, et à Le Grimarest. Voyez le n° IV de ma note, page 9. (B.)
2. Il parut plus de cinq critiques d'*OEdipe*. Voyez ma note, page 9. (B.)
3. Toutes les éditions données du vivant de l'auteur se terminent ainsi : « .... la lecture. J'en attends encore deux autres ; voilà bien des ennemis. Mais je souhaite donner bientôt une tragédie qui m'en attire encore davantage. » (B.)

Nota. La lettre du P. Porée, qui, dans beaucoup d'éditions, a été mise à la suite des sept lettres qu'on vient de lire, a été par moi reportée dans la *Correspondance,* à la date du 7 janvier 1730. (B.)

PRÉFACE

DE L'ÉDITION DE 1730[1]

L'OEdipe, dont on donne cette nouvelle édition, fut représenté, pour la première fois, à la fin de l'année 1718. Le public le reçut avec beaucoup d'indulgence. Depuis même, cette tragédie s'est toujours soutenue sur le théâtre, et on la revoit encore avec quelque plaisir, malgré ses défauts ; ce que j'attribue, en partie, à l'avantage qu'elle a toujours eu d'être très-bien représentée, et en partie à la pompe et au pathétique du spectacle même.

Le P. Folard, jésuite[2], et M. de Lamotte, de l'Académie française, ont depuis traité tous deux le même sujet, et tous deux ont évité les défauts dans lesquels je suis tombé. Il ne m'appartient pas de parler de leurs pièces ; mes critiques et même mes louanges paraîtraient également suspectes[3].

Je suis encore plus éloigné de prétendre donner une poétique à l'occasion de cette tragédie : je suis persuadé que tous ces rai-

---

1. On a, jusqu'à ce jour, donné cette préface comme étant d'une édition de 1729. Elle est de l'édition de 1730. L'approbation du censeur est du 17 janvier 1730. Voici cette approbation dont Voltaire parle dans son *Mémoire sur la satire* : « J'ai lu, par ordre de monseigneur le garde des sceaux, la *Préface d'OEdipe*, où M. de Voltaire fait plusieurs observations contre mes sentiments : elles m'ont paru polies et même obligeantes par les égards personnels ; agréables et spécieuses par les raisons ; je me réserve d'en examiner la force devant le public, et, s'il est possible, comme si j'étais hors d'intérêt. Fait à Paris, ce 17 janvier 1730. *Houdard de Lamotte.* » Il ne faut pas croire toutefois que cette préface, telle qu'on la lit aujourd'hui, soit de 1730. L'auteur y fit des changements en 1736, et de plus grands encore en 1738, date des sous-divisions qu'il y mit ; et quelques additions sont plus récentes. (B.)

2. L'*OEdipe* du P. Folard avait été représenté par des écoliers du collége de Lyon. L'édition porte le millésime 1722, mais peut être de la fin de 1721. (B.)

3. M. de Lamotte donna deux *OEdipes* en 1726, l'un en rimes, et l'autre en prose non rimée. L'*OEdipe* en rimes fut représenté quatre fois, l'autre n'a jamais été joué. *(Note de l'auteur.)*

sonnements délicats, tant rebattus depuis quelques années, ne valent pas une scène de génie, et qu'il y a bien plus à apprendre dans *Polyeucte* et dans *Cinna* que dans tous les préceptes de l'abbé d'Aubignac : Sévère et Pauline sont les véritables maîtres de l'art. Tant de livres faits sur la peinture par des connaisseurs n'instruiront pas tant un élève que la seule vue d'une tête de Raphaël.

Les principes de tous les arts qui dépendent de l'imagination sont tous aisés et simples, tous puisés dans la nature et dans la raison. Les Pradon et les Boyer les ont connus aussi bien que les Corneille et les Racine : la différence n'a été et ne sera jamais que dans l'application. Les auteurs d'*Armide* et d'*Issé*[1], et les plus mauvais compositeurs, ont eu les mêmes règles de musique ; Le Poussin a travaillé sur les mêmes principes que Vignon. Il paraît donc aussi inutile de parler de règles à la tête d'une tragédie qu'il le serait à un peintre de prévenir le public par des dissertations sur ses tableaux, ou à un musicien de vouloir démontrer que sa musique doit plaire.

Mais, puisque M. de Lamotte veut établir des règles toutes contraires à celles qui ont guidé nos grands maîtres, il est juste de défendre ces anciennes lois, non pas parce qu'elles sont anciennes, mais parce qu'elles sont bonnes et nécessaires, et qu'elles pourraient avoir dans un homme de son mérite un adversaire redoutable.

DES TROIS UNITÉS.

M. de Lamotte veut d'abord proscrire l'unité d'action, de lieu, et de temps.

Les Français sont les premiers d'entre les nations modernes qui ont fait revivre ces sages règles du théâtre : les autres peuples ont été longtemps sans vouloir recevoir un joug qui paraissait si sévère ; mais comme ce joug était juste, et que la raison triomphe enfin de tout, ils s'y sont soumis avec le temps. Aujourd'hui même, en Angleterre, les auteurs affectent d'avertir au devant de leurs pièces que la durée de l'action est égale à celle de la représentation ; et ils vont plus loin que nous, qui en cela avons été leurs maîtres. Toutes les nations commencent à regarder comme barbares les temps où cette pratique était ignorée des plus grands

---

1. *Armide,* de Quinault, musique de Lulli ; *Issé,* de Lamotte, musique de Destouches.

génies, tels que don Lope de Véga[1] et Shakespeare ; elles avouent même l'obligation qu'elles nous ont de les avoir retirées de cette barbarie : faut-il qu'un Français se serve aujourd'hui de tout son esprit pour nous y ramener ?

Quand je n'aurais autre chose à dire à M. de Lamotte, sinon que MM. Corneille, Racine, Molière, Addison, Congrève, Maffei, ont tous observé les lois du théâtre, c'en serait assez pour devoir arrêter quiconque voudrait les violer : mais M. de Lamotte mérite qu'on le combatte par des raisons plus que par des autorités.

Qu'est-ce qu'une pièce de théâtre ? La représentation d'une action. Pourquoi d'une seule, et non de deux ou trois ? C'est que l'esprit humain ne peut embrasser plusieurs objets à la fois ; c'est que l'intérêt qui se partage s'anéantit bientôt ; c'est que nous sommes choqués de voir, même dans un tableau, deux événements ; c'est qu'enfin la nature seule nous a indiqué ce précepte, qui doit être invariable comme elle.

Par la même raison, l'unité de lieu est essentielle ; car une seule action ne peut se passer en plusieurs lieux à la fois. Si les personnages que je vois sont à Athènes au premier acte, comment peuvent-ils se trouver en Perse au second ? M. Le Brun a-t-il peint Alexandre à Arbelles et dans les Indes sur la même toile ? « Je ne serais pas étonné, dit adroitement M. de Lamotte, qu'une nation sensée, mais moins amie des règles, s'accommodât de voir Coriolan condamné à Rome au premier acte, reçu chez les Volsques au troisième, et assiégeant Rome au quatrième, etc. » Premièrement, je ne conçois point qu'un peuple sensé et éclairé ne fût pas ami de règles toutes puisées dans le bon sens, et toutes faites pour son plaisir. Secondement, qui ne sent que voilà trois tragédies, et qu'un pareil projet, fût-il exécuté même en beaux vers, ne serait jamais qu'une pièce de Jodelle ou de Hardy, versifiée par un moderne habile ?

L'unité de temps est jointe naturellement aux deux premières.

---

1. On appelle trop communément en France Lopez de Véga le célèbre poëte dramatique espagnol. C'est une erreur. Lopez, ou plutôt Lopès, est un nom de famille. Le prénom de Vega est *Lope*, qui veut dire *Loup*. Toutes les éditions d'*Œdipe* données du vivant de l'auteur, et beaucoup d'autres, portent : *Lopez*. C'est encore *Lopez* que Voltaire a écrit ou laissé imprimer dans la XVIIIe de ses *Lettres philosophiques* (1734); dans l'*Appel aux nations* (1761); dans les *Questions sur l'Encyclopédie*, au mot Art dramatique (1770); dans sa *Dissertation sur l'Héraclius de Calderon;* dans sa *Lettre à l'Académie française* (du 25 auguste 1776), seconde partie; mais dans la dédicace de l'*Orphelin de la Chine* (1755), on lit : *Lope;* c'est donc d'après Voltaire lui-même qu'au lieu de *Lopez* j'écris ici correctement *Lope de Vega*. (B.)

En voici, je crois, une preuve bien sensible. J'assiste à une tragédie, c'est-à-dire à la représentation d'une action ; le sujet est l'accomplissement de cette action unique. On conspire contre Auguste dans Rome : je veux savoir ce qui va arriver d'Auguste et des conjurés. Si le poëte fait durer l'action quinze jours, il doit me rendre compte de ce qui se sera passé dans ces quinze jours ; car je suis là pour être informé de ce qui se passe, et rien ne doit arriver d'inutile. Or, s'il met devant mes yeux quinze jours d'événements, voilà au moins quinze actions différentes, quelque petites qu'elles puissent être. Ce n'est plus uniquement cet accomplissement de la conspiration, auquel il fallait marcher rapidement ; c'est une longue histoire, qui ne sera plus intéressante, parce qu'elle ne sera plus vive, parce que tout se sera écarté du moment de la décision, qui est le seul que j'attends. Je ne suis point venu à la comédie pour entendre l'histoire d'un héros, mais pour voir un seul événement de sa vie. Il y a plus : le spectateur n'est que trois heures à la comédie ; il ne faut donc pas que l'action dure plus de trois heures. *Cinna, Andromaque Bajazet, OEdipe,* soit celui du grand Corneille, soit celui de M. de Lamotte, soit même le mien, si j'ose en parler, ne durent pas davantage. Si quelques autres pièces exigent plus de temps, c'est une licence qui n'est pardonnable qu'en faveur des beautés de l'ouvrage ; et plus cette licence est grande, plus elle est faute.

Nous étendons souvent l'unité de temps jusqu'à vingt-quatre heures, et l'unité de lieu à l'enceinte de tout un palais. Plus de sévérité rendrait quelquefois d'assez beaux sujets impraticables, et plus d'indulgence ouvrirait la carrière à de trop grands abus. Car s'il était une fois établi qu'une action théâtrale pût se passer en deux jours, bientôt quelque auteur y emploierait deux semaines, et un autre deux années ; et si l'on ne réduisait pas le lieu de la scène à un espace limité, nous verrions en peu de temps des pièces telles que l'ancien *Jules César* des Anglais[1], où Cassius et Brutus sont à Rome au premier acte, et en Thessalie dans le cinquième.

Ces lois observées, non-seulement servent à écarter les défauts, mais elles amènent de vraies beautés ; de même que les règles de la belle architecture, exactement suivies, composent nécessairement un bâtiment qui plaît à la vue. On voit qu'avec l'unité de temps, d'action et de lieu, il est bien difficile qu'une pièce ne soit pas simple : aussi voilà le mérite de toutes les pièces de M. Racine,

---

1. La tragédie de Shakespeare que Voltaire a traduite.

et celui que demandait Aristote. M. de Lamotte, en défendant une tragédie de sa composition, préfère à cette noble simplicité la multitude des événements : il croit son sentiment autorisé par le peu de cas qu'on fait de *Bérénice*, par l'estime où est encore *le Cid*. Il est vrai que *le Cid* est plus touchant que *Bérénice* ; mais *Bérénice* n'est condamnable que parce que c'est une élégie plutôt qu'une tragédie simple ; et *le Cid*, dont l'action est véritablement tragique, ne doit point son succès à la multiplicité des événements ; mais il plaît malgré cette multiplicité, comme il touche malgré l'Infante, et non pas à cause de l'Infante.

M. de Lamotte croit qu'on peut se mettre au-dessus de toutes ces règles, en s'en tenant à l'unité d'intérêt, qu'il dit avoir inventée et qu'il appelle un paradoxe : mais cette unité d'intérêt ne me paraît autre chose que celle de l'action. « Si plusieurs personnages, dit-il, sont diversement intéressés dans le même événement, et s'ils sont tous dignes que j'entre dans leurs passions, il y a alors unité d'action, et non pas unité d'intérêt[1]. »

Depuis que j'ai pris la liberté de disputer contre M. de Lamotte sur cette petite question, j'ai relu le discours du grand Cor-

---

1. « Je soupçonne qu'il y a erreur dans cette proposition, qui m'avait paru d'abord très-plausible ; je supplie M. de Lamotte de l'examiner avec moi. N'y a-t-il pas dans *Rodogune* plusieurs personnages principaux diversement intéressés ? Cependant il n'y a réellement qu'un seul intérêt dans la pièce, qui est celui de l'amour de Rodogune et d'Antiochus. Dans *Britannicus*, Agrippine, Néron, Narcisse, Britannicus, Junie, n'ont-ils pas tous des intérêts séparés ? ne méritent-ils pas tous mon attention ? Cependant ce n'est qu'à l'amour de Britannicus et de Junie que le public prend une part intéressante. Il est donc très-ordinaire qu'un seul et unique intérêt résulte de diverses passions bien ménagées. C'est un centre où plusieurs lignes différentes aboutissent ; c'est la principale figure du tableau, que les autres font paraître sans se dérober à la vue. Le défaut n'est pas d'amener sur la scène plusieurs personnages avec des désirs et des desseins différents ; le défaut est de ne savoir pas fixer notre intérêt sur un seul objet, lorsqu'on en présente plusieurs. C'est alors qu'il n'y a plus unité d'intérêt ; et c'est alors aussi qu'il n'y a plus unité d'action.

« La tragédie de *Pompée* en est un exemple : César vient en Égypte pour voir Cléopâtre ; Pompée, pour s'y réfugier ; Cléopâtre veut être aimée, et régner ; Cornélie veut se venger sans savoir comment ; Ptolémée songe à conserver sa couronne. Toutes ces parties désassemblées ne composent point un tout ; aussi l'action est double et même triple, et le spectateur ne s'intéresse pour personne.

« Si ce n'est point une témérité d'oser mêler mes défauts avec ceux du grand Corneille, j'ajouterai que mon *Œdipe* est encore une preuve que des intérêts très-divers, et, si je puis user de ce mot, mal assortis, font nécessairement une duplicité d'action. L'amour de Philoctète n'est point lié à la situation d'Œdipe, et dès là cette pièce est double. Il faut donc, je crois, s'en tenir aux trois unités d'action, de lieu et de temps, dans lesquelles presque toutes les autres règles, c'est-à-dire, etc. »

Ce passage, ajouté en 1736, fut, en 1738, remplacé par ce qu'on lit aujourd'hui. (B.)

neille sur les trois unités : il vaut mieux consulter ce grand maître que moi. Voici comme il s'exprime : « Je tiens donc, et je l'ai déjà dit, que l'unité d'action consiste en l'unité d'intrigue et en l'unité de péril. » Que le lecteur lise cet endroit de Corneille, et il décidera bien vite entre M. de Lamotte et moi ; et, quand je ne serais pas fort de l'autorité de ce grand homme, n'ai-je pas encore une raison plus convaincante? C'est l'expérience. Qu'on lise nos meilleures tragédies françaises, on trouvera toujours les personnages principaux diversement intéressés ; mais ces intérêts divers se rapportent tous à celui du personnage principal, et alors il y a unité d'action. Si, au contraire, tous ces intérêts différents ne se rapportent pas au principal acteur, si ce ne sont pas des lignes qui aboutissent à un centre commun, l'intérêt est double ; et ce qu'on appelle action au théâtre l'est aussi. Tenons-nous-en donc, comme le grand Corneille, aux trois unités dans lesquelles les autres règles, c'est-à-dire les autres beautés, se trouvent renfermées.

M. de Lamotte les appelle des principes de fantaisie, et prétend qu'on peut fort bien s'en passer dans nos tragédies, parce qu'elles sont négligées dans nos opéras : c'est, ce me semble, vouloir réformer un gouvernement régulier sur l'exemple d'une anarchie.

DE L'OPÉRA.

L'opéra est un spectacle aussi bizarre que magnifique, où les yeux et les oreilles sont plus satisfaits que l'esprit, où l'asservissement à la musique rend nécessaires les fautes les plus ridicules, où il faut chanter des ariettes dans la destruction d'une ville, et danser autour d'un tombeau ; où l'on voit le palais de Pluton et celui du Soleil ; des dieux, des démons, des magiciens, des prestiges, des monstres, des palais formés et détruits en un clin d'œil. On tolère ces extravagances, on les aime même, parce qu'on est là dans le pays des fées ; et, pourvu qu'il y ait du spectacle, de belles danses, une belle musique, quelques scènes intéressantes, on est content. Il serait aussi ridicule d'exiger dans *Alceste* l'unité d'action, de lieu et de temps, que de vouloir introduire des danses et des démons dans *Cinna* et dans *Rodogune*.

Cependant, quoique les opéras soient dispensés de ces trois règles, les meilleurs sont encore ceux où elles sont le moins violées : on les retrouve même, si je ne me trompe, dans plusieurs, tant elles sont nécessaires et naturelles, et tant elles servent à intéresser le spectateur. Comment donc M. de Lamotte peut-il reprocher à notre nation la légèreté de condamner dans un spectacle les mêmes choses que nous approuvons dans un autre? Il n'y a personne qui ne pût répondre à M. de Lamotte : « J'exige avec raison beaucoup plus de perfection d'une tragédie que d'un opéra, parce qu'à une tragédie mon attention n'est point partagée, que ce n'est ni d'une sarabande, ni d'un pas de deux que dépend mon plaisir, et que c'est à mon âme uniquement qu'il faut plaire. J'admire qu'un homme ait su amener et conduire dans un seul lieu et dans un seul jour un seul événement que mon esprit conçoit sans fatigue, et où mon cœur s'intéresse par degrés. Plus je vois combien cette simplicité est difficile, plus elle me charme ; et si je veux ensuite me rendre raison de mon plaisir, je trouve que je suis de l'avis de M. Despréaux, qui dit (*Art poét.*, III, 45) :

« Qu'en un lieu, qu'en un jour, un seul fait accompli
Tienne jusqu'à la fin le théâtre rempli. »

« J'ai pour moi, pourrait-il dire, l'autorité du grand Corneille : j'ai plus encore ; j'ai son exemple, et le plaisir que me font ses ouvrages à proportion qu'il a plus ou moins obéi à cette règle. »

M. de Lamotte ne s'est pas contenté de vouloir ôter du théâtre ses principales règles, il veut encore lui ôter la poésie, et nous donner des tragédies en prose.

DES TRAGÉDIES EN PROSE.

Cet auteur ingénieux et fécond, qui n'a fait que des vers en sa vie, ou des ouvrages de prose à l'occasion de ses vers, écrit contre son art même, et le traite avec le même mépris qu'il a traité Homère, que pourtant il a traduit[1]. Jamais Virgile, ni le Tasse, ni M. Despréaux, ni M. Racine, ni M. Pope, ne se sont avisés d'écrire contre l'harmonie des vers ; ni M. de Lulli contre la musique ; ni M. Newton contre les mathématiques. On a vu des hommes qui ont eu quelquefois la faiblesse de se croire supérieurs à leur profession, ce qui est le sûr moyen d'être au-dessous ; mais on n'en

---

1. *L'Iliade, poëme en vers français, avec un Discours sur Homère*, par M. de Lamotte, 1714, in-8°, est en douze livres ; le poëme grec en a vingt-quatre. (B.)

avait pas encore vu qui voulussent l'avilir. Il n'y a que trop de personnes qui méprisent la poésie, faute de la connaître. Paris est plein de gens de bon sens, nés avec des organes insensibles à toute harmonie, pour qui de la musique n'est que du bruit, et à qui la poésie ne paraît qu'une folie ingénieuse. Si ces personnes apprennent qu'un homme de mérite, qui a fait cinq ou six volumes de vers, est de leur avis, ne se croiront-elles pas en droit de regarder tous les autres poëtes comme des fous, et celui-là comme le seul à qui la raison est revenue? Il est donc nécessaire de lui répondre, pour l'honneur de l'art, et, j'ose dire, pour l'honneur d'un pays qui doit une partie de sa gloire, chez les étrangers, à la perfection de cet art même.

M. de Lamotte avance que la rime est un usage barbare inventé depuis peu.

Cependant tous les peuples de la terre, excepté les anciens Romains et les Grecs, ont rimé et riment encore. Le retour des mêmes sons est si naturel à l'homme, qu'on a trouvé la rime établie chez les sauvages, comme elle l'est à Rome, à Paris, à Londres, et à Madrid. Il y a dans Montaigne une chanson en rimes américaines traduite en français; on trouve dans un des *Spectateurs* de M. Addison une traduction d'une ode laponne rimée, qui est pleine de sentiment.

Les Grecs, *quibus dedit ore rotundo Musa loqui* [1], nés sous un ciel plus heureux, et favorisés par la nature d'organes plus délicats que les autres nations, formèrent une langue dont toutes les syllabes pouvaient, par leur longueur ou leur brièveté, exprimer les sentiments lents ou impétueux de l'âme. De cette variété de syllabes et d'intonations résultait dans leurs vers, et même aussi dans leur prose, une harmonie que les anciens Italiens sentirent, qu'ils imitèrent, et qu'aucune nation n'a pu saisir après eux. Mais, soit rime, soit syllabes cadencées, la poésie, contre laquelle M. de Lamotte se révolte, a été et sera toujours cultivée par tous les peuples.

Avant Hérodote, l'histoire même ne s'écrivait qu'en vers chez les Grecs, qui avaient pris cette coutume des anciens Égyptiens, le peuple le plus sage de la terre, le mieux policé, et le plus savant. Cette coutume était très-raisonnable, car le but de l'histoire était de conserver à la postérité la mémoire du petit nombre de grands hommes qui lui devait servir d'exemple. On ne s'était

---

1. Graiis ingenium, Graiis dedit ore rotundo
Musa loqui.   Hor. *Art. poet.*, 323-24.

point encore avisé de donner l'histoire d'un couvent, ou d'une petite ville, en plusieurs volumes in-folio ; on n'écrivait que ce qui en était digne, que ce que les hommes devaient retenir par cœur. Voilà pourquoi on se servait de l'harmonie des vers pour aider la mémoire. C'est pour cette raison que les premiers philosophes, les législateurs, les fondateurs des religions, et les historiens, étaient tous poëtes.

Il semble que la poésie dût manquer communément, dans de pareils sujets, ou de précision ou d'harmonie : mais, depuis que Virgile et Horace ont réuni ces deux grands mérites, qui paraissent si incompatibles, depuis que MM. Despréaux et Racine ont écrit comme Virgile et Horace, un homme qui les a lus, et qui sait qu'ils sont traduits dans presque toutes les langues de l'Europe, peut-il avilir à ce point un talent qui lui a fait tant d'honneur à lui-même? Je placerai nos Despréaux et nos Racine à côté de Virgile pour le mérite de la versification, parce que si l'auteur de *l'Énéide* était né à Paris, il aurait rimé comme eux ; et si ces deux Français avaient vécu du temps d'Auguste, ils auraient fait le même usage que Virgile de la mesure des vers latins. Quand donc M. de Lamotte appelle la versification *un travail mécanique et ridicule,* c'est charger de ce ridicule, non-seulement nos grands poëtes, mais tous ceux de l'antiquité.

Virgile et Horace se sont asservis à un travail aussi mécanique que nos auteurs : un arrangement heureux de spondées et de dactyles était aussi pénible que nos rimes et nos hémistiches. Il fallait que ce travail fût bien laborieux, puisque *l'Énéide,* après onze années, n'était pas encore dans sa perfection.

M. de Lamotte prétend qu'au moins une scène de tragédie mise en prose ne perd rien de sa grâce ni de sa force. Pour le prouver, il tourne en prose la première scène de *Mithridate,* et personne ne peut la lire. Il ne songe pas que le grand mérite des vers est qu'ils soient aussi corrects que la prose ; c'est cette extrême difficulté surmontée qui charme les connaisseurs : réduisez les vers en prose, il n'y a plus ni mérite ni plaisir.

« Mais, dit-il, nos voisins ne riment point dans leurs tragédies. » Cela est vrai ; mais ces pièces sont en vers, parce qu'il faut de l'harmonie à tous les peuples de la terre. Il ne s'agit donc plus que de savoir si nos vers doivent être rimés ou non. MM. Corneille et Racine ont employé la rime ; craignons que si nous voulons ouvrir une autre carrière, ce soit plutôt par l'impuissance de marcher dans celle de ces grands hommes que par le désir de la nouveauté. Les Italiens et les Anglais peuvent se passer de rimes, parce que leur langue a des inversions, et leur poésie mille libertés qui nous manquent. Chaque langue a son génie déterminé par la nature de la construction de ses phrases, par la fréquence de ses voyelles ou de ses consonnes, ses inversions, ses verbes auxiliaires, etc. Le génie de notre langue est la clarté et l'élégance; nous ne permettons nulle licence à notre poésie, qui doit marcher, comme notre prose, dans l'ordre précis de nos idées. Nous avons donc un besoin essentiel du retour des mêmes sons pour que notre poésie ne soit pas confondue avec la prose. Tout le monde connaît ces vers [1] :

> Où me cacher? fuyons dans la nuit infernale.
> Mais que dis-je? mon père y tient l'urne fatale;
> Le sort, dit-on, l'a mise en ses sévères mains :
> Minos juge aux enfers tous les pâles humains.

Mettez à la place :

> Où me cacher? fuyons dans la nuit infernale.
> Mais que dis-je? mon père y tient l'urne funeste;
> Le sort, dit-on, l'a mise en ses sévères mains :
> Minos juge aux enfers tous les pâles mortels.

Quelque poétique que soit ce morceau, fera-t-il le même plaisir, dépouillé de l'agrément de la rime? Les Anglais et les Italiens diraient également, après les Grecs et les Romains, *Les pâles humains Minos aux enfers juge*, et enjamberaient avec grâce sur l'autre vers; la manière même de réciter des vers en italien et en anglais fait sentir des syllabes longues et brèves, qui soutiennent encore l'harmonie sans besoin de rimes : nous, qui n'avons aucun de ces avantages, pourquoi voudrions-nous abandonner ceux que la nature de notre langue nous laisse?

M. de Lamotte compare nos poëtes, c'est-à-dire nos Corneille, nos Racine, nos Despréaux, à des faiseurs d'acrostiches, et à un charlatan qui fait passer des grains de millet par le trou d'une aiguille; il ajoute que toutes ces puérilités n'ont d'autre mérite que celui de la difficulté surmontée. J'avoue que les mauvais vers sont à peu près dans ce cas; ils ne diffèrent de la mauvaise prose que par la rime : la rime seule ne fait ni le mérite du poëte, ni le plaisir du lecteur. Ce ne sont point seulement des dactyles et des spondées qui plaisent dans Homère et dans Virgile : ce qui enchante

---

1. Racine, *Phèdre*, IV, vi. (B.)

toute la terre, c'est l'harmonie charmante qui naît de cette mesure difficile. Quiconque se borne à vaincre une difficulté pour le mérite seul de la vaincre est un fou; mais celui qui tire du fond de ces obstacles mêmes des beautés qui plaisent à tout le monde est un homme très-sage et presque unique. Il est très-difficile de faire de beaux tableaux, de belles statues, de bonne musique, de bons vers : aussi les noms des hommes supérieurs qui ont vaincu ces obstacles dureront-ils beaucoup plus peut-être que les royaumes où ils sont nés.

Je pourrais prendre encore la liberté de disputer avec M. de Lamotte sur quelques autres points; mais ce serait peut-être marquer un dessein de l'attaquer personnellement, et faire soupçonner une malignité dont je suis aussi éloigné que de ses sentiments. J'aime beaucoup mieux profiter des réflexions judicieuses et fines qu'il a répandues dans son livre que de m'engager à en réfuter quelques-unes, qui me paraissent moins vraies que les autres. C'est assez pour moi d'avoir tâché de défendre un art que j'aime, et qu'il eût dû défendre lui-même.

Je dirai seulement un mot, si M. de La Faye veut bien me le permettre, à l'occasion de l'ode en faveur de l'harmonie, dans laquelle il combat en beaux vers le système de M. de Lamotte, et à laquelle ce dernier n'a répondu qu'en prose. Voici une stance dans laquelle M. de La Faye a rassemblé en vers harmonieux et pleins d'imagination presque toutes les raisons que j'ai alléguées :

> De la contrainte rigoureuse
> Où l'esprit semble resserré
> Il reçoit cette force heureuse
> Qui l'élève au plus haut degré.
> Telle, dans des canaux pressée,
> Avec plus de force élancée,
> L'onde s'élève dans les airs;
> Et la règle, qui semble austère,
> N'est qu'un art plus certain de plaire,
> Inséparable des beaux vers.

Je n'ai jamais vu de comparaison plus juste, plus gracieuse, ni mieux exprimée. M. de Lamotte, qui n'eût dû y répondre qu'en l'imitant seulement, examine si ce sont les canaux qui font que l'eau s'élève, ou si c'est la hauteur dont elle tombe qui fait la mesure de son élévation. « Or où trouvera-t-on, continue-t-il, dans les vers plutôt que dans la prose, cette première hauteur de pensées? etc. »

Je crois que M. de Lamotte se trompe comme physicien, puisqu'il est certain que, sans la gêne des canaux dont il s'agit, l'eau ne s'élèverait point du tout, de quelque hauteur qu'elle tombât. Mais ne se trompe-t-il pas encore plus comme poëte? Comment n'a-t-il pas senti que, comme la gêne de la mesure des vers produit une harmonie agréable à l'oreille, ainsi cette prison où l'eau coule renfermée produit un jet d'eau qui plaît à la vue? La comparaison n'est-elle pas aussi juste que riante? M. de La Faye a pris sans doute un meilleur parti que moi ; il s'est conduit comme ce philosophe qui, pour toute réponse à un sophiste qui niait le mouvement, se contenta de marcher en sa présence. M. de Lamotte nie l'harmonie des vers ; M. de La Faye lui envoie des vers harmonieux : cela seul doit m'avertir de finir ma prose.

ŒDIPE

PERSONNAGES [1]

OEDIPE, roi de Thèbes.
JOCASTE, reine de Thèbes.
PHILOCTÈTE, prince d'Eubée.
LE GRAND-PRÊTRE.
[2] ARASPE, confident d'Œdipe.
ÉGINE, confidente de Jocaste.
DIMAS, ami de Philoctète.
PHORBAS, vieillard thébain.
ICARE, vieillard de Corinthe.
CHŒUR DE THÉBAINS.

La scène est à Thèbes.

---

1. Noms des acteurs : La Thorillière, Lavoy, Legrand, Du Boccage, Dangeville, Quinault (Philoctète), Fontenay, Dufresne (Œdipe), Poisson le fils, Duchemin; Mmes Fonpré, Champvallon, Desmares (Jocaste), Salley, Gautier. — Recette : 2,743 livres. — Dans sa nouveauté, OEdipe eut quarante-cinq représentations. (G. A.)

2. L'édition de Dresde, 1748, est la première qui porte *Araspe*. Dans les précédentes éditions, au lieu d'*Araspe* on lisait *Hidaspe*. La Grange Chancel le reproche à Voltaire dans une épître dont j'ai rapporté le titre dans ma note ci-dessus, page 9. (B.)

ŒDIPE
TRAGÉDIE

ACTE PREMIER.

SCÈNE I.

PHILOCTÈTE, DIMAS.

DIMAS.
Philoctète, est-ce vous? quel coup affreux du sort
Dans ces lieux empestés vous fait chercher la mort?
Venez-vous de nos dieux affronter la colère?
Nul mortel n'ose ici mettre un pied téméraire :
Ces climats sont remplis du céleste courroux;
Et la mort dévorante habite parmi nous.
Thèbes, depuis longtemps aux horreurs consacrée,
Du reste des vivants semble être séparée :
Retournez.....
PHILOCTÈTE.
   Ce séjour convient aux malheureux :
Va, laisse-moi le soin de mes destins affreux,
Et dis-moi si des dieux la colère inhumaine,
En accablant ce peuple, a respecté la reine.
DIMAS.
Oui, seigneur, elle vit; mais la contagion
Jusqu'au pied de son trône apporte son poison.
Chaque instant lui dérobe un serviteur fidèle,
Et la mort par degrés semble s'approcher d'elle.
On dit qu'enfin le ciel, après tant de courroux,
Va retirer son bras appesanti sur nous :
Tant de sang, tant de morts, ont dû le satisfaire.
PHILOCTÈTE.
Eh! quel crime a produit un courroux si sévère?
DIMAS.
Depuis la mort du roi...

PHILOCTÈTE.
          Qu'entends-je? quoi! Laïus...
     DIMAS.
Seigneur, depuis quatre ans ce héros ne vit plus.
          PHILOCTÈTE.
Il ne vit plus! quel mot a frappé mon oreille!
Quel espoir séduisant dans mon cœur se réveille!
Quoi! Jocaste... Les dieux me seraient-ils plus doux?
Quoi! Philoctète enfin pourrait-il être à vous?
Il ne vit plus!... quel sort a terminé sa vie?
          DIMAS.
Quatre ans sont écoulés depuis qu'en Béotie
Pour la dernière fois le sort guida vos pas.
A peine vous quittiez le sein de vos États,
A peine vous preniez le chemin de l'Asie,
Lorsque, d'un coup perfide, une main ennemie
Ravit à ses sujets ce prince infortuné.
          PHILOCTÈTE.
Quoi! Dimas, votre maître est mort assassiné?
          DIMAS.
Ce fut de nos malheurs la première origine :
Ce crime a de l'empire entraîné la ruine.
Du bruit de son trépas mortellement frappés,
A répandre des pleurs nous étions occupés,
Quand, du courroux des dieux ministre épouvantable,
Funeste à l'innocent sans punir le coupable,
Un monstre (loin de nous que faisiez-vous alors?),
Un monstre furieux vint ravager ces bords.
Le ciel, industrieux dans sa triste vengeance,
Avait à le former épuisé sa puissance.
Né parmi des rochers, au pied du Cithéron[1],
Ce monstre à voix humaine, aigle, femme, et lion,
De la nature entière exécrable assemblage,
Unissait contre nous l'artifice à la rage.
Il n'était qu'un moyen d'en préserver ces lieux.
D'un sens embarrassé dans des mots captieux,
Le monstre, chaque jour, dans Thèbe épouvantée,
Proposait une énigme avec art concertée,

---

1. Il y a dans l'*OEdipe* de Corneille :

> Ce monstre à voix humaine, aigle, femme, lion,
> Se campait fièrement sur le mont Cithéron. (K.)

Et si quelque mortel voulait nous secourir,
Il devait voir le monstre et l'entendre, ou périr.
A cette loi terrible il nous fallut souscrire.
D'une commune voix Thèbe offrit son empire
A l'heureux interprète inspiré par les dieux
Qui nous dévoilerait ce sens mystérieux.
Nos sages, nos vieillards, séduits par l'espérance,
Osèrent, sur la foi d'une vaine science,
Du monstre impénétrable affronter le courroux :
Nul d'eux ne l'entendit; ils expirèrent tous.
Mais OEdipe, héritier du sceptre de Corinthe,
Jeune, et dans l'âge heureux qui méconnaît la crainte,
Guidé par la fortune en ces lieux pleins d'effroi,
Vint, vit ce monstre affreux, l'entendit, et fut roi.
Il vit, il règne encor; mais sa triste puissance
Ne voit que des mourants sous son obéissance.
Hélas! nous nous flattions que ses heureuses mains
Pour jamais à son trône enchaînaient les destins.
Déjà même les dieux nous semblaient plus faciles :
Le monstre en expirant laissait ces murs tranquilles;
Mais la stérilité, sur ce funeste bord,
Bientôt avec la faim nous rapporta la mort.
Les dieux nous ont conduits de supplice en supplice;
La famine a cessé, mais non leur injustice;
Et la contagion, dépeuplant nos États,
Poursuit un faible reste échappé du trépas.
Tel est l'état horrible où les dieux nous réduisent.
Mais vous, heureux guerrier que ces dieux favorisent,
Qui du sein de la gloire a pu vous arracher?
Dans ce séjour affreux que venez-vous chercher?

PHILOCTÈTE.

J'y viens porter mes pleurs et ma douleur profonde.
Apprends mon infortune et les malheurs du monde.
Mes yeux ne verront plus ce digne fils des dieux,
Cet appui de la terre, invincible comme eux.
L'innocent opprimé perd son dieu tutélaire;
Je pleure mon ami, le monde pleure un père.

DIMAS.

Hercule est mort?

PHILOCTÈTE.

Ami, ces malheureuses mains
Ont mis sur le bûcher le plus grand des humains;

Je rapporte en ces lieux ses flèches invincibles,
Du fils de Jupiter présents chers et terribles;
Je rapporte sa cendre, et viens à ce héros.
Attendant des autels, élever des tombeaux.
Crois-moi ; s'il eût vécu, si d'un présent si rare
Le ciel pour les humains eût été moins avare,
J'aurais loin de Jocaste achevé mon destin :
Et, dût ma passion renaître dans mon sein,
Tu ne me verrais point, suivant l'amour pour guide,
Pour servir une femme abandonner Alcide.

DIMAS.

J'ai plaint longtemps ce feu si puissant et si doux ;
Il naquit dans l'enfance, il croissait avec vous ;
Jocaste, par un père à son hymen forcée,
Au trône de Laïus à regret fut placée.
Hélas ! par cet hymen qui coûta tant de pleurs,
Les destins en secret préparaient nos malheurs.
Que j'admirais en vous cette vertu suprême,
Ce cœur digne du trône et vainqueur de soi-même !
En vain l'amour parlait à ce cœur agité,
C'est le premier tyran que vous avez dompté.

PHILOCTÈTE.

Il fallut fuir pour vaincre ; oui, je te le confesse,
Je luttai quelque temps ; je sentis ma faiblesse :
Il fallut m'arracher de ce funeste lieu,
Et je dis à Jocaste un éternel adieu.
Cependant l'univers, tremblant au nom d'Alcide,
Attendait son destin de sa valeur rapide ;
A ses divins travaux j'osai m'associer ;
Je marchai près de lui, ceint du même laurier.
C'est alors, en effet, que mon âme éclairée
Contre les passions se sentit assurée.
L'amitié d'un grand homme est un bienfait des dieux [1] :
Je lisais mon devoir et mon sort dans ses yeux ;
Des vertus avec lui je fis l'apprentissage ;
Sans endurcir mon cœur, j'affermis mon courage :
L'inflexible vertu m'enchaîna sous sa loi.

---

1. On sait qu'en 1807, pendant les fêtes de l'entrevue de Tilsitt, l'empereur de Russie Alexandre, en entendant ce vers à une représentation d'*OEdipe,* serra la main de son nouvel ami Napoléon, s'inclina, et dit : « Je ne l'ai jamais mieux senti. » Napoléon accepta la flatterie avec le même sérieux qu'Alexandre la lui adressait. (G. A.)

Qu'eussé-je été sans lui? rien que le fils d'un roi[1],
Rien qu'un prince vulgaire, et je serais peut-être
Esclave de mes sens, dont il m'a rendu maître.
####### DIMAS.
Ainsi donc désormais, sans plainte et sans courroux,
Vous reverrez Jocaste et son nouvel époux?
####### PHILOCTÈTE.
Comment! que dites-vous? un nouvel hyménée...
####### DIMAS.
OEdipe à cette reine a joint sa destinée.
####### PHILOCTÈTE.
OEdipe est trop heureux! je n'en suis point surpris;
Et qui sauva son peuple est digne d'un tel prix :
Le ciel est juste.
####### DIMAS.
OEdipe en ces lieux va paraître :
Tout le peuple avec lui, conduit par le grand-prêtre,
Vient des dieux irrités conjurer les rigueurs.
####### PHILOCTÈTE.
Je me sens attendri, je partage leurs pleurs.
O toi, du haut des cieux, veille sur ta patrie;
Exauce en sa faveur un ami qui te prie;
Hercule, sois le dieu de tes concitoyens;
Que leurs vœux jusqu'à toi montent avec les miens!

SCÈNE II.

LE GRAND-PRÊTRE, LE CHŒUR.

La porte du temple s'ouvre, et le grand-prêtre paraît au milieu du peuple.

####### PREMIER PERSONNAGE DU CHŒUR.
Esprits contagieux, tyrans de cet empire,
Qui soufflez dans ces murs la mort qu'on y respire,
Redoublez contre nous votre lente fureur,
Et d'un trépas trop long épargnez-nous l'horreur.
####### SECOND PERSONNAGE.
Frappez, dieux tout-puissants; vos victimes sont prêtes :
O monts, écrasez-nous... Cieux, tombez sur nos têtes!
O mort, nous implorons ton funeste secours!

---

1. A la première représentation ce vers fut applaudi avec transport.

O mort, viens nous sauver, viens terminer nos jours[1]!
LE GRAND-PRÊTRE.
Cessez, et retenez ces clameurs lamentables,
Faible soulagement aux maux des misérables.
Fléchissons sous un dieu qui veut nous éprouver,
Qui d'un mot peut nous perdre, et d'un mot nous sauver.
Il sait que dans ces murs la mort nous environne.
Et les cris des Thébains sont montés vers son trône.
Le roi vient. Par ma voix le ciel va lui parler;
Les destins à ses yeux veulent se dévoiler.
Les temps sont arrivés, cette grande journée
Va du peuple et du roi changer la destinée.

SCÈNE III.

ŒDIPE, JOCASTE, LE GRAND-PRÊTRE, ÉGINE, DIMAS, ARASPE, LE CHŒUR.

ŒDIPE.
Peuple qui, dans ce temple apportant vos douleurs,
Présentez à nos dieux des offrandes de pleurs,
Que ne puis-je, sur moi détournant leurs vengeances,
De la mort qui vous suit étouffer les semences!
Mais un roi n'est qu'un homme en ce commun danger,
Et tout ce qu'il peut faire est de le partager.
(Au grand-prêtre.)
Vous, ministre des dieux que dans Thèbe on adore,
Dédaignent-ils toujours la voix qui les implore?
Verront-ils sans pitié finir nos tristes jours?
Ces maîtres des humains sont-ils muets et sourds?
LE GRAND-PRÊTRE.
Roi, peuple, écoutez-moi. Cette nuit, à ma vue,
Du ciel sur nos autels la flamme est descendue;
L'ombre du grand Laïus a paru parmi nous,
Terrible et respirant la haine et le courroux.
Une effrayante voix s'est fait alors entendre:
« Les Thébains de Laïus n'ont point vengé la cendre;
Le meurtrier du roi respire en ces États,
Et de son souffle impur infecte vos climats.

---

1. Ces vers furent accueillis par un éclat de rire. « Le parterre, dit Voltaire lui-même, ne sentit d'abord que le prétendu ridicule d'avoir mis ces vers dans la bouche d'acteurs peu accoutumés. » (G. A.)

Il faut qu'on le connaisse, il faut qu'on le punisse.
Peuple, votre salut dépend de son supplice. »
ŒDIPE.
Thébains, je l'avouerai, vous souffrez justement
D'un crime inexcusable un rude châtiment.
Laïus vous était cher, et votre négligence
De ses mânes sacrés a trahi la vengeance.
Tel est souvent le sort des plus justes des rois[1] !
Tant qu'ils sont sur la terre on respecte leurs lois,
On porte jusqu'aux cieux leur justice suprême ;
Adorés de leur peuple, ils sont des dieux eux-même ;
Mais après leur trépas que sont-ils à vos yeux ?
Vous éteignez l'encens que vous brûliez pour eux ;
Et, comme à l'intérêt l'âme humaine est liée,
La vertu qui n'est plus est bientôt oubliée.
Ainsi du ciel vengeur implorant le courroux,
Le sang de votre roi s'élève contre vous.
Apaisons son murmure, et qu'au lieu d'hécatombe
Le sang du meurtrier soit versé sur sa tombe.
A chercher le coupable appliquons tous nos soins.
Quoi ! de la mort du roi n'a-t-on pas de témoins ?
Et n'a-t-on jamais pu, parmi tant de prodiges,
De ce crime impuni retrouver les vestiges ?
On m'avait toujours dit que ce fut un Thébain
Qui leva sur son prince une coupable main.
(A Jocaste.)
Pour moi qui, de vos mains recevant sa couronne,
Deux ans après sa mort ai monté sur son trône,
Madame, jusqu'ici, respectant vos douleurs,
Je n'ai point rappelé le sujet de vos pleurs ;
Et, de vos seuls périls chaque jour alarmée,
Mon âme à d'autres soins semblait être fermée.
JOCASTE.
Seigneur, quand le destin, me réservant à vous,
Par un coup imprévu m'enleva mon époux,
Lorsque, de ses États parcourant les frontières,
Ce héros succomba sous des mains meurtrières,
Phorbas en ce voyage était seul avec lui ;
Phorbas était du roi le conseil et l'appui :

---

1. Aux premières représentations, on appliqua ces vers à Louis XIV, dont la mémoire avait été outragée par les Parisiens, mais que déjà ils commençaient à regretter. (K.)

Laïus, qui connaissait son zèle et sa prudence,
Partageait avec lui le poids de sa puissance.
Ce fut lui qui du prince, à ses yeux massacré,
Rapporta dans nos murs le corps défiguré :
Percé de coups lui-même, il se traînait à peine ;
Il tomba tout sanglant aux genoux de sa reine :
« Des inconnus, dit-il, ont porté ces grands coups ;
Ils ont devant mes yeux massacré votre époux ;
Ils m'ont laissé mourant ; et le pouvoir céleste
De mes jours malheureux a ranimé le reste. »
Il ne m'en dit pas plus ; et mon cœur agité
Voyait fuir loin de lui la triste vérité ;
Et peut-être le ciel, que ce grand crime irrite,
Déroba le coupable à ma juste poursuite :
Peut-être, accomplissant ses décrets éternels,
Afin de nous punir il nous fit criminels.
Le sphinx bientôt après désola cette rive ;
A ses seules fureurs Thèbes fut attentive :
Et l'on ne pouvait guère, en un pareil effroi,
Venger la mort d'autrui quand on tremblait pour soi.

ŒDIPE.
Madame, qu'a-t-on fait de ce sujet fidèle?

JOCASTE
Seigneur, on paya mal son service et son zèle.
Tout l'État en secret était son ennemi :
Il était trop puissant pour n'être point haï ;
Et du peuple et des grands la colère insensée
Brûlait de le punir de sa faveur passée.
On l'accusa lui-même, et d'un commun transport
Thèbe entière à grands cris me demanda sa mort :
Et moi, de tout côté redoutant l'injustice,
Je tremblai d'ordonner sa grâce ou son supplice.
Dans un château voisin conduit secrètement,
Je dérobai sa tête à leur emportement.
Là, depuis quatre hivers, ce vieillard vénérable,
De la faveur des rois exemple déplorable,
Sans se plaindre de moi ni du peuple irrité,
De sa seule innocence attend sa liberté.

ŒDIPE.
(A sa suite.)

Madame, c'est assez. Courez; que l'on s'empresse ;
Qu'on ouvre sa prison, qu'il vienne, qu'il paraisse.

Moi-même devant vous je veux l'interroger.
J'ai tout mon peuple ensemble et Laïus à venger.
Il faut tout écouter, il faut d'un œil sévère
Sonder la profondeur de ce triste mystère.
Et vous, dieux des Thébains, dieux qui nous exaucez,
Punissez l'assassin, vous qui le connaissez !
Soleil, cache à ses yeux le jour qui nous éclaire !
Qu'en horreur à ses fils, exécrable à sa mère,
Errant, abandonné, proscrit dans l'univers,
Il rassemble sur lui tous les maux des enfers ;
Et que son corps sanglant, privé de sépulture,
Des vautours dévorants devienne la pâture !

LE GRAND-PRÊTRE.

A ces serments affreux nous nous unissons tous.

ŒDIPE.

Dieux, que le crime seul éprouve enfin vos coups !
Ou si de vos décrets l'éternelle justice
Abandonne à mon bras le soin de son supplice,
Et si vous êtes las enfin de nous haïr,
Donnez, en commandant, le pouvoir d'obéir.
Si sur un inconnu vous poursuivez le crime,
Achevez votre ouvrage et nommez la victime.
Vous, retournez au temple ; allez, que votre voix
Interroge ces dieux une seconde fois ;
Que vos vœux parmi nous les forcent à descendre :
S'ils ont aimé Laïus, ils vengeront sa cendre ;
Et, conduisant un roi facile à se tromper,
Ils marqueront la place où mon bras doit frapper.

FIN DU PREMIER ACTE.

ACTE DEUXIÈME.

SCÈNE I.

JOCASTE, ÉGINE, ARASPE, LE CHOEUR.

ARASPE.
Oui, ce peuple expirant, dont je suis l'interprète,
D'une commune voix accuse Philoctète,
Madame; et les destins, dans ce triste séjour,
Pour nous sauver, sans doute, ont permis son retour.
JOCASTE.
Qu'ai-je entendu, grands dieux!
ÉGINE.
Ma surprise est extrême!...
JOCASTE.
Qui? lui! qui? Philoctète!
ARASPE.
Oui, madame, lui-même.
A quel autre, en effet, pourraient-ils imputer
Un meurtre qu'à nos yeux il sembla méditer?
Il haïssait Laïus, on le sait; et sa haine
Aux yeux de votre époux ne se cachait qu'à peine :
La jeunesse imprudente aisément se trahit;
Son front mal déguisé découvrait son dépit :
J'ignore quel sujet animait sa colère;
Mais au seul nom du roi, trop prompt et trop sincère,
Esclave d'un courroux qu'il ne pouvait dompter,
Jusques à la menace il osa s'emporter :
Il partit; et, depuis, sa destinée errante
Ramena sur nos bords sa fortune flottante.
Même il était dans Thèbe en ces temps malheureux
Que le ciel a marqués d'un parricide affreux :
Depuis ce jour fatal, avec quelque apparence
De nos peuples sur lui tomba la défiance.

Que dis-je? assez longtemps les soupçons des Thébains
Entre Phorbas et lui flottèrent incertains.
Cependant ce grand nom qu'il s'acquit dans la guerre,
Ce titre si fameux de vengeur de la terre,
Ce respect qu'aux héros nous portons malgré nous,
Fit taire nos soupçons, et suspendit nos coups.
Mais les temps sont changés : Thèbe, en ce jour funeste,
D'un respect dangereux dépouillera le reste;
En vain sa gloire parle à ces cœurs agités;
Les dieux veulent du sang, et sont seuls écoutés.

PREMIER PERSONNAGE DU CHŒUR.

O reine! ayez pitié d'un peuple qui vous aime;
Imitez de ces dieux la justice suprême;
Livrez-nous leur victime; adressez-leur nos vœux :
Qui peut mieux les toucher qu'un cœur si digne d'eux?

JOCASTE.

Pour fléchir leur courroux s'il ne faut que ma vie,
Hélas! c'est sans regret que je la sacrifie.
Thébains, qui me croyez encor quelques vertus,
Je vous offre mon sang : n'exigez rien de plus.
Allez.

SCÈNE II.

JOCASTE, ÉGINE.

ÉGINE.

Que je vous plains!

JOCASTE.

Hélas! je porte envie
A ceux qui dans ces murs ont terminé leur vie.
Quel état! quel tourment pour un cœur vertueux

ÉGINE.

Il n'en faut point douter, votre sort est affreux!
Ces peuples, qu'un faux zèle aveuglément anime,
Vont bientôt à grands cris demander leur victime.
Je n'ose l'accuser; mais quelle horreur pour vous
Si vous trouvez en lui l'assassin d'un époux!

JOCASTE.

Et l'on ose à tous deux faire un pareil outrage!
Le crime, la bassesse eût été son partage!

Égine, après les nœuds qu'il a fallu briser,
Il manquait à mes maux de l'entendre accuser.
Apprends que ces soupçons irritent ma colère,
Et qu'il est vertueux, puisqu'il m'avait su plaire.

ÉGINE.
Cet amour si constant...

JOCASTE.
　　　　　　　Ne crois pas que mon cœur
De cet amour funeste ait pu nourrir l'ardeur;
Je l'ai trop combattu. Cependant, chère Égine,
Quoi que fasse un grand cœur où la vertu domine,
On ne se cache point ces secrets mouvements,
De la nature en nous indomptables enfants;
Dans les replis de l'âme ils viennent nous surprendre;
Ces feux qu'on croit éteints renaissent de leur cendre:
Et la vertu sévère, en de si durs combats,
Résiste aux passions et ne les détruit pas.

ÉGINE.
Votre douleur est juste autant que vertueuse,
Et de tels sentiments...

JOCASTE.
　　　　　　Que je suis malheureuse!
Tu connais, chère Égine, et mon cœur et mes maux;
J'ai deux fois de l'hymen allumé les flambeaux;
Deux fois, de mon destin subissant l'injustice,
J'ai changé d'esclavage, ou plutôt de supplice;
Et le seul des mortels dont mon cœur fut touché
A mes vœux pour jamais devait être arraché.
Pardonnez-moi, grands dieux, ce souvenir funeste;
D'un feu que j'ai dompté c'est le malheureux reste.
Égine, tu nous vis l'un de l'autre charmés,
Tu vis nos nœuds rompus aussitôt que formés:
Mon souverain m'aima, m'obtint malgré moi-même;
Mon front chargé d'ennuis fut ceint du diadème;
Il fallut oublier dans ses embrassements
Et mes premiers amours, et mes premiers serments.
Tu sais qu'à mon devoir tout entière attachée,
J'étouffai de mes sens la révolte cachée;
Que, déguisant mon trouble et dévorant mes pleurs,
Je n'osais à moi-même avouer mes douleurs...

ÉGINE.
Comment donc pouviez-vous du joug de l'hyménée

ACTE II, SCÈNE II.

Une seconde fois tenter la destinée?
######### JOCASTE.
Hélas!
######### ÉGINE.
M'est-il permis de ne vous rien cacher?
######### JOCASTE.
Parle.
######### ÉGINE.
OEdipe, madame, a paru vous toucher;
Et votre cœur, du moins sans trop de résistance,
De vos États sauvés donna la récompense.
######### JOCASTE.
Ah! grands dieux!
######### ÉGINE.
Était-il plus heureux que Laïus,
Ou Philoctète absent ne vous touchait-il plus?
Entre ces deux héros étiez-vous partagée?
######### JOCASTE.
Par un monstre cruel Thèbe alors ravagée
A son libérateur avait promis ma foi;
Et le vainqueur du sphinx était digne de moi.
######### ÉGINE.
Vous l'aimiez?
######### JOCASTE.
Je sentis pour lui quelque tendresse;
Mais que ce sentiment fut loin de la faiblesse!
Ce n'était point Égine, un feu tumultueux,
De mes sens enchantés enfant impétueux;
Je ne reconnus point cette brûlante flamme
Que le seul Philoctète a fait naître en mon âme,
Et qui, sur mon esprit répandant son poison,
De son charme fatal a séduit ma raison.
Je sentais pour OEdipe une amitié sévère:
OEdipe est vertueux, sa vertu m'était chère;
Mon cœur avec plaisir le voyait élevé
Au trône des Thébains qu'il avait conservé.
Cependant sur ses pas aux autels entraînée,
Égine, je sentis dans mon âme étonnée
Des transports inconnus que je ne conçus pas;
Avec horreur enfin je me vis dans ses bras.
Cet hymen fut conclu sous un affreux augure:
Égine, je voyais dans une nuit obscure,

Près d'OEdipe et de moi, je voyais des enfers
Les gouffres éternels à mes pieds entr'ouverts;
De mon premier époux l'ombre pâle et sanglante
Dans cet abîme affreux paraissait menaçante :
Il me montrait mon fils, ce fils qui dans mon flanc
Avait été formé de son malheureux sang;
Ce fils dont ma pieuse et barbare injustice
Avait fait à nos dieux un secret sacrifice :
De les suivre tous deux ils semblaient m'ordonner;
Tous deux dans le Tartare ils semblaient m'entraîner.
De sentiments confus mon âme possédée
Se présentait toujours cette effroyable idée ;
Et Philoctète encor trop présent dans mon cœur
De ce trouble fatal augmentait la terreur.

ÉGINE.

J'entends du bruit, on vient, je le vois qui s'avance.

JOCASTE.

C'est lui-même ; je tremble : évitons sa présence.

SCÈNE III.

JOCASTE, PHILOCTÈTE.

PHILOCTÈTE.

Ne fuyez point, madame, et cessez de trembler;
Osez me voir, osez m'entendre et me parler.
Ne craignez point ici que mes jalouses larmes
De votre hymen heureux troublent les nouveaux charmes :
N'attendez point de moi des reproches honteux,
Ni de lâches soupirs indignes de tous deux.
Je ne vous tiendrai point de ces discours vulgaires
Que dicte la mollesse aux amants ordinaires.
Un cœur qui vous chérit, et, s'il faut dire plus,
S'il vous souvient des nœuds que vous avez rompus,
Un cœur pour qui le vôtre avait quelque tendresse,
N'a point appris de vous à montrer de faiblesse.

JOCASTE.

De pareils sentiments n'appartenaient qu'à nous;
J'en dois donner l'exemple, ou le prendre de vous.
Si Jocaste avec vous n'a pu se voir unie,
Il est juste, avant tout, qu'elle s'en justifie.

Je vous aimais, seigneur : une suprême loi
Toujours malgré moi-même a disposé de moi ;
Et du sphinx et des dieux la fureur trop connue
Sans doute à votre oreille est déjà parvenue ;
Vous savez quels fléaux ont éclaté sur nous,
Et qu'OEdipe...

PHILOCTÈTE.

Je sais qu'OEdipe est votre époux ;
Je sais qu'il en est digne ; et, malgré sa jeunesse,
L'empire des Thébains sauvé par sa sagesse,
Ses exploits, ses vertus, et surtout votre choix,
Ont mis cet heureux prince au rang des plus grands rois.
Ah! pourquoi la fortune, à me nuire constante,
Emportait-elle ailleurs ma valeur imprudente ?
Si le vainqueur du sphinx devait vous conquérir,
Fallait-il loin de vous ne chercher qu'à périr ?
Je n'aurais point percé les ténèbres frivoles
D'un vain sens déguisé sous d'obscures paroles ;
Ce bras, que votre aspect eût encore animé,
A vaincre avec le fer était accoutumé :
Du monstre à vos genoux j'eusse apporté la tête.
D'un autre cependant Jocaste est la conquête !
Un autre a pu jouir de cet excès d'honneur !

JOCASTE.

Vous ne connaissez pas quel est votre malheur.

PHILOCTÈTE.

Je perds Alcide et vous : qu'aurais-je à craindre encore ?

JOCASTE.

Vous êtes en des lieux qu'un dieu vengeur abhorre ;
Un feu contagieux annonce son courroux,
Et le sang de Laïus est retombé sur nous.
Du ciel qui nous poursuit la justice outragée
Venge ainsi de ce roi la cendre négligée :
On doit sur nos autels immoler l'assassin ;
On le cherche, on vous nomme, on vous accuse enfin.

PHILOCTÈTE.

Madame, je me tais, une pareille offense
Étonne mon courage et me force au silence.
Qui? moi, de tels forfaits! moi, des assassinats!
Et que de votre époux... Vous ne le croyez pas.

JOCASTE.

Non, je ne le crois point, et c'est vous faire injure

Que daigner un moment combattre l'imposture.
Votre cœur m'est connu, vous avez eu ma foi,
Et vous ne pouvez point être indigne de moi.
Oubliez ces Thébains que les dieux abandonnent,
Trop dignes de périr depuis qu'ils vous soupçonnent.
Fuyez-moi, c'en est fait : nous nous aimions en vain ;
Les dieux vous réservaient un plus noble destin ;
Vous étiez né pour eux : leur sagesse profonde
N'a pu fixer dans Thèbe un bras utile au monde,
Ni souffrir que l'amour, remplissant ce grand cœur,
Enchaînât près de moi votre obscure valeur.
Non, d'un lien charmant le soin tendre et timide
Ne doit point occuper le successeur d'Alcide :
De toutes vos vertus comptable à leurs besoins,
Ce n'est qu'aux malheureux que vous devez vos soins.
Déjà de tous côtés les tyrans reparaissent ;
Hercule est sous la tombe et les monstres renaissent :
Allez, libre des feux dont vous fûtes épris,
Partez, rendez Hercule à l'univers surpris.

Seigneur, mon époux vient, souffrez que je vous laisse :
Non que mon cœur troublé redoute sa faiblesse ;
Mais j'aurais trop peut-être à rougir devant vous,
Puisque je vous aimais, et qu'il est mon époux.

SCÈNE IV.

ŒDIPE, PHILOCTÈTE, ARASPE.

ŒDIPE.
Araspe, c'est donc là le prince Philoctète?
PHILOCTÈTE.
Oui, c'est lui qu'en ces murs un sort aveugle jette,
Et que le ciel encore, à sa perte animé,
A souffrir des affronts n'a point accoutumé.
Je sais de quels forfaits on veut noircir ma vie ;
Seigneur, n'attendez pas que je m'en justifie ;
J'ai pour vous trop d'estime, et je ne pense pas
Que vous puissiez descendre à des soupçons si bas.
Si sur les mêmes pas nous marchons l'un et l'autre,
Ma gloire d'assez près est unie à la vôtre.
Thésée, Hercule, et moi, nous vous avons montré

Le chemin de la gloire où vous êtes entré.
Ne déshonorez point par une calomnie
La splendeur de ces noms où votre nom s'allie ;
Et soutenez surtout, par un trait généreux,
L'honneur que vous avez d'être placé près d'eux.

OEDIPE.

Être utile aux mortels, et sauver cet empire,
Voilà, seigneur, voilà l'honneur seul où j'aspire,
Et ce que m'ont appris en ces extrémités
Les héros que j'admire et que vous imitez.
Certes, je ne veux point vous imputer un crime :
Si le ciel m'eût laissé le choix de la victime,
Je n'aurais immolé de victime que moi :
Mourir pour son pays, c'est le devoir d'un roi ;
C'est un honneur trop grand pour le céder à d'autres.
J'aurais donné mes jours et défendu les vôtres ;
J'aurais sauvé mon peuple une seconde fois ;
Mais, seigneur, je n'ai point la liberté du choix.
C'est un sang criminel que nous devons répandre :
Vous êtes accusé, songez à vous défendre ;
Paraissez innocent, il me sera bien doux
D'honorer dans ma cour un héros tel que vous ;
Et je me tiens heureux s'il faut que je vous traite,
Non comme un accusé, mais comme Philoctète.

PHILOCTÈTE.

Je veux bien l'avouer ; sur la foi de mon nom
J'avais osé me croire au-dessus du soupçon.
Cette main qu'on accuse, au défaut du tonnerre,
D'infâmes assassins a délivré la terre ;
Hercule à les dompter avait instruit mon bras :
Seigneur, qui les punit ne les imite pas.

OEDIPE.

Ah ! je ne pense point qu'aux exploits consacrées
Vos mains par des forfaits se soient déshonorées,
Seigneur, et si Laïus est tombé sous vos coups,
Sans doute avec honneur il expira sous vous :
Vous ne l'avez vaincu qu'en guerrier magnanime ;
Je vous rends trop justice.

PHILOCTÈTE.

                Eh ! quel serait mon crime ?
Si ce fer chez les morts eût fait tomber Laïus,
Ce n'eût été pour moi qu'un triomphe de plus.

Un roi pour ses sujets est un dieu qu'on révère ;
Pour Hercule et pour moi, c'est un homme ordinaire.
J'ai défendu des rois ; et vous devez songer
Que j'ai pu les combattre, ayant pu les venger.

OEDIPE.

Je connais Philoctète à ces illustres marques :
Des guerriers comme vous sont égaux aux monarques ;
Je le sais : cependant, prince, n'en doutez pas,
Le vainqueur de Laïus est digne du trépas ;
Sa tête répondra des malheurs de l'empire ;
Et vous...

PHILOCTÈTE.

Ce n'est point moi : ce mot doit vous suffire.
Seigneur, si c'était moi, j'en ferais vanité.
En vous parlant ainsi, je dois être écouté.
C'est aux hommes communs, aux âmes ordinaires
A se justifier par des moyens vulgaires ;
Mais un prince, un guerrier, tel que vous, tel que moi,
Quand il a dit un mot, en est cru sur sa foi.
Du meurtre de Laïus OEdipe me soupçonne ;
Ah ! ce n'est point à vous d'en accuser personne :
Son sceptre et son épouse ont passé dans vos bras,
C'est vous qui recueillez le fruit de son trépas.
Ce n'est pas moi surtout de qui l'heureuse audace
Disputa sa dépouille, et demanda sa place.
Le trône est un objet qui n'a pu me tenter :
Hercule à ce haut rang dédaignait de monter.
Toujours libre avec lui, sans sujets et sans maître,
J'ai fait des souverains, et n'ai point voulu l'être[1].
Mais c'est trop me défendre et trop m'humilier :
La vertu s'avilit à se justifier.

OEDIPE.

Votre vertu m'est chère, et votre orgueil m'offense.
On vous jugera, prince ; et si votre innocence
De l'équité des lois n'a rien à redouter,
Avec plus de splendeur elle en doit éclater.
Demeurez parmi nous...

---

1. Le 29 mai 1801, sous le consulat de Buonaparte, le roi d'Étrurie Louis Ier, qui lui devait sa couronne, assistait à une représentation d'*OEdipe*, au Théâtre-Français. On y applaudit, à plusieurs reprises, le vers :

J'ai fait des souverains, et n'ai point voulu l'être.

PHILOCTÈTE.

     J'y resterai, sans doute :
Il y va de ma gloire ; et le ciel qui m'écoute
Ne me verra partir que vengé de l'affront
Dont vos soupçons honteux ont fait rougir mon front.

SCÈNE V.

ŒDIPE, ARASPE.

ŒDIPE.

Je l'avouerai, j'ai peine à le croire coupable.
D'un cœur tel que le sien l'audace inébranlable
Ne sait point s'abaisser à des déguisements :
Le mensonge n'a point de si hauts sentiments.
Je ne puis voir en lui cette bassesse infâme.
Je te dirai bien plus ; je rougissais dans l'âme
De me voir obligé d'accuser ce grand cœur :
Je me plaignais à moi de mon trop de rigueur.
Nécessité cruelle attachée à l'empire!
Dans le cœur des humains les rois ne peuvent lire ;
Souvent sur l'innocence ils font tomber leurs coups,
Et nous sommes, Araspe, injustes malgré nous.
Mais que Phorbas est lent pour mon impatience !
C'est sur lui seul enfin que j'ai quelque espérance ;
Car les dieux irrités ne nous répondent plus :
Ils ont par leur silence expliqué leur refus.

ARASPE.

Tandis que par vos soins vous pouvez tout apprendre,
Quel besoin que le ciel ici se fasse entendre?
Ces dieux dont le pontife a promis le secours,
Dans leurs temples, seigneur, n'habitent pas toujours.
On ne voit point leur bras si prodigue en miracles :
Ces antres, ces trépieds, qui rendent leurs oracles,
Ces organes d'airain que nos mains ont formés,
Toujours d'un souffle pur ne sont pas animés.
Ne nous endormons point sur la foi de leurs prêtres ;
Au pied du sanctuaire il est souvent des traîtres,
Qui, nous asservissant sous un pouvoir sacré,
Font parler les destins, les font taire à leur gré.

Voyez, examinez avec un soin extrême
Philoctète, Phorbas, et Jocaste elle-même.
Ne nous fions qu'à nous ; voyons tout par nos yeux :
Ce sont là nos trépieds, nos oracles, nos dieux.

OEDIPE.

Serait-il dans le temple un cœur assez perfide?...
Non, si le ciel enfin de nos destins décide,
On ne le verra point mettre en d'indignes mains
Le dépôt précieux du salut des Thébains.
Je vais, je vais moi-même, accusant leur silence,
Par mes vœux redoublés fléchir leur inclémence.
Toi, si pour me servir tu montres quelque ardeur,
De Phorbas que j'attends cours hâter la lenteur :
Dans l'état déplorable où tu vois que nous sommes,
Je veux interroger et les dieux et les hommes.

FIN DU DEUXIÈME ACTE.

ACTE TROISIÈME.

SCÈNE I.

JOCASTE, ÉGINE.

JOCASTE.
Oui, j'attends Philoctète, et je veux qu'en ces lieux
Pour la dernière fois il paraisse à mes yeux.
ÉGINE.
Madame, vous savez jusqu'à quelle insolence
Le peuple a de ses cris fait monter la licence :
Ces Thébains, que la mort assiége à tout moment,
N'attendent leur salut que de son châtiment ;
Vieillards, femmes, enfants, que leur malheur accable,
Tous sont intéressés à le trouver coupable.
Vous entendez d'ici leurs cris séditieux ;
Ils demandent son sang de la part de nos dieux.
Pourrez-vous résister à tant de violence ?
Pourrez-vous le servir et prendre sa défense ?
JOCASTE.
Moi ! si je la prendrai ? Dussent tous les Thébains
Porter jusque sur moi leurs parricides mains,
Sous ces murs tout fumants dussé-je être écrasée,
Je ne trahirai point l'innocence accusée.
  Mais une juste crainte occupe mes esprits :
Mon cœur de ce héros fut autrefois épris ;
On le sait : on dira que je lui sacrifie
Ma gloire, mes époux, mes dieux, et ma patrie ;
Que mon cœur brûle encore.
ÉGINE.
            Ah ! calmez cet effroi :
Cet amour malheureux n'eut de témoin que moi ;
Et jamais...

JOCASTE.

Que dis-tu? crois-tu qu'une princesse
Puisse jamais cacher sa haine ou sa tendresse?
Des courtisans sur nous les inquiets regards
Avec avidité tombent de toutes parts;
A travers les respects leurs trompeuses souplesses
Pénètrent dans nos cœurs et cherchent nos faiblesses;
A leur malignité rien n'échappe et ne fuit;
Un seul mot, un soupir, un coup d'œil nous trahit;
Tout parle contre nous, jusqu'à notre silence;
Et quand leur artifice et leur persévérance
Ont enfin, malgré nous, arraché nos secrets,
Alors avec éclat leurs discours indiscrets,
Portant sur notre vie une triste lumière,
Vont de nos passions remplir la terre entière.

ÉGINE.

Eh! qu'avez-vous, madame, à craindre de leurs coups?
Quels regards si perçants sont dangereux pour vous?
Quel secret pénétré peut flétrir votre gloire?
Si l'on sait votre amour, on sait votre victoire :
On sait que la vertu fut toujours votre appui.

JOCASTE.

Et c'est cette vertu qui me trouble aujourd'hui.
Peut-être, à m'accuser toujours prompte et sévère,
Je porte sur moi-même un regard trop austère;
Peut-être je me juge avec trop de rigueur :
Mais enfin Philoctète a régné sur mon cœur;
Dans ce cœur malheureux son image est tracée,
La vertu ni le temps ne l'ont point effacée :
Que dis-je? je ne sais, quand je sauve ses jours,
Si la seule équité m'appelle à son secours;
Ma pitié me paraît trop sensible et trop tendre;
Je sens trembler mon bras tout prêt à le défendre;
Je me reproche enfin mes bontés et mes soins :
Je le servirais mieux si je l'eusse aimé moins.

ÉGINE.

Mais voulez-vous qu'il parte?

JOCASTE.

Oui, je le veux sans doute,
C'est ma seule espérance; et pour peu qu'il m'écoute,
Pour peu que ma prière ait sur lui de pouvoir,
Il faut qu'il se prépare à ne plus me revoir.

De ces funestes lieux qu'il s'écarte, qu'il fuie,
Qu'il sauve en s'éloignant et ma gloire et sa vie.
Mais qui peut l'arrêter? Il devrait être ici.
Chère Égine, va, cours.

SCÈNE II.

JOCASTE, PHILOCTÈTE, ÉGINE.

JOCASTE.
                    Ah! prince, vous voici!
Dans le mortel effroi dont mon âme est émue,
Je ne m'excuse point de chercher votre vue :
Mon devoir, il est vrai, m'ordonne de vous fuir ;
Je dois vous oublier, et non pas vous trahir :
Je crois que vous savez le sort qu'on vous apprête.
PHILOCTÈTE.
Un vain peuple en tumulte a demandé ma tête :
Il souffre, il est injuste, il faut lui pardonner.
JOCASTE.
Gardez à ses fureurs de vous abandonner.
Partez; de votre sort vous êtes encor maître ;
Mais ce moment, seigneur, est le dernier peut-être
Où je puis vous sauver d'un indigne trépas.
Fuyez ; et loin de moi précipitant vos pas,
Pour prix de votre vie heureusement sauvée,
Oubliez que c'est moi qui vous l'ai conservée.
PHILOCTÈTE.
Daignez montrer, madame, à mon cœur agité
Moins de compassion et plus de fermeté ;
Préférez, comme moi, mon honneur à ma vie ;
Commandez que je meure, et non pas que je fuie ;
Et ne me forcez point, quand je suis innocent,
A devenir coupable en vous obéissant.
Des biens que m'a ravis la colère céleste,
Ma gloire, mon honneur est le seul qui me reste ;
Ne m'ôtez pas ce bien dont je suis si jaloux,
Et ne m'ordonnez pas d'être indigne de vous.
J'ai vécu, j'ai rempli ma triste destinée,
Madame : à votre époux ma parole est donnée ;

Quelque indigne soupçon qu'il ait conçu de moi,
Je ne sais point encor comme on manque de foi.

JOCASTE.

Seigneur, au nom des dieux, au nom de cette flamme
Dont la triste Jocaste avait touché votre âme,
Si d'une si parfaite et si tendre amitié
Vous conservez encore un reste de pitié,
Enfin, s'il vous souvient que, promis l'un à l'autre,
Autrefois mon bonheur a dépendu du vôtre,
Daignez sauver des jours de gloire environnés,
Des jours à qui les miens ont été destinés.

PHILOCTÈTE.

Je vous les consacrai ; je veux que leur carrière
De vous, de vos vertus, soit digne tout entière.
J'ai vécu loin de vous ; mais mon sort est trop beau
Si j'emporte en mourant votre estime au tombeau.
Qui sait même, qui sait si d'un regard propice
Le ciel ne verra point ce sanglant sacrifice?
Qui sait si sa clémence, au sein de vos États,
Pour m'immoler à vous n'a point conduit mes pas?
Peut-être il me devait cette grâce infinie
De conserver vos jours aux dépens de ma vie ;
Peut-être d'un sang pur il peut se contenter,
Et le mien vaut du moins qu'il daigne l'accepter.

SCÈNE III.

ŒDIPE, JOCASTE, PHILOCTÈTE, ÉGINE, ARASPE, suite.

ŒDIPE.

Prince, ne craignez point l'impétueux caprice
D'un peuple dont la voix presse votre supplice :
J'ai calmé son tumulte, et même contre lui
Je vous viens, s'il le faut, présenter mon appui.
On vous a soupçonné ; le peuple a dû le faire.
Moi qui ne juge point ainsi que le vulgaire,
Je voudrais que, perçant un nuage odieux,
Déjà votre innocence éclatât à leurs yeux.
Mon esprit incertain, que rien n'a pu résoudre,
N'ose vous condamner, mais ne peut vous absoudre.

C'est au ciel que j'implore à me déterminer.
Ce ciel enfin s'apaise, il veut nous pardonner ;
Et bientôt, retirant la main qui nous opprime,
Par la voix du grand-prêtre il nomme la victime ;
Et je laisse à nos dieux, plus éclairés que nous,
Le soin de décider entre mon peuple et vous.

PHILOCTÈTE.

Votre équité, seigneur, est inflexible et pure ;
Mais l'extrême justice est une extrême injure :
Il n'en faut pas toujours écouter la rigueur.
Des lois que nous suivons la première est l'honneur,
Je me suis vu réduit à l'affront de répondre
A de vils délateurs que j'ai trop su confondre.
Ah ! sans vous abaisser à cet indigne soin,
Seigneur, il suffisait de moi seul pour témoin :
C'était, c'était assez d'examiner ma vie ;
Hercule appui des dieux, et vainqueur de l'Asie,
Les monstres, les tyrans, qu'il m'apprit à dompter,
Ce sont là les témoins qu'il me faut confronter.
De vos dieux cependant interrogez l'organe :
Nous apprendrons de lui si leur voix me condamne.
Je n'ai pas besoin d'eux, et j'attends leur arrêt
Par pitié pour ce peuple, et non par intérêt.

SCÈNE IV.

ŒDIPE, JOCASTE, LE GRAND-PRÊTRE, ARASPE,
PHILOCTÈTE, ÉGINE, SUITE, LE CHŒUR[1].

ŒDIPE.

Eh bien ! les dieux, touchés des vœux qu'on leur adresse,
Suspendent-ils enfin leur fureur vengeresse ?
Quelle main parricide a pu les offenser ?

PHILOCTÈTE.

Parlez, quel est le sang que nous devons verser ?

---

1. C'est à cette scène, sans doute, que Voltaire s'avisa de paraître en portant la queue du grand-prêtre. La maréchale de Villars, qui assistait à la représentation, demanda quel était ce jeune homme qui voulait faire tomber la pièce. C'est l'auteur, lui répondit-on. Émerveillée de tant d'audace, elle se le fit présenter, et lui fit le plus charmant accueil.

LE GRAND-PRÊTRE.

Fatal présent du ciel! science malheureuse!
Qu'aux mortels curieux vous êtes dangereuse!
Plût aux cruels destins qui pour moi sont ouverts,
Que d'un voile éternel mes yeux fussent couverts!

PHILOCTÈTE.

Eh bien! que venez-vous annoncer de sinistre?

OEDIPE.

D'une haine éternelle êtes-vous le ministre?

PHILOCTÈTE.

Ne craignez rien.

OEDIPE.

Les dieux veulent-ils mon trépas?

LE GRAND-PRÊTRE, à Œdipe.

Ah! si vous m'en croyez, ne m'interrogez pas.

OEDIPE.

Quel que soit le destin que le ciel nous annonce,
Le salut des Thébains dépend de sa réponse.

PHILOCTÈTE.

Parlez.

OEDIPE.

Ayez pitié de tant de malheureux;
Songez qu'OEdipe...

LE GRAND-PRÊTRE.

OEdipe est plus à plaindre qu'eux.

PREMIER PERSONNAGE DU CHOEUR.

OEdipe a pour son peuple une amour paternelle;
Nous joignons à sa voix notre plainte éternelle.
Vous à qui le ciel parle, entendez nos clameurs.

DEUXIÈME PERSONNAGE DU CHOEUR.

Nous mourons, sauvez-nous, détournez ses fureurs;
Nommez cet assassin, ce monstre, ce perfide.

PREMIER PERSONNAGE DU CHOEUR.

Nos bras vont dans son sang laver son parricide.

LE GRAND-PRÊTRE.

Peuples infortunés, que me demandez-vous?

PREMIER PERSONNAGE DU CHOEUR.

Dites un mot, il meurt, et vous nous sauvez tous.

LE GRAND-PRÊTRE.

Quand vous serez instruits du destin qui l'accable,
Vous frémirez d'horreur au seul nom du coupable.
Le dieu qui par ma voix vous parle en ce moment

Commande que l'exil soit son seul châtiment;
Mais bientôt éprouvant un désespoir funeste,
Ses mains ajouteront à la rigueur céleste.
De son supplice affreux vos yeux seront surpris,
Et vous croirez vos jours trop payés à ce prix.
ŒDIPE.
Obéissez.
PHILOCTÈTE.
Parlez.
ŒDIPE.
C'est trop de résistance.
LE GRAND-PRÊTRE, à Œdipe.
C'est vous qui me forcez à rompre le silence.
ŒDIPE.
Que ces retardements allument mon courroux !
LE GRAND-PRÊTRE.
Vous le voulez... eh bien !... c'est...
ŒDIPE.
Achève : qui ?
LE GRAND-PRÊTRE.
Vous.
ŒDIPE.
Moi ?
LE GRAND-PRÊTRE.
Vous, malheureux prince !
DEUXIÈME PERSONNAGE.
Ah ! que viens-je d'entendre !
JOCASTE.
Interprète des dieux, qu'osez-vous nous apprendre ?
(A Œdipe.)
Qui, vous ! de mon époux vous seriez l'assassin ?
Vous à qui j'ai donné ma couronne et ma main ?
Non, seigneur, non : des dieux l'oracle nous abuse;
Votre vertu dément la voix qui vous accuse.
PREMIER PERSONNAGE DU CHŒUR.
O ciel, dont le pouvoir préside à notre sort,
Nommez une autre tête, ou rendez-nous la mort.
PHILOCTÈTE.
N'attendez point, seigneur, outrage pour outrage;
Je ne tirerai point un indigne avantage
Du revers inouï qui vous presse à mes yeux :
Je vous crois innocent malgré la voix des dieux.

Je vous rends la justice enfin qui vous est due,
Et que ce peuple et vous ne m'avez point rendue.
Contre vos ennemis je vous offre mon bras;
Entre un pontife et vous je ne balance pas.
Un prêtre, quel qu'il soit, quelque dieu qui l'inspire,
Doit prier pour ses rois, et non pas les maudire.
####### OEDIPE.
Quel excès de vertu! mais quel comble d'horreur!
L'un parle en demi-dieu, l'autre en prêtre imposteur.
####### (Au grand-prêtre.)
Voilà donc des autels quel est le privilége!
Grâce à l'impunité, ta bouche sacrilége,
Pour accuser ton roi d'un forfait odieux,
Abuse insolemment du commerce des dieux!
Tu crois que mon courroux doit respecter encore
Le ministère saint que ta main déshonore.
Traître, au pied des autels il faudrait t'immoler,
A l'aspect de tes dieux que ta voix fait parler.
####### LE GRAND-PRÊTRE.
Ma vie est en vos mains, vous en êtes le maître :
Profitez des moments que vous avez à l'être;
Aujourd'hui votre arrêt vous sera prononcé[1].
Tremblez, malheureux roi, votre règne est passé;
Une invisible main suspend sur votre tête
Le glaive menaçant que la vengeance apprête;
Bientôt, de vos forfaits vous-même épouvanté,
Fuyant loin de ce trône où vous êtes monté,
Privé des feux sacrés et des eaux salutaires,
Remplissant de vos cris les antres solitaires,
Partout d'un dieu vengeur vous sentirez les coups :
Vous chercherez la mort : la mort fuira de vous.
Le ciel, ce ciel témoin de tant d'objets funèbres,
N'aura plus pour vos yeux que d'horribles ténèbres :
Au crime, au châtiment, malgré vous destiné,
Vous seriez trop heureux de n'être jamais né.
####### OEDIPE.
J'ai forcé jusqu'ici ma colère à t'entendre;
Si ton sang méritait qu'on daignât le répandre,
De ton juste trépas mes regards satisfaits
De ta prédiction préviendraient les effets.

---

1. Racine a dit dans *Esther* (act. III, sc. v) :
Bientôt ton juste arrêt te sera prononcé. (B.)

Va, fuis, n'excite plus le transport qui m'agite,
Et respecte un courroux que ta présence irrite ;
Fuis, d'un mensonge indigne abominable auteur.
LE GRAND-PRÊTRE.
Vous me traitez toujours de traître et d'imposteur :
Votre père autrefois me croyait plus sincère.
OEDIPE.
Arrête : que dis-tu ? qui ? Polybe mon père...
LE GRAND-PRÊTRE.
Vous apprendrez trop tôt votre funeste sort ;
Ce jour va vous donner la naissance et la mort.
Vos destins sont comblés, vous allez vous connaître.
Malheureux ! savez-vous quel sang vous donna l'être ?
Entouré de forfaits à vous seul réservés,
Savez-vous seulement avec qui vous vivez ?
O Corinthe ! ô Phocide ! exécrable hyménée !
Je vois naître une race impie, infortunée,
Digne de sa naissance, et de qui la fureur
Remplira l'univers d'épouvante et d'horreur.
Sortons.

SCÈNE V.

OEDIPE, PHILOCTÈTE, JOCASTE.

OEDIPE.
Ces derniers mots me rendent immobile :
Je ne sais où je suis ; ma fureur est tranquille :
Il me semble qu'un dieu descendu parmi nous,
Maître de mes transports, enchaîne mon courroux,
Et, prêtant au pontife une force divine,
Par sa terrible voix m'annonce ma ruine.
PHILOCTÈTE.
Si vous n'aviez, seigneur, à craindre que des rois,
Philoctète avec vous combattrait sous vos lois ;
Mais un prêtre est ici d'autant plus redoutable
Qu'il vous perce à nos yeux par un trait respectable.
Fortement appuyé sur des oracles vains,
Un pontife est souvent terrible aux souverains ;
Et, dans son zèle aveugle, un peuple opiniâtre,
De ses liens sacrés imbécile idolâtre,

Foulant par piété les plus saintes des lois,
Croit honorer les dieux en trahissant ses rois ;
Surtout quand l'intérêt, père de la licence,
Vient de leur zèle impie enhardir l'insolence.

ŒDIPE.

Ah ! seigneur, vos vertus redoublent mes douleurs :
La grandeur de votre âme égale mes malheurs ;
Accablé sous le poids du soin qui me dévore,
Vouloir me soulager, c'est m'accabler encore.
Quelle plaintive voix crie au fond de mon cœur ?
Quel crime ai-je commis ? Est-il vrai, dieu vengeur ?

JOCASTE.

Seigneur, c'en est assez, ne parlons plus de crime ;
A ce peuple expirant il faut une victime ;
Il faut sauver l'État, et c'est trop différer.
Épouse de Laïus, c'est à moi d'expirer ;
C'est à moi de chercher sur l'infernale rive
D'un malheureux époux l'ombre errante et plaintive ;
De ses mânes sanglants j'apaiserai les cris ;
J'irai... Puissent les dieux, satisfaits à ce prix,
Contents de mon trépas, n'en point exiger d'autre,
Et que mon sang versé puisse épargner le vôtre !

ŒDIPE.

Vous, mourir ! vous, madame ! ah ! n'est-ce point assez
De tant de maux affreux sur ma tête amassés ?
Quittez, reine, quittez ce langage terrible ;
Le sort de votre époux est déjà trop horrible,
Sans que, de nouveaux traits venant me déchirer,
Vous me donniez encor votre mort à pleurer.
Suivez mes pas, rentrons ; il faut que j'éclaircisse
Un soupçon que je forme avec trop de justice.
Venez.

JOCASTE.

Comment, seigneur, vous pourriez...

ŒDIPE.

Suivez-moi,
Et venez dissiper ou combler mon effroi.

FIN DU TROISIÈME ACTE.

ACTE QUATRIÈME[1].

SCÈNE I.

ŒDIPE, JOCASTE.

ŒDIPE.
Non, quoi que vous disiez, mon âme inquiétée
De soupçons importuns n'est pas moins agitée.
Le grand-prêtre me gêne, et, prêt à l'excuser,
Je commence en secret moi-même à m'accuser.
Sur tout ce qu'il m'a dit, plein d'une horreur extrême,
Je me suis en secret interrogé moi-même ;
Et mille événements de mon âme effacés
Se sont offerts en foule à mes esprits glacés.
Le passé m'interdit, et le présent m'accable ;
Je lis dans l'avenir un sort épouvantable :
Et le crime partout semble suivre mes pas.
JOCASTE.
Eh quoi ! votre vertu ne vous rassure pas !
N'êtes-vous pas enfin sûr de votre innocence ?
ŒDIPE.
On est plus criminel quelquefois qu'on ne pense.
JOCASTE.
Ah ! d'un prêtre indiscret dédaignant les fureurs,
Cessez de l'excuser par ces lâches terreurs.
ŒDIPE.
Au nom du grand Laïus et du courroux céleste,
Quand Laïus entreprit ce voyage funeste,
Avait-il près de lui des gardes, des soldats?

---

1. Les acteurs, et surtout Quinault-Dufresne, ne voulaient pas du tout de ce quatrième acte, parce que, appartenant à Sophocle, il devait être insipide. La scène de la double confidence entre Œdipe et Jocaste fut pourtant la plus applaudie. (G. A.)

JOCASTE.

Je vous l'ai déjà dit, un seul suivait ses pas.

OEDIPE.

Un seul homme?

JOCASTE.

Ce roi, plus grand que sa fortune[1],
Dédaignait comme vous une pompe importune;
On ne voyait jamais marcher devant son char[2]
D'un bataillon nombreux le fastueux rempart;
Au milieu des sujets soumis à sa puissance,
Comme il était sans crainte, il marchait sans défense;
Par l'amour de son peuple il se croyait gardé.

OEDIPE.

O héros! par le ciel aux mortels accordé,
Des véritables rois exemple auguste et rare!
OEdipe a-t-il sur toi porté sa main barbare?
Dépeignez-moi du moins ce prince malheureux.

JOCASTE.

Puisque vous rappelez un souvenir fâcheux,
Malgré le froid des ans, dans sa mâle vieillesse,
Ses yeux brillaient encor du feu de la jeunesse;
Son front cicatrisé sous ses cheveux blanchis[3]
Imprimait le respect aux mortels interdits;
Et si j'ose, seigneur, dire ce que j'en pense,
Laïus eut avec vous assez de ressemblance;
Et je m'applaudissais de retrouver en vous,
Ainsi que les vertus, les traits de mon époux.
Seigneur, qu'a ce discours qui doive vous surprendre?

OEDIPE.

J'entrevois des malheurs que je ne puis comprendre:

1. La première fois que l'empereur Joseph II parut à la Comédie-Française, à Paris en 1777, on donnait OEdipe, et le public lui appliqua ce vers. (K.)
2. La Grange-Chancel, dans son *Épître à Voltaire,* dit sur cette rime :
   Jamais un écrivain habile dans son art
   Ne fit rimer les mots de *char* et de *rempart.* (B.)
3. Toutes les éditions portent *cicatrisé;* mais on n'a pas pris garde que *cicatrisé* se dit d'une plaie qui commence à se fermer, au lieu que *cicatricé* signifie *couvert de cicatrices.* C'est dans ce sens que Boileau a dit dans son Épître IV :
   Son front cicatricé rend son air furieux.
Voyez à cet égard, dans les éditions de Boileau de 1747, 1772 et 1812, les remarques judicieuses des éditeurs MM. Brossette, de Saint-Marc et Daunou. (*Note de M. Miger.*)
— Cette observation est très-bonne; mais chargé de reproduire Voltaire et non de le corriger, j'ai conservé le mot qu'il a employé. (B.) Le mot *cicatricé* est inusité.

Je crains que par les dieux le pontife inspiré
Sur mes destins affreux ne soit trop éclairé.
Moi, j'aurais massacré!... Dieux! serait-il possible?

JOCASTE.

Cet organe des dieux est-il donc infaillible?
Un ministère saint les attache aux autels;
Ils approchent des dieux, mais ils sont des mortels.
Pensez-vous qu'en effet, au gré de leur demande,
Du vol de leurs oiseaux la vérité dépende?
Que sous un fer sacré des taureaux gémissants
Dévoilent l'avenir à leurs regards perçants,
Et que de leurs festons ces victimes ornées
Des humains dans leurs flancs portent les destinées[1]?
Non, non : chercher ainsi l'obscure vérité,
C'est usurper les droits de la Divinité.
Nos prêtres ne sont pas ce qu'un vain peuple pense,
Notre crédulité fait toute leur science[2].

OEDIPE.

Ah dieux! s'il était vrai, quel serait mon bonheur!

JOCASTE.

Seigneur, il est trop vrai; croyez-en ma douleur.
Comme vous autrefois pour eux préoccupée,
Hélas! pour mon malheur je suis bien détrompée,
Et le ciel me punit d'avoir trop écouté
D'un oracle imposteur la fausse obscurité.
Il m'en coûta mon fils. Oracles que j'abhorre!
Sans vos ordres, sans vous, mon fils vivrait encore.

OEDIPE.

Votre fils! par quel coup l'avez-vous donc perdu?
Quel oracle sur vous les dieux ont-ils rendu?

JOCASTE.

Apprenez, apprenez, dans ce péril extrême,
Ce que j'aurais voulu me cacher à moi-même;

---

1. On lit dans le *Scévole* de Du Ryer :

> Donc vous vous figurez qu'une bête assommée
> Tienne notre fortune en son sein enfermée;
> Et que des animaux les sales intestins
> Soient un temple adorable où parlent les destins. (K.)

2. « Un comédien disait un jour dans une bonne compagnie, raconte le jésuite Nonnotte, qu'il avait toujours remarqué, lorsqu'on prononçait ces vers sur la scène, l'application qu'en faisaient en même temps les spectateurs. Sans doute que le poète l'a également remarquée, et s'en est applaudi. »

Et d'un oracle faux ne vous alarmez plus.
Seigneur, vous le savez, j'eus un fils de Laïus.
Sur le sort de mon fils ma tendresse inquiète
Consulta de nos dieux la fameuse interprète.
Quelle fureur, hélas! de vouloir arracher
Des secrets que le sort a voulu nous cacher!
Mais enfin j'étais mère, et pleine de faiblesse;
Je me jetai craintive aux pieds de la prêtresse :
Voici ses propres mots, j'ai dû les retenir :
Pardonnez si je tremble à ce seul souvenir.
« Ton fils tuera son père, et ce fils sacrilége,
Inceste et parricide... » O dieux! achèverai-je?

OEDIPE.
Eh bien! madame?

JOCASTE.
Enfin, seigneur, on me prédit
Que mon fils, que ce monstre entrerait dans mon lit :
Que je le recevrais, moi, seigneur, moi sa mère,
Dégouttant dans mes bras du meurtre de son père;
Et que, tous deux unis par ces liens affreux,
Je donnerais des fils à mon fils malheureux.
Vous vous troublez, seigneur, à ce récit funeste;
Vous craignez de m'entendre et d'écouter le reste.

OEDIPE.
Ah! madame, achevez : dites, que fîtes-vous
De cet enfant, l'objet du céleste courroux?

JOCASTE.
Je crus les dieux, seigneur; et, saintement cruelle,
J'étouffai pour mon fils mon amour maternelle.
En vain de cet amour l'impérieuse voix
S'opposait à nos dieux, et condamnait leurs lois;
Il fallut dérober cette tendre victime
Au fatal ascendant qui l'entraînait au crime,
Et, pensant triompher des horreurs de son sort,
J'ordonnai par pitié qu'on lui donnât la mort.
O pitié criminelle autant que malheureuse!
O d'un oracle faux obscurité trompeuse!
Quel fruit me revient-il de mes barbares soins
Mon malheureux époux n'en expira pas moins;
Dans le cours triomphant de ses destins prospères
Il fut assassiné par des mains étrangères :
Ce ne fut point son fils qui lui porta ces coups;

Et j'ai perdu mon fils sans sauver mon époux!
Que cet exemple affreux puisse au moins vous instruire!
Bannissez cet effroi qu'un prêtre vous inspire;
Profitez de ma faute, et calmez vos esprits.

ŒDIPE.

Après le grand secret que vous m'avez appris,
Il est juste à mon tour que ma reconnaissance
Fasse de mes destins l'horrible confidence.
Lorsque vous aurez su, par ce triste entretien,
Le rapport effrayant de votre sort au mien,
Peut-être, ainsi que moi, frémirez-vous de crainte.

Le destin m'a fait naître au trône de Corinthe:
Cependant de Corinthe et du trône éloigné,
Je vois avec horreur les lieux où je suis né.
Un jour, ce jour affreux, présent à ma pensée,
Jette encor la terreur dans mon âme glacée;
Pour la première fois, par un don solennel,
Mes mains jeunes encor enrichissaient l'autel:
Du temple tout à coup les combles s'entr'ouvrirent;
De traits affreux de sang les marbres se couvrirent;
De l'autel ébranlé par de longs tremblements
Une invisible main repoussait mes présents;
Et les vents, au milieu de la foudre éclatante,
Portèrent jusqu'à moi cette voix effrayante:
« Ne viens plus des lieux saints souiller la pureté;
Du nombre des vivants les dieux t'ont rejeté;
Ils ne reçoivent point tes offrandes impies;
Va porter tes présents aux autels des furies;
Conjure leurs serpents prêts à te déchirer;
Va, ce sont là les dieux que tu dois implorer. »
Tandis qu'à la frayeur j'abandonnais mon âme,
Cette voix m'annonça, le croirez-vous, madame?
Tout l'assemblage affreux des forfaits inouïs
Dont le ciel autrefois menaça votre fils,
Me dit que je serais l'assassin de mon père.

JOCASTE.

Ah dieux!

ŒDIPE.

Que je serais le mari de ma mère.

JOCASTE.

Où suis-je? Quel démon en unissant nos cœurs,
Cher prince, a pu dans nous rassembler tant d'horreurs?

ŒDIPE.

Il n'est pas encor temps de répandre des larmes ;
Vous apprendrez bientôt d'autres sujets d'alarmes.
Écoutez-moi, madame, et vous allez trembler.
  Du sein de ma patrie il fallut m'exiler.
Je craignis que ma main, malgré moi criminelle,
Aux destins ennemis ne fût un jour fidèle ;
Et, suspect à moi-même, à moi-même odieux,
Ma vertu n'osa point lutter contre les dieux.
Je m'arrachai des bras d'une mère éplorée ;
Je partis, je courus de contrée en contrée ;
Je déguisai partout ma naissance et mon nom :
Un ami de mes pas fut le seul compagnon.
Dans plus d'une aventure, en ce fatal voyage,
Le dieu qui me guidait seconda mon courage :
Heureux si j'avais pu, dans l'un de ces combats,
Prévenir mon destin par un noble trépas !
Mais je suis réservé sans doute au parricide.
Enfin je me souviens qu'aux champs de la Phocide
(Et je ne conçois pas par quel enchantement
J'oubliais jusqu'ici ce grand événement ;
La main des dieux sur moi si longtemps suspendue
Semble ôter le bandeau qu'ils mettaient sur ma vue).
Dans un chemin étroit je trouvai deux guerriers
Sur un char éclatant que traînaient deux coursiers ;
Il fallut disputer, dans cet étroit passage,
Des vains honneurs du pas le frivole avantage.
J'étais jeune et superbe, et nourri dans un rang
Où l'on puisa toujours l'orgueil avec le sang.
Inconnu, dans le sein d'une terre étrangère,
Je me croyais encore au trône de mon père ;
Et tous ceux qu'à mes yeux le sort venait offrir
Me semblaient mes sujets, et faits pour m'obéir :
Je marche donc vers eux, et ma main furieuse
Arrête des coursiers la fougue impétueuse ;
Loin du char à l'instant ces guerriers élancés
Avec fureur sur moi fondent à coups pressés.
La victoire entre nous ne fut point incertaine :
Dieux puissants, je ne sais si c'est faveur ou haine,
Mais sans doute pour moi contre eux vous combattiez ;
Et l'un et l'autre enfin tombèrent à mes pieds.
L'un d'eux, il m'en souvient, déjà glacé par l'âge,

Couché sur la poussière, observait mon visage;
Il me tendit les bras, il voulut me parler;
De ses yeux expirants je vis des pleurs couler;
Moi-même en le perçant, je sentis dans mon âme,
Tout vainqueur que j'étais... Vous frémissez, madame.
JOCASTE.
Seigneur, voici Phorbas; on le conduit ici.
OEDIPE.
Hélas! mon doute affreux va donc être éclairci!

SCÈNE II.

OEDIPE, JOCASTE, PHORBAS, SUITE.

OEDIPE.
Viens, malheureux vieillard, viens, approche... A sa vue
D'un trouble renaissant je sens mon âme émue;
Un confus souvenir vient encor m'affliger :
Je tremble de le voir et de l'interroger.
PHORBAS.
Eh bien! est-ce aujourd'hui qu'il faut que je périsse?
Grande reine, avez-vous ordonné mon supplice?
Vous ne fûtes jamais injuste que pour moi.
JOCASTE.
Rassurez-vous, Phorbas, et répondez au roi.
PHORBAS.
Au roi!
JOCASTE.
C'est devant lui que je vous fais paraître.
PHORBAS.
O dieux! Laïus est mort, et vous êtes mon maître!
Vous, seigneur?
OEDIPE.
Épargnons les discours superflus:
Tu fus le seul témoin du meurtre de Laïus;
Tu fus blessé, dit-on, en voulant le défendre.
PHORBAS.
Seigneur, Laïus est mort, laissez en paix sa cendre;
N'insultez pas du moins au malheureux destin
D'un fidèle sujet blessé de votre main.

OEDIPE.

Je t'ai blessé? qui, moi?

PHORBAS.

Contentez votre envie;
Achevez de m'ôter une importune vie;
Seigneur, que votre bras, que les dieux ont trompé,
Verse un reste de sang qui vous est échappé;
Et puisqu'il vous souvient de ce sentier funeste
Où mon roi...

OEDIPE.

Malheureux! épargne-moi le reste;
J'ai tout fait, je le vois, c'en est assez. O dieux!
Enfin après quatre ans vous dessillez mes yeux.

JOCASTE.

Hélas! il est donc vrai!

OEDIPE.

Quoi! c'est toi que ma rage
Attaqua vers Daulis en cet étroit passage!
Oui, c'est toi : vainement je cherche à m'abuser;
Tout parle contre moi, tout sert à m'accuser;
Et mon œil étonné ne peut te méconnaître.

PHORBAS.

Il est vrai, sous vos coups j'ai vu tomber mon maître;
Vous avez fait le crime, et j'en fus soupçonné;
J'ai vécu dans les fers, et vous avez régné.

OEDIPE.

Va, bientôt à mon tour je me rendrai justice;
Va, laisse-moi du moins le soin de mon supplice :
Laisse-moi, sauve-moi de l'affront douloureux
De voir un innocent que j'ai fait malheureux.

SCÈNE III.

OEDIPE, JOCASTE.

OEDIPE.

Jocaste... car enfin la fortune jalouse
M'interdit à jamais le tendre nom d'épouse;
Vous voyez mes forfaits : libre de votre foi,
Frappez, délivrez-vous de l'horreur d'être à moi.

JOCASTE.

Hélas!

OEDIPE.

Prenez ce fer, instrument de ma rage;
Qu'il vous serve aujourd'hui pour un plus juste usage;
Plongez-le dans mon sein.

JOCASTE.

Que faites-vous, seigneur?
Arrêtez; modérez cette aveugle douleur;
Vivez.

OEDIPE.

Quelle pitié pour moi vous intéresse?
Je dois mourir.

JOCASTE.

Vivez, c'est moi qui vous en presse;
Écoutez ma prière.

OEDIPE.

Ah! je n'écoute rien;
J'ai tué votre époux.

JOCASTE.

Mais vous êtes le mien.

OEDIPE.

Je le suis par le crime.

JOCASTE.

Il est involontaire.

OEDIPE.

N'importe, il est commis.

JOCASTE.

O comble de misère!

OEDIPE.

O trop funeste hymen! ô feux jadis si doux!

JOCASTE.

Ils ne sont point éteints; vous êtes mon époux.

OEDIPE.

Non, je ne le suis plus; et ma main ennemie
N'a que trop bien rompu le saint nœud qui nous lie.
Je remplis ces climats du malheur qui me suit.
Redoutez-moi, craignez le dieu qui me poursuit;
Ma timide vertu ne sert qu'à me confondre,
Et de moi désormais je ne puis plus répondre.
Peut-être de ce dieu partageant le courroux,
L'horreur de mon destin s'étendrait jusqu'à vous:

Ayez du moins pitié de tant d'autres victimes ;
Frappez, ne craignez rien, vous m'épargnez des crimes.

JOCASTE.

Ne vous accusez point d'un destin si cruel ;
Vous êtes malheureux, et non pas criminel :
Dans ce fatal combat que Daulis vous vit rendre,
Vous ignoriez quel sang vos mains allaient répandre :
Et, sans trop rappeler cet affreux souvenir,
Je ne puis que me plaindre, et non pas vous punir.
Vivez...

ŒDIPE.

    Moi, que je vive ! Il faut que je vous fuie.
Hélas ! où traînerai-je une mourante vie ?
Sur quels bords malheureux, en quels tristes climats,
Ensevelir l'horreur qui s'attache à mes pas ?
Irai-je, errant encore, et me fuyant moi-même,
Mériter par le meurtre un nouveau diadème ?
Irai-je dans Corinthe, où mon triste destin
A des crimes plus grands réserve encor ma main ?
Corinthe ! que jamais ta détestable rive...

SCÈNE IV.

ŒDIPE, JOCASTE, DIMAS.

DIMAS.

Seigneur, en ce moment un étranger arrive :
Il se dit de Corinthe, et demande à vous voir.

ŒDIPE.

Allons, dans un moment je vais le recevoir.
(A Jocaste.)
Adieu : que de vos pleurs la source se dissipe.
Vous ne reverrez plus l'inconsolable Œdipe :
C'en est fait, j'ai régné, vous n'avez plus d'époux ;
En cessant d'être roi, je cesse d'être à vous.
Je pars : je vais chercher, dans ma douleur mortelle,
Des pays où ma main ne soit point criminelle ;
Et vivant loin de vous, sans États, mais en roi,
Justifier les pleurs que vous versez pour moi.

FIN DU QUATRIÈME ACTE.

ACTE CINQUIÈME.

SCÈNE I.

ŒDIPE, ARASPE, DIMAS, suite.

ŒDIPE.

Finissez vos regrets, et retenez vos larmes :
Vous plaignez mon exil, il a pour moi des charmes ;
Ma fuite à vos malheurs assure un prompt secours ;
En perdant votre roi vous conservez vos jours.
Du sort de tout ce peuple il est temps que j'ordonne.
J'ai sauvé cet empire en arrivant au trône :
J'en descendrai du moins comme j'y suis monté ;
Ma gloire me suivra dans mon adversité.
Mon destin fut toujours de vous rendre la vie ;
Je quitte mes enfants, mon trône, ma patrie :
Écoutez-moi du moins pour la dernière fois ;
Puisqu'il vous faut un roi, consultez-en mon choix.
Philoctète est puissant, vertueux, intrépide :
Un monarque est son père[1], il fut l'ami d'Alcide ;
Que je parte, et qu'il règne. Allez chercher Phorbas,
Qu'il paraisse à mes yeux, qu'il ne me craigne pas ;
Il faut de mes bontés lui laisser quelque marque,
Et quitter mes sujets et le trône en monarque.
Que l'on fasse approcher l'étranger devant moi.
Vous, demeurez.

SCÈNE II.

ŒDIPE, ARASPE, ICARE, suite.

ŒDIPE.
Icare, est-ce vous que je voi ?

---

1. Il était fils du roi d'Eubée, aujourd'hui Négrepont.

Vous, de mes premiers ans sage dépositaire,
Vous, digne favori de Polybe mon père?
Quel sujet important vous conduit parmi nous?

ICARE.

Seigneur, Polybe est mort.

ŒDIPE.

Ah! que m'apprenez-vous?
Mon père...

ICARE.

A son trépas vous deviez vous attendre.
Dans la nuit du tombeau les ans l'ont fait descendre;
Ses jours étaient remplis, il est mort à mes yeux.

ŒDIPE.

Qu'êtes-vous devenus, oracles de nos dieux?
Vous qui faisiez trembler ma vertu trop timide,
Vous qui me prépariez l'horreur d'un parricide.
Mon père est chez les morts, et vous m'avez trompé;
Malgré vous dans son sang mes mains n'ont point trempé.
Ainsi de mon erreur esclave volontaire,
Occupé d'écarter un mal imaginaire,
J'abandonnais ma vie à des malheurs certains,
Trop crédule artisan de mes tristes destins!
O ciel! et quel est donc l'excès de ma misère
Si le trépas des miens me devient nécessaire?
Si, trouvant dans leur perte un bonheur odieux,
Pour moi la mort d'un père est un bienfait des dieux?
Allons, il faut partir; il faut que je m'acquitte
Des funèbres tributs que sa cendre mérite.
Partons. Vous vous taisez, je vois vos pleurs couler :
Que ce silence...

ICARE.

O ciel! oserai-je parler?

ŒDIPE.

Vous reste-t-il encor des malheurs à m'apprendre?

ICARE.

Un moment sans témoin daignerez-vous m'entendre?

ŒDIPE.

(A sa suite.)

Allez, retirez-vous. Que va-t-il m'annoncer?

ICARE.

A Corinthe, seigneur, il ne faut plus penser :

ACTE V, SCÈNE II.

Si vous y paraissez, votre mort est jurée.

OEDIPE.
Eh! qui de mes États me défendrait l'entrée?

ICARE.
Du sceptre de Polybe un autre est l'héritier.

OEDIPE.
Est-ce assez? et ce trait sera-t-il le dernier?
Poursuis, destin, poursuis, tu ne pourras m'abattre.
Eh bien! j'allais régner; Icare, allons combattre :
A mes lâches sujets courons me présenter.
Parmi ces malheureux, prompts à se révolter,
Je puis trouver du moins un trépas honorable :
Mourant chez les Thébains, je mourrais en coupable;
Je dois périr en roi. Quels sont mes ennemis?
Parle, quel étranger sur mon trône est assis?

ICARE.
Le gendre de Polybe; et Polybe lui-même
Sur son front en mourant a mis le diadème.
A son maître nouveau tout le peuple obéit.

OEDIPE.
Eh quoi! mon père aussi, mon père me trahit?
De la rebellion mon père est le complice?
Il me chasse du trône!

ICARE.
           Il vous a fait justice;
Vous n'étiez point son fils.

OEDIPE.
    Icare!...

ICARE.
              Avec regret
Je révèle en tremblant ce terrible secret;
Mais il le faut, seigneur; et toute la province...

OEDIPE.
Je ne suis point son fils!

ICARE.
          Non, seigneur; et ce prince
A tout dit en mourant. De ses remords pressé,
Pour le sang de nos rois il vous a renoncé;
Et moi, de son secret confident et complice,
Craignant du nouveau roi la sévère justice,
Je venais implorer votre appui dans ces lieux.

OEDIPE.

Je n'étais point son fils! et qui suis-je, grands dieux¹?

ICARE.

Le ciel, qui dans mes mains a remis votre enfance,
D'une profonde nuit couvre votre naissance;
Et je sais seulement qu'en naissant condamné,
Et sur un mont désert à périr destiné,
La lumière sans moi vous eût été ravie.

OEDIPE.

Ainsi donc mon malheur commence avec ma vie;
J'étais dès le berceau l'horreur de ma maison.
Où tombai-je en vos mains?

ICARE.

Sur le mont Cithéron.

OEDIPE.

Près de Thèbe?

ICARE.

Un Thébain, qui se dit votre père,
Exposa votre enfance en ce lieu solitaire.
Quelque dieu bienfaisant guida vers vous mes pas :
La pitié me saisit, je vous pris dans mes bras;
Je ranimai dans vous la chaleur presque éteinte.
Vous viviez; aussitôt je vous porte à Corinthe;
Je vous présente au prince : admirez votre sort!
Le prince vous adopte au lieu de son fils mort;
Et par ce coup adroit, sa politique heureuse
Affermit pour jamais sa puissance douteuse.
Sous le nom de son fils vous fûtes élevé
Par cette même main qui vous avait sauvé.
Mais le trône en effet n'était point votre place;
L'intérêt vous y mit, le remords vous en chasse.

OEDIPE.

O vous qui présidez aux fortunes des rois,
Dieux! faut-il en un jour m'accabler tant de fois,
Et, préparant vos coups par vos trompeurs oracles,
Contre un faible mortel épuiser les miracles?
Mais ce vieillard, ami, de qui tu m'as reçu,
Depuis ce temps fatal ne l'as-tu jamais vu?

---

1. Corneille a dit dans son *OEdipe* (acte V, scène IX) :
   Je ne suis point son fils? Et qui suis-je, Iphicrate?
Ce vers de Corneille est traduit de Sénèque (acte V, v. 950.) (B.)

ICARE.
Jamais; et le trépas vous a ravi peut-être
Le seul qui vous eût dit quel sang vous a fait naître.
Mais longtemps de ses traits mon esprit occupé
De son image encore est tellement frappé
Que je le connaîtrais s'il venait à paraître.

ŒDIPE.
Malheureux! eh! pourquoi chercher à le connaître?
Je devrais bien plutôt, d'accord avec les dieux,
Chérir l'heureux bandeau qui me couvre les yeux.
J'entrevois mon destin; ces recherches cruelles
Ne me découvriront que des horreurs nouvelles.
Je le sais; mais, malgré les maux que je prévoi,
Un désir curieux m'entraîne loin de moi.
Je ne puis demeurer dans cette incertitude;
Le doute en mon malheur est un tourment trop rude;
J'abhorre le flambeau dont je veux m'éclairer;
Je crains de me connaître, et ne puis m'ignorer.

SCÈNE III.

ŒDIPE, ICARE, PHORBAS.

ŒDIPE.
Ah! Phorbas, approchez!

ICARE.
    Ma surprise est extrême:
Plus je le vois, et plus... Ah! seigneur, c'est lui-même;
C'est lui.

PHORBAS, à Icare.
  Pardonnez-moi si vos traits inconnus...

ICARE.
Quoi! du mont Cithéron ne vous souvient-il plus?

PHORBAS.
Comment?

ICARE.
   Quoi! cet enfant qu'en mes mains vous remîtes;
Cet enfant qu'au trépas...

PHORBAS.
    Ah! qu'est-ce que vous dites?
Et de quel souvenir venez-vous m'accabler?

ICARE.

Allez, ne craignez rien, cessez de vous troubler ;
Vous n'avez en ces lieux que des sujets de joie.
Œdipe est cet enfant.

PHORBAS.

Que le ciel te foudroie !
Malheureux ! qu'as-tu dit ?

ICARE, à Œdipe.

Seigneur, n'en doutez pas ;
Quoi que ce Thébain dise, il vous mit dans mes bras :
Vos destins sont connus, et voilà votre père...

ŒDIPE.

O sort qui me confond ! ô comble de misère !
(A Phorbas.)
Je serais né de vous ? le ciel aurait permis
Que votre sang versé...

PHORBAS.

Vous n'êtes point mon fils.

ŒDIPE.

Eh quoi ! n'avez-vous point exposé mon enfance ?

PHORBAS.

Seigneur, permettez-moi de fuir votre présence,
Et de vous épargner cet horrible entretien.

ŒDIPE.

Phorbas, au nom des dieux, ne me déguise rien.

PHORBAS.

Partez, seigneur, fuyez vos enfants et la reine.

ŒDIPE.

Réponds-moi seulement ; la résistance est vaine.
Cet enfant, par toi-même à la mort destiné,
(En montrant Icare.)
Le mis-tu dans ses bras ?

PHORBAS.

Oui, je le lui donnai.
Que ce jour ne fut-il le dernier de ma vie !

ŒDIPE.

Quel était son pays ?

PHORBAS.

Thèbe était sa patrie.

ŒDIPE.

Tu n'étais point son père ?

ACTE V, SCÈNE IV.

PHORBAS.

Hélas ! il était né
D'un sang plus glorieux et plus infortuné.

ŒDIPE.

Quel était-il enfin ?

PHORBAS se jette aux genoux du roi.

Seigneur, qu'allez-vous faire ?

ŒDIPE.

Achève, je le veux.

PHORBAS.

Jocaste était sa mère.

ICARE.

Et voilà donc le fruit de mes généreux soins ?

PHORBAS.

Qu'avons-nous fait tous deux ?

ŒDIPE.

Je n'attendais pas moins.

ICARE.

Seigneur...

ŒDIPE.

Sortez, cruels, sortez de ma présence ;
De vos affreux bienfaits craignez la récompense :
Fuyez ; à tant d'horreurs par vous seuls réservé,
Je vous punirais trop de m'avoir conservé.

SCÈNE IV.

ŒDIPE.

Le voilà donc rempli cet oracle exécrable
Dont ma crainte a pressé l'effet inévitable !
Et je me vois enfin, par un mélange affreux,
Inceste et parricide, et pourtant vertueux[1].
Misérable vertu, nom stérile et funeste,
Toi par qui j'ai réglé des jours que je déteste,
A mon noir ascendant tu n'as pu résister :
Je tombais dans le piége en voulant l'éviter.
Un dieu plus fort que toi m'entraînait vers le crime ;

---

1. Ce vers raconte tout Œdipe. On lit dans l'*Œdipe* de Corneille (acte V, scène v) :
Cependant je me trouve inceste et parricide.

Sous mes pas fugitifs il creusait un abîme ;
  Et j'étais, malgré moi, dans mon aveuglement,
D'un pouvoir inconnu l'esclave et l'instrument.
Voilà tous mes forfaits ; je n'en connais point d'autres.
Impitoyables dieux, mes crimes sont les vôtres,
Et vous m'en punissez !... Où suis-je ? Quelle nuit
Couvre d'un voile affreux la clarté qui nous luit ?
Ces murs sont teints de sang ; je vois les Euménides
Secouer leurs flambeaux vengeurs des parricides ;
Le tonnerre en éclats semble fondre sur moi ;
L'enfer s'ouvre... O Laïus, ô mon père ! est-ce toi ?
Je vois, je reconnais la blessure mortelle
Que te fit dans le flanc cette main criminelle.
Punis-moi, venge-toi d'un monstre détesté,
D'un monstre qui souilla les flancs qui l'ont porté.
Approche, entraîne-moi dans les demeures sombres ;
J'irai de mon supplice épouvanter les ombres.
Viens, je te suis [1].

SCÈNE V.

ŒDIPE, JOCASTE, ÉGINE, LE CHOEUR.

JOCASTE.

Seigneur, dissipez mon effroi ;
Vos redoutables cris sont venus jusqu'à moi.

ŒDIPE.

Terre, pour m'engloutir entr'ouvre tes abîmes !

JOCASTE.

Quel malheur imprévu vous accable ?

ŒDIPE.

Mes crimes.

---

[1]. L'acteur qui, au dix-huitième siècle, remplit le rôle d'OEdipe avec autant de succès que Quinault-Dufresne, fut Larive. Un jour, à Lyon, après une représentation de cette tragédie, on lui jeta une couronne avec un compliment, dont quatre vers :

> *OEdipe*, de ton être agitant les ressorts,
> De la nuit du tombeau t'inspire ses remords.
> Tremblant, saisi d'horreur, je vois tes pas timides
> Reculer à l'aspect des fières Euménides.   (G. A.)

JOCASTE.
Seigneur...
OEDIPE.
Fuyez, Jocaste.
JOCASTE.
Ah! trop cruel époux!
OEDIPE.
Malheureuse! arrêtez; quel nom prononcez-vous?
Moi, votre époux! quittez ce titre abominable,
Qui nous rend l'un à l'autre un objet exécrable.
JOCASTE.
Qu'entends-je?
OEDIPE.
C'en est fait; nos destins sont remplis.
Laïus était mon père, et je suis votre fils.

(Il sort.)

PREMIER PERSONNAGE DU CHOEUR.
O crime!
SECOND PERSONNAGE DU CHOEUR.
O jour affreux! jour à jamais terrible!
JOCASTE.
Égine, arrache-moi de ce palais horrible.
ÉGINE.
Hélas!
JOCASTE.
Si tant de maux ont de quoi te toucher,
Si ta main, sans frémir, peut encor m'approcher,
Aide-moi, soutiens-moi, prends pitié de ta reine.
PREMIER PERSONNAGE DU CHOEUR.
Dieux! est-ce donc ainsi que finit votre haine?
Reprenez, reprenez vos funestes bienfaits;
Cruels! il valait mieux nous punir à jamais.

SCÈNE VI.

JOCASTE, ÉGINE, LE GRAND-PRÊTRE, LE CHOEUR.

LE GRAND-PRÊTRE.
Peuples, un calme heureux écarte les tempêtes;
Un soleil plus serein se lève sur vos têtes;

Les feux contagieux ne sont plus allumés ;
Vos tombeaux qui s'ouvraient sont déjà refermés ;
La mort fuit, et le dieu du ciel et de la terre
Annonce ses bontés par la voix du tonnerre.

(Ici on entend gronder la foudre, et l'on voit briller les éclairs.)

JOCASTE.

Quels éclats! ciel! où suis-je? et qu'est-ce que j'entends?
Barbares!...

LE GRAND-PRÊTRE.

C'en est fait, et les dieux sont contents.
Laïus du sein des morts cesse de vous poursuivre ;
Il vous permet encor de régner et de vivre ;
Le sang d'Œdipe enfin suffit à son courroux.

LE CHOEUR.

Dieux!

JOCASTE.

O mon fils! hélas! dirai-je mon époux?
O des noms les plus chers assemblage effroyable!
Il est donc mort?

LE GRAND-PRÊTRE.

Il vit, et le sort qui l'accable
Des morts et des vivants semble le séparer :
Il s'est privé du jour avant que d'expirer.
Je l'ai vu dans ses yeux enfoncer cette épée
Qui du sang de son père avait été trempée ;
Il a rempli son sort ; et ce moment fatal
Du salut des Thébains est le premier signal.
Tel est l'ordre du ciel, dont la fureur se lasse ;
Comme il veut, aux mortels il fait justice ou grâce ;
Ses traits sont épuisés sur ce malheureux fils.
Vivez, il vous pardonne.

JOCASTE, se frappant.

Et moi, je me punis.
Par un pouvoir affreux réservée à l'inceste,
La mort est le seul bien, le seul dieu qui me reste.
Laïus, reçois mon sang, je te suis chez les morts :
J'ai vécu vertueuse, et je meurs sans remords.

LE CHOEUR.

O malheureuse reine! ô destin que j'abhorre!

JOCASTE.

Ne plaignez que mon fils, puisqu'il respire encore.

Prêtres, et vous Thébains, qui fûtes mes sujets,
Honorez mon bûcher, et songez à jamais
Qu'au milieu des horreurs du destin qui m'opprime,
J'ai fait rougir les dieux qui m'ont forcée au crime.

FIN D'ŒDIPE.

VARIANTES

DE LA TRAGÉDIE D'*ŒDIPE*.

Page 61, vers 3. — Dans l'édition de 1719, au lieu de ces trois premiers vers, on lit :

> Est-ce vous, Philoctète? en croirai-je mes yeux?
> Quel implacable dieu vous ramène en ces lieux?
> Vous dans Thèbes, seigneur! Eh! qu'y venez-vous faire?

Ce dernier hémistiche avertissait trop clairement de l'inutilité du rôle de Philoctète. (K.)

Ibid., vers 12 :

> A respecté du moins les jours de votre reine.
> (*Éditions de* 1719 *et* 1730.)

Ibid., vers 20 :

> Eh! quel crime a donc pu mériter sa colère? (1719.)

Page 63, vers 10. — Dans les dernières éditions (depuis 1734), on lisait :

> Au-dessus de son âge, au-dessus de la crainte.

Dans la nôtre, on lit :

> Jeune et dans l'âge heureux qui méconnaît la crainte.

Méconnaître, pour dire *ne pas connaître,* n'est point en usage. On reprocha cette expression à M. de Voltaire : il céda à ses critiques, et sacrifia un très-beau vers que nous avons cru devoir rétablir. (K.)

Page 65, vers 16. — Voici la fin de cette scène, telle qu'elle était dans la première édition de 1719 :

> PHILOCTÈTE.
> Mon trouble dit assez le sujet qui m'amène;
> Tu vois un malheureux que sa faiblesse entraîne,
> De ces lieux autrefois par l'amour exilé,
> Et par ce même amour aujourd'hui rappelé.
> DIMAS.
> Vous, seigneur? vous pourriez, dans l'ardeur qui vous brûle,
> Pour chercher une femme abandonner Hercule?
> PHILOCTÈTE.
> Dimas, Hercule est mort, et mes fatales mains

Ont mis sur le bûcher le plus grand des humains.
Je rapporte en ces lieux ces flèches invincibles,
Du fils de Jupiter présents chers et terribles.
Je rapporte sa cendre, et viens à ce héros,
Attendant des autels, élever des tombeaux.
Sa mort de mon trépas devrait être suivie :
Mais vous savez, grands dieux, pour qui j'aime la vie ?
Dimas, à cet amour si constant, si parfait,
Tu vois trop que Jocaste en doit être l'objet.
Jocaste par un père à son hymen forcée,
Au trône de Laïus à regret fut placée :
L'amour nous unissait, et cet amour si doux
Était né dans l'enfance, et croissait avec nous.
Tu sais combien alors mes fureurs éclatèrent,
Combien contre Laïus mes plaintes s'emportèrent.
Tout l'État, ignorant mes sentiments jaloux,
Du nom de politique honorait mon courroux.
Hélas ! de cet amour accru dans le silence,
Je t'épargnais alors la triste confidence :
Mon cœur, qui languissait de mollesse abattu,
Redoutait tes conseils, et craignait ta vertu.
Je crus que, loin des bords où Jocaste respire,
Ma raison sur mes sens reprendrait son empire ;
Tu le sais, je partis de ce funeste lieu,
Et je dis à Jocaste un éternel adieu.
Cependant l'univers, tremblant au nom d'Alcide,
Attendait son destin de sa valeur rapide ;
A ses divins travaux j'osais m'associer ;
Je marchai près de lui ceint du même laurier.
Mais parmi les dangers, dans le sein de la guerre,
Je portais ma faiblesse aux deux bouts de la terre :
Le temps, qui détruit tout, augmentait mon amour ;
Et, des lieux fortunés où commence le jour,
Jusqu'aux climats glacés où la nature expire,
Je traînais avec moi le trait qui me déchire.
Enfin je viens dans Thèbe, et je puis de mon feu,
Sans rougir, aujourd'hui te faire un libre aveu.
Par dix ans de travaux utiles à la Grèce,
J'ai bien acquis le droit d'avoir une faiblesse ;
Et cent tyrans punis, cent monstres terrassés,
Suffisent à ma gloire, et m'excusent assez.

DIMAS.

Quel fruit espérez-vous d'un amour si funeste ?
Venez-vous de l'État embraser ce qui reste ?
Ravirez-vous Jocaste à son nouvel époux ?

PHILOCTÈTE.

Son époux ! juste ciel ! ah ! que me dites-vous ?
Jocaste !... Il se pourrait qu'un second hyménée ?

DIMAS.

Œdipe à cette reine a joint sa destinée...

PHILOCTÈTE.

Voilà, voilà le coup que j'avais pressenti,
Et dont mon cœur jaloux tremblait d'être averti.

DIMAS.
Seigneur, la porte s'ouvre, et le roi va paraître.
Tout ce peuple, à longs flots, conduit par le grand-prêtre,
Vient conjurer des dieux le courroux obstiné :
Vous n'êtes point ici le seul infortuné.

Dans la seconde édition de 1719, voici quels étaient les sept derniers vers :

DIMAS.
OEdipe à cette reine a joint sa destinée...
De ses heureux travaux c'était le plus doux prix.
PHILOCTÈTE.
O dangereux appas que j'avais trop chéris !
O trop heureux OEdipe !
DIMAS.
Il va bientôt paraître.
Tout ce peuple, à longs flots, conduit par le grand-prêtre,
Vient du ciel irrité conjurer les rigueurs.
PHILOCTÈTE.
Sortons, et, s'il se peut, n'imitons point leurs pleurs.

Page 66, vers 29 :
Reconnaissez ce monstre, et lui faites justice. (1719.)

Page 67, vers 23. — Ce vers et le suivant sont dans la première édition. Voltaire avait d'abord mis :
Pour moi qui, sur son trône élevé par vous-même,
Deux ans après sa mort ait ceint son diadème.

Cette première version est citée par Voltaire dans sa *Lettre cinquième*, (voyez page 36). En 1768, au lieu de *son diadème*, il mit *le diadème*. (B.)

Page 71, vers 8. — Dans la première édition on lisait :
D'un respect dangereux a dépouillé le reste ;
Ce peuple épouvanté ne connaît plus de frein,
Et quand le ciel lui parle il n'écoute plus rien.
JOCASTE.
Sortez, etc.

Voyez la note, page 41.

Ibid., vers 27 :
Lui ! qu'un assassinat ait pu souiller son âme !
Des lâches scélérats c'est le partage infâme.
Il ne manquait, Égine, au comble de mes maux
Que d'entendre d'un crime accuser ce héros. (1719-1730.)

Page 74, vers 19 :
Je ne viens point ici par des jalouses larmes. (Ire édition.)

Ibid., ligne 32 :
. . . . Que je m'en justifie.
(*Éditions de* 1719 *à* 1775.)

Page 75, vers 23 :

Je vous perds pour jamais : qu'aurais-je à craindre encore ?
JOCASTE.
Vous êtes dans des lieux qu'un dieu vengeur abhorre ! (1719.)

Page 76, vers 6 :

Et si jamais enfin je fus chère à vos yeux,
Si vous m'aimez encore, abandonnez ces lieux.
Pour la dernière fois renoncez à ma vue !
PHILOCTÈTE.
Jocaste ! pour jamais je vous ai donc perdue !
JOCASTE.
Oui, prince, c'en est fait; nous nous aimions en vain, etc.
(1719-1730.)

Page 77, vers 4 :

Et méritez enfin, par un trait généreux,
L'honneur que je vous fais de vous mettre auprès d'eux. (1719.)

Page 78, vers 15. — Dans l'édition de 1719, il y avait :

Mais un prince, un guerrier, un homme tel que moi.

L'auteur d'*Œdipe* a cru devoir adoucir ces espèces de rodomontades si fréquentes dans Corneille, mais que M. de Voltaire ne s'est jamais permises que dans ce rôle de Philoctète. (K.)

Ibid., vers 21 :

Et je n'ai point, seigneur, au temps de sa disgrâce,
Disputé sa dépouille et demandé sa place.
Le trône est un objet qui ne peut me tenter. (1719-1730.)

Page 83, vers 7 :

Mon devoir, dont la voix m'ordonne de vous fuir,
Ne me commande pas de vous laisser périr. (1719.)

Ibid., vers 11 :

Du jour qui m'importune il veut me délivrer.
JOCASTE.
Ah ! de ce coup affreux songeons à me parer. (1719-1730.)

Page 84, vers 11 :

Non, la mort à mes maux est l'unique remède.
J'ai vécu pour vous seule, un autre vous possède;
Je suis assez content, et mon sort est trop beau, etc. (1719-1730.)

Ibid., vers 30 :

Déjà votre vertu brillât à tous les yeux. (1719.)

Page 85, vers 7 :
PHILOCTÈTE.
Tout autre aurait, seigneur, des grâces à vous rendre;
Mais je suis Philoctète, et veux bien vous apprendre

Page 88, vers 2 :

PHILOCTÈTE.
Et que ce peuple et vous ne m'avez point rendue.
J'abandonne à jamais ces lieux remplis d'effroi ;
Les chemins de la gloire y sont fermés pour moi.
Sur les pas du héros dont je garde la cendre,
Cherchons des malheureux que je puisse défendre.
(Il sort.)
ŒDIPE.
Non, je ne reviens point de mon saisissement,
Et ma rage est égale à mon étonnement.
(Au grand-prêtre.)
Voilà donc des autels quel est le privilége !
Imposteur, ainsi donc ta bouche sacrilége...

Cette leçon était de 1719. Dans l'édition de 1730, au lieu des vers 6 et 7 de cette variante, il y avait :

Ma colère est égale à mon étonnement,
Et je ne reviens point de mon saisissement.

La version actuelle est de 1738. (B.)

Page 89, vers 23. — Dans les éditions antérieures à 1738, c'est dans la bouche d'Hidaspe (nommé depuis Araspe, voyez la note 2, page 60) qu'est la réplique que voici :

Seigneur, vous avez vu ce qu'on ose attenter :
Un orage se forme, il le faut écarter.
Craignez un ennemi d'autant plus redoutable
Qu'il vous perce à nos yeux par un trait respectable.
ŒDIPE.
Quelle funeste voix s'élève dans mon cœur !
Quel crime, juste ciel ! et quel comble d'horreur !
PHILOCTÈTE.
Seigneur, c'en est assez, etc.

Page 91, vers 17. — Dans les éditions antérieures à 1748, on lit :

Madame, au nom des dieux, sans vous parler du reste.

Page 94, vers 19. — La première édition de 1719 porte :

Vous frémissez, seigneur, et vos lèvres pâlissent ;
Sur votre front tremblant vos cheveux se hérissent.

Ibid., vers 25. — Dans la première édition, on lit :

En vain de cet amour le pouvoir tout-puissant
Excitait ma pitié pour son sang innocent.

Page 101, vers 9. — Dans les éditions antérieures à 1738, il y a :

Mon destin fut toujours de vous rendre la vie.
(A la suite.)
Que Phorbas vienne ici : c'est son roi qui l'en prie.

Autour de tous ses maux, c'est peu de les venger,
C'est peu de m'en punir, je dois les soulager ;
Il faut de nos bontés lui laisser quelque marque,
Et descendre du moins de mon trône en monarque.
Que l'on fasse approcher, etc.

Page 101, vers 11. — C'est le texte des éditions de 1738, 1748, 1768 (ou in-4°), 1775. Les éditions de Kehl portent :

Amis, écoutez-moi pour la dernière fois.

mais l'errata rétablit le texte que j'ai suivi. L'édition en 41 volumes a mis :

Écoutez-moi, Thébains, pour la dernière fois.   (B.)

Page 103, vers 2 :

Allez, retirez-vous... Ciel! que dois-je penser?
ICARE.
A Corinthe, seigneur, il vous faut renoncer.
(Ire *édition de* 1719.)

Page 104, vers 4 :

Pressé de ses remords, a tout dit aux abois,
Et vous a renoncé pour le sang de ses rois.
(*Éditions de* 1719.)

FIN DES VARIANTES D'OEDIPE.

FRAGMENTS

D'ARTÉMIRE

TRAGÉDIE

REPRÉSENTÉE, POUR LA PREMIÈRE FOIS, LE 15 FÉVRIER 1720.

AVERTISSEMENT

DES ÉDITEURS DE L'ÉDITION DE KEHL.

Cette pièce fut jouée le 15 février 1720. Elle eut peu de succès[1]. Le fond de l'intérêt est le même que dans *Mariamne*. C'est également une femme vertueuse persécutée par un mari cruel qu'elle n'aime point. Mais la fable de la pièce, le caractère des personnages, le dénoûment, tout est différent ; et, à l'exception d'une scène entre Cassandre et Artémire, qui ressemble à la scène du quatrième acte, entre Hérode et Mariamne, il n'y a rien de commun entre les deux pièces. On n'a pu retrouver Artémire ; il n'en reste que la scène dont nous venons de parler, une parodie jouée à la Comédie-Italienne, et le rôle d'Artémire tout entier.

D'après ces débris, nous avons essayé de retrouver le plan de la pièce ; mais celui qu'on pourrait deviner d'après la parodie est fort différent du

---

1. Une note du *Temple du Goût* apprend qu'*Artémire* eut huit représentations. La pièce n'avait pas réussi à la première, et l'auteur l'avait même retirée ; mais le 23 février, on en donna une seconde représentation, avec des changements, et cette tragédie eut quelque succès. Elle fut jouée pour la huitième et dernière fois le 8 mars. Je crois que ce qui détermina Voltaire à faire cesser de jouer sa pièce fut la parodie que, le 10 mars, Dominique fit jouer aux Italiens sous le même titre d'*Artémire*. Cette parodie est imprimée dans le premier volume du recueil des *Parodies du nouveau théâtre italien*. Voltaire n'a jamais voulu laisser imprimer sa tragédie. Feu Decroix, l'un des rédacteurs de l'édition de Kehl, en ayant recueilli quelques fragments, les fit imprimer dans l'édition à laquelle il coopérait. De nouvelles recherches lui procurèrent une copie du rôle d'Artémire, corrigée de la main de l'auteur. Le comte d'Argental se rappela aussi quelques vers. Telle est la source des nouveaux fragments que j'ai ajoutés, et dont je suis redevable à feu Decroix.

Luchet, dans son *Histoire littéraire de Voltaire*, dit que c'est à l'occasion d'*Artémire* « que les députés des comédiens du roi offrirent à MM. de l'Académie française l'entrée de leur spectacle ». Voltaire ne fut de l'Académie que vingt-six ans plus tard, et je ne vois pas quel rapport peut avoir existé entre *Artémire* et l'Académie française.

Mouhy, dans son *Abrégé de l'histoire du théâtre français*, dit que, le 2 mars 1732, sept députés des comédiens du roi se rendirent à l'Académie française, et que le sieur Quinault Dufresne y prononça un discours par lequel il invitait les académiciens à prendre leurs places *gratis* à la comédie. Mouhy se trompe d'un jour : le 2 mars 1732 était un dimanche, et l'Académie ne tint pas de séance ; ce fut le lendemain lundi, 3 mars 1732, qu'elle reçut la députation des comédiens. Il y avait douze ans moins cinq jours qu'avait eu lieu la dernière représentation d'*Artémire*. Il n'est donc pas à croire que cette pièce fût pour quelque chose dans la démarche des comédiens. B.

plan que donnerait le rôle d'Artémire; nous avons préféré ce dernier, parce qu'il a permis de conserver un plus grand nombre de vers.

On verra dans ces fragments que M. de Voltaire, qui n'avait alors que vingt-six ans, cherchait à former son style sur celui de Racine. L'imitation est même très-marquée [1].

[1]. Artémire fut traitée avec si peu d'égards que Voltaire, ne se possédant plus, bondit, de la loge où il se tenait, sur le théâtre, et se mit à prendre à partie et à haranguer le parterre. Lorsqu'on sut que c'était lui, les clameurs s'apaisèrent; il s'exprima avec tant d'adresse, d'éloquence, de pathétique même, que les murmures se convertirent en bravos. (Duvernet, *Vie de Voltaire*, 1786, p. 44, 45.)

Si l'arrêt du public avait été sévère, Voltaire l'avait accepté pleinement; loin d'en appeler, il le tenait pour bon et déclarait nettement que la pièce ne reparaîtrait plus. C'était compter sans Madame, la mère du Régent, à qui il avait dédié *OEdipe*, et qui voulut absolument la revoir. Le poëte obtint quelque répit pour remanier l'ouvrage; mais il aurait eu besoin de bien plus de temps qu'il ne lui en était laissé. « Il fait ses protestations que, quoiqu'il y ait beaucoup changé, il n'a pas assez changé encore; qu'il faudrait plus d'un mois pour y faire les changements nécessaires, et que l'on n'en peut rien faire de bon. Un auteur ne peut mieux se rendre justice. » Sans doute, et c'est là un mérite assez rare pour être signalé. M. de Caumartin de Boissy, à qui nous empruntons ces lignes, ne paraît pas autrement édifié de cette rigueur du poëte envers son œuvre, et comme Voltaire, qui était sincère, ne voulait point permettre que l'on continuât les représentations d'*Artémire*, et se prononçait à cet égard avec sa vivacité habituelle, malgré l'accueil plus encourageant du public, il se moque du petit Arouet qu'il trouve et fort extravagant et fort ridicule. « Il dit toutes les sottises du monde au maréchal de Villeroy sur ce qu'il (le maréchal) voulait qu'on la rejouât devant le roi. Il veut absolument la raccommoder encore et se met en fureur contre quiconque lui propose de la faire rejouer. » Mais cela nous semble assez raisonnable et assez légitime, n'en déplaise à M. de Boissy. Ce fut le 23 février que la pièce reparut après de notables corrections pour être jouée en tout huit fois. Le président Bouhier raconte que le poëte, n'ayant pu empêcher qu'on reprit sa pièce, avait comploté, lui et une petite troupe de ses amis, de l'interrompre par leurs clameurs, ce que les comédiens, avertis, s'étaient mis en mesure de prévenir, en lui faisant refuser l'entrée. Il força la garde et se mit à crier au milieu du parterre qu'il priait tout le monde de s'en retourner, et que c'était une chose indigne de jouer une pièce malgré l'auteur. L'exempt des gardes voulut le faire sortir. Arouet, ayant fait quelque résistance, fut maltraité et mis dehors par les épaules, sans que personne osât prendre ouvertement sa défense. Et *Artémire*, représentée malgré lui, fut applaudie presque d'un bout à l'autre. (G. D.)

M. G. Desnoiresterres ne croit pas à cette anecdote. « Ce qui reste vrai, dit-il, c'est qu'il avait dû s'incliner devant le désir de gens qu'on ne refuse point. »

On attribua l'interruption finale de la tragédie à la parodie qu'en donna Dominique aux Italiens, sous le même titre d'*Artémire*. Mais Voltaire, avant l'éclosion de la parodie, avait pris son parti... Il garda son manuscrit, et se borna à utiliser plus tard dans *Mariamne* le peu de vers qui lui semblèrent dignes de survivre au naufrage de sa tragédie.

FRAGMENTS D'ARTÉMIRE

PERSONNAGES [1]

CASSANDRE, roi de Macédoine.
ARTÉMIRE, reine de Macédoine.
PALLANTE, favori du roi.
PHILOTAS, prince.
MÉNAS, parent et confident de Pallante.
HIPPARQUE, ministre de Cassandre.
CÉPHISE, confidente d'Artémire.

La scène est à Larisse, dans le palais du roi.

---

1. Noms des acteurs : LEGRAND, DU BOCCAGE, DANGEVILLE, QUINAULT (Philotas), FONTENAY, DUFRESNE (Pallante), DUCHEMIN, LEGRAND fils; Mmes SALLEY (Céphise), LECOUVREUR (Artémire), DUFRESNE. — Recette : 5,167 livres.

La huitième et dernière représentation eut lieu le 8 mars. On fit 2,353 livres de recette.

FRAGMENTS D'ARTÉMIRE

ACTE PREMIER.

SCÈNE I.

ARTÉMIRE, CÉPHISE.

Artémire, en proie à la plus vive douleur, ne cache point à Céphise les tourments que lui fait éprouver l'humeur soupçonneuse et la cruauté de Cassandre son mari, que la guerre a éloigné d'elle, et dont le retour la fait trembler.

ARTÉMIRE.

Oui, tous ces conquérants rassemblés sur ce bord,
Soldats sous Alexandre, et rois après sa mort [1],
Fatigués de forfaits, et lassés de la guerre,
Ont rendu le repos qu'ils ôtaient à la terre.
Je rends grâce, Céphise, à cette heureuse paix
Qui, brisant tes liens, te rend à mes souhaits.
Hélas! que cette paix que la Grèce respire
Est un bien peu connu de la triste Artémire!
Cassandre... à ce nom seul, la douleur et l'effroi
De mon cœur alarmé s'emparent malgré moi.
Vainqueur des Locriens, Cassandre va paraître;
Esclave en mon palais, j'attends ici mon maître;
Pardonne, je n'ai pu le nommer mon époux.
Eh! comment lui donner encore un nom si doux!

---

1. Ce beau vers est devenu proverbe. K. — Dans *Arlequin-Deucalion*, Piron se moqua du poëte, qui, après un tel début, ne se soutenait pas. Il montra Arlequin sur Pégase, essayant de gravir le Parnasse, et récitant les deux premiers vers d'*Artémire*. Soudain Arlequin trébuchait et culbutait. « Jarnidieu! grommelait-il en se frottant l'échine, c'est bien dommage, j'allais beau train. » On dit que Voltaire fut courroucé de cette malice; on raconte même une anecdote à ce sujet; mais nous pensons, comme M. G. Desnoiresterres, que l'histoire de ce beau courroux n'est qu'une fable. (G. A.)

Il ne l'a que trop bien oublié, le barbare!
####CÉPHISE.

. . . .

Vous pleurez!
####ARTÉMIRE.
    Plût aux dieux qu'à Mégare enchaînée,
J'eusse été pour jamais aux fers abandonnée!
Plût aux dieux que l'hymen éteignant son flambeau
Sous ce trône funeste eût creusé mon tombeau!
Les fers les plus honteux, la mort la plus terrible,
Étaient pour moi, Céphise, un tourment moins horrible
Que ce rang odieux où Cassandre est assis,
Ce rang que je déteste, et dont tu t'éblouis.
####CÉPHISE.
Quoi! vous...
####ARTÉMIRE.
   Il te souvient de la triste journée
Qui ravit Alexandre à l'Asie étonnée.
La terre, en frémissant, vit après son trépas
Ses chefs impatients partager ses États;
Et jaloux l'un de l'autre, en leur avide rage,
Déchirant à l'envi ce superbe héritage,
Divisés d'intérêts, et pour le crime unis [1],
Assassiner sa mère, et sa veuve, et son fils:
Ce sont là les honneurs qu'on rendit à sa cendre.
Je ne veux point, Céphise, injuste envers Cassandre,
Accuser un époux de toutes ces horreurs;
Un intérêt plus tendre a fait couler mes pleurs:
Ses mains ont immolé de plus chères victimes,
Et je n'ai pas besoin de lui chercher des crimes [2].
Du prix de tant de sang cependant il jouit;
Innocent ou coupable, il en eut tout le fruit;
Il régna: d'Alexandre il occupa la place.
La Grèce épouvantée approuva son audace,
Et ses rivaux soumis lui demandant des lois,
Il fut le chef des Grecs et le tyran des rois.
Pour mon malheur alors attiré dans l'Épire,
Il me vit; il m'offrit son cœur et son empire.
Antinoüs, mon père, insensible à mes pleurs,

---

1. Voltaire a depuis employé ce vers dans *Mérope* (acte I, sc. I.)
2. Ce vers se trouve dans *la Henriade*, chant II, vers 170.

Accepta malgré moi ces funestes honneurs :
Je me plaignis en vain de sa contrainte austère ;
En me tyrannisant il crut agir en père ;
Il pensait assurer ma gloire et mon bonheur.
A peine il jouissait de sa fatale erreur,
Il la connut bientôt : le soupçonneux Cassandre
Devint son ennemi dès qu'il devint son gendre.
Ne me demande point quels divers intérêts,
Quels troubles, quels complots, quels mouvements secrets,
Dans cette cour trompeuse excitant les orages,
Ont de Larisse en feu désolé les rivages :
Enfin dans ce palais, théâtre des revers,
Mon père infortuné se vit chargé de fers.
Hélas ! il n'eut ici que mes pleurs pour défense.
C'est là que de nos dieux attestant la vengeance,
D'un vainqueur homicide embrassant les genoux,
Je me jetai tremblante au-devant de ses coups.
Le cruel, repoussant son épouse éplorée...
O crime, ô souvenir dont je suis déchirée !
Céphise ! en ces lieux même, où tes discours flatteurs
Du trône où tu me vois me vantent les douceurs,
Dans ces funestes lieux, témoins de ma misère,
Mon époux à mes yeux a massacré mon père.

CÉPHISE.

Par un époux... un père... ! ô comble de douleurs !

ARTÉMIRE.

Son trépas fut pour moi le plus grand des malheurs.
Mais il n'est pas le seul ; et mon âme attendrie
Doit à ton amitié l'histoire de ma vie.
Céphise, on ne sait point quel coup ce fut pour moi
Lorsqu'au tyran des Grecs on engagea ma foi ;
Le jeune Philotas, avant cet hyménée,
Prétendait à mon sort unir sa destinée.
Ses charmes, ses vertus, avaient touché mon cœur ;
Je l'aimais, je l'avoue ; et ma fatale ardeur
Formant d'un doux hymen l'espérance flatteuse,
Artémire sans lui ne pouvait être heureuse.
Tu vois couler mes pleurs à ce seul souvenir ;
Je puis à ce héros les donner sans rougir ;
Je ne m'en défends point, je les dois à sa cendre.

CÉPHISE.

Il n'est plus ?

ARTÉMIRE.
Il mourut de la main de Cassandre;
Et lorsque je voulais le rejoindre au tombeau,
Céphise, on m'ordonna d'épouser son bourreau.
CÉPHISE.
Et vous pûtes former cet hymen exécrable?
ARTÉMIRE.
J'étais jeune, et mon père était inexorable;
D'un refus odieux je tremblais de m'armer :
Enfin sans son aveu je rougissais d'aimer.
Que veux-tu? j'obéis. Pardonne, ombre trop chère,
Pardonne à cet hymen où me força mon père.
Hélas! il en reçut le cruel châtiment,
Et je pleure à la fois mon père et mon amant.

Cependant elle doit respecter le nœud qui l'unit à Cassandre.

CÉPHISE.
. . . .
. . . . lui parler et le voir,
Et dans ses bras...
ARTÉMIRE.
Hélas! c'est là mon désespoir.
Je sais que contre lui l'amour et la nature
Excitent dans mon cœur un éternel murmure.
Tout ce que j'adorais est tombé sous ses coups,
Céphise; cependant Cassandre est mon époux :
Sa parricide main, toujours prompte à me nuire,
A souillé nos liens, et n'a pu les détruire.
Peut-être ai-je en secret le droit de le haïr,
Mais en le haïssant je lui dois obéir.
Telle est ma destinée. . . . .

Céphise lui parle de sa grandeur. Vous régnez, lui dit-elle.

Quel malheur en régnant ne peut être adouci?
ARTÉMIRE.
Céphise! moi, régner! moi, commander ici!
Tu connais mal Cassandre! il me laisse en partage
Sur ce trône sanglant la honte et l'esclavage.
Son favori Pallante est ici le seul roi;
C'est un second tyran qui m'impose la loi.
Que dis-je? tous ces rois courtisans de Pallante,
Flattant indignement son audace insolente,

ACTE I, SCÈNE II.

Auprès de mon époux implorent son appui,
Et leurs fronts couronnés s'abaissent devant lui.
Et moi...

CÉPHISE.
L'on vient à vous.

ARTÉMIRE.
Dieux! j'aperçois Pallante;
Que son farouche aspect m'afflige et m'épouvante!

SCÈNE II.

PALLANTE, ARTÉMIRE, CÉPHISE.

PALLANTE.
. . . .
Et de ses actions rende un compte fidèle.

ARTÉMIRE.
Philotas! dieux! qu'entends-je? ah ciel! quelle nouvelle!
Quoi, seigneur, Philotas verrait encor le jour!
Se peut-il?...

PALLANTE.
Oui, madame, il est dans cette cour.

ARTÉMIRE.
Quel miracle! quel dieu!

PALLANTE.
. . . .
. . . .
Redemander son trône et soutenir ses droits.

ARTÉMIRE.
. . Dieux tout-puissants!

PALLANTE.
Lisez ce qu'il m'ordonne.

ARTÉMIRE.
Je ne le cèle point, tant de bonté m'étonne.
Depuis quand daigne-t-on confier à ma foi
Le secret de l'État et les lettres du roi?
Vous le savez, Pallante, esclave sur le trône,
A mon obscurité Cassandre m'abandonne.
Je n'eus jamais de part aux ordres qu'il prescrit.

PALLANTE.
. . . . . . Lisez ce qu'il m'écrit.

ARTÉMIRE (lit).
Cassandre à Pallante.

« Je reviens triomphant au sein de mon empire ;
Je laisse sous mes lois les Locriens soumis ;
Et voulant me venger de tous mes ennemis,
J'attends de votre main la tête d'Artémire. »
Ainsi donc mon destin se consomme aujourd'hui !
Je n'attendais pas moins d'un époux tel que lui.
Pallante, c'est à vous qu'il demande ma tête ;
Vous êtes maître ici, votre victime est prête.
Vous l'attendez sans doute, et cet ordre si doux
Ainsi que pour Cassandre a des charmes pour vous.

PALLANTE.

. . . .
Voulez-vous vivre encore, et régner ?

ARTÉMIRE.

Ah ! seigneur,
Quelle pitié pour moi peut toucher votre cœur ?
Je vous l'ai déjà dit, prenez votre victime.
Mais ne puis-je en mourant vous demander mon crime,
Et pourquoi de mon sang votre maître altéré
Frappe aujourd'hui ce coup si longtemps différé ?

PALLANTE.

. . . .
Pour l'indigne instrument de ses assassinats.

ARTÉMIRE.

Vous me connaissez mal, et mon âme est surprise
Bien moins de mon trépas que de votre entreprise.
Permettez qu'Artémire, en ces derniers moments,
Vous découvre son cœur et ses vrais sentiments.
Si mes yeux, occupés à pleurer ma misère,
Ne voyaient dans le roi que l'assassin d'un père ;
Si j'écoutais son crime et mon cœur irrité,
Cassandre périrait, il l'a trop mérité :
Mais il est mon époux, quoique indigne de l'être ;
Le ciel qui me poursuit me l'a donné pour maître :
Je connais mon devoir, et sais ce que je doi
Aux nœuds infortunés qui l'unissent à moi.
Qu'à son gré dans mon sang il éteigne sa rage ;
Des dieux, par lui bravés, il est pour moi l'image ;
Je n'accepterai point le bras que vous m'offrez :
Il peut trancher mes jours, les siens me sont sacrés ;

Et j'aime mieux, seigneur, dans mon sort déplorable,
Mourir par ses forfaits que de vivre coupable.
PALLANTE.
Il faut sans balancer m'épouser ou périr ;
Je ne puis rien de plus : c'est à vous de choisir.
ARTÉMIRE.
Mon choix est fait ; suivez ce que le roi vous mande ;
Il ordonne ma mort, et je vous la demande.
Elle finit, seigneur, un éternel ennui,
Et c'est l'unique bien que j'ai reçu de lui.
PALLANTE.
Mais, madame, songez...
ARTÉMIRE.
Non, laissez-moi, Pallante.
Je ne suis point à plaindre, et je meurs trop contente :
Artémire à vos coups ne veut point échapper.
J'accepte votre main, mais c'est pour me frapper.

(Elle sort.)

Pallante est furieux de ne pouvoir recueillir le fruit des soupçons jaloux qu'il a semés dans le cœur de Cassandre. Cependant il ne désespère pas de vaincre la résistance de la reine; il s'enhardit dans le projet d'assassiner le roi.

Son trône, ses trésors, en seront le salaire :
Le crime est approuvé quand il est nécessaire.

Il a besoin d'un complice ; il croit ne pouvoir mieux choisir que Ménas, son parent et son ami, qu'il voit paraître. Il lui demande s'il se sent assez de courage pour tenter une grande entreprise. Ménas répond que douter de son zèle et de son amitié, c'est lui faire la plus grave injure. Pallante alors lui confie l'amour dont il brûle pour la reine. Ménas n'en est point étonné ; mais il représente à Pallante que la vertu d'Artémire est égale à sa beauté. Pallante ne regarde la vertu des femmes que comme une adroite hypocrisie :

Voilà quelle est souvent la vertu d'une femme :
L'honneur peint dans ses yeux semble être dans son âme ;
Mais de ce faux honneur les dehors fastueux
Ne servent qu'à couvrir la honte de ses feux.
Au seul amant chéri prodiguant sa tendresse,
Pour tout autre elle n'a qu'une austère rudesse ;
Et l'amant rebuté prend souvent pour vertu
Les fiers dédains d'un cœur qu'un autre a corrompu.

Il développe ses projets à Ménas, qui lui promet de ne pas le trahir, mais qui refuse d'être complice de ses crimes. Pallante, resté seul, ne regarde plus Ménas que comme un confident dangereux dont il doit prévenir l'indiscrétion.

FIN DU PREMIER ACTE.

ACTE DEUXIÈME.

SCÈNE I.

ARTÉMIRE, PALLANTE, CÉPHISE.

ARTÉMIRE.

. . . .
Ah! c'en est trop, Pallante.

PALLANTE.

. . . .
Si vous me résistez, ce n'est que par faiblesse.

ARTÉMIRE.

Ainsi ce grand courage ose me proposer
D'assassiner Cassandre, et de vous épouser!
Je veux bien retenir une colère vaine,
Mais songez un peu plus que je suis votre reine ;
Sur mes jours malheureux vous pouvez attenter,
Mais au sein de la mort il faut me respecter.
Finissez pour jamais un discours qui m'offense ;
La mort me déplaît moins qu'une telle insolence,
Et je vous aime mieux dans ce fatal moment
Comme mon meurtrier que comme mon amant.
Frappez, et laissez là vos fureurs indiscrètes.

PALLANTE.

. . . .
Reconnaître un vengeur, ou craindre votre maître.

ARTÉMIRE.

Oui, vous pouvez verser le sang de votre roi ;
Mais je vous avertis de commencer par moi.
Dans quelque extrémité que Cassandre me jette,
Artémire est encor sa femme et sa sujette.
J'irai parer les coups que l'on veut lui porter,
Et lui conserverai le jour qu'il veut m'ôter.

Pallante sort : Artémire reste avec Céphise, qui lui apprend que Philotas n'est point mort, qu'il va reparaître ; elle lui conseille de ménager Pallante, de gagner du temps, afin de redevenir maîtresse de sa destinée : elle lui reproche d'avoir trop bravé le favori du roi.

Madame, jusque-là deviez-vous l'irriter ?
ARTÉMIRE.
Ah ! je hâtais les coups que l'on veut me porter ;
Céphise, avec plaisir aigrissant sa colère,
Moi-même je pressais le trépas qu'il diffère :
Je rends grâces aux dieux dont le cruel secours,
Quand Philotas revient, va terminer mes jours.
Hélas ! de mon époux armant la main sanglante,
Du moins ils ont voulu que je meure innocente.
CÉPHISE.
Quand vous pouvez régner, vous périssez ainsi ?
ARTÉMIRE.
Philotas est vivant, Philotas est ici :
Malheureuse ! comment soutiendras-tu sa vue ?
Toi qui, de tant d'amour si longtemps prévenue,
Après tant de serments, as reçu dans tes bras
Le cruel assassin de ton cher Philotas !
Toi que brûle en secret une flamme infidèle,
Innocente autrefois, aujourd'hui criminelle !
Hélas ! j'étais aimée, et j'ai rompu les nœuds
De l'amour le plus tendre et le plus vertueux.
J'ai trahi mon amant ; pour qui ? pour un perfide,
De mon père et de moi meurtrier parricide.
A l'aspect de nos dieux je lui promis ma foi,
Et l'empire d'un cœur qui n'était plus à moi ;
Et mon âme, attachée au serment qui me lie,
Lui doit encor sa foi quand il m'ôte la vie !
Non ; c'est trop de tourments, de trouble et de remords :
Emportons, s'il se peut, ma vertu chez les morts,
Tandis que sur mon cœur, qu'un tendre amour déchire,
Ma timide raison garde encor quelque empire.
CÉPHISE.
Vous vous perdez vous seule, et tout veut vous servir.
ARTÉMIRE.
Je connais ma faiblesse, et je dois m'en punir.
CÉPHISE.
Madame, pensez-vous qu'il vous chérisse encore ?
ARTÉMIRE.
Il doit me détester, Céphise, et je l'adore.
Son retour, son nom seul, ce nom cher à mon cœur,

D'un feu trop mal éteint a ranimé l'ardeur.
Ma mort, qu'en même temps Pallante a prononcée,
N'a pas du moindre trouble occupé ma pensée;
Je n'y songeais pas même; et mon âme en ce jour
N'a de tous ses malheurs senti que son amour.
A quelle honte, ô dieux, m'avez-vous fait descendre!
Ingrate à Philotas, infidèle à Cassandre,
Mon cœur, empoisonné d'un amour dangereux,
Fut toujours criminel et toujours malheureux :
Que leurs ressentiments, que leurs haines s'unissent;
Tous deux sont offensés, que tous deux me punissent;
Qu'ils viennent se baigner dans mon sang odieux!

CÉPHISE.

Madame, un étranger s'avance dans ces lieux.

ARTÉMIRE.

Si c'est un assassin que Pallante m'envoie,
Céphise, il peut entrer; je l'attends avec joie.
O mort! avec plaisir je passe dans tes bras...
Céphise, soutiens-moi : grands dieux! c'est Philotas!

SCÈNE II.

PHILOTAS, ARTÉMIRE, CÉPHISE.

ARTÉMIRE.

Quoi! c'est vous que je vois! quoi! la parque ennemie
A respecté le cours d'une si belle vie!

. . . .

Philotas adresse des reproches à Artémire, sur ce qu'elle lui a manqué de foi en passant dans les bras de Cassandre, et lui rappelle l'amour dont ils ont brûlé l'un pour l'autre.

PHILOTAS.

. . . . . . Est-ce ainsi que vous m'avez aimé?

ARTÉMIRE.

Vous pouvez étaler aux yeux d'une infidèle
La haine et le mépris que vous avez pour elle.
Accablez-moi des noms réservés aux ingrats;
Je les ai mérités, je ne m'en plaindrai pas.
Si pourtant Philotas, à travers sa colère,
Daignait se souvenir combien je lui fus chère,
Quoique indigne du jour et de tant d'amitié,

ACTE II, SCÈNE II.

J'ose espérer encore un reste de pitié.
N'outragez point une âme assez infortunée :
Le sort qui vous poursuit ne m'a point épargnée ;
Il me haïssait trop pour me donner à vous.

. . . .

PHILOTAS.

. . . .
. . . . Cette horreur se peut-elle excuser ?

ARTÉMIRE.

Je ne m'excuse point, je sais mon injustice.
Dans mon crime, seigneur, j'ai trouvé mon supplice.
Ne me reprochez plus votre amour outragé ;
Plaignez-moi bien plutôt, vous êtes trop vengé.
Je ne vous dirai point que mon devoir austère
Attachait mes destins aux ordres de mon père ;
A cet ordre inhumain j'ai dû désobéir :
Seigneur, le ciel est juste ; il a su m'en punir.
Quittez ces lieux, fuyez loin d'une criminelle.

Philotas lui répète combien Cassandre, un lâche assassin, était indigne d'elle.

PHILOTAS.

. . . .
Est d'être possédé par un lâche assassin.

ARTÉMIRE.

Cessez de me parler de ce triste hyménée ;
Le flambeau s'en éteint ; ma course est terminée.
Cassandre me punit de ce malheureux choix,
Et je vous parle ici pour la dernière fois.
Ciel ! qui lis dans mon cœur, et qui vois mes alarmes,
Protége Philotas, et pardonne à mes larmes.
Du trépas que j'attends les pressantes horreurs
A mes yeux attendris n'arrachent point ces pleurs ;
Seigneur, ils n'ont coulé qu'en vous voyant paraître ;
J'en atteste les dieux, qu'ils offensent peut-être.
Mon cœur, depuis longtemps ouvert aux déplaisirs,
N'a connu que pour vous l'usage des soupirs.
Je vous aimai toujours... Cette fatale flamme
Dans les bras de Cassandre a dévoré mon âme :
Aux portes du tombeau je puis vous l'avouer.
C'est un crime, peut-être, et je vais l'expier.
Hélas ! en vous voyant, vers vous seul entraînée,
Je mérite la mort où je suis condamnée.

PHILOTAS.

. . . .
Quel crime ai-je commis? quelle erreur obstinée...
ARTÉMIRE.
Vous apprendrez trop tôt quelle est ma destinée.
Adieu, prince.

SCÈNE III.

PALLANTE, ARTÉMIRE, CÉPHISE.

Pallante revient, et surprend Philotas avec Artémire. Philotas sort en bravant ce favori, qui presse Artémire d'accepter sa main pour sauver sa vie : elle la refuse.

PALLANTE.

. . . .
. . Je veux que vous-même ordonniez de son sort.
ARTÉMIRE.
Le mien est dans tes bras, et tu vois ta victime.
Tyran, tu peux frapper, c'est bien assez d'un crime.
PALLANTE.
. . Toujours à la mort vous aurez donc recours?
ARTÉMIRE.
La mort est préférable à ton lâche secours;
Achève, et de ton roi remplis l'ordre funeste.
PALLANTE.
. . . .
Et je vois malgré vous d'où partent vos refus.
ARTÉMIRE.
Que peux-tu soupçonner, lâche? que peux-tu croire?
Tranche mes tristes jours, mais respecte ma gloire.
. . . .
Aussi bien n'attends pas que je puisse jamais
Racheter cette vie au prix de tes forfaits.
Mes yeux, que sur ta rage un faible jour éclaire,
Commencent à percer cet horrible mystère.
Tu n'as pu d'aujourd'hui tramer tes attentats;
Pour tant de politique un jour ne suffit pas.
Tu t'attendais sans doute à l'ordre de ton maître;
Je te dirai bien plus, tu l'as dicté peut-être.
Si tu peux t'étonner de mes justes soupçons,
Tes crimes sont connus, ce sont là mes raisons.

C'est toi dont les conseils et dont la calomnie
De mon malheureux père ont fait trancher la vie;
C'est toi qui, de ton prince infâme corrupteur,
Au crime, dès l'enfance, as préparé son cœur;
C'est toi qui, sur son trône appelant l'injustice,
L'as conduit par degrés au bord du précipice.
Il était né peut-être et juste et généreux;
Peut-être sans Pallante il serait vertueux !
Puisse le ciel enfin, trop lent dans sa justice,
A la Grèce opprimée accorder ton supplice!
Puisse dans l'avenir ta mort épouvanter
Les ministres des rois qui pourraient t'imiter!
Dans cet espoir heureux, traître, je vais attendre
Et l'effet de ta rage, et l'arrêt de Cassandre;
Et la voix de mon sang, s'élevant vers les cieux,
Ira pour ton supplice importuner les dieux.

(Elle sort.)

FIN DU DEUXIÈME ACTE.

ACTE TROISIÈME.

SCÈNE I.

ARTÉMIRE, PHILOTAS.

ARTÉMIRE.
Je vous l'ai dit, il m'aime, et, maître de mon sort,
Il ne donne à mon choix que le crime ou la mort.
Dans ces extrémités où le destin me livre,
Vous me connaissez trop pour m'ordonner de vivre.

PHILOTAS.
. . . .
Que peut-être le ciel nous réserve à tous deux.

ARTÉMIRE.
Non, prince; sans retour les dieux m'ont condamnée.
Puisqu'à d'autres qu'à vous les cruels m'ont donnée,
Cet amour, autrefois si tranquille et si doux,
Désormais dans Larisse est un crime pour nous.
Je ne puis sans remords vous voir ni vous entendre;
D'un charme trop fatal j'ai peine à me défendre;
Vous aigrissez mes maux, au lieu de les guérir :
Ah! fuyez Artémire, et laissez-la mourir.

PHILOTAS.
O vertu trop cruelle!

ARTÉMIRE.
O loi trop rigoureuse!

PHILOTAS.
Artémire, vivez!

ARTÉMIRE.
Et pour qui?... malheureuse!

PHILOTAS.
Si jamais votre cœur partagea mes ennuis...

ARTÉMIRE.
Je vous aime, et je meurs : c'est tout ce que je puis.

PHILOTAS.
Au nom de cette amour que les dieux ont trahie...

ARTÉMIRE.
Mon amour est un crime; il faut que je l'expie.
PHILOTAS.
. . . .
Vous êtes sa complice, et voilà votre crime.
ARTÉMIRE.
Les droits qu'il a sur moi...
PHILOTAS.
Tous ses droits sont perdus.
ARTÉMIRE.
Je suis soumise à lui.
PHILOTAS.
Non, vous ne l'êtes plus.
ARTÉMIRE.
Les dieux nous ont unis.
PHILOTAS.
Son crime vous dégage.
ARTÉMIRE.
De l'univers surpris quel sera le langage?
Quelle honte! seigneur, et quel affront nouveau!
Si, fuyant un époux. . . . .
PHILOTAS.
. . . .
Je vous vais de la mort apprendre le chemin.
ARTÉMIRE.
N'ajoutez point, cruel, au malheur qui me presse;
Mon cœur vous est connu, vous savez ma faiblesse;
Prince, daignez la plaindre et n'en point abuser.
Voyez à quels affronts vous voulez m'exposer;
Peut-être on ne sait point les malheurs que j'évite;
Sans en savoir la cause on apprendra ma fuite:
Elle aime, dira-t-on, et son égarement
Lui fait fuir un époux dans les bras d'un amant.
Non, vous ne voulez pas que ma gloire ternie...
PHILOTAS.
. . . .
J'irai traîner ailleurs un destin déplorable.
ARTÉMIRE.
Le pourrez-vous, seigneur?
PHILOTAS.
. . . .
. . . .

Ne vous rendez-vous pas à ma juste prière?
ARTÉMIRE.
Cruel! avec plaisir je quittais la lumière,
Je détestais la vie, et déjà ma douleur
Du barbare Pallante accusait la lenteur.
Faut-il que, combattant une si juste envie,
Vos discours, malgré moi, me rendent à la vie?
Et que ferai-je, ô ciel! en des climats plus doux,
De ces jours malheureux qui ne sont pas pour vous?
PHILOTAS.
. . . .
Venez, allons, madame.
ARTÉMIRE.
Où, seigneur? en quels lieux?
Contre mes ennemis qui pourra me défendre?
Où serai-je à l'abri des fureurs de Cassandre?
PHILOTAS.
. . . .
. . Daignez me suivre, et vous laissez conduire.
ARTÉMIRE.
A quelle extrémité voulez-vous me réduire?

SCÈNE II.

ARTÉMIRE, PHILOTAS, CÉPHISE, UN MESSAGER.

. . . .
LE MESSAGER.
Madame...
ARTÉMIRE.
Eh bien?
LE MESSAGER.
Cassandre...
ARTÉMIRE.
Mon époux!
LE MESSAGER.
Cassandre en ce palais arrive dans une heure.
(Le messager sort.)
ARTÉMIRE, à Philotas.
Enfin, vous le voyez, il est temps que je meure;
Contre tous vos desseins le ciel s'est déclaré.

ACTE III, SCÈNE III.

PHILOTAS.

. . . .
. . . Croyez-moi, ménageons ces instants.

ARTÉMIRE.

Quoi! vous voulez. . . . .

PHILOTAS.

. . . .
. . . . Vous n'avez plus d'asile!...

ARTÉMIRE.

Que dites-vous, seigneur? c'est trop nous attendrir :
Le destin veut ma perte, il lui faut obéir.
Adieu. Songez à vous; quittez un lieu funeste
Que la fureur habite, et que le ciel déteste.
Vous prétendez en vain m'arracher au trépas;
Vous vous perdez, seigneur, et ne me sauvez pas.
A nos tyrans communs dérobons une proie;
Laissez-moi dans la tombe emporter cette joie.
Mon âme chez les morts descendra sans effroi,
Si Philotas veut vivre, et vivre heureux sans moi.

PHILOTAS.

. . . .
. . . Ah dieux! c'est Pallante lui-même.

ARTÉMIRE.

Suivez de ce palais les détours écartés;
Allez... et nous, rentrons.

SCÈNE III.

PALLANTE, ARTÉMIRE, CÉPHISE.

Pallante retient la reine, et lui signifie l'ordre de sa mort.

PALLANTE.

. . . .
. . . . C'est à vous de choisir
Du fer ou du poison que je viens vous offrir.

ARTÉMIRE.

Mon espérance, enfin, n'a point été trompée;
Mes destins sont remplis : donnez-moi cette épée;
Le trépas le plus prompt est pour moi le plus doux.
Donnez, donnez.

SCÈNE IV.

PALLANTE, ARTÉMIRE, CÉPHISE, HIPPARQUE.

HIPPARQUE.

Madame, ah dieux! que faites-vous ?
Arrêtez.

ARTÉMIRE.

J'obéis aux lois de votre maître.

HIPPARQUE.

Il apprend à la reine que Cassandre a révoqué ses ordres sanguinaires.

. . Je vais combler tout ce peuple de joie.

ARTÉMIRE.

Reportez donc ce fer au roi qui vous envoie :
Le cœur de son épouse à ses lois est soumis ;
Le roi veut que je vive, Hipparque, j'obéis.
S'il est las sur mon front de voir le diadème,
S'il veut encor mon sang, j'obéirai de même.

(Elle sort.)

Dans la scène suivante, Pallante, loin de renoncer à ses projets criminels, les embrasse avec plus d'ardeur, et cherche de nouveaux moyens pour les accomplir. On croit que c'est ici qu'il disait :

Dieux puissants ! secondez la fureur qui m'anime,
Et ne me punissez du moins qu'après mon crime.

FIN DU TROISIÈME ACTE.

ACTE QUATRIÈME.

Dans les premières scènes, Pallante trompe Cassandre par une nouvelle imposture, en lui persuadant qu'il avait découvert une intelligence criminelle entre la reine et Ménas, et qu'il vient de poignarder celui-ci, l'ayant surpris chez la reine. Cassandre reprend toute sa fureur.

SCÈNE III.

CASSANDRE.

. . Que pour sa mort aujourd'hui tout soit prêt.
. . . . Et vous, allez m'attendre.

SCÈNE IV.

CASSANDRE, ARTÉMIRE, CÉPHISE.

ARTÉMIRE.
Où suis-je? où vais-je? ô dieux! je me meurs, je le voi.
CÉPHISE.
Avançons.
ARTÉMIRE.
Ciel!
CASSANDRE.
Eh bien! que voulez-vous de moi?
CÉPHISE.
Dieux justes, protégez une reine innocente!
ARTÉMIRE.
Vous me voyez, seigneur, interdite et mourante;
Je n'ose jusqu'à vous lever un œil tremblant,
Et ma timide voix expire en vous parlant.
CASSANDRE.
Levez-vous et quittez ces indignes alarmes.
ARTÉMIRE.
Hélas! je ne viens point par d'impuissantes larmes,
Craignant votre justice, et fuyant le trépas,
Mendier un pardon que je n'obtiendrais pas.
La mort à mes regards s'est déjà présentée;

Tranquille et sans regret je l'aurais acceptée[1] :
Faut-il que votre haine, ardente à me sauver,
Pour un sort plus affreux m'ait voulu réserver?
Au delà de la mort étend-on sa colère?
Écoutez-moi du moins, et souffrez à vos pieds
Ce malheureux objet de tant d'inimitiés.
Seigneur, au nom des dieux que le parjure offense,
Par le ciel qui m'entend, qui sait mon innocence,
Par votre gloire enfin que j'ose en conjurer,
Donnez-moi le trépas sans me déshonorer !

CASSANDRE.

N'en accusez que vous, quand je vous rends justice ;
La honte est dans le crime, et non dans le supplice.
Levez-vous et quittez un entretien fâcheux
Qui redouble ma honte et nous pèse à tous deux.
Voilà donc le secret dont vous vouliez m'instruire ?

ARTÉMIRE.

Eh ! que me servira, seigneur, de vous le dire ?
J'ignore, en vous parlant, si la main qui me perd
Dans ce moment affreux vous trahit ou vous sert ;
J'ignore si vous-même, en proscrivant ma vie,
N'avez point de Pallante armé la calomnie.
Hélas ! après deux ans de haine et de malheurs,
Souffrez quelques soupçons qu'excusent vos rigueurs ;
Mon cœur même en secret refuse de les croire :
Vous me déshonorez, et j'aime votre gloire ;
Je ne confondrai point Pallante et mon époux ;
Je vous respecte encore, en mourant par vos coups.
Je vous plains d'écouter le monstre qui m'accuse ;
Et quand vous m'opprimez, c'est moi qui vous excuse ;
Mais si vous appreniez que Pallante aujourd'hui
M'offrait contre vous-même un criminel appui,
Que Ménas à mes pieds, craignant votre justice,
D'un heureux scélérat infortuné complice,
Au nom de ce perfide implorait... Mais, hélas !
Vous détournez les yeux, et ne m'écoutez pas.

CASSANDRE.

Non, je n'écoute point vos lâches impostures :
Cessez, n'empruntez point le secours des parjures :
C'est bien assez pour moi de tous vos attentats ;

---

1. Decroix proposait de lire : *Je l'avais acceptée.*

Par de nouveaux forfaits ne les défendez pas.
Aussi bien c'en est fait, votre perte est certaine,
Toute plainte est frivole, et toute excuse est vaine.
ARTÉMIRE.
Hélas! voilà mon cœur, il ne craint point vos coups;
Faites couler mon sang; barbare, il est à vous.
Mais l'hymen dont le nœud nous unit l'un à l'autre,
Tout malheureux qu'il est, joint mon honneur au vôtre :
Pourquoi d'un tel affront voulez-vous vous couvrir ?
Laissez-moi chez les morts descendre sans rougir.
Croyez que pour Ménas une flamme adultère...
CASSANDRE.
Si Ménas m'a trahi, Ménas a dû vous plaire.
Votre cœur m'est connu mieux que vous ne pensez;
Ce n'est pas d'aujourd'hui que vous me haïssez.
ARTÉMIRE.
Eh bien! connaissez donc mon âme tout entière :
Ne cherchez point ailleurs une triste lumière;
De tous mes attentats je vais vous informer.
Oui, Cassandre, il est vrai, je n'ai pu vous aimer;
Je vous le dis sans crainte, et cet aveu sincère
Doit peu vous étonner, et doit peu vous déplaire.
Et quel droit, en effet, aviez-vous sur un cœur
Qui ne voyait en vous que son persécuteur,
Vous qui, de tous les miens ennemi sanguinaire,
Avez jusqu'en mes bras assassiné mon père;
Vous que je n'ai jamais abordé sans effroi;
Vous dont j'ai vu le bras toujours levé sur moi;
Vous, tyran soupçonneux, dont l'affreuse injustice
M'a conduite au trépas de supplice en supplice?
Je n'ai jamais de vous reçu d'autres bienfaits,
Vous le savez, Cassandre; apprenez mes forfaits :
Avant qu'un nœud fatal à vos lois m'eût soumise,
Pour un autre que vous mon âme était éprise :
J'étouffai dans vos bras un amour trop charmant;
Je le combats encore, et même en ce moment :
Ne vous en flattez point, ce n'est pas pour vous plaire.
Vous êtes mon époux, et ma gloire m'est chère,
Mon devoir me suffit; et ce cœur innocent
Vous a gardé sa foi, même en vous haïssant.
J'ai fait plus; ce matin, à la mort condamnée,
J'ai pu briser les nœuds d'un funeste hyménée;

Je voyais dans mes mains l'empire et votre sort;
Si j'avais dit un mot, on vous donnait la mort.
Vos peuples indignés allaient me reconnaître.
Tout m'en sollicitait; je l'aurais dû peut-être:
Du moins, par votre exemple instruite aux attentats,
J'ai pu rompre des lois que vous ne gardez pas:
J'ai voulu cependant respecter votre vie.
Je n'ai considéré ni votre barbarie,
Ni mes périls présents, ni mes malheurs passés;
J'ai sauvé mon époux : vous vivez, c'est assez.
Le temps, qui perce enfin la nuit la plus obscure,
Peut-être éclaircira cette horrible aventure;
Et vos yeux, recevant une triste clarté,
Verront trop tard un jour luire la vérité.
Vous connaîtrez alors le crime que vous faites;
Et vous en frémirez, tout tyran que vous êtes.

CASSANDRE.

. . . .
Vos crimes sont égaux, périssez comme lui.

ARTÉMIRE.

Enfin, c'en est donc fait; ma honte est résolue.

CASSANDRE.

Votre honte est trop juste, et vous l'avez voulue.

ARTÉMIRE.

Que du moins à mes yeux Pallante ose s'offrir.

Cassandre se retire sans plus rien écouter.

SCÈNE V.

ARTÉMIRE, CÉPHISE.

CÉPHISE.

. . . .
Sait punir les forfaits et venger l'innocence.

ARTÉMIRE.

Avec quel artifice, avec quelles noirceurs
Pallante a su tramer ce long tissu d'horreurs!
Non, je ne reviens point de ma surprise extrême.
Quoi! Ménas à mes yeux massacré par lui-même,
Vingt conjurés mourants qui n'accusent que moi!
Ah! c'en est trop, Céphise, et je pardonne au roi.
Hélas! le roi, séduit par ce lâche artifice,

Semble me condamner lui-même avec justice.
CÉPHISE.
Implorez Philotas, à qui votre vertu
Dès longtemps...
ARTÉMIRE.
Justes dieux ! quel nom prononces-tu ?
Hélas ! voilà le comble à mon sort déplorable ;
Philotas m'abandonne, et fuit une coupable ;
Il déteste sa flamme et mes faibles attraits,
Et pour moi tous les cœurs sont fermés désormais.
CÉPHISE.
Pouvez-vous soupçonner qu'un cœur qui vous adore...
ARTÉMIRE.
Si Philotas m'aimait, s'il m'estimait encore,
Il me verrait, Céphise, au péril de ses jours :
De ma triste retraite il connaît les détours ;
L'amour l'y conduirait, il viendrait m'y défendre ;
Il viendrait y braver le courroux de Cassandre.
Je ne demande point ces preuves de sa foi :
Qu'il me croie innocente, et c'est assez pour moi.
CÉPHISE.
Ah ! madame, souffrez que je coure lui dire...
ARTÉMIRE.
Va, ma chère Céphise ; et, devant que j'expire,
Dis-lui, s'il en est temps, qu'il ose encor me voir :
Peins-lui mes sentiments, peins-lui mon désespoir.
Si son cœur obstiné refuse ta prière,
S'il refuse à mes pleurs cette grâce dernière,
Retourne, sans tarder, dans ces funestes lieux ;
Tu recevras mon âme et mes derniers adieux.
Conserve après ma mort une amitié si tendre ;
Dans tes fidèles mains daigne amasser ma cendre ;
Remets à Philotas ces restes malheureux,
Seuls gages d'un amour trop fatal à tous deux.
Éclaircis à ses yeux ma douloureuse histoire ;
Peut-être après ma mort il pourra mieux t'en croire.
Dis-lui que, sans regret descendant chez les morts,
Si j'ai pu dans la tombe emporter des remords,
Combattant en secret le feu qui me dévore,
Je ne me reprochais que de l'aimer encore.

FIN DU QUATRIÈME ACTE.

ACTE CINQUIÈME.

SCÈNE I.

ARTÉMIRE, CÉPHISE.

CÉPHISE.
. . . . Philotas
Par des détours secrets arrive sur mes pas.
ARTÉMIRE.
A quel abaissement suis-je donc parvenue!
CÉPHISE.
Madame, le voici.

SCÈNE II.

ARTÉMIRE, CÉPHISE, PHILOTAS.

ARTÉMIRE.
Daignez souffrir ma vue;
Seigneur, je vais mourir; le temps est précieux.
Pour la dernière fois tournez vers moi les yeux,
Et m'apprenez du moins si cette infortunée
Au fond de votre cœur est aussi condamnée.
PHILOTAS.
. . . .
La honte ou la douleur doit terminer ma vie.
ARTÉMIRE.
Philotas! et c'est vous qui me traitez ainsi?
Mon époux me condamne, et vous, seigneur, aussi?
Je pardonne à Cassandre une erreur excusable;
Nourri dans les forfaits, il m'en a cru capable;
Il m'avait offensée, il devait me haïr;
Il me cherchait un crime afin de m'en punir :

ACTE V, SCÈNE II.

Mais vous, qui, près de moi soupirant dans l'Épire,
Avez lu tant de fois dans le cœur d'Artémire ;
Vous de qui la vertu mérita tous mes soins ;
Vous qui m'aimiez, hélas ! qui le disiez du moins ;
C'est vous qui, redoublant ma honte et mon injure,
Du monstre qui m'accuse écoutez l'imposture ?
Barbare ! vos soupçons manquaient à mon malheur.
Ah ! lorsque de Pallante éprouvant la fureur,
Combattant malgré moi ma flamme et vos alarmes,
Mon cœur désespéré résistait à vos larmes,
Et, trop faible en effet contre un charme si doux,
Cherchait dans le trépas des armes contre vous,
Hélas ! qui m'aurait dit que dans cette journée
Ma vertu par vous-même eût été soupçonnée ?
J'ai cru mieux vous connaître, et n'ai pas dû penser
Qu'entre Pallante et moi vous puissiez balancer.
Pardonnez-moi, grands dieux, qui m'avez condamnée !
De l'univers entier je meurs abandonnée ;
Ma mort, dans le tombeau cachant la vérité,
Fera passer ma honte à la postérité.
Toutefois, dans l'horreur d'un si cruel supplice,
Si du moins Philotas m'avait rendu justice,
S'il pouvait m'estimer et me plaindre en secret,
Je sens que je mourrais avec moins de regret.

PHILOTAS.

. . . .
Quel droit un malheureux avait-il sur votre âme ?
Comment...

ARTÉMIRE.

       Ah ! si mon cœur s'est pu laisser toucher,
S'il a quelque penchant que j'en doive arracher,
Vous ne savez que trop pour qui, plein de tendresse,
Ce cœur a jusqu'ici combattu sa faiblesse.
J'ai peut-être offensé les dieux et mon époux ;
Mais si je fus coupable, ingrat, c'était pour vous.

PHILOTAS.

. . . .
Courons à vos tyrans.

ARTÉMIRE.

       Non, demeurez, seigneur.
J'aime mieux vos regrets qu'une audace inutile ;
Innocente à vos yeux, je périrai tranquille ;

Et le sort qui m'attend pourra me sembler doux,
Puisqu'il me punira de n'être point à vous.
Adieu : le temps approche où l'on veut que j'expire ;
Adieu. N'oubliez point l'innocente Artémire :
Que son nom vous soit cher ; elle l'a mérité :
A son honneur flétri rendez la pureté,
Et que, malgré l'horreur d'une tache si noire,
Vos larmes quelquefois honorent sa mémoire !

PHILOTAS.

. . . .
. . . . le parti qui vous reste,
Et j'y cours.

ARTÉMIRE.

Arrêtez. Ah ! désespoir funeste !
De quel malheur nouveau me va-t-il accabler ?
Céphise, il valait mieux mourir sans lui parler,
Et... Mais quelle pâleur sur ton front répandue !

CÉPHISE.

. . Ce monstre encor se présente à vos yeux.

ARTÉMIRE.

Céphise, il vient jouir du succès de son crime ;
Dans les bras de la mort il vient voir sa victime ;
C'est peu de mon trépas, s'il n'en repaît ses yeux.
Allons, et remettons notre vengeance aux dieux.

SCÈNE VII.

ARTÉMIRE, CÉPHISE, UN GARDE.

LE GARDE.

. . . .
Il examine, il doute, et ses yeux vont s'ouvrir.

ARTÉMIRE.

Dieux, dont la main sur moi sans cesse appesantie
Me promène à son gré de la mort à la vie,
Dieux puissants, sur moi seule étendez votre bras !
Rendez-moi mon supplice, et sauvez Philotas ;
Éteignez dans mon sang une ardeur infidèle :
Plus son péril est grand, plus je suis criminelle.
Viens, Cassandre, il est temps ; viens, frappe, venge-toi :
Je te pardonne tout, et n'immole que moi.

Ah! le fer trop longtemps est levé sur ma tête!
Je souffre à chaque instant la mort que l'on m'apprête.
Qu'ils viennent.

SCÈNE VIII.

ARTÉMIRE, CÉPHISE, PHILOTAS.

ARTÉMIRE.
Mais quel dieu vous redonne à mes vœux?
Vous vivez!
PHILOTAS.
C'en est fait, il faut périr tous deux.
ARTÉMIRE.
Vous!
PHILOTAS.
. . . .
Nous venons vous défendre, et périr à vos pieds.
ARTÉMIRE.
Ah! si quelque pitié pour moi vous intéresse!
PHILOTAS.
Hélas! à mes fureurs connaissez ma tendresse.
ARTÉMIRE.
A des périls certains cessez de vous offrir.
Que pouvez-vous pour moi, prince?
PHILOTAS.
Je puis mourir.
ARTÉMIRE.
Ciel! de quels cris affreux ces voûtes retentissent!
Je ne me connais plus; mes genoux s'affaiblissent.
Seigneur, au nom des dieux...

SCÈNE IX.

LES MÊMES, UN ENVOYÉ.

L'ENVOYÉ.
. . . .
Va succéder peut-être à tant d'inimitié.
ARTÉMIRE.
Qu'entends-je!

L'ENVOYÉ.

. . . .
. . . . Et votre époux expire.

ARTÉMIRE.

Lui! mon époux!...

PHILOTAS.

. . . .
Et ce n'est pas à moi d'en être le témoin.

(Il sort.)

ARTÉMIRE.

Dieux! puis-je soutenir ces funestes approches!
Hélas! son sang versé me fait trop de reproches.

SCÈNE DERNIÈRE.

ARTÉMIRE, CÉPHISE, CASSANDRE.

Cassandre, blessé dans un combat, est amené presque mourant sur la scène.

CASSANDRE.

. . . .
Tous les rois sont trompés. Séduit par l'imposture,
J'ai longtemps soupçonné la vertu la plus pure.
A présent, mais trop tard, mes yeux se sont ouverts;
Je vous connais, enfin, madame, et je vous perds.
. . . .
. . . .
. . . Et je reçois le prix de mes forfaits.

ARTÉMIRE.

Ah! seigneur, puisqu'enfin la vertu vous est chère,
Vivez, daignez jouir du jour qui vous éclaire.
Malgré vos cruautés je suis encore à vous;
Vos remords vertueux m'ont rendu mon époux.
Vivez pour effacer les crimes de Pallante;
Vivez pour protéger une épouse innocente;
Ne perdez point de temps, souffrez qu'un prompt secours...

Cassandre expire après avoir pardonné à Philotas, et rendu justice à la reine.

FIN DES FRAGMENTS D'ARTÉMIRE.

VARIANTES

DES FRAGMENTS D'*ARTÉMIRE*.

Page 135, vers 12. — Ce vers et ceux qui le suivent ont été changés. C'est de feu Decroix que je tiens la première version que voici :

> Je ne vous dirai point qu'un père inexorable
> A voulu, malgré moi, cet hymen exécrable.
> Quoi qu'il m'ait ordonné, j'ai dû désobéir ;
> Seigneur, le ciel est juste, il a su m'en punir.
> Puissiez-vous seulement, soigneux de votre gloire,
> D'un amour si funeste oublier la mémoire !
> Puissent les justes dieux, touchés de vos vertus,
> Rendre heureux ce grand cœur où je ne prétends plus !
> Vivez, partez, fuyez cette terre infidèle.   (B.)

Page 144, vers 31. — Voici de la fin de ce couplet une première version qui m'a été communiquée par feu Decroix :

> Qu'à vous assassiner sa main seule était prête,
> Qu'il voulait à mes pieds apporter votre tête,
> Que Ménas le servait dans ces desseins affreux,
> D'un heureux scélérat confident malheureux ;
> Et que ce traître enfin, craignant votre justice,
> En massacrant Ménas, a perdu son complice.
> J'en atteste les dieux et mon époux... Hélas !
> Vous détournez les yeux, etc.   (B.)

Page 147, vers 1. — Decroix m'a communiqué les quatre vers que voici, et que l'auteur avait placés ici, puis supprimés :

> O vous qui me livrez à mon cruel destin,
> Vous, arbitres des rois que j'ai servis en vain,
> Dieux puissants ! vous lisez dans le fond de mon âme ;
> J'ai vécu vertueuse, et vais mourir infâme.   (B.)

FIN DES VARIANTES D'ARTÉMIRE.

MARIAMNE

TRAGÉDIE EN CINQ ACTES

REPRÉSENTÉE, POUR LA PREMIÈRE FOIS, LE 6 MARS 1724, PUIS, AVEC
CHANGEMENTS, LE 10 AVRIL 1725; REVUE ET CORRIGÉE PAR L'AUTEUR
EN 1762, ET REMISE AU THÉATRE LE 7 SEPTEMBRE 1763.

. . . . Æstuat ingens
Imo in corde pudor, mixtoque insania luctu,
Et furiis agitatus amor, etc.
VIRG. *Æn.*, X, 571-73.

AVERTISSEMENT

SUR LES TRAGÉDIES DE *MARIAMNE*.

Il n'est rien de plus connu dans l'histoire que la mort de *Mariamne*. Les causes, les circonstances et les suites de ce tragique événement sont décrites fort au long par Josèphe dans le quinzième livre de ses *Antiquités*. Bien avant Voltaire, ce sujet avait tenté les poëtes dramatiques. Le fécond Alexandre Hardy, au commencement du XVIIe siècle, fit une tragédie de *Mariamne* imprimée en 1610.

Après avoir fait égorger la famille royale des Asmonéens, Hérode, autant par politique que par amour, épouse Mariamne, seul rejeton de cette famille illustre ; mais cette princesse le traite toujours avec autant de fierté que de mépris. Jusqu'ici l'amour qu'il a conçu pour Mariamne lui a fait pardonner tous ses dédains ; mais Phérore, frère d'Hérode, et surtout Salome, sœur de ce tyran, ont juré la perte de la reine. Ils assiégent l'âme inquiète et cruelle d'Hérode, et la trouvent disposée à recevoir les impressions qu'ils veulent lui donner : enfin, c'est ici comme dans l'histoire. Au deuxième acte, un page, envoyé par Hérode, vient de sa part prier la reine de passer dans son cabinet : « Sais-tu pourquoi ? » lui dit Mariamne. Voici sa réponse :

> L'indice ne me donne autre suasion
> Fors que de sa Junon de son âme démie
> L'absence le travaille.
>
> MARIAMNE.
> O faveur ennemie !
> Sévère mandement ! las ! que tu m'es amer !
> . . . .
> Mais allons lui donner une œillade forcée...

Elle sort, et, pendant son absence, Salome fait ses efforts auprès de l'échanson pour le décider à servir sa vengeance, en accusant Mariamne d'avoir voulu le séduire pour empoisonner le roi. Furieux contre son épouse, Hérode ouvre le troisième acte. Entendez-le vous-même ; il va vous expliquer la cause de sa juste colère :

> Serpent enflé d'orgueil, fere ingrate....
> Ne m'espère jamais de regards captieux
> Amolir courroucé ; non, désormais n'espère
> Que ce refus ne soit ta ruine dernière.

> Dédaigner mes faveurs ! mes flammes mespriser !
> Le devoir d'une femme au mary refuser !
> Voir que d'humilité je te prie et reprie
> D'appaiser de mes feux l'amoureuse furie !...

Voilà le crime de Mariamne, et ce qui détermine Hérode à la faire mourir ; mais aussitôt qu'il apprend que ses ordres ont été exécutés, bourrelé de remords, il s'abandonne au plus affreux désespoir.

Après la tragédie de Hardy, il faut citer celle de Tristan l'Hermite, représentée en 1636, qui balança, dans la nouveauté, la fortune du *Cid*.

Tristan a suivi Alexandre Hardy pas à pas, et tous deux ont suivi l'histoire, qui leur a fourni non-seulement les personnages, leurs intérêts et leurs caractères, mais encore l'économie du poëme et la distribution de toutes ses parties. Le progrès est surtout dans le style et dans la versification : la rime est d'une richesse extraordinaire.

Le caractère d'Hérode est vivement peint et très-bien soutenu. On le voit, dès la première scène, agité de ces terreurs funèbres qui accompagnent le tyran. Tourmenté par un songe effroyable, il se réveille en sursaut et s'irrite contre le fantôme importun qui trouble son sommeil. Son frère et sa sœur accourent à ses cris ; il leur raconte le sujet de sa frayeur. Son récit serait beau, s'il était moins ampoulé ; il a dû être goûté dans un temps où les songes n'étaient pas encore une machine usée et banale. La mort de Mariamne a lieu dans l'intervalle qui sépare le quatrième acte du cinquième. Tout le cinquième acte est consacré aux remords, aux fureurs d'Hérode ; il faisait un prodigieux effet, grâce surtout à l'énergie de l'acteur Mondory, qui jouait le personnage d'Hérode. C'est dans une représentation de cette pièce que cet acteur célèbre fut frappé d'apoplexie. Il survécut à cette attaque, mais dut renoncer au théâtre.

Le père Rapin, dans ses *Réflexions sur la poétique*, dit que le peuple ne sortait de la représentation de cette pièce que rêveur et pensif, faisant réflexion à ce qu'il venait de voir, et pénétré en même temps d'un grand plaisir. « En quoi, ajoute-t-il, on a vu un petit croquis des fortes impressions que faisait la tragédie grecque. »

Lorsque Voltaire eut traité le même sujet, J.-B. Rousseau, alors brouillé avec l'auteur de la nouvelle *Mariamne,* entreprit de ressusciter celle de Tristan : « Je vous dirai, écrivait-il à l'abbé d'Olivet (8 déc. 1724), que, depuis votre départ, à l'aide de soixante ou quatre-vingts vers corrigés (il y en eut cent soixante-cinq en fin de compte), d'un pareil nombre retranchés, et de vingt ou trente au plus suppléés, je viens de rendre cette tragédie le plus beau morceau de poésie dramatique qui soit peut-être dans notre langue... Je vous en demande le secret, mais je veux la faire imprimer et ensuite représenter ici (à Bruxelles) l'année prochaine, pour faire voir que, quand on a en main des ouvrages traités comme celui-là, et qu'il ne s'agit que d'en raccommoder ce que le temps a fait vieillir ou qu'une délicatesse un peu scrupuleuse a pu rendre choquant, c'est une témérité de vouloir prétendre à en abolir la mémoire en leur substituant d'autres ouvrages sur le même sujet quand on n'a pas la force de faire mieux. »

La *Mariamne* de Tristan, corrigée par J.-B. Rousseau, ne fut publiée qu'en 1733 sous la date de 1734 : *Pièces dramatiques choisies et restituées,* par M***. Amsterdam. F. Changuion, 1734, in-12. Elle n'eut aucune influence sur la destinée de l'œuvre de Voltaire.

Un peu moins d'un an après la représentation unique de la *Mariamne* de Voltaire, le 15 février 1725, l'abbé Nadal, auteur de quelques tragédies oubliées, fit représenter une nouvelle *Mariamne* qui eut quatre représentations.

« Quoique l'abbé ne fût pas un rude jouteur, dit M. G. Desnoiresterres, cet antagonisme ne laissait pas d'être désagréable pour Voltaire, qui était en train de remanier sa *Mariamne* et songeait à la faire reprendre sous peu de mois. Une pièce simplement plate peut se traîner sans sifflets et avoir, en fin de compte, toutes les apparences d'un succès d'estime ; et un succès d'estime obtenu par Nadal, quand l'accueil du public l'avait forcé, lui, à retirer sa pièce, c'eût été le comble de l'humiliation. La représentation de la *Mariamne* de l'abbé n'était donc pas un fait indifférent, et Voltaire n'y assista point sans une secrète émotion, car on y remarqua sa présence. Ses amis s'y trouvèrent aussi ; et, s'il faut en croire son rival, ils firent tout ce qu'il fut en eux pour faire tomber sa tragédie. Le fait est que la *Mariamne* de Nadal tomba, quoiqu'il affirme qu'elle triompha de la cabale. Et comment n'eût-elle pas triomphé, « quand l'action avait toutes ses parties, que les « mœurs et les caractères y étaient vrais, que tous les incidents y naissaient du « sujet[1] ». On avoue bien quelques petites imperfections, mais on se sent fort à l'aise en présence des innombrables faiblesses de la *Mariamne* adverse. « On a de la peine à comprendre la prétention de M. de V*** dans la négli- « gence qu'il affecte pour la rime. Le grand Corneille et l'illustre Racine « l'ont respectée. Il n'est pas de beaux vers sans la richesse de la rime ; et « la difficulté qu'il y a à la trouver ne permet aucune excuse sur une sin- « gularité aussi bizarre... Quel est le poëte, à l'exception de M. de V***, « qui jusqu'ici ait fait rimer *enfin* avec *asmonéen :*

« Souviens-toi qu'il fut prêt d'exterminer enfin
« Les restes odieux du sang asmonéen ? »

« Le reproche était fondé, bien que le distique que cite Nadal ait complétement disparu de la pièce de Voltaire. *Mariamne* n'était pas encore imprimée, mais on en avait usé envers elle comme envers *Inès* (de Lamotte) ; on l'avait saisie au vol et l'on était parvenu, lambeau par lambeau, à la mettre tant bien que mal sur ses pieds, non sans quelque altération de texte. Avant l'édition donnée par l'auteur, trois éditions se succédaient, ce qu'il conteste avec un dépit où perce toutefois une certaine satisfaction d'amour-propre. « Vous voyez, écrit-il à Thiériot, que l'honneur qu'on a fait à Lamotte d'écrire « son *Inès* dans les représentations n'est pas un honneur si singulier qu'il « le prétend. »

« Quoi qu'il en soit, la *Mariamne* de l'abbé fut si peu triomphante que le parterre demanda, séance tenante, celle de Voltaire. Mais ce parterre, aux

---

1. Préface de *Mariamne*, théâtre de M. l'abbé Nadal, 1738, p. 225.

yeux de Nadal, n'est autre qu'une cabale groupée et conduite par Thiériot, *ce facteur de bel esprit,* comme il l'appelle dans la préface de sa tragédie qui fut supprimée par ordre. « C'était, nous dit Marais de cette préface, le « style injurieux et avantageux de Pradon vantant sa *Phèdre* et accusant « Racine d'avoir ameuté contre lui tout un public d'amis. » Voltaire n'eût pas été Voltaire s'il se fût dispensé de toutes représailles. On peut voir dans la correspondance générale sa lettre à l'abbé Nadal sous le nom de Thiériot, à la date du 28 mars 1725. Voltaire avait intérêt à ce que la *Mariamne* de l'abbé n'en revînt pas; la fit-il siffler par ses amis? Rien ne le prouve. Mais il s'empressa de profiter de la maladresse de Nadal pour les noyer tous les deux, lui et sa pièce. Moins de quinze jours après, le mardi 10 avril, on reprenait la sienne qui, par les retouches, un remaniement presque complet, offrait tout l'imprévu, tout le piquant d'une œuvre nouvelle. Dans la première *Mariamne,* la mort de l'héroïne avait lieu sur le théâtre. La façon dont avait été accueilli le dénoûment le décida à faire passer tout en récit. Ce n'était certes point un progrès, mais cela réussit pleinement. La tragédie alla aux nues : « C'est « le plus grand poëte que nous ayons! » s'écrie le même Marais.

Il est à regretter que ce premier dénoûment ne se soit pas retrouvé. « Nous nous proposions, dit Palissot [1], de rétablir dans notre édition l'ancien dénoûment, qui eût donné à l'ouvrage même un attrait piquant de nouveauté; mais M. d'Argental et moi nous le cherchâmes vainement, soit dans les dépôts de la police, soit dans les archives de la comédie. »

1. *Le Génie de Voltaire apprécié dans tous ses ouvrages,* 1806, p. 83.

PRÉFACE

(DE L'AUTEUR[1])

Il serait utile qu'on abolît la coutume que plusieurs personnes ont prise, depuis quelques années, de transcrire pendant les représentations les pièces de théâtre, bonnes ou mauvaises, qui ont quelque apparence de succès. Cette précipitation répand dans le public des copies défectueuses des pièces nouvelles, et expose les auteurs à voir leurs ouvrages imprimés sans leur consentement, et avant qu'ils y aient mis la dernière main : voilà le cas où je me trouve. Il vient de paraître coup sur coup trois mauvaises éditions de ma tragédie de *Mariamne*, l'une à Amsterdam, chez Changuion, et les deux autres sans nom d'imprimeur. Toutes trois sont pleines de tant de fautes que mon ouvrage y est entièrement méconnaissable. Ainsi je me vois forcé de donner moi-même une édition de *Mariamne*, où du moins il n'y ait de fautes que les miennes ; et cette nécessité où je suis d'imprimer ma tragédie avant le temps que je m'étais prescrit pour la corriger servirait d'excuse aux fautes qui sont dans cet ouvrage, si des défauts pouvaient jamais être excusés.

[2] La destinée de cette pièce a été extraordinaire. Elle fut jouée pour la première fois en 1724, au mois de mars[3], et fut si mal reçue qu'à peine put-elle être achevée. Elle fut rejouée avec quel-

---

1. Cette *Préface* est de 1725. Elle se trouve aussi dans l'édition de 1730, où l'auteur en supprima la fin. Au reste, pour l'édition de 1730 on employa une partie des feuilles de 1725 ; on fit un nouveau frontispice ; on supprima la fin de la préface ; comme je l'ai dit, et, pour cela, on fit un carton. Il n'y eut réimpression qu'à partir de la page 49 (fin de la scène IV du troisième acte). En 1738, l'auteur supprima le début de cette préface. (B.)

2. Dans l'édition de Kehl et dans ses réimpressions faites jusqu'à ce jour, on donnait comme *Fragment de la préface de l'édition de* 1730 tous les alinéas qui suivent, jusques et compris celui qui commence par les mots : « Cette docilité, etc. » Tout ce passage est de 1725. (B.) Elle était accompagnée du *Deuil*, petite comédie de Hauteroche.

3. *Mariamne* fut représentée pour la première fois le lundi 6 mars 1724. Elle tomba à cause du dénoûment, un plaisant s'étant écrié : *La reine boit !* (Voyez ci-après, page 161, la note des éditeurs de Kehl.) Ce fut le 10 avril 1725, pour la rentrée, qu'on redonna *Mariamne*, avec un nouveau dénoûment.

ques changements en 1725, au mois de mai, et fut reçue alors avec une extrême indulgence.

J'avoue avec sincérité qu'elle méritait le mauvais accueil que lui fit d'abord le public ; et je supplie qu'on me permette d'entrer sur cela dans un détail qui peut-être ne sera pas inutile à ceux qui voudront courir la carrière épineuse du théâtre, où j'ai le malheur de m'être engagé. Ils verront les écueils où j'ai échoué : ce n'est que par là que je puis leur être utile.

Une des premières règles est de peindre les héros connus tels qu'ils ont été, ou plutôt tels que le public les imagine ; car il est bien plus aisé de mener les hommes par les idées qu'ils ont qu'en voulant leur en donner de nouvelles.

> Sit Medea ferox invictaque, flebilis Ino,
> Perfidus Ixion, Io vaga, tristis Orestes, etc.
> Hor., *Art. poét.*, 123-4.

Fondé sur ces principes, et entraîné par la complaisance respectueuse que j'ai toujours eue pour des personnes qui m'honorent de leur amitié et de leurs conseils, je résolus de m'assujettir entièrement à l'idée que les hommes ont depuis longtemps de Mariamne et d'Hérode, et je ne songeai qu'à les peindre fidèlement d'après le portrait que chacun s'en est fait dans son imagination.

Ainsi Hérode parut, dans cette pièce, cruel et politique ; tyran de ses sujets, de sa famille, de sa femme ; plein d'amour pour Mariamne, mais plein d'un amour barbare qui ne lui inspirait pas le moindre repentir de ses fureurs. Je ne donnai à Mariamne d'autres sentiments qu'un orgueil imprudent, et qu'une haine inflexible pour son mari. Et enfin, dans la vue de me conformer aux opinions reçues, je ménageai une entrevue entre Hérode et Varus[1], dans laquelle je fis parler ce préteur avec la hauteur qu'on s'imagine que les Romains affectaient avec les rois.

Qu'arriva-t-il de tout cet arrangement ? Mariamne intraitable n'intéressa point ; Hérode, n'étant que criminel, révolta, et son entretien avec Varus le rendit méprisable. J'étais à la première représentation : je m'aperçus, dès le moment où Hérode parut, qu'il était impossible que la pièce eût du succès ; et je m'étais égaré en marchant trop timidement dans la route ordinaire.

Je sentis qu'il est des occasions où la première règle est de

---

1. M. de Voltaire a, dans la suite, substitué le personnage de Sohême à celui de Varus. On trouvera, dans les variantes, les scènes qu'il a cru devoir sacrifier ; mais il a été impossible de retrouver le premier dénoûment. (K.)

s'écarter des règles prescrites, et que (comme le dit M. Pascal sur un sujet plus sérieux) les vérités se succèdent du pour au contre à mesure qu'on a plus de lumières.

Il est vrai qu'il faut peindre les héros tels qu'ils ont été ; mais il est encore plus vrai qu'il faut adoucir les caractères désagréables ; qu'il faut songer au public pour qui l'on écrit, encore plus qu'aux héros que l'on fait paraître, et qu'on doit imiter les peintres habiles, qui embellissent en conservant la ressemblance.

Pour qu'Hérode ressemblât, il était nécessaire qu'il excitât l'indignation ; mais, pour plaire, il devait émouvoir la pitié. Il fallait que l'on détestât ses crimes, que l'on plaignît sa prison, qu'on aimât ses remords, et que ces mouvements si violents, si subits, si contraires, qui font le caractère d'Hérode, passassent rapidement tour à tour dans l'âme du spectateur.

Si l'on veut suivre l'histoire, Mariamne doit haïr Hérode et l'accabler de reproches ; mais, si l'on veut que Mariamne intéresse, ses reproches doivent faire espérer une réconciliation ; sa haine ne doit pas paraître toujours inflexible. Par là, le spectateur est attendri, et l'histoire n'est point entièrement démentie.

Enfin je crois que Varus ne doit point du tout voir Hérode ; et en voici les raisons. S'il parle à ce prince avec hauteur et avec colère, il l'humilie ; et il ne faut point avilir un personnage qui doit intéresser. S'il lui parle avec politesse, ce n'est qu'une scène de compliments, qui serait d'autant plus froide qu'elle serait inutile. Que si Hérode répond en justifiant ses cruautés, il dément la douleur et les remords dont il est pénétré en arrivant ; s'il avoue à Varus cette douleur et ce repentir, qu'il ne peut en effet cacher à personne, alors il n'est plus permis au vertueux Varus de contribuer à la fuite de Mariamne, pour laquelle il ne doit plus craindre. De plus, Hérode ne peut faire qu'un très-méchant personnage avec l'amant de sa femme, et il ne faut jamais faire rencontrer ensemble sur la scène des acteurs principaux qui n'ont rien d'intéressant à se dire.

La mort de Mariamne, qui, à la première représentation, était empoisonnée et expirait sur le théâtre, acheva de révolter les spectateurs ; soit que le public ne pardonne rien lorsqu'une fois il est mécontent, soit qu'en effet il eût raison de condamner cette invention, qui était une faute contre l'histoire, faute qui, peut-être, n'était rachetée par aucune beauté[1].

---

1. À la première représentation, dans le moment où Mariamne tenait la coupe et prenait le poison, le parterre cria : *La reine boit !* C'était justement la veille de

J'aurais pu ne pas me rendre sur ce dernier article, et j'avoue que c'est contre mon goût que j'ai mis la mort de Mariamne en récit au lieu de la mettre en action ; mais je n'ai voulu combattre en rien le goût du public : c'est pour lui et non pour moi que j'écris ; ce sont ses sentiments et non les miens que je dois suivre.

Cette docilité raisonnable, ces efforts que j'ai faits pour rendre intéressant un sujet qui avait paru si ingrat, m'ont tenu lieu du mérite qui m'a manqué, et ont enfin trouvé grâce devant des juges prévenus contre la pièce. Je ne pense pas que ma tragédie mérite son succès, comme elle avait mérité sa chute. Je ne donne même cette édition qu'en tremblant[1]. Tant d'ouvrages que j'ai vus applaudis au théâtre, et méprisés à la lecture, me font craindre pour le mien le même sort. Une ou deux situations, l'art des acteurs, la docilité que j'ai fait paraître, ont pu m'attirer des suffrages aux représentations ; mais il faut un autre mérite pour soutenir le grand jour de l'impression. C'est peu d'une conduite régu-

---

la fête des Rois[*]. La pièce fut interrompue ; l'on n'entendit point une scène très-pathétique entre Hérode et Mariamne mourante ; du moins c'est le jugement que nous en avons entendu porter par ceux qui avaient entendu cette scène avant la représentation.

M. de Voltaire a changé, en 1762, le personnage de Varus, parce que sa défaite et sa mort en Germanie sont trop connues pour que l'on puisse supposer, même dans la tragédie, qu'il ait été tué en Judée ; parce qu'un préteur romain n'aurait pas excité une sédition dans Jérusalem ; il eût défendu à Hérode, au nom de César, d'attenter à la vie de sa femme, et Hérode eût obéi ; parce qu'un Romain amoureux d'une reine ne peut intéresser, à moins que le sacrifice de sa passion ne soit, comme dans *Bérénice*, le sujet de la pièce ; enfin parce qu'il fallait ou avilir Hérode devant Varus, ou s'écarter des mœurs connues de ce siècle. Personne n'ignore combien les rois alliés, ou plutôt sujets de Rome, étaient petits auprès des généraux romains envoyés dans les provinces.

M. de Voltaire avait projeté une édition corrigée de ses ouvrages dramatiques, et il voulait distinguer les pièces qu'il regardait comme propres au théâtre de celles qu'il ne croyait faites que pour être lues ; mais il n'appartenait qu'à lui de faire ce choix.

Voici la note qu'il avait placée en tête de *Mariamne* :

« Les gens de lettres qui ont présidé à cette édition ont cru devoir rejeter cette tragédie parmi les pièces de l'auteur qui ne sont pas représentées sur le théâtre de Paris, et qui ne sont pour la plupart que des pièces de société. *Mariamne* fut composée dans le temps de la nouveauté d'*OEdipe* : il ne l'a jamais regardée que comme une déclamation. » (K.)

[*] Ce ne fut pas la veille des Rois, mais le 6 mars 1724 que *Mariamne* fut représentée. Cette date du 6 mars est en tête même de plusieurs éditions de la pièce, et notamment dans l'édition de Kehl. L'anecdote qui occasionna sa chute n'en est pas moins vraie. (B.)

1. Dans l'édition de 1738, le début de cette préface avait été supprimé, et ell commençait ainsi : « Je ne donne cette édition qu'en tremblant, etc. » (B.)

lière, ce serait peu même d'intéresser. Tout ouvrage en vers, quelque beau qu'il soit d'ailleurs, sera nécessairement ennuyeux, si tous les vers ne sont pas pleins de force et d'harmonie, si l'on n'y trouve pas une élégance continue, si la pièce n'a point ce charme inexprimable de la poésie que le génie seul peut donner, où l'esprit ne saurait jamais atteindre, et sur lequel on raisonne si mal et si inutilement depuis la mort de M. Despréaux.

C'est une erreur bien grossière de s'imaginer que les vers soient la dernière partie d'une pièce de théâtre, et celle qui doit le moins coûter. M. Racine, c'est-à-dire l'homme de la terre qui, après Virgile, a le mieux connu l'art des vers, ne pensait pas ainsi. Deux années entières lui suffirent à peine pour écrire sa *Phèdre*. Pradon se vante d'avoir composé la sienne en moins de trois mois. Comme le succès passager des représentations d'une tragédie ne dépend point du style, mais des acteurs et des situations, il arriva que les deux *Phèdres* semblèrent d'abord avoir une égale destinée ; mais l'impression régla bientôt le rang de l'une et de l'autre. Pradon, selon la coutume des mauvais auteurs, eut beau faire une préface insolente, dans laquelle il traitait ses critiques de malhonnêtes gens, sa pièce, tant vantée par sa cabale et par lui, tomba dans le mépris qu'elle mérite, et sans la *Phèdre* de M. Racine, on ignorerait aujourd'hui que Pradon en a composé une.

Mais d'où vient enfin cette distance si prodigieuse entre ces deux ouvrages ? La conduite en est à peu près la même : Phèdre est mourante dans l'une et dans l'autre. Thésée est absent dans les premiers actes : il passe pour avoir été aux enfers avec Pirithoüs. Hippolyte, son fils, veut quitter Trézène ; il veut fuir Aricie, qu'il aime. Il déclare sa passion à Aricie, et reçoit avec horreur celle de Phèdre : il meurt du même genre de mort, et son gouverneur fait le récit de sa mort. Il y a plus : les personnages des deux pièces, se trouvant dans les mêmes situations, disent presque les mêmes choses ; mais c'est là qu'on distingue le grand homme et le mauvais poëte. C'est lorsque Racine et Pradon pensent de même qu'ils sont le plus différents. En voici un exemple bien sensible. Dans la déclaration d'Hippolyte à Aricie, M. Racine fait ainsi parler Hippolyte (acte II, scène II) :

> Moi qui, contre l'amour fièrement révolté,
> Aux fers de ses captifs ai longtemps insulté ;
> Qui, des faibles mortels déplorant les naufrages,
> Pensais toujours du bord contempler les orages ;
> Asservi maintenant sous la commune loi,
> Par quel trouble me vois-je emporté loin de moi ?

Un moment a vaincu mon audace imprudente ;
Cette âme si superbe est enfin dépendante.
Depuis près de six mois, honteux, désespéré,
Portant partout le trait dont je suis déchiré,
Contre vous, contre moi, vainement je m'éprouve.
Présente, je vous fuis ; absente, je vous trouve ;
Dans le fond des forêts votre image me suit ;
La lumière du jour, les ombres de la nuit,
Tout retrace à mes yeux les charmes que j'évite,
Tout vous livre à l'envi le rebelle Hippolyte.
Moi-même, pour tout fruit de mes soins superflus,
Maintenant je me cherche, et ne me trouve plus.
Mon arc, mes javelots, mon char, tout m'importune.
Je ne me souviens plus des leçons de Neptune ;
Mes seuls gémissements font retentir les bois,
Et mes coursiers oisifs ont oublié ma voix.

Voici comment Hippolyte s'exprime dans Pradon :

Assez et trop longtemps, d'une bouche profane,
Je méprisai l'amour et j'adorai Diane.
Solitaire, farouche, on me voyait toujours
Chasser dans nos forêts les lions et les ours.
Mais un soin plus pressant m'occupe et m'embarrasse :
Depuis que je vous vois, j'abandonne la chasse ;
Elle fit autrefois mes plaisirs les plus doux,
Et quand j'y vais, ce n'est que pour penser à vous.

On ne saurait lire ces deux pièces de comparaison sans admirer l'une et sans rire de l'autre. C'est pourtant dans toutes les deux le même fonds de sentiment et de pensées : car, quand il s'agit de faire parler les passions, tous les hommes ont presque les mêmes idées ; mais la façon de les exprimer distingue l'homme d'esprit d'avec celui qui n'en a point, l'homme de génie d'avec celui qui n'a que de l'esprit, et le poëte d'avec celui qui veut l'être.

Pour parvenir à écrire comme M. Racine, il faudrait avoir son génie, et polir autant que lui ses ouvrages. Quelle défiance ne dois-je donc point avoir, moi qui, né avec des talents si faibles, et accablé par des maladies continuelles, n'ai ni le don de bien imaginer, ni la liberté de corriger, par un travail assidu, les défauts de mes ouvrages ? Je sens avec déplaisir toutes les fautes qui sont dans la contexture de cette pièce, aussi bien que dans la diction. J'en aurais corrigé quelques-unes, si j'avais pu retarder cette édition ; mais j'en aurais encore laissé beaucoup. Dans tous les arts, il y a un terme par delà lequel on ne peut plus avancer.

On est resserré dans les bornes de son talent ; on voit la perfection au delà de soi, et on fait des efforts impuissants pour y atteindre.

Je ne ferai point une critique détaillée de cette pièce : les lecteurs la feront assez sans moi. Mais je crois qu'il est nécessaire que je parle ici d'une critique générale qu'on a faite sur le choix du sujet de *Mariamne*. Comme le génie des Français est de saisir vivement le côté ridicule des choses les plus sérieuses, on disait que le sujet de *Mariamne* n'était autre chose qu'*un vieux mari amoureux et brutal*, à qui sa femme *refuse avec aigreur le devoir conjugal*; et on ajoutait qu'une querelle de ménage ne pouvait jamais faire une tragédie. Je supplie qu'on fasse avec moi quelques réflexions sur ce préjugé.

Les pièces tragiques sont fondées, ou sur les intérêts de toute une nation, ou sur les intérêts particuliers de quelques princes. De ce premier genre sont l'*Iphigénie en Aulide*, où la Grèce assemblée demande le sang de la fille d'Agamemnon ; *les Horaces*, où trois combattants ont entre les mains le sort de Rome ; l'*Œdipe*, où le salut des Thébains dépend de la découverte du meurtrier de Laïus. Du second genre sont *Britannicus*, *Phèdre*, *Mithridate*, etc.

Dans ces trois dernières, tout l'intérêt est renfermé dans la famille du héros de la pièce ; tout roule sur des passions que des bourgeois ressentent comme les princes ; et l'intrigue de ces ouvrages est aussi propre à la comédie qu'à la tragédie. Otez les noms, « Mithridate n'est qu'un vieillard amoureux d'une jeune fille : ses deux fils en sont amoureux aussi ; et il se sert d'une ruse assez basse pour découvrir celui des deux qui est aimé. Phèdre est une belle-mère qui, enhardie par une intrigante, fait des propositions à son beau-fils, lequel est occupé ailleurs. Néron est un jeune homme impétueux qui devient amoureux tout d'un coup, qui dans le moment veut se séparer d'avec sa femme, et qui se cache derrière une tapisserie pour écouter les discours de sa maîtresse. » Voilà des sujets que Molière a pu traiter comme Racine : aussi l'intrigue de *l'Avare* est-elle précisément la même que celle de *Mithridate*. Harpagon et le roi de Pont sont deux vieillards amoureux : l'un et l'autre ont leur fils pour rival ; l'un et l'autre se servent du même artifice pour découvrir l'intelligence qui est entre leur fils et leur maîtresse ; et les deux pièces finissent par le mariage du jeune homme.

Molière et Racine ont également réussi en traitant ces deux intrigues : l'un a amusé, a réjoui, a fait rire les honnêtes gens ; l'autre a attendri, a effrayé, a fait verser des larmes. Molière a joué l'amour ridicule d'un vieil avare ; Racine a représenté les faiblesses d'un grand roi, et les a rendues respectables.

Que l'on donne une noce à peindre à Watteau et à Le Brun : l'un représentera, sous une treille, des paysans pleins d'une joie naïve, grossière et effrénée, autour d'une table rustique, où l'ivresse, l'emportement, la débauche, le rire immodéré, régneront ; l'autre peindra les noces de Thétis et de Pélée, les festins des dieux, leur joie majestueuse : et tous deux seront arrivés à la perfection de leur art par des chemins différents.

On peut appliquer tous ces exemples à *Mariamne*. La mauvaise humeur d'une femme, l'amour d'un vieux mari, les tracasseries d'une belle-sœur, sont de petits objets, comiques par eux-mêmes ; mais un roi à qui la terre a donné le nom de *grand,* éperdument amoureux de la plus belle femme de l'univers ; la passion furieuse de ce roi si fameux par ses vertus et par ses crimes ; ses cruautés passées, ses remords présents, ce passage si continuel et si rapide de l'amour à la haine et de la haine à l'amour ; l'ambition de sa sœur, les intrigues de ses ministres ; la situation cruelle d'une princesse dont la vertu et la bonté sont célèbres encore dans le monde, qui avait vu son père et son frère livrés à la mort par son mari, et qui, pour comble de douleur, se voyait aimée du meurtrier de sa famille : quel champ ! quelle carrière pour un autre génie que le mien ! Peut-on dire qu'un tel sujet soit indigne de la tragédie[1] ? C'est là surtout que,

> Selon ce qu'on peut être,
> Les choses changent de nom.

---

1. C'était ici que finissait la préface en 1730. La citation du prologue d'*Amphitryon*, qui la termine aujourd'hui, est de 1746. Mais en 1725, après ces mots : « indigne de la tragédie », on lisait de plus :

« Je souhaite sincèrement que le même auteur qui va donner une nouvelle tragédie d'*OEdipe* retouche aussi le sujet de *Mariamne*. Il fera voir au public quelles ressources un génie fécond peut trouver dans ces deux grands sujets. Ce qu'il fera m'apprendra ce que j'aurais dû faire. Il commencera où je finis. Ses succès me seront chers, parce qu'ils seront pour moi des leçons, et parce que je préfère la perfection de mon art à ma réputation.

« Je profite de l'occasion de cette préface pour avertir que le poëme de *la Ligue*, que j'ai promis, n'est point celui dont on a plusieurs éditions, et qu'on débite sous mon nom. Surtout je désavoue celui qui est imprimé à Amsterdam, chez Jean-Frédéric Bernard, en 1724. On y a ajouté beaucoup de pièces fugitives dont la plupart ne sont point de moi ; et le petit nombre de celles qui m'appartiennent y est entièrement défiguré.

« Je suis dans la résolution de satisfaire le plus promptement qu'il me sera possible aux engagements que j'ai pris avec le public pour l'édition de ce poëme. J'ai fait graver, avec beaucoup de soin, des estampes très-belles sur les dessins de MM. de

Troye, Le Moine et Veugle ; mais la perfection d'un poëme demande plus de temps que celle d'un tableau. Toutes les fois que je considère ce fardeau pénible que je me suis imposé moi-même, je suis effrayé de sa pesanteur, et je me repens d'avoir osé promettre un poëme épique. Il y a environ quatre-vingts personnes à Paris qui ont souscrit pour l'édition de cet ouvrage ; quelques-uns de ces messieurs ont crié de ce qu'on les faisait attendre. Les libraires n'ont eu autre chose à leur répondre que de leur rendre leur argent, et c'est ce qu'on a fait à bureau ouvert chez Noël Pissot, libraire, à la Croix-d'Or, quai des Augustins. A l'égard des gens raisonnables, qui aiment mieux avoir tard un bon ouvrage que d'en avoir de bonne heure un mauvais, ce que j'ai à leur dire, c'est que lorsque je ferai imprimer le poëme de *Henri IV*, quelque tard que je le donne, je leur demanderai toujours pardon de l'avoir donné trop tôt. »

L'auteur dont Voltaire parle au commencement de ce passage, et qui après un *OEdipe* devait aussi donner une *Mariamne*, était Lamotte, qui toutefois ne s'est pas exercé sur ce dernier sujet.

Voici les titres des ouvrages qui parurent à l'occasion de *Mariamne* :

I. Les *Quatre Mariamnes*, opéra-comique en un acte, par Fuzelier, joué sur le théâtre de la Foire le 7 mars 1725.

II. Les *Huit Mariamnes*, parodie, par Piron, jouée le 20 avril 1725.

III. Le *Mauvais Ménage* (par Legrand et Dominique), parodie jouée sur le Théâtre-Italien le 19 août 1725, imprimée.

IV. *Observations critiques sur la tragédie d'Hérode et de Mariamne, de M. de V.* (par l'abbé Nadal), 1725, in-8°.

V. *Examen de la tragédie d'Hérode et Mariamne* (dans les *Mémoires de Desmolets*, I, 206-245).

VI. *Lettres contenant quelques observations sur la tragédie de Mariamne par M. de Voltaire* (dans les *Mémoires de Desmolets*, III, 43-75). On les croit de Bel. (B.)

VII. *Vérités sur Hérode et Mariamne*, 1725, in-12.

Dans le même temps, J.-B. Rousseau retoucha la *Mariamne* de Tristan pour l'opposer à celle de Voltaire. (B.)

PERSONNAGES[1]

HÉRODE, roi de Palestine.
MARIAMNE, femme d'Hérode.
SALOME, sœur d'Hérode.
SOHÊME, prince de la race des Asmonéens.
MAZAEL, } ministres d'Hérode.
IDAMAS, }
NARBAS, ancien officier des rois asmonéens.
AMMON, confident de Sohême.
ÉLISE, confidente de Mariamne.
UN GARDE D'HÉRODE, parlant.
SUITE D'HÉRODE.
SUITE DE SOHÊME.
UNE SUIVANTE DE MARIAMNE, personnage muet.

La scène est à Jérusalem, dans le palais d'Hérode.

---

1. Noms des acteurs qui jouèrent le premier soir dans *Mariamne* et dans le *Deuil*[*] : LEGRAND, DANGEVILLE, LAVOY, FONTENAY, QUINAULT aîné (Varus), DUFRESNE (Hérode), DUCHEMIN, LEGRAND fils, LA THORILLIÈRE fils, POISSON fils, ARMAND ; Mmes DUCLOS (Salome), JOUVENOT (Élise), LECOUVREUR (Mariamne), DUBREUIL, DUCHEMIN, LA BATH, DU BOCCAGE. — Recette : 3,539 liv. — Dans sa nouveauté, elle eut dix-sept représentations. (G. A.)

[*] Sur les registres de la Comédie-Française, les acteurs des deux pièces sont toujours confondus. Nous nous contenterons de mentionner aussi bien que possible la distribution des principaux rôles. (G. A.)

MARIAMNE

TRAGÉDIE

ACTE PREMIER.

SCÈNE I.

SALOME, MAZAEL.

MAZAEL.

Oui, cette autorité qu'Hérode vous confie,
Jusques à son retour est du moins affermie.
J'ai volé vers Azor, et repassé soudain
Des champs de Samarie aux sources du Jourdain :
Madame, il était temps que du moins ma présence
Des Hébreux inquiets confondît l'espérance.
Hérode votre frère, à Rome retenu,
Déjà dans ses États n'était plus reconnu.
Le peuple, pour ses rois toujours plein d'injustices,
Hardi dans ses discours, aveugle en ses caprices,
Publiait hautement qu'à Rome condamné
Hérode à l'esclavage était abandonné ;
Et que la reine, assise au rang de ses ancêtres,
Ferait régner sur nous le sang de nos grands-prêtres.
Je l'avoue à regret, j'ai vu dans tous les lieux
Mariamne adorée, et son nom précieux ;
La Judée aime encore avec idolâtrie
Le sang de ces héros dont elle tient la vie ;
Sa beauté, sa naissance, et surtout ses malheurs,
D'un peuple qui nous hait ont séduit tous les cœurs ;
Et leurs vœux indiscrets, la nommant souveraine,
Semblaient vous annoncer une chute certaine.
J'ai vu par ces faux bruits tout un peuple ébranlé ;
Mais j'ai parlé, madame, et ce peuple a tremblé :
Je leur ai peint Hérode avec plus de puissance,

Rentrant dans ses États suivi de la vengeance ;
Son nom seul a partout répandu la terreur,
Et les Juifs en silence ont pleuré leur erreur.

SALOME.

Mazaël, il est vrai qu'Hérode va paraître ;
Et ces peuples et moi nous aurons tous un maître.
Ce pouvoir, dont à peine on me voyait jouir,
N'est qu'une ombre qui passe et va s'évanouir.
Mon frère m'était cher, et son bonheur m'opprime ;
Mariamne triomphe, et je suis sa victime.

MAZAEL.

Ne craignez point un frère.

SALOME.

Eh! que deviendrons-nous
Quand la reine à ses pieds reverra son époux?
De mon autorité cette fière rivale
Auprès d'un roi séduit nous fut toujours fatale ;
Son esprit orgueilleux, qui n'a jamais plié,
Conserve encor pour nous la même inimitié.
Elle nous outragea, je l'ai trop offensée ;
A notre abaissement elle est intéressée.
Eh! ne craignez-vous plus ces charmes tout-puissants,
Du malheureux Hérode impérieux tyrans?
Depuis près de cinq ans qu'un fatal hyménée
D'Hérode et de la reine unit la destinée,
L'amour prodigieux dont ce prince est épris
Se nourrit par la haine et croît par le mépris.
Vous avez vu cent fois ce monarque inflexible
Déposer à ses pieds sa majesté terrible,
Et chercher dans ses yeux irrités ou distraits
Quelques regards plus doux qu'il ne trouvait jamais.
Vous l'avez vu frémir, soupirer et se plaindre ;
La flatter, l'irriter, la menacer, la craindre ;
Cruel dans son amour, soumis dans ses fureurs ;
Esclave en son palais, héros partout ailleurs.
Que dis-je? en punissant une ingrate famille,
Fumant du sang du père, il adorait la fille :
Le fer encor sanglant, et que vous excitiez,
Était levé sur elle, et tombait à ses pieds.

MAZAEL.

Mais songez que dans Rome, éloigné de sa vue,
Sa chaîne de si loin semble s'être rompue.

ACTE I, SCÈNE I.

SALOME.

Croyez-moi, son retour en resserre les nœuds ;
Et ses trompeurs appas sont toujours dangereux.

MAZAEL.

Oui ; mais cette âme altière, à soi-même inhumaine,
Toujours de son époux a recherché la haine :
Elle l'irritera par de nouveaux dédains,
Et vous rendra les traits qui tombent de vos mains.
La paix n'habite point entre deux caractères
Que le ciel a formés l'un à l'autre contraires.
Hérode, en tous les temps sombre, chagrin, jaloux,
Contre son amour même aura besoin de vous.

SALOME.

Mariamne l'emporte, et je suis confondue.

MAZAEL.

Au trône d'Ascalon vous êtes attendue ;
Une retraite illustre, une nouvelle cour,
Un hymen préparé par les mains de l'amour,
Vous mettront aisément à l'abri des tempêtes
Qui pourraient dans Solime éclater sur nos têtes.
Sohême est d'Ascalon paisible souverain,
Reconnu, protégé par le peuple romain,
Indépendant d'Hérode, et cher à sa province ;
Il sait penser en sage et gouverner en prince :
Je n'aperçois pour vous que des destins meilleurs ;
Vous gouvernez Hérode, ou vous régnez ailleurs.

SALOME.

Ah ! connais mon malheur et mon ignominie :
Mariamne en tout temps empoisonne ma vie ;
Elle m'enlève tout : rang, dignités, crédit ;
Et pour elle, en un mot, Sohême me trahit.

MAZAEL.

Lui, qui pour cet hymen attendait votre frère !
Lui, dont l'esprit rigide et la sagesse austère
Parut tant mépriser ces folles passions,
De nos vains courtisans vaines illusions !
Au roi son allié ferait-il cette offense ?

SALOME.

Croyez qu'avec la reine il est d'intelligence.

MAZAEL.

Le sang et l'amitié les unissent tous deux ;
Mais je n'ai jamais vu...

SALOME.
Vous n'avez pas mes yeux !
Sur mon malheur nouveau je suis trop éclairée :
De ce trompeur hymen la pompe différée,
Les froideurs de Sohême et ses discours glacés,
M'ont expliqué ma honte et m'ont instruite assez.

MAZAEL.
Vous pensez en effet qu'une femme sévère
Qui pleure encore ici son aïeul et son frère,
Et dont l'esprit hautain, qu'aigrissent ses malheurs,
Se nourrit d'amertume et vit dans les douleurs,
Recherche imprudemment le funeste avantage
D'enlever un amant qui sous vos lois s'engage !
L'amour est-il connu de son superbe cœur ?

SALOME.
Elle l'inspire au moins, et c'est là mon malheur.

MAZAEL.
Ne vous trompez-vous point ? cette âme impérieuse,
Par excès de fierté semble être vertueuse :
A vivre sans reproche elle a mis son orgueil.

SALOME.
Cet orgueil si vanté trouve enfin son écueil.
Que m'importe, après tout, que son âme hardie
De mon parjure amant flatte la perfidie ;
Ou qu'exerçant sur lui son dédaigneux pouvoir,
Elle ait fait mes tourments sans même le vouloir ?
Qu'elle chérisse ou non le bien qu'elle m'enlève,
Je le perds, il suffit ; sa fierté s'en élève ;
Ma honte fait sa gloire ; elle a dans mes douleurs
Le plaisir insultant de jouir de mes pleurs.
Enfin, c'est trop languir dans cette indigne gêne :
Je veux voir à quel point on mérite ma haine.
Sohême vient : allez, mon sort va s'éclaircir.

SCÈNE II.

SALOME, SOHÊME[1], AMMON.

SALOME.
Approchez ; votre cœur n'est point né pour trahir,

1. A propos de ce Sohême : « Vous verrez, écrit Voltaire à d'Argental en 1762, une espèce de janséniste, essénien de son métier, que j'ai substitué à Varus. Ce Varus m'avait paru prodigieusement fade. »

Et le mien n'est pas fait pour souffrir qu'on l'abuse.
Le roi revient enfin ; vous n'avez plus d'excuse :
Ne consultez ici que vos seuls intérêts,
Et ne me cachez plus vos sentiments secrets.
Parlez ; je ne crains point l'aveu d'une inconstance
Dont je mépriserais la vaine et faible offense ;
Je ne sais point descendre à des transports jaloux,
Ni rougir d'un affront dont la honte est pour vous.

SOHÊME.

Il faut donc m'expliquer, il faut donc vous apprendre
Ce que votre fierté ne craindra point d'entendre.
J'ai beaucoup, je l'avoue, à me plaindre du roi ;
Il a voulu, madame, étendre jusqu'à moi
Le pouvoir que César lui laisse en Palestine ;
En m'accordant sa sœur, il cherchait ma ruine :
Au rang de ses vassaux il osait me compter.
J'ai soutenu mes droits, il n'a pu l'emporter ;
J'ai trouvé, comme lui, des amis près d'Auguste ;
Je ne crains point Hérode, et l'empereur est juste ;
Mais je ne puis souffrir (je le dis hautement)
L'alliance d'un roi dont je suis mécontent.
D'ailleurs vous connaissez cette cour orageuse ;
Sa famille avec lui fut toujours malheureuse ;
De tout ce qui l'approche il craint des trahisons :
Son cœur de toutes parts est ouvert aux soupçons ;
Au frère de la reine il en coûta la vie ;
De plus d'un attentat cette mort fut suivie.
Mariamne a vécu, dans ce triste séjour,
Entre la barbarie et les transports d'amour,
Tantôt sous le couteau, tantôt idolâtrée,
Toujours baignant de pleurs une couche abhorrée ;
Craignant et son époux et de vils délateurs,
De leur malheureux roi lâches adulateurs.

SALOME.

Vous parlez beaucoup d'elle !

SOHÊME.

     Ignorez-vous, princesse,
Que son sang est le mien, que son sort m'intéresse ?

SALOME.

Je ne l'ignore pas.

SOHÊME.

  Apprenez encor plus :

J'ai craint longtemps pour elle, et je ne tremble plus.
Hérode chérira le sang qui la fit naître ;
Il l'a promis du moins à l'empereur son maître :
Pour moi, loin d'une cour objet de mon courroux,
J'abandonne Solime, et votre frère, et vous ;
Je pars. Ne pensez pas qu'une nouvelle chaîne
Me dérobe à la vôtre et loin de vous m'entraîne.
Je renonce à la fois à ce prince, à sa cour,
A tout engagement, et surtout à l'amour.
Épargnez le reproche à mon esprit sincère :
Quand je ne m'en fais point, nul n'a droit de m'en faire.

SALOME.

Non, n'attendez de moi ni courroux ni dépit ;
J'en savais beaucoup plus que vous n'en avez dit.
Cette cour, il est vrai, seigneur, a vu des crimes :
Il en est quelquefois où des cœurs magnanimes
Par le malheur des temps se laissent emporter,
Que la vertu répare, et qu'il faut respecter ;
Il en est de plus bas, et de qui la faiblesse
Se pare arrogamment du nom de la sagesse.
Vous m'entendez peut-être? En vain vous déguisez
Pour qui je suis trahie, et qui vous séduisez :
Votre fausse vertu ne m'a jamais trompée ;
De votre changement mon âme est peu frappée ;
Mais si de ce palais, qui vous semble odieux,
Les orages passés ont indigné vos yeux,
Craignez d'en exciter qui vous suivraient peut-être
Jusqu'aux faibles États dont vous êtes le maître.

(Elle sort.)

SCÈNE III.

SOHÊME, AMMON.

SOHÊME.

Où tendait ce discours? que veut-elle? et pourquoi
Pense-t-elle en mon cœur pénétrer mieux que moi?
Qui? moi, que je soupire! et que pour Mariamne
Mon austère amitié ne soit qu'un feu profane!
Aux faiblesses d'amour, moi, j'irais me livrer,
Lorsque de tant d'attraits je cours me séparer!

AMMON.

Salome est outragée; il faut tout craindre d'elle.
La jalousie éclaire, et l'amour se décèle.

SOHÊME.

Non, d'un coupable amour je n'ai point les erreurs ;
La secte dont je suis forme en nous d'autres mœurs :
Ces durs Esséniens, stoïques de Judée,
Ont eu de la morale une plus noble idée.
Nos maîtres, les Romains, vainqueurs des nations,
Commandent à la terre, et nous aux passions.
Je n'ai point, grâce au ciel, à rougir de moi-même.
Le sang unit de près Mariamne et Sohême ;
Je la voyais gémir sous un affreux pouvoir,
J'ai voulu la servir ; j'ai rempli mon devoir.

AMMON.

Je connais votre cœur et juste et magnanime ;
Il se plaît à venger la vertu qu'on opprime :
Puissiez-vous écouter, dans cette affreuse cour,
Votre noble pitié plutôt que votre amour !

SOHÊME.

Ah ! faut-il donc l'aimer pour prendre sa défense ?
Qui n'aurait, comme moi, chéri son innocence ?
Quel cœur indifférent n'irait à son secours ?
Et qui, pour la sauver, n'eût prodigué ses jours ?
Ami, mon cœur est pur, et tu connais mon zèle ;
Je n'habitais ces lieux que pour veiller sur elle.
Quand Hérode partit incertain de son sort,
Quand il chercha dans Rome ou le sceptre ou la mort,
Plein de sa passion forcenée et jalouse,
Il tremblait qu'après lui sa malheureuse épouse,
Du trône descendue, esclave des Romains,
Ne fût abandonnée à de moins dignes mains.
Il voulut qu'une tombe, à tous deux préparée,
Enfermât avec lui cette épouse adorée.
Phérore fut chargé du ministère affreux
D'immoler cet objet de ses horribles feux.
Phérore m'instruisit de ces ordres coupables :
J'ai veillé sur des jours si chers, si déplorables ;
Toujours armé, toujours prompt à la protéger,
Et surtout à ses yeux dérobant son danger.
J'ai voulu la servir sans lui causer d'alarmes ;
Ses malheurs me touchaient encor plus que ses charmes.

L'amour ne règne point sur mon cœur agité ;
Il ne m'a point vaincu ; c'est moi qui l'ai dompté :
Et, plein du noble feu que sa vertu m'inspire,
J'ai voulu la venger, et non pas la séduire.
Enfin l'heureux Hérode a fléchi les Romains ;
Le sceptre de Judée est remis en ses mains ;
Il revient triomphant sur ce sanglant théâtre ;
Il revole à l'objet dont il est idolâtre,
Qu'il opprima souvent, qu'il adora toujours ;
Leurs désastres communs ont terminé leur cours.
Un nouveau jour va luire à cette cour affreuse :
Je n'ai plus qu'à partir... Mariamne est heureuse.
Je ne la verrai plus... mais à d'autres attraits
Mon cœur, mon triste cœur, est fermé pour jamais ;
Tout hymen à mes yeux est horrible et funeste :
Qui connaît Mariamne abhorre tout le reste.
La retraite a pour moi des charmes assez grands :
J'y vivrai vertueux, loin des yeux des tyrans,
Préférant mon partage au plus beau diadème,
Maître de ma fortune, et maître de moi-même.

SCÈNE IV.

SOHÊME, ÉLISE, AMMON.

ÉLISE.
La mère de la reine, en proie à ses douleurs,
Vous conjure, Sohême, au nom de tant de pleurs,
De vous rendre près d'elle, et d'y calmer la crainte
Dont pour sa fille encore elle a reçu l'atteinte.
SOHÊME.
Quelle horreur jetez-vous dans mon cœur étonné !
ÉLISE.
Elle a su l'ordre affreux qu'Hérode avait donné ;
Par les soins de Salome elle en est informée.
SOHÊME.
Ainsi cette ennemie, au trouble accoutumée,
Par ces troubles nouveaux pense encor maintenir
Le pouvoir emprunté qu'elle veut retenir.
Quelle odieuse cour, et combien d'artifices !
On ne marche en ces lieux que sur des précipices.

ACTE I, SCÈNE IV.

Hélas! Alexandra, par des coups inouïs,
Vit périr autrefois son époux et son fils;
Mariamne lui reste, elle tremble pour elle :
La crainte est bien permise à l'amour maternelle.
Élise, je vous suis, je marche sur vos pas...
Grand Dieu, qui prenez soin de ces tristes climats,
De Mariamne encore écartez cet orage!
Conservez, protégez votre plus digne ouvrage!

FIN DU PREMIER ACTE.

ACTE DEUXIÈME.

SCÈNE I.

SALOME, MAZAEL.

MAZAEL.
Ce nouveau coup porté, ce terrible mystère
Dont vous faites instruire et la fille et la mère,
Ce secret révélé, cet ordre si cruel
Est désormais le sceau d'un divorce éternel.
Le roi ne croira point que, pour votre ennemie,
Sa confiance en vous soit en effet trahie ;
Il n'aura plus que vous dans ses perplexités
Pour adoucir les traits par vous-même portés.
Vous seule aurez fait naître et le calme et l'orage :
Divisez pour régner, c'est là votre partage.

SALOME.
Que sert la politique où manque le pouvoir ?
Tous mes soins m'ont trahi ; tout fait mon désespoir.
Le roi m'écrit : il veut, par sa lettre fatale,
Que sa sœur se rabaisse aux pieds de sa rivale.
J'espérais de Sohême un noble et sûr appui :
Hérode était le mien ; tout me manque aujourd'hui.
Je vois crouler sur moi le fatal édifice
Que mes mains élevaient avec tant d'artifice ;
Je vois qu'il est des temps où tout l'effort humain
Tombe sous la fortune et se débat en vain,
Où la prudence échoue, où l'art nuit à soi-même ;
Et je sens ce pouvoir invincible et suprême,
Qui se joue à son gré, dans les climats voisins,
De leurs sables mouvants comme de nos destins.

MAZAEL.
Obéissez au roi, cédez à la tempête ;
Sous ses coups passagers il faut courber la tête.
Le temps peut tout changer.

SALOME.
                Trop vains soulagements!
Malheureux qui n'attend son bonheur que du temps!
Sur l'avenir trompeur tu veux que je m'appuie,
Et tu vois cependant les affronts que j'essuie!
MAZAEL.
Sohême part au moins; votre juste courroux
Ne craint plus Mariamne, et n'en est plus jaloux.
SALOME.
Sa conduite, il est vrai, paraît inconcevable;
Mais m'en trahit-il moins? en est-il moins coupable?
Suis-je moins outragée? ai-je moins d'ennemis,
Et d'envieux secrets, et de lâches amis?
Il faut que je combatte et ma chute prochaine,
Et cet affront secret, et la publique haine.
Déjà, de Mariamne adorant la faveur,
Le peuple à ma disgrâce insulte avec fureur :
Je verrai tout plier sous sa grandeur nouvelle,
Et mes faibles honneurs éclipsés devant elle.
Mais c'est peu que sa gloire irrite mon dépit,
Ma mort va signaler ma chute et son crédit.
Je ne me flatte point; je sais comme en sa place
De tous mes ennemis je confondrais l'audace :
Ce n'est qu'en me perdant qu'elle pourra régner,
Et son juste courroux ne doit point m'épargner.
Cependant, ô contrainte! ô comble d'infamie!
Il faut donc qu'à ses yeux ma fierté s'humilie!
Je viens avec respect essuyer ses hauteurs,
Et la féliciter sur mes propres malheurs.
MAZAEL.
Elle vient en ces lieux.
SALOME.
            Faut-il que je la voie?

SCÈNE II.

MARIAMNE, ÉLISE, SALOME, MAZAEL, NARBAS.

SALOME.
Je viens auprès de vous partager votre joie :
Rome me rend un frère, et vous rend un époux

Couronné, tout-puissant, et digne enfin de vous,
Ses triomphes passés, ceux qu'il prépare encore,
Ce titre heureux de Grand dont l'univers l'honore,
Les droits du sénat même à ses soins confiés,
Sont autant de présents qu'il va mettre à vos pieds.
Possédez désormais son âme et son empire,
C'est ce qu'à vos vertus mon amitié désire;
Et je vais par mes soins serrer l'heureux lien
Qui doit joindre à jamais votre cœur et le sien.

MARIAMNE.

Je ne prétends de vous ni n'attends ce service :
Je vous connais, madame, et je vous rends justice;
Je sais par quels complots, je sais par quels détours
Votre haine impuissante a poursuivi mes jours.
Jugeant de moi par vous, vous me craignez peut-être;
Mais vous deviez du moins apprendre à me connaître.
Ne me redoutez point; je sais également
Dédaigner votre crime et votre châtiment :
J'ai vu tous vos desseins, et je vous les pardonne;
C'est à vos seuls remords que je vous abandonne,
Si toutefois, après de si lâches efforts,
Un cœur comme le vôtre écoute des remords.

SALOME.

C'est porter un peu loin votre injuste colère :
Ma conduite, mes soins, et l'aveu de mon frère,
Peut-être suffiront pour me justifier.

MARIAMNE.

Je vous l'ai déjà dit, je veux tout oublier :
Dans l'état où je suis, c'est assez pour ma gloire;
Je puis vous pardonner, mais je ne puis vous croire[1].

MAZAEL.

J'ose ici, grande reine, attester l'Éternel
Que mes soins à regret...

MARIAMNE.

Arrêtez, Mazaël;
Vos excuses pour moi sont un nouvel outrage :
Obéissez au roi, voilà votre partage :
A mes tyrans vendu, servez bien leur courroux;
Je ne m'abaisse pas à me plaindre de vous.

---

1. C'est ce que dit Louis XIII à Anne d'Autriche, qui voulait se justifier d'avoir trempé dans la conspiration de Chalais.

(A Salome.)

Je ne vous retiens point, et vous pouvez, madame,
Aller apprendre au roi les secrets de mon âme ;
Dans son cœur aisément vous pouvez ranimer
Un courroux que mes yeux dédaignent de calmer.
De tous vos délateurs armez la calomnie :
J'ai laissé jusqu'ici leur audace impunie,
Et je n'oppose encore à mes vils ennemis
Qu'une vertu sans tache et qu'un juste mépris.

SALOME.

Ah ! c'en est trop enfin ; vous auriez dû peut-être
Ménager un peu plus la sœur de votre maître.
L'orgueil de vos attraits pense tout asservir :
Vous me voyez tout perdre, et croyez tout ravir ;
Votre victoire un jour peut vous être fatale.
Vous triomphez... Tremblez, imprudente rivale !

SCÈNE III.

MARIAMNE, ÉLISE, NARBAS.

ÉLISE.

Ah ! madame, à ce point pouvez-vous irriter
Des ennemis ardents à vous persécuter ?
La vengeance d'Hérode, un moment suspendue,
Sur votre tête encore est peut-être étendue ;
Et, loin d'en détourner les redoutables coups,
Vous appelez la mort qui s'éloignait de vous.
Vous n'avez plus ici de bras qui vous appuie ;
Ce défenseur heureux de votre illustre vie,
Sohême, dont le nom si craint, si respecté,
Longtemps de vos tyrans contint la cruauté,
Sohême va partir ; nul espoir ne vous reste.
Auguste à votre époux laisse un pouvoir funeste :
Qui sait dans quels desseins il revient aujourd'hui ?
Tout, jusqu'à son amour, est à craindre de lui :
Vous le voyez trop bien ; sa sombre jalousie
Au delà du tombeau portait sa frénésie ;
Cet ordre qu'il donna me fait encor trembler.
Avec vos ennemis daignez dissimuler :
La vertu sans prudence, hélas ! est dangereuse.

MARIAMNE.

Oui, mon âme, il est vrai, fut trop impérieuse ;
Je n'ai point connu l'art, et j'en avais besoin.
De mon sort à Sohême abandonnons le soin ;
Qu'il vienne, je l'attends ; qu'il règle ma conduite.
Mon projet est hardi ; je frémis de la suite.
Faites venir Sohême.

(Élise sort.)

SCÈNE IV.

MARIAMNE, NARBAS.

MARIAMNE.

Et vous, mon cher Narbas,
De mes vœux incertains apaisez les combats :
Vos vertus, votre zèle, et votre expérience,
Ont acquis dès longtemps toute ma confiance.
Mon cœur vous est connu, vous savez mes desseins,
Et les maux que j'éprouve, et les maux que je crains.
Vous avez vu ma mère, au désespoir réduite,
Me presser en pleurant d'accompagner sa fuite ;
Son esprit, accablé d'une juste terreur,
Croit à tous les moments voir Hérode en fureur,
Encor tout dégouttant du sang de sa famille,
Venir à ses yeux même assassiner sa fille.
Elle veut à mes fils, menacés du tombeau,
Donner César pour père, et Rome pour berceau.
On dit que l'infortune à Rome est protégée ;
Rome est le tribunal où la terre est jugée.
Je vais me présenter au roi des souverains.
Je sais qu'il est permis de fuir ses assassins,
Que c'est le seul parti que le destin me laisse :
Toutefois en secret, soit vertu, soit faiblesse,
Prête à fuir un époux, mon cœur frémit d'effroi,
Et mes pas chancelants s'arrêtent malgré moi.

NARBAS.

Cet effroi généreux n'a rien que je n'admire ;
Tout injuste qu'il est, la vertu vous l'inspire.
Ce cœur, indépendant des outrages du sort,
Craint l'ombre d'une faute, et ne craint point la mort.

Bannissez toutefois ces alarmes secrètes;
Ouvrez les yeux, madame, et voyez où vous êtes :
C'est là que, répandu par les mains d'un époux,
Le sang de votre père a rejailli sur vous :
Votre frère en ces lieux a vu trancher sa vie;
En vain de son trépas le roi se justifie,
En vain César trompé l'en absout aujourd'hui;
L'Orient révolté n'en accuse que lui.
Regardez; consultez les pleurs de votre mère,
L'affront fait à vos fils, le sang de votre père,
La cruauté du roi, la haine de sa sœur,
Et (ce que je ne puis prononcer sans horreur,
Mais dont votre vertu n'est point épouvantée)
La mort plus d'une fois à vos yeux présentée.
   Enfin, si tant de maux ne vous étonnent pas,
Si d'un front assuré vous marchez au trépas,
Du moins de vos enfants embrassez la défense.
Le roi leur a du trône arraché l'espérance;
Et vous connaissez trop ces oracles affreux
Qui depuis si longtemps vous font trembler pour eux.
Le ciel vous a prédit qu'une main étrangère
Devait un jour unir vos fils à votre père.
Un Arabe implacable a déjà, sans pitié,
De cet oracle obscur accompli la moitié :
Madame, après l'horreur d'un essai si funeste,
Sa cruauté, sans doute, accomplirait le reste;
Dans ses emportements rien n'est sacré pour lui.
Eh! qui vous répondra que lui-même aujourd'hui
Ne vienne exécuter sa sanglante menace,
Et des Asmonéens anéantir la race?
Il est temps désormais de prévenir ses coups;
Il est temps d'épargner un meurtre à votre époux,
Et d'éloigner du moins de ces tendres victimes
Le fer de vos tyrans, et l'exemple des crimes.
   Nourri dans ce palais, près des rois vos aïeux,
Je suis prêt à vous suivre en tous temps, en tous lieux.
Partez, rompez vos fers; allez, dans Rome même,
Implorer du sénat la justice suprême,
Remettez de vos fils la fortune en sa main,
Et les faire adopter par le peuple romain;
Qu'une vertu si pure aille étonner Auguste.
Si l'on vante à bon droit son règne heureux et juste,

Si la terre avec joie embrasse ses genoux,
S'il mérite sa gloire, il fera tout pour vous.
MARIAMNE.
Je vois qu'il n'est plus temps que mon cœur délibère ;
Je cède à vos conseils, aux larmes de ma mère,
Au danger de mes fils, au sort, dont les rigueurs
Vont m'entraîner peut-être en de plus grands malheurs.
Retournez chez ma mère, allez ; quand la nuit sombre
Dans ces lieux criminels aura porté son ombre,
Qu'au fond de ce palais on me vienne avertir :
On le veut, il le faut, je suis prête à partir.

SCÈNE V.

MARIAMNE, SOHÊME, ÉLISE.

SOHÊME.
Je viens m'offrir, madame, à votre ordre suprême ;
Vos volontés pour moi sont les lois du ciel même :
Faut-il armer mon bras contre vos ennemis?
Commandez, j'entreprends ; parlez, et j'obéis.
MARIAMNE.
Je vous dois tout, seigneur ; et, dans mon infortune,
Ma douleur ne craint point de vous être importune,
Ni de solliciter par d'inutiles vœux
Les secours d'un héros, l'appui des malheureux.

    Lorsque Hérode attendait le trône ou l'esclavage,
Moi-même des Romains j'ai brigué le suffrage ;
Malgré ses cruautés, malgré mon désespoir,
Malgré mes intérêts, j'ai suivi mon devoir.
J'ai servi mon époux ; je le ferais encore.
Il faut que pour moi-même enfin je vous implore ;
Il faut que je dérobe à d'inhumaines lois
Les restes malheureux du pur sang de nos rois.
J'aurais dû dès longtemps, loin d'un lieu si coupable,
Demander au sénat un asile honorable ;
Mais, seigneur, je n'ai pu, dans les troubles divers
Dont la guerre civile a rempli l'univers,
Chercher parmi l'effroi, la guerre et les ravages,
Un port aux mêmes lieux d'où partaient les orages.

Auguste au monde entier donne aujourd'hui la paix;
Sur toute la nature il répand ses bienfaits.
Après les longs travaux d'une guerre odieuse,
Ayant vaincu la terre, il veut la rendre heureuse.
Du haut du Capitole il juge tous les rois,
Et de ceux qu'on opprime il prend en main les droits.
Qui peut à ses bontés plus justement prétendre
Que mes faibles enfants, que rien ne peut défendre,
Et qu'une mère en pleurs amène auprès de lui
Du bout de l'univers implorer son appui?
Pour conserver les fils, pour consoler la mère,
Pour finir tous mes maux, c'est en vous que j'espère :
Je m'adresse à vous seul, à vous, à ce grand cœur,
De la simple vertu généreux protecteur;
A vous à qui je dois ce jour que je respire :
Seigneur, éloignez-moi de ce fatal empire.
Ma mère, mes enfants, je mets tout en vos mains;
Enlevez l'innocence au fer des assassins.
Vous ne répondez rien! Que faut-il que je pense
De ces sombres regards et de ce long silence?
Je vois que mes malheurs excitent vos refus.

SOHÊME.

Non... je respecte trop vos ordres absolus.
Mes gardes vous suivront jusque dans l'Italie;
Disposez d'eux, de moi, de mon cœur, de ma vie :
Fuyez le roi, rompez vos nœuds infortunés;
Il est assez puni si vous l'abandonnez.
Il ne vous verra plus, grâce à son injustice;
Et je sens qu'il n'est point de si cruel supplice...
Pardonnez-moi ce mot, il m'échappe à regret;
La douleur de vous perdre a trahi mon secret.
J'ai parlé, c'en est fait; mais malgré ma faiblesse,
Songez que mon respect égale ma tendresse.
Sohême en vous aimant ne veut que vous servir,
Adorer vos vertus, vous venger, et mourir.

MARIAMNE.

Je me flattais, seigneur, et j'avais lieu de croire
Qu'avec mes intérêts vous chérissiez ma gloire.
Quand Sohême en ces lieux a veillé sur mes jours,
J'ai cru qu'à sa pitié je devais son secours.
Je ne m'attendais pas qu'une flamme coupable
Dût ajouter ce comble à l'horreur qui m'accable,

Ni que dans mes périls il ne fallût jamais
Rougir de vos bontés et craindre vos bienfaits.
Ne pensez pas pourtant qu'un discours qui m'offense
Vous ait rien dérobé de ma reconnaissance :
Tout espoir m'est ravi, je ne vous verrai plus ;
J'oublierai votre flamme et non pas vos vertus.
Je ne veux voir en vous qu'un héros magnanime
Qui jusqu'à ce moment mérita mon estime :
Un plus long entretien pourrait vous en priver,
Seigneur, et je vous fuis pour vous la conserver.

SOHÊME.

Arrêtez, et sachez que je l'ai méritée.
Quand votre gloire parle, elle est seule écoutée :
A cette gloire, à vous, soigneux de m'immoler,
Épris de vos vertus, je les sais égaler.
Je ne fuyais que vous, je veux vous fuir encore.
Je quittais pour jamais une cour que j'abhorre ;
J'y reste, s'il le faut, pour vous désabuser,
Pour vous respecter plus, pour ne plus m'exposer
Au reproche accablant que m'a fait votre bouche.
Votre intérêt, madame, est le seul qui me touche ;
J'y sacrifierai tout. Mes amis, mes soldats,
Vous conduiront aux bords où s'adressent vos pas.
J'ai dans ces murs encore un reste de puissance :
D'un tyran soupçonneux je crains peu la vengeance ;
Et s'il me faut périr des mains de votre époux,
Je périrai du moins en combattant pour vous.
Dans mes derniers moments je vous aurai servie,
Et j'aurai préféré votre honneur à ma vie.

MARIAMNE.

Il suffit, je vous crois : d'indignes passions
Ne doivent point souiller les nobles actions.
Oui, je vous devrai tout ; mais moi, je vous expose ;
Vous courez à la mort, et j'en serai la cause.
Comment puis-je vous suivre, et comment demeurer?
Je n'ai de sentiment que pour vous admirer.

SOHÊME.

Venez prendre conseil de votre mère en larmes,
De votre fermeté plus que de ses alarmes,
Du péril qui vous presse, et non de mon danger.
Avec votre tyran rien n'est à ménager :
Il est roi, je le sais ; mais César est son juge.

Tout vous menace ici, Rome est votre refuge ;
Mais songez que Sohême, en vous offrant ses vœux,
S'il ose être sensible, en est plus vertueux ;
Que le sang de nos rois nous unit l'un et l'autre,
Et que le ciel m'a fait un cœur digne du vôtre.

MARIAMNE.

Je n'en veux point douter ; et, dans mon désespoir,
Je vais consulter Dieu, l'honneur, et le devoir[1].

SOHÊME.

C'est eux que j'en atteste ; ils sont tous trois mes guides ;
Ils vous arracheront aux mains des parricides.

---

1. « Vous me disiez, écrit Voltaire à d'Argental en 1762, que le second acte n'était pas fini. Cependant Mariamne sort pour aller *consulter Dieu, l'honneur et le devoir*. N'est-ce pas une raison de sortir quand on a de telles consultations à faire ? Et ne voilà-t-il pas l'acte fini ? »

FIN DU DEUXIÈME ACTE.

ACTE TROISIÈME.

SCÈNE I.

SOHÊME, NARBAS, AMMON, suite.

NARBAS.
Le temps est précieux, seigneur, Hérode arrive :
Du fleuve de Judée il a revu la rive.
Salome, qui ménage un reste de crédit,
Déjà par ses conseils assiége son esprit.
Ses courtisans en foule auprès de lui se rendent;
Les palmes dans les mains, nos pontifes l'attendent;
Idamas le devance, et vous le connaissez.
SOHÊME.
Je sais qu'on paya mal ses services passés.
C'est ce même Idamas, cet Hébreu plein de zèle,
Qui toujours à la reine est demeuré fidèle,
Qui, sage courtisan d'un roi plein de fureur,
A quelquefois d'Hérode adouci la rigueur.
NARBAS.
Bientôt vous l'entendrez. Cependant Mariamne
Au moment de partir s'arrête, se condamne;
Ce grand projet l'étonne, et, prête à le tenter,
Son austère vertu craint de l'exécuter.
Sa mère est à ses pieds, et, le cœur plein d'alarmes,
Lui présente ses fils, la baigne de ses larmes,
La conjure en tremblant de presser son départ.
La reine flotte, hésite, et partira trop tard.
C'est vous dont la bonté peut hâter sa sortie;
Vous avez dans vos mains la fortune et la vie
De l'objet le plus rare et le plus précieux
Que jamais à la terre aient accordé les cieux.
Protégez, conservez une auguste famille;
Sauvez de tant de rois la déplorable fille.

Vos gardes sont-ils prêts? puis-je enfin l'avertir?
SOHÊME.
Oui, j'ai tout ordonné; la reine peut partir.
NARBAS.
Souffrez donc qu'à l'instant un serviteur fidèle
Se prépare, seigneur, à marcher après elle.
SOHÊME.
Allez; loin de ces lieux je conduirai vos pas :
Ce séjour odieux ne la méritait pas.
Qu'un dépôt si sacré soit respecté des ondes!
Que le ciel, attendri par ses douleurs profondes,
Fasse lever sur elle un soleil plus serein!
Et vous, vieillard heureux, qui suivez son destin,
Des serviteurs des rois sage et parfait modèle,
Votre sort est trop beau, vous vivrez auprès d'elle.

SCÈNE II.

SOHÊME, AMMON, SUITE DE SOHÊME.

SOHÊME.
Mais déjà le roi vient; déjà dans ce séjour
Le son de la trompette annonce son retour.
Quel retour, justes dieux! que je crains sa présence!
Le cruel peut d'un coup assurer sa vengeance.
Plût au ciel que la reine eût déjà pour jamais
Abandonné ces lieux consacrés aux forfaits!
Oserai-je moi-même accompagner sa fuite?
Peut-être en la servant il faut que je l'évite...
Est-ce un crime, après tout, de sauver tant d'appas;
De venger sa vertu?... Mais je vois Idamas.

SCÈNE III.

SOHÊME, IDAMAS, AMMON, SUITE.

SOHÊME.
Ami, j'épargne au roi de frivoles hommages,
De l'amitié des grands importuns témoignages,

D'un peuple curieux trompeur amusement,
Qu'on étale avec pompe, et que le cœur dément.
Mais parlez ; Rome enfin vient de vous rendre un maître :
Hérode est souverain ; est-il digne de l'être ?
Vient-il dans un esprit de fureur ou de paix ?
Craint-on des cruautés ? attend-on des bienfaits ?

IDAMAS.

Veuille le juste ciel, formidable au parjure,
Écarter loin de lui l'erreur et l'imposture !
Salome et Mazaël s'empressent d'écarter
Quiconque a le cœur juste et ne sait point flatter.
Ils révèlent, dit-on, des secrets redoutables :
Hérode en a pâli ; des cris épouvantables
Sont sortis de sa bouche, et ses yeux en fureur
A tout ce qui l'entoure inspirent la terreur.
Vous le savez assez, leur cabale attentive
Tint toujours près de lui la vérité captive.
Ainsi ce conquérant qui fit trembler les rois,
Ce roi dont Rome même admira les exploits,
De qui la renommée alarme encor l'Asie,
Dans sa propre maison voit sa gloire avilie :
Haï de son épouse, abusé par sa sœur,
Déchiré de soupçons, accablé de douleur,
J'ignore en ce moment le dessein qui l'entraîne.
On le plaint, on murmure, on craint tout pour la reine ;
On ne peut pénétrer ses secrets sentiments,
Et de son cœur troublé les soudains mouvements ;
Il observe avec nous un silence farouche :
Le nom de Mariamne échappe de sa bouche ;
Il menace, il soupire, il donne en frémissant
Quelques ordres secrets qu'il révoque à l'instant.
D'un sang qu'il détestait Mariamne est formée ;
Il voulut la punir de l'avoir trop aimée :
Je tremble encor pour elle.

SOHÈME.

Il suffit, Idamas.
La reine est en danger : Ammon, suivez mes pas ;
Venez, c'est à moi seul de sauver l'innocence.

IDAMAS.

Seigneur, ainsi du roi vous fuirez la présence ?
Vous de qui la vertu, le rang, l'autorité,
Imposeraient silence à la perversité ?

SOHÊME.

Un intérêt plus grand, un autre soin m'anime;
Et mon premier devoir est d'empêcher le crime.

(Il sort.)

IDAMAS.

Quels orages nouveaux! quel trouble je prévoi!
Puissant Dieu des Hébreux, changez le cœur du roi!

SCÈNE IV.

HÉRODE, MAZAEL, IDAMAS, SUITE D'HÉRODE.

HÉRODE.

Eh quoi! Sohême aussi semble éviter ma vue!
Quelle horreur devant moi s'est partout répandue!
Ciel! ne puis-je inspirer que la haine ou l'effroi?
Tous les cœurs des humains sont-ils fermés pour moi?
En horreur à la reine, à mon peuple, à moi-même,
A regret sur mon front je vois le diadème :
Hérode en arrivant recueille avec terreur
Les chagrins dévorants qu'a semés sa fureur.
Ah Dieu!

MAZAEL.

Daignez calmer ces injustes alarmes.

HÉRODE.

Malheureux! qu'ai-je fait?

MAZAEL.

Quoi! vous versez des larmes!
Vous, ce roi fortuné, si sage en ses desseins!
Vous, la terreur du Parthe et l'ami des Romains!
Songez, seigneur, songez à ces noms pleins de gloire
Que vous donnaient jadis Antoine et la victoire;
Songez que près d'Auguste, appelé par son choix,
Vous marchiez distingué de la foule des rois;
Revoyez à vos lois Jérusalem rendue,
Jadis par vous conquise et par vous défendue,
Reprenant aujourd'hui sa première splendeur,
En contemplant son prince au faîte du bonheur.
Jamais roi plus heureux dans la paix, dans la guerre...

HÉRODE.

Non, il n'est plus pour moi de bonheur sur la terre.

Le destin m'a frappé de ses plus rudes coups,
Et, pour comble d'horreur, je les mérite tous.
IDAMAS.
Seigneur, m'est-il permis de parler sans contrainte?
Ce trône auguste et saint, qu'environne la crainte,
Serait mieux affermi s'il l'était par l'amour :
En faisant des heureux, un roi l'est à son tour.
A d'éternels chagrins votre âme abandonnée
Pourrait tarir d'un mot leur source empoisonnée.
Seigneur, ne souffrez plus que d'indignes discours
Osent troubler la paix et l'honneur de vos jours,
Ni que de vils flatteurs écartent de leur maître
Des cœurs infortunés, qui vous cherchaient peut-être.
Bientôt de vos vertus tout Israël charmé...
HÉRODE.
Eh! croyez-vous encor que je puisse être aimé?
Qu'Hérode est aujourd'hui différent de lui-même!
MAZAEL.
Tout adore à l'envi votre grandeur suprême.
IDAMAS.
Un seul cœur vous résiste, et l'on peut le gagner.
HÉRODE.
Non; je suis un barbare, indigne de régner.
IDAMAS.
Votre douleur est juste; et si pour Mariamne...
HÉRODE.
Et c'est ce nom fatal, hélas! qui me condamne;
C'est ce nom qui reproche à mon cœur agité
L'excès de ma faiblesse et de ma cruauté.
MAZAEL.
Elle sera toujours inflexible en sa haine :
Elle fuit votre vue.
HÉRODE.
   Ah! j'ai cherché la sienne.
MAZAEL.
Qui? vous, seigneur?
HÉRODE.
   Eh quoi! mes transports furieux,
Ces pleurs que mes remords arrachent de mes yeux,
Ce changement soudain, cette douleur mortelle,
Tout ne te dit-il pas que je viens d'auprès d'elle?
Toujours troublé, toujours plein de haine et d'amour,

ACTE III, SCÈNE IV.

J'ai trompé, pour la voir, une importune cour.
Quelle entrevue, ô cieux! quels combats! quel supplice!
Dans ses yeux indignés j'ai lu mon injustice;
Ses regards inquiets n'osaient tomber sur moi;
Et tout, jusqu'à mes pleurs, augmentait son effroi.

MAZAEL.

Seigneur, vous le voyez, sa haine envenimée
Jamais par vos bontés ne sera désarmée;
Vos respects dangereux nourrissent sa fierté.

HÉRODE.

Elle me hait! ah Dieu! je l'ai trop mérité!
Je lui pardonne, hélas! dans le sort qui l'accable,
De haïr à ce point un époux si coupable.

MAZAEL.

Vous coupable? Eh! seigneur, pouvez-vous oublier
Ce que la reine a fait pour vous justifier?
Ses mépris outrageants, sa superbe colère,
Ses desseins contre vous, les complots de son père?
Le sang qui la forma fut un sang ennemi;
Le dangereux Hircan vous eût toujours trahi :
Et des Asmonéens la brigue était si forte
Que, sans un coup d'État, vous n'auriez pu...

HÉRODE.

       N'importe ;
Hircan était son père, il fallait l'épargner;
Mais je n'écoutai rien que la soif de régner;
Ma politique affreuse a perdu sa famille;
J'ai fait périr le père, et j'ai proscrit la fille;
J'ai voulu la haïr; j'ai trop su l'opprimer :
Le ciel, pour m'en punir, me condamne à l'aimer.

IDAMAS.

Seigneur, daignez m'en croire; une juste tendresse
Devient une vertu, loin d'être une faiblesse :
Digne de tant de biens que le ciel vous a faits,
Mettez votre amour même au rang de ses bienfaits.

HÉRODE.

Hircan, mânes sacrés! fureurs que je déteste!

IDAMAS.

Perdez-en pour jamais le souvenir funeste.

MAZAEL.

Puisse la reine aussi l'oublier comme vous!

HÉRODE.

O père infortuné! plus malheureux époux!
Tant d'horreur, tant de sang, le meurtre de son père,
Les maux que je lui fais, me la rendent plus chère.
Si son cœur... si sa foi... mais c'est trop différer.
Idamas, en un mot, je veux tout réparer.
Va la trouver; dis-lui que mon âme asservie
Met à ses pieds mon trône, et ma gloire, et ma vie.
Je veux dans ses enfants choisir un successeur.
Des maux qu'elle a soufferts elle accuse ma sœur :
C'en est assez; ma sœur, aujourd'hui renvoyée,
A ce cher intérêt sera sacrifiée.
Je laisse à Mariamne un pouvoir absolu.

MAZAEL.

Quoi! seigneur, vous voulez...

HÉRODE.

Oui, je l'ai résolu;
Oui, mon cœur désormais la voit, la considère
Comme un présent des cieux qu'il faut que je révère.
Que ne peut point sur moi l'amour qui m'a vaincu!
A Mariamne enfin je devrai ma vertu.
Il le faut avouer, on m'a vu dans l'Asie
Régner avec éclat, mais avec barbarie.
Craint, respecté du peuple, admiré, mais haï,
J'ai des adorateurs, et n'ai pas un ami.
Ma sœur, que trop longtemps mon cœur a daigné croire,
Ma sœur n'aima jamais ma véritable gloire;
Plus cruelle que moi dans ses sanglants projets,
Sa main faisait couler le sang de mes sujets,
Les accablait du poids de mon sceptre terrible;
Tandis qu'à leurs douleurs Mariamne sensible,
S'occupant de leur peine, et s'oubliant pour eux,
Portait à son époux les pleurs des malheureux.
C'en est fait : je prétends, plus juste et moins sévère,
Par le bonheur public essayer de lui plaire.
L'État va respirer sous un règne plus doux;
Mariamne a changé le cœur de son époux.
Mes mains, loin de mon trône écartant les alarmes,
Des peuples opprimés vont essuyer les larmes.
Je veux sur mes sujets régner en citoyen,
Et gagner tous les cœurs, pour mériter le sien.
Va la trouver, te dis-je, et surtout à sa vue

Peins bien le repentir de mon âme éperdue :
Dis-lui que mes remords égalent ma fureur.
Va, cours, vole, et reviens. Que vois-je? c'est ma sœur.
(A Mazaël.)
Sortez... A quels chagrins ma vie est condamnée!

SCÈNE V.

HÉRODE, SALOME.

SALOME.

Je les partage tous ; mais je suis étonnée
Que la reine et Sohême, évitant votre aspect,
Montrent si peu de zèle et si peu de respect.

HÉRODE.

L'un m'offense, il est vrai... mais l'autre est excusable.
N'en parlons plus.

SALOME.

   Sohême, à vos yeux condamnable,
A toujours de la reine allumé le courroux.

HÉRODE.

Ah! trop d'horreurs enfin se répandent sur nous ;
Je cherche à les finir. Ma rigueur implacable,
En me rendant plus craint, m'a fait plus misérable.
Assez et trop longtemps sur ma triste maison
La vengeance et la haine ont versé leur poison ;
De la reine et de vous les discordes cruelles
Seraient de mes tourments les sources éternelles.
Ma sœur, pour mon repos, pour vous, pour toutes deux,
Séparons-nous, quittez ce palais malheureux ;
Il le faut.

SALOME.

  Ciel! qu'entends-je? Ah! fatale ennemie!

HÉRODE.

Un roi vous le commande, un frère vous en prie.
Que puisse désormais ce frère malheureux
N'avoir point à donner d'ordre plus rigoureux,
N'avoir plus sur les siens de vengeances à prendre,
De soupçons à former, ni de sang à répandre!
Ne persécutez plus mes jours trop agités.
Murmurez, plaignez-vous, plaignez-moi ; mais partez.

SALOME.

Moi, seigneur, je n'ai point de plaintes à vous faire.
Vous croyez mon exil et juste et nécessaire;
A vos moindres désirs instruite à consentir,
Lorsque vous commandez je ne sais qu'obéir.
Vous ne me verrez point, sensible à mon injure,
Attester devant vous le sang et la nature;
Sa voix trop rarement se fait entendre aux rois,
Et, près des passions, le sang n'a point de droits.
Je ne vous vante plus cette amitié sincère,
Dont le zèle aujourd'hui commence à vous déplaire,
Je rappelle encor moins mes services passés;
Je vois trop qu'un regard les a tous effacés :
Mais avez-vous pensé que Mariamne oublie
Cet ordre d'un époux donné contre sa vie?
Vous, qu'elle craint toujours, ne la craignez-vous plus?
Ses vœux, ses sentiments, vous sont-ils inconnus?
Qui préviendra jamais, par des avis utiles,
De son cœur outragé les vengeances faciles?
Quels yeux intéressés à veiller sur vos jours
Pourront de ses complots démêler les détours?
Son courroux aura-t-il quelque frein qui l'arrête?
Et pensez-vous enfin que, lorsque votre tête
Sera par vos soins même exposée à ses coups,
L'amour qui vous séduit lui parlera pour vous?
Quoi donc! tant de mépris, cette horreur inhumaine...

HÉRODE.

Ah! laissez-moi douter un moment de sa haine!
Laissez-moi me flatter de regagner son cœur;
Ne me détrompez point, respectez mon erreur.
Je veux croire et je crois que votre haine altière
Entre la reine et moi mettait une barrière;
Que par vos cruautés son cœur s'est endurci;
Et que sans vous enfin j'eusse été moins haï.

SALOME.

Si vous pouviez savoir, si vous pouviez comprendre
A quel point...

HÉRODE.

   Non, ma sœur, je ne veux rien entendre.
Mariamne à son gré peut menacer mes jours,
Ils me sont odieux; qu'elle en tranche le cours,
Je périrai du moins d'une main qui m'est chère.

SALOME.
Ah! c'est trop l'épargner, vous tromper, et me taire.
Je m'expose à me perdre et cherche à vous servir :
Et je vais vous parler, dussiez-vous m'en punir.
Époux infortuné qu'un vil amour surmonte !
Connaissez Mariamne, et voyez votre honte :
C'est peu des fiers dédains dont son cœur est armé,
C'est peu de vous haïr; un autre en est aimé.
HÉRODE.
Un autre en est aimé ! Pouvez-vous bien, barbare,
Soupçonner devant moi la vertu la plus rare ?
Ma sœur, c'est donc ainsi que vous m'assassinez !
Laissez-vous pour adieux ces traits empoisonnés,
Ces flambeaux de discorde, et la honte et la rage,
Qui de mon cœur jaloux sont l'horrible partage ?
Mariamne... Mais non, je ne veux rien savoir :
Vos conseils sur mon âme ont eu trop de pouvoir.
Je vous ai longtemps crue, et les cieux m'en punissent.
Mon sort était d'aimer des cœurs qui me haïssent.
Oui, c'est moi seul ici que vous persécutez.
SALOME.
Eh bien donc ! loin de vous...
HÉRODE.
                    Non, madame, arrêtez.
Un autre en est aimé ! montrez-moi donc, cruelle,
Le sang que doit verser ma vengeance nouvelle ;
Poursuivez votre ouvrage, achevez mon malheur.
SALOME.
Puisque vous le voulez...
HÉRODE.
               Frappe, voilà mon cœur.
Dis-moi qui m'a trahi ; mais, quoi qu'il en puisse être,
Songe que cette main t'en punira peut-être.
Oui, je te punirai de m'ôter mon erreur.
Parle à ce prix.
SALOME.
N'importe.
HÉRODE.
Eh bien !
SALOME.
                  C'est...

SCÈNE VI.

HÉRODE, SALOME, MAZAEL.

MAZAEL.

Ah! seigneur,
Venez, ne souffrez pas que ce crime s'achève :
Votre épouse vous fuit; Sohême vous l'enlève.
HÉRODE.
Mariamne! Sohême! où suis-je? justes cieux!
MAZAEL.
Sa mère, ses enfants, quittaient déjà ces lieux.
Sohême a préparé cette indigne retraite;
Il a près de ces murs une escorte secrète :
Mariamne l'attend pour sortir du palais;
Et vous allez, seigneur, la perdre pour jamais.
HÉRODE.
Ah! le charme est rompu; le jour enfin m'éclaire.
Venez; à son courroux connaissez votre frère :
Surprenons l'infidèle; et vous allez juger
S'il est encore Hérode, et s'il sait se venger.

FIN DU TROISIÈME ACTE.

ACTE QUATRIÈME.

SCÈNE I.

SALOME, MAZAEL.

MAZAEL.
Quoi! lorsque sans retour Mariamne est perdue,
Quand la faveur d'Hérode à vos vœux est rendue,
Dans ces sombres chagrins qui peut donc vous plonger?
Madame, en se vengeant, le roi va vous venger :
Sa fureur est au comble, et moi-même je n'ose
Regarder sans effroi les malheurs que je cause.
Vous avez vu tantôt ce spectacle inhumain ;
Ces esclaves tremblants égorgés de sa main ;
Près de leurs corps sanglants la reine évanouie ;
Le roi, le bras levé, prêt à trancher sa vie ;
Ses fils baignés de pleurs, embrassant ses genoux,
Et présentant leur tête au-devant de ses coups.
Que vouliez-vous de plus? que craignez-vous encore?

SALOME.
Je crains le roi ; je crains ces charmes qu'il adore,
Ce bras prompt à punir, prompt à se désarmer,
Cette colère enfin facile à s'enflammer,
Mais qui, toujours douteuse et toujours aveuglée,
En ses transports soudains s'est peut-être exhalée.
Quel fruit me revient-il de ses emportements?
Sohême a-t-il pour moi de plus doux sentiments?
Il me hait encor plus ; et mon malheureux frère,
Forcé de se venger d'une épouse adultère,
Semble me reprocher sa honte et son malheur.
Il voudrait pardonner ; dans le fond de son cœur
Il gémit en secret de perdre ce qu'il aime ;
Il voudrait, s'il se peut, ne punir que moi-même :
Mon funeste triomphe est encore incertain.
J'ai deux fois en un jour vu changer mon destin ;
Deux fois j'ai vu l'amour succéder à la haine ;
Et nous sommes perdus s'il voit encor la reine.

SCÈNE II.

HÉRODE, SALOME, MAZAEL, gardes.

MAZAEL.
Il vient : de quelle horreur il paraît agité !
SALOME.
Seigneur, votre vengeance est-elle en sûreté?
MAZAEL.
Me préserve le ciel que ma voix téméraire,
D'un roi clément et sage irritant la colère,
Ose se faire entendre entre la reine et lui !
Mais, seigneur, contre vous Sohême est son appui.
Non, ne vous vengez point, mais veillez sur vous-même ;
Redoutez ses complots et la main de Sohême.
HÉRODE.
Ah ! je ne le crains point.
MAZAEL.
Seigneur, n'en doutez pas,
De l'adultère au meurtre il n'est souvent qu'un pas.
HÉRODE.
Que dites-vous?
MAZAEL.
Sohême, incapable de feindre,
Fut de vos ennemis toujours le plus à craindre ;
Ceux dont il s'assura le coupable secours
Ont parlé hautement d'attenter à vos jours.
HÉRODE.
Mariamne me hait, c'est là son plus grand crime.
Ma sœur, vous approuvez la fureur qui m'anime ;
Vous voyez mes chagrins, vous en avez pitié ;
Mon cœur n'attend plus rien que de votre amitié.
Hélas ! plein d'une erreur trop fatale et trop chère,
Je vous sacrifiais au seul soin de lui plaire :
Je vous comptais déjà parmi mes ennemis ;
Je punissais sur vous sa haine et ses mépris.
Ah ! j'atteste à vos yeux ma tendresse outragée
Qu'avant la fin du jour vous en serez vengée ;
Je veux surtout, je veux, dans ma juste fureur,
La punir du pouvoir qu'elle avait sur mon cœur.

Hélas! jamais ce cœur ne brûla que pour elle;
J'aimai, je détestai, j'adorai l'infidèle.
Et toi, Sohême, et toi, ne crois pas m'échapper!
Avant le coup mortel dont je dois te frapper,
Va, je te punirai dans un autre toi-même :
Tu verras cet objet qui m'abhorre et qui t'aime,
Cet objet à mon cœur jadis si précieux,
Dans l'horreur des tourments expirant à tes yeux :
Que sur toi, sous mes coups, tout son sang rejaillisse!
Tu l'aimes, il suffit, sa mort est ton supplice.

MAZAEL.

Ménagez, croyez-moi, des moments précieux ;
Et, tandis que Sohême est absent de ces lieux,
Que par lui, loin des murs, sa garde est dispersée,
Saisissez, achevez une vengeance aisée.

SALOME.

Mais au peuple surtout cachez votre douleur.
D'un spectacle funeste épargnez-vous l'horreur;
Loin de ces tristes lieux, témoins de votre outrage,
Fuyez de tant d'affronts la douloureuse image.

HÉRODE.

Je vois quel est son crime et quel fut son projet.
Je vois pour qui Sohême ainsi vous outrageait.

SALOME.

Laissez mes intérêts ; songez à votre offense.

HÉRODE.

Elle avait jusqu'ici vécu dans l'innocence ;
Je ne lui reprochais que ses emportements,
Cette audace opposée à tous mes sentiments,
Ses mépris pour ma race, et ses altiers murmures.
Du sang asmonéen j'essuyai trop d'injures.
Mais a-t-elle en effet voulu mon déshonneur?

SALOME.

Écartez cette idée : oubliez-la, seigneur;
Calmez-vous.

HÉRODE.

Non ; je veux la voir et la confondre :
Je veux l'entendre ici, la forcer à répondre :
Qu'elle tremble en voyant l'appareil du trépas;
Qu'elle demande grâce, et ne l'obtienne pas.

SALOME.

Quoi ! seigneur, vous voulez vous montrer à sa

HÉRODE.

Ah! ne redoutez rien, sa perte est résolue :
Vainement l'infidèle espère en mon amour,
Mon cœur à la clémence est fermé sans retour ;
Loin de craindre ces yeux qui m'avaient trop su plaire,
Je sens que sa présence aigrira ma colère.
Gardes, que dans ces lieux on la fasse venir.
Je ne veux que la voir, l'entendre, et la punir.
Ma sœur, pour un moment souffrez que je respire.
Qu'on appelle la reine ; et vous, qu'on se retire.

SCÈNE III.

HÉRODE.

Tu veux la voir, Hérode ; à quoi te résous-tu ?
Conçois-tu les desseins de ton cœur éperdu ?
Quoi ! son crime à tes yeux n'est-il pas manifeste ?
N'es-tu pas outragé ? que t'importe le reste ?
Quel fruit espères-tu de ce triste entretien ?
Ton cœur peut-il douter des sentiments du sien ?
Hélas! tu sais assez combien elle t'abhorre.
Tu prétends te venger ! pourquoi vit-elle encore ?
Tu veux la voir ! ah ! lâche, indigne de régner,
Va soupirer près d'elle, et cours lui pardonner.
Va voir cette beauté si longtemps adorée.
Non, elle périra ; non, sa mort est jurée.
Vous serez répandu, sang de mes ennemis,
Sang des Asmonéens dans ses veines transmis,
Sang qui me haïssez, et que mon cœur déteste.
Mais la voici : grand Dieu ! quel spectacle funeste !

SCÈNE IV.

MARIAMNE, HÉRODE, ÉLISE, GARDES.

ÉLISE.

Reprenez vos esprits, madame, c'est le roi.

MARIAMNE.

Où suis-je ? où vais-je ? ô Dieu ! je me meurs ! je le voi.

HÉRODE.

D'où vient qu'à son aspect mes entrailles frémissent ?

MARIAMNE.
Élise, soutiens-moi, mes forces s'affaiblissent.
ÉLISE.
Avançons.
MARIAMNE.
Quel tourment!
HÉRODE.
Que lui dirai-je? ô cieux!
MARIAMNE.
Pourquoi m'ordonnez-vous de paraître à vos yeux?
Voulez-vous de vos mains m'ôter ce faible reste
D'une vie à tous deux également funeste?
Vous le pouvez : frappez, le coup m'en sera doux;
Et c'est l'unique bien que je tiendrai de vous.
HÉRODE.
Oui, je me vengerai, vous serez satisfaite :
Mais parlez, défendez votre indigne retraite.
Pourquoi, lorsque mon cœur si longtemps offensé,
Indulgent pour vous seule, oubliait le passé,
Lorsque vous partagiez mon empire et ma gloire
Pourquoi prépariez-vous cette fuite si noire?
Quel dessein, quelle haine a pu vous posséder?
MARIAMNE.
Ah! seigneur, est-ce vous à me le demander?
Je ne veux point vous faire un reproche inutile :
Mais si, loin de ces lieux, j'ai cherché quelque asile,
Si Mariamne enfin, pour la première fois,
Du pouvoir d'un époux méconnaissant les droits,
A voulu se soustraire à son obéissance,
Songez à tous ces rois dont je tiens la naissance,
A mes périls présents, à mes malheurs passés,
Et condamnez ma fuite après, si vous l'osez.
HÉRODE.
Quoi! lorsqu'avec un traître un fol amour vous lie!
Quand Sohême...
MARIAMNE.
Arrêtez; il suffit de ma vie.
D'un si cruel affront cessez de me couvrir;
Laissez-moi chez les morts descendre sans rougir.
N'oubliez pas du moins qu'attachés l'un à l'autre,
L'hymen qui nous unit joint mon honneur au vôtre.
Voilà mon cœur, frappez : mais en portant vos coups,

Respectez Mariamne, et même son époux.

HÉRODE.

Perfide! il vous sied bien de prononcer encore
Ce nom qui vous condamne et qui me déshonore!
Vos coupables dédains vous accusent assez,
Et je crois tout de vous, si vous me haïssez.

MARIAMNE.

Quand vous me condamnez, quand ma mort est certaine,
Que vous importe, hélas! ma tendresse ou ma haine?
Et quel droit désormais avez-vous sur mon cœur,
Vous qui l'avez rempli d'amertume et d'horreur;
Vous qui, depuis cinq ans, insultez à mes larmes,
Qui marquez sans pitié mes jours par mes alarmes;
Vous, de tous mes parents destructeur odieux;
Vous, teint du sang d'un père expirant à mes yeux?
Cruel! ah! si du moins votre fureur jalouse
N'eût jamais attenté qu'aux jours de votre épouse,
Les cieux me sont témoins que mon cœur tout à vous
Vous chérirait encore en mourant par vos coups.
Mais qu'au moins mon trépas calme votre furie;
N'étendez point mes maux au delà de ma vie :
Prenez soin de mes fils, respectez votre sang;
Ne les punissez pas d'être nés dans mon flanc;
Hérode, ayez pour eux des entrailles de père :
Peut-être un jour, hélas! vous connaîtrez leur mère;
Vous plaindrez, mais trop tard, ce cœur infortuné
Que seul dans l'univers vous avez soupçonné;
Ce cœur qui n'a point su, trop superbe peut-être,
Déguiser ses douleurs et ménager un maître,
Mais qui jusqu'au tombeau conserva sa vertu,
Et qui vous eût aimé si vous l'aviez voulu.

HÉRODE.

Qu'ai-je entendu? quel charme et quel pouvoir suprême
Commande à ma colère et m'arrache à moi-même?
Mariamne...

MARIAMNE.

Cruel!...

HÉRODE.

O faiblesse! ô fureur!

MARIAMNE.

De l'état où je suis voyez du moins l'horreur.
Otez-moi par pitié cette odieuse vie.

HÉRODE.

Ah! la mienne à la vôtre est pour jamais unie.
C'en est fait, je me rends : bannissez votre effroi,
Puisque vous m'avez vu, vous triomphez de moi.
Vous n'avez plus besoin d'excuse et de défense ;
Ma tendresse pour vous vous tient lieu d'innocence.
En est-ce assez, ô ciel ! en est-ce assez, amour ?
C'est moi qui vous implore et qui tremble à mon tour.
Serez-vous aujourd'hui la seule inexorable ?
Quand j'ai tout pardonné, serai-je encor coupable ?
Mariamne, cessons de nous persécuter :
Nos cœurs ne sont-ils faits que pour se détester ?
Nous faudra-t-il toujours redouter l'un et l'autre ?
Finissons à la fois ma douleur et la vôtre.
Commençons sur nous-même à régner en ce jour ;
Rendez-moi votre main, rendez-moi votre amour.

MARIAMNE.

Vous demandez ma main ! Juste ciel que j'implore,
Vous savez de quel sang la sienne fume encore !

HÉRODE.

Eh bien ! j'ai fait périr et ton père et mon roi ;
J'ai répandu son sang pour régner avec toi ;
Ta haine en est le prix, ta haine est légitime :
Je n'en murmure point, je connais tout mon crime.
Que dis-je ? son trépas, l'affront fait à tes fils,
Sont les moindres forfaits que mon cœur ait commis.
Hérode a jusqu'à toi porté sa barbarie ;
Durant quelques moments je t'ai même haïe :
J'ai fait plus, ma fureur a pu te soupçonner ;
Et l'effort des vertus est de me pardonner.
D'un trait si généreux ton cœur seul est capable ;
Plus Hérode à tes yeux doit paraître coupable,
Plus ta grandeur éclate à respecter en moi
Ces nœuds infortunés qui m'unissent à toi.
Tu vois où je m'emporte, et quelle est ma faiblesse ;
Garde-toi d'abuser du trouble qui me presse.
Cher et cruel objet d'amour et de fureur,
Si du moins la pitié peut entrer dans ton cœur,
Calme l'affreux désordre où mon âme s'égare.
Tu détournes les yeux... Mariamne...

MARIAMNE.

                Ah! barbare!

Un juste repentir produit-il vos transports,
Et pourrai-je, en effet, compter sur vos remords?
HÉRODE.
Oui, tu peux tout sur moi, si j'amollis ta haine.
Hélas! ma cruauté, ma fureur inhumaine,
C'est toi qui dans mon cœur as su la rallumer;
Tu m'as rendu barbare en cessant de m'aimer;
Que ton crime et le mien soient noyés dans mes larmes!
Je te jure...

SCÈNE V.

HÉRODE, MARIAMNE, ÉLISE, un garde.

LE GARDE.
Seigneur, tout le peuple est en armes;
Dans le sang des bourreaux il vient de renverser
L'échafaud que Salome a déjà fait dresser.
Au peuple, à vos soldats, Sohême parle en maître:
Il marche vers ces lieux, il vient, il va paraître.
HÉRODE.
Quoi! dans le moment même où je suis à vos pieds,
Vous auriez pu, perfide!...
MARIAMNE.
Ah! seigneur, vous croiriez...
HÉRODE.
Tu veux ma mort! eh bien! je vais remplir ta haine:
Mais au moins dans ma tombe il faut que je t'entraîne,
Et qu'unis malgré toi... Qu'on la garde, soldats.

SCÈNE VI.

HÉRODE, MARIAMNE, SALOME, MAZAEL,
ÉLISE, gardes.

SALOME.
Ah! mon frère, aux Hébreux ne vous présentez pas.
Le peuple soulevé demande votre vie;
Le nom de Mariamne excite leur furie;
De vos mains, de ces lieux, ils viennent l'arracher.

ACTE IV, SCÈNE VI.

HÉRODE.
Allons; ils me verront, et je cours les chercher.
De l'horreur où je suis tu répondras, cruelle!
Ne l'abandonnez pas, ma sœur, veillez sur elle.

MARIAMNE.
Je ne crains point la mort; mais j'atteste les cieux...

MAZAEL.
Seigneur, vos ennemis sont déjà sous vos yeux.

HÉRODE.
Courons... Mais quoi! laisser la coupable impunie!
Ah! je veux dans son sang laver sa perfidie;
Je veux, j'ordonne... Hélas! Dans mon funeste sort,
Je ne puis rien résoudre, et vais chercher la mort.

FIN DU QUATRIÈME ACTE.

ACTE CINQUIÈME.

SCÈNE I.

MARIAMNE, ÉLISE, GARDES.

MARIAMNE.
Éloignez-vous, soldats ; daignez laisser du moins
Votre reine un moment respirer sans témoins.
(Les gardes se retirent au coin du théâtre.)
Voilà donc, juste Dieu, quelle est ma destinée !
La splendeur de mon sang, la pourpre où je suis née,
Enfin ce qui semblait promettre à mes beaux jours
D'un bonheur assuré l'inaltérable cours ;
Tout cela n'a donc fait que verser sur ma vie
Le funeste poison dont elle fut remplie !
O naissance ! ô jeunesse ! et toi, triste beauté,
Dont l'éclat dangereux enfla ma vanité,
Flatteuse illusion dont je fus occupée,
Vaine ombre de bonheur, que vous m'avez trompée !
Sur ce trône coupable un éternel ennui
M'a creusé le tombeau que l'on m'ouvre aujourd'hui.
Dans les eaux du Jourdain j'ai vu périr mon frère ;
Mon époux à mes yeux a massacré mon père ;
Par ce cruel époux condamnée à périr,
Ma vertu me restait, on ose la flétrir.
Grand Dieu ! dont les rigueurs éprouvent l'innocence,
Je ne demande point ton aide ou ta vengeance ;
J'appris de mes aïeux, que je sais imiter,
A voir la mort sans crainte et sans la mériter ;
Je t'offre tout mon sang : défends au moins ma gloire ;
Commande à mes tyrans d'épargner ma mémoire ;
Que le mensonge impur n'ose plus m'outrager.
Honorer la vertu, c'est assez la venger.
Mais quel tumulte affreux ! quels cris ! quelles alarmes !
Ce palais retentit du bruit confus des armes.

Hélas! j'en suis la cause, et l'on périt pour moi.
On enfonce la porte. Ah! qu'est-ce que je voi?

SCÈNE II.

MARIAMNE, SOHÈME, ÉLISE, AMMON, soldats d'Hérode, soldats de Sohème.

SOHÈME.

Fuyez, vils ennemis qui gardez votre reine!
Lâches, disparaissez! Soldats, qu'on les enchaîne.
(Les gardes et les soldats d'Hérode s'en vont.)
Venez, reine, venez, secondez nos efforts;
Suivez mes pas, marchons dans la foule des morts.
A vos persécuteurs vous n'êtes plus livrée :
Ils n'ont pu de ces lieux me défendre l'entrée.
Dans son perfide sang Mazaël est plongé,
Et du moins à demi mon bras vous a vengé.
D'un instant précieux saisissez l'avantage ;
Mettez ce front auguste à l'abri de l'orage :
Avançons.

MARIAMNE.

Non, Sohème, il ne m'est plus permis
D'accepter vos bontés contre mes ennemis,
Après l'affront cruel et la tache trop noire
Dont les soupçons d'Hérode ont offensé ma gloire :
Je les mériterais, si je pouvais souffrir
Cet appui dangereux que vous venez m'offrir.
Je crains votre secours, et non sa barbarie.
Il est honteux pour moi de vous devoir la vie :
L'honneur m'en fait un crime, il le faut expier ;
Et j'attends le trépas pour me justifier.

SOHÈME.

Que faites-vous, hélas! malheureuse princesse?
Un moment peut vous perdre. On combat; le temps presse :
Craignez encore Hérode armé du désespoir.

MARIAMNE.

Je ne crains que la honte, et je sais mon devoir.

SOHÈME.

Faut-il qu'en vous servant toujours je vous offense?
Je vais donc, malgré vous, servir votre vengeance :

Je cours à ce tyran qu'en vain vous respectez ;
Je revole au combat ; et mon bras...

MARIAMNE.

Arrêtez :
Je déteste un triomphe à mes yeux si coupable :
Seigneur, le sang d'Hérode est pour moi respectable.
C'est lui de qui les droits...

SOHÊME.

L'ingrat les a perdus.

MARIAMNE.

Par les nœuds les plus saints...

SOHÊME.

Tous vos nœuds sont rompus.

MARIAMNE.

Le devoir nous unit.

SOHÊME.

Le crime vous sépare.
N'arrêtez plus mes pas ; vengez-vous d'un barbare :
Sauvez tant de vertus...

MARIAMNE.

Vous les déshonorez.

SOHÊME.

Il va trancher vos jours.

MARIAMNE.

Les siens me sont sacrés.

SOHÊME.

Il a souillé sa main du sang de votre père.

MARIAMNE.

Je sais ce qu'il a fait, et ce que je dois faire ;
De sa fureur ici j'attends les derniers traits,
Et ne prends point de lui l'exemple des forfaits.

SOHÊME.

O courage ! ô constance ! ô cœur inébranlable !
Dieu ! que tant de vertu rend Hérode coupable !
Plus vous me commandez de ne point vous servir,
Et plus je vous promets de vous désobéir.
Votre honneur s'en offense, et le mien me l'ordonne ;
Il n'est rien qui m'arrête, il n'est rien qui m'étonne ;
Et je cours réparer, en cherchant votre époux,
Ce temps que j'ai perdu sans combattre pour vous.

MARIAMNE.

Seigneur...

SCÈNE III.

MARIAMNE, ÉLISE, GARDES.

MARIAMNE.
Mais il m'échappe, il ne veut point m'entendre.
Ciel! ô ciel! épargnez le sang qu'on va répandre!
Epargnez mes sujets; épuisez tout sur moi!
Sauvez le roi lui-même!

SCÈNE IV.

MARIAMNE, ÉLISE, NARBAS, GARDES.

MARIAMNE.
Ah! Narbas, est-ce toi?
Qu'as-tu fait de mes fils, et que devient ma mère?
NARBAS.
Le roi n'a point sur eux étendu sa colère;
Unique et triste objet de ses transports jaloux,
Dans ces extrémités ne craignez que pour vous.
Le seul nom de Sohême augmente sa furie;
Si Sohême est vaincu, c'est fait de votre vie :
Déjà même, déjà le barbare Zarès
A marché vers ces lieux, chargé d'ordres secrets.
Osez paraître, osez vous secourir vous-même;
Jetez-vous dans les bras d'un peuple qui vous aime;
Faites voir Mariamne à ce peuple abattu;
Vos regards lui rendront son antique vertu.
Appelons à grands cris nos Hébreux et nos prêtres,
Tout Juda défendra le pur sang de ses maîtres;
Madame, avec courage il faut vaincre ou périr.
Daignez...
MARIAMNE.
Le vrai courage est de savoir souffrir,
Non d'aller exciter une foule rebelle
A lever sur son prince une main criminelle.
Je rougirais de moi si, craignant mon malheur,
Quelques vœux pour sa mort avaient surpris mon cœur;
Si j'avais un moment souhaité ma vengeance,
Et fondé sur sa perte un reste d'espérance.

Narbas, en ce moment le ciel met dans mon sein
Un désespoir plus noble, un plus digne dessein.
Le roi, qui me soupçonne, enfin va me connaître.
Au milieu du combat on me verra paraître :
De Sohême et du roi j'arrêterai les coups ;
Je remettrai ma tête aux mains de mon époux.
Je fuyais ce matin sa vengeance cruelle ;
Ses crimes m'exilaient, son danger me rappelle.
Ma gloire me l'ordonne, et, prompte à l'écouter,
Je vais sauver au roi le jour qu'il veut m'ôter.

NARBAS.

Hélas! où courez-vous? dans quel désordre extrême?...

MARIAMNE.

Je suis perdue, hélas! c'est Hérode lui-même.

SCÈNE V.

HÉRODE, MARIAMNE, ÉLISE, NARBAS,
IDAMAS, GARDES.

HÉRODE.

Ils se sont vus : ah Dieu !... Perfide, tu mourras.

MARIAMNE.

Pour la dernière fois, seigneur, ne souffrez pas...

HÉRODE.

Sortez... Vous, qu'on la suive.

NARBAS.

O justice éternelle !

SCÈNE VI.

HÉRODE, IDAMAS, GARDES.

HÉRODE.

Que je n'entende plus le nom de l'infidèle.
Eh bien ! braves soldats, n'ai-je plus d'ennemis ?

IDAMAS.

Seigneur, ils sont défaits ; les Hébreux sont soumis ;
Sohême tout sanglant vous laisse la victoire :
Ce jour vous a comblé d'une nouvelle gloire.

HÉRODE.
Quelle gloire!

IDAMAS.
Elle est triste; et tant de sang versé,
Seigneur, doit satisfaire à votre honneur blessé.
Sohême a de la reine attesté l'innocence.

HÉRODE.
De la coupable enfin je vais prendre vengeance.
Je perds l'indigne objet que je n'ai pu gagner,
Et de ce seul moment je commence à régner.
J'étais trop aveuglé; ma fatale tendresse
Était ma seule tache et ma seule faiblesse.
Laissons mourir l'ingrate; oublions ses attraits;
Que son nom dans ces lieux s'efface pour jamais :
Que dans mon cœur surtout sa mémoire périsse.
Enfin tout est-il prêt pour ce juste supplice?

IDAMAS.
Oui, seigneur.

HÉRODE.
Quoi! sitôt on a pu m'obéir?
Infortuné monarque! elle va donc périr!
Tout est prêt, Idamas?

IDAMAS.
Vos gardes l'ont saisie;
Votre vengeance, hélas! sera trop bien servie.

HÉRODE.
Elle a voulu sa perte; elle a su m'y forcer.
Que l'on me venge. Allons, il n'y faut plus penser.
Hélas! j'aurais voulu vivre et mourir pour elle.
A quoi m'as-tu réduit, épouse criminelle?

SCÈNE VII.

HÉRODE, IDAMAS, NARBAS.

HÉRODE.
Narbas, où courez-vous? juste ciel! vous pleurez!
De crainte, en le voyant, mes sens sont pénétrés.

NARBAS.
Seigneur...

HÉRODE.

Ah! malheureux! que venez-vous me dire?

NARBAS.

Ma voix en vous parlant sur mes lèvres expire.

HÉRODE.

Mariamne...

NARBAS.

O douleur! ô regrets superflus!

HÉRODE.

Quoi! c'en est fait?

NARBAS.

Seigneur, Mariamne n'est plus.

HÉRODE.

Elle n'est plus? grand Dieu!

NARBAS.

Je dois à sa mémoire,
A sa vertu trahie, à vous, à votre gloire,
De vous montrer le bien que vous avez perdu,
Et le prix de ce sang par vos mains répandu.
Non, seigneur, non, son cœur n'était point infidèle.
Hélas! lorsque Sohême a combattu pour elle,
Votre épouse, à mes yeux détestant son secours,
Volait pour vous défendre au péril de ses jours.

HÉRODE.

Qu'entends-je? ah! malheureux! ah! désespoir extrême!
Narbas, que m'as-tu dit?

NARBAS.

C'est dans ce moment même
Où son cœur se faisait ce généreux effort,
Que vos ordres cruels l'ont conduite à la mort.
Salome avait pressé l'instant de son supplice.

HÉRODE.

O monstre, qu'à regret épargna ma justice!
Monstre, quels châtiments sont pour toi réservés?
Que ton sang, que le mien... Ah! Narbas, achevez,
Achevez mon trépas par ce récit funeste.

NARBAS.

Comment pourrai-je, hélas! vous apprendre le reste?
Vos gardes de ces lieux ont osé l'arracher.
Elle a suivi leurs pas sans vous rien reprocher,
Sans affecter d'orgueil, et sans montrer de crainte;
La douce majesté sur son front était peinte;

La modeste innocence et l'aimable pudeur
Régnaient dans ses beaux yeux ainsi que dans son cœur ;
Son malheur ajoutait à l'éclat de ses charmes.
Nos prêtres, nos Hébreux, dans les cris, dans les larmes,
Conjuraient vos soldats, levaient les mains vers eux,
Et demandaient la mort avec des cris affreux.
Hélas! de tous côtés, dans ce désordre extrême,
En pleurant Mariamne, on vous plaignait vous-même :
On disait hautement qu'un arrêt si cruel
Accablerait vos jours d'un remords éternel.

HÉRODE.

Grand Dieu! que chaque mot me porte un coup terrible!

NARBAS.

Aux larmes des Hébreux Mariamne sensible
Consolait tout ce peuple en marchant au trépas :
Enfin vers l'échafaud on a conduit ses pas ;
C'est là qu'en soulevant ses mains appesanties,
Du poids affreux des fers indignement flétries :
« Cruel, a-t-elle dit, et malheureux époux!
Mariamne en mourant ne pleure que sur vous ;
Puissiez-vous par ma mort finir vos injustices!
Vivez, régnez heureux sous de meilleurs auspices ;
Voyez d'un œil plus doux mes peuples et mes fils ;
Aimez-les : je mourrai trop contente à ce prix. »
En achevant ces mots, votre épouse innocente
Tend au fer des bourreaux cette tête charmante
Dont la terre admirait les modestes appas.
Seigneur, j'ai vu lever le parricide bras ;
J'ai vu tomber...

HÉRODE.

    Tu meurs, et je respire encore!
Mânes sacrés, chère ombre, épouse que j'adore,
Reste pâle et sanglant de l'objet le plus beau,
Je te suivrai du moins dans la nuit du tombeau.
Quoi! vous me retenez? quoi! citoyens perfides,
Vous arrachez ce fer à mes mains parricides?
Ma chère Mariamne, arme-toi, punis-moi ;
Viens déchirer ce cœur qui brûle encor pour toi.
Je me meurs.

(Il tombe dans un fauteuil.)

NARBAS.

De ses sens il a perdu l'usage ;

Il succombe à ses maux.
HÉRODE.
Quel funeste nuage
S'est répandu soudain sur mes esprits troublés!
D'un sombre et noir chagrin mes sens sont accablés.
D'où vient qu'on m'abandonne au trouble qui me gêne?
Je ne vois point ma sœur, je ne vois point la reine :
Vous pleurez! vous n'osez vous approcher de moi!
Triste Jérusalem, tu fuis devant ton roi!
Qu'ai-je donc fait? pourquoi suis-je en horreur au monde?
Qui me délivrera de ma douleur profonde?
Par qui ce long tourment sera-t-il adouci?
Qu'on cherche Mariamne, et qu'on l'amène ici.
NARBAS.
Mariamne, seigneur!
HÉRODE.
Oui, je sens que sa vue
Va rendre un calme heureux à mon âme éperdue;
Toujours devant ses yeux, que j'aime et que je crains,
Mon cœur est moins troublé, mes jours sont plus sereins :
Déjà même à son nom mes douleurs s'affaiblissent;
Déjà de mon chagrin les ombres s'éclaircissent;
Qu'elle vienne.
NARBAS.
Seigneur...
HÉRODE.
Je veux la voir.
NARBAS.
Hélas!
Avez-vous pu, seigneur, oublier son trépas?
HÉRODE.
Cruel! que dites-vous?
NARBAS.
La douleur le transporte;
Il ne se connaît plus.
HÉRODE.
Quoi! Mariamne est morte?
Ah! funeste raison, pourquoi m'éclaires-tu?
Jour triste, jour affreux, pourquoi m'es-tu rendu?
Lieux teints de ce beau sang que l'on vient de répandre,
Murs que j'ai relevés, palais, tombez en cendre;
Cachez sous les débris de vos superbes tours

La place où Mariamne a vu trancher ses jours.
Quoi! Mariamne est morte, et j'en suis l'homicide!
Punissez, déchirez un monstre parricide,
Armez-vous contre moi, sujets qui la perdez;
Tonnez, écrasez-moi, cieux qui la possédez!

FIN DE MARIAMNE.

VARIANTES[1]

DE LA TRAGÉDIE DE *MARIAMNE*.

Page 170, ligne 8. — Dans les éditions de 1725 à 1757, ce personnage est appelé Narbal. Dans la version où Varus remplace Sohême, c'est Albin qui remplace Ammon.

Page 190, vers 1ᵉʳ :

> Oui, seigneur, en ces lieux l'heureux Hérode arrive ;
> Les Hébreux pour le voir ont volé sur la rive.
> Salome, qui craignait de perdre son crédit,
> Par ses conseils flatteurs assiége son esprit.
> (*Éditions de* 1725-1757.)

Page 191 :

SCÈNES III ET IV DU IIIᵉ ACTE

TELLES QU'ELLES ONT ÉTÉ JOUÉES A LA PREMIÈRE REPRÉSENTATION (1724).

SCÈNE III.

VARUS, HÉRODE, MAZAEL, SUITE.

HÉRODE.

Avant que sur mon front je mette la couronne,
Que m'ôta la fortune et que César me donne,
Je viens en rendre hommage au héros dont la voix
De Rome en ma faveur a fait pencher le choix.
De vos lettres, seigneur, les heureux témoignages
D'Auguste et du sénat m'ont gagné les suffrages ;
Et pour premier tribut, j'apporte à vos genoux
Un sceptre que ma main n'eût point porté sans vous.
Je vous dois encor plus : vos soins, votre présence,
De mon peuple indocile ont dompté l'insolence ;
Vos succès m'ont appris l'art de le gouverner ;
Et m'instruire était plus que de me couronner.

---

[1]. On trouvera ci-après, page 227, les changements occasionnés par la substitution du rôle de Sohême à celui de Varus. (B.)

VARIANTES DE MARIAMNE.

Sur vos derniers bienfaits excusez mon silence ;
Je sais ce qu'en ces lieux a fait votre prudence ;
Et, trop plein de mon trouble et de mon repentir,
Je ne puis à vos yeux que me taire et souffrir.

VARUS.

Puisqu'aux yeux du sénat vous avez trouvé grâce,
Sur le trône aujourd'hui reprenez votre place.
Régnez : César le veut. Je remets en vos mains
L'autorité qu'aux rois permettent les Romains.
J'ose espérer de vous qu'un règne heureux et juste
Justifiera mes soins et les bontés d'Auguste ;
Je ne me flatte pas de savoir enseigner
A des rois tels que vous le grand art de régner.
On vous a vu longtemps, dans la paix, dans la guerre,
En donner des leçons au reste de la terre :
Votre gloire en un mot ne peut aller plus loin ;
Mais il est des vertus dont vous avez besoin.
Voici le temps surtout que sur ce qui vous touche
L'austère vérité doit passer par ma bouche ;
D'autant plus qu'entouré de flatteurs assidus,
Puisque vous êtes roi, vous ne l'entendrez plus.

On vous a vu longtemps, respecté dans l'Asie,
Régner avec éclat, mais avec barbarie :
Craint de tous vos sujets ; admiré, mais haï ;
Et par vos flatteurs même à regret obéi.
Jaloux d'une grandeur avec peine achetée,
Du sang de vos parents vous l'avez cimentée.
Je ne dis rien de plus : mais vous devez songer
Qu'il est des attentats que César peut venger ;
Qu'il n'a point en vos mains mis son pouvoir suprême
Pour régner en tyran sur un peuple qu'il aime ;
Et que, du haut du trône, un prince en ses États
Est comptable aux Romains du moindre de ses pas.
Croyez-moi : la Judée est lasse de supplices ;
Vous en fûtes l'effroi ; soyez-en les délices.
Vous connaissez le peuple : on le change en un jour ;
Il prodigue aisément sa haine et son amour :
Si la rigueur l'aigrit, la clémence l'attire.
Enfin souvenez-vous, en reprenant l'empire,
Que Rome à l'esclavage a pu vous destiner,
Et du moins apprenez de Rome à pardonner.

HÉRODE.

Oui, seigneur, il est vrai que les destins sévères
M'ont souvent arraché des rigueurs nécessaires.
Souvent, vous le savez, l'intérêt des États
Dédaigne la justice et veut des attentats.
Rome, que l'univers avec frayeur contemple,
Rome, dont vous voulez que je suive l'exemple,
Aux rois qu'elle gouverne a pris soin d'enseigner
Comme il faut qu'on la craigne, et comme il faut régner.
De ses proscriptions nous gardons la mémoire :
César même, César au comble de la gloire,
N'eût point vu l'univers à ses pieds prosterné,
Si sa bonté facile eût toujours pardonné.

Ce peuple de rivaux, d'ennemis, et de traîtres,
Ne pouvait...
VARUS.
Arrêtez, et respectez vos maîtres :
Ne leur reprochez point ce qu'ils ont réparé :
Et, du sceptre aujourd'hui par leurs mains honoré,
Sans rechercher en eux cet exemple funeste,
Imitez leurs vertus, oubliez tout le reste.
Sur votre trône assis, ne vous souvenez plus
Que des biens que sur vous leurs mains ont répandus.
Gouvernez en bon roi, si vous voulez leur plaire.
Commencez par chasser ce flatteur mercenaire
Qui, du masque imposant d'une feinte bonté,
Cache un cœur ténébreux par le crime infecté.
C'est lui qui, le premier, écarta de son maître
Des cœurs infortunés, qui vous cherchaient peut-être.
Le pouvoir odieux dont il est revêtu
A fait fuir devant vous la timide vertu.
Il marche, accompagné de délateurs perfides,
Qui, des tristes Hébreux inquisiteurs avides,
Par cent rapports honteux, par cent détours abjects,
Trafiquent avec lui du sang de vos sujets.
Cessez; n'honorez plus leurs bouches criminelles
D'un prix que vous devez à des sujets fidèles.
De tous ces délateurs le secours tant vanté
Fait la honte du trône, et non la sûreté.
Pour Salome, seigneur, vous devez la connaître :
Et si vous aimez tant à gouverner en maître,
Confiez à des cœurs plus fidèles pour vous
Ce pouvoir souverain dont vous êtes jaloux.
Après cela, seigneur, je n'ai rien à vous dire;
Reprenez désormais les rênes de l'empire;
De Tyr à Samarie allez donner la loi :
Je vous parle en Romain, songez à vivre en roi.

SCÈNE IV.

HÉRODE, MAZAEL.

MAZAEL.
Vous avez entendu ce superbe langage,
Seigneur; souffrirez-vous qu'un préteur vous outrage,
Et que dans votre cour il ose impunément..
HÉRODE, à sa suite.
Sortez, et qu'en ces lieux on nous laisse un moment.
(A Mazaël.)
Tu vois ce qu'il m'en coûte, et sans doute on peut croire
Que le joug des Romains offense assez ma gloire;
Mais je règne à ce prix. Leur orgueil fastueux
Se plaît à voir les rois s'abaisser devant eux.
Leurs dédaigneuses mains jamais ne nous couronnent
Que pour mieux avilir les sceptres qu'ils nous donnent,

Pour avoir des sujets qu'ils nomment souverains,
Et sur des fronts sacrés signaler leurs dédains.
Il m'a fallu dans Rome, avec ignominie,
Oublier cet éclat tant vanté dans l'Asie :
Tel qu'un vil courtisan, dans la foule jeté,
J'allais des affranchis caresser la fierté ;
J'attendais leurs moments, je briguais leurs suffrages ;
Tandis qu'accoutumés à de pareils hommages,
Au milieu de vingt rois à leur cour assidus,
A peine ils remarquaient un monarque de plus.
  Je vis César enfin : je sus que son courage
Méprisait tous ces rois qui briguaient l'esclavage.
Je changeai ma conduite : une noble fierté
De mon rang avec lui soutint la dignité.
Je fus grand sans audace, et soumis sans bassesse ;
César m'en estima ; j'en acquis sa tendresse ;
Et bientôt, dans sa cour appelé par son choix,
Je marchai distingué dans la foule des rois.
Ainsi, selon les temps, il faut qu'avec souplesse
Mon courage docile ou s'élève ou s'abaisse.
Je sais dissimuler, me venger et souffrir ;
Tantôt parler en maître, et tantôt obéir.
Ainsi j'ai subjugué Solime et l'Idumée,
Ainsi j'ai fléchi Rome à ma perte animée ;
Et toujours enchaînant la fortune à mon char,
J'étais ami d'Antoine, et le suis de César.
Heureux, après avoir avec tant d'artifice
Des destins ennemis corrigé l'injustice,
Quand je reviens en maître à l'Hébreu consterné
Montrer encor le front que Rome a couronné !
Heureux, si de mon cœur la faiblesse immortelle
Ne mêlait à ma gloire une honte éternelle !
Si mon fatal penchant n'aveuglait pas mes yeux !
Si Mariamne enfin n'était point en ces lieux !

MAZAEL.

Quoi! seigneur, se peut-il que votre âme abusée
De ce feu malheureux soit encore embrasée?

HÉRODE.

Que me demandes-tu? ma main, ma faible main
A signé son arrêt, et l'a changé soudain.
Je cherche à la punir ; je m'empresse à l'absoudre ;
Je lance en même temps et je retiens la foudre ;
Je mêle malgré moi son nom dans mes discours.
Et tu peux demander si je l'aime toujours !

MAZAEL.

Seigneur, a-t-elle au moins cherché votre présence?

HÉRODE.

Non... j'ai cherché la sienne...

MAZAEL.

                Eh quoi! son arrogance!...
A-t-elle en son palais dédaigné de vous voir?

HÉRODE.

Mazaël, je l'ai vue ; et c'est mon désespoir,
Honteux, plein de regret de ma rigueur cruelle,

VARIANTES DE MARIAMNE.

Interdit et tremblant, j'ai paru devant elle.
Ses regards, il est vrai, n'étaient point enflammés
Du courroux dont souvent je les ai vus armés.
. . . .
. . . .
Ces cris désespérés, ces mouvements d'horreur
Dont il fallut longtemps essuyer la fureur,
Quand par un coup d'État peut-être trop sévère,
J'eus fait assassiner et son père et son frère.
De ses propres périls son cœur moins agité
M'a surpris aujourd'hui par sa tranquillité.
Ses beaux yeux, dont l'éclat n'eut jamais tant de charmes,
S'efforçaient devant moi de me cacher leurs larmes.
J'admirais en secret sa modeste douleur :
Qu'en cet état, ô ciel! elle a touché mon cœur!
Combien je détestais ma fureur homicide!
Je ne le cèle point : plein d'un zèle timide,
Sans rougir, à ses pieds je me suis prosterné :
J'adorais cet objet que j'avais condamné.
Hélas! mon désespoir la fatiguait encore;
Elle se détournait d'un époux qu'elle abhorre;
Ses regards inquiets n'osaient tomber sur moi;
Et tout, jusqu'à mes pleurs, augmentait son effroi.

MAZAEL.

Sans doute elle vous hait; sa haine envenimée
Jamais par vos bontés ne sera désarmée :
Vos respects dangereux nourrissent sa fierté.

HÉRODE.

Elle me hait! Ah dieux! je l'ai trop mérité;
Je n'en murmure point : ma jalouse furie
A de malheurs sans nombre empoisonné sa vie.
J'ai dans le sein d'un père enfoncé le couteau,
Je suis son ennemi, son tyran, son bourreau.
Je lui pardonne, hélas! dans le sort qui l'accable,
De haïr à ce point un époux si coupable.

MAZAEL.

Étouffez les remords dont vous êtes pressé;
Le sang de ses parents fut justement versé.
Les rois sont affranchis de ces règles austères
Que le devoir inspire aux âmes ordinaires.

HÉRODE.

Mariamne me hait! Cependant autrefois,
Quand ce fatal hymen te rangea sous mes lois,
O reine! s'il se peut, que ton cœur s'en souvienne,
Ta tendresse en ce temps fut égale à la mienne.
Au milieu des périls, son généreux amour
Aux murs de Massada me conserva le jour
Mazaël, se peut-il que d'une ardeur si sainte
La flamme sans retour soit pour jamais éteinte?
Le cœur de Mariamne est-il fermé pour moi?

MAZAEL.

Seigneur, m'est-il permis de parler à mon roi?

HÉRODE.

Ne me déguise rien, parle; que faut-il faire?

VARIANTES DE MARIAMNE.

Comment puis-je adoucir sa trop juste colère?
Par quel charme, à quel prix puis-je enfin l'apaiser?

MAZAEL.

Pour la fléchir, seigneur, il la faut mépriser :
Des superbes beautés tel est le caractère.
Sa rigueur se nourrit de l'orgueil de vous plaire;
Sa main, qui vous enchaîne, et que vous caressez,
Appesantit le joug sous qui vous gémissez.
Osez humilier son imprudente audace,
Forcez cette âme altière à vous demander grâce;
Par un juste dédain songez à l'accabler,
Et que devant son maître elle apprenne à trembler.
Quoi donc! ignorez-vous tout ce que l'on publie?
Cet Hérode, dit-on, si vanté dans l'Asie,
Si grand dans ses exploits, si grand dans ses desseins,
Qui sut dompter l'Arabe et fléchir les Romains,
Aux pieds de son épouse, esclave sur son trône,
Reçoit d'elle en tremblant les ordres qu'il nous donne!

HÉRODE.

Malheureux, à mon cœur cesse de retracer
Ce que de tout mon sang je voudrais effacer :
Ne me parle jamais de ces temps déplorables.
Mes rigueurs n'ont été que trop impitoyables,
Je n'ai que trop bien mis mes soins à l'opprimer;
Le ciel, pour m'en punir, me condamne à l'aimer.
Ses chagrins, sa prison, la perte de son père,
Les maux que je lui fais, me la rendent plus chère.
Enfin, c'est trop vous craindre et trop vous déchirer,
Mariamne, en un mot, je veux tout réparer.
Va la trouver : dis-lui que mon âme asservie
Met à ses pieds mon sceptre, et ma gloire, et ma vie.
Des maux qu'elle a soufferts elle accuse ma sœur;
Je sais qu'elle a pour elle une invincible horreur;
C'en est assez : ma sœur, aujourd'hui renvoyée,
A ses chers intérêts sera sacrifiée.
Je laisse à Mariamne un pouvoir absolu...

MAZAEL.

Quoi! seigneur, vous voulez...

HÉRODE.

Oui, je l'ai résolu.
Va la trouver, te dis-je; et surtout à sa vue
Peins bien le repentir de mon âme éperdue;
Dis-lui que mes remords égalent ma fureur :
Va, cours, vole, et reviens.... Juste ciel! c'est ma sœur.

Page 210, vers 9 :

Mes yeux n'ont jamais vu le jour qu'avec douleur :
L'instant où je naquis commença mon malheur ;
Mon berceau fut couvert du sang de ma patrie ;
J'ai vu du peuple saint la gloire anéantie.
Sur ce trône coupable. . . . .

(Éditions de 1725-1736.)

THÉATRE. I.

Page 218, vers 21 :

HÉRODE.
. . . . Quoi ! Mariamne est morte?
Infidèles Hébreux vous ne la vengez pas!
Cieux qui la possédez, tonnez sur ces ingrats!
Lieux teints de ce beau sang que l'on vient de répandre,
Murs que j'ai relevés, palais, tombez en cendre !
Cachez sous les débris de vos superbes tours
La place où Mariamne a vu trancher ses jours!
Temple, que pour jamais tes voûtes se renversent;
Que d'Israël détruit les enfants se dispersent;
Que sans temples, sans rois, errants, persécutés,
Fugitifs en tous lieux, et partout détestés,
Sur leurs fronts égarés portant, dans leur misère,
Des vengeances de Dieu l'effrayant caractère,
Ce peuple aux nations transmette avec terreur,
Et l'horreur de mon nom, et la honte du leur !

(*Éditions de* 1725-1736.)

VARIANTES

CONTENANT

LES CHANGEMENTS OCCASIONNÉS PAR LA SUBSTITUTION
DU ROLE DE SOHÈME A CELUI DE VARUS [1].

ACTE PREMIER.

SCÈNE I.

SALOME, MAZAEL.

. . . .
. . . . ont pleuré leur erreur.

SALOME.
Vous ne vous trompiez point; Hérode va paraître :
L'indocile Sion va trembler sous son maître.
Il enchaîne à jamais la fortune à son char;
Le favori d'Antoine est l'ami de César.
Sa politique habile, égale à son courage,
De sa chute imprévue a réparé l'outrage.
Le sénat le couronne.

MAZAEL.
Eh! que deviendrez-vous!

. . . .
. . . . et tombait à ses pieds.
Il est vrai que dans Rome, éloigné de sa vue,
Sa chaîne de si loin semblait être rompue.
Mais c'en est fait, madame, il rentre en ses États.
Il l'aimait, il verra ses dangereux appas.
Ces yeux toujours puissants, toujours sûrs de lui plaire,
Reprendront malgré vous leur empire ordinaire;
Et tous ses ennemis, bientôt humiliés,
A ses moindres regards seront sacrifiés.

---

1. Cet intitulé a été mis par les éditeurs de Kehl. A quelques réclames près qu'il m'a paru nécessaire de rétablir, tout ce qu'on va lire était réimprimé dans l'édition de 1768 in-4°, précédé de la phrase que voici : « On a beaucoup regretté de très-beaux vers que M. de Voltaire a supprimés dans les changements qu'il a faits en dernier lieu à sa tragédie de *Mariamne;* on a cru devoir les restituer ici, en y joignant les principales variantes. » Cette phrase a été conservée dans l'édition de 1775. C'est en 1762 que Voltaire avait substitué Sohème à Varus. (B.)

Otons-lui, croyez-moi, l'intérêt de nous nuire ;
Songeons à la gagner, n'ayant pu la détruire ;
Et par de vains respects, par des soins assidus...

SALOME.
Il est d'autres moyens de ne la craindre plus.

MAZAEL.
Quel est donc ce dessein? Que prétendez-vous dire?

SALOME.
Peut-être en ce moment notre ennemie expire,

MAZAEL.
D'un coup si dangereux osez-vous vous charger,
Sans que le roi...

SALOME.
Le roi consent à me venger.
Zarès est arrivé, Zarès est dans Solime ;
Ministre de ma haine, il attend sa victime ;
Le lieu, le temps, le bras, tout est choisi par lui :
Il vint hier de Rome, et nous venge aujourd'hui.

MAZAEL.
Quoi! vous avez enfin gagné cette victoire?
Quoi! malgré son amour, Hérode a pu vous croire?
Il vous la sacrifie! Il prend de vous des lois!

SALOME.
Je puis encor sur lui bien moins que tu ne crois.
Pour arracher de lui cette lente vengeance,
Il m'a fallu choisir le temps de son absence.
Tant qu'Hérode en ces lieux demeurait exposé
Aux charmes dangereux qui l'ont tyrannisé,
Mazaël, tu m'as vue, avec inquiétude,
Traîner de mon destin la triste incertitude.
Quand par mille détours assurant mes succès,
De son cœur soupçonneux j'avais trouvé l'accès,
Quand je croyais son âme à moi seule rendue,
Il voyait Mariamne, et j'étais confondue :
Un coup d'œil renversait ma brigue et mes desseins.
La reine a vu cent fois mon sort entre ses mains :
Et si sa politique avait avec adresse
D'un époux amoureux ménagé la tendresse,
Cet ordre, cet arrêt prononcé par son roi,
Ce coup que je lui porte aurait tombé sur moi.
Mais son farouche orgueil a servi ma vengeance :
J'ai su mettre à profit sa fatale imprudence :
Elle a voulu se perdre, et je n'ai fait enfin
Que lui lancer les traits qu'a préparés sa main.
  Tu te souviens assez de ce temps plein d'alarmes,
Lorsqu'un bruit si funeste à l'espoir de nos armes
Apprit à l'Orient étonné de son sort
Qu'Auguste était vainqueur, et qu'Antoine était mort.
Tu sais comme à ce bruit nos peuples se troublèrent;
De l'Orient vaincu les monarques tremblèrent :
Mon frère, enveloppé dans ce commun malheur,
Crut perdre sa couronne avec son protecteur.
Il fallut, sans s'armer d'une inutile audace,
Au vainqueur de la terre aller demander grâce.

Rappelle en ton esprit ce jour infortuné ;
Songe à quel désespoir Hérode abandonné
Vit son épouse altière, abhorrant ses approches,
Détestant ses adieux, l'accablant de reproches,
Redemander encore, en ce moment cruel,
Et le sang de son frère, et le sang paternel.
Hérode auprès de moi vint déplorer sa peine ;
Je saisis cet instant précieux à ma haine ;
Dans son cœur déchiré je repris mon pouvoir ;
J'enflammai son courroux, j'aigris son désespoir ;
J'empoisonnai le trait dont il sentait l'atteinte.
Tu le vis plein de trouble, et d'horreur, et de crainte,
Jurer d'exterminer les restes dangereux
D'un sang toujours trop cher aux perfides Hébreux :
Et, dès ce même instant, sa facile colère
Déshérita les fils et condamna la mère.
  Mais sa fureur encor flattait peu mes souhaits ;
L'amour qui la causait en repoussait les traits :
De ce fatal objet telle était la puissance,
Un regard de l'ingrate arrêtait sa vengeance.
Je pressai son départ ; il partit, et depuis,
Mes lettres chaque jour ont nourri ses ennuis.
Ne voyant plus la reine, il vit mieux son outrage :
Il eut honte en secret de son peu de courage ;
De moment en moment ses yeux se sont ouverts ;
J'ai levé le bandeau qui les avait couverts.
Zarès, étudiant le moment favorable,
A peint à son esprit cette reine implacable,
Son crédit, ses amis, ces Juifs séditieux,
Du sang asmonéen partisans factieux.
J'ai fait plus ; j'ai moi-même armé sa jalousie :
Il a craint pour sa gloire, il a craint pour sa vie.
Tu sais que dès longtemps, en butte aux trahisons,
Son cœur de toutes parts est ouvert aux soupçons :
Il croit ce qu'il redoute ; et, dans sa défiance,
Il confond quelquefois le crime et l'innocence.
Enfin j'ai su fixer son courroux incertain :
Il a signé l'arrêt, et j'ai conduit sa main.

MAZAEL.

Il n'en faut point douter, ce coup est nécessaire :
Mais avez-vous prévu si ce préteur austère
Qui sous les lois d'Auguste a remis cet État
Verrait d'un œil tranquille un pareil attentat?
Varus, vous le savez, est ici votre maître.
En vain le peuple hébreu, prompt à vous reconnaître,
Tremble encor sous le poids de ce trône ébranlé :
Votre pouvoir n'est rien, si Rome n'a parlé.
Avant qu'en ce palais, des mains de Varus même,
Votre frère ait repris l'autorité suprême,
Il ne peut, sans blesser l'orgueil du nom romain,
Dans ses États encore agir en souverain.
Varus souffrira-t-il que l'on ose à sa vue
Immoler une reine en sa garde reçue?
Je connais les Romains : leur esprit irrité

Vengera le mépris de leur autorité.
Vous allez sur Hérode attirer la tempête :
Dans leurs superbes mains la foudre est toujours prête ;
Ces vainqueurs soupçonneux sont jaloux de leurs droits,
Et surtout leur orgueil aime à punir les rois.

SALOME.

Non, non, l'heureux Hérode à César a su plaire ;
Varus en est instruit, Varus le considère.
Croyez-moi, ce Romain voudra le ménager ;
Mais, quoi qu'il fasse enfin, songeons à nous venger.
Je touche à ma grandeur, et je crains ma disgrâce ;
Demain, dès aujourd'hui, tout peut changer de face.
Qui sait même, qui sait, si, passé ce moment,
Je pourrai satisfaire à mon ressentiment?
Qui nous a répondu qu'Hérode en sa colère
D'un esprit si constant jusqu'au bout persévère?
Je connais sa tendresse, il la faut prévenir,
Et ne lui point laisser le temps du repentir.
Qu'après Rome menace, et que Varus foudroie ;
Leur courroux passager troublera peu ma joie :
Mes plus grands ennemis ne sont pas les Romains :
Mariamne en ces lieux est tout ce que je crains :
Il faut que je périsse, ou que je la prévienne ;
Et si je n'ai sa tête, elle obtiendra la mienne.
Mais Varus vient à nous : il le faut éviter.
Zarès à mes regards devait se présenter ;
Je vais l'attendre : allez, et qu'aux moindres alarmes
Mes soldats en secret puissent prendre les armes.

SCÈNE II.

VARUS, ALBIN, MAZAEL, SUITE DE VARUS.

VARUS.

Salome et Mazaël semblent fuir devant moi ;
Dans leurs yeux étonnés je lis leur juste effroi :
Le crime à mes regards doit craindre de paraître.
Mazaël, demeurez. Mandez à votre maître
Que ses cruels desseins sont déjà découverts ;
Que son ministre infâme est ici dans les fers ;
Et que Varus peut-être, au milieu des supplices,
Eût dû faire expirer ce monstre.... et ses complices.
Mais je respecte Hérode assez pour me flatter
Qu'il connaîtra le piége où l'on veut l'arrêter ;
Qu'un jour il punira les traîtres qui l'abusent,
Et vengera sur eux la vertu qu'ils accusent.
Vous, si vous m'en croyez, pour lui, pour son honneur,
Calmez de ses chagrins la honteuse fureur :
Ne l'empoisonnez plus de vos lâches maximes.
Songez que les Romains sont les vengeurs des crimes ;
Que Varus vous connaît ; qu'il commande en ces lieux,
Et que sur vos complots il ouvrira les yeux.

Allez : que Mariamne en reine soit servie,
Et respectez ses lois si vous aimez la vie.

MAZAEL.

Seigneur...

VARUS.

Vous entendez mes ordres absolus ;
Obéissez, vous dis-je, et ne répliquez plus.

SCÈNE III.

VARUS, ALBIN.

VARUS.

Ainsi donc, sans tes soins, sans ton avis fidèle,
Mariamne expirait sous cette main cruelle?

ALBIN.

Le retour de Zarès n'était que trop suspect :
Le soin mystérieux d'éviter votre aspect,
Son trouble, son effroi fut mon premier indice.

VARUS.

Que ne te dois-je point pour un si grand service !
C'est par toi qu'elle vit : c'est par toi que mon cœur
A goûté, cher Albin, ce solide bonheur,
Ce bien si précieux pour un cœur magnanime,
D'avoir pu secourir la vertu qu'on opprime.

ALBIN.

Je reconnais Varus à ces soins généreux :
Votre bras fut toujours l'appui des malheureux.
Quand de Rome en vos mains vous portiez le tonnerre,
Vous étiez occupé du bonheur de la terre.
Puissiez-vous seulement écouter en ce jour, etc.

. . . .
. . . .

ALBIN.

Ainsi l'amour trompeur dont vous sentez la flamme,
Se déguise en vertu pour mieux vaincre votre âme ;
Et ce feu malheureux...

VARUS.

Je ne m'en défends pas :
L'infortuné Varus adore ses appas :
Je l'aime, il est trop vrai ; mon âme toute nue
Ne craint point, cher Albin, de paraître à ta vue ;
Juge si son péril a dû troubler mon cœur ;
Moi, qui borne à jamais mes vœux à son bonheur ;
Moi, qui rechercherais la mort la plus affreuse,
Si ma mort un moment pouvait la rendre heureuse !

ALBIN.

Seigneur, que dans ces lieux ce grand cœur est changé !
Qu'il venge bien l'amour qu'il avait outragé !
Je ne reconnais plus ce Romain si sévère
Qui, parmi tant d'objets empressés à lui plaire,
N'a jamais abaissé ses superbes regards
Sur ces beautés que Rome enferme en ses remparts.

VARUS.

Ne t'en étonne point; tu sais que mon courage
A la seule vertu réserva son hommage.
Dans nos murs corrompus, ces coupables beautés
Offraient de vains attraits à mes yeux révoltés;
Je fuyais leurs complots, leurs brigues éternelles,
Leurs amours passagers, leurs vengeances cruelles.
Je voyais leur orgueil, accru du déshonneur,
Se montrer triomphant sur leur front sans pudeur;
L'altière ambition, l'intérêt, l'artifice,
La folle vanité, le frivole caprice,
Chez les Romains séduits prenant le nom d'amour,
Gouverner Rome entière, et régner tour à tour.
J'abhorrais, il est vrai, leur indigne conquête;
A leur joug odieux je dérobais ma tête :
L'amour dans l'Orient fut enfin mon vainqueur.
De la triste Syrie établi gouverneur,
J'arrivai dans ces lieux, quand le droit de la guerre
Eut au pouvoir d'Auguste abandonné la terre,
Et qu'Hérode à ses pieds, au milieu de cent rois,
De son sort incertain vint attendre des lois.
Lieu funeste à mon cœur! malheureuse contrée !
C'est là que Mariamne à mes yeux s'est montrée.
L'univers était plein du bruit de ses malheurs;
Son parricide époux faisait couler ses pleurs.
Ce roi, si redoutable au reste de l'Asie,
Fameux par ses exploits et par sa jalousie,
Prudent, mais soupçonneux, vaillant, mais inhumain,
Au sein de son beau-père avait trempé sa main.
Sur ce trône sanglant, il laissait en partage
A la fille des rois la honte et l'esclavage.
Du sort qui la poursuit tu connais la rigueur;
Sa vertu, cher Albin, surpasse son malheur.
Loin de la cour des rois, la vérité proscrite,
L'aimable vérité sur ses lèvres habite :
Son unique artifice est le soin généreux
D'assurer des secours aux jours des malheureux;
Son devoir est sa loi; sa tranquille innocence
Pardonne à son tyran, méprise sa vengeance,
Et près d'Auguste encore implore mon appui
Pour ce barbare époux qui l'immole aujourd'hui.

Tant de vertus enfin, de malheurs et de charmes,
Contre ma liberté sont de trop fortes armes.
Je l'aime, cher Albin, mais non d'un fol amour
Que le caprice enfante et détruise en un jour;
Non d'une passion que mon âme troublée
Reçoive avidement, par les sens aveuglée.
Ce cœur qu'elle a vaincu, sans l'avoir amolli,
Par un amour honteux ne s'est point avili;
Et plein du noble feu que sa vertu m'inspire,
Je prétends la venger, et non pas la séduire.

ALBIN.

Mais si le roi, seigneur, a fléchi les Romains?
S'il rentre en ses États?...

VARIANTES DE MARIAMNE.

VARUS.
         Et c'est ce que je crains.
Hélas! près du sénat je l'ai servi moi-même!
Sans doute il a déjà reçu son diadème;
Et cet indigne arrêt que sa bouche a dicté
Est le premier essai de son autorité.
Ah! son retour ici lui peut être funeste :
Mon pouvoir va finir, mais mon amour me reste.
Reine, pour vous défendre on me verra périr.
L'univers doit vous plaindre, et je dois vous servir.

ACTE DEUXIÈME.

SCÈNE I.

SALOME, MAZAEL.

SALOME.
Enfin vous le voyez, ma haine est confondue;
Mariamne triomphe, et Salome est perdue.
Zarès fut sur les eaux trop longtemps arrêté;
La mer alors tranquille à regret l'a porté.
Mais Hérode, en partant pour son nouvel empire,
Revole avec les vents vers l'objet qui l'attire;
Et les mers, et l'amour, et Varus, et le roi,
Le ciel, les éléments, sont armés contre moi.
Fatale ambition, que j'ai trop écoutée,
Dans quel abîme affreux m'as-tu précipitée!
Je vous l'avais bien dit, que, dans le fond du cœur,
Le roi se repentait de sa juste rigueur.
De son fatal penchant l'ascendant ordinaire
A révoqué l'arrêt dicté dans sa colère.
J'en ai déjà reçu les funestes avis;
Et Zarès à son roi, renvoyé par mépris,
Ne me laisse en ces lieux qu'une douleur stérile,
Et le danger qui suit un éclat inutile.
. . . .

MAZAEL.
Contre elle encor, madame, il vous reste des armes.
J'ai toujours redouté le pouvoir de ses charmes,
J'ai toujours craint du roi les sentiments secrets;
Mais, si je m'en rapporte aux avis de Zarès,
La colère d'Hérode, autrefois peu durable,
Est enfin devenue une haine implacable :

Il déteste la reine, il a juré sa mort ;
Et s'il suspend le coup qui terminait son sort,
C'est qu'il veut ménager sa nouvelle puissance,
Et lui-même en ces lieux assurer sa vengeance.
Mais soit qu'enfin son cœur, en ce funeste jour,
Soit aigri par la haine ou fléchi par l'amour.
C'est assez qu'une fois il ait proscrit sa tête :
Mariamne aisément grossira la tempête ;
La foudre gronde encore ; un arrêt si cruel
Va mettre entre eux, madame, un divorce éternel.
Vous verrez Mariamne, à soi-même inhumaine,
Forcer le cœur d'Hérode à ranimer sa haine ;
Irriter son époux par de nouveaux dédains,
Et vous rendre les traits qui tombent de vos mains.
De sa perte ; en un mot, reposez-vous sur elle.

SALOME.

Non, cette incertitude est pour moi trop cruelle ;
Non, c'est par d'autres coups que je veux la frapper ;
Dans un piége plus sûr il faut l'envelopper.
Contre mes ennemis mon intérêt m'éclaire.
Si j'ai bien de Varus observé la colère,
Ce transport violent de son cœur agité
N'est point un simple effet de générosité :
La tranquille pitié n'a point ce caractère.
La reine a des appas ; Varus a pu lui plaire.
Ce n'est pas que mon cœur, injuste en son dépit,
Dispute à sa beauté cet éclat qui la suit ;
Que j'envie à ses yeux le pouvoir de leurs armes,
Ni ce flatteur encens qu'on prodigue à ses charmes ;
Elle peut payer cher ce bonheur dangereux :
Et soit que de Varus elle écoute les vœux,
Soit que sa vanité de ce pompeux hommage
Tire indiscrètement un frivole avantage,
Il suffit ; c'est par là que je peux maintenir
Ce pouvoir qui m'échappe, et qu'il faut retenir.

Faites veiller surtout les regards mercenaires
De tous ces délateurs aujourd'hui nécessaires,
Qui vendent les secrets de leurs concitoyens,
Et dont cent fois les yeux ont éclairé les miens.
Mais la voici. Pourquoi faut-il que je la voie ?

SCÈNE II.

MARIAMNE, ÉLISE, SALOME, MAZAEL, NABAL.

SALOME.

. . . .
Son amour méprisé, son trop de défiance,
Avaient contre vos jours allumé sa vengeance ;
Mais ce feu violent s'est bientôt consumé :
L'amour arma son bras, l'amour l'a désarmé.

. . . .
. . . .
MAZAEL.
Quel orgueil!
SALOME.
Il aura sa juste récompense :
Viens, c'est à l'artifice à punir l'imprudence.

SCÈNE III.

MARIAMNE, ÉLISE, NABAL.

ÉLISE.
Ah! madame, à ce point pouvez-vous irriter
Des ennemis ardents à vous persécuter?
La vengeance d'Hérode, un moment suspendue,
Sur votre tête encore est peut-être étendue :
. . . .
Varus aux nations qui bornent cet État
Ira porter bientôt les ordres du sénat.
Hélas! grâce à ses soins, grâce à vos bontés même,
Rome à votre tyran donne un pouvoir suprême;
Il revient plus terrible et plus fier que jamais.
Vous le verrez armé de vos propres bienfaits;
Vous dépendrez ici de ce superbe maître,
D'autant plus dangereux qu'il vous aime peut-être,
Et que cet amour même, aigri par vos refus...
MARIAMNE.
Chère Élise, en ces lieux faites venir Varus;
Je conçois vos raisons, j'en demeure frappée;
Mais d'un autre intérêt mon âme est occupée;
Par de plus grands objets mes vœux sont attirés;
Que Varus vienne ici. Vous, Nabal, demeurez.

SCÈNE IV.

MARIAMNE, NABAL.

MARIAMNE.
. . . .
Elle veut que mes fils, portés entre nos bras,
S'éloignent avec nous de ces affreux climats.
Les vaisseaux des Romains, des bords de la Syrie,
Nous ouvrent sur les eaux les chemins d'Italie.
J'attends tout de Varus, d'Auguste et des Romains.
Je sais qu'il m'est permis. . . . . . .

SCÈNE V.

MARIAMNE, VARUS, ÉLISE.

MARIAMNE.

. . . .
Loin de ces lieux sanglants que le crime environne,
Je mettrai leur enfance à l'ombre de son trône ;
Ses généreuses mains pourront sécher nos pleurs.
Je ne demande point qu'il venge mes malheurs,
Que sur mes ennemis son bras s'appesantisse ;
C'est assez que mes fils, témoins de sa justice,
Formés par son exemple, et devenus Romains,
Apprennent à régner des maîtres des humains.
. . . .
. . . .
Donnez-moi dans la nuit des guides assurés,
Jusque sur vos vaisseaux dans Sidon préparés.
. . . .
. . . .
Je ne m'attendais pas que vous dussiez vous-même
Mettre aujourd'hui le comble à ma douleur extrême.
. . . .
Ma constante amitié respecte encor Varus.
J'oublierai votre flamme. . . . . . .
Seigneur, et je vous fuis pour vous la conserver.

SCÈNE VI.

VARUS, ALBIN.

ALBIN.
Vous vous troublez, seigneur, et changez de visage.
VARUS.
J'ai senti, je l'avoue, ébranler mon courage.
Ami, pardonne au feu dont je suis consumé
Ces faiblesses d'un cœur qui n'avait point aimé.
Je ne connaissais pas tout le poids de ma chaîne,
Je le sens à regret, je la romps avec peine.
Avec quelle douceur, avec quelle bonté,
Elle imposait silence à ma témérité !
Sans trouble et sans courroux, sa tranquille sagesse
M'apprenait mon devoir, et plaignait ma faiblesse ;
J'adorais, cher Albin, jusques à ses refus :
J'ai perdu l'espérance, et je l'aime encor plus.
A quelle épreuve, ô dieux ! ma constance est réduite !
ALBIN.
Êtes-vous résolu de préparer sa fuite ?

VARUS.
Quel emploi!

ALBIN.
Pourrez-vous respecter ses rigueurs
Jusques à vous charger du soin de vos malheurs?
Quel est votre dessein?

VARUS.
Moi! que je l'abandonne!
Que je désobéisse aux lois qu'elle me donne!
Non, non; mon cœur encore est trop digne du sien;
Mariamne a parlé, je n'examine rien.
Que loin de ses tyrans elle aille auprès d'Auguste;
Sa fuite est raisonnable, et ma douleur injuste;
L'amour me parle en vain, je vole à mon devoir :
Je servirai la reine, et même sans la voir.
Elle me laisse, au moins, la douceur éternelle,
D'avoir tout entrepris, d'avoir tout fait pour elle.
Je brise ses liens, je lui sauve le jour :
Je fais plus; je lui veux immoler mon amour,
Et fuyant sa beauté, qui me séduit encore,
Égaler, s'il se peut, sa vertu que j'adore.

ACTE TROISIÈME.

SCÈNE III.

VARUS, IDAMAS, ALBIN, SUITE DE VARUS.

IDAMAS.
Avant que dans ces lieux mon roi vienne lui-même
Recevoir de vos mains le sacré diadème,
Et vous soumettre un rang qu'il doit à vos bontés,
Seigneur, souffrirez-vous?...

VARUS.
Idamas, arrêtez.
Le roi peut s'épargner ces frivoles hommages.
. . . .
La reine en ce moment est-elle en sûreté?
Et le sang innocent sera-t-il respecté?

IDAMAS.
. . . .
Le perfide Zarès par votre ordre arrêté,
Et par votre ordre enfin remis en liberté,

Artisan de la fraude et de la calomnie,
De Salome avec soin servira la furie.
Mazaël en secret leur prête son secours ;
Le soupçonneux Hérode écoute leurs discours ;
. . . .

VARUS.

Je sais qu'en ce palais je dois le recevoir ;
Le sénat me l'ordonne, et tel est mon devoir.

SCÈNE IV.

HÉRODE, MAZAEL, IDAMAS, suite d'hérode.

. . . .
. . . .

MAZAEL.

Seigneur, à vos desseins Zarès toujours fidèle,
Renvoyé près de vous, et plein d'un même zèle,
De la part de Salome attend pour vous parler.

HÉRODE.

Quoi ? tous deux sans relâche ils veulent m'accabler ?
Que jamais devant moi ce monstre ne paraisse.
Je l'ai trop écouté. Sortez tous, qu'on me laisse.
Ciel ! qui pourra calmer un trouble si cruel ?...
Demeurez, Idamas ; demeurez, Mazaël.

SCÈNE V.

HÉRODE, MAZAEL, IDAMAS.

HÉRODE.

Eh bien ! voilà ce roi si fier et si terrible !
Ce roi dont on craignait le courage inflexible,
Qui sut vaincre et régner, qui sut briser ses fers,
Et dont la politique étonna l'univers.
. . . .
. . . .
(A Mazaël.)
Sortez. Termine, ô ciel ! les chagrins de ma vie.

SCÈNE VI.

HÉRODE, SALOME.

SALOME.

Eh bien ! vous avez vu votre chère ennemie.
Avez-vous essuyé des outrages nouveaux ?

HÉRODE.

Madame, il n'est plus temps d'appesantir mes maux
. . . .
. . . .

ACTE QUATRIÈME.

SCÈNE I.

SALOME, MAZAEL.

MAZAEL.

Jamais, je l'avouerai, plus heureuse apparence
N'a d'un mensonge adroit soutenu la prudence.
Ma bouche, auprès d'Hérode, avec dextérité,
Confondait l'artifice avec la vérité.
. . . .
. . . .

SCÈNE II.

HÉRODE, SALOME, MAZAEL, GARDES.

MAZAEL.

Non, ne nous vengez point; mais sauvez votre vie,
Prévenez de Varus l'indiscrète furie :
Ce superbe préteur, ardent à tout tenter,
Se fait une vertu de vous persécuter.

HÉRODE.

Ah ! ma sœur, à quel point ma flamme était trahie !
Venez contre une ingrate animer ma furie.
. . . .
Et toi, Varus, et toi, faudra-t-il que ma main
Respecte ici ton crime, et le sang d'un Romain ?
. . . .
Mais... Croyez-vous qu'Auguste approuve ma rigueur ?

SALOME.

Il la conseillerait; n'en doutez point, seigneur.
Auguste a des autels où le Romain l'adore,
Mais de ses ennemis le sang y fume encore.
Auguste à tous les rois a pris soin d'enseigner
Comme il faut qu'on le craigne, et comme il faut régner.

Imitez son exemple, assurez votre vie.
Tout condamne la reine, et tout vous justifie.
. . . .
Ne montrez qu'à des yeux éclairés et discrets
Un cœur encor percé de ces indignes traits.

ACTE CINQUIÈME.

SCÈNE VI.

HÉRODE, IDAMAS, GARDES.

. . . .
. . . .

IDAMAS.

Mais le sang de Varus, répandu par vos mains,
Peut attirer sur vous le courroux des Romains.
Songez-y bien, seigneur, et qu'une telle offense...

FIN DES VARIANTES DE MARIAMNE.

L'INDISCRET

COMÉDIE EN UN ACTE

REPRÉSENTÉE, POUR LA PREMIÈRE FOIS, LE 1ᵉʳ AOUT 1725.

AVERTISSEMENT

POUR LA PRÉSENTE ÉDITION.

Ce fut aux eaux de Forges que Voltaire composa ce petit acte dont « l'impitoyable M. de Richelieu » se montrait assez content. Il fut représenté, avec la *Mariamne*, le 1er août 1725. « Cette petite pièce fut représentée avant-hier avec assez de succès, écrit Voltaire; mais il me parut que les loges étaient plus contentes que le parterre. Dancourt et Legrand ont accoutumé le parterre au bas comique et aux grossièretés, et insensiblement le public s'est formé le préjugé que les petites pièces en un acte doivent être des farces pleines d'ordures, et non pas des comédies nobles où les mœurs soient respectées. » Marais, avant de l'avoir vue, rapportait ainsi le sentiment public : « Voltaire vient de donner une petite comédie de *l'Indiscret,* à la suite de sa *Mariamne;* on dit qu'il y a beaucoup d'esprit : cependant elle a déplu à la chambre basse, qui y a trouvé peu de règles du théâtre, et à la chambre haute, qui s'y est trouvée trop bien dépeinte. » La chambre haute, ce sont les loges, la haute société, la cour, un peu mécontentes des libertés que prenait l'auteur.

L'Indiscret n'eut que six représentations en 1725, et fut imprimé la même année. Voici l'approbation du censeur : « J'ai lu, par l'ordre de monseigneur le garde des sceaux, *l'Indiscret,* comédie, par M. de Voltaire : cette pièce, où règne un comique noble et épuré, qui instruit en amusant, m'a paru très-digne de l'impression. Ce 3 septembre 1725. SECOUSSE. » Ce ne fut qu'en 1752 que l'auteur, ainsi qu'on le verra dans les variantes, fit quelques corrections à sa pièce.

A MADAME

LA MARQUISE DE PRIE

Vous, qui possédez la beauté,
Sans être vaine ni coquette,
Et l'extrême vivacité,
Sans être jamais indiscrète;
Vous, à qui donnèrent les dieux
Tant de lumières naturelles,
Un esprit juste, gracieux,
Solide dans le sérieux,
Et charmant dans les bagatelles,
Souffrez qu'on présente à vos yeux
L'aventure d'un téméraire
Qui, pour s'être vanté de plaire,
Perdit ce qu'il aimait le mieux.

Si l'héroïne de la pièce,
De Prie, eût eu votre beauté,
On excuserait la faiblesse
Qu'il eut de s'être un peu vanté.
Quel amant ne serait tenté
De parler de telle maîtresse,
Par un excès de vanité,
Ou par un excès de tendresse?

PERSONNAGES[1]

EUPHÉMIE.
DAMIS.
HORTENSE.
TRASIMON.
CLITANDRE.
NÉRINE.
PASQUIN.
PLUSIEURS LAQUAIS DE DAMIS.

---

1. Noms des acteurs qui jouèrent dans *Mariamne* et dans *l'Indiscret :* La Thorillière père, Quinault l'aîné (Damis), Dufresne, Duchemin père, Legrand fils, La Thorillière fils, Dubreuil, Deshayes; Mmes Lecouvreur, Jouvenot, La Motte (Euphémie), La Bath (Hortense, rôle que Voltaire fit jouer aussi par Mlle Lecouvreur), Du Boccage (Nérine). — Recette : 2,961 livres. (G. A.)

L'INDISCRET

COMÉDIE

SCÈNE I.

EUPHÉMIE, DAMIS.

EUPHÉMIE.

N'attendez pas, mon fils, qu'avec un ton sévère
Je déploie à vos yeux l'autorité de mère :
Toujours prête à me rendre à vos justes raisons,
Je vous donne un conseil, et non pas des leçons ;
C'est mon cœur qui vous parle, et mon expérience
Fait que ce cœur pour vous se trouble par avance.
Depuis deux mois au plus vous êtes à la cour :
Vous ne connaissez pas ce dangereux séjour ;
Sur un nouveau venu le courtisan perfide [1]
Avec malignité jette un regard avide,
Pénètre ses défauts, et, dès le premier jour,
Sans pitié le condamne, et même sans retour.
Craignez de ces messieurs la malice profonde.
Le premier pas, mon fils, que l'on fait dans le monde
Est celui dont dépend le reste de nos jours :
Ridicule une fois, on vous le croit toujours ;
L'impression demeure. En vain, croissant en âge,
On change de conduite, on prend un air plus sage,
On souffre encor longtemps de ce vieux préjugé ;
On est suspect encor lorsqu'on est corrigé ;
Et j'ai vu quelquefois payer dans la vieillesse
Le tribut des défauts qu'on eut dans la jeunesse ;
Connaissez donc le monde, et songez qu'aujourd'hui
Il faut que vous viviez pour vous moins que pour lui.

---

1. Voltaire avait dit dans *OEdipe* :

> Des courtisans sur nous les inquiets regards
> Avec avidité tombaient de toutes parts.
>
> Acte III, sc. 1re.

DAMIS.

Je ne sais où peut tendre un si long préambule.

EUPHÉMIE.

Je vois qu'il vous paraît injuste et ridicule ;
Vous méprisez des soins pour vous bien importants ;
Vous m'en croirez un jour ; il n'en sera plus temps.
Vous êtes indiscret : ma trop longue indulgence
Pardonna ce défaut au feu de votre enfance ;
Dans un âge plus mûr il cause ma frayeur.
Vous avez des talents, de l'esprit et du cœur ;
Mais croyez qu'en ce lieu tout rempli d'injustices,
Il n'est point de vertu qui rachète les vices,
Qu'on cite nos défauts en toute occasion,
Que le pire de tous est l'indiscrétion,
Et qu'à la cour, mon fils, l'art le plus nécessaire
N'est pas de bien parler, mais de savoir se taire.
Ce n'est pas en ce lieu que la société
Permet ces entretiens remplis de liberté :
Le plus souvent ici l'on parle sans rien dire ;
Et les plus ennuyeux savent s'y mieux conduire.
Je connais cette cour : on peut fort la blâmer ;
Mais lorsqu'on y demeure, il faut s'y conformer :
Pour les femmes surtout, plein d'un égard extrême,
Parlez-en rarement, encor moins de vous-même.
Paraissez ignorer ce qu'on fait, ce qu'on dit ;
Cachez vos sentiments, et même votre esprit ;
Surtout de vos secrets soyez toujours le maître :
Qui dit celui d'autrui doit passer pour un traître ;
Qui dit le sien, mon fils, passe ici pour un sot.
Qu'avez-vous à répondre à cela ?

DAMIS.

Pas le mot ;
Je suis de votre avis : je hais le caractère
De quiconque n'a pas le pouvoir de se taire ;
Ce n'est pas là mon vice, et, loin d'être entiché
Du défaut qui par vous m'est ici reproché,
Je vous avoue enfin, madame, en confidence
Qu'avec vous trop longtemps j'ai gardé le silence
Sur un fait dont pourtant j'aurais dû vous parler :
Mais souvent dans la vie il faut dissimuler.
Je suis amant aimé d'une veuve adorable,
Jeune, charmante, riche, aussi sage qu'aimable ;

SCÈNE I.

C'est Hortense. A ce nom jugez de mon bonheur ;
Jugez, s'il était su, de la vive douleur
De tous nos courtisans qui soupirent pour elle ;
Nous leur cachons à tous notre ardeur mutuelle :
L'amour depuis deux jours a serré ce lien,
Depuis deux jours entiers ; et vous n'en savez rien.

EUPHÉMIE.

Mais j'étais à Paris depuis deux jours.

DAMIS.

Madame,
On n'a jamais brûlé d'une si belle flamme.
Plus l'aveu vous en plaît, plus mon cœur est content ;
Et mon bonheur s'augmente en vous le racontant.

EUPHÉMIE.

Je suis sûre, Damis, que cette confidence
Vient de votre amitié, non de votre imprudence.

DAMIS.

En doutez-vous ?

EUPHÉMIE.

Eh, eh... mais enfin, entre nous,
Songez au vrai bonheur qui vient s'offrir à vous :
Hortense a des appas ; mais de plus cette Hortense
Est le meilleur parti qui soit pour vous en France.

DAMIS.

Je le sais.

EUPHÉMIE.

D'elle seule elle reçoit des lois,
Et le don de sa main dépendra de son choix.

DAMIS.

Et tant mieux.

EUPHÉMIE.

Vous saurez flatter son caractère,
Ménager son esprit.

DAMIS.

Je fais mieux, je sais plaire.

EUPHÉMIE.

C'est bien dit ; mais, Damis, elle fuit les éclats ;
Et les airs trop bruyants ne l'accommodent pas :
Elle peut, comme une autre, avoir quelque faiblesse ;
Mais jusque dans ses goûts elle a de la sagesse,
Craint surtout de se voir en spectacle à la cour,
Et d'être le sujet de l'histoire du jour ;

Le secret, le mystère est tout ce qui la flatte.
DAMIS.
Il faudra bien pourtant qu'enfin la chose éclate.
EUPHÉMIE.
Mais près d'elle, en un mot, quel sort vous a produit?
Nul jeune homme jamais n'est chez elle introduit;
Elle fuit avec soin, en personne prudente,
De nos jeunes seigneurs la cohue éclatante.
DAMIS.
Ma foi! chez elle encor je ne suis point reçu;
Je l'ai longtemps lorgnée, et, grâce au ciel, j'ai plu.
D'abord elle rendit mes billets sans les lire;
Bientôt elle les lut, et daigne enfin m'écrire.
Depuis près de deux jours je goûte un doux espoir;
Et je dois, en un mot, l'entretenir ce soir.
EUPHÉMIE.
Eh bien! je veux aussi l'aller trouver moi-même.
La mère d'un amant qui nous plaît, qui nous aime,
Est toujours, que je crois, reçue avec plaisir.
De vous adroitement je veux l'entretenir,
Et disposer son cœur à presser l'hyménée
Qui fera le bonheur de votre destinée.
Obtenez au plus tôt et sa main et sa foi,
Je vous y servirai; mais n'en parlez qu'à moi.
DAMIS.
Non, il n'est point ailleurs, madame, je vous jure,
Une mère plus tendre, une amitié plus pure :
A vous plaire à jamais je borne tous mes vœux.
EUPHÉMIE.
Soyez heureux, mon fils, c'est tout ce que je veux.

SCÈNE II.

DAMIS.

Ma mère n'a point tort; je sais bien qu'en ce monde
Il faut, pour réussir, une adresse profonde.
Hors dix ou douze amis à qui je puis parler,
Avec toute la cour je vais dissimuler.
Çà, pour mieux essayer cette prudence extrême,
De nos secrets ici ne parlons qu'à nous-même;

Examinons un peu, sans témoins, sans jaloux,
Tout ce que la fortune a prodigué pour nous.
Je hais la vanité ; mais ce n'est point un vice
De savoir se connaître et se rendre justice.
On n'est pas sans esprit, on plaît ; on a, je croi,
Aux petits cabinets l'air de l'ami du roi.
Il faut bien s'avouer que l'on est fait à peindre ;
On danse, on chante, on boit, on sait parler et feindre.
Colonel à treize ans, je pense avec raison
Que l'on peut à trente ans m'honorer d'un bâton.
Heureux en ce moment, heureux en espérance,
Je garderai Julie, et vais avoir Hortense ;
Possesseur une fois de toutes ses beautés,
Je lui ferai par jour vingt infidélités,
Mais sans troubler en rien la douceur du ménage,
Sans être soupçonné, sans paraître volage ;
Et mangeant en six mois la moitié de son bien,
J'aurai toute la cour sans qu'on en sache rien.

SCÈNE III.

DAMIS, TRASIMON.

DAMIS.
Hé ! bonjour, commandeur.
TRASIMON.
                    Aye ! ouf ! on m'estropie...
DAMIS.
Embrassons-nous encor, commandeur, je te prie.
TRASIMON.
Souffrez...
DAMIS.
        Que je t'étouffe une troisième fois.
TRASIMON.
Mais quoi ?
DAMIS.
        Déride un peu ce renfrogné minois ;
Réjouis-toi, je suis le plus heureux des hommes.
TRASIMON.
Je venais pour vous dire...

DAMIS.

Oh! parbleu tu m'assommes
Avec ce front glacé que tu portes ici.

TRASIMON.

Mais je ne prétends pas vous réjouir aussi;
Vous avez sur les bras une fâcheuse affaire.

DAMIS.

Eh! eh! pas si fâcheuse.

TRASIMON.

Erminie et Valère
Contre vous en ces lieux déclament hautement :
Vous avez parlé d'eux un peu légèrement;
Et même depuis peu le vieux seigneur Horace
M'a prié...

DAMIS.

Voilà bien de quoi je m'embarrasse!
Horace est un vieux fou, plutôt qu'un vieux seigneur,
Tout chamarré d'orgueil, pétri d'un faux honneur,
Assez bas à la cour, important à la ville,
Et non moins ignorant qu'il veut paraître habile.
Pour madame Erminie, on sait assez comment
Je l'ai prise et quittée un peu trop brusquement.
Qu'elle est aigre, Erminie! et qu'elle est tracassière!
Pour son petit amant, mon cher ami Valère,
Tu le connais un peu, parle : as-tu jamais vu
Un esprit plus guindé, plus gauche, plus tortu?...
A propos, on m'a dit hier, en confidence,
Que son grand frère aîné, cet homme d'importance,
Est reçu chez Clarice avec quelque faveur;
Que la grosse comtesse en crève de douleur.
Et toi, vieux commandeur, comment va la tendresse?

TRASIMON.

Vous savez que le sexe assez peu m'intéresse.

DAMIS.

Je ne suis pas de même; et le sexe, ma foi,
A la ville, à la cour, me donne assez d'emploi.
Écoute; il faut ici que mon cœur te confie
Un secret dont dépend le bonheur de ma vie.

TRASIMON.

Puis-je vous y servir?

DAMIS.

Toi? point du tout.

SCÈNE IV.

TRASIMON.

Eh bien !
Damis, s'il est ainsi, ne m'en dites donc rien.

DAMIS.

Le droit de l'amitié...

TRASIMON.

C'est cette amitié même
Qui me fait éviter avec un soin extrême
Le fardeau d'un secret au hasard confié,
Qu'on me dit par faiblesse, et non par amitié,
Dont tout autre que moi serait dépositaire,
Qui de mille soupçons est la source ordinaire,
Et qui peut nous combler de honte et de dépit,
Moi d'en avoir trop su, vous d'en avoir trop dit.

DAMIS.

Malgré toi, commandeur, quoi que tu puisses dire,
Pour te faire plaisir, je veux du moins te lire
Le billet qu'aujourd'hui...

TRASIMON.

Par quel empressement ?...

DAMIS.

Ah ! tu le trouveras écrit bien tendrement.

TRASIMON.

Puisque vous le voulez enfin...

DAMIS.

C'est l'amour même,
Ma foi, qui l'a dicté. Tu verras comme on m'aime.
La main qui me l'écrit le rend d'un prix... vois-tu...
Mais d'un prix... eh, morbleu ! je crois l'avoir perdu.
Je ne le trouve point... Holà ! La Fleur ! La Brie !

SCÈNE IV.

DAMIS, TRASIMON, PLUSIEURS LAQUAIS.

UN LAQUAIS.

Monseigneur ?

DAMIS.

Remontez vite à la galerie,
Retournez chez tous ceux que j'ai vus ce matin ;
Allez chez ce vieux duc... Ah ! je le trouve enfin ;

Ces marauds l'ont mis là par pure étourderie.
(A ses gens.)
Laissez-nous. Commandeur, écoute, je te prie.

SCÈNE V.

DAMIS, TRASIMON, CLITANDRE, PASQUIN.

CLITANDRE, à Pasquin, tenant un billet à la main.
Oui, tout le long du jour demeure en ce jardin ;
Observe tout, vois tout, redis-moi tout, Pasquin ;
Rends-moi compte, en un mot, de tous les pas d'Hortense.
Ah ! je saurai...

SCÈNE VI.

DAMIS, TRASIMON, CLITANDRE.

DAMIS.
Voici le marquis qui s'avance.
Bonjour, marquis.
CLITANDRE, un billet à la main.
Bonjour.
DAMIS.
Qu'as-tu donc aujourd'hui ?
Sur ton front à longs traits qui diable a peint l'ennui ?
Tout le monde m'aborde avec un air si morne,
Que je crois...
CLITANDRE, bas.
Ma douleur, hélas ! n'a point de borne.
DAMIS.
Que marmottes-tu là ?
CLITANDRE, bas.
Que je suis malheureux !
DAMIS.
Çà, pour vous égayer, pour vous plaire à tous deux,
Le marquis entendra le billet de ma belle.
CLITANDRE, bas, en regardant le billet qu'il a entre les mains.
Quel congé ! quelle lettre ! Hortense... Ah ! la cruelle !
DAMIS, à Clitandre.
C'est un billet à faire expirer un jaloux.

SCÈNE VI.

CLITANDRE.
Si vous êtes aimé, que votre sort est doux!
DAMIS.
Il le faut avouer, les femmes de la ville,
Ma foi, ne savent point écrire de ce style.
(Il lit.)
« Enfin je cède aux feux dont mon cœur est épris ;
Je voulais le cacher, mais j'aime à vous le dire :
    Eh! pourquoi ne vous point écrire
Ce que cent fois mes yeux vous ont sans doute appris?
    Oui, mon cher Damis, je vous aime,
D'autant plus que mon cœur, peu propre à s'enflammer,
Craignant votre jeunesse, et se craignant lui-même,
A fait ce qu'il a pu pour ne vous point aimer.
Puissé-je, après l'aveu d'une telle faiblesse,
    Ne me la jamais reprocher!
    Plus je vous montre ma tendresse,
Et plus à tous les yeux vous devez la cacher. »
TRASIMON.
Vous prenez très-grand soin d'obéir à la dame,
Sans doute, et vous brûlez d'une discrète flamme.
CLITANDRE.
Heureux qui, d'une femme adorant les appas,
Reçoit de tels billets, et ne les montre pas!
DAMIS.
Vous trouvez donc la lettre...
TRASIMON.
        Un peu forte.
CLITANDRE.
                Adorable.
DAMIS.
Celle qui me l'écrit est cent fois plus aimable.
Que vous seriez charmés si vous saviez son nom!
Mais dans ce monde il faut de la discrétion.
TRASIMON.
Oh! nous n'exigeons point de telle confidence.
CLITANDRE.
Damis, nous nous aimons, mais c'est avec prudence.
TRASIMON.
Loin de vouloir ici vous forcer de parler...
DAMIS.
Non, je vous aime trop pour rien dissimuler.

Je vois que vous pensez, et la cour le public,
Que je n'ai d'autre affaire ici qu'avec Julie.

CLITANDRE.

On le dit d'après vous, mais nous n'en croyons rien.

DAMIS.

Oh! crois... Jusqu'à présent, la chose allait fort bien ;
Nous nous étions aimés, quittés, repris encore :
On en parle partout.

TRASIMON.

Non, tout cela s'ignore.

DAMIS.

Tu crois qu'à cet oison je suis fort attaché ;
Mais, par ma foi, j'en suis très-faiblement touché.

TRASIMON.

Ou fort, ou faiblement, il ne m'importe guère.

DAMIS.

La Julie est aimable, il est vrai, mais légère ;
L'autre est ce qu'il me faut, et c'est solidement
Que je l'aime.

CLITANDRE.

Enfin donc cet objet si charmant...

DAMIS.

Vous m'y forcez ; allons, il faut bien vous l'apprendre :
Regarde ce portrait, mon cher ami Clitandre ;
Çà, dis-moi si jamais tu vis de tes deux yeux
Rien de plus adorable et de plus gracieux.
C'est Macé[1] qui l'a peint ; c'est tout dire, et je pense
Que tu reconnaîtras...

CLITANDRE.

Juste ciel ! c'est Hortense.

DAMIS.

Pourquoi t'en étonner ?

TRASIMON.

Vous oubliez, monsieur,
Qu'Hortense est ma cousine, et chérit son honneur,
Et qu'un pareil aveu...

DAMIS.

Vous nous la donnez bonne ;
J'ai six cousines, moi, que je vous abandonne ;
Et je vous les verrais lorgner, tromper, quitter,

1. J.-B. Macé, peintre de miniatures, mort en 1767.

Imprimer leurs billets, sans m'en inquiéter.
Il nous ferait beau voir, dans nos humeurs chagrines,
Prendre avec soin sur nous l'honneur de nos cousines !
Nous aurions trop à faire à la cour ; et, ma foi,
C'est assez que chacun réponde ici pour soi.

TRASIMON.

Mais Hortense, monsieur...

DAMIS.

Eh bien ! oui, je l'adore,
Elle n'aime que moi, je vous le dis encore ;
Et je l'épouserai pour vous faire enrager.

CLITANDRE, à part.

Ah ! plus cruellement pouvait-on m'outrager ?

DAMIS.

Nos noces, croyez-moi, ne seront point secrètes ;
Et vous n'en serez pas, tout cousin que vous êtes.

TRASIMON.

Adieu, monsieur Damis : on peut vous faire voir
Que sur une cousine on a quelque pouvoir.

SCÈNE VII.

DAMIS, CLITANDRE.

DAMIS.

Que je hais ce censeur, et son air pédantesque,
Et tous ces faux éclats de vertu romanesque !
Qu'il est sec ! qu'il est brut ! et qu'il est ennuyeux !
Mais tu vois ce portrait d'un œil bien curieux ?

CLITANDRE, à part.

Comme ici de moi-même il faut que je sois maître !
Qu'il faut dissimuler !

DAMIS.

Tu remarques peut-être
Qu'au coin de cette boîte il manque un des brillants ?
Mais tu sais que la chasse hier dura longtemps ;
A tout moment on tombe, on se heurte, on s'accroche.
J'avais quatre portraits ballottés dans ma poche ;
Celui-ci, par malheur, fut un peu maltraité ;
La boîte s'est rompue, un brillant a sauté.
Parbleu, puisque demain tu t'en vas à la ville,

Passe chez **La Frenaye**; il est cher, mais habile;
Choisis, comme pour toi, l'un de ses diamants :
Je lui dois, entre nous, plus de vingt mille francs.
Adieu : ne montre au moins ce portrait à personne.

CLITANDRE, à part.

Où suis-je?

DAMIS

Adieu, marquis : à toi je m'abandonne;
Sois discret.

CLITANDRE, à part.

Se peut-il?

DAMIS, revenant.

J'aime un ami prudent :
Va, de tous mes secrets tu seras confident.
Eh! peut-on posséder ce que le cœur désire,
Être heureux, et n'avoir personne à qui le dire?
Peut-on garder pour soi, comme un dépôt sacré,
L'insipide plaisir d'un amour ignoré?
C'est n'avoir point d'amis qu'être sans confiance;
C'est n'être point heureux que de l'être en silence.
Tu n'as vu qu'un portrait, et qu'un seul billet doux.

CLITANDRE.

Eh bien?

DAMIS.

L'on m'a donné, mon cher, un rendez-vous.

CLITANDRE, à part.

Ah! je frémis.

DAMIS.

Ce soir, pendant le bal qu'on donne,
Je dois, sans être vu ni suivi de personne,
Entretenir Hortense, ici, dans ce jardin.

CLITANDRE, à part.

Voici le dernier coup. Ah! je succombe enfin.

DAMIS.

Là, n'es-tu pas charmé de ma bonne fortune?

CLITANDRE.

Hortense doit vous voir?

DAMIS.

Oui, mon cher, sur la brune :
Mais le soleil qui baisse amène ces moments,
Ces moments fortunés, désirés si longtemps.
Adieu. Je vais chez toi rajuster ma parure,

De deux livres de poudre orner ma chevelure,
De cent parfums exquis mêler la douce odeur ;
Puis paré, triomphant, tout plein de mon bonheur,
Je reviendrai soudain finir notre aventure.
Toi, rôde près d'ici, marquis, je t'en conjure.
Pour te faire un peu part de ces plaisirs si doux,
Je te donne le soin d'écarter les jaloux.

SCÈNE VIII.

CLITANDRE.

Ai-je assez retenu mon trouble et ma colère ?
Hélas! après un an de mon amour sincère,
Hortense en ma faveur enfin s'attendrissait ;
Las de me résister, son cœur s'amollissait.
Damis en un moment la voit, l'aime, et sait plaire ;
Ce que n'ont pu deux ans, un moment l'a su faire.
On le prévient! On donne à ce jeune éventé
Ce portrait que ma flamme avait tant mérité !
Il reçoit une lettre... Ah! celle qui l'envoie
Par un pareil billet m'eût fait mourir de joie :
Et, pour combler l'affront dont je suis outragé,
Ce matin par écrit j'ai reçu mon congé.
De cet écervelé la voilà donc coiffée!
Elle veut à mes yeux lui servir de trophée.
Hortense, ah! que mon cœur vous connaissait bien mal!

SCÈNE IX.

CLITANDRE, PASQUIN.

CLITANDRE.
Enfin, mon cher Pasquin, j'ai trouvé mon rival.
PASQUIN.
Hélas! monsieur, tant pis.
CLITANDRE.
C'est Damis que l'on aime;
Oui, c'est cet étourdi.
PASQUIN.
Qui vous l'a dit?

CLITANDRE.

Lui-même.
L'indiscret, à mes yeux de trop d'orgueil enflé,
Vient se vanter à moi du bien qu'il m'a volé.
Vois ce portrait, Pasquin. C'est par vanité pure
Qu'il confie à mes mains cette aimable peinture ;
C'est pour mieux triompher. Hortense ! eh ! qui l'eût cru
Que jamais près de vous Damis m'aurait perdu ?

PASQUIN.

Damis est bien joli.

CLITANDRE, prenant Pasquin à la gorge.

Comment ? tu prétends, traître,
Qu'un jeune fat...

PASQUIN.

Aye ! ouf ! il est vrai que peut-être...
Eh, ne m'étranglez pas ! il n'a que du caquet...
Mais son air... entre nous, c'est un vrai freluquet.

CLITANDRE.

Tout freluquet qu'il est, c'est lui qu'on me préfère.
Il faut montrer ici ton adresse ordinaire.
Pasquin, pendant le bal que l'on donne ce soir,
Hortense et mon rival doivent ici se voir.
Console-moi, sers-moi, rompons cette partie.

PASQUIN.

Mais, monsieur...

CLITANDRE.

Ton esprit est rempli d'industrie ;
Tout est à toi : voilà de l'or à pleines mains.
D'un rival imprudent dérangeons les desseins ;
Tandis qu'il va parer sa petite personne,
Tâchons de lui voler les moments qu'on lui donne.
Puisqu'il est indiscret, il en faut profiter ;
De ces lieux, en un mot, il le faut écarter.

PASQUIN.

Croyez-vous me charger d'une facile affaire ?
J'arrêterais, monsieur, le cours d'une rivière,
Un cerf dans une plaine, un oiseau dans les airs,
Un poëte entêté qui récite ses vers,
Une plaideuse en feu qui crie à l'injustice,
Un Manceau tonsuré qui court un bénéfice,
La tempête, le vent, le tonnerre et ses coups,
Plutôt qu'un petit-maître allant en rendez-vous.

SCÈNE IX.

CLITANDRE.
Veux-tu m'abandonner à ma douleur extrême?

PASQUIN.
Attendez. Il me vient en tête un stratagème.
Hortense ni Damis ne m'ont jamais vu?

CLITANDRE.
                    Non.

PASQUIN.
Vous avez en vos mains un sien portrait?

CLITANDRE.
                              Oui.

PASQUIN.
                              Bon.
Vous avez un billet que vous écrit la belle?

CLITANDRE.
Hélas! il est trop vrai.

PASQUIN.
        Cette lettre cruelle
Est un ordre bien net de ne lui parler plus?

CLITANDRE.
Eh! oui, je le sais bien.

PASQUIN.
            La lettre est sans dessus?

CLITANDRE.
Eh! oui, bourreau.

PASQUIN.
        Prêtez vite et portrait et lettre.
Donnez.

CLITANDRE.
    En d'autres mains, qui, moi, j'irais remettre
Un portrait confié?...

PASQUIN.
        Voilà bien des façons :
Le scrupule est plaisant. Donnez-moi ces chiffons.

CLITANDRE.
Mais...

PASQUIN.
    Mais reposez-vous de tout sur ma prudence.

CLITANDRE.
Tu veux...

PASQUIN.
        Eh! dénichez. Voici madame Hortense.

SCÈNE X.

HORTENSE, NÉRINE.

HORTENSE.

Nérine, j'en conviens, Clitandre est vertueux ;
Je connais la constance et l'ardeur de ses feux :
Il est sage, discret, honnête homme, sincère ;
Je le dois estimer ; mais Damis sait me plaire :
Je sens trop, aux transports de mon cœur combattu,
Que l'amour n'est jamais le prix de la vertu.
C'est par les agréments que l'on touche une femme ;
Et pour une de nous que l'amour prend par l'âme,
Nérine, il en est cent qu'il séduit par les yeux.
J'en rougis. Mais Damis ne vient point en ces lieux !

NÉRINE.

Quelle vivacité ! quoi ! cette humeur si fière ?...

HORTENSE.

Non, je ne devais pas arriver la première.

NÉRINE.

Au premier rendez-vous vous avez du dépit ?

HORTENSE.

Damis trop fortement occupe mon esprit.
Sa mère, ce jour même, a su, par sa visite,
De son fils dans mon cœur augmenter le mérite.
Je vois bien qu'elle veut avancer le moment
Où je dois pour époux accepter mon amant :
Mais je veux en secret lui parler à lui-même,
Sonder ses sentiments.

NÉRINE.

Doutez-vous qu'il vous aime ?

HORTENSE.

Il m'aime, je le crois, je le sais. Mais je veux
Mille fois de sa bouche entendre ses aveux ;
Voir s'il est en effet si digne de me plaire ;
Connaître son esprit, son cœur, son caractère ;
Ne point céder, Nérine, à ma prévention,
Et juger, si je puis, de lui sans passion.

SCÈNE XI.

HORTENSE, NÉRINE, PASQUIN.

PASQUIN.

Madame, en grand secret, monsieur Damis mon maître...
HORTENSE.
Quoi ! ne viendrait-il pas ?
PASQUIN.
Non.
NÉRINE.
Ah ! le petit traître !
HORTENSE.
Il ne viendra point ?
PASQUIN.
Non ; mais, par bon procédé,
Il vous rend ce portrait dont il est excédé.
HORTENSE.
Mon portrait !
PASQUIN.
Reprenez vite la miniature.
HORTENSE.
Je doute si je veille.
PASQUIN.
Allons, je vous conjure.
Dépêchez-moi, j'ai hâte ; et, de sa part, ce soir,
J'ai deux portraits à rendre, et deux à recevoir.
Jusqu'au revoir. Adieu.
HORTENSE.
Ciel ! quelle perfidie !
J'en mourrai de douleur.
PASQUIN.
De plus, il vous supplie
De finir la lorgnade, et chercher aujourd'hui,
Avec vos airs pincés, d'autres dupes que lui.

SCÈNE XII.

HORTENSE, NÉRINE, DAMIS, PASQUIN.

DAMIS, dans le fond du théâtre.
Je verrai dans ce lieu la beauté qui m'engage.
PASQUIN.
C'est Damis. Je suis pris. Ne perdons point courage.
(Il court à Damis, et le tire à part.)
Vous voyez, monseigneur, un des grisons[1] secrets
Qui d'Hortense partout va portant les poulets.
J'ai certain billet doux de sa part à vous rendre.
HORTENSE.
Quel changement! quel prix de l'amour le plus tendre!
DAMIS.
Lisons.
(Il lit.)
Hom... hom... « Vous méritez de me charmer.
« Je sens à vos vertus ce que je dois d'estime...[2]
Mais je ne saurais vous aimer. »
Est-il un trait plus noir et plus abominable?
Je ne me croyais pas à ce point estimable.
Je veux que tout ceci soit public à la cour,
Et j'en informerai le monde dès ce jour.
La chose assurément vaut bien qu'on la publie.
HORTENSE, à l'autre bout du théâtre.
A-t-il pu jusque-là pousser son infamie?
DAMIS.
Tenez; c'est là le cas qu'on fait de tels écrits.
(Il déchire le billet.)
PASQUIN, allant à Hortense.
Je suis honteux pour vous d'un si cruel mépris.
Madame, vous voyez de quel air il déchire
Les billets qu'à l'ingrat vous daignâtes écrire.
HORTENSE.
Il me rend mon portrait! Ah! périsse à jamais
Ce malheureux crayon de mes faibles attraits!
(Elle jette son portrait.)

---

1. On donnait le nom de *grisons* à des laquais vêtus de gris, pour qu'ils ne fussent pas reconnus aux couleurs de leur livrée.
2. La rime correspondant à celle de ce vers est dans la partie du billet qu'on ne lit pas.

SCÈNE XII.

PASQUIN, revenant à Damis.

Vous voyez : devant vous l'ingrate met en pièces
Votre portrait, monsieur.

DAMIS.

Il est quelques maîtresses
Par qui l'original est un peu mieux reçu.

HORTENSE.

Nérine, quel amour mon cœur avait conçu !
(A Pasquin.)
Prends ma bourse. Dis-moi pour qui je suis trahie,
A quel heureux objet Damis me sacrifie.

PASQUIN.

A cinq ou six beautés dont il se dit l'amant,
Qu'il sert toutes bien mal, qu'il trompe également ;
Mais surtout à la jeune, à la belle Julie.

DAMIS, s'étant avancé vers Pasquin.

Prends ma bague, et dis-moi, mais sans friponnerie,
A quel impertinent, à quel fat de la cour,
Ta maîtresse aujourd'hui prodigue son amour.

PASQUIN.

Vous méritez, ma foi, d'avoir la préférence ;
Mais un certain abbé lorgne de près Hortense ;
Et chez elle, de nuit, par le mur du jardin,
Je fais entrer parfois Trasimon son cousin.

DAMIS.

Parbleu, j'en suis ravi. J'en apprends là de belles,
Et je veux en chansons mettre un peu ces nouvelles.

HORTENSE.

C'est le comble, Nérine, au malheur de mes feux,
De voir que tout ceci va faire un bruit affreux.
Allons, loin de l'ingrat je vais cacher mes larmes.

DAMIS.

Allons, je vais au bal montrer un peu mes charmes.

PASQUIN, à Hortense.

Vous n'avez rien, madame, à désirer de moi ?
(A Damis.)
Vous n'avez nul besoin de mon petit emploi ?
Le ciel vous tienne en paix.

SCÈNE XIII.

HORTENSE, DAMIS, NÉRINE.

HORTENSE, revenant.
                    D'où vient que je demeure?
DAMIS.
Je devrais être au bal, et danser à cette heure.
HORTENSE.
Il rêve. Hélas! d'Hortense il n'est point occupé.
DAMIS.
Elle me lorgne encore, ou je suis fort trompé.
Il faut que je m'approche.
HORTENSE.
            Il faut que je le fuie.
DAMIS.
Fuir, et me regarder! ah! quelle perfidie!
Arrêtez. A ce point pouvez-vous me trahir?
HORTENSE.
Laissez-moi m'efforcer, cruel, à vous haïr.
DAMIS.
Ah! l'effort n'est pas grand, grâces à vos caprices.
HORTENSE.
Je le veux, je le dois, grâce à vos injustices.
DAMIS.
Ainsi, du rendez-vous prompts à nous en aller,
Nous n'étions donc venus que pour nous quereller?
HORTENSE.
Que ce discours, ô ciel! est plein de perfidie,
Alors que l'on m'outrage, et qu'on aime Julie!
DAMIS.
Mais l'indigne billet que de vous j'ai reçu?
HORTENSE.
Mais mon portrait enfin que vous m'avez rendu?
DAMIS.
Moi, je vous ai rendu votre portrait, cruelle?
HORTENSE.
Moi! j'aurais pu jamais vous écrire, infidèle,
Un billet, un seul mot, qui ne fût point d'amour?
DAMIS.
Je consens de quitter le roi, toute la cour,

La faveur où je suis, les postes que j'espère,
N'être jamais de rien, cesser partout de plaire,
S'il est vrai qu'aujourd'hui je vous ai renvoyé
Ce portrait à mes mains par l'amour confié.

HORTENSE.

Je fais plus. Je consens de n'être point aimée
De l'amant dont mon âme est malgré moi charmée,
S'il a reçu de moi ce billet prétendu.
Mais voilà le portrait, ingrat, qui m'est rendu ;
Ce prix trop méprisé d'une amitié trop tendre,
Le voilà : pouvez-vous...

DAMIS.

    Ah ! j'aperçois Clitandre.

SCÈNE XIV.

HORTENSE, DAMIS, CLITANDRE, NÉRINE, PASQUIN.

DAMIS.

Viens çà, marquis, viens çà. Pourquoi fuis-tu d'ici?
Madame, il peut d'un mot débrouiller tout ceci.

HORTENSE.

Quoi ! Clitandre saurait...

DAMIS.

    Ne craignez rien, madame ;
C'est un ami prudent à qui j'ouvre mon âme :
Il est mon confident, qu'il soit le vôtre aussi.
Il faut...

HORTENSE.

  Sortons, Nérine : ô ciel ! quel étourdi !

SCÈNE XV.

DAMIS, CLITANDRE, PASQUIN.

DAMIS.

Ah ! marquis, je ressens la douleur la plus vive :
Il faut que je te parle... il faut que je la suive.
(A Hortense.)
Attends-moi. Demeurez. Ah ! je suivrai vos pas.

SCÈNE XVI.

CLITANDRE, PASQUIN.

CLITANDRE.
Je suis, je l'avouerai, dans un grand embarras.
Je les croyais tous deux brouillés sur ta parole.
PASQUIN.
Je le croyais aussi. J'ai bien joué mon rôle ;
Ils se devraient haïr tous deux assurément :
Mais pour se pardonner il ne faut qu'un moment.
CLITANDRE.
Voyons un peu tous deux le chemin qu'ils vont prendre.
PASQUIN.
Vers son appartement Hortense va se rendre.
CLITANDRE.
Damis marche après elle ; Hortense au moins le fuit.
PASQUIN.
Elle fuit faiblement, et son amant la suit.
CLITANDRE.
Damis en vain lui parle ; on détourne la tête.
PASQUIN.
Il est vrai ; mais Damis de temps en temps l'arrête.
CLITANDRE.
Il se met à genoux ; il reçoit des mépris.
PASQUIN.
Ah ! vous êtes perdu, l'on regarde Damis.
CLITANDRE.
Hortense entre chez elle enfin, et le renvoie.
Je sens des mouvements de chagrin et de joie,
D'espérance et de crainte, et ne puis deviner
Où cette intrigue-ci pourra se terminer.

SCÈNE XVII.

CLITANDRE, DAMIS, PASQUIN.

DAMIS.
Ah ! marquis, cher marquis, parle ; d'où vient qu'Hortense
M'ordonne en grand secret d'éviter sa présence ?

SCÈNE XVIII.

D'où vient que son portrait, que je fie à ta foi,
Se trouve entre ses mains? Parle, réponds, dis-moi.
CLITANDRE.
Vous m'embarrassez fort.
DAMIS, à Pasquin.
Et vous, monsieur le traître,
Vous, le valet d'Hortense, ou qui prétendez l'être,
Il faut que vous mouriez en ce lieu de ma main.
PASQUIN, à Clitandre.
Monsieur, protégez-nous.
CLITANDRE, à Damis.
Eh! monsieur...
DAMIS.
C'est en vain...
CLITANDRE.
Épargnez ce valet, c'est moi qui vous en prie.
DAMIS.
Quel intérêt si grand peux-tu prendre à sa vie?
CLITANDRE.
Je vous en prie encore, et sérieusement.
DAMIS.
Par amitié pour toi je diffère un moment.
Çà, maraud, apprends-moi la noirceur effroyable...
PASQUIN.
Ah! monsieur, cette affaire est embrouillée en diable;
Mais je vous apprendrai de surprenants secrets,
Si vous me promettez de n'en parler jamais.
DAMIS.
Non, je ne promets rien, et je veux tout apprendre.
PASQUIN.
Monsieur, Hortense arrive, et pourrait nous entendre.
(A Clitandre.)
Ah! monsieur, que dirai-je? Hélas! je suis à bout.
Allons tous trois au bal, et je vous dirai tout.

SCÈNE XVIII.

HORTENSE, un masque à la main et en domino; **TRASIMON**,
NÉRINE.

TRASIMON.
Oui, croyez, ma cousine, et faites votre compte

Que ce jeune éventé nous couvrira de honte.
Comment! montrer partout et lettres et portrait!
En public! à moi-même! Après un pareil trait,
Je prétends de ma main lui brûler la cervelle.

HORTENSE, à Nérine.

Est-il vrai que Julie à ses yeux soit si belle
Qu'il en soit amoureux?

TRASIMON.

Il importe fort peu :
Mais qu'il vous déshonore, il m'importe, morbleu!
Et je sais l'intérêt qu'un parent doit y prendre.

HORTENSE, à Nérine.

Crois-tu que pour Julie il ait eu le cœur tendre?
Qu'en penses-tu? dis-moi.

NÉRINE.

Mais l'on peut aujourd'hui
Aisément, si l'on veut, savoir cela de lui.

HORTENSE.

Son indiscrétion, Nérine, fut extrême :
Je devrais le haïr; peut-être que je l'aime.
Tout à l'heure, en pleurant, il jurait devant toi
Qu'il m'aimerait toujours, et sans parler de moi;
Qu'il voulait m'adorer, et qu'il saurait se taire.

TRASIMON.

Il vous a promis là bien plus qu'il ne peut faire.

HORTENSE.

Pour la dernière fois je le veux éprouver.
Nérine, il est au bal; il faut l'aller trouver.
Déguise-toi; dis-lui qu'avec impatience
Julie ici l'attend dans l'ombre et le silence.
L'artifice est permis sous ce masque trompeur,
Qui du moins de mon front cachera la rougeur :
Je paraîtrai Julie aux yeux de l'infidèle;
Je saurai ce qu'il pense et de moi-même et d'elle :
C'est de cet entretien que dépendra mon choix.

(A Trasimon.)

Ne vous écartez point, restez près de ce bois;
Tâchez auprès de vous de retenir Clitandre :
L'un et l'autre en ces lieux daignez un peu m'attendre;
Je vous appellerai quand il en sera temps.

SCÈNE XIX.

HORTENSE, seule, en domino, et son masque à la main.

Il faut fixer enfin mes vœux trop inconstants.
Sachons, sous cet habit, à ses yeux travestie,
Sous ce masque, et surtout sous le nom de Julie,
Si l'indiscrétion de ce jeune éventé
Fut un excès d'amour ou bien de vanité;
Si je dois le haïr ou lui donner sa grâce.
Mais déjà je le vois.

SCÈNE XX.

HORTENSE, en domino et masquée; DAMIS.

DAMIS, sans voir Hortense.
C'est donc ici la place
Où toutes les beautés donnent leurs rendez-vous?
Ma foi, je suis assez à la mode, entre nous.
Oui, la mode fait tout, décide tout en France;
Elle règle les rangs, l'honneur, la bienséance,
Le mérite, l'esprit, les plaisirs.
HORTENSE, à part.
L'étourdi!
DAMIS.
Ah! si pour mon bonheur on peut savoir ceci,
Je veux qu'avant deux ans la cour n'ait point de belle
A qui l'amour pour moi ne tourne la cervelle.
Il ne s'agit ici que de bien débuter.
Bientôt Églé, Doris... Mais qui les peut compter?
Quels plaisirs! quelle file!
HORTENSE, à part.
Ah! la tête légère!
DAMIS.
Ah! Julie, est-ce vous? vous qui m'êtes si chère!
Je vous connais malgré ce masque trop jaloux,
Et mon cœur amoureux m'avertit que c'est vous.
Otez, Julie, ôtez ce masque impitoyable;

Non, ne me cachez point ce visage adorable,
Ce front, ces doux regards, cet aimable souris,
Qui de mon tendre amour sont la cause et le prix.
Vous êtes en ces lieux la seule que j'adore.
HORTENSE.
Non, de vous mon humeur n'est pas connue encore.
Je ne voudrais jamais accepter votre foi,
Si vous aviez un cœur qui n'eût aimé que moi.
Je veux que mon amant soit bien plus à la mode,
Que de ses rendez-vous le nombre l'incommode,
Que par trente grisons tous ses pas soient comptés,
Que mon amour vainqueur l'arrache à cent beautés,
Qu'il me fasse surtout de brillants sacrifices ;
Sans cela je ne puis accepter ses services :
Un amant moins couru ne me saurait flatter.
DAMIS.
Oh ! j'ai sur ce pied-là de quoi vous contenter :
J'ai fait en peu de temps d'assez belles conquêtes ;
Je pourrais me vanter de fortunes honnêtes ;
Et nous sommes couru de plus d'une beauté
Qui pourraient de tout autre enfler la vanité.
Nous en citerions bien qui font les difficiles,
Et qui sont avec nous passablement faciles.
HORTENSE.
Mais encore ?
DAMIS.
Eh !... ma foi, vous n'avez qu'à parler,
Et je suis prêt, Julie, à vous tout immoler.
Voulez-vous qu'à jamais mon cœur vous sacrifie
La petite Isabelle et la vive Erminie,
Clarice, Églé, Doris ?...
HORTENSE.
Quelle offrande est-ce là ?
On m'offre tous les jours ces sacrifices-là ?
Ces dames, entre nous, sont trop souvent quittées.
Nommez-moi des beautés qui soient plus respectées,
Et dont je puisse au moins triompher sans rougir.
Ah ! si vous aviez pu forcer à vous chérir
Quelque femme à l'amour jusqu'alors insensible,
Aux manéges de cour toujours inaccessible,
De qui la bienséance accompagnât les pas,
Qui, sage en sa conduite, évitât les éclats,

SCÈNE XX.

Enfin qui pour vous seul eût eu quelque faiblesse...

DAMIS, s'asseyant auprès d'Hortense.

Ecoutez. Entre nous, j'ai certaine maîtresse
A qui ce portrait-là ressemble trait pour trait :
Mais vous m'accuseriez d'être trop indiscret.

HORTENSE.

Point, point.

DAMIS.

Si je n'avais quelque peu de prudence,
Si je voulais parler, je nommerais Hortense.
Pourquoi donc à ce nom vous éloigner de moi?
Je n'aime point Hortense alors que je vous voi ;
Elle n'est près de vous ni touchante ni belle :
De plus, certain abbé fréquente trop chez elle ;
Et de nuit, entre nous, Trasimon son cousin
Passe un peu trop souvent par le mur du jardin.

HORTENSE, à part.

A l'indiscrétion joindre la calomnie!

(Haut.)

Contraignons-nous encore. Écoutez, je vous prie ;
Comment avec Hortense êtes-vous, s'il vous plaît?

DAMIS.

Du dernier bien : je dis la chose comme elle est.

HORTENSE, à part.

Peut-on plus loin pousser l'audace et l'imposture !

DAMIS.

Non, je ne vous mens point ; c'est la vérité pure.

HORTENSE, à part.

Le traître!

DAMIS.

Eh! sur cela quel est votre souci?
Pour parler d'elle enfin sommes-nous donc ici?
Daignez, daignez plutôt...

HORTENSE.

Non, je ne saurais croire
Qu'elle vous ait cédé cette entière victoire.

DAMIS.

Je vous dis que j'en ai la preuve par écrit.

HORTENSE.

Je n'en crois rien du tout.

DAMIS.

Vous m'outrez de dépit.

HORTENSE.

Je veux voir par mes yeux.

DAMIS.

C'est trop me faire injure.

(Il lui donne la lettre.)

Tenez donc : vous pouvez connaître l'écriture.

HORTENSE, se démasquant.

Oui, je la connais, traître! et je connais ton cœur.
J'ai réparé ma faute, enfin ; et mon bonheur
M'a rendu pour jamais le portrait et la lettre
Qu'à ces indignes mains j'avais osé commettre.
Il est temps ; Trasimon, Clitandre, montrez-vous.

SCÈNE XXI.

HORTENSE, DAMIS, TRASIMON, CLITANDRE.

HORTENSE, à Clitandre.

Si je ne vous suis point un objet de courroux,
Si vous m'aimez encore, à vos lois asservie,
Je vous offre ma main, ma fortune et ma vie.

CLITANDRE.

Ah! madame, à vos pieds un malheureux amant
Devrait mourir de joie et de saisissement.

TRASIMON, à Damis.

Je vous l'avais bien dit que je la rendrais sage.
C'est moi seul, mons Damis, qui fais ce mariage.
Adieu : possédez mieux l'art de dissimuler.

DAMIS.

Juste ciel! désormais à qui peut-on parler?

FIN DE L'INDISCRET.

VARIANTES

DE L'*INDISCRET*

Page 251, vers 3. — Dans les éditions antérieures à 1752, au lieu de ce vers et des cinq qui le suivent, on lisait :

> Je suis dans une cour qu'une reine nouvelle
> Va rendre plus brillante, et plus vive, et plus belle.
> Je ne suis pas trop vain; mais, entre nous, je croi
> Avoir tout à fait l'air d'un favori du roi.
> Je suis jeune, assez beau, vif, galant, fait à peindre;
> Je sais plaire au beau sexe, et surtout je sais feindre.

La *reine nouvelle* dont il est question dans ces vers était Marie Leczinska.

Ibid., vers 17. — Les éditions antérieures à 1752, au lieu de ce vers et du suivant, contenaient les six vers que voici :

> Avec cet air aisé que j'attrape si bien,
> Je vais être de plus maître d'un très-gros bien.
> Ah! que je vais tenir une table excellente!
> Hortense a bien, je crois, cent mille francs de rente :
> J'en aurai tout autant, mais d'un bien clair et net.
> Que je vais désormais couper au lansquenet !   (B.)

Page 256, vers 3. — Dans les éditions antérieures à 1752, au lieu de ce vers et de ceux qui le suivent, il y a :

CLITANDRE.

Il est vrai qu'on le dit.

DAMIS.

> On a quelque raison ;
> Mais vous auriez de moi méchante opinion,
> Si je me contentais d'une seule maîtresse ;
> J'aurais trop à rougir de pareille faiblesse.
> A Julie en public je parais attaché ;
> Mais, par ma foi, j'en suis très-faiblement touché.

TRASIMON.

Ou fort ou faiblement, il ne m'importe guère.

DAMIS.

> La Julie est coquette, et paraît bien légère ;
> L'autre est très-différente, et c'est solidement
> Que je l'aime.   (B.)

FIN DES VARIANTES DE L'INDISCRET.

LA FÊTE
DE BÉLÉBAT

(1725)

AVERTISSEMENT

DES ÉDITEURS DE L'ÉDITION DE KEHL.

Cette lettre contient la description d'une fête donnée à Bélébat, chez M. le marquis de Livry, en 1725 [1].

Le curé de Courdimanche, dans la paroisse de qui le château de Bélébat est situé, était un fort bon homme, à demi fou, qui se piquait de faire des vers et de bien boire, et se prêtait de bonne grâce aux plaisanteries dont on le rendait l'objet.

Le ton qui règne dans cette fête, où se trouvaient un grand nombre de jeunes femmes, et dans la description adressée à une princesse jeune et qui n'était point mariée, est un reste de la liberté des mœurs de la Régence [2].

Tous les vers, à beaucoup près, ne sont pas de M. de Voltaire, et ceux qui lui appartiennent sont faciles à distinguer [3].

1. Bélébat était une maison située entre Étampes et Fontainebleau, que M. de Livry avait mise à la disposition de la marquise de Prie.
2. Le curé, ivre-mort, fait son testament; on le confesse, Dieu sait de quels péchés, sur l'air du *Confiteor*, et c'est Voltaire qui recueille l'héritage spirituel et devient en son lieu et place curé de Courdimanche. Notez que tout cela avait lieu en l'honneur d'une parente, la marquise de Curzay, qu'on venait d'unir à M. de Mauconseil, grand-veneur du roi de Pologne, connu sous le sobriquet de Royal-Biribi, qu'il devait à sa passion pour ce jeu.
3. L'ensemble de la composition est certainement de Voltaire.

LA FÊTE
DE BÉLÉBAT

A SON ALTESSE SÉRÉNISSIME

MADEMOISELLE DE CLERMONT[1]

Les citoyens de Bélébat ne peuvent vous rendre compte que de leurs divertissements et de leurs fêtes ; ils n'ont ici d'affaires que celles de leurs plaisirs. Bien différents en cela de M. votre frère aîné[2], qui ne travaille tous les jours que pour le bonheur des autres. Nous sommes tous devenus ici poëtes et musiciens, sans pourtant être devenus bizarres. Nous avons de fondation un grand homme qui excelle en ces deux genres ; c'est le curé de Courdimanche : ce bonhomme a la tête tournée de vers et de musique, et on le prendrait volontiers pour l'aumônier du cocher de M. de Vertamont[3]. Nous le couronnâmes poëte hier en cérémonie dans le château de Bélébat, et nous nous flattons que le bruit de cette fête magnifique excitera partout l'émulation, et ranimera les beaux-arts en France.

On avait illuminé la grand'salle de Bélébat, au bout de laquelle on avait dressé un trône sur une table de lansquenet ; au-dessus du trône pendait à une ficelle imperceptible une grande couronne de laurier, où était renfermée une petite lanterne allumée, qui donnait à la couronne un éclat singulier.

---

1. Elle était surintendante de la maison de la reine, et sa sœur, la princesse de Vermandois, avait été proposée pour être reine de France elle-même. Mlle de Clermont est le sujet d'un roman de Mme de Genlis. (G. A.)

2. M. le Duc, premier ministre. Louis-Henri de Bourbon, prince de Condé, né en 1692, mort en 1740.

3. Chansonnier du Pont-Neuf.

Monseigneur le comte de Clermont et tous les citoyens de Bélébat étaient rangés sur des tabourets; ils avaient tous des branches de laurier à la main, de belles moustaches faites avec du charbon, un bonnet de papier sur la tête, fait en forme de pain de sucre; et sur chaque bonnet on lisait en grosses lettres le nom des plus grands poëtes de l'antiquité. Ceux qui faisaient les fonctions de grands-maîtres des cérémonies avaient une couronne de laurier sur la tête, un bâton à la main, et étaient décorés d'un tapis vert qui leur servait de mante.

Tout étant disposé, et le curé étant arrivé dans une calèche à six chevaux qu'on avait envoyée au-devant de lui, il fut conduit à son trône. Dès qu'il fut assis, l'orateur lui prononça à genoux une harangue dans le style de l'Académie, pleine de louanges, d'antithèses, et de mots nouveaux. Le curé reçut tous ces éloges avec l'air d'un homme qui sait bien qu'il en mérite encore davantage, car tout le monde n'est pas de l'humeur de notre reine [1], qui hait les louanges autant qu'elle les mérite. Après la harangue on exécuta le concert dont on vous envoie les paroles; les chœurs allèrent à merveille, et la cérémonie finit par une grande pièce de vers pompeux, à laquelle ni les assistants, ni le curé, ni l'auteur, n'entendirent rien. Il faudrait avoir été témoin de cette fête pour en bien sentir l'agrément : les projets et les préparatifs de ces divertissements sont toujours agréables, l'exécution rarement bonne, et le récit souvent ennuyeux.

> Ainsi, dans les plaisirs d'une vie innocente,
> Nous attendons tous l'heureux jour
> Où nous reverrons le séjour
> De cette reine aimable et bienfaisante,
> L'objet de nos respects, l'objet de notre amour :
> Le plaisir de vivre à sa cour
> Vaut la fête la plus brillante.

Le curé de Courdimanche s'étant placé sur le trône qui lui était destiné, tous les habitants de Courdimanche vinrent en cérémonie le haranguer; Voltaire porta la parole. La harangue finie, la cérémonie commença.

UN HABITANT DE COURDIMANCHE chante.

Peuples fortunés de Courdimanche,
Devant le curé que tout s'épanche;

---

1. Marie Leczinska, qui venait d'épouser Louis XV.

A le couronner qu'on se prépare,
De pampre, en attendant la tiare.

(On met une couronne sur la tête du curé.)

LE CHOEUR chante sur un air de l'opéra de *Thésée*.

Que l'on doit être
Content d'avoir un prêtre
Qui fait de si beaux vers!
Qu'on applaudisse
Sans cesse à ses nouveaux airs,
A ses concerts.
Qu'à l'église il nous bénisse,
Qu'à table il nous réjouisse;
Que d'un triomphe si doux
Tous les curés soient jaloux!

Sur l'air des vieillards de *Thésée*.

Mène-t-on dans le monde une vie
Qui soit plus jolie
Qu'à Bélébat!
Ce curé nous enchante :
Lorsqu'à table il chante,
On croirait être au sabbat.
Le démon poétique
Qui rend pâle, étique,
Voltaire le rimeur,
Rend la face
Bien grasse
A ce pasteur.

AIR : Au généreux Roland.

A ce joyeux curé Bélébat doit sa gloire,
Tous les buveurs on lui voit terrasser;
Mais il ne veut, pour prix de sa victoire,
Que le bon vin que Livry[1] fait verser.
On vient, pour l'admirer, des quatre coins du monde;
On quitte une brillante cour;
Partout à sa santé chacun boit à la ronde;
Mais qui peut voir sa face rubiconde,
Voit sans étonnement l'excès de notre amour.

---

1. Le marquis de Livry, premier maître-d'hôtel du roi, qui était de la fête. (K.)

Triomphez, grand Courdimanche,
Triomphez des plus grands cœurs :
Ce n'est qu'aux plus fameux buveurs
Qu'il est permis de manger votre éclanche[1].

(Une nymphe lui présente un verre de vin.)

UN HABITANT chante.

Versez-lui de ce vin vieux,
    Silvie,
Versez-lui de ce vin vieux,
Encore un coup, je vous prie,
L'Amour vous en rendra deux.
Vénus permet qu'en ces beaux lieux
    Bacchus préside ;
Le curé de ce lieu joyeux
    Est le druide :
    Honneur, cent fois honneur
    A ce divin pasteur ;
    Le plaisir est son guide :
    Que les curés d'alentour
    Viennent lui faire la cour.

AIR : Le pays de Cocagne (d'une comédie de Legrand).

Où trouver la grâce du comique,
    Un style noble et plaisant,
Et du grand et sublime tragique
    Le récit tendre et touchant ?
Voltaire a-t-il tout cela dans sa manche ?
    Et lon lan la
    Ce n'est pas là
    Qu'on trouve cela,
C'est chez le grand Courdimanche.

En fait de cette douce harmonie
    Qui charme et séduit les cœurs,
Des maîtres de France ou d'Italie
    Qui doit passer pour vainqueurs ?
Entre Miguel et Lulli le choix penche ;
    Et lon lan la
    Ce n'est pas là

---

1. Mets que le curé vantait beaucoup. (K.)

Qu'on trouve cela,
C'est chez le grand Courdimanche.

Salut au curé de Courdimanche ;
Oh! que c'est un homme divin !
Sa ménagère est fraîche et blanche,
Salut au curé de Courdimanche :
Sûr d'une soif que rien n'étanche,
Il viderait cent brocs de vin ;
Salut au curé de Courdimanche ;
Oh! que c'est un homme divin !

Du pain bis, une simple éclanche ;
Salut au curé de Courdimanche :
Maigre ou gras, bécassine ou tanche,
Tout est bon dès qu'il a du vin.
Salut au curé de Courdimanche ;
Oh! que c'est un homme divin !

Des vers, il en a dans sa manche ;
Salut au curé de Courdimanche ;
Aucun repas ne se retranche ;
En s'éveillant il court au vin.
Salut au curé de Courdimanche ;
Oh! que c'est un homme divin !

(La scène change, et représente l'agonie du curé de Courdimanche : il paraît étendu sur un lit.)

CHOEUR.

Ah! notre curé
S'est bien échaudé,
Faisant sa lessive [1].

Ah! notre curé
Est presque enterré,
Pour s'être échaudé.

UN HABITANT.

Et du même chaudron *(bis)*
La pauvre Bacarie
A brûlé son...

---

1. Il lui était tombé sur les jambes une chaudière d'eau bouillante. On le suppose si incommodé qu'il est à l'extrémité.

LE CHOEUR, l'interrompant.

Ah! notre curé, etc.

UN HABITANT.

Quelques gens nous ont dit
Que le curé lui-même
Avait brûlé son...

LE CHOEUR, l'interrompant.

Ah! notre curé, etc.

Exhortation faite au curé de Courdimanche en son agonie.

Curé de Courdimanche, et prêtre d'Apollon,
Que je vois sur ce lit étendu tout du long,
Après avoir vingt ans, dans une paix profonde,
Enterré, confessé, baptisé votre monde ;
Après tant d'*oremus* chantés si plaisamment,
Après cent *requiem* entonnés si gaîment,
Pour nous, je l'avouerai, c'est une peine extrême
Qu'il nous faille aujourd'hui prier Dieu pour vous-même.
Mais tout passe et tout meurt; tel est l'arrêt du sort :
L'instant où nous naissons est un pas vers la mort [1].
Le petit père André n'est plus qu'un peu de cendre ;
Frère Fredon n'est plus ; Diogène, Alexandre,
César, le poëte Mai [2], La Fillon, Constantin,
Abraham, Brioché, tous ont même destin ;
Ce cocher si fameux à la cour, à la ville,
Amour des beaux-esprits, père du vaudeville,
Dont vous auriez été le très-digne aumônier,
Près Saint-Eustache encore est pleuré du quartier.
Vous les suivrez bientôt : c'est donc ici, mon frère,
Qu'il faut que vous songiez à votre grande affaire.
Si vous aviez été toujours homme de bien,
Un bon prêtre, un nigaud, je ne vous dirais rien :
Mais qui peut, entre nous, garder son innocence?
Quel curé n'a besoin d'un peu de pénitence ?

---

1. Corneille dit dans *Tite et Bérénice*, acte V, scène 1re :

Chaque instant de la vie est un pas vers la mort.

2. Le poëte Mai ou May, né à Sens en 1631, mort le 22 janvier 1719, sur une botte de foin à la porte d'un couvent, eut une existence aussi misérable que longue. Il cultiva la poésie sans aucun succès. C'est lui que Legrand, dans son *Roi de Cocagne*, a traduit sur la scène sous le nom de La Farinière. (B.)

Combien en a-t-on vu jusqu'au pied des autels
Porter un cœur pétri de penchants criminels ;
Dans ce tribunal même, où, par des lois sévères,
Des fautes des mortels ils sont dépositaires,
Convoiter les beautés qui vers eux s'accusaient,
Et commettre la chose, alors qu'ils l'écoutaient !
Combien n'en vit-on pas, dans une sacristie,
Conduire une dévote avec hypocrisie,
Et, sur un banc trop dur, travailler en ce lieu
A faire à son prochain des serviteurs de Dieu !
 Je veux que de la chair le démon redoutable
N'ait pu vous enchanter par son pouvoir aimable ;
Que, digne imitateur des saints du premier temps,
Vous ayez pu dompter la révolte des sens ;
Vous viviez en châtré ; c'est un bonheur extrême :
Mais ce n'est pas assez, curé ; Dieu veut qu'on l'aime.
Avez-vous bien connu cette ardente ferveur,
Ce goût, ce sentiment, cette ivresse du cœur,
La charité, mon fils ? le chrétien vit par elle :
Qui ne sait point aimer n'a qu'un cœur infidèle ;
La charité fait tout : vous possédez en vain
Les mœurs de nos prélats, l'esprit d'un capucin,
D'un cordelier nerveux la timide innocence,
La science d'un carme avec sa continence,
Des fils de Loyola toute l'humilité ;
Vous ne serez chrétien que par la charité.
Commencez donc, curé, par un effort suprême ;
Pour mieux savoir aimer, haïssez-vous vous-même.
Avouez humblement, en pénitent soumis,
Tous les petits péchés que vous avez commis ;
Vos jeux, vos passe-temps, vos plaisirs, et vos peines,
Olivette, Amauri [1], vos amours et vos haines ;
Combien de muids de vin vous vidiez dans un an ;
Si Brunelle avec vous a dormi bien souvent.

 Après que vous aurez aux yeux de l'assemblée
Étalé les péchés dont votre âme est troublée,
Avant que de partir, il faudra prudemment
Dicter vos volontés et faire un testament.
Bélébat perd en vous ses plaisirs et sa gloire :

---

1. Allusion à des anecdotes particulières de la vie du curé.

Il lui faut un poëte et des chansons à boire,
Il ne peut s'en passer ; vous devez parmi nous
Choisir un successeur qui soit digne de vous.
Il sera votre ouvrage, et vous pourrez le faire
De votre esprit charmant unique légataire.
Tel Élie autrefois, loin des profanes yeux,
Sur un char de lumière emporté dans les cieux,
Avant que de partir pour ce rare voyage,
Consolait Élisé qui lui servait de page ;
Et, dans un testament, qu'on n'a point par écrit,
Avec un vieux pourpoint lui laissa son esprit.
Afin de soulager votre mémoire usée[1],
Nous ferons en chansons une peinture aisée
De cent petits péchés que peut faire un pasteur,
Et que vous n'auriez pu nous réciter par cœur.

LES HABITANTS DE BÉLÉBAT chantent.

Air du *Confiteor*.

Vous prenez donc congé de nous ;
En vérité, c'est grand dommage :
Mon cher curé, disposez-vous
A franchir gaîment ce passage.
Hé quoi, vous résistez encor !
Dites votre *Confiteor*.

Lorsque vous aimâtes Margot,
Vous n'étiez pas encor sous-diacre ;
Un beau jour de Quasimodo,
Avec elle montant en fiacre...
Vous en souviendrait-il encor ?
Dites votre *Confiteor*.

Nous vous avons vu pour Catin
Abandonner souvent l'office ;
Vous n'êtes pas, pour le certain,
Chu dans le fond du précipice ;
Mais, parbleu, vous étiez au bord.
Dites votre *Confiteor*.

---

1. Il était sujet à commencer des histoires qu'il ne finissait pas. Ce défaut venait du dérangement de sa cervelle. Il l'attribuait au défaut de mémoire.

LA FÊTE DE BÉLÉBAT.

Vos sens, de Brunelle enchantés,
La fêtaient mieux que le dimanche.
Sous le linge elle a des beautés,
Quoiqu'elle ne soit pas trop blanche,
Et qu'elle ait quelque taie encor :
Dites votre *Confiteor*.

Vous avez renversé sur cu
Plus de vingt tonneaux par année ;
Tout Courdimanche est convaincu
Que Toinon fut plus renversée.
Pour les muids de vin, passe encor :
Dites votre *Confiteor*.

N'êtes-vous pas demeuré court
Dans vos rendez-vous, comme en chaire ?
Vous avez tout l'air d'un Saucourt,
De grands traits à la cordelière ;
Mais tout ce qui luit n'est pas or :
Dites votre *Confiteor*.

Élève, et quelquefois rival
De l'abbé de Pure et d'Horace,
Du fond du confessionnal,
Quand vous grimpez sur le Parnasse,
Vous vous croyez sur le Thabor :
Dites votre *Confiteor*.

Si les Amauris ont voulu
Troubler votre innocente flamme,
Et s'ils vous ont un peu battu,
C'est pour le salut de votre âme ;
C'est pour vous de grâce un trésor :
Dites votre *Confiteor*.

Après la confession, LE BEDEAU chante.

Gardez tous un silence extrême,
Le curé se dispose à vous parler lui-même :
Pour donner plus d'éclat à ses ordres derniers,
Il a fait assembler ici les marguilliers.
Écoutez bien comme l'on sonne :
Du carillon tout Bélébat résonne ;

Il tousse, il crache, écoutez bien ;
De ce qu'il dit ne perdez jamais rien.

LE CURÉ chante d'un ton entrecoupé.

A Courdimanche, avec honneur,
J'ai fait mon devoir de pasteur ;
J'ai su boire, chanter, et plaire,
Toutes mes brebis contenter :
Mon successeur sera Voltaire,
Pour mieux me faire regretter.

LE BEDEAU chante.

Que de tous côtés on entende
Le beau nom de Voltaire, et qu'il soit célébré.
Est-il pour nous une gloire plus grande ?
L'auteur d'*Œdipe* est devenu curé.

LE CHOEUR.

Que de tous côtés on entende, etc.

LE BEDEAU.

Qu'avec plaisir Bélébat reconnoisse
De ce curé le digne successeur ;
Il faut toujours dans la paroisse
Un grand poëte avec un grand buveur.

(A Voltaire.)

Que l'on bénisse
Le choix propice
Qui du pasteur
Vous fait coadjuteur.

LE CHOEUR.

Que de tous côtés on entende
Le beau nom de Voltaire, et qu'il soit célébré, etc.

MADAME LA MARQUISE DE PRIE présente à Voltaire
une couronne de laurier, et l'installe en chantant :

Pour prix du bonheur extrême
Que nous goûtons dans ces lieux,
Et qu'on ne doit qu'à toi-même,
Reçois ce don précieux ;
Je te le donne,
En attendant encor mieux
Qu'une couronne.

LES HABITANTS DE BÉLÉBAT chantent.

Dans cet auguste jour,
Reçois cette couronne
Par les mains de l'Amour ;

Notre cœur te la donne,
Et zon, zon, zon, etc.
Tu connais le devoir
Où cet honneur t'engage;
Par un double pouvoir
Mérite notre hommage,
Et zon, zon, zon, etc.

(On annonce au coadjuteur ses devoirs.)

Du poste où l'on t'introduit
Connais bien toutes les charges;
Il faut des épaules larges,
Grand'soif, et bon appétit.

(On répète.)

Du poste, etc.

(On fait le panégyrique du curé, comme s'il était mort.)

UN CORYPHÉE chante.

Hélas! notre pauvre saint,
Que Dieu veuille avoir son âme!
Pain, vin, jambon, fille, ou femme,
Tout lui passait par la main.

LE CHŒUR répète.

Hélas! etc.

LE CORYPHÉE.

Il eût cru taxer les dieux
D'une puissance bornée,
Si jamais pour l'autre année
Il eût gardé du vin vieux.

LE CHŒUR.

Il eût cru, etc.

LE CORYPHÉE.

Tout Courdimanche en discord
Menaçait d'un grand tapage;
Il enivra le village,
A l'instant tout fut d'accord.

LE CHŒUR.

Tout Courdimanche, etc.

LE CORYPHÉE.

Quand l'orage était bien fort,
Pour détourner le tonnerre,
Un autre eût dit son bréviaire,
Lui courait au vin d'abord.

LE CHŒUR.
Quand l'orage, etc.
LE CORYPHÉE.
Bonhomme, ami du prochain,
Ennemi de l'abstinence;
S'il prêchait la pénitence,
C'était un verre à la main.
LE CHŒUR.
Bonhomme, etc.
DEUX JEUNES FILLES chantent.
Que nos prairies
Seront fleuries !
Les jeux, l'amour,
Suivent Voltaire en ce jour ;
Déjà nos mères
Sont moins sévères ;
On dit qu'on peut faire
Un mari cocu.
Heureuse terre !
C'est à Voltaire
Que tout est dû.
LE CHŒUR.
Que nos prairies, etc.
LES JEUNES FILLES.
L'amour lui doit
Les honneurs qu'il reçoit :
Un cœur sauvage
Par lui s'adoucit ;
Fille trop sage
Pour lui s'attendrit.
LE CHŒUR.
Que nos prairies, etc.

Remerciement de VOLTAIRE au curé.

Curé, dans qui l'on voit les talents et les traits,
La gaîté, la douceur, et la soif éternelle
Du curé de Meudon, qu'on nommait Rabelais,
 Dont la mémoire est immortelle,
 Vous avez daigné me donner
Vos talents, votre esprit, ces dons d'un dieu propice ;
 C'est le plus charmant bénéfice
 Que vous ayez à résigner.

Puisse votre carrière être encor longue et belle!
Vous formerez en moi votre heureux successeur :
Je serai dans ces lieux votre coadjuteur,
  Partout, hors auprès de Brunelle.
           LE CHOEUR.
      Honneur et cent fois honneur
      A notre coadjuteur!
        (A monseigneur le comte de Clermont.)
Viens, parais, jeune prince, et qu'on te reconnoisse
      Pour le coq de notre paroisse;
Que ton frère, à son gré, soit le digne pasteur
      De tous les peuples de la France;
Qu'on chante, si l'on veut, sa vertu, sa prudence :
Toi seul dans Bélébat rempliras nos désirs :
On peut partout ailleurs célébrer sa justice;
Nous ne voulons ici chanter que nos plaisirs;
Qui pourrait mieux que toi commencer cet office?
        (A M. de Billy, son gouverneur.)
Billy, nouveau Mentor bien plus sage qu'austère
      De ce Télémaque nouveau,
      Si, pour éclairer sa carrière,
Ta main de la Raison nous montre le flambeau,
Le flambeau de l'Amour s'allume pour lui plaire :
Loin d'éteindre ses feux, ose en brûler encor;
Et que jamais surtout quelque nymphe jolie
      Ne renvoie à la Peyronie[1]
      Le Télémaque et le Mentor.
        (Au seigneur de Bélébat.)
      Duchy, maître de la maison,
      Vous êtes franc, vrai, sans façon,
Très-peu complimenteur, et je vous en révère.
. . . .
La louange à vos yeux n'eut jamais rien de doux;
Allez, ne craignez rien des transports de ma lyre;
Je vous estimerai, mais sans vous en rien dire :
      C'est comme il faut vivre avec vous.
        (A M. de Montchesne.)
Continuez, monsieur : avec l'heureux talent
D'être plaisant et froid, sans être froid plaisant,

---

1. Habile chirurgien, mort en 1747.

De divertir souvent, et de ne jamais rire,
    Vous savez railler sans médire,
    Et vous possédez l'art charmant
De ne jamais fâcher, de toujours contredire.

(A Mme de Montchesne.)

Vous, aimable moitié de ce grand disputeur,
Vous, qui pensez toujours bien plus que vous n'en dites,
Vous, de qui l'on estime et l'esprit et le cœur,
Lorsque vous ne songez qu'à cacher leurs mérites,
Jouissez du plaisir d'avoir toujours dompté
Les contradictions dont son esprit abonde ;
Car ce n'est que pour vous qu'il a toujours été
    De l'avis du reste du monde.

(A Mme la marquise de Prie.)

De Prie, objet aimable, et rare assurément,
    Que vous passez d'un vol rapide
Du grave à l'enjoué, du frivole au solide !
    Que vous unissez plaisamment
L'esprit d'un philosophe et celui d'un enfant !
J'accepte les lauriers que votre main me donne :
Mais ne peut-on tenir de vous qu'une couronne ?
Vous connaissez Alain[1], ce poëte fameux,
Qui s'endormit un jour au palais de sa reine :
    Il en reçut un baiser amoureux ;
    Mais il dormait, et la faveur fut vaine.
Vous me pourriez payer d'un prix beaucoup plus doux ;
    Et si votre bouche vermeille
Doit quelque chose aux vers que je chante pour vous,
    N'attendez pas que je sommeille.

(A M. de Baye, frère de Mme de Prie.)

Vous êtes, cher de Baye, au printemps de votre âge ;
Vous promettez beaucoup, vous tiendrez davantage.
    Surtout n'ayez jamais d'humeur ;
    Vous plairez quand vous voudrez plaire :
    D'ailleurs imitez votre frère :
Mais, hélas ! qui pourrait imiter votre sœur ?

(A M. le duc de La Feuillade.)

    Vous avez, jeune La Feuillade,
    Ce don charmant que jadis eut Saucourt,

---

1. Alain Chartier, baisé pendant son sommeil par Marguerite d'Écosse,

Ce don qui toujours persuade,
Et qui plaît surtout à la cour.
Gardez qu'un jour on ne vous plaigne
D'avoir su mal user d'un talent si parfait ;
N'allez pas devenir un méchant cabaret,
Portant une si belle enseigne.

(A M. de Bonneval.)

Et vous, cher Bonneval, que vous êtes heureux !
Vous écrivez souvent sous l'aimable de Prie,
Et vous avez des vers le talent gracieux ;
Ainsi diversement vous passez votre vie
A parler la langue des dieux.
Partagez avec moi ce brin de ma couronne ;
De Prie, aux yeux de tous, m'a promis encor mieux :
Ah ! si ce mieux venait, je jure par les cieux
De ne le partager jamais avec personne.

(A M. le président Hénault[1].)

Hénault, aimé de tout le monde,
Vous enchantez également
Le philosophe, l'ignorant,
Le galant à perruque blonde,
Le citoyen, le courtisan :
En Apollon vous êtes mon confrère.
Grand maître en l'art d'aimer, bien plus en l'art de plaire ;
Vif sans emportement, complaisant sans fadeur,
Homme d'esprit sans être auteur,
Vous présidez à cette fête ;
Vous avez tout l'honneur de cet aimable jour.
Mes lauriers étaient faits pour ceindre votre tête ;
Mais vous n'en recevez que des mains de l'Amour.

(A MM. le marquis et l'abbé de Livry.)

Plus on connaît Livry, plus il est agréable :
Il donne des plaisirs, et toujours il en prend ;
Il est le dieu du lit et celui de la table.
Son frère, en tapinois, en fait bien tout autant ;
Et sans perdre de sa prudence,
Lorsqu'avec des buveurs il se trouve engagé,
Il soutient mieux que le clergé
Les libertés de l'Église de France.

---

1. Auteur de l'*Abrégé chronologique de l'histoire de France*.

(A M. Delaistre.)

Doux, sage, ingénieux, agréable Delaistre,
　　Vous avez gagné mon cœur
　　Dès que j'ai pu vous connaître.
Mon estime envers vous à l'instant va paraître ;
　　Je vous fais mon enfant de cœur.

(A Mme de Montchesne.)

　　Toi, Montchesne, discrète et sage,
　　Accepte-moi pour directeur ;
Que ton mari soit bedeau de village ;
　　Que de Baye soit carillonneur,
　　Et Duchy marguillier d'honneur.
　　Le président sera vicaire ;
Livry des pains bénits sera dépositaire.
　　Que l'abbé préside au lutrin,
Et qu'il ait même encor l'emploi de sacristain.
Venez, Béquet, venez ; soyez ma ménagère :
　　Songez surtout à vous bien acquitter
　　Des fonctions d'une charge si belle ;
　　Et puissions-nous l'un et l'autre imiter,
　　Moi, le curé ; vous, la jeune Brunelle !

LE CHŒUR chante.

　　Chantons tous la chambrière
　　De notre coadjuteur ;
　　Elle aura beaucoup à faire
　　Pour engraisser son pasteur[1].
　　Haut le pied, bonne ménagère ;
　　Haut le pied, coadjuteur.

LE COADJUTEUR chante.

　　Tu parais dans le bel âge,
　　Vive, aimable et sans humeur ;
　　Viens gouverner mon ménage,
　　Et ma paroisse, et mon cœur.
　　Haut le cul, belle ménagère ;
　　Haut le cul, coadjuteur.

　　L'évêque le plus austère,
　　S'il visitait mon réduit,
　　Cache-toi, ma ménagère,
　　Car il te prendrait pour lui.

---

1. Voltaire était et fut toujours très-maigre.

Haut le pied, bonne ménagère ;
Tu peux paraître aujourd'hui.
LE CHŒUR chante.
Honneur au dieu de Cythère,
Et gloire au divin Bacchus ;
Honneur et gloire à Voltaire,
Héritier de leurs vertus.
Haut le pied bonne ménagère ;
Que de biens sont attendus !

Des jeux l'escorte légère,
Sous ce digne successeur,
De la raison trop austère
Délivrera notre cœur.
Haut le pied, bonne ménagère ;
Célébrez votre bonheur.

Raison, dont la voix murmure
Contre nos tendres souhaits,
Par une triste peinture
Des cœurs tu troubles la paix.
Ils peignent d'après nature ;
Nous aimons mieux leurs portraits.

FIN DE LA FÊTE DE BÉLÉBAT.

VARIANTES

DE LA *FÊTE DE BÉLÉBAT*.

Page 287, vers 8. — Dans une édition de 1770, ce vers se termine par :

... avec cérémonie.

Dans l'édition de 1775 il y a :

... à peine repentie.   (B.)

Ibid., vers 29. — Dans les éditions de 1764, 1770 et 1775, au lieu de ce vers et du suivant, il y a :

Faites-nous humblement un exposé succinct
De cent petits péchés dont vous fûtes atteint.   (B.)

FIN DES VARIANTES DE LA FÊTE DE BÉLÉBAT.

BRUTUS

TRAGÉDIE EN CINQ ACTES

REPRÉSENTÉE, POUR LA PREMIÈRE FOIS, LE 11 DÉCEMBRE 1730.

AVERTISSEMENT

POUR LA PRÉSENTE ÉDITION.

Brutus avait été ébauché en Angleterre, et l'on dit même que le premier acte avait été d'abord écrit en anglais. C'est en Angleterre, où il venait de passer plusieurs années, que Voltaire puisa, dans le spectacle et la société d'un peuple libre en politique, le sentiment républicain qui anime cette pièce. Il se pénétra, pendant le séjour qu'il fit chez les Anglais, de cette haine du pouvoir arbitraire et de cet amour de la liberté qui forment le caractère de Brutus et balancent dans son fils les passions fougueuses de la jeunesse.

En décembre 1729, Voltaire rassemblait à dîner chez lui les comédiens et leur lisait sa pièce. Quelques jours après il écrivait à Thiériot, qui avait probablement assisté à cette lecture où La Faye était également convié : « Mon cher ami, je vous dis d'abord que j'ai retiré *Brutus*. On m'a assuré de tant de côtés que M. de Crébillon avait été trouver M. de Chabot (le chevalier de Rohan) et avait fait le complot de faire tomber *Brutus*, que je ne veux pas leur en donner le plaisir. D'ailleurs je ne crois pas la pièce digne du public. Ainsi, mon ami, si vous avez retenu des loges, envoyez chercher votre argent. »

« Nous ne croyons guère, dit M. G. Desnoiresterres, à l'accusation dont l'auteur de *Rhadamiste* est ici l'objet. Nature indolente, paresseuse, inhabile à l'intrigue, Crébillon n'était pas homme à enchevêtrer, en dehors de ses tragédies, des trames aussi noires. Et puis, extérieurement, les deux rivaux étaient loin d'en être à couteaux tirés. Quelques jours plus tard ils font ensemble une démarche auprès de Lamotte.... En somme, la cause déterminante du retrait de la pièce fut moins l'appréhension des menées de Crébillon et du chevalier de Rohan que le peu d'effet qu'elle avait produit sur Messieurs de la Comédie-Française. Lui-même avait senti la nécessité de la remanier.... et il convient ailleurs que les défauts de sa pièce la lui firent refuser constamment un an entier aux comédiens. Dès la fin de novembre 1730, *Brutus* était en pleines répétitions et prêt à être joué. Le poëte avait plus d'un souci ; il estimait l'œuvre bonne, mais il fallait faire goûter cette terrible donnée à un public de caillettes et de petits-maîtres. Il n'avait plus la Lecouvreur pour l'aider de son magique talent, et c'était à un talent inexpérimenté encore qu'il avait dû confier le rôle de Tullie. MM. Clogenson

et Beuchot veulent que ce soit Mlle Gaussin, qui devait débuter un peu plus tard (28 avril 1731) dans le personnage de *Junie*, de *Britannicus*. Il nous a été facile de constater l'erreur dans les registres de la Comédie-Française, qui portent le nom de Mlle Dangeville, à laquelle reviendraient alors de droit la lettre et les vers adressés à Tullie, et dont Mlle Gaussin a bénéficié jusqu'à ce jour.

« La jeune actrice, sentant toute la responsabilité qu'elle assumait en se chargeant de ce rôle, n'était rien moins que rassurée ; et il y parut. Voltaire, le lendemain matin, lui écrivit une lettre charmante où il lui donnait toutes les exhortations et tous les encouragements capables de lui rendre cette confiance en soi dont l'acteur a plus besoin que tout autre : « Ne vous décou-
« ragez pas, lui marquait-il, songez que vous avez joué à merveille aux répé-
« titions ; qu'il ne vous a manqué hier que d'être hardie. Votre timidité même
« vous fait honneur. Il faut prendre demain votre revanche. J'ai vu tomber
« *Mariamne* et je l'ai vue se relever. »

« Au reste, Mlle Dangeville ne démentit pas ses prévisions : « Mon valet
« de chambre arrive dans le moment, mandait le poëte à Thiériot dans un
« de ces billets rapides que son besoin d'expansion lui faisait griffonner à
« tout instant, qui me dit que Tullie a joué comme un ange. » Malgré l'é-
motion de l'actrice, *Brutus* obtint un grand succès à la première représen-
tation (11 décembre). Mais ce succès ne se soutint pas ; la recette tomba, à la deuxième représentation, de cinq mille soixante-cinq à deux mille cinq cent quarante livres. La pièce eut quinze représentations. La recette de la dernière (17 janvier 1731) ne s'éleva pas à plus de six cent soixante livres. Le chiffre n'était que trop éloquent ; on se le tint pour dit. »

Les accusations ordinaires de vol, de plagiat, s'élevèrent contre l'auteur. Les rivaux, les ennemis, prétendirent que Voltaire avait fait des emprunts à une tragédie de *Brutus,* de Mlle Bernard, à laquelle Fontenelle avait collaboré, et qui avait été représentée quarante ans auparavant (18 déc. 1690). Piron affirme même que Fontenelle se fâcha : « Cet illustre prend la chose en très-mauvaise part, écrit-il au marquis d'Orgeval, l'autre s'en moque ; l'habit est recousu de beau fil blanc et raccommodé avec de belles pièces de pourpre ; la friperie triomphe, et malheur aux curieux ! »

Il est bien entendu que la tragédie de Voltaire n'était pas la première que l'histoire du premier Brutus, condamnant à mort ses enfants, eût inspirée. La première que les annalistes nous signalent est intitulée : *La Mort des enfants de Brute*. Elle est de La Calprenède. Elle obtint un grand succès à l'hôtel de Bourgogne en 1647, et eut deux éditions. En voici la donnée :

« Tullie, fille de Tarquin, est aimée de Tite et de Tibère, fils de Brutus. On croit qu'elle a péri le jour où son père a perdu la couronne, mais c'est une erreur : elle a été sauvée par l'adresse de Vitelle, son beau-frère. Elle est donc dans Rome, à portée par conséquent d'appuyer la conjuration en faveur de Tarquin. Cette conjuration est découverte au troisième acte. Brutus apprend avec indignation que ses deux fils, séduits par les discours de Vitelle et plus encore par la passion qu'ils ont pour Tullie, ont tenté de rétablir le tyran sur le trône. Il ne s'agit, dans les deux derniers actes, que de décider du sort des coupables. L'amour de la patrie, étouffant tout autre sentiment dans le cœur de Brutus, il refuse la grâce que le sénat veut accorder à ses fils; et Tullie, par un coup de poignard, prévient ses reproches et va rejoindre ses adorateurs.

On trouve dans cette pièce quelques vers assez beaux. Après avoir condamné ses fils, Brutus dit :

> Laisse-moi soupirer, tyrannique vertu;
> Je t'ai donné mes fils, Rome, que me veux-tu?
> J'ai donné tout mon sang à tes moindres alarmes;
> Souffre qu'à tout mon sang je donne quelques larmes.
>
> JUNIE.
> Qu'as-tu fait de ton sang, Brutus?
>
> BRUTUS.
> Je l'ai versé.
> Femme, viens achever ce que j'ai commencé.
>
> JUNIE.
> Rends-moi mes fils, cruel.
>
> BRUTUS.
> Ils ont perdu la vie
> . . . .
> Fuis de moi, femme, fuis; et, cachant tes douleurs,
> Souviens-toi qu'un Romain punit jusques aux pleurs.
> . . . .
> Souffre que mes neveux adorent ma mémoire;
> Et qu'ils disent de moi, voyant ce que je fis :
> Il fut père de Rome, et plus que de ses fils.

Mlle Catherine Bernard, parente des Corneille et de Fontenelle, donna, en 1690, un *Brutus* avec l'aide de Fontenelle. Il réussit également et n'eut pas moins de vingt-cinq représentations, ce qui était considérable en ce temps-là. « Cet ouvrage, dit Laharpe, n'a pas été inutile à Voltaire; il en a pu emprunter son personnage d'ambassadeur, et il a évidemment imité quelques endroits. »

On y trouve une double intrigue d'amour. Les deux fils de Brutus sont amoureux d'une Aquilie, fille d'Aquilius, chef de la conspiration en faveur des rois bannis; et une Valérie, sœur du consul Valérius, est amoureuse de Titus qui ne l'aime point. On se doute bien qu'au milieu de tous ces amours, traités dans la manière des romans, le génie de Rome et le ton du sujet ont entièrement disparu. L'idée qu'a eue Voltaire de rendre Titus amoureux d'une fille de Tarquin est bien supérieure. Il n'y a pas moins de distance entre l'audience solennelle donnée dans le sénat romain à l'envoyé de Porsenna, et la scène où les deux consuls reçoivent Octavius, qui joue dans la pièce de Mlle Bernard le même rôle qu'Arons dans celle de Voltaire. Mais ces deux personnages commencent leur discours à peu près de même pour le fond des idées :

> OCTAVIUS.
> . . . . Consuls, quelle est ma joie
> De parler devant vous pour le roi qui m'envoie,

> Et non devant un peuple aveugle, audacieux,
> D'un crime tout récent encore furieux,
> Qui, ne prévoyant rien, sans crainte s'abandonne
> Au frivole plaisir qu'un changement lui donne.

Arons dit de même :

> Consuls, et vous, sénat, qu'il m'est doux d'être admis
> Dans ce conseil sacré de sages ennemis !
> De voir tous ces héros dont l'équité sévère
> N'ont jusques aujourd'hui qu'un reproche à se faire ;
> Témoin de leurs exploits, d'admirer leurs vertus ;
> D'écouter Rome enfin par la voix de Brutus !
> Loin des cris de ce peuple indocile et barbare,
> Que la fureur conduit, réunit et sépare,
> Aveugle dans sa haine, aveugle en son amour,
> Qui menace et qui craint, règne et sert en un jour...

On ne peut nier que l'un de ces deux morceaux n'ait pu fournir l'idée de l'autre ; mais l'obligation est assez légère et l'intervalle est immense. On peut observer le même rapport et la même distance entre ces quatre vers de Brutus à son fils, qu'il va condamner :

> Reçois donc mes adieux pour prix de ta constance ;
> Porte sur l'échafaud cette mâle assurance.
> Ton père infortuné tremble à te condamner ;
> Va, ne l'imite pas, et meurs sans t'étonner.

et ceux que Voltaire lui prête dans la même circonstance :

> Lève-toi, triste objet d'horreur et de tendresse, etc.
>   Acte V, scène VII *(in fine).*

Il faut mentionner encore un *Brutus* latin du P. Porée, joué au collége de Louis-le-Grand. Le dialogue, quoique semé d'antithèses, ne manque ni de vivacité ni de noblesse, mais le plan est d'un homme qui n'a aucune connaissance du théâtre. Cette pièce ressemble à toutes celles du même auteur qui ne sont que des espèces de pastiches, des copies maladroites de nos plus belles tragédies françaises. Les trois derniers actes de son *Brutus* sont calqués sur l'*Héraclius* de Corneille. Les deux fils de Brutus se disputent, comme les deux princes, à qui mourra, et chacun d'eux n'accuse que lui-même et veut justifier et sauver l'autre. Cependant cette pièce du P. Porée a fourni à son élève deux beaux mouvements. Titus, condamné, dit à son père : « Je vais mourir, mon père ; vous l'avez ordonné. Je vais mourir, et je donne volontiers ma vie en expiation de ma faute ; mais ce qui m'accable d'une juste douleur, je meurs coupable envers mon père. Ah ! du moins, que je ne meure pas haï de vous, que je n'emporte pas au tombeau ce regret affreux : accordez à un fils qui vous aime les embrassements paternels ; que j'obtienne de vous cette dernière grâce, ouvrez les bras à votre fils, etc. »

Voltaire a imité ce morceau :

> Terminez mes forfaits, mon désespoir, ma vie, etc.
>
> Acte V, scène VII.

mais combien l'élève surpasse le maître! Cela n'empêche pas qu'il ne lui ait obligation. Il lui doit aussi ce dernier vers qui termine si bien la tragédie de *Brutus* :

> Rome est libre, il suffit... Rendons grâces aux dieux!

Mais il enchérit toujours sur le modèle. Le Brutus latin dit seulement, lorsqu'on lui annonce la mort de son fils : « Je suis content, Rome est vengée. » La beauté consiste dans ce premier sentiment donné tout entier à la patrie, et c'est là ce que Voltaire a emprunté ; car d'ailleurs « Rome est libre » a bien une autre étendue et une autre force d'idée que « Rome est vengée », et « Rendons grâces aux dieux! » est sublime.

Enfin, il paraît que Crébillon avait fait aussi dans sa jeunesse une tragédie de la *Mort des enfants de Brutus*, et c'est là ce qui explique peut-être les projets de cabale que nous avons vu Voltaire prêter à ce poëte. Nous lisons du moins dans les *Annales dramatiques :* « Le jeune Crébillon, sur les conseils du procureur Prieur chez qui il était clerc, tenta de faire une tragédie : il choisit pour son coup d'essai le sujet de la *Mort des enfants de Brutus*. Les comédiens à qui il alla la présenter la refusèrent ; et pour ne rien dissimuler, non-seulement elle n'était pas bonne, mais encore quoiqu'on y découvrît assez de talent pour la versification, elle n'annonçait pas que son auteur pût devenir un jour un très-grand poëte. Cette pièce existait encore il y a trente ans (ceci est écrit en 1775) ; on l'avait retrouvée tout entière dans des papiers qu'il avait mis au rebut ; et comme on prévoyait ce qu'il voudrait en faire, si on lui eût annoncé la découverte, on se garda bien de l'en instruire ; mais le hasard la lui ayant fait rencontrer sous sa main, il la brûla. » Il est donc bien peu probable qu'il ait pu éprouver du mécontentement à voir Voltaire traiter le même sujet.

On s'est étonné que *Brutus*, à l'origine, ne produisît aucune sensation politique. C'est qu'il était, à l'époque où il parut, entièrement dépourvu d'actualité. Le culte monarchique n'était nullement entamé, et ce n'était que par un effort d'intelligence historique que l'on pouvait comprendre et admirer les vertus républicaines de l'ancienne Rome. *Brutus*, au contraire, devint une pièce de circonstance quand la lutte entre les idées républicaines et les idées monarchiques commença.

« Depuis longtemps, une partie du public, racontent Étienne et Martainville[1], sollicitait vivement la reprise de *Brutus*, tragédie de Voltaire, et les comédiens se rendirent enfin à ses vœux le 17 novembre 1790. La crainte que cette représentation ne fût très-orageuse détermina les officiers munici-

---

[1]. *Histoire du Théâtre-Français depuis le commencement de la Révolution jusqu'à la réunion générale*, t. I, p. 194.

paux de Paris à prendre des mesures de sûreté, et on lut l'annonce suivante sur les affiches pour la première fois :

« Conformément aux ordres de la municipalité, le public est prévenu que « l'on entrera sans cannes, bâtons, épées, et sans aucune espèce d'armes « offensives. »

« La représentation fut extrêmement tumultueuse : le public ayant aperçu MM. de Mirabeau et de Menou, députés célèbres de l'Assemblée constituante, les couvrit d'applaudissements; et le premier étant placé aux troisièmes loges, une députation du parterre alla l'inviter à descendre aux galeries pour que chacun pût le contempler à son aise.

« La toile fut à peine levée que l'on applaudit les maximes révolutionnaires avec transport. Quelques sifflets s'étant fait entendre, le parterre s'écria avec force : *A bas les aristocrates! à la porte! à la porte!* Le moment le plus remarquable de cette représentation fut celui où l'on prononça cet hémistiche : « Vivre libre et sans roi. » Un grand silence ne fut interrompu que par quelques applaudissements honteux; mais tout à coup les loges se levèrent spontanément en s'écriant : *Vive le roi!* et ce cri retentit à l'instant dans toutes les parties de la salle; les chapeaux, les mouchoirs furent agités; en un mot, l'enthousiasme public se manifesta de la manière la plus touchante.

« Après la pièce, le parterre ayant demandé à voir le buste de Voltaire, tous les acteurs s'empressèrent d'aller le chercher dans le grand foyer, et l'apportèrent sur le théâtre au milieu des applaudissements et des cris de *Vive Voltaire!* Comme il était impossible que ce buste tînt solidement sur un théâtre qui va en pente, et que le public voulait constamment l'avoir sous les yeux, deux grenadiers le soutinrent pendant tout le temps que dura la *Feinte par amour,* qu'on joua après *Brutus.* »

La deuxième représentation attira encore un concours nombreux de spectateurs. On avait placé sur chaque côté du théâtre les deux bustes de Brutus et de Voltaire. Au lever de la toile un papier ayant été jeté des loges, M. Vanhove le ramassa et lut au public les deux vers suivants :

O buste révéré de Brutus, d'un grand homme!
Transporté dans Paris, tu n'as pas quitté Rome!

La représentation fut un peu moins bruyante que la première : à la fin du cinquième acte, les acteurs mirent en action le superbe tableau de David représentant le corps de Titus porté sur un brancard par des licteurs et l'attitude sombre de Brutus immobile dans sa douleur. Cette innovation produisit un très-grand effet, et le public en témoigna sa satisfaction par de vifs applaudissements.

Le 21 mai 1791, une reprise très-remarquable de Brutus eut lieu au théâtre de la rue Richelieu, où Monvel et Talma réunirent tous les suffrages dans les rôles de Brutus et de Titus.

Il est constant que *Brutus* fut une des pièces qui eurent le plus de succès pendant la Révolution. On lit toutefois dans *le Lycée* de Laharpe cette note singulière : « N'oublions pas, en finissant cet article de *Brutus,* de rappeler que cette tragédie a été depuis écartée du théâtre comme étant contre-révolutionnaire. »

Serait-il venu un moment où Brutus lui-même aurait été dépassé? Laharpe était à même de le savoir. Nous n'avons pas toutefois rencontré ailleurs la preuve de cette assertion. Nous voyons seulement que par l'arrêté du 22 ventôse an II (février 1794) la représentation de *Brutus* n'est plus autorisée qu'avec des changements que nous ne connaissons pas, sauf deux vers que M. Villemain avait pu recueillir de la tradition, à moins qu'il ne les ait inventés (voy. page 371, note 1).

AVERTISSEMENT[1]

Cette tragédie fut jouée pour la première fois en 1730. C'est de toutes les pièces de l'auteur celle qui eut en France le moins de succès aux représentations ; elle ne fut jouée que seize fois (quinze) ; et c'est celle qui a été traduite en plus de langues, et que les nations étrangères aiment le mieux. Elle est ici fort différente des premières éditions.

---

1. Cet *Avertissement* est dans l'édition des *OEuvres de Voltaire*, 1738-39, en quatre volumes in-8°, et peut-être de Lamare, qui donna cette édition en Hollande. *Brutus*, reçu en 1729, fut retiré par l'auteur la même année, avant d'avoir été représenté, et ne fut joué pour la première fois que le 11 décembre 1730, puis imprimé sous ce titre : *Le Brutus de M. de Voltaire, avec un Discours sur la tragédie*, 1731, in-8°; 1736, in-8° (au titre près, c'est peut-être la même édition). Voici les écrits auxquels il donna naissance :

I. *Le Bolus, parodie du Brutus*, par Dominique et Romagnési, représentée sur le théâtre italien, le 24 janvier 1731, imprimée la même année, in-8°.

II. *Le Sénat académique ;* cette parodie des deux premières scènes de *Brutus* est imprimée dans le *Glaneur* des 2 et 5 avril 1731. Les interlocuteurs sont Houdard de Lamotte, Fontenelle et Thiériot.

III. *Lettre à l'auteur du Mercure* (dans le *Mercure* de mars 1731). Cette lettre est de l'abbé Pellegrin.

IV. *Réflexions sur la tragédie de Brutus* (dans le *Nouvelliste du Parnasse*, IVᵉ lettre).

V. *Réflexions à l'occasion du Brutus de M. de Voltaire, et de son Discours sur la tragédie* (dans le *Mercure* d'avril 1731). L'auteur est Jean Soubeiran de Scopon, avocat de Toulouse, né en 1699, mort en 1751.

VI. *Jugement en dernier ressort rendu par Momus, conseiller d'État d'Apollon, lieutenant-général de police du Parnasse.* Cette prétendue facétie a été réimprimée en grande partie dans le tome III de l'*Histoire littéraire de Voltaire*, par Luchet. (B.)

DISCOURS

SUR LA TRAGÉDIE

A MYLORD BOLINGBROKE

Si je dédie à un Anglais un ouvrage représenté à Paris, ce n'est pas, mylord, qu'il n'y ait aussi dans ma patrie des juges très-éclairés, et d'excellents esprits auxquels j'eusse pu rendre cet hommage; mais vous savez que la tragédie de *Brutus* est née en Angleterre. Vous vous souvenez que, lorsque j'étais retiré à Wandsworth, chez mon ami M. Falkener, ce digne et vertueux citoyen, je m'occupai chez lui à écrire en prose anglaise le premier acte de cette pièce, à peu près tel qu'il est aujourd'hui en vers français. Je vous en parlais quelquefois, et nous nous étonnions qu'aucun Anglais n'eût traité ce sujet, qui, de tous, est peut-être le plus convenable à votre théâtre[1]. Vous m'encouragiez à continuer un ouvrage susceptible de si grands sentiments. Souffrez donc que je vous présente *Brutus*, quoique écrit dans une autre langue, *docte sermonis utriusque linguæ*[2], à vous qui me donneriez des leçons de français aussi bien que d'anglais, à vous qui m'apprendriez du moins à rendre à ma langue cette force et cette énergie qu'inspire la noble liberté de penser : car les sentiments vigoureux de l'âme passent toujours dans le langage, et qui pense fortement parle de même.

Je vous avoue, mylord, qu'à mon retour d'Angleterre, où j'avais passé près de deux années dans une étude continuelle de votre langue, je me trouvai embarrassé lorsque je voulus composer une tragédie française. Je m'étais presque accoutumé à penser en anglais; je sentais que les termes de ma langue ne venaient plus se présenter à mon imagination avec la même abondance qu'auparavant : c'était comme un ruisseau dont la source avait été

---

1. Il y a un *Brutus* d'un auteur nommé Lee; mais c'est un ouvrage ignoré, qu'on ne représente jamais à Londres. (1748.)
2. Horace, livre III, ode VIII, 5. (B.)

détournée ; il me fallut du temps et de la peine pour le faire couler dans son premier lit. Je compris bien alors que, pour réussir dans un art, il le faut cultiver toute sa vie.

De la rime, et de la difficulté de la versification française.

Ce qui m'effraya le plus en rentrant dans cette carrière, ce fut la sévérité de notre poésie, et l'esclavage de la rime. Je regrettais cette heureuse liberté que vous avez d'écrire vos tragédies en vers non rimés ; d'allonger, et surtout d'accourcir presque tous vos mots ; de faire enjamber les vers les uns sur les autres, et de créer, dans le besoin, des termes nouveaux, qui sont toujours adoptés chez vous lorsqu'ils sont sonores, intelligibles, et nécessaires. Un poëte, disais-je, est un homme libre qui asservit sa langue à son génie ; le Français est un esclave de la rime, obligé de faire quelquefois quatre vers pour exprimer une pensée qu'un Anglais peut rendre en une seule ligne. L'Anglais dit tout ce qu'il veut, le Français ne dit que ce qu'il peut ; l'un court dans une carrière vaste, et l'autre marche avec des entraves dans un chemin glissant et étroit.

Malgré toutes ces réflexions et toutes ces plaintes, nous ne pourrons jamais secouer le joug de la rime ; elle est essentielle à la poésie française. Notre langue ne comporte que peu d'inversions ; nos vers ne souffrent point d'enjambement, du moins cette liberté est très-rare ; nos syllabes ne peuvent produire une harmonie sensible par leurs mesures longues ou brèves ; nos césures et un certain nombre de pieds ne suffiraient pas pour distinguer la prose d'avec la versification : la rime est donc nécessaire aux vers français. De plus, tant de grands maîtres qui ont fait des vers rimés, tels que les Corneille, les Racine, les Despréaux, ont tellement accoutumé nos oreilles à cette harmonie que nous n'en pourrions pas supporter d'autres ; et, je le répète encore, quiconque voudrait se délivrer d'un fardeau qu'a porté le grand Corneille serait regardé avec raison, non pas comme un génie hardi qui s'ouvre une route nouvelle, mais comme un homme très-faible qui ne peut marcher dans l'ancienne carrière.

Tragédies en prose.

On a tenté[1] de nous donner des tragédies en prose ; mais je ne crois pas que cette entreprise puisse désormais réussir : qui a le

---

1. Houdard de Lamotte.

plus ne saurait se contenter du moins. On sera toujours mal venu à dire au public : Je viens diminuer votre plaisir. Si, au milieu des tableaux de Rubens ou de Paul Véronèse, quelqu'un venait placer ses dessins au crayon, n'aurait-il pas tort de s'égaler à ces peintres? On est accoutumé dans les fêtes à des danses et à des chants : serait-ce assez de marcher et de parler, sous prétexte qu'on marcherait et qu'on parlerait bien, et que cela serait plus aisé et plus naturel?

Il y a grande apparence qu'il faudra toujours des vers sur tous les théâtres tragiques, et, de plus, toujours des rimes sur le nôtre. C'est même à cette contrainte de la rime et à cette sévérité extrême de notre versification que nous devons ces excellents ouvrages que nous avons dans notre langue. Nous voulons que la rime ne coûte jamais rien aux pensées, qu'elle ne soit ni triviale ni trop recherchée ; nous exigeons rigoureusement dans un vers la même pureté, la même exactitude que dans la prose. Nous ne permettons pas la moindre licence ; nous demandons qu'un auteur porte sans discontinuer toutes ces chaînes, et cependant qu'il paraisse toujours libre ; et nous ne reconnaissons pour poëtes que ceux qui ont rempli toutes ces conditions.

Exemple de la difficulté des vers français.

Voilà pourquoi il est plus aisé de faire cent vers en toute autre langue que quatre vers en français. L'exemple de notre abbé Regnier Desmarais, de l'Académie française et de celle de la Crusca, en est une preuve bien évidente : il traduisit Anacréon en italien avec succès, et ses vers français sont, à l'exception de deux ou trois quatrains, au rang des plus médiocres. Notre Ménage était dans le même cas. Combien de nos beaux esprits ont fait de très-beaux vers latins, et n'ont pu être supportables en leur langue!

La rime plaît aux Français, même dans les comédies.

Je sais combien de disputes j'ai essuyées sur notre versification en Angleterre, et quels reproches me fait souvent le savant évêque de Rochester[1] sur cette contrainte puérile, qu'il prétend

---

1. Atterbury (François), né en 1662, évêque de Rochester en 1713, banni d'Angleterre en 1723, mourut à Paris le 15 février 1732. Chaufepié (J.-G.), qui a publié à Amsterdam *Atterbury's epistolary Correspondence*, avait parlé assez longuement

que nous nous imposons de gaieté de cœur. Mais soyez persuadé, mylord, que plus un étranger connaîtra notre langue, et plus il se réconciliera avec cette rime qui l'effraie d'abord. Non-seulement elle est nécessaire à notre tragédie, mais elle embellit nos comédies mêmes. Un bon mot en vers en est retenu plus aisément : les portraits de la vie humaine seront toujours plus frappants en vers qu'en prose ; et qui dit *vers*, en français, dit nécessairement des vers rimés : en un mot, nous avons des comédies en prose du célèbre Molière, que l'on a été obligé de mettre en vers après sa mort[1], et qui ne sont plus jouées que de cette manière nouvelle.

Caractère du théâtre anglais.

Ne pouvant, mylord, hasarder sur le théâtre français des vers non rimés, tels qu'ils sont en usage en Italie et en Angleterre, j'aurais du moins voulu transporter sur notre scène certaines beautés de la vôtre. Il est vrai, et je l'avoue, que le théâtre anglais est bien défectueux. J'ai entendu de votre bouche que vous n'aviez pas une bonne tragédie ; mais en récompense, dans ces pièces si monstrueuses, vous avez des scènes admirables. Il a manqué jusqu'à présent à presque tous les auteurs tragiques de votre nation cette pureté, cette conduite régulière, ces bienséances de l'action et du style, cette élégance, et toutes ces finesses de l'art qui ont établi la réputation du théâtre français depuis le grand Corneille ; mais vos pièces les plus irrégulières ont un grand mérite, c'est celui de l'action.

Défaut du théâtre français.

Nous avons en France des tragédies estimées, qui sont plutôt des conversations qu'elles ne sont la représentation d'un événement. Un auteur italien m'écrivait dans une lettre sur les théâtres : « Un critico del nostro *Pastor Fido* disse che quel componimento era un riassunto di bellissimi madrigali : credo, se vivesse, che direbbe delle tragedie francesi che sono un riassunto di belle elegie e sontuosi epitalami[2]. » J'ai bien peur que cet Italien

---

de ces lettres, et en avait même traduit des passages dans une note, page 354 de la lettre A de son *Nouveau Dictionnaire historique*.

1. Il n'y a que le *Festin de Pierre*, mis en vers par T. Corneille, qui soit joué. Mais les autres tentatives de mettre en vers la prose de Molière n'ont point eu de succès. (B.)

2. « Un critique de notre *Pastor fido* dit que cette composition est une réunion

n'ait trop raison. Notre délicatesse excessive nous force quelquefois à mettre en récit ce que nous voudrions exposer aux yeux. Nous craignons de hasarder sur la scène des spectacles nouveaux devant une nation accoutumée à tourner en ridicule tout ce qui n'est pas d'usage.

L'endroit où l'on joue la comédie, et les abus qui s'y sont glissés, sont encore une cause de cette sécheresse qu'on peut reprocher à quelques-unes de nos pièces. Les bancs qui sont sur le théâtre, destinés aux spectateurs, rétrécissent la scène, et rendent toute action presque impraticable[1]. Ce défaut est cause que les décorations, tant recommandées par les anciens, sont rarement convenables à la pièce. Il empêche surtout que les acteurs ne passent d'un appartement dans un autre aux yeux des spectateurs, comme les Grecs et les Romains le pratiquaient sagement, pour conserver à la fois l'unité de lieu et la vraisemblance.

Exemple du CATON *anglais.*

Comment oserions-nous, sur nos théâtres, faire paraître, par exemple, l'ombre de Pompée, ou le génie de Brutus, au milieu de tant de jeunes gens qui ne regardent jamais les choses les plus sérieuses que comme l'occasion de dire un bon mot? Comment apporter au milieu d'eux sur la scène le corps de Marcus devant Caton son père, qui s'écrie : « Heureux jeune homme, tu es mort pour ton pays ! O mes amis, laissez-moi compter ces glorieuses blessures ! Qui ne voudrait mourir ainsi pour la patrie ? Pourquoi n'a-t-on qu'une vie à lui sacrifier ?... Mes amis, ne pleurez point ma perte, ne regrettez point mon fils ; pleurez Rome : la maîtresse du monde n'est plus. O liberté ! ô ma patrie ! ô vertu ! etc. » Voilà ce que feu M. Addison ne craignit point de faire représenter à Londres ; voilà ce qui fut joué, traduit en italien, dans plus d'une ville d'Italie. Mais si nous hasardions à Paris un tel spectacle, n'entendez-vous pas déjà le parterre qui se récrie, et ne voyez-vous pas nos femmes qui détournent la tête ?

---

d'admirables madrigaux ; je crois qu'on peut dire de la tragédie française qu'elle est aussi une réunion de belles élégies et de pompeux épithalames. »

1. Enfin ces plaintes réitérées de Voltaire ont opéré la réforme du théâtre en France, et ces abus ne subsistent plus. — Cette note est de 1764. Voltaire s'était aussi plaint de l'état de la scène, dans sa *Dissertation* en tête de *Sémiramis*. Ce ne fut qu'en 1760 que le théâtre fut enfin débarrassé des bancs qui l'obstruaient : voyez la dédicace à M. de Lauraguais, en tête de l'*Écossaise*. (B.)

Comparaison du Manlius *de M. de La Fosse avec la* Venise sauvée *de M. Otway.*

Vous n'imagineriez pas à quel point va cette délicatesse. L'auteur de notre tragédie de *Manlius* prit son sujet de la pièce anglaise de M. Otway, intitulée *Venise sauvée*. Le sujet est tiré de l'histoire de la conjuration du marquis de Bedmar, écrite par l'abbé de Saint-Réal; et permettez-moi de dire en passant que ce morceau d'histoire, égal peut-être à Salluste, est fort au-dessus de la pièce d'Otway et de notre *Manlius*. Premièrement, vous remarquez le préjugé qui a forcé l'auteur français à déguiser sous des noms romains une aventure connue, que l'anglais a traitée naturellement sous les noms véritables. On n'a point trouvé ridicule au théâtre de Londres qu'un ambassadeur espagnol s'appelât Bedmar, et que des conjurés eussent le nom de Jaffier, de Jacques-Pierre, d'Elliot; cela seul en France eût pu faire tomber la pièce.

Mais voyez qu'Otway ne craint point d'assembler tous les conjurés. Renaud prend leur serment, assigne à chacun son poste, prescrit l'heure du carnage, et jette de temps en temps des regards inquiets et soupçonneux sur Jaffier, dont il se défie. Il leur fait à tous ce discours pathétique, traduit mot pour mot de l'abbé de Saint-Réal : « Jamais repos si profond ne précéda un trouble si grand. Notre bonne destinée a aveuglé les plus clairvoyants de tous les hommes, rassuré les plus timides, endormi les plus soupçonneux, confondu les plus subtils : nous vivons encore, mes chers amis; nous vivons, et notre vie sera bientôt funeste aux tyrans de ces lieux, etc. »

Qu'a fait l'auteur français? Il a craint de hasarder tant de personnages sur la scène; il se contente de faire réciter par Renaud, sous le nom de Rutile, une faible partie de ce même discours, qu'il vient, dit-il, de tenir aux conjurés. Ne sentez-vous pas, par ce seul exposé, combien cette scène anglaise est au-dessus de la française, la pièce d'Otway fût-elle d'ailleurs monstrueuse?

Examen du Jules-César *de Shakespeare.*

Avec quel plaisir n'ai-je point vu à Londres votre tragédie de *Jules-César*, qui, depuis cent cinquante années, fait les délices de votre nation! Je ne prétends pas assurément approuver les irrégularités barbares dont elle est remplie; il est seulement étonnant qu'il ne s'en trouve pas davantage dans un ouvrage composé dans un siècle d'ignorance, par un homme qui même ne savait pas le latin, et qui n'eut de maître que son génie. Mais, au milieu de tant de fautes grossières, avec quel ravissement je voyais Brutus, tenant encore un poignard teint du sang de César, assembler le peuple romain, et lui parler ainsi du haut de la tribune aux harangues :

« Romains, compatriotes, amis, s'il est quelqu'un de vous qui ait été attaché à César, qu'il sache que Brutus ne l'était pas moins : oui, je l'aimais, Romains ; et si vous me demandez pourquoi j'ai versé son sang, c'est que j'aimais Rome davantage. Voudriez-vous voir César vivant, et mourir ses esclaves, plutôt que d'acheter votre liberté par sa mort? César était mon ami, je le pleure ; il était heureux, j'applaudis à ses triomphes ; il était vaillant, je l'honore : mais il était ambitieux, je l'ai tué. Y a-t-il quelqu'un parmi vous assez lâche pour regretter la servitude? S'il en est un seul, qu'il parle, qu'il se montre ; c'est lui que j'ai offensé ; y a-t-il quelqu'un assez infâme pour oublier qu'il est Romain ? qu'il parle ; c'est lui seul qui est mon ennemi.

CHOEUR DES ROMAINS.

Personne, non, Brutus, personne.

BRUTUS.

Ainsi donc je n'ai offensé personne. Voici le corps du dictateur qu'on vous apporte ; les derniers devoirs lui seront rendus par Antoine, par cet Antoine qui, n'ayant point eu de part au châtiment de César, en retirera le même avantage que moi ; et que chacun de vous sente le bonheur inestimable d'être libre! Je n'ai plus qu'un mot à vous dire : j'ai tué de cette main mon meilleur ami pour le salut de Rome ; je garde ce même poignard pour moi, quand Rome demandera ma vie.

LE CHOEUR.

Vivez, Brutus, vivez à jamais! »

Après cette scène, Antoine vient émouvoir de pitié ces mêmes Romains à qui Brutus avait inspiré sa rigueur et sa barbarie. Antoine, par un discours artificieux, ramène insensiblement ces esprits superbes ; et quand il les voit radoucis, alors il leur montre le corps de César ; et, se servant des figures les plus pathétiques, il les excite au tumulte et à la vengeance. Peut-être les Français ne souffriraient pas que l'on fît paraître sur leurs théâtres un chœur composé d'artisans et de plébéiens romains ; que le corps sanglant de César y fût exposé aux yeux du peuple, et qu'on excitât ce peuple à la vengeance, du haut de la tribune aux harangues : c'est à la coutume, qui est la reine de ce monde, à changer le goût des nations, et à tourner en plaisir les objets de notre aversion.

Spectacles horribles chez les Grecs.

Les Grecs ont hasardé des spectacles non moins révoltants pour nous. Hippolyte, brisé par sa chute, vient compter ses blessures et pousser des cris douloureux. Philoctète tombe dans ses accès de souffrance ; un sang noir coule de sa plaie. Œdipe, couvert du sang qui dégoutte encore des restes de ses yeux qu'il vient d'arracher, se plaint des dieux et des hommes. On entend les cris de Clytemnestre que son propre fils égorge ; et Électre crie sur le théâtre : « Frappez, ne l'épargnez pas, elle n'a pas épargné notre père. » Prométhée est attaché sur un rocher avec des clous qu'on lui enfonce dans l'estomac et dans les bras. Les furies répondent à l'ombre sanglante de Clytemnestre par des hurlements sans aucune articulation. Beaucoup de tragédies grecques, en un mot, sont remplies de cette terreur portée à l'excès.

Je sais bien que les tragiques grecs, d'ailleurs supérieurs aux anglais, ont erré en prenant souvent l'horreur pour la terreur, et le dégoûtant et l'incroyable pour le tragique et le merveilleux. L'art était dans son enfance du temps d'Eschyle, comme à Londres du temps de Shakespeare ; mais, parmi les grandes fautes des poëtes grecs, et même des vôtres, on trouve un vrai pathétique et de singulières beautés ; et, si quelques Français qui ne connaissent les tragédies et les mœurs étrangères que par des traductions et sur des ouï-dire les condamnent sans aucune restriction, ils sont, ce me semble, comme des aveugles qui assureraient qu'une rose ne peut avoir de couleurs vives parce qu'ils en compteraient les épines à tâtons. Mais si les Grecs et vous, vous passez les bornes de la bienséance, et si les Anglais surtout ont donné des spectacles effroyables, voulant en donner de terribles, nous autres Français, aussi scrupuleux que vous avez été téméraires, nous nous arrêtons trop, de peur de nous emporter ; et quelquefois nous n'arrivons pas au tragique, dans la crainte d'en passer les bornes.

Je suis bien loin de proposer que la scène devienne un lieu de carnage, comme elle l'est dans Shakespeare et dans ses successeurs, qui, n'ayant pas son génie, n'ont imité que ses défauts ; mais j'ose croire qu'il y a des situations qui neparaissent encore que dégoûtantes et horribles aux Français, et qui, bien ménagées, représentées avec art, et surtout adoucies par le charme des beaux vers, pourraient nous faire une sorte de plaisir dont nous ne nous doutons pas.

> Il n'est point de serpent, ni de monstre odieux,
> Qui, par l'art imité, ne puisse plaire aux yeux.
>
> BOILEAU, *Art poét.*, III, 1-2.

Bienséances et unités.

Du moins, que l'on me dise pourquoi il est permis à nos héros et à nos héroïnes de théâtre de se tuer, et qu'il leur est défendu de tuer personne. La scène est-elle moins ensanglantée par la mort d'Atalide, qui se poignarde pour son amant, qu'elle ne le serait par le meurtre de César, et si le spectacle du fils de Caton, qui paraît mort aux yeux de son père, est l'occasion d'un discours admirable de ce vieux Romain ; si ce morceau a été applaudi en Angleterre et en Italie par ceux qui sont les plus grands partisans de la bienséance française ; si les femmes les plus délicates n'en ont point été choquées, pourquoi les Français ne s'y accoutumeraient-ils pas ? La nature n'est-elle pas la même dans tous les hommes ?

Toutes ces lois, de ne point ensanglanter la scène, de ne point faire parler plus de trois interlocuteurs, etc., sont des lois qui, ce me semble, pourraient avoir quelques exceptions parmi nous, comme elles en ont eu chez les Grecs. Il n'en est pas des règles de la bienséance, toujours un peu arbitraires, comme des règles fondamentales du théâtre, qui sont les trois unités : il y aurait de la faiblesse et de la stérilité à étendre une action au delà de l'espace de temps et du lieu convenable. Demandez à quiconque aura inséré dans une pièce trop d'événements la raison de cette faute : s'il est de bonne foi, il vous dira qu'il n'a pas eu assez de génie pour remplir sa pièce d'un seul fait ; et s'il prend deux jours et deux villes pour son action, croyez que c'est parce qu'il n'aurait pas eu l'adresse de la resserrer dans l'espace de trois heures et dans l'enceinte d'un palais, comme l'exige la vraisemblance. Il en est tout autrement de celui qui hasarderait un spectacle horrible sur le théâtre : il ne choquerait point la vraisemblance ; et cette hardiesse, loin de supposer de la faiblesse dans l'auteur, demanderait au contraire un grand génie pour mettre, par ses vers, de la véritable grandeur dans une action qui, sans un style sublime, ne serait qu'atroce et dégoûtante.

Cinquième acte de Rodogune.

Voilà ce qu'a osé tenter une fois notre grand Corneille, dans sa *Rodogune*. Il fait paraître une mère qui, en présence de la cour et d'un ambassadeur, veut empoisonner son fils et sa belle-fille, après avoir tué son autre fils de sa propre main. Elle leur présente la coupe empoisonnée ; et, sur leurs refus et leurs soupçons, elle la boit elle-même, et meurt du poison qu'elle leur destinait. Des coups aussi terribles ne doivent pas être prodigués, et il n'appartient pas à tout le monde d'oser les frapper. Ces nouveautés demandent une grande circonspection, et une exécution de maître. Les Anglais eux-mêmes avouent que Shakespeare, par exemple, a été le seul parmi eux qui ait su évoquer et faire parler des ombres avec succès :

Within that circle none durst move but he.

Pompe et dignité du spectacle dans la tragédie.

Plus une action théâtrale est majestueuse ou effrayante, plus elle deviendrait insipide si elle était souvent répétée ; à peu près comme les détails des batailles, qui, étant par eux-mêmes ce qu'il y a de plus terrible, deviennent froids et ennuyeux à force de reparaître souvent dans les histoires. La seule pièce où M. Racine ait mis du spectacle, c'est son chef-d'œuvre d'*Athalie*. On y voit un enfant sur un trône, sa nourrice et des prêtres qui l'environnent, une reine qui commande à ses soldats de le massacrer, des lévites armés qui accourent pour le défendre. Toute cette action est pathétique ; mais, si le style ne l'était pas aussi, elle ne serait que puérile.

Plus on veut frapper les yeux par un appareil éclatant, plus on s'impose la nécessité de dire de grandes choses ; autrement on ne serait qu'un décorateur, et non un poëte tragique. Il y a près de trente années qu'on représenta la tragédie de *Montezume*, à Paris ; la scène ouvrait par un spectacle nouveau, c'était un palais d'un goût magnifique et barbare : Montezume paraissait avec un habit singulier ; des esclaves armés de flèches étaient dans le fond ; autour de lui étaient huit grands de sa cour, prosternés le visage contre terre : Montezume commençait la pièce en leur disant :

Levez-vous ; votre roi vous permet aujourd'hui [1]
Et de l'envisager, et de parler à lui.

1. Ces vers de la tragédie de *Montezume,* par Ferrier, jouée en 1702, et non

Ce spectacle charma; mais voilà tout ce qu'il y eut de beau dans cette tragédie.

Pour moi, j'avoue que ce n'a pas été sans quelque crainte que j'ai introduit sur la scène française le sénat de Rome, en robes rouges, allant aux opinions. Je me souvenais que lorsque j'introduisis autrefois dans *Œdipe* un chœur de Thébains qui disait [1] :

> O mort, nous implorons ton funeste secours!
> O mort, viens nous sauver, viens terminer nos jours!

le parterre, au lieu d'être frappé du pathétique qui pouvait être en cet endroit, ne sentit d'abord que le prétendu ridicule d'avoir mis ces vers dans la bouche d'acteurs peu accoutumés, et il fit un éclat de rire. C'est ce qui m'a empêché, dans *Brutus*, de faire parler les sénateurs quand Titus est accusé devant eux, et d'augmenter la terreur de la situation, en exprimant l'étonnement et la douleur de ces pères de Rome, qui sans doute devaient marquer leur surprise autrement que par un jeu muet, qui même n'a pas été exécuté [2].

Les Anglais donnent beaucoup plus à l'action que nous, ils

---

imprimée, sont cités de deux autres manières différentes par Léris, dans son *Dictionnaire portatif des théâtres,* seconde édition, page 302.

1. Voyez page 65, acte Ier, scène II d'*OEdipe*.
2. Dans les éditions de 1731 à 1752, on lisait ici ce qui suit :

« Au reste, mylord, s'il y a quelques endroits passables dans cet ouvrage, il faut que j'avoue que j'en ai l'obligation à des amis qui pensent comme vous. Ils m'encourageaient à tempérer l'austérité de Brutus par l'amour paternel, afin qu'on admirât et qu'on plaignît l'effort qu'il se fait en condamnant son fils. Ils m'exhortaient à donner à la jeune Tullie un caractère de tendresse et d'innocence, parce que si j'en avais fait une héroïne altière qui n'eût parlé à Titus que comme à un sujet qui devait servir son prince, alors Titus aurait été avili, et l'ambassadeur eût été inutile. Ils voulaient que Titus fût un jeune homme furieux dans ses passions, aimant Rome et son père, adorant Tullie, se faisant un devoir d'être fidèle au sénat même dont il se plaignait, et emporté loin de son devoir par une passion dont il avait cru être le maître. En effet, si Titus avait été de l'avis de sa maîtresse, et s'était dit à lui-même de bonnes raisons en faveur des rois, Brutus alors n'eût été regardé que comme un chef de rebelles, Titus n'aurait plus eu de remords, son père n'eût plus excité la pitié.

« Gardez, me disaient-ils, que les deux enfants de Brutus paraissent sur la scène; vous savez que l'intérêt est perdu quand il est partagé. Mais surtout que votre pièce soit simple; imitez cette beauté des Grecs, croyez que la multiplicité des événements et des intérêts compliqués n'est que la ressource des génies stériles qui ne savent pas tirer d'une seule passion de quoi faire cinq actes. Tâchez de travailler chaque scène comme si c'était la seule que vous eussiez à écrire. Ce sont les beautés de détail, etc., etc. »

Le texte actuel est de 1756. (B.)

parlent plus aux yeux : les Français donnent plus à l'élégance, à l'harmonie, aux charmes des vers. Il est certain qu'il est plus difficile de bien écrire que de mettre sur le théâtre des assassinats, des roues, des potences, des sorciers, et des revenants. Aussi la tragédie de *Caton,* qui fait tant d'honneur à M. Addison, votre successeur dans le ministère, cette tragédie, la seule bien écrite d'un bout à l'autre chez votre nation, à ce que je vous ai entendu dire à vous-même, ne doit sa grande réputation qu'à ses beaux vers, c'est-à-dire à des pensées fortes et vraies, exprimées en vers harmonieux. Ce sont les beautés de détail qui soutiennent les ouvrages en vers, et qui les font passer à la postérité. C'est souvent la manière singulière de dire des choses communes ; c'est cet art d'embellir par la diction ce que pensent et ce que sentent tous les hommes, qui fait les grands poëtes. Il n'y a ni sentiments recherchés, ni aventure romanesque dans le quatrième livre de Virgile ; il est tout naturel, et c'est l'effort de l'esprit humain. M. Racine n'est si au-dessus des autres qui ont tous dit les mêmes choses que lui que parce qu'il les a mieux dites. Corneille n'est véritablement grand que quand il s'exprime aussi bien qu'il pense. Souvenons-nous de ce précepte de Despréaux (*Art poét.*, III, 157-58) :

> Et que tout ce qu'il dit, facile à retenir,
> De son ouvrage en nous laisse un long souvenir.

Voilà ce que n'ont point tant d'ouvrages dramatiques, que l'art d'un acteur, et la figure et la voix d'une actrice ont fait valoir sur nos théâtres. Combien de pièces mal écrites ont eu plus de représentations que *Cinna* et *Britannicus!* Mais on n'a jamais retenu deux vers de ces faibles poëmes, au lieu qu'on sait une partie de *Britannicus* et de *Cinna* par cœur. En vain le *Régulus* de Pradon a fait verser des larmes par quelques situations touchantes ; cet ouvrage et tous ceux qui lui ressemblent sont méprisés, tandis que leurs auteurs s'applaudissent dans leurs préfaces.

De l'amour.

Des critiques judicieux pourraient me demander pourquoi j'ai parlé d'amour dans une tragédie dont le titre est *Junius Brutus;* pourquoi j'ai mêlé cette passion avec l'austère vertu du sénat romain et la politique d'un ambassadeur.

On reproche à notre nation d'avoir amolli le théâtre par trop de tendresse, et les Anglais méritent bien le même reproche depuis près d'un siècle, car vous avez toujours un peu pris nos modes et nos vices. Mais me permettez-vous de vous dire mon sentiment sur cette matière?

Vouloir de l'amour dans toutes les tragédies me paraît un goût efféminé; l'en proscrire toujours est une mauvaise humeur bien déraisonnable.

Le théâtre, soit tragique, soit comique, est la peinture vivante des passions humaines. L'ambition d'un prince est représentée dans la tragédie : la comédie tourne en ridicule la vanité d'un bourgeois. Ici, vous riez de la coquetterie et des intrigues d'une citoyenne; là, vous pleurez la malheureuse passion de Phèdre : de même, l'amour vous amuse dans un roman, et il vous transporte dans la Didon de Virgile. L'amour dans une tragédie n'est pas plus un défaut essentiel que dans *l'Énéide*; il n'est à reprendre que quand il est amené mal à propos, ou traité sans art.

Les Grecs ont rarement hasardé cette passion sur le théâtre d'Athènes : premièrement, parce que leurs tragédies n'ayant roulé d'abord que sur des sujets terribles, l'esprit des spectateurs était plié à ce genre de spectacles; secondement, parce que les femmes menaient une vie beaucoup plus retirée que les nôtres, et qu'ainsi, le langage de l'amour n'étant pas, comme aujourd'hui, le sujet de toutes les conversations, les poëtes en étaient moins invités à traiter cette passion, qui de toutes est la plus difficile à représenter, par les ménagements délicats qu'elle demande. Une troisième raison, qui me paraît assez forte, c'est que l'on n'avait point de comédiennes; les rôles des femmes étaient joués par des hommes masqués : il semble que l'amour eût été ridicule dans leur bouche.

C'est tout le contraire à Londres et à Paris; et il faut avouer que les auteurs n'auraient guère entendu leurs intérêts, ni connu leur auditoire, s'ils n'avaient jamais fait parler les Oldfield, ou les Duclos et les Lecouvreur, que d'ambition et de politique.

Le mal est que l'amour n'est souvent chez nos héros de théâtre que de la galanterie; et que chez les vôtres il dégénère quelquefois en débauche. Dans notre *Alcibiade*, pièce très-suivie, mais faiblement écrite, et ainsi peu estimée[1], on a admiré longtemps

---

1. Ce jugement sur Campistron blessa M. Gourdon de Bach, qui écrivit à ce sujet une *Lettre* au *Nouvelliste du Parnasse* (1731, II, 39, ou 1734, I, 366). Voltaire y répondit, quelque temps après, par une *Lettre* qui fut insérée dans le même recueil, et qu'on trouvera dans la *Correspondance*, juin 1731. (B.)

ces mauvais vers que récitait d'un ton séduisant l'Esopus[1] du dernier siècle :

> Ah! lorsque, pénétré d'un amour véritable,
> Et gémissant aux pieds d'un objet adorable,
> J'ai connu dans ses yeux timides ou distraits
> Que mes soins de son cœur ont pu troubler la paix ;
> Que, par l'aveu secret d'une ardeur mutuelle,
> La mienne a pris encore une force nouvelle :
> Dans ces moments si doux, j'ai cent fois éprouvé
> Qu'un mortel peut goûter un bonheur achevé[2].

Dans votre *Venise sauvée*, le vieux Renaud veut violer la femme de Jaffier, et elle s'en plaint en termes assez indécents, jusqu'à dire qu'il est venu à elle *unbutton'd*, déboutonné.

Pour que l'amour soit digne du théâtre tragique, il faut qu'il soit le nœud nécessaire de la pièce, et non qu'il soit amené par force, pour remplir le vide de vos tragédies et des nôtres, qui sont toutes trop longues ; il faut que ce soit une passion véritablement tragique, regardée comme une faiblesse, et combattue par des remords. Il faut, ou que l'amour conduise aux malheurs et aux crimes, pour faire voir combien il est dangereux ; ou que la vertu en triomphe, pour montrer qu'il n'est pas invincible ; sans cela, ce n'est plus qu'un amour d'églogue ou de comédie.

C'est à vous, mylord, à décider si j'ai rempli quelques-unes de ces conditions ; mais que vos amis daignent surtout ne point juger du génie et du goût de notre nation par ce discours et par cette tragédie que je vous envoie. Je suis peut-être un de ceux qui cultivent les lettres en France avec moins de succès ; et si les sentiments que je soumets ici à votre censure sont désapprouvés, c'est à moi seul qu'en appartient le blâme.

Au reste[3] je dois vous dire que dans le grand nombre de fautes dont cette tragédie est pleine, il y en a quelques-unes contre l'exacte pureté de notre langue. Je ne suis point un auteur assez considérable pour qu'il me soit permis de passer quelquefois par-dessus les règles sévères de la grammaire.

Il y a un endroit[4] où Tullie dit :

> Rome et moi dans un jour ont vu changer leur sort.

---

1. Le comédien Baron. Il venait de mourir (3 sept. 1729).
2. *Alcibiade*, de Campistron, I, III.
3. Toute cette fin se trouve dans l'édition de 1731, et fut conservée dans l'édition de 1736, mais supprimée dans celle de 1738. (B.)
4. Acte II, scène 1ʳᵉ. Voyez les variantes.

Il fallait dire, pour parler purement :

> Rome et moi dans un jour avons changé de sort.

J'ai fait la même faute en deux ou trois endroits; et c'est beaucoup trop dans un ouvrage dont les défauts sont rachetés par si peu de beautés.

PERSONNAGES[1]

JUNIUS BRUTUS, } consuls.
VALÉRIUS PUBLICOLA, }
TITUS, fils de Brutus.
TULLIE, fille de Tarquin.
ALGINE, confidente de Tullie.
ARONS, ambassadeur de Porsenna.
MESSALA, ami de Titus.
PROCULUS, tribun militaire.
ALBIN, confident d'Arons.
SÉNATEURS.
LICTEURS.

La scène est à Rome.

---

1. Noms des acteurs qui jouèrent dans *Brutus,* et dans *Crispin bel esprit,* de La Thuillerie, qui l'accompagnait : DANGEVILLE, DUCHEMIN, LA THORILLIÈRE fils, ARMAND, POISSON, DUBREUIL, MONTMÉNY, BERCY, SARRAZIN (Brutus), GRANDVAL (Valérius Publicola), QUINAULT-DUFRESNE (Titus), LEGRAND; Mmes DANGEVILLE, JOUVENOT (Algine), LA BATH, DANGEVILLE la jeune (Tullie). — Recette : 5,065 livres. (G. A.).

BRUTUS

TRAGÉDIE

ACTE PREMIER.

SCÈNE I.

Le théâtre représente une partie de la maison des consuls sur le mont Tarpéien ; le temple du Capitole se voit dans le fond. Les sénateurs sont assemblés entre le temple et la maison, devant l'autel de Mars. Brutus et Valérius Publicola, consuls, président à cette assemblée : les sénateurs sont rangés en demi-cercle. Des licteurs avec leurs faisceaux sont debout derrière les sénateurs.

BRUTUS, VALÉRIUS PUBLICOLA, LES SÉNATEURS.

BRUTUS.
Destructeurs des tyrans, vous qui n'avez pour rois
Que les dieux de Numa, vos vertus et nos lois,
Enfin notre ennemi commence à nous connaître.
Ce superbe Toscan qui ne parlait qu'en maître,
Porsenna, de Tarquin ce formidable appui,
Ce tyran, protecteur d'un tyran comme lui,
Qui couvre de son camp les rivages du Tibre,
Respecte le sénat et craint un peuple libre.
Aujourd'hui, devant vous abaissant sa hauteur,
Il demande à traiter par un ambassadeur.
Arons, qu'il nous député, en ce moment s'avance ;
Aux sénateurs de Rome il demande audience :
Il attend dans ce temple, et c'est à vous de voir
S'il le faut refuser, s'il le faut recevoir.

VALÉRIUS PUBLICOLA.
Quoi qu'il vienne annoncer, quoi qu'on puisse en attendre,
Il le faut à son roi renvoyer sans l'entendre :
Tel est mon sentiment. Rome ne traite plus
Avec ses ennemis que quand ils sont vaincus.
Votre fils, il est vrai, vengeur de la patrie,
A deux fois repoussé le tyran d'Étrurie ;

Je sais tout ce qu'on doit à ses vaillantes mains ;
Je sais qu'à votre exemple il sauva les Romains :
Mais ce n'est point assez ; Rome, assiégée encore,
Voit dans les champs voisins ces tyrans qu'elle abhorre.
Que Tarquin satisfasse aux ordres du sénat ;
Exilé par nos lois, qu'il sorte de l'État ;
De son coupable aspect qu'il purge nos frontières,
Et nous pourrons ensuite écouter ses prières.
Ce nom d'ambassadeur a paru vous frapper ;
Tarquin n'a pu nous vaincre, il cherche à nous tromper.
L'ambassadeur d'un roi m'est toujours redoutable ;
Ce n'est qu'un ennemi, sous un titre honorable,
Qui vient, rempli d'orgueil ou de dextérité,
Insulter ou trahir avec impunité.
Rome, n'écoute point leur séduisant langage :
Tout art t'est étranger ; combattre est ton partage[1] :
Confonds tes ennemis de ta gloire irrités ;
Tombe, ou punis les rois : ce sont là tes traités.

BRUTUS.

Rome sait à quel point sa liberté m'est chère :
Mais, plein du même esprit, mon sentiment diffère.
Je vois cette ambassade, au nom des souverains,
Comme un premier hommage aux citoyens romains.
Accoutumons des rois la fierté despotique
A traiter en égale avec la république ;
Attendant que, du ciel remplissant les décrets,
Quelque jour avec elle ils traitent en sujets.
Arons vient voir ici Rome encor chancelante,
Découvrir les ressorts de sa grandeur naissante,
Épier son génie, observer son pouvoir :
Romains, c'est pour cela qu'il le faut recevoir.
L'ennemi du sénat connaîtra qui nous sommes,
Et l'esclave d'un roi va voir enfin des hommes.
Que dans Rome à loisir il porte ses regards :
Il la verra dans vous : vous êtes ses remparts.
Qu'il révère en ces lieux le dieu qui nous rassemble ;
Qu'il paraisse au sénat, qu'il écoute, et qu'il tremble.

(Les sénateurs se lèvent, et s'approchent un moment pour donner leurs voix.)

---

1. Voici un vers bien dur. M. G. Desnoiresterres le reproduit ainsi, d'après un recueil du temps : *Toutartéstétrang—batrestonparta*.

VALÉRIUS PUBLICOLA.

Je vois tout le sénat passer à votre avis ;
Rome et vous l'ordonnez : à regret j'y souscris.
Licteurs, qu'on l'introduise ; et puisse sa présence
N'apporter en ces lieux rien dont Rome s'offense !

(A Brutus.)

C'est sur vous seul ici que nos yeux sont ouverts ;
C'est vous qui le premier avez rompu nos fers :
De notre liberté soutenez la querelle ;
Brutus en est le père et doit parler pour elle.

SCÈNE II.

LE SÉNAT, ARONS, ALBIN, SUITE.

Arons entre par le côté du théâtre, précédé de deux licteurs et d'Albin, son confident ; il passe devant les consuls et le sénat, qu'il salue ; et il va s'asseoir sur un siége préparé pour lui sur le devant du théâtre.)

ARONS.

Consuls, et vous, sénat, qu'il m'est doux d'être admis
Dans ce conseil sacré de sages ennemis,
De voir tous ces héros dont l'équité sévère
N'eut jusques aujourd'hui qu'un reproche à se faire ;
Témoin de leurs exploits, d'admirer leurs vertus ;
D'écouter Rome enfin par la voix de Brutus !
Loin des cris de ce peuple indocile et barbare,
Que la fureur conduit, réunit et sépare,
Aveugle dans sa haine, aveugle en son amour,
Qui menace et qui craint, règne et sert en un jour ;
Dont l'audace...

BRUTUS.

Arrêtez ; sachez qu'il faut qu'on nomme
Avec plus de respect les citoyens de Rome.
La gloire du sénat est de représenter
Ce peuple vertueux que l'on ose insulter.
Quittez l'art avec nous ; quittez la flatterie ;
Ce poison qu'on prépare à la cour d'Étrurie
N'est point encor connu dans le sénat romain.
Poursuivez.

ARONS.

Moins piqué d'un discours si hautain

Que touché des malheurs où cet État s'expose,
Comme un de ses enfants j'embrasse ici sa cause.
   Vous voyez quel orage éclate autour de vous ;
C'est en vain que Titus en détourna les coups :
Je vois avec regret sa valeur et son zèle
N'assurer aux Romains qu'une chute plus belle.
Sa victoire affaiblit vos remparts désolés ;
Du sang qui les inonde ils semblent ébranlés.
Ah! ne refusez plus une paix nécessaire ;
Si du peuple romain le sénat est le père,
Porsenna l'est des rois que vous persécutez.
   Mais vous, du nom romain vengeurs si redoutés,
Vous, des droits des mortels éclairés interprètes,
Vous, qui jugez les rois, regardez où vous êtes.
Voici ce Capitole et ces mêmes autels
Où jadis, attestant tous les dieux immortels,
J'ai vu chacun de vous, brûlant d'un autre zèle,
A Tarquin votre roi jurer d'être fidèle.
Quels dieux ont donc changé les droits des souverains ?
Quel pouvoir a rompu des nœuds jadis si saints ?
Qui du front de Tarquin ravit le diadème ?
Qui peut de vos serments vous dégager ?

BRUTUS.
                              Lui-même.
N'alléguez point ces nœuds que le crime a rompus,
Ces dieux qu'il outragea, ces droits qu'il a perdus.
Nous avons fait, Arons, en lui rendant hommage,
Serment d'obéissance et non point d'esclavage ;
Et puisqu'il vous souvient d'avoir vu dans ces lieux
Le sénat à ses pieds faisant pour lui des vœux,
Songez qu'en ce lieu même, à cet autel auguste,
Devant ces mêmes dieux, il jura d'être juste.
De son peuple et de lui tel était le lien :
Il nous rend nos serments lorsqu'il trahit le sien ;
Et dès qu'aux lois de Rome il ose être infidèle,
Rome n'est plus sujette, et lui seul est rebelle.

ARONS.
Ah! quand il serait vrai que l'absolu pouvoir
Eût entraîné Tarquin par-delà son devoir,
Qu'il en eût trop suivi l'amorce enchanteresse,
Quel homme est sans erreur? et quel roi sans faiblesse?
Est-ce à vous de prétendre au droit de le punir ?

Vous, nés tous ses sujets ; vous, faits pour obéir !
Un fils ne s'arme point contre un coupable père ;
Il détourne les yeux, le plaint, et le révère.
Les droits des souverains sont-ils moins précieux ?
Nous sommes leurs enfants ; leurs juges sont les dieux.
Si le ciel quelquefois les donne en sa colère,
N'allez pas mériter un présent plus sévère,
Trahir toutes les lois en voulant les venger,
Et renverser l'État au lieu de le changer.
Instruit par le malheur, ce grand maître de l'homme,
Tarquin sera plus juste et plus digne de Rome.
Vous pouvez raffermir, par un accord heureux,
Des peuples et des rois les légitimes nœuds,
Et faire encor fleurir la liberté publique
Sous l'ombrage sacré du pouvoir monarchique.

BRUTUS.

Arons, il n'est plus temps : chaque État a ses lois[1],
Qu'il tient de sa nature, ou qu'il change à son choix.
Esclaves de leurs rois, et même de leurs prêtres,
Les Toscans semblent nés pour servir sous des maîtres,
Et, de leur chaîne antique adorateurs heureux,
Voudraient que l'univers fût esclave comme eux.
La Grèce entière est libre, et la molle Ionie
Sous un joug odieux languit assujettie.
Rome eut ses souverains, mais jamais absolus ;
Son premier citoyen fut le grand Romulus ;
Nous partagions le poids de sa grandeur suprême.
Numa, qui fit nos lois, y fut soumis lui-même.
Rome enfin, je l'avoue, a fait un mauvais choix :
Chez les Toscans, chez vous, elle a choisi ses rois ;
Ils nous ont apporté du fond de l'Étrurie
Les vices de leur cour avec la tyrannie.

(Il se lève.)

---

1. Imitation de ces vers de *Cinna* (acte II, scène Iʳᵉ) :

> . . . . et par tous les climats
> Ne sont pas bien reçus toutes sortes d'états.
> Chaque peuple a le sien conforme à sa nature,
> Qu'on ne saurait changer sans lui faire une injure.
> Telle est la loi du ciel, dont la sage équité
> Sème dans l'univers cette diversité.
> Les Macédoniens aiment le monarchique,
> Et le reste des Grecs la liberté publique :
> Les Parthes, les Persans, veulent des souverains,
> Et le seul consulat est bon pour les Romains. (K.)

Pardonnez-nous, grands dieux, si le peuple romain
A tardé si longtemps à condamner Tarquin!
Le sang qui regorgea sous ses mains meurtrières
De notre obéissance a rompu les barrières.
Sous un sceptre de fer tout ce peuple abattu
A force de malheurs a repris sa vertu.
Tarquin nous a remis dans nos droits légitimes ;
Le bien public est né de l'excès de ses crimes,
Et nous donnons l'exemple à ces mêmes Toscans,
S'ils pouvaient à leur tour être las des tyrans.

(Les consuls descendent vers l'autel, et le sénat se lève.)

O Mars! dieu des héros, de Rome, et des batailles,
Qui combats avec nous, qui défends ses murailles,
Sur ton autel sacré. Mars, reçois nos serments
Pour ce sénat, pour moi, pour tes dignes enfants.
Si dans le sein de Rome il se trouvait un traître,
Qui regrettât les rois et qui voulût un maître,
Que le perfide meure au milieu des tourments!
Que sa cendre coupable, abandonnée aux vents,
Ne laisse ici qu'un nom plus odieux encore
Que le nom des tyrans que Rome entière abhorre[1]!

ARONS, avançant vers l'autel.

Et moi, sur cet autel qu'ainsi vous profanez,
Je jure au nom du roi que vous abandonnez,
Au nom de Porsenna, vengeur de sa querelle,
A vous, à vos enfants, une guerre immortelle.

(Les sénateurs font un pas vers le Capitole.)

---

1. En 1791, le lendemain de la fuite du roi, c'est-à-dire le 22 juin, le *Club des Cordeliers* afficha dans Paris la déclaration suivante :

> Songez qu'au Champ de Mars, à cet autel auguste,
> Louis nous a juré d'être fidèle et juste;
> De son peuple et de lui tel était le lien,
> Il nous rend nos serments lorsqu'il trahit le sien.
> Si parmi les Français il se trouvait un traître
> Qui regrettât ses rois et qui voulût un maître,
> Que le perfide meure au milieu des tourments ;
> Que sa cendre coupable, abandonnée aux vents,
> Ne laisse ici qu'un nom plus odieux encore
> Que le nom des tyrans que l'homme libre abhorre !

« Les Français libres, composant la société des Amis des droits de l'homme et du citoyen, le *club des Cordeliers*, déclarent à tous leurs concitoyens qu'elle renferme autant de tyrannicides que de membres, qui ont tous juré *individuellement* de poignarder les tyrans qui oseront attaquer nos frontières, ou attenter à notre liberté et à notre constitution, de quelque manière que ce soit, et ont signé : *Legendre*, président; *Collin*, *Champion*, secrétaires. » (G. A.)

Sénateurs, arrêtez, ne vous séparez pas ;
Je ne me suis pas plaint de tous vos attentats.
La fille de Tarquin, dans vos mains demeurée,
Est-elle une victime à Rome consacrée ?
Et donnez-vous des fers à ses royales mains
Pour mieux braver son père et tous les souverains ?
Que dis-je ! tous ces biens, ces trésors, ces richesses,
Que des Tarquins dans Rome épuisaient les largesses,
Sont-ils votre conquête, ou vous sont-ils donnés ?
Est-ce pour les ravir que vous le détrônez ?
Sénat, si vous l'osez, que Brutus les dénie.

BRUTUS, se tournant vers Arons.

Vous connaissez bien mal et Rome et son génie.
Ces pères des Romains, vengeurs de l'équité,
Ont blanchi dans la pourpre et dans la pauvreté ;
Au-dessus des trésors, que sans peine ils vous cèdent,
Leur gloire est de dompter les rois qui les possèdent[1].
Prenez cet or, Arons ; il est vil à nos yeux.
Quant au malheureux sang d'un tyran odieux,
Malgré la juste horreur que j'ai pour sa famille,
Le sénat à mes soins a confié sa fille ;
Elle n'a point ici de ces respects flatteurs
Qui des enfants des rois empoisonnent les cœurs ;
Elle n'a point trouvé la pompe et la mollesse
Dont la cour des Tarquins enivra sa jeunesse ;
Mais je sais ce qu'on doit de bontés et d'honneur
A son sexe, à son âge, et surtout au malheur.
Dès ce jour, en son camp que Tarquin la revoie ;
Mon cœur même en conçoit une secrète joie :
Qu'aux tyrans désormais rien ne reste en ces lieux
Que la haine de Rome et le courroux des dieux.
Pour emporter au camp l'or qu'il faut y conduire,
Rome vous donne un jour ; ce temps doit vous suffire :
Ma maison cependant est votre sûreté ;
Jouissez-y des droits de l'hospitalité.
Voilà ce que par moi le sénat vous annonce.
Ce soir à Porsenna rapportez ma réponse :
Reportez-lui la guerre, et dites à Tarquin

---

1. Curius répond aux ambassadeurs des Samnites, qui lui offraient des richesses :
    J'aime mieux commander à ceux qui les possèdent.

Ce que vous avez vu dans le sénat romain.
(Aux sénateurs.)
Et nous, du Capitole allons orner le faîte
Des lauriers dont mon fils vient de ceindre sa tête ;
Suspendons ces drapeaux et ces dards tout sanglants
Que ses heureuses mains ont ravis aux Toscans.
Ainsi puisse toujours, plein du même courage.
Mon sang, digne de vous, vous servir d'âge en âge !
Dieux, protégez ainsi contre nos ennemis
Le consulat du père et les armes du fils !

SCÈNE III.

ARONS, ALBIN

(qui sont supposés être entrés de la salle d'audience dans un autre appartement de la maison de Brutus).

ARONS.

As-tu bien remarqué cet orgueil inflexible,
Cet esprit d'un sénat qui se croit invincible ?
Il le serait, Albin, si Rome avait le temps
D'affermir cette audace au cœur de ses enfants.
Crois-moi, la liberté, que tout mortel adore,
Que je veux leur ôter, mais que j'admire encore,
Donne à l'homme un courage, inspire une grandeur,
Qu'il n'eût jamais trouvés dans le fond de son cœur.
Sous le joug des Tarquins, la cour et l'esclavage
Amollissaient leurs mœurs, énervaient leur courage ;
Leurs rois, trop occupés à dompter leurs sujets,
De nos heureux Toscans ne troublaient point la paix :
Mais si ce fier sénat réveille leur génie,
Si Rome est libre, Albin, c'est fait de l'Italie.
Ces lions, que leur maître avait rendus plus doux,
Vont reprendre leur rage et s'élancer sur nous.
Étouffons dans leur sang la semence féconde
Des maux de l'Italie et des troubles du monde ;
Affranchissons la terre, et donnons aux Romains
Ces fers qu'ils destinaient au reste des humains.
Messala viendra-t-il ? Pourrai-je ici l'entendre ?
Osera-t-il ?

ALBIN.
Seigneur, il doit ici se rendre ;

A toute heure il y vient : Titus est son appui.
####### ARONS.
As-tu pu lui parler? puis-je compter sur lui?
####### ALBIN.
Seigneur, ou je me trompe, ou Messala conspire
Pour changer ses destins plus que ceux de l'empire :
Il est ferme, intrépide, autant que si l'honneur
Ou l'amour du pays excitait sa valeur ;
Maître de son secret, et maître de lui-même,
Impénétrable, et calme en sa fureur extrême.
####### ARONS.
Tel autrefois dans Rome il parut à mes yeux,
Lorsque Tarquin régnant me reçut dans ces lieux ;
Et ses lettres depuis... Mais je le vois paraître.

SCÈNE IV.

ARONS, MESSALA, ALBIN.

####### ARONS.
Généreux Messala, l'appui de votre maître,
Eh bien! l'or de Tarquin, les présents de mon roi,
Des sénateurs romains n'ont pu tenter la foi?
Les plaisirs d'une cour, l'espérance, la crainte,
A ces cœurs endurcis n'ont pu porter d'atteinte?
Ces fiers patriciens sont-ils autant de dieux,
Jugeant tous les mortels et ne craignant rien d'eux?
Sont-ils sans passions, sans intérêt, sans vice?
####### MESSALA.
Ils osent s'en vanter ; mais leur feinte justice,
Leur âpre austérité que rien ne peut gagner,
N'est dans ces cœurs hautains que la soif de régner,
Leur orgueil foule aux pieds l'orgueil du diadème ;
Ils ont brisé le joug pour l'imposer eux-même.
De notre liberté ces illustres vengeurs,
Armés pour la défendre, en sont les oppresseurs.
Sous les noms séduisants de patrons et de pères,
Ils affectent des rois les démarches altières.
Rome a changé de fers ; et, sous le joug des grands,
Pour un roi qu'elle avait, a trouvé cent tyrans.

ARONS.
Parmi vos citoyens, en est-il d'assez sage
Pour détester tout bas cet indigne esclavage?
MESSALA.
Peu sentent leur état; leurs esprits égarés
De ce grand changement sont encore enivrés;
Le plus vil citoyen, dans sa bassesse extrême,
Ayant chassé les rois, pense être roi lui-même.
Mais, je vous l'ai mandé, seigneur, j'ai des amis
Qui sous ce joug nouveau sont à regret soumis;
Qui, dédaignant l'erreur des peuples imbéciles,
Dans ce torrent fougueux restent seuls immobiles;
Des mortels éprouvés, dont la tête et les bras
Sont faits pour ébranler ou changer les États.
ARONS.
De ces braves Romains que faut-il que j'espère?
Serviront-ils leur prince?
MESSALA.
              Ils sont prêts à tout faire;
Tout leur sang est à vous : mais ne prétendez pas
Qu'en aveugles sujets ils servent des ingrats;
Ils ne se piquent point du devoir fanatique[1]
De servir de victime au pouvoir despotique,
Ni du zèle insensé de courir au trépas
Pour venger un tyran qui ne les connaît pas.
Tarquin promet beaucoup; mais, devenu leur maître,
Il les oubliera tous, ou les craindra peut-être.
Je connais trop les grands : dans le malheur amis,
Ingrats dans la fortune, et bientôt ennemis :
Nous sommes de leur gloire un instrument servile,
Rejeté par dédain dès qu'il est inutile,
Et brisé sans pitié s'il devient dangereux.
A des conditions on peut compter sur eux :
Ils demandent un chef digne de leur courage,
Dont le nom seul impose à ce peuple volage;
Un chef assez puissant pour obliger le roi,

---

1. Imitation de ces vers d'Acomat dans *Bajazet* (acte Ier, scène Ire)

> Je sais rendre aux sultans de fidèles services,
> Mais je laisse au vulgaire adorer leurs caprices,
> Et ne me pique point du scrupule insensé
> De bénir mon trépas, quand ils l'ont prononcé.

ACTE I, SCÈNE IV.

Même après le succès, à nous tenir sa foi;
Ou, si de nos desseins la trame est découverte,
Un chef assez hardi pour venger notre perte.

ARONS.

Mais vous m'aviez écrit que l'orgueilleux Titus...

MESSALA.

Il est l'appui de Rome, il est fils de Brutus;
Cependant...

ARONS.

De quel œil voit-il les injustices
Dont ce sénat superbe a payé ses services?
Lui seul a sauvé Rome, et toute sa valeur
En vain du consulat lui mérita l'honneur;
Je sais qu'on le refuse.

MESSALA.

Et je sais qu'il murmure;
Son cœur altier et prompt est plein de cette injure;
Pour toute récompense il n'obtient qu'un vain bruit,
Qu'un triomphe frivole, un éclat qui s'enfuit.
J'observe d'assez près son âme impérieuse,
Et de son fier courroux la fougue impétueuse:
Dans le champ de la gloire il ne fait que d'entrer;
Il y marche en aveugle, on l'y peut égarer.
La bouillante jeunesse est facile à séduire:
Mais que de préjugés nous aurions à détruire!
Rome, un consul, un père, et la haine des rois,
Et l'horreur de la honte, et surtout ses exploits.
Connaissez donc Titus; voyez toute son âme,
Le courroux qui l'aigrit, le poison qui l'enflamme;
Il brûle pour Tullie.

ARONS.

Il l'aimerait?

MESSALA.

Seigneur,
A peine ai-je arraché ce secret de son cœur:
Il en rougit lui-même, et cette âme inflexible
N'ose avouer qu'elle aime, et craint d'être sensible.
Parmi les passions dont il est agité,
Sa plus grande fureur est pour la liberté.

ARONS.

C'est donc des sentiments et du cœur d'un seul homme
Qu'aujourd'hui, malgré moi, dépend le sort de Rome!

(A Albin.)

Ne nous rebutons pas. Préparez-vous, Albin,
A vous rendre sur l'heure aux tentes de Tarquin.
(A Messala.)
Entrons chez la princesse. Un peu d'expérience
M'a pu du cœur humain donner quelque science :
Je lirai dans son âme, et peut-être ses mains
Vont former l'heureux piége où j'attends les Romains.

FIN DU PREMIER ACTE.

ACTE DEUXIÈME.

SCÈNE I.

(Le théâtre représente ou est supposé représenter un appartement du palais des consuls.)

TITUS, MESSALA.

MESSALA.

Non, c'est trop offenser ma sensible amitié ;
Qui peut de son secret me cacher la moitié,
En dit trop et trop peu, m'offense et me soupçonne.

TITUS.

Va, mon cœur à ta foi tout entier s'abandonne ;
Ne me reproche rien.

MESSALA.

Quoi ! vous dont la douleur
Du sénat avec moi détesta la rigueur,
Qui versiez dans mon sein ce grand secret de Rome,
Ces plaintes d'un héros, ces larmes d'un grand homme !
Comment avez-vous pu dévorer si longtemps
Une douleur plus tendre, et des maux plus touchants ?
De vos feux devant moi vous étouffiez la flamme.
Quoi donc ! l'ambition qui domine en votre âme
Éteignait-elle en vous de si chers sentiments ?
Le sénat a-t-il fait vos plus cruels tourments ?
Le haïssez-vous plus que vous n'aimez Tullie ?

TITUS.

Ah ! j'aime avec transport, je hais avec furie :
Je suis extrême en tout, je l'avoue, et mon cœur
Voudrait en tout se vaincre, et connaît son erreur.

MESSALA.

Et pourquoi, de vos mains déchirant vos blessures,
Déguiser votre amour, et non pas vos injures ?

TITUS.

Que veux-tu, Messala ? J'ai, malgré mon courroux,

Prodigué tout mon sang pour ce sénat jaloux :
Tu le sais, ton courage eut part à ma victoire.
Je sentais du plaisir à parler de ma gloire ;
Mon cœur, enorgueilli du succès de mon bras,
Trouvait de la grandeur à venger des ingrats ;
On confie aisément des malheurs qu'on surmonte :
Mais qu'il est accablant de parler de sa honte !
MESSALA.
Quelle est donc cette honte et ce grand repentir ?
Et de quels sentiments auriez-vous à rougir ?
TITUS.
Je rougis de moi-même et d'un feu téméraire,
Inutile, imprudent, à mon devoir contraire.
MESSALA.
Quoi donc ! l'ambition, l'amour, et ses fureurs,
Sont-ce des passions indignes des grands cœurs ?
TITUS.
L'ambition, l'amour, le dépit, tout m'accable ;
De ce conseil de rois l'orgueil insupportable
Méprise ma jeunesse et me refuse un rang
Brigué par ma valeur, et payé par mon sang.
Au milieu du dépit dont mon âme est saisie,
Je perds tout ce que j'aime, on m'enlève Tullie :
On te l'enlève, hélas ! trop aveugle courroux !
Tu n'osais y prétendre, et ton cœur est jaloux.
Je l'avouerai, ce feu, que j'avais su contraindre,
S'irrite en s'échappant, et ne peut plus s'éteindre.
Ami, c'en était fait, elle partait ; mon cœur
De sa funeste flamme allait être vainqueur ;
Je rentrais dans mes droits, je sortais d'esclavage ;
Le ciel a-t-il marqué ce terme à mon courage ?
Moi, le fils de Brutus ; moi, l'ennemi des rois ;
C'est du sang de Tarquin que j'attendrais des lois !
Elle refuse encor de m'en donner, l'ingrate !
Et partout dédaigné, partout ma honte éclate.
Le dépit, la vengeance, et la honte, et l'amour,
De mes sens soulevés disposent tour à tour.
MESSALA.
Puis-je ici vous parler, mais avec confiance ?
TITUS.
Toujours de tes conseils j'ai chéri la prudence.
Eh bien ! fais-moi rougir de mes égarements.

MESSALA.

J'approuve et votre amour et vos ressentiments.
Faudra-t-il donc toujours que Titus autorise
Ce sénat de tyrans dont l'orgueil nous maîtrise?
Non ; s'il vous faut rougir, rougissez en ce jour
De votre patience, et non de votre amour.
Quoi! pour prix de vos feux et de tant de vaillance,
Citoyen sans pouvoir, amant sans espérance,
Je vous verrais languir victime de l'État,
Oublié de Tullie, et bravé du sénat?
Ah! peut-être, seigneur, un cœur tel que le vôtre
Aurait pu gagner l'une, et se venger de l'autre.

TITUS.

De quoi viens-tu flatter mon esprit éperdu?
Moi, j'aurais pu fléchir sa haine ou sa vertu!
N'en parlons plus : tu vois les fatales barrières
Qu'élèvent entre nous nos devoirs et nos pères :
Sa haine désormais égale mon amour.
Elle va donc partir?

MESSALA.

Oui, seigneur, dès ce jour.

TITUS.

Je n'en murmure point. Le ciel lui rend justice;
Il la fit pour régner.

MESSALA.

Ah! ce ciel plus propice
Lui destinait peut-être un empire plus doux;
Et sans ce fier sénat, sans la guerre, sans vous...
Pardonnez : vous savez quel est son héritage ;
Son frère ne vit plus, Rome était son partage.
Je m'emporte, seigneur ; mais si pour vous servir,
Si pour vous rendre heureux il ne faut que périr;
Si mon sang...

TITUS.

Non, ami, mon devoir est le maître.
Non, crois-moi, l'homme est libre au moment qu'il veut l'être.
Je l'avoue, il est vrai, ce dangereux poison
A pour quelques moments égaré ma raison ;
Mais le cœur d'un soldat sait dompter la mollesse,
Et l'amour n'est puissant que par notre faiblesse.

MESSALA.

Vous voyez des Toscans venir l'ambassadeur;

Cet honneur qu'il vous rend...
           TITUS.
                    Ah! quel funeste honneur!
Que me veut-il? C'est lui qui m'enlève Tullie :
C'est lui qui met le comble au malheur de ma vie.

SCÈNE II.

TITUS, ARONS.

ARONS.

Après avoir en vain, près de votre sénat,
Tenté ce que j'ai pu pour sauver cet État,
Souffrez qu'à la vertu rendant un juste hommage,
J'admire en liberté ce généreux courage,
Ce bras qui venge Rome, et soutient son pays
Au bord du précipice où le sénat l'a mis.
Ah! que vous étiez digne et d'un prix plus auguste,
Et d'un autre adversaire, et d'un parti plus juste!
Et que ce grand courage, ailleurs mieux employé,
D'un plus digne salaire aurait été payé!
Il est, il est des rois, j'ose ici vous le dire,
Qui mettraient en vos mains le sort de leur empire,
Sans craindre ces vertus qu'ils admirent en vous,
Dont j'ai vu Rome éprise, et le sénat jaloux.
Je vous plains de servir sous ce maître farouche,
Que le mérite aigrit, qu'aucun bienfait ne touche;
Qui, né pour obéir, se fait un lâche honneur
D'appesantir sa main sur son libérateur;
Lui qui, s'il n'usurpait les droits de la couronne,
Devrait prendre de vous les ordres qu'il vous donne.
           TITUS.
Je rends grâce à vos soins, seigneur, et mes soupçons
De vos bontés pour moi respectent les raisons.
Je n'examine point si votre politique
Pense armer mes chagrins contre ma république,
Et porter mon dépit, avec un art si doux,
Aux indiscrétions qui suivent le courroux.
Perdez moins d'artifice à tromper ma franchise;
Ce cœur est tout ouvert, et n'a rien qu'il déguise.
Outragé du sénat, j'ai droit de le haïr;
Je le hais : mais mon bras est prêt à le servir.

Quand la cause commune au combat nous appelle,
Rome au cœur de ses fils éteint toute querelle ;
Vainqueurs de nos débats, nous marchons réunis ;
Et nous ne connaissons que vous pour ennemis.
Voilà ce que je suis, et ce que je veux être.
Soit grandeur, soit vertu, soit préjugé peut-être,
Né parmi les Romains, je périrai pour eux :
J'aime encor mieux, seigneur, ce sénat rigoureux,
Tout injuste pour moi, tout jaloux qu'il peut être,
Que l'éclat d'une cour et le sceptre d'un maître.
Je suis fils de Brutus, et je porte en mon cœur
La liberté gravée, et les rois en horreur.

ARONS.

Ne vous flattez-vous point d'un charme imaginaire ?
Seigneur, ainsi qu'à vous la liberté m'est chère :
Quoique né sous un roi, j'en goûte les appas ;
Vous vous perdez pour elle, et n'en jouissez pas.
Est-il donc, entre nous, rien de plus despotique
Que l'esprit d'un État qui passe en république ?
Vos lois sont vos tyrans ; leur barbare rigueur
Devient sourde au mérite, au sang, à la faveur :
Le sénat vous opprime, et le peuple vous brave ;
Il faut s'en faire craindre, ou ramper leur esclave.
Le citoyen de Rome, insolent ou jaloux,
Ou hait votre grandeur, ou marche égal à vous.
Trop d'éclat l'effarouche ; il voit d'un œil sévère,
Dans le bien qu'on lui fait, le mal qu'on lui peut faire :
Et d'un bannissement le décret odieux
Devient le prix du sang qu'on a versé pour eux.
  Je sais bien que la cour, seigneur, a ses naufrages ;
Mais ses jours sont plus beaux, son ciel a moins d'orages.
Souvent la liberté, dont on se vante ailleurs,
Étale auprès d'un roi ses dons les plus flatteurs ;
Il récompense, il aime, il prévient les services :
La gloire auprès de lui ne fuit point les délices.
Aimé du souverain, de ses rayons couvert,
Vous ne servez qu'un maître, et le reste vous sert.
Ébloui d'un éclat qu'il respecte et qu'il aime,
Le vulgaire applaudit jusqu'à nos fautes même :
Nous ne redoutons rien d'un sénat trop jaloux ;
Et les sévères lois se taisent devant nous.
Ah ! que, né pour la cour, ainsi que pour les armes,

Des faveurs de Tarquin vous goûteriez les charmes!
Je vous l'ai déjà dit, il vous aimait, seigneur;
Il aurait avec vous partagé sa grandeur :
Du sénat à vos pieds la fierté prosternée
Aurait...

TITUS.

J'ai vu sa cour, et je l'ai dédaignée.
Je pourrais, il est vrai, mendier son appui,
Et, son premier esclave, être tyran sous lui.
Grâce au ciel, je n'ai point cette indigne faiblesse ;
Je veux de la grandeur, et la veut sans bassesse ;
Je sens que mon destin n'était point d'obéir :
Je combattrai vos rois, retournez les servir.

ARONS.

Je ne puis qu'approuver cet excès de constance ;
Mais songez que lui-même éleva votre enfance.
Il s'en souvient toujours : hier encor, seigneur,
En pleurant avec moi son fils et son malheur,
Titus, me disait-il, soutiendrait ma famille,
Et lui seul méritait mon empire et ma fille.

TITUS, en se détournant.

Sa fille! dieux! Tullie! O vœux infortunés!

ARONS, en regardant Titus.

Je la ramène au roi que vous abandonnez ;
Elle va, loin de vous et loin de sa patrie,
Accepter pour époux le roi de Ligurie :
Vous cependant ici servez votre sénat,
Persécutez son père, opprimez son État.
J'espère que bientôt ces voûtes embrasées,
Ce Capitole en cendre, et ces tours écrasées,
Du sénat et du peuple éclairant les tombeaux,
A cet hymen heureux vont servir de flambeaux.

SCÈNE III.

TITUS, MESSALA.

TITUS.

Ah! mon cher Messala, dans quel trouble il me laisse!
Tarquin me l'eût donnée, ô douleur qui me presse!
Moi, j'aurais pu!... mais non ; ministre dangereux,
Tu venais épier le secret de mes feux.

Hélas! en me voyant se peut-il qu'on l'ignore?
Il a lu dans mes yeux l'ardeur qui me dévore.
Certain de ma faiblesse, il retourne à sa cour
Insulter aux projets d'un téméraire amour.
J'aurais pu l'épouser, lui consacrer ma vie!
Le ciel à mes désirs eût destiné Tullie!
Malheureux que je suis!

MESSALA.

Vous pourriez être heureux;
Arons pourrait servir vos légitimes feux.
Croyez-moi.

TITUS.

Bannissons un espoir si frivole :
Rome entière m'appelle aux murs du Capitole;
Le peuple, rassemblé sous ces arcs triomphaux
Tout chargés de ma gloire et pleins de mes travaux,
M'attend pour commencer les serments redoutables,
De notre liberté garants inviolables.

MESSALA.

Allez servir ces rois.

TITUS.

Oui, je les veux servir;
Oui, tel est mon devoir, et je le veux remplir.

MESSALA.

Vous gémissez pourtant!

TITUS.

Ma victoire est cruelle.

MESSALA.

Vous l'achetez trop cher.

TITUS.

Elle en sera plus belle.
Ne m'abandonne point dans l'état où je suis.

MESSALA.

Allons, suivons ses pas; aigrissons ses ennuis;
Enfonçons dans son cœur le trait qui le déchire.

SCÈNE IV.

BRUTUS, MESSALA.

BRUTUS.

Arrêtez, Messala; j'ai deux mots à vous dire.

MESSALA.

A moi, seigneur?

BRUTUS.

A vous. Un funeste poison
Se répand en secret sur toute ma maison.
Tibérinus, mon fils, aigri contre son frère,
Laisse éclater déjà sa jalouse colère :
Et Titus, animé d'un autre emportement,
Suit contre le sénat son fier ressentiment.
L'ambassadeur toscan, témoin de leur faiblesse,
En profite avec joie autant qu'avec adresse ;
Il leur parle, et je crains les discours séduisants
D'un ministre vieilli dans l'art des courtisans.
Il devait dès demain retourner vers son maître :
Mais un jour quelquefois est beaucoup pour un traître.
Messala, je prétends ne rien craindre de lui ;
Allez lui commander de partir aujourd'hui :
Je le veux.

MESSALA.

C'est agir sans doute avec prudence,
Et vous serez content de mon obéissance.

BRUTUS.

Ce n'est pas tout : mon fils avec vous est lié ;
Je sais sur son esprit ce que peut l'amitié.
Comme sans artifice, il est sans défiance :
Sa jeunesse est livrée à votre expérience.
Plus il se fie à vous, plus je dois espérer
Qu'habile à le conduire, et non à l'égarer,
Vous ne voudrez jamais, abusant de son âge,
Tirer de ses erreurs un indigne avantage,
Le rendre ambitieux, et corrompre son cœur.

MESSALA.

C'est de quoi dans l'instant je lui parlais, seigneur.
Il sait vous imiter, servir Rome, et lui plaire ;
Il aime aveuglément sa patrie et son père.

BRUTUS.

Il le doit : mais surtout il doit aimer les lois ;
Il doit en être esclave, en porter tout le poids.
Qui veut les violer n'aime point sa patrie.

MESSALA.

Nous avons vu tous deux si son bras l'a servie.

BRUTUS.

Il a fait son devoir.

MESSALA.

Et Rome eût fait le sien
En rendant plus d'honneurs à ce cher citoyen.

BRUTUS.

Non, non : le consulat n'est point fait pour son âge ;
J'ai moi-même à mon fils refusé mon suffrage.
Croyez-moi, le succès de son ambition
Serait le premier pas vers la corruption.
Le prix de la vertu serait héréditaire :
Bientôt l'indigne fils du plus vertueux père,
Trop assuré d'un rang d'autant moins mérité,
L'attendrait dans le luxe et dans l'oisiveté :
Le dernier des Tarquins en est la preuve insigne.
Qui naquit dans la pourpre en est rarement digne.
Nous préservent les cieux d'un si funeste abus,
Berceau de la mollesse et tombeau des vertus !
Si vous aimez mon fils, je me plais à le croire,
Représentez-lui mieux sa véritable gloire ;
Étouffez dans son cœur un orgueil insensé :
C'est en servant l'État qu'il est récompensé.
De toutes les vertus mon fils doit un exemple :
C'est l'appui des Romains que dans lui je contemple ;
Plus il a fait pour eux, plus j'exige aujourd'hui.
Connaissez à mes vœux l'amour que j'ai pour lui ;
Tempérez cette ardeur de l'esprit d'un jeune homme :
Le flatter, c'est le perdre, et c'est outrager Rome.

MESSALA.

Je me bornais, seigneur, à le suivre aux combats ;
J'imitais sa valeur, et ne l'instruisais pas.
J'ai peu d'autorité ; mais s'il daigne me croire,
Rome verra bientôt comme il chérit la gloire.

BRUTUS.

Allez donc, et jamais n'encensez ses erreurs ;
Si je hais les tyrans, je hais plus les flatteurs.

SCÈNE V.

MESSALA.

Il n'est point de tyran plus dur, plus haïssable,

Que la sévérité de ton cœur intraitable.
Va, je verrai peut-être à mes pieds abattu
Cet orgueil insultant de ta fausse vertu.
Colosse, qu'un vil peuple éleva sur nos têtes,
Je pourrai t'écraser, et les foudres sont prêtes.

FIN DU DEUXIÈME ACTE.

ACTE TROISIÈME.

SCÈNE I.

ARONS, ALBIN, MESSALA.

ARONS, une lettre à la main.

Je commence à goûter une juste espérance;
Vous m'avez bien servi par tant de diligence.
Tout succède à mes vœux. Oui, cette lettre, Albin,
Contient le sort de Rome et celui de Tarquin.
Avez-vous dans le camp réglé l'heure fatale?
A-t-on bien observé la porte Quirinale?
L'assaut sera-t-il prêt, si par nos conjurés
Les remparts cette nuit ne nous sont point livrés?
Tarquin est-il content? crois-tu qu'on l'introduise
Ou dans Rome sanglante, ou dans Rome soumise?

ALBIN.

Tout sera prêt, seigneur, au milieu de la nuit.
Tarquin de vos projets goûte déjà le fruit;
Il pense de vos mains tenir son diadème;
Il vous doit, a-t-il dit, plus qu'à Porsenna même.

ARONS.

Ou les dieux, ennemis d'un prince malheureux,
Confondront des desseins si grands, si dignes d'eux;
Ou demain sous ses lois Rome sera rangée;
Rome en cendres peut-être, et dans son sang plongée.
Mais il vaut mieux qu'un roi, sur le trône remis,
Commande à des sujets malheureux et soumis,
Que d'avoir à dompter, au sein de l'abondance,
D'un peuple trop heureux l'indocile arrogance.

(A Albin.)

Allez; j'attends ici la princesse en secret.

(A Messala.)

Messala, demeurez.

SCÈNE II.

ARONS, MESSALA.

ARONS.

         Eh bien! qu'avez-vous fait?
Avez-vous de Titus fléchi le fier courage?
Dans le parti des rois pensez-vous qu'il s'engage?

MESSALA.

Je vous l'avais prédit; l'inflexible Titus
Aime trop sa patrie, et tient trop de Brutus.
Il se plaint du sénat, il brûle pour Tullie;
L'orgueil, l'ambition, l'amour, la jalousie,
Le feu de son jeune âge et de ses passions,
Semblaient ouvrir son âme à mes séductions.
Cependant, qui l'eût cru? la liberté l'emporte;
Son amour est au comble, et Rome est la plus forte.
J'ai tenté par degrés d'effacer cette horreur
Que pour le nom de roi Rome imprime en son cœur.
En vain j'ai combattu ce préjugé sévère;
Le seul nom des Tarquins irritait sa colère,
De son entretien même il m'a soudain privé;
Et je hasardais trop, si j'avais achevé.

ARONS.

Ainsi de le fléchir Messala désespère.

MESSALA.

J'ai trouvé moins d'obstacle à vous donner son frère,
Et j'ai du moins séduit un des fils de Brutus.

ARONS.

Quoi! vous auriez déjà gagné Tibérinus?
Par quels ressorts secrets, par quelle heureuse intrigue?

MESSALA.

Son ambition seule a fait toute ma brigue.
Avec un œil jaloux il voit, depuis longtemps,
De son frère et de lui les honneurs différents;
Ces drapeaux suspendus à ces voûtes fatales,
Ces festons de lauriers, ces pompes triomphales,
Tous les cœurs des Romains et celui de Brutus
Dans ces solennités volant devant Titus,
Sont pour lui des affronts qui, dans son âme aigrie,
Échauffent le poison de sa secrète envie.

Et cependant Titus, sans haine et sans courroux,
Trop au-dessus de lui pour en être jaloux,
Lui tend encor la main de son char de victoire,
Et semble en l'embrassant l'accabler de sa gloire.
J'ai saisi ces moments; j'ai su peindre à ses yeux
Dans une cour brillante un rang plus glorieux;
J'ai pressé, j'ai promis, au nom de Tarquin même,
Tous les honneurs de Rome après le rang suprême :
Je l'ai vu s'éblouir, je l'ai vu s'ébranler :
Il est à vous, seigneur, et cherche à vous parler.

ARONS.

Pourra-t-il nous livrer la porte Quirinale?

MESSALA.

Titus seul y commande, et sa vertu fatale
N'a que trop arrêté le cours de vos destins :
C'est un dieu qui préside au salut des Romains.
Gardez de hasarder cette attaque soudaine,
Sûre avec son appui, sans lui trop incertaine.

ARONS.

Mais si du consulat il a brigué l'honneur,
Pourrait-il dédaigner la suprême grandeur,
Et Tullie, et le trône, offerts à son courage?

MESSALA.

Le trône est un affront à sa vertu sauvage.

ARONS.

Mais il aime Tullie.

MESSALA.

Il l'adore, seigneur :
Il l'aime d'autant plus qu'il combat son ardeur.
Il brûle pour la fille en détestant le père;
Il craint de lui parler, il gémit de se taire;
Il la cherche, il la fuit; il dévore ses pleurs,
Et de l'amour encore il n'a que les fureurs.
Dans l'agitation d'un si cruel orage,
Un moment quelquefois renverse un grand courage.
Je sais quel est Titus : ardent, impétueux,
S'il se rend, il ira plus loin que je ne veux.
La fière ambition qu'il renferme dans l'âme
Au flambeau de l'amour peut rallumer sa flamme.
Avec plaisir sans doute il verrait à ses pieds
Des sénateurs tremblants les fronts humiliés :
Mais je vous tromperais, si j'osais vous promettre

Qu'à cet amour fatal il veuille se soumettre.
Je peux parler encore, et je vais aujourd'hui...
>AROXS.

Puisqu'il est amoureux, je compte encor sur lui.
Un regard de Tullie, un seul mot de sa bouche,
Peut plus, pour amollir cette vertu farouche,
Que les subtils détours et tout l'art séducteur
D'un chef de conjurés et d'un ambassadeur.
N'espérons des humains rien que par leur faiblesse.
L'ambition de l'un, de l'autre la tendresse,
Voilà des conjurés qui serviront mon roi ;
C'est d'eux que j'attends tout : ils sont plus forts que moi.

(Tullie entre. Mossala se retire.)

SCÈNE III.

TULLIE [1], ARONS, ALGINE.

AROXS.

Madame, en ce moment je reçois cette lettre
Qu'en vos augustes mains mon ordre est de remettre,
Et que jusqu'en la mienne a fait passer Tarquin.
>TULLIE.

Dieux! protégez mon père, et changez son destin!
(Elle lit.)

« Le trône des Romains peut sortir de sa cendre :
Le vainqueur de son roi peut en être l'appui :

---

1. Dans toutes les éditions antérieures à la nôtre, on fait jouer à Mlle Gaussin le rôle de Tullie. D'après les registres de la Comédie-Française, nous l'avons rendu à Mlle Dangeville, qui n'était âgée que de quatorze ans, et à laquelle Voltaire adressa, après la première représentation, une jolie lettre d'encouragement qu'on trouvera dans la *Correspondance*. Ce fut Voltaire lui-même qui alla porter le rôle de Tullie à Mlle Dangeville, qui venait de débuter dans *Hermione*. Celle-ci dut l'accepter au préjudice d'une camarade plus ancienne qu'elle, Mlle de Seine. Le rôle de Tullie était mauvais ; mais, comme il y eut cabale, on imputa le peu de succès de la pièce à la nouvelle actrice, qui, dépitée, renonça pour toujours au tragique. On lui adressa ces vers :

> Mais quelle erreur vient vous livrer
> Tout entière à Thalie
> Pour n'avoir pu faire admirer
> Les défauts de *Tullie ?*
> Quiconque juge sainement
> Vous a rendu justice ;
> C'était le rôle seulement
> Qui manquait à l'actrice. (G. A.)

ACTE III, SCÈNE III.

Titus est un héros; c'est à lui de défendre
Un sceptre que je veux partager avec lui.
Vous, songez que Tarquin vous a donné la vie;
Songez que mon destin va dépendre de vous.
Vous pourriez refuser le roi de Ligurie;
Si Titus vous est cher, il sera votre époux. »
 Ai-je bien lu?... Titus?... seigneur... est-il possible?
Tarquin, dans ses malheurs jusqu'alors inflexible,
Pourrait?... Mais d'où sait-il?... et comment?... Ah, seigneur!
Ne veut-on qu'arracher les secrets de mon cœur?
Épargnez les chagrins d'une triste princesse;
Ne tendez point de piége à ma faible jeunesse.

ARONS.

Non, madame; à Tarquin je ne sais qu'obéir,
Écouter mon devoir, me taire, et vous servir;
Il ne m'appartient point de chercher à comprendre
Des secrets qu'en mon sein vous craignez de répandre.
Je ne veux point lever un œil présomptueux
Vers le voile sacré que vous jetez sur eux;
Mon devoir seulement m'ordonne de vous dire
Que le ciel veut par vous relever cet empire,
Que ce trône est un prix qu'il met à vos vertus.

TULLIE.

Je servirais mon père, et serais à Titus!
Seigneur, il se pourrait...

ARONS.

   N'en doutez point, princesse.
Pour le sang de ses rois ce héros s'intéresse.
De ces républicains la triste austérité
De son cœur généreux révolte la fierté;
Les refus du sénat ont aigri son courage :
Il penche vers son prince : achevez cet ouvrage.
Je n'ai point dans son cœur prétendu pénétrer;
Mais puisqu'il vous connaît, il vous doit adorer.
Quel œil, sans s'éblouir, peut voir un diadème
Présenté par vos mains, embelli par vous-même?
Parlez-lui seulement, vous pourrez tout sur lui;
De l'ennemi des rois triomphez aujourd'hui;
Arrachez au sénat, rendez à votre père
Ce grand appui de Rome et son dieu tutélaire;
Et méritez l'honneur d'avoir entre vos mains
Et la cause d'un père, et le sort des Romains.

SCÈNE IV.

TULLIE, ALGINE.

TULLIE.

Ciel! que je dois d'encens à ta bonté propice!
Mes pleurs t'ont désarmé, tout change, et ta justice,
Aux feux dont j'ai rougi rendant leur pureté,
En les récompensant, les met en liberté.
(A Algine.)
Va le chercher, va, cours. Dieux! il m'évite encore :
Faut-il qu'il soit heureux, hélas! et qu'il l'ignore?
Mais... n'écouté-je point un espoir trop flatteur?
Titus pour le sénat a-t-il donc tant d'horreur?
Que dis-je? hélas! devrais-je au dépit qui le presse
Ce que j'aurais voulu devoir à sa tendresse?

ALGINE.

Je sais que le sénat alluma son courroux,
Qu'il est ambitieux, et qu'il brûle pour vous.

TULLIE.

Il fera tout pour moi, n'en doute point; il m'aime.
(Algine sort.)
Va, dis-je... Cependant ce changement extrême...
Ce billet!... De quels soins mon cœur est combattu!
Éclatez, mon amour, ainsi que ma vertu!
La gloire, la raison, le devoir, tout l'ordonne.
Quoi! mon père à mes feux va devoir sa couronne!
De Titus et de lui je serais le lien!
Le bonheur de l'État va donc naître du mien!
Toi que je peux aimer, quand pourrai-je t'apprendre
Ce changement du sort où nous n'osions prétendre?
Quand pourrai-je, Titus, dans mes justes transports,
T'entendre sans regrets, te parler sans remords?
Tous mes maux sont finis : Rome, je te pardonne;
Rome, tu vas servir si Titus t'abandonne;
Sénat, tu vas tomber si Titus est à moi :
Ton héros m'aime; tremble, et reconnais ton roi.

SCÈNE V.

TITUS, TULLIE.

TITUS.
Madame, est-il bien vrai? daignez-vous voir encore
Cet odieux Romain que votre cœur abhorre,
Si justement haï, si coupable envers vous,
Cet ennemi?...

TULLIE.
           Seigneur, tout est changé pour nous.
Le destin me permet... Titus... il faut me dire
Si j'avais sur votre âme un véritable empire.

TITUS.
Eh! pouvez-vous douter de ce fatal pouvoir,
De mes feux, de mon crime, et de mon désespoir?
Vous ne l'avez que trop cet empire funeste;
L'amour vous a soumis mes jours, que je déteste :
Commandez, épuisez votre juste courroux;
Mon sort est en vos mains.

TULLIE.
                        Le mien dépend de vous.

TITUS.
De moi! Titus tremblant ne vous en croit qu'à peine;
Moi, je ne serais plus l'objet de votre haine!
Ah! princesse, achevez; quel espoir enchanteur
M'élève en un moment au faîte du bonheur!

TULLIE, en donnant la lettre.
Lisez, rendez heureux, vous, Tullie, et mon père.
(Tandis qu'il lit.)
Je puis donc me flatter... Mais quel regard sévère!
D'où vient ce morne accueil, et ce front consterné?
Dieux!...

TITUS.
       Je suis des mortels le plus infortuné;
Le sort, dont la rigueur à m'accabler s'attache,
M'a montré mon bonheur, et soudain me l'arrache;
Et, pour combler les maux que mon cœur a soufferts,
Je puis vous posséder, je vous aime, et vous perds.

TULLIE.

Vous, Titus ?

TITUS.

Ce moment a condamné ma vie
Au comble des horreurs ou de l'ignominie,
A trahir Rome ou vous ; et je n'ai désormais
Que le choix des malheurs ou celui des forfaits.

TULLIE.

Que dis-tu ? quand ma main te donne un diadème,
Quand tu peux m'obtenir, quand tu vois que je t'aime !
Je ne m'en cache plus ; un trop juste pouvoir,
Autorisant mes vœux, m'en a fait un devoir.
Hélas ! j'ai cru ce jour le plus beau de ma vie ;
Et le premier moment où mon âme ravie
Peut de ses sentiments s'expliquer sans rougir,
Ingrat, est le moment qu'il m'en faut repentir !
Que m'oses-tu parler de malheur et de crime ?
Ah ! servir des ingrats contre un roi légitime,
M'opprimer, me chérir, détester mes bienfaits ;
Ce sont là mes malheurs, et voilà tes forfaits.
Ouvre les yeux, Titus, et mets dans la balance
Les refus du sénat, et la toute-puissance.
Choisis de recevoir ou de donner la loi,
D'un vil peuple ou d'un trône, et de Rome ou de moi.
Inspirez-lui, grands dieux ! le parti qu'il doit prendre.

TITUS, en lui rendant la lettre.

Mon choix est fait.

TULLIE.

Eh bien ! crains-tu de me l'apprendre ?
Parle, ose mériter ta grâce ou mon courroux.
Quel sera ton destin ?...

TITUS.

D'être digne de vous,
Digne encor de moi-même, à Rome encor fidèle ;
Brûlant d'amour pour vous, de combattre pour elle ;
D'adorer vos vertus, mais de les imiter ;
De vous perdre, madame, et de vous mériter.

TULLIE.

Ainsi donc pour jamais...

TITUS.

Ah ! pardonnez, princesse :
Oubliez ma fureur, épargnez ma faiblesse ;

Ayez pitié d'un cœur de soi-même ennemi,
Moins malheureux cent fois quand vous l'avez haï.
Pardonnez, je ne puis vous quitter ni vous suivre :
Ni pour vous, ni sans vous, Titus ne saurait vivre ;
Et je mourrai plutôt qu'un autre ait votre foi.

TULLIE.

Je te pardonne tout, elle est encore à toi.

TITUS.

Eh bien ! si vous m'aimez, ayez l'âme romaine,
Aimez ma république, et soyez plus que reine ;
Apportez-moi pour dot, au lieu du rang des rois,
L'amour de mon pays, et l'amour de mes lois.
Acceptez aujourd'hui Rome pour votre mère,
Son vengeur pour époux, Brutus pour votre père :
Que les Romains, vaincus en générosité,
A la fille des rois doivent leur liberté.

TULLIE.

Qui ? moi, j'irai trahir ?...

TITUS.

           Mon désespoir m'égare.
Non, toute trahison est indigne et barbare.
Je sais ce qu'est un père, et ses droits absolus ;
Je sais... que je vous aime... et ne me connais plus.

TULLIE.

Écoute au moins ce sang qui m'a donné la vie.

TITUS.

Eh ! dois-je écouter moins mon sang et ma patrie ?

TULLIE.

Ta patrie ! ah, barbare en est-il donc sans moi ?

TITUS.

Nous sommes ennemis... La nature, la loi
Nous impose à tous deux un devoir si farouche.

TULLIE.

Nous ennemis ! ce nom peut sortir de ta bouche !

TITUS.

Tout mon cœur la dément.

TULLIE.

           Ose donc me servir ;
Tu m'aimes, venge-moi.

SCÈNE VI.

BRUTUS, ARONS, TITUS, TULLIE, MESSALA ALBIN, PROCULUS, LICTEURS.

BRUTUS, à Tullie.
Madame, il faut partir.
Dans les premiers éclats des tempêtes publiques,
Rome n'a pu vous rendre à vos dieux domestiques;
Tarquin même en ce temps, prompt à vous oublier,
Et du soin de nous perdre occupé tout entier,
Dans nos calamités confondant sa famille,
N'a pas même aux Romains redemandé sa fille.
Souffrez que je rappelle un triste souvenir :
Je vous privai d'un père, et dus vous en servir.
Allez, et que du trône, où le ciel vous appelle,
L'inflexible équité soit la garde éternelle.
Pour qu'on vous obéisse, obéissez aux lois ;
Tremblez en contemplant tout le devoir des rois ;
Et si de vos flatteurs la funeste malice
Jamais dans votre cœur ébranlait la justice,
Prête alors d'abuser du pouvoir souverain,
Souvenez-vous de Rome, et songez à Tarquin :
Et que ce grand exemple, où mon espoir se fonde,
Soit la leçon des rois et le bonheur du monde.
(A Arons.)
Le sénat vous la rend, seigneur ; et c'est à vous
De la remettre aux mains d'un père et d'un époux.
Proculus va vous suivre à la porte Sacrée.

TITUS, éloigné.
O de ma passion fureur désespérée !
(Il va vers Arons.)
Je ne souffrirai point, non... permettez, seigneur...
(Brutus et Tullie sortent avec leur suite ; Arons et Messala restent.)
Dieux! ne mourrai-je point de honte et de douleur!
(A Arons.)
Pourrai-je vous parler?

ARONS.
Seigneur, le temps me presse.

Il me faut suivre ici Brutus et la princesse ;
Je puis d'une heure encor retarder son départ :
Craignez, seigneur, craignez de me parler trop tard.
Dans son appartement nous pouvons l'un et l'autre
Parler de ses destins, et peut-être du vôtre.

(Il sort.)

SCÈNE VII.

TITUS, MESSALA.

TITUS.
Sort qui nous as rejoints, et qui nous désunis !
Sort, ne nous as-tu faits que pour être ennemis ?
Ah ! cache, si tu peux, ta fureur et tes larmes.
MESSALA.
Je plains tant de vertus, tant d'amour et de charmes ;
Un cœur tel que le sien méritait d'être à vous.
TITUS.
Non, c'en est fait ; Titus n'en sera point l'époux.
MESSALA.
Pourquoi ? Quel vain scrupule à vos désirs s'oppose ?
TITUS.
Abominables lois que la cruelle impose !
Tyrans que j'ai vaincus, je pourrais vous servir !
Peuples que j'ai sauvés, je pourrais vous trahir !
L'amour dont j'ai six mois vaincu la violence,
L'amour aurait sur moi cette affreuse puissance !
J'exposerais mon père à ses tyrans cruels !
Et quel père ? un héros, l'exemple des mortels,
L'appui de son pays, qui m'instruisit à l'être,
Que j'imitai, qu'un jour j'eusse égalé peut-être.
Après tant de vertus quel horrible destin !
MESSALA.
Vous eûtes les vertus d'un citoyen romain ;
Il ne tiendra qu'à vous d'avoir celles d'un maître :
Seigneur, vous serez roi dès que vous voudrez l'être.
Le ciel met dans vos mains, en ce moment heureux,
La vengeance, l'empire, et l'objet de vos feux.
Que dis-je ? ce consul, ce héros que l'on nomme
Le père, le soutien, le fondateur de Rome,

Qui s'enivre à vos yeux de l'encens des humains,
Sur les débris d'un trône écrasé par vos mains,
S'il eût mal soutenu cette grande querelle,
S'il n'eût vaincu par vous, il n'était qu'un rebelle.
Seigneur, embellissez ce grand nom de vainqueur
Du nom plus glorieux de pacificateur ;
Daignez nous ramener ces jours où nos ancêtres
Heureux, mais gouvernés, libres, mais sous des maîtres,
Pesaient dans la balance, avec un même poids,
Les intérêts du peuple et la grandeur des rois.
Rome n'a point pour eux une haine immortelle ;
Rome va les aimer, si vous régnez sur elle.
Ce pouvoir souverain que j'ai vu tour à tour
Attirer de ce peuple et la haine et l'amour,
Qu'on craint en des États, et qu'ailleurs on désire,
Est des gouvernements le meilleur ou le pire ;
Affreux sous un tyran, divin sous un bon roi.

TITUS.

Messala, songez-vous que vous parlez à moi ?
Que désormais en vous je ne vois plus qu'un traître,
Et qu'en vous épargnant je commence de l'être ?

MESSALA.

Eh bien ! apprenez donc que l'on va vous ravir
L'inestimable honneur dont vous n'osez jouir ;
Qu'un autre accomplira ce que vous pouviez faire.

TITUS.

Un autre ! arrête ; dieux ! parle... qui ?

MESSALA.

Votre frère.

TITUS.

Mon frère ?

MESSALA.

A Tarquin même il a donné sa foi.

TITUS.

Mon frère trahit Rome ?

MESSALA.

Il sert Rome et son roi.
Et Tarquin, malgré vous, n'acceptera pour gendre
Que celui des Romains qui l'aura pu défendre.

TITUS.

Ciel !... perfide !... écoutez : mon cœur longtemps séduit
A méconnu l'abîme où vous m'avez conduit.

Vous pensez me réduire au malheur nécessaire
D'être ou le délateur, ou complice d'un frère :
Mais plutôt votre sang...

MESSALA.

Vous pouvez m'en punir ;
Frappez, je le mérite en voulant vous servir.
Du sang de votre ami que cette main fumante
Y joigne encor le sang d'un frère et d'une amante ;
Et, leur tête à la main, demandez au sénat,
Pour prix de vos vertus, l'honneur du consulat ;
Ou moi-même à l'instant, déclarant les complices,
Je m'en vais commencer ces affreux sacrifices.

TITUS.

Demeure, malheureux, ou crains mon désespoir.

SCÈNE VIII.

TITUS, MESSALA, ALBIN.

ALBIN.

L'ambassadeur toscan peut maintenant vous voir ;
Il est chez la princesse.

TITUS.

... Oui, je vais chez Tullie...
J'y cours. O dieux de Rome ! ô dieux de ma patrie !
Frappez, percez ce cœur de sa honte alarmé,
Qui serait vertueux, s'il n'avait point aimé.
C'est donc à vous, sénat, que tant d'amour s'immole ?
(A Messala.)
A vous, ingrats !... Allons... Tu vois ce Capitole
Tout plein des monuments de ma fidélité.

MESSALA.

Songez qu'il est rempli d'un sénat détesté.

TITUS.

Je le sais. Mais... du ciel qui tonne sur ma tête
J'entends la voix qui crie : Arrête, ingrat, arrête !
Tu trahis ton pays... Non, Rome ! non, Brutus !
Dieux qui me secourez, je suis encor Titus.
La gloire a de mes jours accompagné la course ;
Je n'ai point de mon sang déshonoré la source ;

Votre victime est pure ; et s'il faut qu'aujourd'hui
Titus soit aux forfaits entraîné malgré lui ;
S'il faut que je succombe au destin qui m'opprime ;
Dieux! sauvez les Romains ; frappez avant le crime!

FIN DU TROISIÈME ACTE.

ACTE QUATRIÈME.

SCÈNE I.

TITUS, ARONS, MESSALA.

TITUS.

Oui, j'y suis résolu, partez; c'est trop attendre;
Honteux, désespéré, je ne veux rien entendre;
Laissez-moi ma vertu, laissez-moi mes malheurs.
Fort contre vos raisons, faible contre ses pleurs,
Je ne la verrai plus. Ma fermeté trahie
Craint moins tous vos tyrans qu'un regard de Tullie.
Je ne la verrai plus! oui, qu'elle parte... Ah, dieux!

ARONS.

Pour vos intérêts seuls arrêté dans ces lieux,
J'ai bientôt passé l'heure avec peine accordée
Que vous-même, seigneur, vous m'aviez demandée.

TITUS.

Moi, je l'ai demandée!

ARONS.

    Hélas! que pour vous deux
J'attendais en secret un destin plus heureux!
J'espérais couronner des ardeurs si parfaites;
Il n'y faut plus penser.

TITUS.

    Ah! cruel que vous êtes;
Vous avez vu ma honte et mon abaissement;
Vous avez vu Titus balancer un moment.
Allez, adroit témoin de mes lâches tendresses,
Allez à vos deux rois annoncer mes faiblesses;
Contez à ces tyrans terrassés par mes coups
Que le fils de Brutus a pleuré devant vous[1].

---

1. Ces vers ont été imités par Laharpe dans *Warwick* :

  Et s'il faut encor plus pour réveiller leur foi,
  Dis que le fier Warwick a pleuré devant toi! (K.)

Mais ajoutez au moins que, parmi tant de larmes,
Malgré vous et Tullie, et ses pleurs et ses charmes,
Vainqueur encor de moi, libre, et toujours Romain,
Je ne suis point soumis par le sang de Tarquin;
Que rien ne me surmonte, et que je jure encore
Une guerre éternelle à ce sang que j'adore.

ARONS.

J'excuse la douleur où vos sens sont plongés;
Je respecte en partant vos tristes préjugés.
Loin de vous accabler, avec vous je soupire :
Elle en mourra, c'est tout ce que je peux vous dire.
Adieu, seigneur.

MESSALA.

O ciel!

SCÈNE II.

TITUS, MESSALA.

TITUS.

Non, je ne puis souffrir
Que des remparts de Rome on la laisse sortir :
Je veux la retenir au péril de ma vie.

MESSALA.

Vous voulez...

TITUS.

Je suis loin de trahir ma patrie.
Rome l'emportera, je le sais; mais enfin
Je ne puis séparer Tullie et mon destin.
Je respire, je vis, je périrai pour elle.
Prends pitié de mes maux, courons, et que ton zèle
Soulève nos amis, rassemble nos soldats :
En dépit du sénat je retiendrai ses pas;
Je prétends que dans Rome elle reste en otage :
Je le veux.

MESSALA.

Dans quels soins votre amour vous engage!
Et que prétendez-vous par ce coup dangereux,
Que d'avouer sans fruit un amour malheureux?

TITUS.

Eh bien! c'est au sénat qu'il faut que je m'adresse.
Va de ces rois de Rome adoucir la rudesse;

ACTE IV, SCÈNE III.

Dis-leur que l'intérêt de l'État, de Brutus...
Hélas! que je m'emporte en desseins superflus!

MESSALA.

Dans la juste douleur où votre âme est en proie,
Il faut, pour vous servir...

TITUS.

     Il faut que je la voie;
Il faut que je lui parle. Elle passe en ces lieux;
Elle entendra du moins mes éternels adieux.

MESSALA.

Parlez-lui, croyez-moi.

TITUS.

     Je suis perdu, c'est elle.

SCÈNE III.

TITUS, MESSALA, TULLIE, ALGINE.

ALGINE.

On vous attend, madame.

TULLIE.

     Ah! sentence cruelle!
L'ingrat me touche encore, et Brutus à mes yeux
Paraît un dieu terrible armé contre nous deux.
J'aime, je crains, je pleure, et tout mon cœur s'égare.
Allons.

TITUS.

Non, demeurez.

TULLIE.

     Que me veux-tu, barbare?
Me tromper, me braver?

TITUS.

     Ah! dans ce jour affreux
Je sais ce que je dois, et non ce que je veux;
Je n'ai plus de raison, vous me l'avez ravie.
Eh bien! guidez mes pas, gouvernez ma furie;
Régnez donc en tyran sur mes sens éperdus;
Dictez, si vous l'osez, les crimes de Titus.
Non, plutôt que je livre aux flammes, au carnage,
Ces murs, ces citoyens qu'a sauvés mon courage;

Qu'un père abandonné par un fils furieux,
Sous le fer de Tarquin...

TULLIE.

M'en préservent les dieux!
La nature te parle, et sa voix m'est trop chère;
Tu m'as trop bien appris à trembler pour un père;
Rassure-toi; Brutus est désormais le mien;
Tout mon sang est à toi, qui te répond du sien;
Notre amour, mon hymen, mes jours en sont le gage :
Je serai dans tes mains sa fille, son otage.
Peux-tu délibérer? Penses-tu qu'en secret
Brutus te vit au trône avec tant de regret?
Il n'a point sur son front placé le diadème;
Mais, sous un autre nom, n'est-il pas roi lui-même?
Son règne est d'une année, et bientôt... Mais, hélas!
Que de faibles raisons, si tu ne m'aimes pas!
Je ne dis plus qu'un mot. Je pars... et je t'adore.
Tu pleures, tu frémis; il en est temps encore :
Achève, parle, ingrat! que te faut-il de plus?

TITUS.

Votre haine; elle manque au malheur de Titus.

TULLIE.

Ah! c'est trop essuyer tes indignes murmures,
Tes vains engagements, tes plaintes, tes injures;
Je te rends ton amour dont le mien est confus,
Et tes trompeurs serments, pires que tes refus.
Je n'irai point chercher au fond de l'Italie
Ces fatales grandeurs que je te sacrifie,
Et pleurer loin de Rome, entre les bras d'un roi,
Cet amour malheureux que j'ai senti pour toi.
J'ai réglé mon destin; Romain dont la rudesse
N'affecte de vertu que contre ta maîtresse,
Héros pour m'accabler, timide à me servir;
Incertain dans tes vœux, apprends à les remplir.
Tu verras qu'une femme, à tes yeux méprisable,
Dans ses projets au moins était inébranlable;
Et par la fermeté dont ce cœur est armé,
Titus, tu connaîtras comme il t'aurait aimé.
Au pied de ces murs même où régnaient mes ancêtres,
De ces murs que ta main défend contre leurs maîtres,
Où tu m'oses trahir, et m'outrager comme eux,
Où ma foi fut séduite, où tu trompas mes feux,

ACTE IV, SCÈNE III.

Je jure à tous les dieux qui vengent les parjures,
Que mon bras, dans mon sang effaçant mes injures,
Plus juste que le tien, mais moins irrésolu,
Ingrat, va me punir de t'avoir mal connu ;
Et je vais...

TITUS, *l'arrêtant.*

    Non, madame, il faut vous satisfaire :
Je le veux, j'en frémis ; et j'y cours pour vous plaire ;
D'autant plus malheureux que, dans ma passion,
Mon cœur n'a pour excuse aucune illusion ;
Que je ne goûte point, dans mon désordre extrême,
Le triste et vain plaisir de me tromper moi-même ;
Que l'amour aux forfaits me force de voler ;
Que vous m'avez vaincu sans pouvoir m'aveugler ;
Et qu'encore indigné de l'ardeur qui m'anime,
Je chéris la vertu, mais j'embrasse le crime.
Haïssez-moi, fuyez, quittez un malheureux
Qui meurt d'amour pour vous, et déteste ses feux ;
Qui va s'unir à vous sous ces affreux augures,
Parmi les attentats, le meurtre, et les parjures.

TULLIE.

Vous insultez, Titus, à ma funeste ardeur ;
Vous sentez à quel point vous régnez dans mon cœur.
Oui, je vis pour toi seul, oui, je te le confesse ;
Mais malgré ton amour, mais malgré ma faiblesse,
Sois sûr que le trépas m'inspire moins d'effroi
Que la main d'un époux qui craindrait d'être à moi ;
Qui se repentirait d'avoir servi son maître,
Que je fais souverain, et qui rougit de l'être.
Voici l'instant affreux qui va nous éloigner.
Souviens-toi que je t'aime, et que tu peux régner.
L'ambassadeur m'attend ; consulte, délibère :
Dans une heure avec moi tu reverras mon père.
Je pars, et je reviens sous ces murs odieux
Pour y rentrer en reine, ou périr à tes yeux.

TITUS.

Vous ne périrez point. Je vais...

TULLIE.

              Titus, arrête ;
En me suivant plus loin tu hasardes ta tête ;
On peut te soupçonner ; demeure : adieu ; résous
D'être mon meurtrier ou d'être mon époux.

SCÈNE IV.

TITUS.

Tu l'emportes, cruelle, et Rome est asservie ;
Reviens régner sur elle ainsi que sur ma vie ;
Reviens : je vais me perdre, ou vais te couronner :
Le plus grand des forfaits est de t'abandonner.
Qu'on cherche Messala ; ma fougueuse imprudence
A de son amitié lassé la patience.
Maîtresse, amis, Romains, je perds tout en un jour.

SCÈNE V.

TITUS, MESSALA.

TITUS.
Sers ma fureur enfin, sers mon fatal amour ;
Viens, suis-moi.
MESSALA.
Commandez ; tout est prêt ; mes cohortes
Sont au mont Quirinal, et livreront les portes.
Tous nos braves amis vont jurer avec moi
De reconnaître en vous l'héritier de leur roi.
Ne perdez point de temps, déjà la nuit plus sombre
Voile nos grands desseins du secret de son ombre.
TITUS.
L'heure approche ; Tullie en compte les moments...
Et Tarquin, après tout, eut mes premiers serments.
(Le fond du théâtre s'ouvre.)
Le sort en est jeté. Que vois-je ? c'est mon père !

SCÈNE VI.

BRUTUS, TITUS, MESSALA, LICTEURS.

BRUTUS.
Viens, Rome est en danger ; c'est en toi que j'espère.

ACTE IV, SCÈNE VI.

Par un avis secret le sénat est instruit
Qu'on doit attaquer Rome au milieu de la nuit.
J'ai brigué pour mon sang, pour le héros que j'aime,
L'honneur de commander dans ce péril extrême :
Le sénat te l'accorde ; arme-toi, mon cher fils ;
Une seconde fois va sauver ton pays ;
Pour notre liberté va prodiguer ta vie ;
Va, mort ou triomphant, tu feras mon envie.

TITUS.

Ciel !...

BRUTUS.

Mon fils !...

TITUS.

Remettez, seigneur, en d'autres mains
Les faveurs du sénat et le sort des Romains.

MESSALA.

Ah ! quel désordre affreux de son âme s'empare !

BRUTUS.

Vous pourriez refuser l'honneur qu'on vous prépare ?

TITUS.

Qui ? moi, seigneur !

BRUTUS.

Eh quoi ! votre cœur égaré
Des refus du sénat est encore ulcéré !
De vos prétentions je vois les injustices.
Ah ! mon fils, est-il temps d'écouter vos caprices ?
Vous avez sauvé Rome, et n'êtes pas heureux ?
Cet immortel honneur n'a pas comblé vos vœux ?
Mon fils au consulat a-t-il osé prétendre
Avant l'âge où les lois permettent de l'attendre ?
Va, cesse de briguer une injuste faveur ;
La place où je t'envoie est ton poste d'honneur ;
Va, ce n'est qu'aux tyrans que tu dois ta colère :
De l'État et de toi je sens que je suis père.
Donne ton sang à Rome, et n'en exige rien ;
Sois toujours un héros, sois plus, sois citoyen.
Je touche, mon cher fils, au bout de ma carrière ;
Tes triomphantes mains vont fermer ma paupière ;
Mais, soutenu du tien, mon nom ne mourra plus ;
Je renaîtrai pour Rome, et vivrai dans Titus.
Que dis-je ? je te suis. Dans mon âge débile
Les dieux ne m'ont donné qu'un courage inutile ;

Mais je te verrai vaincre, ou mourrai, comme toi,
Vengeur du nom romain, libre encore, et sans roi.
TITUS.
Ah, Messala!

SCÈNE VII.

BRUTUS, VALÉRIUS, TITUS, MESSALA.

VALÉRIUS.
Seigneur, faites qu'on se retire.
BRUTUS, à son fils.
Cours, vole...

(Titus et Messala sortent.)
VALÉRIUS.
On trahit Rome.
BRUTUS.
Ah! qu'entends-je?
VALÉRIUS.
On conspire,
Je n'en saurais douter; on nous trahit, seigneur.
De cet affreux complot j'ignore encor l'auteur;
Mais le nom de Tarquin vient de se faire entendre,
Et d'indignes Romains ont parlé de se rendre.
BRUTUS.
Des citoyens romains ont demandé des fers!
VALÉRIUS.
Les perfides m'ont fui par des chemins divers;
On les suit. Je soupçonne et Ménas et Lélie,
Ces partisans des rois et de la tyrannie,
Ces secrets ennemis du bonheur de l'État,
Ardents à désunir le peuple et le sénat.
Messala les protége; et, dans ce trouble extrême,
J'oserais soupçonner jusqu'à Messala même,
Sans l'étroite amitié dont l'honore Titus.
BRUTUS.
Observons tous leurs pas; je ne puis rien de plus:
La liberté, la loi, dont nous sommes les pères,
Nous défend des rigueurs peut-être nécessaires:
Arrêter un Romain sur de simples soupçons,

C'est agir en tyrans, nous qui les punissons[1].
Allons parler au peuple, enhardir les timides,
Encourager les bons, étonner les perfides.
Que les pères de Rome et de la liberté
Viennent rendre aux Romains leur intrépidité ;
Quels cœurs en nous voyant ne reprendront courage?
Dieux ! donnez-nous la mort plutôt que l'esclavage !
Que le sénat nous suive.

SCÈNE VIII.

BRUTUS, VALÉRIUS, PROCULUS.

PROCULUS.
Un esclave, seigneur,
D'un entretien secret implore la faveur.
BRUTUS.
Dans la nuit? à cette heure?
PROCULUS.
Oui, d'un avis fidèle
Il apporte, dit-il, la pressante nouvelle.
BRUTUS.
Peut-être des Romains le salut en dépend :
Allons, c'est les trahir que tarder un moment.
(A Proculus.)
Vous, allez vers mon fils ; qu'à cette heure fatale
Il défende surtout la porte Quirinale,
Et que la terre avoue, au bruit de ses exploits,
Que le sort de mon sang est de vaincre les rois.

---

1. M. Villemain, dans son *Cours de littérature*, raconte que, sous la Terreur, on remplaçait ces deux vers par ceux-ci :

>   Arrêter un Romain sur un simple soupçon,
>   Ne peut être permis qu'en révolution.

(*Tableau de la littérature au* xviiie *siècle*, tome I, p. 192.)

FIN DU QUATRIÈME ACTE.

ACTE CINQUIÈME.

SCÈNE I.

BRUTUS, LES SÉNATEURS, PROCULUS, LICTEURS, L'ESCLAVE VINDEX.

BRUTUS.
Oui, Rome n'était plus; oui, sous la tyrannie
L'auguste liberté tombait anéantie;
Vos tombeaux se rouvraient; c'en était fait : Tarquin
Rentrait dès cette nuit, la vengeance à la main.
C'est cet ambassadeur, c'est lui dont l'artifice
Sous les pas des Romains creusait ce précipice.
Enfin, le croirez-vous? Rome avait des enfants
Qui conspiraient contre elle, et servaient les tyrans;
Messala conduisait leur aveugle furie,
A ce perfide Arons il vendait sa patrie :
Mais le ciel a veillé sur Rome et sur vos jours;
(En montrant l'esclave.)
Cet esclave a d'Arons écouté les discours;
Il a prévu le crime, et son avis fidèle
A réveillé ma crainte, a ranimé mon zèle.
Messala, par mon ordre arrêté cette nuit,
Devant vous à l'instant allait être conduit;
J'attendais que du moins l'appareil des supplices
De sa bouche infidèle arrachât ses complices;
Mes licteurs l'entouraient, quand Messala soudain,
Saisissant un poignard qu'il cachait dans son sein,
Et qu'à vous, sénateurs, il destinait peut-être :
« Mes secrets, a-t-il dit, que l'on cherche à connaître,
C'est dans ce cœur sanglant qu'il faut les découvrir;
Et qui sait conspirer sait se taire et mourir. »
On s'écrie; on s'avance : il se frappe, et le traître
Meurt encore en Romain, quoique indigne de l'être.

Déjà des murs de Rome Arons était parti :
Assez loin vers le camp nos gardes l'ont suivi ;
On arrête à l'instant Arons avec Tullie.
Bientôt, n'en doutez point, de ce complot impie
Le ciel va découvrir toutes les profondeurs ;
Publicola partout en cherche les auteurs.
Mais quand nous connaîtrons le nom des parricides,
Prenez garde, Romains, point de grâce aux perfides ;
Fussent-ils nos amis, nos frères, nos enfants,
Ne voyez que leur crime, et gardez vos serments.
Rome, la liberté, demandent leur supplice ;
Et qui pardonne au crime en devient le complice.
(A l'esclave.)
Et toi, dont la naissance et l'aveugle destin
N'avait fait qu'un esclave et dut faire un Romain,
Par qui le sénat vit, par qui Rome est sauvée,
Reçois la liberté que tu m'as conservée ;
Et prenant désormais des sentiments plus grands,
Sois l'égal de mes fils, et l'effroi des tyrans.
Mais qu'est-ce que j'entends ? quelle rumeur soudaine ?

PROCULUS.
Arons est arrêté, seigneur, et je l'amène.

BRUTUS.
De quel front pourra-t-il ?...

SCÈNE II.

BRUTUS, LES SÉNATEURS, ARONS, LICTEURS.

ARONS.
                    Jusques à quand, Romains,
Voulez-vous profaner tous les droits des humains ?
D'un peuple révolté conseils vraiment sinistres,
Pensez-vous abaisser les rois dans leurs ministres ?
Vos licteurs insolents viennent de m'arrêter :
Est-ce mon maître ou moi que l'on veut insulter ?
Et chez les nations ce rang inviolable...

BRUTUS.
Plus ton rang est sacré, plus il te rend coupable ;
Cesse ici d'attester des titres superflus.

ARONS.

L'ambassadeur d'un roi!...

BRUTUS.

Traître, tu ne l'es plus;
Tu n'es qu'un conjuré paré d'un nom sublime,
Que l'impunité seule enhardissait au crime.
Les vrais ambassadeurs, interprètes des lois,
Sans les déshonorer savent servir leurs rois;
De la foi des humains discrets dépositaires,
La paix seule est le fruit de leurs saints ministères;
Des souverains du monde ils sont les nœuds sacrés,
Et, partout bienfaisants, sont partout révérés.
A ces traits, si tu peux, ose te reconnaître :
Mais si tu veux au moins rendre compte à ton maître
Des ressorts, des vertus, des lois de cet État,
Comprends l'esprit de Rome, et connais le sénat.
Ce peuple auguste et saint sait respecter encore
Les lois des nations que ta main déshonore :
Plus tu les méconnais, plus nous les protégeons;
Et le seul châtiment qu'ici nous t'imposons,
C'est de voir expirer les citoyens perfides
Qui liaient avec toi leurs complots parricides.
Tout couvert de leur sang répandu devant toi,
Va d'un crime inutile entretenir ton roi;
Et montre en ta personne, aux peuples d'Italie,
La sainteté de Rome et ton ignominie.
Qu'on l'emmène, licteurs.

SCÈNE III.

LES SÉNATEURS, BRUTUS, VALÉRIUS, PROCULUS.

BRUTUS.

Eh bien! Valérius,
Ils sont saisis sans doute, ils sont au moins connus?
Quel sombre et noir chagrin, couvrant votre visage,
De maux encor plus grands semble être le présage?
Vous frémissez.

VALÉRIUS.

Songez que vous êtes Brutus.

BRUTUS.

Expliquez-vous...

VALÉRIUS.
Je tremble à vous en dire plus.

(Il lui donne des tablettes.)

Voyez, seigneur; lisez, connaissez les coupables.

BRUTUS, prenant les tablettes.

Me trompez-vous, mes yeux? O jours abominables!
O père infortuné! Tibérinus? mon fils!
Sénateurs, pardonnez... Le perfide est-il pris?

VALÉRIUS.

Avec deux conjurés il s'est osé défendre;
Ils ont choisi la mort plutôt que de se rendre;
Percé de coups, seigneur, il est tombé près d'eux :
Mais il reste à vous dire un malheur plus affreux,
Pour vous, pour Rome entière, et pour moi plus sensible.

BRUTUS.

Qu'entends-je?

VALÉRIUS.
Reprenez cette liste terrible
Que chez Messala même a saisi Proculus.

BRUTUS.

Lisons donc... Je frémis, je tremble. Ciel! Titus!

(Il se laisse tomber entre les bras de Proculus.)

VALÉRIUS.

Assez près de ces lieux je l'ai trouvé sans armes,
Errant, désespéré, plein d'horreur et d'alarmes.
Peut-être il détestait cet horrible attentat.

BRUTUS.

Allez, pères conscrits, retournez au sénat;
Il ne m'appartient plus d'oser y prendre place :
Allez, exterminez ma criminelle race;
Punissez-en le père, et jusque dans mon flanc
Recherchez sans pitié la source de leur sang.
Je ne vous suivrai point, de peur que ma présence
Ne suspendît de Rome ou fléchît la vengeance.

SCÈNE IV.

BRUTUS.

Grands dieux! à vos décrets tous mes vœux sont soumis!
Dieux vengeurs de nos lois, vengeurs de mon pays,
C'est vous qui par mes mains fondiez sur la justice
De notre liberté l'éternel édifice :
Voulez-vous renverser ses sacrés fondements?
Et contre votre ouvrage armez-vous mes enfants?
Ah! que Tibérinus, en sa lâche furie,
Ait servi nos tyrans, ait trahi sa patrie,
Le coup en est affreux, le traître était mon fils!
Mais Titus! un héros! l'amour de son pays!
Qui dans ce même jour, heureux et plein de gloire,
A vu par un triomphe honorer sa victoire!
Titus, qu'au Capitole ont couronné mes mains!
L'espoir de ma vieillesse, et celui des Romains!
Titus! dieux!

SCÈNE V.

BRUTUS, VALÉRIUS, suite, licteurs.

VALÉRIUS.
Du sénat la volonté suprême
Est que sur votre fils vous prononciez vous-même.
BRUTUS.
Moi?
VALÉRIUS.
Vous seul.
BRUTUS.
Et du reste en a-t-il ordonné?
VALÉRIUS.
Des conjurés, seigneur, le reste est condamné;
Au moment où je parle, ils ont vécu peut-être.
BRUTUS.
Et du sort de mon fils le sénat me rend maître?
VALÉRIUS.
Il croit à vos vertus devoir ce rare honneur.

BRUTUS.

O patrie !

VALÉRIUS.
Au sénat que dirai-je, seigneur ?
BRUTUS.
Que Brutus voit le prix de cette grâce insigne,
Qu'il ne la cherchait pas... mais qu'il s'en rendra digne...
Mais mon fils s'est rendu sans daigner résister ;
Il pourrait... Pardonnez si je cherche à douter ;
C'était l'appui de Rome, et je sens que je l'aime.
VALÉRIUS.
Seigneur, Tullie...
BRUTUS.
Eh bien ?...
VALÉRIUS.
Tullie, au moment même,
N'a que trop confirmé ces soupçons odieux.
BRUTUS.
Comment, seigneur ?
VALÉRIUS.
A peine elle a revu ces lieux,
A peine elle aperçoit l'appareil des supplices,
Que, sa main consommant ces tristes sacrifices,
Elle tombe, elle expire, elle immole à nos lois
Ce reste infortuné de nos indignes rois.
Si l'on nous trahissait, seigneur, c'était pour elle.
Je respecte en Brutus la douleur paternelle ;
Mais, tournant vers ces lieux ses yeux appesantis,
Tullie en expirant a nommé votre fils.
BRUTUS.
Justes dieux !
VALÉRIUS.
C'est à vous à juger de son crime.
Condamnez, épargnez, ou frappez la victime ;
Rome doit approuver ce qu'aura fait Brutus.
BRUTUS.
Licteurs, que devant moi l'on amène Titus.
VALÉRIUS.
Plein de votre vertu, seigneur, je me retire :
Mon esprit étonné vous plaint et vous admire ;
Et je vais au sénat apprendre avec terreur
La grandeur de votre âme et de votre douleur.

SCÈNE VI.

BRUTUS, PROCULUS.

BRUTUS.

Non, plus j'y pense encore, et moins je m'imagine
Que mon fils des Romains ait tramé la ruine :
Pour son père et pour Rome il avait trop d'amour;
On ne peut à ce point s'oublier en un jour.
Je ne le puis penser, mon fils n'est point coupable.

PROCULUS.

Messala, qui forma ce complot détestable,
Sous ce grand nom peut-être a voulu se couvrir;
Peut-être on hait sa gloire, on cherche à la flétrir.

BRUTUS.

Plût au ciel !

PROCULUS.

    De vos fils c'est le seul qui vous reste.
Qu'il soit coupable ou non de ce complot funeste,
Le sénat indulgent vous remet ses destins :
Ses jours sont assurés, puisqu'ils sont dans vos mains ;
Vous saurez à l'État conserver ce grand homme.
Vous êtes père enfin.

BRUTUS.

    Je suis consul de Rome.

SCÈNE VII.

BRUTUS, PROCULUS, TITUS, dans le fond du théâtre, avec des licteurs.

PROCULUS.

Le voici.

TITUS.

    C'est Brutus ! O douloureux moments !
O terre, entr'ouvre-toi sous mes pas chancelants !
Seigneur, souffrez qu'un fils...

BRUTUS.

    Arrête, téméraire !

De deux fils que j'aimai les dieux m'avaient fait père;
J'ai perdu l'un; que dis-je? ah, malheureux Titus!
Parle : ai-je encor un fils?

TITUS.

Non, vous n'en avez plus[1].

BRUTUS.

Réponds donc à ton juge, opprobre de ma vie!

(Il s'assied.)

Avais-tu résolu d'opprimer ta patrie?
D'abandonner ton père au pouvoir absolu?
De trahir tes serments?

TITUS.

Je n'ai rien résolu.
Plein d'un mortel poison dont l'horreur me dévore,
Je m'ignorais moi-même, et je me cherche encore :
Mon cœur, encor surpris de son égarement,
Emporté loin de soi, fut coupable un moment;
Ce moment m'a couvert d'une honte éternelle;
A mon pays que j'aime il m'a fait infidèle :
Mais, ce moment passé, mes remords infinis
Ont égalé mon crime et vengé mon pays.
Prononcez mon arrêt. Rome, qui vous contemple,
A besoin de ma perte et veut un grand exemple;
Par mon juste supplice il faut épouvanter
Les Romains, s'il en est qui puissent m'imiter.
Ma mort servira Rome autant qu'eût fait ma vie;
Et ce sang, en tout temps utile à sa patrie,
Dont je n'ai qu'aujourd'hui souillé la pureté,
N'aura coulé jamais que pour la liberté.

BRUTUS.

Quoi! tant de perfidie avec tant de courage!
De crimes, de vertus, quel horrible assemblage!
Quoi! sous ces lauriers même, et parmi ces drapeaux,
Que son sang à mes yeux rendait encor plus beaux!
Quel démon t'inspira cette horrible inconstance?

TITUS.

Toutes les passions, la soif de la vengeance,
L'ambition, la haine, un instant de fureur...

---

1. Cette demande et cette réponse, admirables toutes deux, sont empruntées au *Brutus* de Mlle Bernard, pièce à laquelle avait travaillé Fontenelle. (G. A.)

BRUTUS.

Achève, malheureux !

TITUS.

Une plus grande erreur,
Un feu qui de mes sens est même encor le maître,
Qui fit tout mon forfait, qui l'augmente peut-être.
C'est trop vous offenser par cet aveu honteux,
Inutile pour Rome, indigne de nous deux.
Mon malheur est au comble ainsi que ma furie :
Terminez mes forfaits, mon désespoir, ma vie,
Votre opprobre et le mien. Mais si dans les combats
J'avais suivi la trace où m'ont conduit vos pas,
Si je vous imitai, si j'aimai ma patrie,
D'un remords assez grand si ma faute est suivie,

(Il se jette à genoux.)

A cet infortuné daignez ouvrir les bras ;
Dites du moins : Mon fils, Brutus ne te hait pas ;
Ce mot seul, me rendant mes vertus et ma gloire,
De la honte où je suis défendra ma mémoire :
On dira que Titus, descendant chez les morts,
Eut un regard de vous pour prix de ses remords,
Que vous l'aimiez encore, et que, malgré son crime,
Votre fils dans la tombe emporta votre estime.

BRUTUS.

Son remords me l'arrache. O Rome ! ô mon pays !
Proculus... à la mort que l'on mène mon fils.
Lève-toi, triste objet d'horreur et de tendresse ;
Lève-toi, cher appui qu'espérait ma vieillesse ;
Viens embrasser ton père : il t'a dû condamner ;
Mais, s'il n'était Brutus, il t'allait pardonner.
Mes pleurs, en te parlant, inondent ton visage :
Va, porte à ton supplice un plus mâle courage ;
Va, ne t'attendris point, sois plus Romain que moi,
Et que Rome t'admire en se vengeant de toi.

TITUS.

Adieu : je vais périr digne encor de mon père.

(On l'emmène.)

SCÈNE VIII.

BRUTUS, PROCULUS.

PROCULUS.
Seigneur, tout le sénat, dans sa douleur sincère,
En frémissant du coup qui doit vous accabler...
BRUTUS.
Vous connaissez Brutus, et l'osez consoler!
Songez qu'on nous prépare une attaque nouvelle :
Rome seule a mes soins; mon cœur ne connaît qu'elle.
Allons, que les Romains, dans ces moments affreux,
Me tiennent lieu du fils que j'ai perdu pour eux;
Que je finisse au moins ma déplorable vie
Comme il eût dû mourir, en vengeant la patrie.

SCÈNE IX.

BRUTUS, PROCULUS, UN SÉNATEUR.

LE SÉNATEUR.
Seigneur...
BRUTUS.
    Mon fils n'est plus?
LE SÉNATEUR.
                   C'en est fait... et mes yeux...
BRUTUS.
Rome est libre : il suffit... Rendons grâces aux dieux.

FIN DE BRUTUS.

VARIANTES

DE LA TRAGÉDIE DE *BRUTUS*.

Page 340, vers 14. — Dans les éditions de 1731 et 1736, l'acte deuxième commençait par trois scènes, que l'auteur a supprimées en 1738 et que voici :

SCÈNE I.

TULLIE, ALGINE.

ALGINE.

Oui, vous allez régner ; le destin, moins sévère,
Vous rend tout ce qu'il ôte à Tarquin votre père ;
Un hymen glorieux va ranger sous vos lois
Un peuple obéissant, et fidèle à ses rois.
Un grand roi vous attend ; l'heureuse Ligurie
Va vous faire oublier cette ingrate patrie.
  Cependant votre cœur ouvert aux déplaisirs,
Dans ses prospérités s'abandonne aux soupirs ;
Vous accusez les dieux qui pour vous s'attendrissent.
Vos yeux semblent éteints des pleurs qui les remplissent.
Ah ! si mon amitié, partageant vos malheurs,
N'a connu de tourments que vos seules douleurs ;
Si vous m'aimez, parlez ; quel chagrin vous dévore ?
Pourriez-vous en partant regretter Rome encore ?

TULLIE.

Rome ! séjour sanglant de carnage et d'horreur !
Rome ! tombeau du trône et de tout mon bonheur !
Lieux où je suis encore aux fers abandonnée !
Demeure trop funeste au sang dont je suis née ;
Rome ! pourquoi faut-il qu'en cet affreux séjour
Un héros vertueux, Titus, ait vu le jour ?

ALGINE.

Quoi ! de Titus encor l'âme préoccupée,
Vous en gémissiez seule, et vous m'aviez trompée ?
Quoi ! vous qui vous vantiez de ne voir en Titus
Que l'ennemi des rois, que le fils de Brutus ;
Qu'un destructeur du trône, armé pour sa ruine ;
Vous qui le haïssiez...

TULLIE.

Je le croyais, Algine.

Honteuse de moi-même et de ma folle ardeur,
Je cherchais à douter du crime de mon cœur.
Avec toi renfermée, et fuyant tout le monde,
Me livrant dans tes bras à ma douleur profonde,
Hélas! je me flattais de pleurer avec toi,
Et la mort de mon frère, et les malheurs du roi.
Ma douleur quelquefois me semblait vertueuse;
Je détournais les yeux de sa source honteuse;
Je me trompais; pardonne, il faut tout avouer.
Ces pleurs que tant de fois tu daignas essuyer,
Que d'un frère au tombeau me demandait la cendre,
L'amour les arracha, Titus les fit répandre.
Je sens trop à son nom d'où partaient mes ennuis;
Je sens combien je l'aime, alors que je le fuis;
Cet ordre, cet hymen, ce départ qui me tue,
M'arrachent le bandeau qui me couvrait la vue;
Tu vois mon âme entière, et toutes ses erreurs.

ALGINE.
Fuyez donc à jamais ces fiers usurpateurs;
Pour le sang des Tarquins Rome est trop redoutable.

TULLIE.
Hélas! quand je l'aimai, je n'étais point coupable;
C'est toi seule, c'est toi, qui, vantant ses vertus,
Me découvris mes feux à moi-même inconnus.
Je ne t'accuse point du malheur de ma vie;
Mais lorsque dans ces lieux la paix me fut ravie,
Pourquoi démêlais-tu ce timide embarras
D'un cœur né pour aimer, qui ne le savait pas?
Tu me peignais Titus, à la cour de mon père,
Entraînant tous les cœurs empressés à lui plaire;
Digne du sang des rois, qui coule avec le sien;
Digne du choix d'un père, et plus encor du mien.
Hélas! en t'écoutant ma timide innocence
S'enivra du poison d'une vaine espérance.
Tout m'aveugla. Je crus découvrir dans ses yeux,
D'un feu qu'il me cachait l'aveu respectueux;
J'étais jeune, j'aimais, je croyais être aimée.
Chère et fatale erreur qui m'avez trop charmée!
O douleur! ô revers plus affreux que la mort!
Rome et moi dans un jour ont vu changer leur sort.
Le fier Brutus arrive; il parle, on se soulève;
Sur le trône détruit la liberté s'élève;
Mon palais tombe en cendre, et les rois sont proscrits.
Tarquin fuit ses sujets, ses dieux, et son pays;
Il fuit, il m'abandonne, il me laisse en partage,
Dans ces lieux désolés, la honte, l'esclavage,
La haine qu'on lui porte; et, pour dire encor plus,
Le poids humiliant des bienfaits de Brutus.
La guerre se déclare, et Rome est assiégée;
Rome, tu succombais, j'allais être vengée;
Titus, le seul Titus, arrête tes destins!
Je vois tes murs tremblants, soutenus par ses mains;
Il combat, il triomphe; ô mortelles alarmes!
Titus est en tout temps la source de mes larmes.

Entends-tu tous ces cris? vois-tu tous ces honneurs
Que ce peuple décerne à ses triomphateurs?
Ces aigles à Tarquin par Titus arrachées,
Ces dépouilles des rois à ce temple attachées,
Ces lambeaux précieux d'étendards tout sanglants,
Ces couronnes, ces chars, ces festons, cet encens,
Tout annonce en ces lieux sa gloire et mon outrage.
Mon cœur, mon lâche cœur l'en chérit davantage.
Par ces tristes combats, gagnés contre son roi,
Je vois ce qu'il eût fait s'il combattait pour moi;
Sa valeur m'éblouit, cet éclat qui m'impose
Me laisse voir sa gloire, et m'en cache la cause.

ALGINE.

L'absence, la raison, ce trône où vous montez,
Rendront un heureux calme à vos sens agités;
Vous vaincrez votre amour, et, quoi qu'il vous en coûte,
Vous saurez...

TULLIE.

Oui, mon cœur le haïra sans doute.
Ce fier républicain, tout plein de ses exploits,
Voit d'un œil de courroux la fille de ses rois :
Ce jour, tu t'en souviens, plein d'horreur et de gloire ;
Ce jour que signala sa première victoire,
Quand Brutus enchanté le reçut dans ces lieux,
Du sang de mon parti tout couvert à mes yeux ;
Incertaine, tremblante, et démentant ma bouche,
J'interdis ma présence à ce Romain farouche.
Quel penchant le cruel sentait à m'obéir !
Combien depuis ce temps il se plaît à me fuir?
Il me laisse à mon trouble, à ma faiblesse extrême,
A mes douleurs.

ALGINE.

On vient. Madame, c'est lui-même.

SCÈNE II.

TITUS, TULLIE, ALGINE.

TITUS, au fond du théâtre.

Voyons-la, n'écoutons que mon seul désespoir.

TULLIE.

Dieux! je ne puis le fuir, et tremble de le voir.

TITUS.

Mon abord vous surprend, madame; et ma présence
Est à vos yeux en pleurs une nouvelle offense :
Mon cœur s'était flatté de vous obéir mieux;
Mais vous partez. Daignez recevoir les adieux
D'un Romain qui pour vous eût prodigué sa vie ;
Qui ne vous préféra que sa seule patrie ;
Qui le ferait encor, mais qui, dans ces combats
Où l'amour du pays précipita ses pas,
Ne chercha qu'à finir sa vie infortunée,
Puisqu'à vous offenser les dieux l'ont condamnée.

TULLIE.

Dans quel temps à mes yeux le cruel vient s'offrir !
Quoi vous ! fils de Brutus, vous que je dois haïr?
Vous, l'auteur inhumain des malheurs de ma vie,
Vous opprimez mon père, et vous plaignez Tullie?
Dans ce jour de triomphe, et parmi tant d'honneurs,
Venez-vous à mes yeux jouir de mes douleurs?
Tant de gloire suffit : n'y joignez point mes larmes.

TITUS.

Le ciel a de ma gloire empoisonné les charmes.
Puisse ce ciel, pour vous plus juste désormais,
A vos malheurs passés égaler ses bienfaits !
Il vous devait un trône, allez régner, madame;
Partagez d'un grand roi la couronne et la flamme;
Il sera trop heureux, il combattra pour vous;
Et c'est le seul des rois dont mon cœur est jaloux,
Le seul dans l'univers digne de mon envie.

TULLIE.

Calme ton trouble affreux, malheureuse Tullie;
Sortons... où suis-je?

TITUS.

Hélas! où vais-je m'emporter?
Mon sort est-il toujours de vous persécuter?
Eh bien ! voyez mon cœur, et daignez me connaître.
Je fus votre ennemi, madame, et j'ai dû l'être;
Mais, pour vous en venger, les destins en courroux
M'avaient fait votre esclave, en m'armant contre vous;
Ce feu, que je condamne autant qu'il vous offense,
Né dans le désespoir, nourri dans le silence,
Accru par votre haine, en ces derniers moments,
Ne peut plus devant vous se cacher plus longtemps :
Punissez, confondez un aveu téméraire;
Secondez mes remords, armez votre colère :
Je n'attends, je ne veux ni pardon, ni pitié,
Et ne mérite rien que votre inimitié.

TULLIE.

Quels maux tu m'as causés, Brutus inexorable !

TITUS.

Vengez-vous sur son fils, il est le seul coupable.
Punissez ses exploits, ses feux, ses cruautés;
Il poursuit votre père, il vous aime.

TULLIE.

Arrêtez...
Vous savez qui je suis, et qu'un Romain peut-être
Devait plus de respect au sang qui m'a fait naître;
Mais je ne m'arme point contre un fils de Brutus
Du vain orgueil d'un rang qu'il ne reconnaît plus.
Je suis dans Rome encor, mais j'y suis prisonnière;
Je porte ici le poids des malheurs de mon père;
Mes maux sont votre ouvrage, et j'ose me flatter
Qu'un héros tel que vous n'y veut point insulter;
Qu'il ne recherche point la criminelle gloire
De tenter sur mon cœur une indigne victoire.
Mais si, pour comble enfin de mes destins affreux,

J'ai sur vous en effet ce pouvoir malheureux,
Si le cœur d'un Romain connaît l'obéissance,
Si je puis commander, évitez ma présence;
Pour la dernière fois, cessez de m'accabler,
Et respectez les pleurs que vos mains font couler.

SCÈNE III.

TITUS, seul.

Qu'ai-je dit? que ferai-je? et que viens-je d'entendre?
Jusqu'où ma passion m'a-t-elle pu surprendre?
Ah! pourquoi faites-vous, destins trop rigoureux,
Du jour de mon triomphe un jour si malheureux?

SCÈNE IV.

TITUS, MESSALA.

TITUS.
Messala, c'est à toi qu'il faut que je confie
Le trouble, le secret, le crime de ma vie,
Les orages soudains de mon cœur agité.
MESSALA.
Quoi, seigneur! du sénat l'injuste autorité...
TITUS.
L'amour, l'ambition, le sénat, tout m'accable.
De ce conseil de rois l'orgueil insupportable, etc.

Par la nouvelle disposition, les scènes IV et V de 1731 et 1736 sont devenues les scènes I et II. (B.)

Page 340, vers 26. — Éditions de 1731 à 1746 :

Je devenais Romain, je sortais d'esclavage.

Ibid., vers 28. — Éditions de 1731 à 1748 :

Quoi! le fils de Brutus, un soldat, un Romain,
Aime, idolâtre ici la fille de Tarquin!
Coupable envers Tullie, envers Rome et moi-même,
Ce sénat que je hais, ce fier objet que j'aime,
Le dépit, etc.

Page 341, vers 14. — Éditions de 1731 à 1748 :

Hélas! ne vois-tu pas les fatales barrières?

Page 344, scène III. — Dans les éditions de 1731 et 1736, après la scène entre Titus et Arons, qui était la cinquième, venait le monologue suivant formant la sixième :

TITUS, seul.

Il sort; en quel état, en quel trouble il me laisse!
Tarquin me l'eût donnée! ah! douleur qui me presse!
Moi, j'aurais pu!... mais non; ministre dangereux,
Tu venais découvrir le secret de mes feux.
Hélas! en me voyant se peut-il qu'on l'ignore!
Il a lu dans mes yeux l'ardeur qui me dévore.
Certain de ma faiblesse, il retourne à sa cour,
Insulter aux projets d'un téméraire amour.
J'aurais pu l'épouser, lui consacrer ma vie!
Le ciel à mes désirs eût destiné Tullie!
Grands dieux! s'il était vrai... Quels vains égarements
De leur erreur flatteuse empoisonnent mes sens?
Cependant que j'embrasse une image frivole,
Rome entière m'appelle aux murs du Capitole.
Le peuple, rassemblé sous ces arcs triomphaux,
Tout chargés de ma gloire, et pleins de mes travaux,
M'attend pour commencer les serments redoutables,
De notre liberté garants inviolables.
Allons... mais j'y verrai ces sénateurs jaloux,
Cette foule de rois, l'objet de mon courroux.
Malheureux! ce sénat, dont l'orgueil t'humilie,
Le haïrais-tu tant, si tu n'aimais Tullie?
Tout révolte en ces lieux tes sens désespérés;
Tout paraît injustice à tes yeux égarés.
Va, c'est trop à la fois éprouver de faiblesse.
Étouffe ton dépit, commande à ta tendresse.
Que tant de passions qui déchirent ton cœur
Soient au rang des tyrans dont Titus est vainqueur!

FIN DU DEUXIÈME ACTE.

Cet acte, tel qu'il est aujourd'hui dans le texte, date de 1738. (B.)

Page 350, vers 4. — L'édition de Kehl est la première dans laquelle on lise :

Je vous l'avais prédit.

Toutes les éditions données du vivant de l'auteur portent :

J'avais trop présumé. (B.)

Page 354, vers 19 :

Du trône avec Tullie un assuré partage

est ce qu'on lit dans toutes les éditions antérieures à celle de Kehl. (B.)

Page 355, vers 13. — Toutes les éditions qui ont précédé celle de Kehl donnent ainsi ce vers :

De moi! mon cœur tremblant ne vous en croit qu'à peine. (B.)

Page 357, vers 14. — Dans les éditions de 1731 et 1736, il y a :

A la fille des rois doivent leur liberté...
TULLIE.
Je trahirais le roi qui m'a donné la vie?
TITUS.
Eh! dois-je écouter moins mon sang et ma patrie?
TULLIE.
L'amour doit donc se taire, et sans plus m'avilir,
Pour un ingrat...

Et la scène suivante commençait ainsi :

Madame, il est temps de partir.   (B.)

Page 363, acte IV. — Dans les éditions de 1731 et 1736, cet acte commence ainsi :

SCÈNE I.

TULLIE, ALGINE.

TULLIE.
Laisse-moi. Je ne veux lui parler, ni l'entendre;
A des affronts nouveaux faut-il encor m'attendre?
Faut-il voir le cruel allumer tour à tour
Le flambeau de la haine, et celui de l'amour?
De quel saisissement je demeure frappée?
Ministre dangereux, pourquoi m'as-tu trompée?
Et lorsqu'un prompt départ allait m'en séparer,
Pourquoi pour mon malheur l'as-tu pu différer?
ALGINE.
On vous attend, madame.
TULLIE.
Et je demeure encore!
Et je ne puis quitter un séjour que j'abhorre!
De mes lâches regrets je me sens consumer;
Pour qui? pour un ingrat qui rougit de m'aimer.
Malheureuse! est-ce à toi d'éclater en murmures?
Tu méritas trop bien ta honte et tes injures,
Quand, du pur sang des rois trahissant la splendeur,
D'un sujet révolté l'amour fit ton vainqueur.
Tu vois comme il me traite ; il ne m'a point suivie.
Fier de ses attentats, et plein de sa patrie,
Le cruel s'applaudit de sa fausse vertu.
ALGINE.
Plus que vous ne pensez Titus est combattu ;
Ainsi que votre amour il ressent vos alarmes;
Je l'ai vu retenir et répandre des larmes.
Vous-même, contre vous, témoin de ses efforts,
Vous devriez, madame, excuser ses remords;
Ils sont dignes de vous ; son cœur noble et sincère,
Imitant vos vertus, ne peut trahir son père.
Que dis-je? vous savez par quels affreux serments

Rome à ses intérêts enchaîne ses enfants.
Ce matin, dans ces lieux, Titus jurait encore
Une haine éternelle à ce sang qu'il adore :
Que peut faire, après tout, son cœur désespéré?

TULLIE.

M'obéir, il n'a point de devoir plus sacré.
Quoi donc, tant de Romains, Tibérinus son frère,
Briguent de me venger, sans espoir de me plaire;
Et lui... dirai-je, hélas! lui si cher à mes yeux,
Lui sans qui désormais le jour m'est odieux,
Après que mon devoir, après que sa tendresse,
A cet excès d'amour ont conduit ma faiblesse,
Lui me trahir?

ALGINE.

Au fond de son cœur agité,
Vous l'emportez sur Rome, et sur la liberté.

TULLIE.

Ah! liberté coupable, et vertu de rebelle!
Ah! plus cruel amant que citoyen fidèle!
N'attendons plus, partons, si je puis, sans regret.
Je ne sais quelle horreur m'épouvante en secret.
Peut-être ma terreur est injuste et frivole;
Mais je vois en tremblant cet affreux Capitole;
Je crains pour Titus même; et Brutus à mes yeux
Paraît un dieu terrible, armé contre nous deux;
J'aime, je crains, je pleure: et tout mon cœur s'égare;
Allons...

SCÈNE II.

TULLIE, ALGINE, TITUS.

TITUS.

Non, demeurez; daignez encor...

TULLIE.

Barbare,
Veux-tu par tes discours...

TITUS.

Ah! dans ce jour affreux.

Voyez dans le texte la scène III, page 365. (B.)

Page 363, vers 12. — Éditions de 1738 à 1746.

J'attendais un destin plus digne et plus heureux.

Page 379, vers 26. — Je suis ici le texte de toutes les éditions publiées du vivant de l'auteur. Les éditeurs de Kehl sont les premiers qui aient mis :

Que ton sang à mes yeux rendait encor plus beaux!   (B.)

FIN DES VARIANTES DE BRUTUS.

LES ORIGINAUX

ou

MONSIEUR DU CAP-VERT

COMÉDIE

EN TROIS ACTES, ET EN PROSE

(1732)

AVERTISSEMENT

DE BEUCHOT.

Cette pièce n'a jamais été représentée sur des théâtres publics; mais elle l'a été sur un théâtre particulier, en 1732. C'est Voltaire lui-même qui le dit dans son article Art dramatique des *Questions sur l'Encyclopédie*. La première édition des *Originaux* a été donnée par M. E.-A. Lequien, en 1820, dans le tome IX de son édition des *Œuvres de Voltaire*. Un manuscrit intitulé *Monsieur du Cap-Vert*, et qui était dans la bibliothèque de Pont-de-Veyle, appartenant aujourd'hui à M. de Soleinne, présente des différences de texte dont quelques-unes ont été admises par M. Lequien, et reproduites par des éditeurs plus récents. Je m'en suis tenu au manuscrit dont je suis redevable à feu Decroix, et qu'il avait fait faire sur une copie venant de Longchamp, secrétaire de Voltaire. J'ai mis en variantes les passages introduits dans le texte par M. Lequien.

Cholet de Jetphort, éditeur des *Étrennes lyriques*, donna, dans le volume de 1785, les cinq couplets qui terminent *les Originaux*, comme tirés d'une comédie de Voltaire, intitulée : *Le Capitaine Boursoufle*. Mais il manquait deux vers au 3ᵉ couplet; et d'Aquin de Chateaulyon, dans son *Almanach littéraire* de 1786, ne cita que quatre couplets. Le nom de Boursoufle est au nombre des personnages dans le manuscrit intitulé : *Monsieur du Cap-Vert*, et c'est sous le titre de *Grand Boursoufle* que Mᵐᵉ de Grafigny parle des *Originaux* (voyez *Vie privée de Voltaire et de Mᵐᵉ du Châtelet*, 1820, in-8°, pages 130 et 135). Voltaire avait aussi donné le titre de *Boursoufle* à une pièce dont il existe plusieurs versions : voyez l'*Avertissement* (de M. Decroix) en tête de *l'Échange*.

Les Originaux ont donné l'idée du *Préjugé à la mode*, comédie de Lachaussée, jouée en 1735. La scène v du cinquième acte du *Préjugé à la mode* a surtout quelque rapport avec la scène ix du troisième acte des *Originaux*.

PERSONNAGES

M. DU CAP-VERT, armateur.
LE PRÉSIDENT BODIN.
LA PRÉSIDENTE BODIN.
LE COMTE DES APPRÊTS, gendre du président.
LA COMTESSE, épouse du comte.
LE CHEVALIER DU HASARD, frère inconnu du comte.
FANCHON, fille cadette du président, sœur de la comtesse, et amante du chevalier.
Mme DU CAP-VERT, femme de l'armateur.
M. DE L'ÉTRIER, écuyer du comte.
M. DU TOUPET, perruquier du comte.
PLUSIEURS VALETS DE CHAMBRE.
UN PAGE.
CHAMPAGNE, laquais de la présidente.
NUIT-BLANCHE, laquais du chevalier du Hasard.
Mme RAFLE, gouvernante.

La scène est dans la maison du président.

LES ORIGINAUX

COMÉDIE

ACTE PREMIER.

SCÈNE I.

LE CHEVALIER DU HASARD, NUIT-BLANCHE.

LE CHEVALIER.

Nuit-Blanche !

NUIT-BLANCHE.

Monsieur ?

LE CHEVALIER.

N'est-ce point ici la maison ?

NUIT-BLANCHE.

Je crois que nous y voici. Nous sommes près du jardin du président Bodin : n'est-ce pas cela que vous cherchez ?

LE CHEVALIER.

Oui, c'est cela même ; mais il faut bien autre chose. (Ils s'introduisent dans le jardin.) Elle ne paraît point encore.

NUIT-BLANCHE.

Qui ?

LE CHEVALIER.

Elle.

NUIT-BLANCHE.

Qui, elle ?

LE CHEVALIER.

Cette fille charmante.

NUIT-BLANCHE.

Quoi ! monsieur, la fille du président Bodin vous aurait déjà donné rendez-vous ?

LE CHEVALIER.

Je vous trouve bien impertinent avec votre déjà : il y a un mois entier que je l'aime, et qu'elle le sait ; il y a par conséquent bientôt un mois qu'elle aurait dû m'accorder cette petite faveur. Mais que veux-tu? les filles s'enflamment aisément et se rendent difficilement : si c'était une dame un peu accoutumée au monde, nous nous serions peut-être déjà quittés.

NUIT-BLANCHE.

Eh! de grâce, monsieur, où avez-vous déjà fait connaissance avec cette demoiselle dont le cœur est si aisé, et l'accès si difficile?

LE CHEVALIER.

Où je l'ai vue? Partout, à l'opéra, au concert, à la comédie, enfin en tous les lieux où les femmes vont pour être lorgnées, et les hommes perdre leur temps. J'ai gagné sa suivante de la façon dont on vient à bout de tout, avec de l'argent : c'était à elle que tu portais toutes mes lettres, sans la connaître. Enfin, après bien des prières et des refus, elle consent à me parler ce soir. Les fenêtres de sa chambre donnent sur le jardin. On ouvre, avançons.

SCÈNE II.

FANCHON, à la fenêtre; LE CHEVALIER, au-dessous.

FANCHON.

Est-ce vous, monsieur le chevalier?

LE CHEVALIER.

Oui, c'est moi, mademoiselle, qui fais, comme vous voyez, l'amour à l'espagnole, et qui serais très-heureux d'être traité à la française, et de dire à vos genoux que je vous adore, au lieu de vous le crier sous les fenêtres, au hasard d'être entendu d'autres que de vous.

FANCHON.

Cette discrétion me plaît : mais parlez-moi franchement, m'aimez-vous?

LE CHEVALIER.

Depuis un mois, je suis triste avec ceux qui sont gais ; je deviens solitaire, insupportable à mes amis et à moi-même ; je mange peu, je ne dors point : si ce n'est pas là de l'amour, c'est de la folie; et, de façon ou d'autre, je mérite un peu de pitié.

FANCHON.

Je me sens toute disposée à vous plaindre ; mais si vous m'aimiez autant que vous dites, vous vous seriez déjà introduit auprès de mon père et de ma mère, et vous seriez le meilleur ami de la maison, au lieu de faire ici le pied de grue et de sauter les murs d'un jardin.

LE CHEVALIER.

Hélas! que ne donnerais-je point pour être admis dans la maison!

FANCHON.

C'est votre affaire; et, afin que vous puissiez y réussir, je vais vous faire connaître le génie des gens que vous avez à ménager.

LE CHEVALIER.

De tout mon cœur, pourvu que vous commenciez par vous.

FANCHON.

Cela ne serait pas juste; je sais trop ce que je dois à mes parents. Premièrement, mon père est un vieux président riche et bonhomme, fou de l'astrologie, où il n'entend rien. Ma mère est la meilleure femme du monde, folle de la médecine, où elle entend tout aussi peu : elle passe sa vie à faire et à tuer des malades. Ma sœur aînée est une grande créature, bien faite, folle de son mari, qui ne l'est point du tout d'elle. Son mari, mon beau-frère, est un soi-disant grand seigneur, fort vain, très-fat, et rempli de chimères. Et moi, je deviendrais peut-être encore plus folle que tout cela si vous m'aimiez aussi sincèrement que vous venez de me l'assurer.

LE CHEVALIER.

Ah! madame! que vous me donnez d'envie de figurer dans votre famille! mais...

FANCHON.

Mais, il serait bon que vous me parlassiez un peu de la vôtre; car je ne connais encore de vous que vos lettres.

LE CHEVALIER.

Vous m'embarrassez fort : il me serait impossible de donner du ridicule à mes parents.

FANCHON.

Comment! impossible! vous n'avez donc ni père ni mère?

LE CHEVALIER.

Justement.

FANCHON.

Ne peut-on pas savoir au moins de quelle profession vous êtes?

LE CHEVALIER.

Je fais profession de n'en avoir aucune; je m'en trouve bien. Je suis jeune, gai, honnête homme; je joue, je bois, je fais, comme vous voyez, l'amour : on ne m'en demande pas davantage. Je suis assez bien venu partout; enfin je vous aime de tout mon cœur : c'est une maladie que votre astrologue de père n'a pas prévue, et que votre bonne femme de mère ne guérira pas, et qui durera peut-être plus que vous et moi ne voudrions.

FANCHON.

Votre humeur me fait plaisir; mais je crains bien d'être aussi malade que vous : je ne vous en dirais pas tant si nous étions de plain-pied ; mais je me sens un peu hardie, de loin... Eh! mon Dieu! voici ma grande sœur qui entre dans ma chambre, et mon père et ma mère dans le jardin. Adieu ; je jugerai de votre amour si vous vous tirez de ce mauvais pas en habile homme.

NUIT-BLANCHE, en se collant à la muraille.

Ah! monsieur, nous sommes perdus! voici des gens avec une arquebuse.

LE CHEVALIER.

Non, ce n'est qu'une lunette; rassure-toi. Je suis sûr de plaire à ces gens-ci, puisque je connais leur ridicule et leur faible.

SCÈNE III.

LE PRÉSIDENT BODIN, LA PRÉSIDENTE, DOMESTIQUES, LE CHEVALIER, NUIT-BLANCHE.

LE PRÉSIDENT, avec une grande lunette.

On voit bien que je suis né sous le signe du cancre; toutes mes affaires vont de guingois. Il y a six mois que j'attends mon ami M. du Cap-Vert, ce fameux capitaine de vaisseau qui doit épouser ma cadette ; et je vois certainement qu'il ne viendra de plus d'un an : le bourreau a Vénus rétrograde. Voici, d'un autre côté, mon impertinent de gendre, M. le comte des Apprêts, à qui j'ai donné mon aînée ; il affecte l'air de la mépriser ; il ne veut pas me faire l'honneur de me donner des petits-enfants : ceci est bien plus rétrograde encore. Ah! malheureux président! malheureux beau-père! sur quelle étoile ai-je marché? Çà, voyons un peu en quel état est le ciel ce soir.

LA PRÉSIDENTE.

Je vous ai déjà dit, mon toutou, que votre astrologie n'est bonne qu'à donner des rhumes ; vous devriez laisser là vos lunettes et vos astres. Que ne vous occupez-vous, comme moi, de choses utiles? J'ai trouvé enfin l'élixir universel, et je guéris tout mon quartier. Eh bien, Champagne, comment se porte ta femme, à qui j'en ai fait prendre une dose ?

ACTE I, SCÈNE III.

CHAMPAGNE.

Elle est morte ce matin.

LA PRÉSIDENTE.

J'en suis fâchée : c'était une bonne femme. Et mon filleul, comment est-il depuis qu'il a pris ma poudre corroborative?... Eh mais! que vois-je, mon toutou? un homme dans notre jardin!

LE PRÉSIDENT.

Ma toute, il faut observer ce que ce peut être, et bien calculer ce phénomène.

LE CHEVALIER, tirant sa lunette d'opéra.

Le soleil entre dans sa cinquantième maison.

LE PRÉSIDENT.

Et vous, monsieur, qui vous fait entrer dans la mienne, s'il vous plaît?

LE CHEVALIER, en regardant le ciel.

L'influence des astres, monsieur, Vénus, dont l'ascendance...

LE PRÉSIDENT.

Que veut dire ceci? c'est apparemment un homme de la profession.

(Ils se regardent tous deux avec leurs lunettes.)

LA PRÉSIDENTE.

C'est apparemment quelque jeune homme qui vient me demander des remèdes ; il est vraiment bien joli : c'est grand dommage d'être malade à cet âge.

LE PRÉSIDENT.

Excusez, monsieur, si, n'ayant pas l'honneur de vous connaître...

LE CHEVALIER.

Ah! monsieur, c'était un bonheur que les conjonctions les plus bénignes me faisaient espérer : je me promenais près de votre magnifique maison pour...

LA PRÉSIDENTE.

Pour votre santé apparemment.

LE CHEVALIER.

Oui, madame ; je languis depuis un mois, et je me flatte que je trouverai enfin du secours. On m'a assuré que vous aviez ici ce qui me guérirait.

LA PRÉSIDENTE.

Oui, oui, je vous guérirai ; je vous entreprends, et je veux que ma poudre et mon dissolvant...

LE PRÉSIDENT.

C'est ma femme, monsieur, que je vous présente. (Parlant bas, et se touchant le front.) La pauvre toute est un peu blessée là... Mais parlons un peu raison, s'il vous plaît. Ne disiez-vous pas qu'en vous promenant près de ma maison vous aviez...

LE CHEVALIER.

Oui, monsieur, je vous disais que j'avais découvert un nouvel astre au-dessus de cette fenêtre, et qu'en le contemplant j'étais entré dans votre jardin.

LE PRÉSIDENT.

Un nouvel astre! comment! cela fera du bruit.

LE CHEVALIER.

Je voudrais bien pourtant que la chose fût secrète. Il brillait comme Vénus, et je crois qu'il a les plus douces influences du monde. Je le contemplais, j'ose dire, avec amour; je ne pouvais en écarter mes yeux : j'ai même, puisqu'il faut vous le dire, été fâché quand vous avez paru.

LE PRÉSIDENT.

Vraiment, je le crois bien.

LE CHEVALIER.

Pardonnez, monsieur, à ce que je vous dis; ne me regardez pas d'un aspect malin, et ne soyez pas en opposition avec moi : vous devez savoir l'empressement que j'avais de vous faire ma cour. Mais enfin, quand il s'agit d'un astre...

LE PRÉSIDENT.

Ah! sans doute. Et où l'avez-vous vu? Vous me faites palpiter le cœur.

LE CHEVALIER.

C'est l'état où je suis. Je l'ai vu, vous dis-je. Ah! quel plaisir j'avais en le voyant! quel aspect! c'était tout juste ici; mais cela est disparu dès que vous êtes venu dans le jardin.

LE PRÉSIDENT.

Ceci mérite attention : c'était sans doute quelque comète.

LE CHEVALIER.

Du moins elle avait une fort jolie chevelure.

LA PRÉSIDENTE, le tirant par le bras.

Mon pauvre jeune homme, ne vous arrêtez point aux visions cornues de mon mari. Venons au fait : peut-être votre mal presse.

LE CHEVALIER.

Oui, madame; je me sentais tout en feu avant que vous parussiez.

LA PRÉSIDENTE, lui tâtant le pouls.

Voilà cependant un pouls bien tranquille.

ACTE I, SCÈNE III.

LE CHEVALIER.

Ah! madame, ce n'est que depuis que j'ai l'honneur de vous parler : c'était tout autre chose auparavant. Ah! quelle différence, madame!

LA PRÉSIDENTE.

Pauvre enfant! vous avez pourtant la couleur bonne et l'œil assez vif. Çà, ne déguisez rien : avez-vous la liberté du...

LE CHEVALIER.

Plus de liberté, madame; c'est là mon mal : cela commença, il y a un mois, sur l'escalier de la Comédie; mes yeux furent dans un éblouissement involontaire, mon sang s'agita; j'éprouvai des palpitations, des inquiétudes, ah! madame, des inquiétudes!...

LA PRÉSIDENTE.

Dans les jambes?

LE CHEVALIER.

Ah! partout, madame, des inquiétudes cruelles; je ne dormais plus; je rêvais toujours à la même chose, j'étais mélancolique.

LA PRÉSIDENTE.

Et rien ne vous a donné du soulagement?

LE CHEVALIER.

Pardonnez-moi, madame; cinq ou six ordonnances par écrit m'ont donné un peu de tranquillité. Je me suis mis entre les mains d'un médecin charmant, qui a entrepris ma cure; mais je commence à croire qu'il faudra que vous daigniez l'aider : heureux si vous pouvez consulter avec lui sur les moyens de me mettre dans l'état où j'aspire.

LA PRÉSIDENTE.

Oh! vous n'avez qu'à l'amener, je le purgerai lui-même, je vous en réponds.

LE PRÉSIDENT.

Or çà, monsieur, point de compliments entre gens du métier : vous souperez avec nous ce soir, si vous le trouvez bon; et cela en famille avec ma femme, ma fille la comtesse, et ma fille Fanchon.

LE CHEVALIER.

Ah! monsieur, vous ne pouviez, je vous jure, me faire un plus grand plaisir.

LE PRÉSIDENT.

Et après souper, je veux que nous observions ensemble l'état du ciel.

LE CHEVALIER.

Pardonnez-moi, monsieur; j'ai d'ordinaire après souper la vue un peu trouble.

LA PRÉSIDENTE.

Vous voulez me tuer ce pauvre garçon ; et moi, je vous dis qu'après souper il prendra trois de mes pilules. Mais je veux auparavant qu'il fasse connaissance avec toute ma famille.

LE PRÉSIDENT.

C'est bien dit, ma toute : qu'on fasse descendre madame la comtesse et Fanchon.

LA PRÉSIDENTE.

Mes filles! madame la comtesse!

LA COMTESSE.

Nous descendons, madame.

FANCHON.

Je vole, ma mère.

SCÈNE IV.

LE PRÉSIDENT, LA PRÉSIDENTE, MADAME LA COMTESSE, FANCHON, LE CHEVALIER.

LA PRÉSIDENTE.

Mes filles, voici un de mes malades que je vous recommande : je veux que vous en ayez soin ce soir à souper.

FANCHON.

Ah! ma mère, si nous en aurons soin! il sera entre nous deux, et ce sera moi qui le servirai.

LE PRÉSIDENT.

Ce jeune gentilhomme, mes filles, est un des grands astrologues que nous ayons : ne manquez pas de lui bien faire les honneurs de la maison.

LE CHEVALIER.

Ah! monsieur, je revois la brillante comète dont la vue est si charmante.

LE PRÉSIDENT.

J'ai beau guigner, je ne vois rien.

LE CHEVALIER.

C'est que vous ne regardez pas avec les mêmes yeux que moi.

LA PRÉSIDENTE.

Eh bien! madame la comtesse, serez-vous toujours triste? et ne pourrai-je point purger cette mauvaise humeur? J'ai deux filles bien différentes. Vous diriez Démocrite et Héraclite : l'une a l'air d'une veuve affligée; et cette étourdie-ci rit toujours. Il faut que je donne des gouttes d'Angleterre à l'une, et de l'opium à l'autre.

LA COMTESSE.

Hélas! madame, vous me traitez de veuve; il est trop vrai que je le suis. Vous m'avez mariée, et je n'ai point de mari : monsieur le comte s'est mis dans la tête qu'il dérogerait s'il m'aimait. J'ai le malheur de respecter des nœuds qu'il néglige, et de l'aimer parce qu'il est mon mari, comme il me méprise parce que je suis sa femme : je vous avoue que j'en suis inconsolable.

LA PRÉSIDENTE.

Votre mari est un jeune fat, et toi, une sotte, ma chère fille : je n'ai point de remèdes pour des cas si désespérés. Le comte ne vous voit point du tout la nuit, rarement le jour. Je sais bien que l'affront est sanglant; mais enfin c'est ainsi que M. le président en use avec moi depuis quinze ans : vois-tu que je m'arrache les cheveux pour cela?

FANCHON.

La chose est un peu différente : pour moi, si j'étais à la place de ma sœur aînée, je sais bien ce que je ferais.

LA PRÉSIDENTE.

Eh quoi, coquine?

FANCHON.

Ce qu'elle est assez sotte pour ne pas faire.

LE PRÉSIDENT.

J'ai beau observer, je me donne le torticolis, et je ne découvre rien. Je vois bien que vous êtes plus habile que moi : oui, vous êtes venu tout à propos pour me tirer de bien des embarras.

LE CHEVALIER.

Il n'y a rien que je ne voulusse faire pour vous.

LE PRÉSIDENT.

Vous voyez, monsieur, mes deux filles : l'une est malheureuse parce qu'elle a un mari; et celle-ci commence à l'être parce qu'elle n'en a point. Mais ce qui me désoriente et me fait voir des étoiles en plein midi...

FANCHON.

Eh bien! mon père?

LE CHEVALIER.

Eh bien! monsieur?

LE PRÉSIDENT.

C'est que le mari qui est destiné à ma fille cadette...

FANCHON.

Un mari, mon père!

LE CHEVALIER.

Un mari, monsieur!

LA PRÉSIDENTE.

Eh bien! ce mari, peut-être est-il malade. Cela ne sera rien ; je le guérirai.

LE PRÉSIDENT.

Ce mari, M. du Cap-Vert, ce fameux armateur...

FANCHON.

Ah! mon père, un corsaire?

LE PRÉSIDENT.

C'est mon ancien ami : vous croyez bien que j'ai tiré sa nativité. Il est né sous le signe des poissons. Je lui avais promis de plus Fanchon avant qu'elle fût née; en un mot, ce qui me confond, c'est que je vois clairement que Fanchon sera mariée bientôt, et encore plus clairement que M. du Cap-Vert ne sera de retour que dans un an : il faut que vous m'aidiez à débrouiller cette difficulté.

FANCHON.

Cela me paraît très-aisé, mon père : vous verrez que je serai mariée incessamment, et que je n'épouserai pas votre marin.

LE CHEVALIER.

Autant que mes faibles lumières peuvent me faire entrevoir, mademoiselle votre fille, monsieur, raisonne en astrologue judicieuse encore plus que judiciaire ; et je crois, moi, par les aspects d'aujourd'hui, que ce forban ne sera jamais son mari.

FANCHON.

Sans avoir étudié, je l'ai deviné tout d'un coup.

LE PRÉSIDENT.

Et sur quoi pensez-vous, monsieur, que le capitaine ne sera pas mon gendre?

LE CHEVALIER.

C'est qu'il est déjà gendre d'un autre. Ce capitaine n'est-il pas de Bayonne?

LE PRÉSIDENT.

Oui, monsieur.

LE CHEVALIER.

Eh bien! je suis aussi de Bayonne, moi qui vous parle.

FANCHON.

Je crois que le pays d'où vous êtes sera le pays de mon mari.

LE PRÉSIDENT.

Que fait au mariage de ma fille que vous soyez de Bayonne ou de Pampelune?

LE CHEVALIER.

Cela fait que j'ai connu M. du Cap-Vert lorsque j'étais enfant, et que je sais qu'il était marié à Bayonne.

LE PRÉSIDENT.

Eh bien ! je vois que vous ne savez pas le passé aussi bien que l'avenir. Je vous apprends qu'il n'est plus marié, que sa femme est morte il y a quinze ans, qu'il en avait environ cinquante quand il l'a perdue, et que, dès qu'il sera de retour, il épousera Fanchon. Allons tous souper.

LE CHEVALIER.

Oui. Mais je n'ai point ouï dire que sa femme fût morte.

FANCHON.

Je me trompe bien fort, ou les étoiles auront un pied de nez dans cette affaire, et je ne m'embarquerai pas avec M. du Cap-Vert.

LE CHEVALIER.

Au moins, mademoiselle, le voyage ne serait pas de long cours. Par le calcul de monsieur votre père, le pauvre cher homme a soixante-dix ans, et pourrait mourir de vieillesse avant de me faire mourir de douleur.

LA PRÉSIDENTE.

Allons, mon malade, ne vous amusez point ici. Tout ce que je connais du ciel à l'heure qu'il est, c'est qu'il tombe du serein. Donnez-moi la main, et venez vous mettre à table à côté de moi.

SCÈNE V.

LA COMTESSE, FANCHON.

LA COMTESSE.

Demeure un peu, ma sœur Fanchon.

FANCHON.

Il faut que j'aille servir notre malade, ma chère comtesse : le ciel le veut comme cela.

LA COMTESSE.

Donne-moi pour un moment la préférence.

FANCHON.

Pour un moment, passe.

LA COMTESSE.

Je n'ai plus de confiance qu'en toi, ma petite sœur.

FANCHON.

Hélas! que puis-je pour vous, moi qui suis si fort embarrassée pour moi-même?

LA COMTESSE.

Tu peux m'aider.

FANCHON.

A quoi? à vous venger de votre glorieux et impertinent mari? oh! de tout mon cœur.

LA COMTESSE.

Non, mais à m'en faire aimer.

FANCHON.

Il n'en vaut pas la peine, puisqu'il ne vous aime pas. Mais voilà malheureusement la raison pour quoi vous êtes si fort attachée à lui : s'il était à vos pieds, vous seriez peut-être indifférente.

LA COMTESSE.

Le cruel me traite avec tant de mépris!... Il en use avec moi comme si nous étions mariés de cinquante ans.

FANCHON.

C'est un air aisé : il prétend que ce sont les manières du grand monde. Le fat! ah! que vous êtes bonne, ma sœur, d'être honnête femme!

LA COMTESSE.

Prends pitié de ma sottise.

FANCHON.

Oui, mais à condition que vous prendrez part à ma folie.

LA COMTESSE.

Aide-moi à gagner le cœur de mon mari.

FANCHON.

Pourvu que vous me prêtiez quelque secours pour m'empêcher d'être l'esclave du corsaire qu'on me destine.

LA COMTESSE.

Viens, je te communiquerai mes desseins après souper.

FANCHON.

Et moi, je vous communiquerai mes petites idées... Voilà comme les sœurs devraient toujours vivre. Allons donc, ne pleurez plus, pour que je puisse rire.

FIN DU PREMIER ACTE.

ACTE DEUXIÈME.

SCÈNE I.

LA COMTESSE, FANCHON.

LA COMTESSE.
J'ai passé une nuit affreuse, ma chère petite sœur.
FANCHON.
Je n'ai pas plus dormi que vous.
LA COMTESSE.
J'ai toujours les dédains de mon mari sur le cœur.
FANCHON.
Et moi, les agréments du chevalier dans l'imagination.
LA COMTESSE.
Tu te moques de moi, de voir à quel point j'aime mon mari.
FANCHON.
Vous ne songez guère combien le chevalier me tourne la tête.
LA COMTESSE.
Je tremble pour toi.
FANCHON.
Et moi, je vous plains.
LA COMTESSE.
Aimer un jeune aventurier qui a même la bonne foi de faire entendre qu'il n'a ni naissance ni fortune !
FANCHON.
Larmoyer pour un mari qui n'est peut-être pas si grand seigneur qu'il le dit !
LA COMTESSE.
Ah !
FANCHON.
Qui a plus de dettes que de bien, plus d'impertinence que d'esprit, plus d'orgueil que de magnificence, plus...
LA COMTESSE.
Ah ! ma sœur !

FANCHON.

Qui vous dédaigne, qui prodigue avec des filles d'opéra ce que vous lui avez apporté en mariage, un débauché, un fat...

LA COMTESSE.

Ah! ma sœur, arrêtez donc.

FANCHON.

Un petit freluquet idolâtre de sa figure, et qui est plus longtemps que nous à sa toilette, qui copie tous les ridicules de la cour sans en prendre une seule bonne qualité, qui fait l'important, qui...

LA COMTESSE.

Ma sœur, je ne puis en entendre davantage.

FANCHON.

Il ne tient pourtant qu'à vous : cela ne finira pas sitôt.

LA COMTESSE.

Il a de grands défauts, sans doute, je ne les connais que trop ; je les ai remarqués exprès, j'y ai pensé nuit et jour pour me détacher de lui, ma chère enfant ; mais, à force de les avoir toujours présents à l'esprit, enfin je m'y suis presque accoutumée comme aux miens ; et peut-être qu'avec le temps ils me seront également chers.

FANCHON.

Ah! ma sœur, s'il vous faisait l'honneur de vous traiter comme sa femme, et si vous connaissiez sa personne aussi bien que vous connaissez ses vices, peut-être en peu de temps seriez-vous tranquille sur son compte. Enfin vous voilà donc résolue d'employer à sa conversion tout ce que vous tenez de la libéralité de mon père?

LA COMTESSE.

Assurément : quand il n'en coûte que de l'argent pour gagner un cœur, on l'a toujours à bon marché.

FANCHON.

Oui, mais un cœur ne s'achète point : il se donne, et ne peut se vendre.

LA COMTESSE.

Quelquefois on est touché des bienfaits. Ma chère enfant, je te charge de tout.

FANCHON.

Vous me donnez un emploi singulier entre un mari et sa femme. Le métier que je m'en vais faire est un peu hardi : il faudra que je prenne les apparences de la friponnerie pour faire une action de vertu. Allons, il n'y a rien qu'on ne fasse pour sa sœur.

Retirez-vous ; allez faire votre cour à sa toilette : je prendrai mon temps pour lui parler. Souvenez-vous de moi dans l'occasion, je vous en prie, et empêchez qu'on ne m'envoie sur mer.

SCÈNE II.

(Le fond du théâtre s'ouvre.)

LE COMTE DES APPRÊTS paraît à sa toilette, essayant son habit ; SON ÉCUYER, UN TAILLEUR, UN PAGE, UN LAQUAIS ; LA COMTESSE entre chez lui.

LE COMTE (sans l'apercevoir, parlant toujours d'un air important).

Je vous ai déjà dit, mons des Coutures, que les paniers de mes habits ne sont jamais assez amples : il faut, s'il vous plaît, les faire aussi larges que ceux des femmes, afin que l'on puisse un peu être seul dans le fond de son carrosse. Et vous, mons du Toupet, songez un peu plus à faire fuir la perruque en arrière : cela donne plus de grâce au visage. (A la comtesse.) Ah ! vous voilà, comtesse ! (A ses gens.) Hé ! un peu d'eau de miel, hé ! (A la comtesse.) Je suis fort aise de vous voir, madame. (A l'un de ses gens.) Un miroir, hé !... page, a-t-on fait porter ce vin d'Espagne chez la petite Troussé ?

LE PAGE.

Oui, monseigneur.

LA COMTESSE.

Pourrait-on avoir l'honneur de vous dire un mot, monsieur ?

LE COMTE.

Écoutez, page : était-elle éveillée, la petite ?

LE PAGE.

Non, monseigneur.

LE COMTE.

Et la grosse duchesse ?

LE PAGE.

Monseigneur, elle s'est couchée à huit heures du matin.

M. DE L'ÉTRIER.

Monseigneur, voici votre lingère, votre baigneur, votre parfumeur, votre rôtisseur, votre doreur, votre sellier, votre éperonnier, votre bijoutier, votre usurier, qui attendent dans l'antichambre, et qui demandent tous de l'argent.

LE COMTE, d'un air languissant.

Eh mais ! qu'on les jette par les fenêtres : c'est ainsi que j'en ai usé avec la moitié de mon bien, qui m'était pourtant plus cher que tous ces messieurs-là. Allez, allez; dites-leur qu'ils reviennent... dans quelques années, dans quelques années... Hé! prenez ce miroir, page; et vous, mons de l'Étrier...

L'ÉTRIER.

Monseigneur?

LE COMTE.

Dites un peu, mons de l'Étrier, qu'on mette mes chevaux napolitains à ma calèche verte et or.

L'ÉTRIER.

Monseigneur, je les vendis hier pour acheter des boucles d'oreilles à Mlle Manon.

LE COMTE.

Eh bien! qu'on mette les chevaux barbes.

L'ÉTRIER.

Un coquin de marchand de foin les fit saisir hier avec votre berline neuve.

LE COMTE.

En vérité, le roi devrait mettre ordre à ces insolences : comment veut-on que la noblesse se soutienne, si on l'oblige de déroger au point de payer ses dettes?...

LA COMTESSE.

Pourrai-je obtenir audience à mon tour?

LE COMTE.

Ah! vous voici encore, madame? Je vous croyais partie avec mes autres créanciers.

LA COMTESSE.

Peut-on se voir méprisée plus indignement! eh bien! vous ne voulez donc pas m'écouter?

LE COMTE, à son écuyer.

Mons de l'Étrier, un peu d'or dans mes poches... Eh! madame, revenez dans quelques années.

LA COMTESSE.

Mauvaise plaisanterie à part, il faut pourtant que je vous parle.

LE COMTE.

Eh bien! allons donc, il faut bien un peu de galanterie avec les dames : mais ne soyez pas longue.

LA COMTESSE.

Que de coups de poignard!

LE COMTE, à ses gens.

Messieurs de la chambre, qu'on ôte un peu cette toilette.

SCÈNE III.

LE COMTE, LA COMTESSE.

LA COMTESSE.

Avez-vous résolu, monsieur, de me faire mourir de chagrin?

LE COMTE.

Comment donc, madame, en quoi vous ai-je déplu, s'il vous plaît?

LA COMTESSE.

Hélas! c'est moi qui ne vous déplais que trop. Il y a six mois que nous sommes mariés, et vous me traitez comme si nous étions brouillés depuis trente ans.

LE COMTE, se regardant dans un miroir de poche,
en ajustant sa perruque.

Vous voilà toute prête à pleurer! De quoi vous plaignez-vous? N'avez-vous pas une très-grosse pension? n'êtes-vous pas maîtresse de vos actions? suis-je un ladre, un bourru, un jaloux?

LA COMTESSE.

Plût à Dieu que vous fussiez jaloux! Insultez-vous ainsi à mon attachement? vous ne me donnez que des marques d'aversion : était-ce pour cela que je vous ai épousé?

LE COMTE, se nettoyant les dents.

Mais vous m'avez épousé, madame, vous m'avez épousé pour être dame de qualité, pour prendre le pas sur vos compagnes avec qui vous avez été élevée, pour les faire crever de dépit. Moi, je vous ai épousée... je vous ai épousée, madame, pour ajouter deux cent mille écus à mon bien. De ces deux cent mille écus, j'en ai déjà mangé cent mille; par conséquent, je ne vous dois plus que la moitié des égards que je vous devais. Quand j'aurai mangé les cent mille autres, je serai tout à fait quitte avec vous. Raillerie à part, je vous aime; je ne veux pas que vous soyez malheureuse, mais j'exige que vous ayez un peu d'indulgence.

LA COMTESSE.

Vous m'outrez : vous vous repentirez peut-être un jour de m'avoir désespérée.

LE COMTE.

Quoi donc! qu'avez-vous? venez-vous ici gronder votre mari de quelque tour que vous aura joué votre amant? Ah! comtesse, parlez-moi avec confiance : qui aimez-vous actuellement?

LA COMTESSE.

Ciel! que ne puis-je aimer quelque autre que vous!

LE COMTE.

On dit que vous soupâtes hier avec le chevalier du Hasard. Il est vraiment aimable : je veux que vous me le présentiez.

LA COMTESSE.

Quelles étranges idées! vous ne pensez donc pas qu'une femme puisse aimer son mari?

LE COMTE.

Oh! pardonnez-moi ; je pense qu'il y a des occasions où une femme aime son mari : quand il va à la campagne sans elle pour deux ou trois années, quand il se meurt, quand elle essaye son habit de veuve.

LA COMTESSE.

Voilà comme vous êtes ; vous croyez que toutes les femmes sont faites sur le modèle de celles avec qui vous vous ruinez ; vous pensez qu'il n'y en a point d'honnêtes.

LE COMTE.

D'honnêtes femmes! mais si fait, si fait ; il y en a de fort honnêtes : elles trichent un peu au jeu, mais ce n'est qu'une bagatelle.

LA COMTESSE.

Voilà donc tous les sentiments que j'obtiendrai de vous?

LE COMTE.

Croyez-moi, le président et la présidente ont beau faire, je ne veux pas vivre sitôt en bourgeois ; et puisque vous êtes madame la comtesse des Apprêts, je veux que vous souteniez votre dignité, et que vous n'ayez rien de commun avec votre mari que le nom, les armes, et les livrées. Vous ne savez pas votre monde ; vous vous imaginez qu'un mari et une femme sont faits pour vivre ensemble : quelle idée! Holà! hé! là-bas! quelqu'un! holà! hé! messieurs de la chambre!

SCÈNE IV.

LE PRÉSIDENT, LA PRÉSIDENTE, LE COMTE, LA COMTESSE, LE CHEVALIER, un page.

LE PAGE.

Monseigneur, voici le président et la présidente.

LE PRÉSIDENT.

Vous pourriez bien dire : Monsieur le président, petit maroufle!

LE PAGE, en s'en allant.

Ah! le vilain bourgeois!

LE PRÉSIDENT.

Par Saturne, monsieur le comte, vous en usez bien indignement avec nous, et c'est un phénomène bien étrange que votre conduite. Vous nous méprisez, moi, ma femme et ma fille, comme si vous étiez une étoile de la première grandeur. Vous nous traitez en bourgeois. Parbleu! quand vous seriez au zénith de la fortune, apprenez qu'il est d'un malhonnête homme de mépriser sa femme, et la famille dans laquelle on est entré. Corbleu! je suis las de vos façons : nous ne sommes point faits pour habiter sous le même méridien. Je vous le dis, il faudra que nous nous séparions; et de par tout le zodiaque! (car vous me faites jurer), dans quelles éphémérides a-t-on jamais lu qu'un gendre traite de haut en bas son beau-père le président et sa belle-mère la présidente, ne dîne jamais en famille, ne revienne au point du jour que pour coucher seul? Parbleu! si j'étais madame la comtesse, je vous ferais coucher avec moi, mon petit mignon, ou je vous dévisagerais.

LE COMTE.

Bonjour, président, bonjour.

LA PRÉSIDENTE.

N'est-ce pas une honte qu'on ne puisse vous guérir de cette maladie? et que moi, qui ai guéri tout mon quartier, aie chez moi un gendre qui me désespère, et fait mourir sa femme des pâles couleurs? Et où en seriez-vous, si M. le président en eût toujours usé ainsi avec moi? vous n'auriez pas touché six cents sacs de mille livres que nous vous avons donnés en dot. Savez-vous bien que ma fille est l'élixir des femmes, et que vous ne la méritez pas pour épouse, ni moi pour belle-mère, ni M. le président pour beau-père, ni mon... ni mon... Allez, vous êtes un monstre.

LE COMTE.

Je suis charmé de vous voir et de vous entendre, ma chère présidente... Eh! voilà, je crois, le chevalier du Hasard, dont on m'a tant parlé. Bonjour, mons du Hasard, bonjour : vraiment, je suis fort aise de vous voir.

LE CHEVALIER.

Il me semble que j'ai vu cet homme-là à Bayonne, dans mon enfance. Monsieur, je compte sur l'honneur de votre protection.

LE COMTE.

Comment trouvez-vous madame la comtesse, mons le chevalier?

LE CHEVALIER.

Monsieur, je...

LE COMTE.

Ne vous sentez-vous rien pour elle?

LE CHEVALIER.

Le respect que...

LE COMTE.

Ne pourrai-je point vous être bon à quelque chose à la cour, mons le chevalier?

LE CHEVALIER.

Monsieur, je ne...

LE COMTE, l'interrompant toujours d'un air important.

Auprès de quelques ministres, de quelques dames de la cour?

LE CHEVALIER.

Heureusement, monsieur...

LE COMTE.

Il faudra que vous veniez prendre huit tableaux de cavagnole chez la grosse duchesse. Président, présidente, voilà midi qui sonne; allez, allez dîner : vous dînez de bonne heure, vous autres. Holà! hé! quelqu'un! qu'on ouvre à ces dames. Adieu, mesdames. Vous viendrez me voir quelque matin, monsieur le chevalier.

LE CHEVALIER, en s'en allant.

Votre gendre est singulier.

LE PRÉSIDENT.

Il est lunatique.

LA PRÉSIDENTE, en s'en allant.

Il est incurable.

LA COMTESSE.

Je suis bien malheureuse!

SCÈNE V.

LE COMTE, M. DE L'ÉTRIER.

LE COMTE.

Mons de l'Étrier, je ne laisse pas d'être bien embarrassé, oui.

L'ÉTRIER.

Et moi aussi, monseigneur.

LE COMTE.

J'ai mangé en trois mois deux années de mon revenu d'avance.

L'ÉTRIER.

Cela prouve votre générosité.

LE COMTE.

Je vois que les vertus sont assez mal récompensées en ce monde : personne ne veut me prêter. Comme je suis un grand seigneur, on me craint; si j'étais un bourgeois, j'aurais cent bourses à mon service.

L'ÉTRIER.

Au lieu de cent prêteurs vous avez cent créanciers. J'ai l'honneur d'être votre écuyer, et vous n'avez point de chevaux. Vous avez un page qui n'a point de chemises, des laquais sans gages, des terres en décret : ma foi, j'oserais vous conseiller d'accepter quelque bonne somme du beau-père, et de lui faire un petit comte des Apprêts.

LE COMTE.

Je ne veux rien faire d'indigne d'un grand seigneur. Ne voudrais-tu pas que je soupasse, comme un homme désœuvré, avec ma femme? que j'allasse bourgeoisement au lit avec elle, tristement affublé d'un bonnet de nuit, et asservi comme un homme vulgaire aux lois insipides d'un devoir languissant? que je m'humiliasse jusqu'à paraître en public à côté de ma femme? ridicule pendant le jour, dégoûté pendant la nuit; et, pour comble d'impertinence, père de famille? Dans trente ans, mon ami, dans trente ans, nous verrons ce que nous pourrons faire pour la fille du président.

L'ÉTRIER.

Mais ne la trouvez-vous pas jolie?

LE COMTE.

Comment! elle est charmante.

L'ÉTRIER.

Eh bien donc!

LE COMTE.

Ah! si elle était la femme d'un autre, j'en serais amoureux comme un fou; je donnerais tout ce que je dois (et c'est beaucoup) pour la posséder, pour en être aimé : mais elle est ma femme; il n'y a pas moyen de la souffrir; j'ai trop l'honneur en recommandation; il faut un peu soutenir son caractère dans le monde.

L'ÉTRIER.

Elle est vertueuse, elle vous aime.

LE COMTE.

Parlons de ce que j'aime : aurez-vous de l'argent ?

L'ÉTRIER.

Non, monseigneur.

LE COMTE.

Comment, mons de l'Étrier, vous n'avez pu trouver de l'argent chez des bourgeois?

SCÈNE VI.

FANCHON, LE COMTE.

FANCHON, au page qui la suivait.

Mon petit page, allez un peu voir là-dedans si j'y suis.

(Le page et M. de l'Étrier s'en vont.)

LE COMTE, à Fanchon.

Eh! ma chère enfant, qui vous amène si matin dans mon appartement?

FANCHON.

L'envie de vous rendre un petit service.

LE COMTE.

Aimable créature, toute sœur de ma femme que vous êtes, vous me feriez tourner la tête si vous vouliez.

FANCHON.

Je voudrais vous la changer un peu. Ne me dites point de douceurs : ce n'est pas pour moi que je viens ici.

LE COMTE.

Comment!

FANCHON.

Soyez discret, au moins.

LE COMTE.

Je vous le jure, ma chère enfant.

FANCHON.

N'allez jamais en parler à votre femme.

LE COMTE.

Est-ce qu'on parle à sa femme?

FANCHON.

A M. le président, ni à madame la présidente.

LE COMTE.

Est-ce qu'on parle à son beau-père ou à sa belle-mère?

FANCHON.

A mon mari, quand j'en aurai un.

LE COMTE.

Est-ce qu'un mari sait jamais rien?

ACTE II, SCÈNE VI.

FANCHON.

Eh bien! je suis chargée de la part d'une jeune femme extrêmement jolie...

LE COMTE.

Voilà un plaisant métier à votre âge!

FANCHON.

Plus noble que vous ne pensez : les intentions justifient tout; et quand vous saurez de quoi il est question, vous aurez meilleure opinion de moi, et vous verrez que tout ceci est en tout bien et en tout honneur.

LE COMTE.

Eh bien, mon cœur, une jolie femme?...

FANCHON.

Qui a de la confiance en moi, m'a priée de vous dire...

LE COMTE.

Quoi?

FANCHON.

Que vous êtes le plus...

LE COMTE.

Ah! j'entends.

FANCHON.

Le plus ridicule de tous les hommes.

LE COMTE.

Comment! race de président...

FANCHON.

Écoutez jusqu'au bout : vous allez être bien surpris. Elle vous trouve donc, comme j'avais l'honneur de vous le dire, extrêmement ridicule, vain comme un paon, dupe comme une buse, fat comme Narcisse; mais, au travers de ces défauts, elle croit voir en vous des agréments. Vous l'indignez, et vous lui plaisez; elle se flatte que si vous l'aimiez, elle ferait de vous un honnête homme. Elle dit que vous ne manquez pas d'esprit, et elle espère de vous donner du jugement. La seule chose où elle en manque, c'est en vous aimant; mais c'est son unique faiblesse : elle est folle de vous, comme vous l'êtes de vous-même. Elle sait que vous êtes endetté par-dessus les oreilles; elle a voulu vous donner des preuves de sa tendresse qui vous enseignassent à avoir des procédés généreux; elle a vendu toutes ses nippes, elle en a tiré vingt mille francs en billets et en or, qui déchirent mes poches depuis une heure. Tenez, les voilà; ne me demandez pas son nom; promettez-moi seulement un rendez-vous pour elle ce soir, dans votre chambre, et corrigez-vous pour mériter ses bontés.

LE COMTE, en prenant l'argent.

Ma belle Fanchon, votre inconnue m'a la mine d'être une laideron, avec ses vingt mille francs.

FANCHON.

Elle est belle comme le jour; et vous êtes un misérable, indigne que la petite Fanchon se mêle de vos affaires. Adieu; tâchez de mériter mon estime et mes bontés.

SCÈNE VII.

LE COMTE.

Franchement, je suis assez heureux. Né sans fortune, je suis devenu riche sans industrie; inconnu dans Paris, il m'a été très-aisé d'être grand seigneur; tout le monde l'a cru, et je le crois à la fin moi-même plus que personne. J'ai épousé une belle femme *(ad honores)*, j'ai le noble plaisir de la mépriser; à peine manqué-je un peu d'argent, que voilà une femme de la première volée, titrée sans doute, qui me prête mille louis d'or, et qui ne veut être payée que par un rendez-vous! Oh! oui, madame, vous serez payée; je vous attends chez moi tout le jour; et, pour la première fois de ma vie, je passerai mon après-dînée sans sortir. Holà! hé! page, écoutez. Page, qu'on ne laisse entrer chez moi qu'une dame qui viendra avec la petite Fanchon.

SCÈNE VIII.

M. DU CAP-VERT, heurtant à la porte; LE COMTE,
L'ÉTRIER, LE PAGE.

LE COMTE.

Voici apparemment cette dame de qualité à qui j'ai tourné la tête.

LE PAGE, allant à la porte.

Est-ce vous, mademoiselle Fanchon?

M. DU CAP-VERT, poussant la porte en dedans.

Eh! ouvrez, ventrebleu! voici une rade bien difficile: il y a une heure que je parcours ce bâtiment sans pouvoir trouver le patron. Où est donc le président et la présidente? et où est Fanchon?

ACTE II, SCÈNE VIII.

LE PAGE.

Tout cela est allé promener bourgeoisement en famille. Mais, mon ami, on n'entre point ainsi dans cet appartement : dénichez.

M. DU CAP-VERT.

Petit mousse, je te ferai donner la cale.

LE COMTE, d'un ton nonchalant.

Qu'est-ce que c'est que ça? mais qu'est-ce que c'est que ça? Mes gens! holà! hé! mes gens! Mons de l'Étrier! qu'on fasse un peu sortir cet homme-là de chez moi; qu'on lui dise un peu qui je suis, où il est, et qu'on lui apprenne un peu à vivre.

M. DU CAP-VERT.

Comment! qu'on me dise qui vous êtes! et n'êtes-vous pas assez grand pour le dire vous-même, jeune muguet? Qu'on me dise un peu où je suis! je crois, ma foi, être dans la boutique d'un parfumeur; je suis empuanti d'odeur de fleur d'orange.

L'ÉTRIER.

Mons, mons, doucement : vous êtes ici chez un seigneur qui a bien voulu épouser la fille aînée du président Bodin.

M. DU CAP-VERT.

C'est bien de l'honneur pour lui; voilà un plaisant margajat! Eh bien! monsieur, puisque vous êtes le gendre de...

L'ÉTRIER.

Appelez-le monseigneur, s'il vous plaît.

M. DU CAP-VERT.

Lui! monseigneur? je pense que vous êtes fou, mon drôle : j'aimerais autant appeler galion une chaloupe, ou donner le nom d'esturgeon à une sole. Écoutez, gendre du président, j'ai à vous avertir...

LE COMTE.

Arrêtez, arrêtez; l'ami, êtes-vous gentilhomme?

M. DU CAP-VERT.

Non, ventrebleu! je ne suis point gentilhomme; je suis honnête homme, brave homme, bon homme.

LE COMTE, toujours d'un air important.

Eh bien donc, je ne prendrai pas la peine de vous faire sortir moi-même. Mons de l'Étrier, mes gens, faites un peu sortir monsieur.

M. DU CAP-VERT.

Par la sainte-barbe! si votre chiourme branle, je vous coulerai tous à fond de cale, esclaves.

LE PAGE.

Oh! quel ogre!

L'ÉTRIER, en tremblant.

Monsieur, ce n'est pas pour vous manquer de respect...

M. DU CAP-VERT.

Taisez-vous, ou je vous lâcherai une bordée.

(Il prend une chaise, et s'assied auprès du comte.)

C'est donc vous, monsieur le freluquet, qui avez épousé Catau?

LE COMTE, d'un ton radouci.

Oui, monsieur : asseyez-vous donc, monsieur.

M. DU CAP-VERT.

Savez-vous que je suis monsieur du Cap-Vert?

LE COMTE.

Non, monsieur... Oh! quel importun!

M. DU CAP-VERT.

Eh bien! je vous l'apprends donc. Avez-vous jamais été à Rio-Janeiro?

LE COMTE.

Non, je n'ai jamais été à cette maison de campagne-là.

M. DU CAP-VERT.

Ventre de boulets! c'est une maison de campagne un peu forte, que nous prîmes d'assaut à deux mille lieues d'ici, sous l'autre tropique. C'était en 1711, au mois de septembre[1]. Monsieur le blanc-poudré, je voudrais que vous eussiez été là, vous seriez mort de peur. Il y faisait chaud, mon enfant, je vous en réponds. Connaissez-vous celui qui nous commandait?

LE COMTE.

Qui? celui qui vous commandait?

M. DU CAP-VERT.

Oui, celui qui nous commandait, de par tous les vents!

LE COMTE.

C'était un très-bel homme à ce que j'ai ouï dire : il s'appelait le duc de...

M. DU CAP-VERT.

Et non, cornes de fer, ce n'était ni un duc, ni un de vos marquis; c'était un drôle qui a pris plus de vaisseaux anglais dans sa vie que vous n'avez trompé de bégueules et écrit de fades billets doux. Ce fut une excellente affaire que cette prise du fort de Saint-Sébastien de Rio-Janeiro : j'en eus vingt mille écus pour ma part.

LE COMTE.

Si vous vouliez m'en prêter dix mille, vous me feriez plaisir.

---

1. C'est en effet la date de l'expédition de Duguay-Trouin contre Rio-Janeiro.

M. DU CAP-VERT.

Je ne vous prêterais pas du tabac à fumer, mon petit mignon, entendez-vous, avec vos airs d'importance? Tout ce que j'ai est pour ma femme : vous avez épousé l'aînée Catau, et je viens exprès pour épouser la cadette Fanchon, et être votre beau-frère. Le président reviendra-t-il bientôt?

LE COMTE.

Vous! mon beau-frère!

M. DU CAP-VERT.

Par la sancable! oui, votre beau-frère, puisque j'épouse votre belle-sœur.

LE COMTE.

Vous pouvez épouser Fanchon tant qu'il vous plaira; mais vous ne serez point mon beau-frère : je vous avertis que je ne signe point au contrat de mariage.

M. DU CAP-VERT.

Parbleu! que vous signiez ou que vous ne signiez pas, qu'est-ce que cela me fait? ce n'est pas vous que j'épouse, et je n'ai que faire de votre signature. Mais est-ce que le président tardera encore longtemps à venir? cet homme-là est bien mauvais voilier.

LE COMTE.

Je vous conseille, monsieur du Cap-Vert, de l'aller attendre ailleurs.

M. DU CAP-VERT.

Comment! est-ce que ce n'est pas ici sa maison?

LE COMTE.

Oui, mais c'est ici mon appartement.

M. DU CAP-VERT.

Eh bien! je le verrai ici.

LE COMTE.

(A part.) Le traître!... (A M. du Cap-Vert.) J'attends du monde à qui j'ai donné rendez-vous.

M. DU CAP-VERT.

Je ne vous empêche pas de l'attendre.

LE COMTE.

(A part.) Le bourreau!... (A M. du Cap-Vert.) C'est une dame de qualité.

M. DU CAP-VERT.

De qualité ou non, que m'importe?

LE COMTE, à part.

Je voudrais que ce monstre marin-là fût à cinq cents brasses avant dans la mer.

M. DU CAP-VERT.

Que dites-vous là de la mer, beau garçon?

LE COMTE.

Je dis qu'elle me fait soulever le cœur. Eh! voilà, pour m'achever de peindre! le président et la présidente : je n'y puis plus tenir, je quitte la partie, je vais me réfugier ailleurs.

SCÈNE IX.

LE PRÉSIDENT, LA PRÉSIDENTE, M. DU CAP-VERT,
LE CHEVALIER DU HASARD.

LE PRÉSIDENT, regardant attentivement M. du Cap-Vert.

Ce que je vois là est incompréhensible!

M. DU CAP-VERT.

Cela est très-aisé à comprendre : j'arrive de la côte de Zanguebar, et je viens débarquer chez vous, et épouser Fanchon.

LE PRÉSIDENT.

Il ne se peut pas que ce soit là M. du Cap-Vert : son thème porte qu'il ne reviendra que dans deux ans.

M. DU CAP-VERT.

Eh bien! faites donc votre thème en deux façons; car me voilà revenu.

LA PRÉSIDENTE.

Il a bien mauvais visage.

LE CHEVALIER.

Monsieur, soyez le très-bien arrivé en cette ville.

LE PRÉSIDENT.

Est-ce que je ne serais qu'un ignorant?

M. DU CAP-VERT.

Beau-père, votre raison va à la bouline : parbleu! vous perdez la tramontane. Dressez vos lunettes, observez-moi; je n'ai point changé de pavillon : ne reconnaissez-vous pas mons du Cap-Vert, votre ancien camarade de collège? Il n'y a que trente-cinq ans que nous nous sommes quittés, et vous ne me remettez pas!

LE PRÉSIDENT.

Si fait, si fait; mais...

M. DU CAP-VERT.

Mais oublier ses amis en si peu de temps! Tout le monde me paraît bien étourdi du bateau dans cette maison-ci. Je viens de voir un jeune fat, mon beau-frère, qui a perdu la raison ; le beau-père a perdu la mémoire. Bonhomme de président, allons, où est votre fille?

LA PRÉSIDENTE.

Ma fille, monsieur, s'habille pour paraître devant vous ; mais je ne crois pas que vous vouliez l'épouser sitôt.

M. DU CAP-VERT.

Je lui donne du temps ; je ne compte me marier que dans trois ou quatre heures. J'ai hâte, ma bonne ; j'arrive de loin.

LA PRÉSIDENTE.

Quoi ! vous voulez vous marier aujourd'hui avec le visage que vous portez ?

M. DU CAP-VERT.

Sans doute : je n'irai pas emprunter celui d'un autre.

LA PRÉSIDENTE.

Allez, vous vous moquez : il faut que vous soyez auparavant quinze jours entre mes mains.

M. DU CAP-VERT.

Pas un quart d'heure seulement. Présidente, quelle proposition me faites-vous là ?

LA PRÉSIDENTE.

Voyez ce jeune homme que je vous présente : quel teint ! qu'il est frais ! je ne l'ai pourtant entrepris que d'hier.

M. DU CAP-VERT.

Comment dites-vous? depuis hier ce jeune homme et vous...

LE CHEVALIER.

Oui, monsieur, madame daigne prendre soin de moi.

LA PRÉSIDENTE.

C'est moi qui l'ai mis dans l'état où vous le voyez.

LE PRÉSIDENT, à part.

Non, il n'est pas possible que cet homme-là soit arrivé.

M. DU CAP-VERT.

Je ne comprends rien à toutes les lanternes que vous me dites, vous autres.

LA PRÉSIDENTE.

Je vous dis qu'il faut que vous soyez saigné et purgé dûment avant de songer à rien.

M. DU CAP-VERT.

Moi, saigné et purgé ! j'aimerais mieux être entre les mains des Turcs qu'entre celles des médecins.

LA PRÉSIDENTE.

Après un voyage de long cours, vous devez avoir amassé des

humeurs de quoi infecter une province : vous autres marins, vous avez de si vilaines maladies!

M. DU CAP-VERT.

Parlez pour vous, messieurs du continent : les gens de mer sont des gens propres; mais vous!...

LA PRÉSIDENTE.

Je vous en quitterai pour cinquante pilules.

M. DU CAP-VERT.

J'aimerais mieux épouser la fille d'un Cafre, ma bonne femme; je romprai plutôt le marché.

LE CHEVALIER, en lui faisant une grande révérence.

Souffrez que je vous dise, par l'intérêt que je prends à ce mariage...

M. DU CAP-VERT, de même.

Eh! quel intérêt prenez-vous, s'il vous plaît, à ce mariage?

LE CHEVALIER.

Je vous conseille de ne rien précipiter, et de suivre l'avis de madame : j'ai des raisons importantes pour cela, j'ose vous le dire.

M. DU CAP-VERT.

L'équipage de ce bâtiment-ci est composé d'étranges gens, j'ose vous le dire : un fat me refuse la porte, un doucereux me fait des révérences et me donne des conseils sans me connaître; l'un me parle de ma nativité, l'autre veut qu'on me purge. Je n'ai jamais vu de vaisseau si mal frété que cette maison-ci.

LE PRÉSIDENT.

Oh çà! puisque vous voilà : nous allons préparer Fanchon à vous venir trouver.

M. DU CAP-VERT.

Allez, beau-père et belle-mère.

SCÈNE X.

M. DU CAP-VERT, LE CHEVALIER.

LE CHEVALIER.

Monsieur, je ne me sens pas de joie de vous voir.

M. DU CAP-VERT.

Vraiment, je le crois bien que vous ne vous sentez pas de joie en me voyant : pourquoi en sentiriez-vous? vous ne me connaissez pas.

LE CHEVALIER.

Je veux dire que ma joie est si forte...

ACTE II, SCÈNE X.

M. DU CAP-VERT.

Vous vous moquez de moi. Qui êtes-vous? et que me voulez-vous?

LE CHEVALIER.

Ah! monsieur, que c'est une belle chose que la mer!

M. DU CAP-VERT.

Oui, fort belle.

LE CHEVALIER.

J'ai toujours eu envie de servir sur cet élément.

M. DU CAP-VERT.

Qui vous en empêche?

LE CHEVALIER.

Quel plaisir que ces combats de mer, surtout lorsqu'on s'accroche!

M. DU CAP-VERT.

Vous avez raison : il n'y a qu'un plaisir au-dessus de celui-là.

LE CHEVALIER.

Et quel, monsieur, s'il vous plaît?

M. DU CAP-VERT.

C'est lorsqu'on se débarrasse sur terre des importuns.

LE CHEVALIER.

Oui, cela doit être délicieux. Que vous êtes heureux, monsieur, que vous êtes heureux! vous avez sans doute vu le cap de Bonne-Espérance, monsieur?

M. DU CAP-VERT.

Assurément. Je veux vous faire lire le récit d'un petit combat assez drôle que je donnai à la vue du cap : je vous assure que je menai mes gens galamment.

LE CHEVALIER.

Vous me ferez la plus insigne faveur : ah! monsieur, que c'est dommage qu'un homme comme vous se marie!

M. DU CAP-VERT.

Pourquoi, dommage?

LE CHEVALIER.

Voilà qui est fait; il ne sera plus question de vous dans les gazettes; vous n'aurez plus le plaisir de l'abordage; vous allez languir dans les douces chaînes d'un hymen plein de charmes; une beauté tendre, touchante, voluptueuse, va vous enchanter dans ses bras. Ne savez-vous pas que Vénus est sortie du sein de la mer?

M. DU CAP-VERT.

Peu me chaut d'où elle est sortie. Je ne comprends rien à votre galimatias.

LE CHEVALIER.

Oui, dis-je, voilà qui est fait ; M. du Cap-Vert devient un homme terrestre, un vil habitant de la terre ferme, un citoyen qui s'enterre avec Mlle Fanchon.

M. DU CAP-VERT.

Non ferai, par mes sabords : je l'emmène dans huit jours en Amérique.

LE CHEVALIER.

Vous ! monsieur ?

M. DU CAP-VERT.

Assurément ; je veux une femme, il me faut une femme, je grille d'avoir une femme... Fanchon est-elle jolie ?

LE CHEVALIER.

Assez passable pour un officier de terre : mais, pour un marin délicat, oh ! je ne sais pas. Vous comptez donc réellement épouser cette jeune demoiselle ?

M. DU CAP-VERT.

Oui, très-réellement.

LE CHEVALIER.

A votre place, je n'en ferais rien.

M. DU CAP-VERT.

Vraiment, je crois bien que vous n'en ferez rien... Mais que me vient conter cet homme-ci ?

LE CHEVALIER.

Je me sens attaché tendrement à vous. Je dois vous parler vrai : elle n'a pas assez d'embonpoint pour un capitaine de vaisseau.

M. DU CAP-VERT.

J'aime les tailles déliées.

LE CHEVALIER.

Elle parle trop vite.

M. DU CAP-VERT.

Elle en parlera moins longtemps.

LE CHEVALIER.

Elle est folle, folle à lier, vous dis-je.

M. DU CAP-VERT.

Tant mieux ! elle me divertira.

LE CHEVALIER.

Oh bien ! puisqu'il ne vous faut rien cacher, elle a une inclination.

M. DU CAP-VERT.

C'est une preuve qu'elle a le cœur tendre, et qu'elle pourra m'aimer.

LE CHEVALIER.
Enfin, pour vous dire tout, elle a deux enfants en nourrice.
M. DU CAP-VERT.
Ce serait une marque certaine que j'en aurai lignée : mais je ne crois rien de toutes ces fadaises-là.
LE CHEVALIER.
Voilà un homme inébranlable : c'est un rocher.

SCÈNE XI.

FANCHON, LE CHEVALIER, M. DU CAP-VERT.

LE CHEVALIER.
Ah! la voici qui vient reconnaître l'ennemi : mon amiral, voilà donc l'écueil contre lequel vous échouez. A votre place, j'irais me jeter la tête la première dans la mer : un grand homme comme vous! ah! quelle faiblesse!
M. DU CAP-VERT.
Taisez-vous, babillard. C'est donc vous, Fanchon, qui m'allez appartenir? Je jette l'ancre dans votre port, m'amie, et je veux, avant qu'il soit quatre jours, que nous partions tous les deux pour Saint-Domingue.
FANCHON, au chevalier.
Quoi! monsieur le chevalier, c'est donc là ce fameux M. du Cap-Vert, cet homme illustre, la terreur des mers et la mienne?
LE CHEVALIER.
Oui, mademoiselle.
M. DU CAP-VERT.
Voilà une fille bien apprise.
FANCHON.
C'est donc vous, monsieur, dont mon père m'a entretenue si souvent?
M. DU CAP-VERT.
Oui, ma poupe; oui, mon perroquet; c'est moi-même.
FANCHON.
Il y a cinquante ans que vous êtes son intime ami?
M. DU CAP-VERT.
Environ, si mon estime est juste.
FANCHON.
Voudriez-vous faire à sa fille un petit plaisir?

M. DU CAP-VERT.

Assurément, et de tout mon cœur; je suis tout prêt : parlez, mon enfant. Vous me paraissez timide : qu'est-ce que c'est?

FANCHON.

C'est, monsieur, de ne me point épouser.

M. DU CAP-VERT.

J'arrive pourtant exprès pour cette affaire, et pour me donner à vous avec tous mes agrès : vous m'étiez promise avant que vous fussiez née. Il y a trente ans que votre père m'a promis une fille. Je consommerai tout cela ce soir, vers les dix heures, si vous le trouvez bon, m'amie.

FANCHON.

Mais entre nous, monsieur du Cap-Vert, vous figurez-vous qu'à mon âge, et faite comme je suis, il soit si plaisant pour moi de vous épouser, d'être empaquetée dans votre bord comme votre pacotille, et d'aller vous servir d'esclave aux antipodes?

M. DU CAP-VERT.

Vous vous imaginez donc, la belle, que je vous épouse pour votre plaisir? apprenez que c'est pour moi que je me marie, et non pas pour vous. Ai-je donc si longtemps vogué dans le monde pour ne savoir pas ce que c'est que le mariage? Si l'on ne prenait une femme que pour en être aimé, les notaires de votre pays feraient, ma foi, peu de contrats. M'amie, il me faut une femme, votre père m'en doit une, vous voilà ; préparez-vous à m'épouser.

FANCHON.

Savez-vous bien ce que risque un mari de soixante-cinq ans quand il épouse une fille de quinze?

M. DU CAP-VERT.

Eh bien! merluche, que risque-t-il?

FANCHON.

N'avez-vous jamais ouï dire qu'il y a eu autrefois des cocus dans le monde?

M. DU CAP-VERT.

Oui, oui, petite effrontée; et j'ai ouï dire aussi qu'il y a des filles qui font deux ou trois enfants avant leur mariage; mais je n'y regarde pas de si près.

FANCHON, en glapissant.

Trois enfants avant mon mariage!

M. DU CAP-VERT.

Nous savons ce que nous savons.

FANCHON.

Trois enfants avant mon mariage, imposteur!

M. DU CAP-VERT.

Trois ou deux, qu'importe?

FANCHON.

Et qui vous dit ces belles nouvelles-là?

M. DU CAP-VERT.

Parbleu! c'est ce jeune muguet frisé.

FANCHON.

Quoi! c'est vous qui...

LE CHEVALIER.

Ah! mademoiselle...

M. DU CAP-VERT.

Mais je suis bien bon, moi, de parler ici de balivernes avec des enfants, lorsqu'il faut que j'aille signer les articles avec le beau-père. Adieu, adieu : vous entendrez bientôt parler de moi.

SCÈNE XII.

LE CHEVALIER, FANCHON.

LE CHEVALIER.

Me voilà au désespoir : ce loup marin-là vous épousera comme il le dit, au moins.

FANCHON.

Je mourrais plutôt mille fois.

LE CHEVALIER.

Il y aurait quelque chose de mieux à faire.

FANCHON.

Et quoi, chevalier?

LE CHEVALIER.

Si vous étiez assez raisonnable pour faire avec moi une folie, pour m'épouser, ce serait bien le vrai moyen de désorienter notre corsaire.

FANCHON.

Et que diraient le président et la présidente?

LE CHEVALIER.

Le président s'en prendrait aux astres, la présidente ne me donnerait plus de ses remèdes, les choses s'apaiseraient au bout de quelque temps, M. du Cap-Vert irait jeter l'ancre ailleurs, et nous serions tous contents.

FANCHON.

J'en suis un peu tentée; mais, chevalier, pensez-vous que mon père veuille absolument me sacrifier à ce vilain homme?

LE CHEVALIER.

Je le crois fermement, dont j'enrage.

FANCHON.

Ah! que je suis malheureuse!

LE CHEVALIER.

Il ne tient qu'à vous de faire mon bonheur et le vôtre.

FANCHON.

Je ne me sens pas le courage de faire d'emblée un coup si hardi : je vois qu'il faut que vous m'y accoutumiez par degrés.

LE CHEVALIER.

Ma belle Fanchon, si vous m'aimiez...

FANCHON.

Je ne vous aime que trop : vous m'attendrissez, vous m'allez faire pleurer, vous me déchirez le cœur ; allez-vous-en.

SCÈNE XIII.

LA COMTESSE, FANCHON, LE CHEVALIER.

LA COMTESSE.

Eh bien ! comment vont nos affaires ?

FANCHON.

Hélas ! tout de travers.

LA COMTESSE.

Quoi ! n'aurait-il pas daigné ?...

FANCHON.

Bon ! il veut seulement avoir une femme pour la faire mourir de chagrin.

LA COMTESSE.

Mais enfin, ma sœur, vous lui avez parlé ?

FANCHON.

Je vous en réponds, et de la bonne manière : monsieur le chevalier y était présent.

LA COMTESSE.

Et pourquoi monsieur le chevalier ?

FANCHON.

Parce qu'heureusement il s'est trouvé là.

LA COMTESSE.

Mais enfin qu'est-ce que ce cruel a répondu ?

FANCHON.

Lui, ma sœur ? il m'a répondu que j'étais une merluche, une impertinente, une morveuse.

LA COMTESSE.

Oh ciel!

FANCHON.

Il m'a dit que j'avais eu deux ou trois enfants, mais qu'il ne s'en mettait pas en peine.

LA COMTESSE.

A quel excès...

FANCHON.

Que cela ne l'empêcherait de rien.

LA COMTESSE.

Hélas!

FANCHON.

Qu'il allait trouver mon père et ma mère.

LA COMTESSE.

Mais, ma sœur!...

FANCHON.

Qu'il signerait les articles ce soir.

LA COMTESSE.

Quels articles?

FANCHON.

Et qu'il m'épouserait cette nuit.

LA COMTESSE.

Lui, ma sœur!

FANCHON, criant et pleurant.

En dût-il être cocu! ah! le cœur me fend. Monsieur le chevalier et moi, nous sommes inconsolables.

LA COMTESSE.

Je ne comprends rien à ce que vous me dites. Quoi! Monsieur le comte, mon mari...

FANCHON.

Eh non! ce n'est pas de votre mari dont je parle; c'est du bourreau qui veut être le mien.

LA COMTESSE.

Quoi! mon père s'obstine à vouloir vous donner pour mari ce grand vilain M. du Cap-Vert? Que je vous plains, ma sœur! Mais avez-vous parlé à monsieur le comte?

FANCHON.

Au nom de Dieu, ma sœur, engagez mon père à différer ce mariage. Monsieur le chevalier vous en prie avec moi.

LE CHEVALIER.

Vous êtes sœurs; vous devez vous rendre la vie douce l'une à l'autre; et je voudrais vous rendre service à toutes deux.

LA COMTESSE.

J'irai me jeter aux pieds de mon père et de ma mère. Mais avez-vous vu monsieur le comte?

FANCHON.

Ma sœur, ne m'abandonnez pas.

LA COMTESSE.

Mais dites si vous avez fait quelque chose pour moi.

LE CHEVALIER.

Donnez donc quelque réponse à madame.

FANCHON.

Voyez-vous, ma sœur, si l'on me force à épouser cet homme-là, je suis fille à mettre le feu aux poudres, et à sauter en l'air avec son maudit vaisseau, lui, l'équipage, et moi.

LA COMTESSE.

Si je ne puis parvenir à rendre mon mari raisonnable, vous me verrez expirer de douleur.

FANCHON.

Ne manquez pas de représenter à ma mère la cruauté qu'il y aurait à me laisser manger par ce cancre de corsaire.

LE CHEVALIER.

Vous avez toutes deux la tête pleine de votre affaire. Daignez rentrer l'une et l'autre, et souffrez que je vous donne mes petits avis pour le bonheur de tous trois.

FIN DU DEUXIÈME ACTE.

ACTE TROISIÈME.

SCÈNE I.

LE COMTE, L'ÉTRIER.

L'ÉTRIER.
Votre Excellence n'a pas le sou, à ce que je vois.
LE COMTE.
Il est vrai : ayant su que mon rendez-vous n'était que pour le soir, j'ai été jouer chez la grosse duchesse ; j'ai tout perdu. Mais j'ai de quoi me consoler : ce sont au moins des gens titrés qui ont eu mon argent.
L'ÉTRIER.
Argent mal acquis ne profite pas, comme vous voyez.
LE COMTE.
Il n'était, ma foi, ni bien ni mal acquis ; il n'était point acquis du tout : je ne sais qui me l'a envoyé; c'est pour moi un rêve, je n'y comprends rien. Il semble que Fanchon ait voulu se moquer de moi. Voilà pourtant vingt mille francs que j'ai reçus et que j'ai perdus en un quart d'heure. Oui, je suis piqué, je suis piqué, outré ; je sens que je serais au désespoir si cela n'était pas au-dessous de moi... Mons de l'Étrier !
(Fanchon, entrée pendant que le comte parlait, entend la fin de son discours.

SCÈNE II.

LE COMTE, FANCHON.

FANCHON, faisant signe à l'Étrier de sortir.
C'est-à-dire, notre beau-frère, que vous avez perdu l'argent que je vous avais donné tantôt.
LE COMTE.
Ne songeons point à ces bagatelles, ma belle enfant. Quand voulez-vous me faire voir cette généreuse inconnue, cette beauté,

cette divinité qui se transforme en pluie d'or pour m'obtenir?

FANCHON.

Vous ne pourrez la voir que ce soir, sur le tard : mais je viens vous consoler..

LE COMTE.

Mon aimable enfant, rien n'est si consolant que votre vue ; et, le diable m'emporte! il me prend fantaisie de vous payer ce que je dois à cette aimable personne.

FANCHON.

Je ne suis point intéressée, et ne vais point sur le marché des autres. Réservez toutes vos bontés pour elle ; elle les mérite mieux que moi : c'est le visage du monde le plus aimable, la taille la plus belle, des airs charmants...

LE COMTE.

Ah ! ma chère Fanchon !

FANCHON.

Un ton de voix tendre et touchant, un esprit juste, fin, doux, le cœur le plus noble : hélas ! vous vous en apercevrez assez. Si vous vouliez être honnête homme au lieu d'être petit-maître, vous conduire en homme sage au lieu de vous ruiner en grand seigneur, elle vous adorera toute sa vie.

LE COMTE.

Ma chère Fanchon !

FANCHON.

Soyez sûr qu'elle ne vivra que pour vous, et que son amour ne sera point incommode ; qu'elle chérira votre personne, votre honneur, votre famille, comme sa personne, son honneur, sa famille propre ; que vous goûterez ensemble un bonheur dont vous n'avez point d'idée... ni moi non plus.

LE COMTE.

Ma chère Fanchon, vous m'éblouissez, vous me ravissez ! je suis en extase, je meurs déjà d'amour pour elle. Ah ! pourquoi faut-il que j'attende encore une heure à la voir?

FANCHON.

Vous voilà ému de tout ce que je viens de dire; vous le seriez bien davantage si... Enfin, que diriez-vous si je vous donnais de sa part cinquante mille livres en diamants?

LE COMTE.

Ce que je dirais?... je dirais que cela est impossible ; je ferais imprimer ce conte à la fin des *Mille et une Nuits*.

FANCHON.

Cela n'est point impossible : les voilà.

LE COMTE.

Juste ciel! est-ce un miracle? est-ce un songe?... j'avoue que j'ai cru jusqu'ici avoir quelque petit mérite; mais je ne pensais pas en avoir à ce point-là.

FANCHON.

Écoutez bien : ce n'est pas parce que vous avez du mérite que l'on vous traite ainsi ; mais c'est afin que vous en ayez, si vous pouvez. Ah çà! je vous ai parlé assez longtemps de vos affaires; venons aux miennes : je vous rends, je crois, un assez joli service; il faut me récompenser.

LE COMTE.

Parlez : le service est si récent qu'il n'y a pas moyen que je sois ingrat.

FANCHON.

Mon père a chaussé dans sa tête de me faire madame du Cap-Vert : on dresse actuellement le contrat, c'est-à-dire mon arrêt de mort. Jugez de l'état où je suis, puisque j'ai perdu toute ma gaieté : cependant je suis si bonne que j'ai pensé à vos affaires avant que de régler les miennes. Le moment fatal arrive, la tête commence à me tourner; je ne sais plus que devenir.

LE COMTE, d'un air important.

Eh bien! que voulez-vous que je fasse?

FANCHON.

Je n'en sais rien ; mais que je ne sois pas madame du Cap-Vert.

LE COMTE.

Ma fille, il faudra voir cette affaire-là. On lavera la tête au président. Je lui parlerai, je lui parlerai, et du bon ton : oui, fiez-vous à moi. Mais quand viendra la fée aux diamants et à l'argent comptant?

FANCHON.

Elle a plus d'envie de vous voir que vous n'en avez de la remercier : elle viendra bientôt, je vous jure. Vous savez que l'on court après son argent; mais ceux qui l'ont reçu sont d'ordinaire fort tranquilles. Adieu; je vais chercher une femme qui vous aime : servez-moi seulement contre un homme que je n'aime point.

SCÈNE III.

LE COMTE, L'ÉTRIER.

LE COMTE.

Mons de l'Étrier, il arrive d'étranges choses dans la vie.

L'ÉTRIER.

Oui, et surtout aux étranges gens, monseigneur.

LE COMTE.

Ne gratte-t-on pas à la porte?

L'ÉTRIER.

Oui, monseigneur.

LE COMTE.

C'est sans doute celle à qui j'ai tourné la tête : je vous avoue que j'ai quelque curiosité de la voir.

SCÈNE IV.

LE COMTE, MADAME DU CAP-VERT, avec une canne à bec de corbin, un habillement de vieille, et une petite voix glapissante.

LE COMTE.

C'est sans doute elle qui se cache dans ses coiffes.

MADAME DU CAP-VERT, à l'Étrier.

C'est donc ici la maison du président Bodin?

L'ÉTRIER, en sortant.

Oui, la vieille, c'est la maison du président Bodin ; mais c'est ici chez monsieur le comte.

MADAME DU CAP-VERT, sautant au cou du comte.

Ah! mon petit comte, vois-tu, il faut que tu secoures ici une pauvre affligée.

LE COMTE.

Madame, souffrez qu'à vos genoux...

MADAME DU CAP-VERT.

Non, mon cher enfant, c'est à moi de me jeter aux tiens.

LE COMTE, en l'examinant.

Elle a raison... Ah! qu'elle est laide! eh bien! madame, c'est donc vous qui avez bien voulu me faire des avances si solides, et qui...

MADAME DU CAP-VERT.

Oui, mon ami, je te fais toutes les avances. Est-il bien vrai que mon petit traître est dans la maison?

LE COMTE.

Quoi! madame! quel traître? de qui me parlez-vous? est-ce de moi?

MADAME DU CAP-VERT.

Mon traître, mon petit traître, mon petit mari : on dit qu'il est ici.

ACTE III, SCÈNE IV.

LE COMTE.

Votre mari? eh! s'il vous plaît, comment nommez-vous ce pauvre homme-là?

MADAME DU CAP-VERT.

Monsieur du Cap-Vert, monsieur du Cap-Vert.

LE COMTE, d'un air important.

Eh mais! oui, madame, je crois qu'oui; je crois qu'il est ici.

MADAME DU CAP-VERT.

Tu crois qu'oui!... me voilà la femme de la terre habitable la plus heureuse. J'aurai le plaisir de dévisager ce fripon-là. Il est joli! il y a vingt ans qu'il m'a abandonnée, il y a vingt ans que je le cherche : je le trouve; voilà qui est fait. Où est-il? qu'on me le montre! qu'on me le montre!

LE COMTE.

Quoi! sérieusement, vous seriez un peu madame du Cap-Vert?

MADAME DU CAP-VERT.

Oui, mon petit fripon; il y a tantôt cinquante ans.

LE COMTE.

Écoutez : vous arrivez fort mal à propos pour moi, mais encore plus mal à propos pour lui. Il va se marier à la fille du président Bodin.

MADAME DU CAP-VERT.

Lui, épouser une fille du président! non, mort de ma vie! je l'en empêcherai bien.

LE COMTE.

Et pourquoi? j'en ai bien épousé une, moi qui vous parle.

MADAME DU CAP-VERT.

Il y a vingt ans qu'il me joue de ces tours-là, et qu'il va épousant tout le monde. Il me fit mettre dans un couvent après deux ans de mariage, à cause d'un certain régiment de dragons qui vint alors à Bayonne, et qui était extrêmement galant : mais nous avons sauté les murs, nous nous sommes vengé! ah! que nous nous sommes vengé, mon petit freluquet!

LE COMTE.

Est-ce donc vous, ma bonne, qui m'avez envoyé...

MADAME DU CAP-VERT.

Moi, je ne t'ai rien envoyé que je sache : je viens chercher mon traître.

LE COMTE.

O ciel! mon destin sera-t-il toujours d'être importuné! M'amie, il y a ici deux affaires importantes : la première est un rendez-vous que vous venez interrompre; la seconde est le mariage de M. du Cap-Vert, que je ne serai pas fâché d'empêcher. C'est un brutal; il est bon de le mortifier un peu : je vous prends sous ma protection. Retirez-vous un peu, s'il vous plaît. Holà! hé! quelqu'un! mons de l'Étrier, qu'on ait soin de madame. Allez, ma bonne, on vous présentera à M. du Cap-Vert dans l'occasion.

MADAME DU CAP-VERT.

Tu me parais tant soit peu impertinent; mais puisque tu me rends service de si bon cœur, je te le pardonne.

SCÈNE V.

LE COMTE.

Serai-je enfin libre un moment? oh ciel! encore un importun! ah! je n'y puis plus tenir; j'aime mieux quitter la partie.

(Il s'en va.)

SCÈNE VI.

LE CHEVALIER, FANCHON.

LE CHEVALIER.

A qui diable en a-t-il donc de s'enfuir? et vous, à qui diable en avez-vous de ne vouloir pas que je vous parle?

FANCHON.

J'ai affaire ici : retirez-vous, vous dis-je; songez seulement à éloigner M. du Cap-Vert.

LE CHEVALIER.

Mais quelle affaire si pressante?...

FANCHON.

Croyez-vous que je n'ai pas ici d'autres intérêts à ménager que les vôtres?

LE CHEVALIER.

Vous me désespérez.

FANCHON.

Vous m'excédez.

LE CHEVALIER.

Je veux savoir absolument...

FANCHON.

Absolument vous ne saurez rien.

LE CHEVALIER.
Je resterai jusqu'à ce que je voie de quoi il s'agit.
FANCHON.
Oh! oh! vous voulez être jaloux.
LE CHEVALIER.
Non, mais je suis curieux.
FANCHON.
Je n'aime ni les curieux ni les jaloux, je vous en avertis : si vous étiez mon mari, je ne vous pardonnerais jamais ; mais je vous le passe, parce que vous n'êtes que mon amant. Dénichez, voici ma sœur.
LE CHEVALIER.
Puisque ce n'est que sa sœur, encore passe.

SCÈNE VII.

LA COMTESSE, FANCHON.

FANCHON.
Ma chère sœur, vos affaires et les miennes sont embarrassantes : ce n'est pas une petite entreprise de réformer le cœur de monsieur le comte, et de renvoyer le monstre marin qu'on me veut donner. Mais où avez-vous laissé M. du Cap-Vert?
LA COMTESSE.
Il est là-bas qui gronde tout le monde, et qui jure qu'il vous épousera dans un quart d'heure. Mais, monsieur le comte, que fait-il, ma sœur?
FANCHON.
Il est à sa toilette qui se poudre pour vous recevoir.
LA COMTESSE.
Va-t-il venir bientôt?
FANCHON.
Tout à l'heure.
LA COMTESSE.
Ne me reconnaîtra-t-il point?
FANCHON.
Non, si vous parlez bas, si vous déguisez le son de votre voix, et s'il n'y a point de lumières.
LA COMTESSE.
Le cœur me bat, les larmes me viennent aux yeux...

FANCHON.

Ne pleurez donc point : songez-vous bien que je vais peut-être mourir de douleur dans un quart d'heure, moi qui vous parle? mais cela ne m'empêche pas de rire en attendant. Ah! voici votre fat de mari : emmitouflez-vous bien dans vos coiffes, s'il vous plaît. Monsieur le comte, arrivez, arrivez.

SCÈNE VIII.

LE COMTE, LA COMTESSE, FANCHON.

LE COMTE.

Enfin donc, ma chère Fanchon, voici la divinité aux louis d'or et aux diamants.

FANCHON.

Oui, c'est elle-même : préparez-vous à lui rendre vos hommages.

LA COMTESSE.

Je tremble.

FANCHON.

Ma présence est un peu inutile ici : je vais trouver mon cher M. du Cap-Vert. Adieu ; comportez-vous en honnête homme.

SCÈNE IX.

LE COMTE, LA COMTESSE, dans l'obscurité.

LE COMTE.

Quoi! généreuse inconnue, vous m'accablez de bienfaits, vous daignez joindre à tant de bontés celle de venir jusque dans mon appartement, et vous m'enviez le bonheur de votre vue, qui est pour moi d'un prix mille fois au-dessus de vos diamants!

LA COMTESSE.

Je crains que, si vous me voyez, votre reconnaissance diminue : je voudrais être sûre de votre amour avant que vous puissiez lire le mien dans mes yeux.

LE COMTE.

Doutez-vous que je ne vous adore, et qu'en vous voyant je ne vous en aime davantage?

LA COMTESSE.

Hélas! oui; c'est dont je doute, et c'est ce qui fait mon malheur.

LE COMTE, se jetant à ses pieds.

Je jure, par ces mains adorables, que j'aurai pour vous la passion la plus tendre.

LA COMTESSE.

Je vous avoue que je n'ai jamais rien désiré que d'être aimée de vous ; et si vous me connaissiez bien, vous avoueriez peut-être que je le mérite, malgré ce que je suis.

LE COMTE.

Hélas! ne pourrai-je du moins connaître celle qui m'honore de tant de bontés?

LA COMTESSE.

Je suis la plus malheureuse femme du monde : je suis mariée, et c'est ce qui fait le chagrin de ma vie. J'ai un mari qui n'a jamais daigné me regarder : si je lui parlais, à peine reconnaîtrait-il ma voix.

LE COMTE.

Le brutal! est-il possible qu'il puisse mépriser une femme comme vous?

LA COMTESSE.

Il n'y a que vous qui puissiez m'en venger : mais il faut que vous me donniez tout votre cœur ; sans cela, je serais encore plus malheureuse qu'auparavant.

LE COMTE.

Souffrez donc que je vous venge des cruautés de votre indigne mari ; souffrez qu'à vos pieds...

LA COMTESSE.

Je vous assure que c'est lui qui s'attire cette aventure : s'il m'aimait, je vous jure qu'il aurait en moi la femme la plus tendre, la plus soumise, la plus fidèle.

LE COMTE.

Le bourreau! il mérite bien le tour que vous lui jouez.

LA COMTESSE.

Vous êtes mon unique ressource dans le monde. Je me suis flattée que, dans le fond, vous êtes un honnête homme ; qu'après les obligations que vous m'avez, vous vous ferez un devoir de bien vivre avec moi.

LE COMTE.

Tenez-moi pour le plus grand faquin, pour un homme indigne de vivre, si je trompe vos espérances. Ce que vous faites pour moi me touche sensiblement ; et, quoique je ne connaisse de vous que ces mains charmantes que je tiens entre les miennes, je vous aime déjà comme si je vous avais vue. Ne différez plus mon bonheur : permettez que je fasse venir des lumières, que je voie toute ma félicité.

LA COMTESSE.

Attendez encore un instant, vous serez peut-être étonné de ce que je vais vous dire. Je compte souper avec vous ce soir, et ne vous pas quitter sitôt : en vérité, je ne crois pas qu'il y ait en cela aucun mal. Promettez-moi seulement de ne m'en pas moins estimer.

LE COMTE.

Moi ! vous en estimer moins, pour avoir fait le bonheur de ma vie ! il faudrait que je fusse un monstre. Je veux dans l'instant...

LA COMTESSE.

Encore un mot, je vous prie. Je vous aime plus pour vous que pour moi : promettez-moi d'être un peu plus rangé dans vos affaires, et d'ajouter le mérite solide d'un homme sage et modeste aux agréments extérieurs que vous avez. Je ne puis être heureuse si vous n'êtes heureux vous-même, et vous ne pourrez jamais l'être sans l'estime des honnêtes gens.

LE COMTE.

Tout ceci me confond : vos bienfaits, votre conversation, vos conseils, m'étonnent, me ravissent. Eh quoi ! vous n'êtes venue ici que pour me faire aimer la vertu !

LA COMTESSE.

Oui, je veux que ce soit elle qui me fasse aimer de vous : c'est elle qui m'a conduite ici, qui règne dans mon cœur, qui m'intéresse pour vous, qui me fait tout sacrifier pour vous ; c'est elle qui vous parle sous des apparences criminelles ; c'est elle qui me persuade que vous m'aimerez.

LE COMTE.

Non, madame, vous êtes un ange descendu du ciel : chaque mot que vous me dites me pénètre l'âme. Si je vous aimerai, grand Dieu !...

LA COMTESSE.

Jurez-moi que vous m'aimerez quand vous m'aurez vue.

LE COMTE.

Oui, je vous le jure à vos pieds, par tout ce qu'il y a de plus tendre, de plus respectable, de plus sacré dans le monde. Souffrez que le page qui vous a introduite apporte enfin des flambeaux : je ne puis demeurer plus longtemps sans vous voir.

LA COMTESSE.

Eh bien donc ! j'y consens.

LE COMTE.

Holà ! page, des lumières.

LA COMTESSE.

Vous allez être bien surpris.

LE COMTE.

Je vais être charmé... Juste ciel ! c'est ma femme !

LA COMTESSE, à part.

C'est déjà beaucoup qu'il m'appelle de ce nom : c'est pour la première fois de sa vie.

LE COMTE.

Est-il possible que ce soit vous ?

LA COMTESSE.

Voyez si vous êtes honnête homme, et si vous tiendrez vos promesses.

LE COMTE.

Vous avez touché mon cœur : vos bontés l'emportent sur mes défauts. On ne se corrige pas tout d'un coup : je vivrai avec vous en bourgeois ; je vous aimerai ; mais qu'on n'en sache rien, s'il vous plaît.

SCÈNE X.

FANCHON, arrivant tout essoufflée; LE PRÉSIDENT, LA PRÉSIDENTE, M. DU CAP-VERT, LE CHEVALIER, LE COMTE, LA COMTESSE.

FANCHON.

Au secours ! au secours contre des parents et un mari ! Monsieur le comte, rendez-moi service à votre tour.

M. DU CAP-VERT.

Eh bien ! est-on prêt à démarrer ?

LE PRÉSIDENT.

Allons, ma petite fille, point de façon : voici l'heure de l'année la plus favorable pour un mariage.

FANCHON.

Voici l'heure la plus triste de ma vie.

LA PRÉSIDENTE.

Ma fille, il faut avaler la pilule.

FANCHON, se jetant à genoux.

Mon père, encore une fois...

M. DU CAP-VERT.

Levez-vous ; vous remercierez votre père après.

FANCHON.

Ma chère mère...

LA PRÉSIDENTE.

Vous voilà bien malade !

FANCHON.

Mon cher monsieur le comte...

LE COMTE.

Je vois bien qu'il vous faut tirer d'intrigue... Mons de l'Étrier, amenez un peu cette dame... Mons le marin, je crois qu'on va mettre quelque opposition à vos bans.

SCÈNE XI.

MADAME DU CAP-VERT, LES PRÉCÉDENTS.

MADAME DU CAP-VERT.

Eh ! mon petit mari, te voilà, infâme, bigame, polygame ! je vais te faire pendre, mon cher cœur.

M. DU CAP-VERT.

Sainte-barbe ! c'est ma femme ! quoi ! tu n'es pas morte il y a vingt ans ?

MADAME DU CAP-VERT.

Non, mon bijou ; il y a vingt ans que je te guettais. Embrasse-moi, fripon, embrasse-moi : il vaut mieux tard que jamais.

LE PRÉSIDENT.

Quoi ! c'est là madame du Cap-Vert, que j'ai enterrée dans toutes les règles !

MADAME DU CAP-VERT.

Tes règles ne valent pas lé diable, ni toi non plus. Mon mari, il est temps d'être sage : tu as assez couru le monde, et moi aussi. Tu seras heureux avec moi ; quitte cette petite morveuse-là.

M. DU CAP-VERT.

Mais de quoi t'avises-tu de n'être pas morte ?

LE PRÉSIDENT.

Je croyais cela démontré.

FANCHON, à Mme du Cap-Vert.

Ma chère dame, embrassez-moi. Mon Dieu ! que je suis aise de vous voir !

LE CHEVALIER.

Ma bonne dame du Cap-Vert, vous ne pouviez venir plus à propos ; je vous en remercie.

MADAME DU CAP-VERT.

Voilà un assez aimable garçon. (A M. du Cap-Vert.) Traître ! si mes deux enfants étaient aussi aimables que cela, je te pardonnerais tout. Où sont-ils, où sont-ils, mes deux enfants ?

M. DU CAP-VERT.

Tes deux enfants ? Ma foi, c'est à toi à en savoir des nouvelles ; il y a vingt ans que je n'ai vu toute cette marmaille-là : Dieu les bénisse ! j'ai été cinq ou six fois aux antipodes depuis ; j'ai mouillé une fois à Bayonne pour en apprendre des nouvelles : je crois que tout cela est crevé. J'en suis fâché au fond, car je suis bonhomme.

MADAME DU CAP-VERT.

Traître ! et Mme Éberne, chez qui tu avais mis un de mes enfants ?

M. DU CAP-VERT.

C'était une fort honnête personne, et qui m'a toujours été d'un grand secours.

LE CHEVALIER.

Eh ! mon Dieu ! à qui en parlez-vous ? j'ai été élevé par cette Mme Éberne à Bayonne : je me souviens des soins qu'elle prit de mon enfance, et je ne les oublierai jamais.

LE COMTE.

Mais qu'est-ce que c'est que ça ? mais qu'est-ce que c'est que ça ? Je me souviens aussi fort bien de cette Mme Éberne.

M. DU CAP-VERT.

Et corbleu ! qu'est-ce que c'est que ça aussi ? Par la sambleu ! voilà qui serait drôle ! Vous êtes donc aussi de Bayonne, monsieur le fat ?

LE COMTE.

Point d'injures, s'il vous plaît : oui, la maison des Apprêts est aussi de Bayonne.

M. DU CAP-VERT.

Et comment avez-vous connu Mme Éberne ?

MADAME DU CAP-VERT.

Oui, comment ? répondez. Vous... vous... ouf !... mon cœur me dit...

LE COMTE.

C'était ma gouvernante, Mme Rafle, qui m'y menait souvent.

M. DU CAP-VERT, au comte.

Mme Rafle vous a élevé ?

MADAME DU CAP-VERT, au chevalier.

Mme Éberne a été votre mie?

LE COMTE.

Oui, monsieur.

LE CHEVALIER.

Oui, madame.

M. DU CAP-VERT.

Ouais! cela serait plaisant! cela ne se peut pas. Mais si cela se pouvait, je ne me sentirais pas de joie.

MADAME DU CAP-VERT.

Je commence déjà à pleurer de tendresse.

SCÈNE XII.

MADAME RAFLE, LES PRÉCÉDENTS.

MADAME DU CAP-VERT.

Approchez, approchez, madame Rafle, et reconnaissez, comme vous pourrez, ces deux espèces-là.

LE PRÉSIDENT.

Allez, allez, je vois bien ce qui vous tient; vous vous imaginez qu'on peut retrouver vos enfants : cela ne se peut pas. J'ai tiré leur horoscope : ils sont morts en nourrice.

M. DU CAP-VERT.

Oh! si votre art les a tués, je les crois donc en vie : sans doute, je retrouverai mes enfants.

MADAME DU CAP-VERT.

Assurément, cela va tout seul, n'est-il pas vrai, madame Rafle? Vous savez comment celui-ci est venu : c'était un petit mystère.

MADAME RAFLE.

Eh! mon Dieu oui! je les reconnais... Bonjour, mes deux espiègles. Comme cela est devenu grand!

MADAME DU CAP-VERT.

Allons, allons, n'en parlons plus. J'ai retrouvé mes trois vagabonds : tout cela est à moi.

MADAME RAFLE, en examinant le comte et le chevalier.

On ne peut pas s'y méprendre : voilà vingt marques indubitables auxquelles je les reconnais.

M. DU CAP-VERT.

Oh! cela va tout seul, et je n'y regarde pas de si près.

LE PRÉSIDENT.

Qu'est-ce que vous dites là?

LA PRÉSIDENTE.

Quelles vapeurs avez-vous dans la tête?

LE CHEVALIER, se jetant aux genoux de Mme du Cap-Vert.

Quoi! vous seriez effectivement ma mère?

LE COMTE.

Mais qu'est-ce que ça? qu'est-ce que ça? (A M. du Cap-Vert.) Si vous êtes mon père, vous êtes donc un homme de qualité?

M. DU CAP-VERT.

Malheureux! comment as-tu fait pour le devenir, et pour être gendre du président?

LE COMTE.

Mais, mais, que me demandez-vous là? que me demandez-vous là? cela s'est fait tout seul, tout aisément. Premièrement, j'ai l'air d'un grand seigneur; j'ai épousé d'abord la veuve d'un négociant qui m'a enrichi, et qui est morte; j'ai acheté des terres; je me suis fait comte; j'ai épousé madame; je veux qu'elle soit comtesse toute sa vie.

LA COMTESSE.

Dieu m'en préserve! j'ai été trop maltraitée sous ce titre. Contentez-vous d'être fils de votre père, gendre de votre beau-père, et mari de votre femme.

M. DU CAP-VERT, au comte.

Écoute : s'il t'arrive de faire encore le seigneur, c'est-à-dire le fat, je te romprai bras et jambes. (Au chevalier.) Et toi, mons le freluquet, par quel hasard es-tu dans cette maison?

LE CHEVALIER.

Par un dessein beaucoup plus raisonnable que le vôtre, mon père, avec le respect que je vous dois : je voulais épouser mademoiselle, dont je suis amoureux, et qui me convient un peu mieux qu'à vous.

LE PRÉSIDENT.

Ma foi, tout ceci n'était point dans mes éphémérides. Voilà qui est fait, je renonce à l'astrologie.

LA PRÉSIDENTE.

Puisque ce malade-ci m'a trompée, je ne veux plus me mêler de médecine.

M. DU CAP-VERT.

Moi, je renonce à la mer pour le reste de ma vie.

LE COMTE.

Et moi, à mes sottises.

M. DU CAP-VERT.

Je partage mon bien entre mes enfants, et donne cet étourdi-ci à cette étourdie-là. Je ne suis pas si malheureux : il est vrai que j'ai retrouvé ma femme; mais puisque le ciel me redonne aussi mes deux enfants, ne pensons plus qu'à nous réjouir. J'ai amené quelques Turcs avec moi, qui vont vous donner un petit ballet en attendant la noce.

FIN DU TROISIÈME ET DERNIER ACTE.

ENTRÉE DE DIVERSES NATIONS

APRÈS LA DANSE.

UNE TURQUE CHANTE.
Tout l'Orient
Est un vaste couvent.
Un musulman voit à ses volontés
Obéir cent beautés.
La coutume est bien contraire en France,
Une femme sous ses lois
A vingt amants à la fois.
Ah! quelle différence!

Un Portugais
Est toujours aux aguets,
Et jour et nuit de son diable battu,
Il craint d'être cocu.
On n'est point si difficile en France :
Un mari, sans craindre rien,
Est cocu tout aussi bien;
Ah! quelle différence!

Par tout pays
On voit de sots maris,
Fesse-mathieux, ou bourrus, ou jaloux;
On les respecte tous.
C'est, ma foi, tout autre chose en France :
Un seul couplet de chanson
Les met tous à la raison;
Ah! quelle différence!

Un Allemand
Est quelquefois pesant;
Le sombre Anglais même dans ses amours
Veut raisonner toujours.

On est bien plus raisonnable en France :
Chacun sait se réjouir,
Chacun vit pour le plaisir ;
Ah ! quelle différence !

Dans l'univers
On fait de mauvais vers ;
Chacun jouit du droit de rimailler
Et de nous ennuyer.
On y met un bon remède en France :
On inventa les sifflets,
Dont Dieu nous garde à jamais !
Ah ! quelle différence !

FIN DES ORIGINAUX.

VARIANTES

DE LA COMÉDIE DES *ORIGINAUX*.

Page 394, ligne 5. — Dans le manuscrit intitulé *Monsieur du Cap-Vert,* dont il est parlé dans la préface, le comte *des Apprêts* est appelé *Boursoufle ;* et le chevalier *du Hasard,* le chevalier *Biribi.*

Page 402, ligne 30. — Dans *Monsieur du Cap-Vert* on lit de plus ici :

LE PRÉSIDENT.
Vite, ma lunette ; observons.
LE CHEVALIER.
Mesdames, je sais fort peu ce qui se passe dans le ciel ; mais il ne pouvait m'arriver d'aventure sur la terre plus agréable que celle-ci.

Page 404, ligne 6. — On lit de plus dans *Monsieur du Cap-Vert :*

LE PRÉSIDENT.
Eh ! madame, vous savez que les mariages sont écrits dans le ciel.
LE CHEVALIER.
Oui ; mais c'est quelquefois nous qui tenons la plume.

Page 405, ligne 29. — Dans *Monsieur du Cap-Vert,* il y a :

Ma chère Fanchon.

Page 406, ligne 18. — Dans *Monsieur du Cap-Vert,* ce couplet se lit ainsi :

Le cruel me traite de la sorte avec tant de mépris, et use comme si nous avions été mariés cinquante ans.

Page 410, ligne 22. — Dans *Monsieur du Cap-Vert,* on lit de plus ici :

Le miroir, page, le miroir ; haut, plus haut.

Ces paroles sont à peu près dans la quatrième scène du premier acte de *l'Échange.* Voyez le volume suivant.

Page 411, ligne 15. — Dans *Monsieur du Cap-Vert,* ce couplet commence ainsi :

Ne voyez-vous pas qu'il faut se connaître pour s'aimer ? C'est un excès de délicatesse. Vous voilà, etc.

Page 413, ligne 24. — Dans *Monsieur du Cap-Vert,* il y a :

J'aye.

Page 424, ligne 11. — Dans *Monsieur du Cap-Vert,* on lit de plus ici :

LE CHEVALIER, en lui faisant une grande révérence.
Monsieur, permettez-moi, je vous prie.
M. DU CAP-VERT, en rendant la révérence.
Que voulez-vous, je vous prie ?

Page 443, ligne 16. — Dans *Monsieur du Cap-Vert,* on lit :

LE COMTE, reprenant ses airs de seigneur.
Eh mais, madame !... En vérité, madame, vous m'embarrassez ! Madame, j'ai le cœur bon ; écoutez... Si vous me promettiez de n'en rien dire, et de ne me point déshonorer dans le monde, on verrait ce qu'on pourrait faire, on vivrait avec vous en bourgeois... Mais qu'on n'en sache rien, s'il vous plaît.

Page 443, ligne 24. — Dans *Monsieur du Cap-Vert,* ce couplet se termine ainsi :

Elle m'a donné le fouet vingt fois en ma vie.

Page 465, vers 5 :

C'est, ma foi, tout autre chose en France.

Ibid., vers 27 :

Le sombre Anglais dans ses tristes amours.

Page 450, 1er vers :

On est bien plus agréable en France.

Ibid., vers 11 :

Dont Dieu nous sauve à jamais !

FIN DES VARIANTES DES ORIGINAUX.

ÉRIPHYLE

TRAGÉDIE EN CINQ ACTES

REPRÉSENTÉE, POUR LA PREMIÈRE FOIS, LE 7 MARS 1732.

AVERTISSEMENT

POUR LA PRÉSENTE ÉDITION.

Pour faire suite à *Brutus*, Voltaire commença immédiatement deux tragédies : *la Mort de César* et *Ériphyle*. La première, écrite dans le même sens que *Brutus,* fut gardée longtemps en portefeuille. Ce qui paraît avoir déterminé Voltaire à composer la seconde, c'est le désir d'introduire un spectre sur la scène française. L'effet produit à Londres par le fantôme du père d'Hamlet l'avait vivement frappé. Il espérait obtenir une impression pareille avec l'ombre d'Amphiaraüs ; mais le théâtre était alors occupé, comme on sait, par une jeunesse brillante et chamarrée, et il était impossible qu'une apparition fantastique produisît quelque illusion au milieu de tout ce beau monde.

Ériphyle fut d'abord représentée chez Mme de Fontaine-Martel par des acteurs de société ; elle gagna son procès devant ce public de salon. Elle parut sur le vrai théâtre le vendredi 7 mars 1732, et réussit passablement[1].

[1]. La versification surtout fut applaudie, et certains vers frondeurs auxquels l'auteur d'*OEdipe* avait d'ailleurs habitué les spectateurs. « Otez-en quelques morceaux contre les grands, contre les princes et contre la superstition, rien n'est à lui, et la pièce n'aurait pas trois représentations », écrit au président Bouhier l'abbé Le Blanc, un de ces contempteurs sournois de Voltaire, qui le déchirent en dessous et lui font extérieurement mille caresses. Le vrai, c'est que l'œuvre n'était pas sans défauts et que le succès avait besoin pour s'affermir qu'on relevât le zèle et le moral des comédiens auxquels pourtant on avait abandonné les profits ; et le poëte ne croit pas inutile de faire prier le comte de Clermont d'envoyer chercher la troupe et de lui recommander *Ériphyle*. On voit que Voltaire pensait à tout.

Cette pièce qu'il a soumise à Cideville et à Formont et qu'il a remaniée de cent sortes, il va encore profiter de la clôture de Pâques pour la corriger de son mieux, et ces corrections ne consisteront pas en moins de trois actes nouveaux. Non content de cela, il avait rimé un compliment en vers que prononça Dufresne à la réouverture du théâtre. Mais malgré les belles tirades et les applaudissements qu'elles faisaient naître, il avait trop de flair pour se méprendre sur les imperfections de son œuvre en dépit de ses retouches journalières : il se fera l'avocat du diable contre la canonisation d'*Ériphyle*. Il avait envoyé sa tragédie à Jore, qui avait commencé l'impression ; il donne des ordres pour tout suspendre et se fait retourner le manuscrit. « *Ériphyle*, dit-il en toute bonne foi, n'a pas eu un grand succès. J'étais prêt à la livrer à l'impression, mais je suis maintenant déterminé à ne la point faire imprimer ou du moins à la laisser de côté dans mon cabinet jusqu'à ce que je puisse la revoir et y faire de nouvelles corrections. » Finalement, les représentations d'*Ériphyle* cessèrent, et le poëme ne fut pas publié. (G. D.)

Dans sa nouveauté, elle eut douze représentations dont sept avant Pâques. La recette de la première fut de 3,910 livres. La recette de la dernière de la reprise après Pâques fut de 602 liv. 10 s.

AVERTISSEMENT

DES ÉDITEURS DE KEHL.

Cette pièce fut jouée avec succès en 1732, quoique l'ombre d'Amphiaraüs et les cris d'Ériphyle immolée par son fils ne pussent produire d'effet sur un théâtre alors rempli de spectateurs. Malgré ce succès, M. de Voltaire, plus difficile que ses critiques, vit tous les défauts d'*Ériphyle;* il retira la pièce, ne voulut point la donner au public, et fit *Sémiramis*.

Nous donnons *Ériphyle* d'après un manuscrit trouvé dans les papiers de M. de Voltaire[1]. Il ne peut y avoir d'autres variantes dans cette tragédie que les changements faits par l'auteur entre les représentations. Nous en avons rassemblé les principales, d'après les copies les plus correctes[2].

On a indiqué par des astérisques * les vers d'*Ériphyle* que M. de Voltaire a placés dans d'autres tragédies.

---

1. Cette pièce parut pour la première fois en 1779 avec cette étrange note : *Pièce que l'auteur s'était opposé qu'elle fût imprimée de son vivant.*

Il est probable que cette première édition furtive a été faite à Paris, d'après la copie que Lekain avait de cette tragédie. Ce grand acteur était mort en 1778, presque en même temps que M. de Voltaire. Longtemps auparavant, il m'avait permis d'en prendre une copie, que je portai à Ferney en 1777. Je la remis à M. de Voltaire, qui n'avait rien conservé de cette tragédie. C'est cette même copie, retrouvée dans ses papiers après sa mort, qui a servi pour l'édition de Kehl. (*Note de M. Decroix.*)

2. D'après un manuscrit de Longchamp, et que feu Decroix regardait comme le véritable texte d'*Ériphyle*, je donne de cette pièce une édition bien différente de toutes celles qui ont paru. La suppression du rôle du grand-prêtre (voyez la lettre à Formont, du 25 juin 1732), et un cinquième acte tout nouveau, sont les changements les plus considérables. Quelquefois des vers ont été changés de scènes. Pour ne point laisser de regrets au lecteur, j'ai, à quelques mots près, mis en variantes ce qui n'était pas conservé de l'ancien texte.

Voltaire, dans sa lettre à Thiériot du 15 mai 1733, parle d'une dédicace à l'abbé Franchini, qui paraît perdue.

Le *Mercure* de mars 1732 contient un *Mémoire sur Ériphyle, par M. L. D. M.*, réimprimé dans l'*Almanach littéraire* de 1780, pages 55-62. Boissy fit représenter, le 20 mars 1732, sur le théâtre de la Foire, le *Triomphe de l'ignorance*, opéra-comique en un acte, non imprimé, dans lequel il y avait des traits contre *Ériphyle*. (B.)

DISCOURS

PRONONCÉ

AVANT LA REPRÉSENTATION D'*ÉRIPHYLE*.

Juges plus éclairés que ceux qui dans Athène
Firent naître et fleurir les lois de Melpomène,
Daignez encourager des jeux et des écrits
Qui de votre suffrage attendent tout leur prix.
De vos décisions le flambeau salutaire
Est le guide assuré qui mène à l'art de plaire.
En vain contre son juge un auteur mutiné
Vous accuse ou se plaint quand il est condamné ;
Un peu tumultueux, mais juste et respectable,
Ce tribunal est libre, et toujours équitable.

Si l'on vit quelquefois des écrits ennuyeux
Trouver par d'heureux traits grâce devant vos yeux,
Ils n'obtinrent jamais grâce en votre mémoire :
Applaudis sans mérite, ils sont restés sans gloire ;
Et vous vous empressez seulement à cueillir
Ces fleurs que vous sentez qu'un moment va flétrir.
D'un acteur quelquefois la séduisante adresse
D'un vers dur et sans grâce adoucit la rudesse ;
Des défauts embellis ne vous révoltent plus :
C'est Baron qu'on aimait, ce n'est pas Régulus[1].
Sous le nom de Couvreur, Constance[2] a pu paraître ;
Le public est séduit ; mais alors il doit l'être,
Et, se livrant lui-même à ce charmant attrait,
Écoute avec plaisir ce qu'il lit à regret.

---

1. *Régulus*, tragédie de Pradon, jouée en 1688, plus de vingt fois de suite, dit Léris. (B.)
2. Nom d'un des personnages de l'*Inès de Castro*, tragédie de Lamotte ; jouée en 1723. (B.)

Souvent vous démêlez, dans un nouvel ouvrage,
De l'or faux et du vrai le trompeur assemblage :
On vous voit tour à tour applaudir, réprouver,
Et pardonner sa chute à qui peut s'élever.

Des sons fiers et hardis du théâtre tragique,
Paris court avec joie aux grâces du comique.
C'est là qu'il veut qu'on change et d'esprit et de ton :
Il se plaît au naïf, il s'égaie au bouffon ;
Mais il aime surtout qu'une main libre et sûre
Trace des mœurs du temps la riante peinture.
Ainsi dans ce sentier, avant lui peu battu,
Molière en se jouant conduit à la vertu.

Folâtrant quelquefois sous un habit grotesque,
Une muse descend au faux goût du burlesque :
On peut à ce caprice en passant s'abaisser,
Moins pour être applaudi que pour se délasser.
Heureux ces purs écrits que la sagesse anime,
Qui font rire l'esprit, qu'on aime et qu'on estime !
Tel est du *Glorieux*[1] le chaste et sage auteur :
Dans ses vers épurés la vertu parle au cœur.
Voilà ce qui nous plaît, voilà ce qui nous touche ;
Et non ces froids bons mots dont l'honneur s'effarouche,
Insipide entretien des plus grossiers esprits,
Qui font naître à la fois le rire et le mépris.
Ah ! qu'à jamais la scène, ou sublime ou plaisante,
Soit des vertus du monde une école charmante !

Français, c'est dans ces lieux qu'on vous peint tour à tour
La grandeur des héros, les dangers de l'amour.
Souffrez que la terreur aujourd'hui reparaisse ;
Que d'Eschyle au tombeau l'audace ici renaisse.
Si l'on a trop osé, si dans nos faibles chants,
Sur des tons trop hardis nous montons nos accents,
Ne découragez point un effort téméraire.
Eh ! peut-on trop oser quand on cherche à vous plaire ?
Daignez vous transporter dans ces temps, dans ces lieux,
Chez ces premiers humains vivant avec les dieux :

---

1. *Le Glorieux*, de Destouches, avait été joué le 18 janvier 1732. (B.)

Et que votre raison se ramène à des fables
Que Sophocle et la Grèce ont rendu vénérables.
Vous n'aurez point ici ce poison si flatteur
Que la main de l'Amour apprête avec douceur.

Souvent dans l'art d'aimer Melpomène avilie,
Farda ses nobles traits du pinceau de Thalie.
On vit des courtisans, des héros déguisés,
Pousser de froids soupirs en madrigaux usés.
Non, ce n'est point ainsi qu'il est permis qu'on aime ;
L'amour n'est excusé que quand il est extrême.
Mais ne vous plairez-vous qu'aux fureurs des amants,
A leurs pleurs, à leur joie, à leurs emportements ?
N'est-il point d'autres coups pour ébranler une âme ?
Sans les flambeaux d'amour il est des traits de flamme,
Il est des sentiments, des vertus, des malheurs,
Qui d'un cœur élevé savent tirer des pleurs.
Aux sublimes accents des chantres de la Grèce
On s'attendrit en homme, on pleure sans faiblesse ;
Mais pour suivre les pas de ces premiers auteurs,
De ce spectacle utile illustres inventeurs,
Il faudrait pouvoir joindre, en sa fougue tragique,
L'élégance moderne avec la force antique.
D'un œil critique et juste il faut s'examiner,
Se corriger cent fois, ne se rien pardonner ;
Et soi-même avec fruit se jugeant par avance,
Par ses sévérités gagner votre indulgence.

PERSONNAGES[1]

ÉRIPHYLE, reine d'Argos, veuve d'Amphiaraüs.
ALCMÉON, jeune guerrier, fils inconnu d'Amphiaraüs et d'Ériphyle.
HERMOGIDE, prince du sang royal d'Argos.
THÉANDRE, vieillard qui a élevé Alcméon et dont il est cru le père.
POLÉMON, officier de la maison de la reine.
ZÉLONIDE, confidente de la reine.
EUPHORBE, confident d'Hermogide.
L'OMBRE D'AMPHIARAÜS.
CHOEUR D'ARGIENS.
PRÊTRES DU TEMPLE.
SOLDATS D'ALCMÉON.
SOLDATS D'HERMOGIDE.

La scène est à Argos, dans le parvis qui sépare le temple de Jupiter
et le palais de la reine.

---

1. Noms des acteurs qui jouèrent dans cette tragédie et dans *le Florentin* de La Fontaine, qui l'accompagnait : DANGEVILLE, QUINAULT-DUFRESNE (Alcméon), DUCHEMIN, LEGRAND, LA THORILLIÈRE, ARMAND, POISSON, DUBREUIL, MONTMÉNY, BERCY, GRANDVAL, SARRAZIN (Hermogide), DANGEVILLE jeune; Mmes DANGEVILLE, JOUVENOT (Zélonide), DU BOCCAGE, BALICOURT (Ériphyle), DANGEVILLE jeune, BARON.

ÉRIPHYLE

TRAGEDIE

ACTE PREMIER.

SCÈNE I.

HERMOGIDE, EUPHORBE.

HERMOGIDE.
Tous les chefs sont d'accord, et dans ce jour tranquille,
Argos attend un roi de la main d'Ériphyle;
Nous verrons si le sort, qui m'outrage et me nuit,
De vingt ans de travaux m'arrachera le fruit.
EUPHORBE.
A ce terme fatal Ériphyle amenée,
Ne peut plus reculer son second hyménée;
Argos l'en sollicite, et la voix de nos dieux
Soutient la voix du peuple et parle avec nos vœux.
Chacun sait cet oracle et cet ordre suprême
Qu'Ériphyle autrefois a reçu des dieux même :
« Lorsqu'en un même jour deux rois seront vaincus,
Tes mains rallumeront le flambeau d'hyménée;
Attends jusqu'à ce jour; attends la destinée
Et du peuple, et du trône, et du sang d'Inachus. »
Ce jour est arrivé; votre élève intrépide
A vaincu les deux rois de Pilos et d'Élide.
HERMOGIDE.
Eh! c'est un des sujets du trouble où tu me vois,
Qu'un autre qu'Hermogide ait pu vaincre ces rois;
Que la fortune, ailleurs occupant mon courage,

Ait au jeune Alcméon laissé cet avantage.
Ce fils d'un citoyen, ce superbe Alcméon,
Par ses nouveaux exploits semble égaler mon nom :
La reine le protége ; on l'aime : il peut me nuire ;
Et j'ignore aujourd'hui si je peux le détruire.
Sans lui, toute l'armée était en mon pouvoir.
Des chefs et des soldats je tentais le devoir.
Je marchais au palais, je m'expliquais en maître ;
Je saisissais un bien que je perdrai peut-être.

EUPHORBE.

Mais qui choisir que vous? Cet empire aujourd'hui
Demande votre bras pour lui servir d'appui.
Ériphyle et le peuple ont besoin d'Hermogide ;
Seul vous êtes du sang d'Inachus et d'Alcide ;
Et pour donner le sceptre elle ne peut choisir
Des tyrans étrangers, armés pour le ravir.

HERMOGIDE.

Elle me doit sa main : je l'ai bien méritée ;
A force d'attentats je l'ai trop achetée.
Sa foi m'était promise avant qu'Amphiaraüs
Vînt ravir à mes vœux l'empire d'Inachus.
Ce rival odieux, indigne de lui plaire,
L'arrachant à ma foi, l'obtint des mains d'un père.
Mais il a peu joui de cet auguste rang ;
Mon bras désespéré se baigna dans son sang.
Elle le sait, l'ingrate, et du moins en son âme
Ses vœux favorisaient et mon crime et ma flamme.
Je poursuivis partout le sang de mon rival :
J'exterminai le fruit de son hymen fatal ;
J'en effaçai la trace. Un voile heureux et sombre
Couvrait tous ces forfaits du secret de son ombre.
Ériphyle elle-même ignore le destin
De ce fils qu'à tes yeux j'immolai de ma main.
Son époux et son fils, privés de la lumière,
Du trône à mon courage entr'ouvraient la barrière,
Quand la main de nos dieux la ferma sous mes pas.
J'avais pour moi mon nom, la reine, les soldats.
Mais la voix de ces dieux, ou plutôt de nos prêtres,
M'a dépouillé vingt ans du rang de mes ancêtres.
Il fallut succomber aux superstitions
Qui sont bien plus que nous les rois des nations.
Un oracle, un pontife, une voix fanatique,

Sont plus forts que mon bras et que ma politique ;
Et ce fatal oracle a pu seul m'arrêter
Au pied du même trône où je devais monter.

EUPHORBE.

Vous n'avez jusqu'ici rien perdu qu'un vain titre :
Seul, des destins d'Argos on vous a vu l'arbitre.
Le trône d'Ériphyle aurait tombé sans vous.
L'intérêt de l'État vous nomme son époux :
Elle ne sera pas sans doute assez hardie
Pour oser hasarder le secret qui vous lie.
Votre pouvoir sur elle...

HERMOGIDE.

              Ah ! sans dissimuler,
Tout mon pouvoir se borne à la faire trembler.
Elle est femme, elle est faible ; elle a, d'un œil timide,
D'un époux immolé regardé l'homicide.
J'ai laissé, malgré moi, par le sort entraîné,
Le loisir des remords à son cœur étonné.
Elle voit mes forfaits, et non plus mes services ;
Il me faut en secret dévorer ses caprices ;
Et son amour pour moi semble s'être effacé
Dans le sang d'un époux que mon bras a versé.

EUPHORBE.

L'aimeriez-vous encor, seigneur, et cette flamme...

HERMOGIDE.

Moi ! que cette faiblesse ait amolli mon âme !
Hermogide amoureux ! ah ! qui veut être roi
Ou n'est pas fait pour l'être, ou n'aime rien que soi.
A la reine engagé, je pris sur sa jeunesse
Cet heureux ascendant que les soins, la souplesse,
L'attention, le temps, savent si bien donner
Sur un cœur sans dessein, facile à gouverner.
Le bandeau de l'amour et l'art trompeur de plaire
De mes vastes desseins ont voilé le mystère ;
Mais de tout temps, ami, la soif de la grandeur
Fut le seul sentiment qui régna dans mon cœur.
Il est temps aujourd'hui que mon sort se décide :
Je n'aurai pas en vain commis un parricide.
J'attends la reine ici : pour la dernière fois,
Je viens voir si l'ingrate ose oublier mes droits,
Si je dois de sa main tenir le diadème,

Ou, pour le mieux saisir, me venger d'elle-même :
Mais on ouvre chez elle¹.

SCÈNE II.

HERMOGIDE, EUPHORBE, ZÉLONIDE.

HERMOGIDE.
Eh bien, puis-je savoir
Si la reine aujourd'hui se résout à me voir?
Si je puis obtenir un instant d'audience?
ZÉLONIDE.
Ah! daignez de la reine éviter la présence.
En proie aux noirs chagrins qui viennent la troubler,
Ériphyle, seigneur, peut-elle vous parler?
Solitaire, accablée, et fuyant tout le monde,
Ces lieux seuls sont témoins de sa douleur profonde.
Daignez vous dérober à ses yeux éperdus.
HERMOGIDE.
Il suffit, Zélonide, et j'entends ce refus.
J'épargne à ses regards un objet qui la gêne;
Hermogide irrité respecte encor la reine;
Mais, malgré mon respect, vous pouvez l'assurer
Qu'il serait dangereux de me désespérer.
(Il sort avec Euphorbe.)

SCÈNE III.

ÉRIPHYLE, ZÉLONIDE.

ZÉLONIDE.
La voici. Quel effroi trouble son âme émue!
ÉRIPHYLE.
Dieux! écartez la main sur ma tête étendue.
Quel spectre épouvantable en tous lieux me poursuit!
Quels dieux l'ont déchaîné de l'éternelle nuit?

---

1. « J'ai rendu l'édifice encore plus hardi qu'il n'était, écrit Voltaire à Cideville, 2 octobre 1732. Androgide (qui devint Hermogide) ne prononce plus le nom d'amour... Voici un échantillon de l'âme de ce monsieur. » Et il cite quelques vers qui sont aujourd'hui dans cette scène, et qui alors se trouvaient dans la scène Iʳᵉ de l'acte III. (G. A.)

Je l'ai vu : ce n'est point une erreur passagère
Que produit du sommeil la vapeur mensongère.
Le sommeil à mes yeux refusant ses douceurs,
N'a point sur mon esprit répandu ses erreurs.
Je l'ai vu... je le vois... il vient... cruel, arrête!
Quel est ce fer sanglant que tu tiens sur ma tête?
Il me montre sa tombe, il m'appelle, et son sang
Ruisselle sur ce marbre, et coule de son flanc.
Eh bien! m'entraînes-tu dans l'éternel abîme?
Portes-tu le trépas? Viens-tu punir le crime[1]?

ZÉLONIDE.

Pour un hymen, ô ciel! quel appareil affreux!
Ce jour semblait pour vous des jours le plus heureux.

ÉRIPHYLE.

Qu'on détruise à jamais ces pompes solennelles.
Quelles mains s'uniraient à mes mains criminelles?
Je ne puis...

ZÉLONIDE.

    Hermogide, en ce palais rendu,
S'attendait aujourd'hui...

ÉRIPHYLE.

        Quel nom prononces-tu?
Hermogide, grands dieux! lui de qui la furie
Empoisonna les jours de ma fatale vie;
Hermogide! ah! sans lui, sans ses indignes feux,
Mon cœur, mon triste cœur eût été vertueux.

ZÉLONIDE.

Quoi! toujours le remords vous presse et vous tourmente?

ÉRIPHYLE.

Pardonne, Amphiaraüs, pardonne, ombre sanglante!
Cesse de m'effrayer du sein de ce tombeau :
Je n'ai point dans tes flancs enfoncé le couteau;
Je n'ai point consenti... que dis-je? misérable!

ZÉLONIDE.

De la mort d'un époux vous n'êtes point coupable.
Pourquoi toujours d'un autre adopter les forfaits?

ÉRIPHYLE.

Ah! je les ai permis : c'est moi qui les ai faits.

ZÉLONIDE.

Lorsque le roi périt, lorsque la destinée

---

1. Réminiscences d'Hamlet et de Macbeth. (G. A.)

Vous affranchit des lois d'un injuste hyménée,
Vous sortiez de l'enfance, et de vos tristes jours
Seize printemps à peine avaient formé le cours.

ÉRIPHYLE.

C'est cet âge fatal et sans expérience,
Ouvert aux passions, faible, plein d'imprudence;
C'est cet âge indiscret qui fit tout mon malheur.
Un traître avait surpris le chemin de mon cœur :
L'aurais-tu pu penser que ce fier Hermogide,
Race des demi-dieux, issu du sang d'Alcide,
Sous l'appât d'un amour si tendre, si flatteur,
Des plus noirs sentiments cachât la profondeur?
On lui promit ma main : ce cœur faible et sincère,
Dans ses rapides vœux soumis aux lois d'un père,
Trompé par son devoir et trop tôt enflammé,
Brûla pour un barbare indigne d'être aimé :
Et quand sous d'autres lois il fallut me contraindre,
Mes feux trop allumés ne pouvaient plus s'éteindre.
Amphiaraüs en vain me demanda ma foi,
Et l'empire d'un cœur qui n'était plus à moi.
L'amour qui m'aveuglait... ah! quelle erreur m'abuse!
L'amour aux attentats doit-il servir d'excuse?
Objet de mes remords, objet de ma pitié,
Demi-dieu dont je fus la coupable moitié,
Je portai dans tes bras une ardeur étrangère ;
J'écoutai le cruel qui m'avait trop su plaire.
Il répandit sur nous et sur notre union
La discorde, la haine et la confusion.
Cette soif de régner, dont il brûlait dans l'âme,
De son coupable amour empoisonnait la flamme :
Je vis le coup affreux qu'il allait te porter,
Et je n'osai lever le bras pour l'arrêter.
Ma faiblesse a conduit les coups du parricide!
C'est moi qui t'immolai par la main d'Hermogide.
Venge-toi, mais du moins songe avec quelle horreur
J'ai reçu l'ennemi qui fut mon séducteur.
Je m'abhorre moi-même, et je me rends justice :
Je t'ai déjà vengé; mon crime est mon supplice.

ZÉLONIDE.

N'écarterez-vous point ce cruel souvenir?
Des fureurs d'un barbare ardente à vous punir,
N'effacerez-vous point cette image si noire?

Ce meurtre est ignoré; perdez-en la mémoire.
ÉRIPHYLE.
Tu vois trop que les dieux ne l'ont point oublié.
O sang de mon époux! comment t'ai-je expié?
Ainsi donc j'ai comblé mon crime et ma misère.
J'eus autrefois les noms et d'épouse et de mère,
Zélonide! Ah! grands dieux! que m'avait fait mon fils?
ZÉLONIDE.
Le destin le comptait parmi vos ennemis.
Le ciel que vous craignez vous protége et vous aime;
Il vous fit voir ce fils armé contre vous-même;
Par un secret oracle il vous dit que sa main...
ÉRIPHYLE.
Que n'a-t-il pu remplir son horrible destin!
Que ne m'a-t-il ôté cette vie odieuse?
ZÉLONIDE.
Vivez, régnez, madame.
ÉRIPHYLE.
    Eh! pour qui, malheureuse?
Mes jours, mes tristes jours, de trouble environnés,
Consumés dans les pleurs, de crainte empoisonnés,
D'un malheur tout nouveau renaissantes victimes,
Étaient-ils d'un tel prix? valaient-ils tant de crimes?
Je l'arrachai pleurant de mes bras maternels :
J'abandonnai son sort au plus vil des mortels.
J'ôte à mon fils son trône, à mon époux la vie;
Mais ma seule faiblesse a fait ma barbarie.

SCÈNE IV.

ÉRIPHYLE, ZÉLONIDE, POLÉMON.

ÉRIPHYLE.
Eh bien, cher Polémon, qu'avez-vous vu? parlez.
Tous les chefs de l'État, au palais assemblés,
Exigent-ils de moi que dans cette journée
J'allume les flambeaux d'un nouvel hyménée?
Veulent-ils m'y forcer? ne puis-je obtenir d'eux
Le temps de consulter et mon cœur et mes vœux?
POLÉMON.
Je ne le puis céler : l'État demande un maître;

Déjà les factions commencent à renaître ;
Tous ces chefs dangereux, l'un de l'autre ennemis,
Divisés d'intérêt et pour le crime unis,
Par leurs prétentions, leurs brigues et leurs haines,
De l'État qui chancelle embarrassent les rênes.
Le peuple impatient commence à s'alarmer :
Il a besoin d'un maître, il pourrait le nommer.
Veuve d'Amphiaraüs, et digne de ce titre,
De ces grands différends et la cause et l'arbitre,
Reine, daignez d'Argos accomplir les souhaits.
Que le droit de régner soit un de vos bienfaits ;
Que votre voix décide, et que cet hyménée
De la Grèce et de vous règle la destinée.

ÉRIPHYLE.

Pour qui penche ce peuple ?

POLÉMON.

Il attend votre choix :
Mais on sait qu'Hermogide est du sang de nos rois.
Du souverain pouvoir il est dépositaire ;
Cet hymen à l'État semble être nécessaire.
Vous le savez assez : ce prince ambitieux,
Sûr de ses droits au trône, et fier de ses aïeux,
Sans le frein que l'oracle a mis à son audace,
Eût malgré vous peut-être occupé cette place.

ÉRIPHYLE.

On veut que je l'épouse, et qu'il soit votre roi.

POLÉMON.

Madame, avec respect nous suivrons votre loi ;
Prononcez, mais songez quelle en sera la suite !

ÉRIPHYLE.

Extrémité fatale où je me vois réduite !
Quoi ! le peuple en effet penche de son côté !

POLÉMON.

Ce prince est peu chéri, mais il est respecté.
On croit qu'à son hymen il vous faudra souscrire ;
Mais, madame, on le croit plus qu'on ne le désire.

ÉRIPHYLE.

Ainsi de faire un choix on m'impose la loi !
On le veut ; j'y souscris ; je vais nommer un roi.
Aux États assemblés portez cette nouvelle.

(Polémon sort.)

SCÈNE V.

ÉRIPHYLE, ZÉLONIDE.

ÉRIPHYLE.
Je sens que je succombe à ma douleur mortelle.
Alcméon ne vient point. L'a-t-on fait avertir?
ZÉLONIDE.
Déjà du camp des rois il aura dû partir.
Quoi, madame, à ce nom votre douleur redouble!
ÉRIPHYLE.
Je n'éprouvai jamais de plus funeste trouble.
Si du moins Alcméon paraissait à mes yeux!
ZÉLONIDE.
Il est l'appui d'Argos, il est chéri des dieux.
ÉRIPHYLE.
Ce n'est qu'en sa vertu que j'ai quelque espérance.
Puisse-t-il de sa reine embrasser la défense!
Puisse-t-il me sauver de tous mes ennemis!
O dieux de mon époux! et vous, dieux de mon fils!
Prenez de cet État les rênes languissantes;
Remettez-les vous-même en des mains innocentes;
Ou si dans ce grand jour il me faut déclarer,
Conduisez donc mon cœur, et daignez l'inspirer.

FIN DU PREMIER ACTE.

ACTE DEUXIÈME.

SCÈNE I.

ALCMÉON, THÉANDRE.

THÉANDRE.
Alcméon, c'est vous perdre. Avez-vous oublié
Que de votre destin ma main seule eut pitié?
Ah! trop jeune imprudent, songez-vous qui vous êtes?
Apprenez à cacher vos ardeurs indiscrètes.
De vos désirs secrets l'orgueil présomptueux
Éclate malgré vous, et parle dans vos yeux;
Et j'ai tremblé cent fois que la reine offensée
Ne punît de vos vœux la fureur insensée.
Qui? vous! jeter sur elle un œil audacieux?
Vous le fils de Phaön! Esclave ambitieux,
Faut-il vous voir ôter, par vos fougueux caprices,
L'honneur de vos exploits, le fruit de vos services,
Le prix de tant de sang versé dans les combats?

ALCMÉON.
Pardonne, cher ami, je ne me connais pas.
Je l'avoue; oui, la reine et la grandeur suprême
Emportent tous mes vœux au delà de moi-même.
J'ignore pour quel roi ce bras a triomphé :
Mais, pressé d'un dépit avec peine étouffé,
A mon cœur étonné c'est un secret outrage
Qu'un autre enlève ici le prix de mon courage;
Que ce trône ébranlé, dont je fus le rempart,
Dépende d'un coup d'œil, ou se donne au hasard.
Que dis-je? hélas! peut-être est-il le prix du crime!
Mais non, n'écoutons point le transport qui m'anime;
Hermogide... à quel roi me faut-il obéir?
Quoi! toujours respecter ceux que l'on doit haïr!
Ah! si la vertu seule, et non pas la naissance...

ACTE II, SCÈNE I.

THÉANDRE.

Écoutez. J'ai sauvé, j'ai chéri votre enfance ;
Je vous tins lieu de père, orgueilleux Alcméon ;
J'en eus l'autorité, la tendresse et le nom,
Vous passez pour mon fils ; la fortune sévère,
Inégale en ses dons, pour vous marâtre et mère,
De vos jours conservés voulut mêler le fil
De l'éclat le plus grand et du sort le plus vil.
Sous le nom de soldat et du fils de Théandre,
Aux honneurs d'un sujet vous avez pu prétendre.
Vouloir monter plus haut, c'est tomber sans retour.
On saura le secret que je cachais au jour ;
Les yeux de cent rivaux éclairés par leurs haines
Verront sous vos lauriers les marques de vos chaînes.
Reconnu, méprisé, vous serez aujourd'hui
La fable des États dont vous étiez l'appui.

ALCMÉON.

Ah ! c'est ce qui m'accable et qui me désespère.
Il faut rougir de moi, trembler au nom d'un père ;
Me cacher par faiblesse aux moindres citoyens,
Et reprocher ma vie à ceux dont je la tiens.
Préjugé malheureux ! éclatante chimère
Que l'orgueil inventa, que le faible révère,
Par qui je vois languir le mérite abattu
Aux pieds d'un prince indigne, ou d'un grand sans vertu.
*Les mortels sont égaux : ce n'est point la naissance,
* C'est la seule vertu qui fait leur différence.
C'est elle qui met l'homme au rang des demi-dieux ;
* Et qui sert son pays n'a pas besoin d'aïeux[1].
Princes, rois, la fortune a fait votre partage :
Mes grandeurs sont à moi ; mon sort est mon ouvrage :
Et ces fers si honteux, ces fers où je naquis,
Je les ai fait porter aux mains des ennemis.
* Je n'ai plus rien du sang qui m'a donné la vie ;
* Il a dans les combats coulé pour la patrie :
* Je vois ce que je suis et non ce que je fus,
* Et crois valoir au moins des rois que j'ai vaincus.

THÉANDRE.

Alcméon, croyez-moi, l'orgueil qui vous inspire,
Que je dois condamner, et que pourtant j'admire,

---

1. Voltaire a transporté dans *Mérope*, et ailleurs, ces beaux vers.

Ce principe éclatant de tant d'exploits fameux,
En vous rendant si grand, vous fait trop malheureux.
Contentez-vous, mon fils, de votre destinée ;
D'une gloire assez haute elle est environnée.
On doit...

ALCMÉON.

Non, je ne puis ; au point où je me voi
Le faîte des grandeurs n'est plus trop haut pour moi.
Je le vois d'un œil fixe, et mon âme affermie
S'élève d'autant plus que j'eus plus d'infamie.
A l'aspect d'Hermogide une secrète horreur
Malgré moi, dès longtemps, s'empara de mon cœur ;
Et cette aversion, que je retiens à peine,
S'irrite et me transporte au seul nom de la reine.

THÉANDRE.

Dissimulez du moins.

SCÈNE II.

ALCMÉON, THÉANDRE, POLÉMON.

POLÉMON.

La reine en cet instant
Veut ici vous parler d'un objet important.
Elle vient ; il s'agit du salut de l'empire.

ALCMÉON.

Elle épouse Hermogide ! Eh ! qu'a-t-elle à me dire ?

THÉANDRE.

Modérez ces transports. Sachez vous retenir.

ALCMÉON.

Pour la dernière fois je vais l'entretenir.

SCÈNE III.

ÉRIPHYLE, ALCMÉON, ZÉLONIDE, suite.

ÉRIPHYLE.

C'est à vous, Alcméon, c'est à votre victoire
Qu'Argos doit son bonheur, Ériphyle sa gloire.
C'est par vous que, maîtresse et du trône et de moi,
Dans ces murs relevés je puis choisir un roi.

ACTE II, SCÈNE III.

Mais, prête à le nommer, ma juste prévoyance
Veut s'assurer ici de votre obéissance.
J'ai de nommer un roi le dangereux honneur :
Faites plus, Alcméon, soyez son défenseur.

ALCMÉON.

D'un prix trop glorieux ma vie est honorée :
A vous servir, madame, elle fut consacrée.
*Je vous devais mon sang, et quand je l'ai versé,
*Puisqu'il coula pour vous, je fus récompensé.
Mais telle est de mon sort la dure violence,
Qu'il faut que je vous trompe ou que je vous offense.
Reine, je vais parler : des rois humiliés
Briguent votre suffrage et tombent à vos pieds ;
Tout vous rit : que pourrais-je, en ce séjour tranquille,
Vous offrir qu'un vain zèle et qu'un bras inutile ?
Laissez-moi fuir des lieux où le destin jaloux
Me ferait, malgré moi, trop coupable envers vous.

ÉRIPHYLE.

Vous me quittez ! ô dieux ! dans quel temps !

ALCMÉON.

Les orages
Ont cessé de gronder sur ces heureux rivages ;
Ma main les écarta. La Grèce en ce grand jour
Va voir enfin l'Hymen, et peut-être l'Amour,
Par votre auguste voix nommer un nouveau maître.
Reine, jusqu'aujourd'hui vous avez pu connaître
Quelle fidélité m'attachait à vos lois,
Quel zèle inaltérable échauffait mes exploits.
J'espérais à jamais vivre sous votre empire :
Mes vœux pourraient changer, et j'ose ici vous dire
Que cet heureux époux, sur ce trône monté,
Éprouverait en moi moins de fidélité ;
Et qu'un sujet soumis, dévoué, plein de zèle,
Peut-être à d'autres lois deviendrait un rebelle.

ÉRIPHYLE.

Vous, vivre loin de moi ? vous, quitter mes États ?
La vertu m'est trop chère, ah ! ne me fuyez pas.
Que craignez-vous ? parlez : il faut ne me rien taire.

ALCMÉON.

Je ne dois point lever un regard téméraire
Sur les secrets du trône, et sur ces nouveaux nœuds
Préparés par vos mains pour un roi trop heureux.

Mais de ce jour enfin la pompe solennelle
De votre choix au peuple annonce la nouvelle.
Ce secret dans Argos est déjà répandu :
Princesse, à cet hymen on s'était attendu ;
Ce choix sans doute est juste, et la raison le guide ;
Mais je ne serai point le sujet d'Hermogide.
Voilà mes sentiments : et mon bras aujourd'hui,
Ayant vaincu pour vous, ne peut servir sous lui.
Punissez ma fierté d'autant plus condamnable,
Qu'ayant osé paraître, elle est inébranlable.

(Il veut sortir.)

ÉRIPHYLE.

Alcméon, demeurez ; j'atteste ici les dieux,
Ces dieux qui sur le crime ouvrent toujours les yeux,
Qu'Hermogide jamais ne sera votre maître ;
Sachez que c'est à vous à l'empêcher de l'être :
Et contre ses rivaux, et surtout contre lui,
Songez que votre reine implore votre appui.

ALCMÉON.

Qu'entends-je ! ah ! disposez de mon sang, de ma vie.
Que je meure à vos pieds en vous ayant servie !
Que ma mort soit utile au bonheur de vos jours !

ÉRIPHYLE.

C'est de vous seul ici que j'attends du secours.
Allez : assurez-vous des soldats dont le zèle
Se montre à me servir aussi prompt que fidèle.
Que de tous vos amis ces murs soient entourés ;
Qu'à tout événement leurs bras soient préparés.
Dans l'horreur où je suis, sachez que je suis prête
A marcher s'il le faut, à mourir à leur tête.
Allez.

SCÈNE IV.

ÉRIPHYLE, ZÉLONIDE, suite.

ZÉLONIDE.

Que faites-vous ? Quel est votre dessein ?
Que veut cet ordre affreux ?

ÉRIPHYLE.

Ah ! je succombe enfin.
Dieux ! comme en lui parlant, mon âme déchirée
Par des nœuds inconnus se sentait attirée !

ACTE II, SCÈNE IV.

De quels charmes secrets mon cœur est combattu !
Quel état !... Achevons ce que j'ai résolu.
Je le veux : étouffons ces indignes alarmes.

ZÉLONIDE.

Vous parlez d'Alcméon, et vous versez des larmes !
Que je crains qu'en secret une fatale erreur...

ÉRIPHYLE.

Ah ! que jamais l'amour ne rentre dans mon cœur !
Il m'en a trop coûté : que ce poison funeste
De mes jours languissants ne trouble point le reste !
Zélonide, sans lui, sans ses coupables feux,
Mon sort dans l'innocence eût coulé trop heureux.
Mes malheurs ont été le prix de mes tendresses.
Ah ! barbare ! est-ce à toi d'éprouver des faiblesses ?
Déchiré des remords qui viennent m'alarmer,
Ce cœur plein d'amertume est-il fait pour aimer ?

ZÉLONIDE.

Eh ! qui peut à l'amour nous rendre inaccessibles !
Les cœurs des malheureux n'en sont que plus sensibles.
L'adversité rend faible, et peut-être aujourd'hui...

ÉRIPHYLE.

*Non, ce n'est point l'amour qui m'entraîne vers lui ;
Non, un dieu plus puissant me contraint à me rendre.
L'amour est-il si pur ? l'amour est-il si tendre ?
Je l'ai connu cruel, injuste, plein d'horreur,
Entraînant après lui le meurtre et la fureur.
Irais-je encor brûler d'une ardeur insensée ?
Mais, hélas ! puis-je lire au fond de ma pensée ?
Ces nouveaux sentiments qui m'ont su captiver,
Dont je nourris le germe, et que j'ose approuver,
Peut-être ils n'ont pour moi qu'une douceur trompeuse ;
Peut-être ils me feraient coupable et malheureuse.

ZÉLONIDE.

Dans une heure au plus tard on attend votre choix.
Qu'avez-vous résolu ?

ÉRIPHYLE.

D'être juste une fois.

ZÉLONIDE.

Si vous vous abaissez jusqu'au fils de Théandre,
D'Amphiaraüs encor c'est outrager la cendre.

ÉRIPHYLE.

Cendres de mon époux, mânes d'Amphiaraüs,

Mânes ensanglantés, ne me poursuivez plus !
Sur tous mes sentiments le repentir l'emporte :
L'équité dans mon cœur est enfin la plus forte.
Je suis mère, et je sens que mon malheureux fils
Joint sa voix à la vôtre et sa plainte à vos cris.
Nature, dans mon cœur si longtemps combattue,
Sentiments partagés d'une mère éperdue,
Tendre ressouvenir, amour de mon devoir,
Reprenez sur mon âme un absolu pouvoir.
Moi régner ! moi bannir l'héritier véritable !
Ce sceptre ensanglanté pèse à ma main coupable.
Réparons tout : allons ; et vous, dieux dont je sors,
Pardonnez des forfaits moindres que mes remords.
(A sa suite.)
Qu'on cherche Polémon. Ciel ! que vois-je ? Hermogide !

SCÈNE V.

ÉRIPHYLE, HERMOGIDE, ZÉLONIDE, EUPHORBE,
SUITE DE LA REINE.

HERMOGIDE.

Madame, je vois trop le transport qui vous guide ;
Je vois que votre cœur sait peu dissimuler ;
Mais les moments sont chers, et je dois vous parler.
Souffrez de mon respect un conseil salutaire ;
Votre destin dépend du choix qu'il vous faut faire.
Je ne viens point ici rappeler des serments
Dictés par votre père, effacés par le temps ;
Mon cœur, ainsi que vous, doit oublier, madame,
Les jours infortunés d'une inutile flamme ;
Et je rougirais trop, et pour vous, et pour moi,
Si c'était à l'amour à nous donner un roi.
*Un sentiment plus digne et de l'un et de l'autre
*Doit gouverner mon sort et commander au vôtre.
*Vos aïeux et les miens, les dieux dont nous sortons,
*Cet État périssant si nous nous divisons ;
Le sang qui nous a joints, l'intérêt qui nous lie,
*Nos ennemis communs, l'amour de la patrie,
Votre pouvoir, le mien, tous deux à redouter,
Ce sont là les conseils qu'il vous faut écouter.

Bannissez pour jamais un souvenir funeste ;
Le présent nous appelle, oublions tout le reste.
Le passé n'est plus rien : maître de l'avenir,
Le grand art de régner doit seul nous réunir.
*Les plaintes, les regrets, les vœux, sont inutiles :
*C'est par la fermeté qu'on rend les dieux faciles.
*Ce fantôme odieux qui vous trouble en ce jour,
*Qui naquit de la crainte, et l'enfanta à son tour,
*Doit-il nous alarmer par tous ses vains prestiges?
*Pour qui ne les craint point, il n'est point de prodiges :
*Ils sont l'appât grossier des peuples ignorants,
*L'invention du fourbe, et le mépris des grands.
Pensez en roi, madame, et laissez au vulgaire
Des superstitions le joug imaginaire.

ÉRIPHYLE.

Quoi ! vous...

HERMOGIDE.

    Encore un mot, madame, et je me tais.
Le seul bien de l'État doit remplir vos souhaits :
Vous n'avez plus les noms et d'épouse et de mère,
Le ciel vous honora d'un plus grand caractère,
Vous régnez ; mais songez qu'Argos demande un roi.
Vous avez à choisir : vos ennemis, ou moi ;
Moi, né près de ce trône, et dont la main sanglante
A soutenu quinze ans sa grandeur chancelante ;
Moi, dis-je, ou l'un des rois, sans force et sans appui,
Que mon lieutenant seul a vaincus aujourd'hui.
*Je me connais ; je sais que, blanchi sous les armes,
*Ce front triste et sévère a pour vous peu de charmes.
*Je sais que vos appas, encor dans leur printemps,
*Devraient s'effaroucher de l'hiver de mes ans :
*Mais la raison d'État connaît peu ces caprices ;
*Et de ce front guerrier les nobles cicatrices
*Ne peuvent se couvrir que du bandeau des rois.
Vous connaissez mon rang, mes attentats, mes droits ;
Sachant ce que j'ai fait, et voyant où j'aspire,
Vous me devez, madame, ou la mort ou l'empire.
Quoi ! vos yeux sont en pleurs, et vos esprits troublés...

ÉRIPHYLE.

Non, seigneur, je me rends ; mes destins sont réglés :
On le veut, il le faut ; ce peuple me l'ordonne,
C'en est fait : à mon sort, seigneur, je m'abandonne.

Vous, lorsque le soleil descendra dans les flots,
Trouvez-vous dans ce temple avec les chefs d'Argos.
A mes aïeux, à vous, je vais rendre justice :
Je prétends qu'à mon choix l'univers applaudisse,
Et vous pourrez juger si ce cœur abattu
Sait conserver sa gloire et chérit la vertu.

HERMOGIDE.

Mais, madame, voyez...

ÉRIPHYLE.

Dans mon inquiétude,
Mon esprit a besoin d'un peu de solitude ;
Mais jusqu'à ces moments que mon ordre a fixés,
Si je suis reine encor, seigneur, obéissez.

SCÈNE VI.

HERMOGIDE, EUPHORBE.

HERMOGIDE.

Demeure : ce n'est pas au gré de son caprice
Qu'il faut que ma fortune et que mon cœur fléchisse,
Et je n'ai pas versé tout le sang de mes rois
Pour dépendre aujourd'hui du hasard de son choix.
Parle : as-tu disposé cette troupe intrépide,
Ces compagnons hardis du destin d'Hermogide ?
Contre la reine même osent-ils me servir ?

EUPHORBE.

Pour vos intérêts seuls ils sont prêts à périr.

HERMOGIDE.

Je saurai me sauver du reproche et du blâme
D'attendre pour régner les bontés d'une femme.
Je fus vingt ans sans maître, et ne puis obéir.
Le fruit de tant de soins est lent à recueillir.
Mais enfin l'heure approche, et c'était trop attendre
Pour suivre Amphiaraüs ou régner sur sa cendre.
Mon destin se décide ; et si le premier pas
Ne m'élève à l'empire, il m'entraîne au trépas.
*Entre le trône et moi tu vois le précipice :
*Allons, que ma fortune y tombe, ou le franchisse.

FIN DU DEUXIÈME ACTE.

ACTE TROISIÈME.

SCÈNE I.

HERMOGIDE, EUPHORBE, SUITE D'HERMOGIDE.

HERMOGIDE.
Voici l'instant fatal où, dans ce temple même,
La reine avec sa main donne son diadème.
Euphorbe, ou je me trompe, ou de bien des horreurs
Ces dangereux moments sont les avant-coureurs.
EUPHORBE.
Polémon de sa part flatte votre espérance.
HERMOGIDE.
Polémon veut en vain tromper ma défiance.
EUPHORBE.
En faveur de vos droits ce peuple enfin s'unit ;
Du trône devant vous le chemin s'aplanit ;
Argos, par votre main, faite à la servitude,
Longtemps de votre joug prit l'heureuse habitude :
Nos chefs seront pour vous.
HERMOGIDE.
               Je compte sur leur foi,
Tant que leur intérêt les peut joindre avec moi.
Mais surtout Alcméon me trouble et m'importune ;
Son destin, je l'avoue, étonne ma fortune.
Je le crains malgré moi. La naissance et le sang
Séparent pour jamais sa bassesse et mon rang ;
Cependant par son nom ma grandeur est ternie ;
Son ascendant vainqueur impose à mon génie :
Son seul aspect ici commence à m'alarmer.
Je le hais d'autant plus qu'il sait se faire aimer,
Que des peuples séduits l'estime est son partage ;
Sa gloire m'avilit, et sa vertu m'outrage.
Je ne sais, mais le nom de ce fier citoyen,
Tout obscur qu'il était, semble égaler le mien.

Et moi, près de ce trône où je dois seul prétendre,
*J'ai lassé ma fortune à force de l'attendre.
Mon crédit, mon pouvoir adoré si longtemps,
N'est qu'un colosse énorme ébranlé par les ans,
Qui penche vers sa chute, et dont le poids immense
Veut, pour se soutenir, la suprême puissance[1] :
Mais du moins en tombant je saurai me venger.

EUPHORBE.

Qu'allez-vous faire ici?

HERMOGIDE.

Ne plus rien ménager ;
Déchirer, s'il le faut, le voile heureux et sombre
Qui couvrit mes forfaits du secret de son ombre ;
Les justifier tous par un nouvel effort,
Par les plus grands succès, ou la plus belle mort,
Et, dans le désespoir où je vois qu'on m'entraîne,
Ma fureur... Mais on entre, et j'aperçois la reine.

SCÈNE II.

ÉRIPHYLE, ALCMÉON, HERMOGIDE, POLÉMON,
EUPHORBE, CHŒUR D'ARGIENS.

ALCMÉON.

Oui, ce peuple, madame, et les chefs, et les rois,
Sont prêts à confirmer, à chérir votre choix ;
Et je viens, en leur nom, présenter leur hommage
A votre heureux époux, leur maître, et votre ouvrage.
Ce jour va de la Grèce assurer le repos.

ÉRIPHYLE.

Vous, chefs qui m'écoutez, et vous, peuple d'Argos,
Qui venez en ces lieux reconnaître l'empire
Du nouveau souverain que ma main doit élire,
Je n'ai point à choisir : je n'ai plus qu'à quitter
Un sceptre que mes mains n'avaient pas dû porter.
Votre maître est vivant, mon fils respire encore.
Ce fils infortuné, qu'à sa première aurore,
Par un trépas soudain vous crûtes enlevé,
Loin des yeux de sa mère en secret élevé,

---

1. On trouve une imitation de ces vers dans *la Mort de César*, acte III, scène IV. (K.)

ACTE III, SCÈNE II.

Fut porté, fut nourri dans l'enceinte sacrée,
Dont le ciel à mon sexe a défendu l'entrée.
Celui que je chargeai de ses tristes destins
Ignorait quel dépôt fut mis entre ses mains.
Je voulus qu'avec lui renfermé dès l'enfance,
Mon fils de ses parents n'eût jamais connaissance.
Mon amour maternel, timide et curieux,
A cent fois sur sa vie interrogé les cieux ;
Aujourd'hui même encore, ils m'ont dit qu'il respire.
Je vais mettre en ses mains mes jours et mon empire.
Je sais trop que ce dieu, maître éternel des cieux,
Jupiter, dont l'oracle est présent en ces lieux,
Me prédit, m'assura, que ce fils sanguinaire
Porterait le poignard dans le sein de sa mère.
Puisse aujourd'hui, grand dieu, l'effort que je me fais
Vaincre l'affreux destin qui l'entraîne aux forfaits !
Oui, peuple, je le veux ; oui, le roi va paraître :
Je vais à le montrer obliger le grand-prêtre.
Les dieux qui m'ont parlé veillent encor sur lui.
Ce secret au grand jour va briller aujourd'hui.
De mon fils désormais il n'est rien que je craigne ;
Qu'on me rende mon fils, qu'il m'immole, et qu'il règne.

HERMOGIDE.

Peuple, chefs, il faut donc m'expliquer à mon tour :
L'affreuse vérité va donc paraître au jour.
Ce fils qu'on redemande afin de mieux m'exclure,
Cet enfant dangereux, l'horreur de la nature,
Né pour le parricide, et dont la cruauté
Devait verser le sang du sein qui l'a porté :
Il n'est plus. Son supplice a prévenu son crime.

ÉRIPHYLE.

Ciel !

HERMOGIDE.

    Aux portes du temple on frappa la victime.
Celui qui l'enlevait le suivit au tombeau.
Il fallait étouffer ce monstre en son berceau ;
A la reine, à l'État, son sang fut nécessaire ;
Les dieux le demandaient : je servis leur colère.
Peuple, n'en doutez point : Euphorbe, Nicétas,
Sont les secrets témoins de ce juste trépas.
J'atteste mes aïeux et ce jour qui m'éclaire
Que j'immolai le fils, que j'ai sauvé la mère ;

THÉATRE. I.

Que si ce sang coupable a coulé sous nos coups,
J'ai prodigué le mien pour la Grèce et pour vous.
Vous m'en devez le prix : vous voulez tous un maître ;
L'oracle en promet un, je vais périr ou l'être ;
Je vais venger mes droits contre un roi supposé ;
Je vais rompre un vain charme à moi seul opposé.
Soldat par mes travaux, et roi par ma naissance,
De vingt ans de combats j'attends la récompense.
Je vous ai tous servis. Ce rang des demi-dieux
Défendu par mon bras, fondé par mes aïeux,
Cimenté de mon sang, doit être mon partage.
Je le tiendrai de vous, de moi, de mon courage,
De ces dieux dont je sors, et qui seront pour moi.
Amis, suivez mes pas, et servez votre roi.

(Il sort suivi des siens.)

SCÈNE III.

ÉRIPHYLE, ALCMÉON, POLÉMON, CHOEUR D'ARGIENS.

ÉRIPHYLE.

Où suis-je? de quels traits le cruel m'a frappée!
Mon fils ne serait plus! Dieux! m'auriez-vous trompée?

(A Polémon.)

Et vous que j'ai chargé de rechercher son sort...

POLÉMON.

On l'ignore en ce temple, et sans doute il est mort.

ALCMÉON.

Reine, c'est trop souffrir qu'un monstre vous outrage :
Confondez son orgueil et punissez sa rage.
Tous vos guerriers sont prêts, permettez que mon bras...

ÉRIPHYLE.

Es-tu lasse, Fortune? Est-ce assez d'attentats?
Ah! trop malheureux fils, et toi, cendre sacrée,
Cendre de mon époux de vengeance altérée,
Mânes sanglants, faut-il que votre meurtrier
Règne sur votre tombe et soit votre héritier?
Le temps, le péril presse, il faut donner l'empire.
Un dieu dans ce moment, un dieu parle et m'inspire.
Je cède; je ne puis, dans ce jour de terreur,
Résister à la voix qui s'explique à mon cœur.

C'est vous, maître des rois et de la destinée,
C'est vous qui me forcez à ce grand hyménée.
Alcméon, si mon fils est tombé sous ses coups...
Seigneur... vengez mon fils, et le trône est à vous.
ALCMÉON.
Grande reine, est-ce à moi que ces honneurs insignes...
ÉRIPHYLE.
Ah! quels rois dans la Grèce en seraient aussi dignes?
Ils n'ont que des aïeux, vous avez des vertus.
Ils sont rois, mais c'est vous qui les avez vaincus.
C'est vous que le ciel nomme, et qui m'allez défendre :
C'est vous qui de mon fils allez venger la cendre.
Peuple, voilà ce roi si longtemps attendu,
Qui seul vous a fait vaincre, et seul vous était dû.
Le vainqueur de deux rois, prédit par les dieux même.
Qu'il soit digne à jamais de ce saint diadème!
Que je retrouve en lui les biens qu'on m'a ravis,
Votre appui, votre roi, mon époux, et mon fils!

SCÈNE IV.

ÉRIPHYLE, ALCMÉON, POLÉMON, THÉANDRE, CHOEUR D'ARGIENS.

THÉANDRE.
Que faites-vous, madame? et qu'allez-vous résoudre?
Le jour fuit, le ciel gronde : entendez-vous la foudre?
De la tombe du roi le pontife a tiré
Un fer que sur l'autel ses mains ont consacré.
Sur l'autel à l'instant ont paru les Furies :
Les flambeaux de l'hymen sont dans leurs mains impies.
Tout le peuple tremblant, d'un saint respect touché,
Baisse un front immobile, à la terre attaché.
ÉRIPHYLE.
Jusqu'où veux-tu pousser ta fureur vengeresse,
O ciel? Peuple, rentrez : Théandre, qu'on me laisse.
Quel juste effroi saisit mes esprits égarés !
Quel jour pour un hymen !

SCÈNE V.

ÉRIPHYLE, ALCMÉON.

ÉRIPHYLE.

Ah! seigneur, demeurez.
Eh quoi! je vois les dieux, les enfers, et la terre,
S'élever tous ensemble et m'apporter la guerre :
Mes ennemis, les morts, contre moi déchaînés ;
Tout l'univers m'outrage, et vous m'abandonnez !

ALCMÉON.

Je vais périr pour vous, ou punir Hermogide,
Vous servir, vous venger, vous sauver d'un perfide.

ÉRIPHYLE.

Je vous faisais son roi ; mais, hélas ! mais, seigneur,
Arrêtez ; connaissez mon trouble et ma douleur.
Le désespoir, la mort, le crime m'environne :
J'ai cru les écarter en vous plaçant au trône ;
J'ai cru même apaiser ces mânes en courroux,
Ces mânes soulevés de mon premier époux.
Hélas! combien de fois, de mes douleurs pressée,
Quand le sort de mon fils accablait ma pensée,
Et qu'un léger sommeil venait enfin couvrir
* Mes yeux trempés de pleurs et lassés de s'ouvrir ;
Combien de fois ces dieux ont semblé me prescrire
De vous donner ma main, mon cœur et mon empire !
Cependant, quand je touche au moment fortuné
Où vous montez au trône à mon fils destiné,
Le ciel et les enfers alarment mon courage ;
Je vois les dieux armés condamner leur ouvrage :
* Et vous seul m'inspirez plus de trouble et d'effroi
* Que le ciel et ces morts irrités contre moi..
* Je tremble en vous donnant ce sacré diadème ;
* Ma bouche en frémissant prononce : « Je vous aime. »
* D'un pouvoir inconnu l'invincible ascendant
* M'entraîne ici vers vous, m'en repousse à l'instant,
* Et, par un sentiment que je ne puis comprendre,
* Mêle une horreur affreuse à l'amour le plus tendre.

ALCMÉON.

Quels moments ! quel mélange, ô dieux qui m'écoutez !
D'étonnement, d'horreurs, et de félicités !

L'orgueil de vous aimer, le bonheur de vous plaire,
Vos terreurs, vos bontés, la céleste colère,
Tant de biens, tant de maux, me pressent à la fois,
Que mes sens accablés succombent sous leur poids.
Encor loin de ce rang que vos bontés m'apprêtent,
C'est sur vos seuls dangers que mes regards s'arrêtent.
C'est pour vous délivrer de ce péril nouveau
Que votre époux lui-même a quitté le tombeau.
Vous avez d'un barbare entendu la menace ;
Où ne peut point aller sa criminelle audace ?
Souffrez qu'au palais même assemblant vos soldats,
J'assure au moins vos jours contre ses attentats ;
Que du peuple étonné j'apaise les alarmes ;
Que, prêts au moindre bruit, mes amis soient en armes.
C'est en vous défendant que je dois mériter
Le trône où votre choix m'ordonne de monter.

ÉRIPHYLE.

Allez : je vais au temple, où d'autres sacrifices
Pourront rendre les dieux à mes vœux plus propices.
Ils ne recevront pas d'un regard de courroux
Un encens que mes mains n'offriront que pour vous[1].

---

[1] « En votre conscience, écrit Voltaire à Cideville sur cette fin d'acte, n'avez-vous pas senti de la langueur et du froid lorsqu'au troisième acte Théandre vient annoncer que les Furies se sont emparées de l'autel, etc. ? Ce que dit la reine à Alcméon dans ce moment est beau, mais on est étonné que ce beau ne touche point. La raison en est, à mon avis, que la reine est trop longtemps bernée par les dieux. Elle n'a pas le loisir de respirer, elle n'a pas un instant d'espérance et de joie : donc elle ne change point d'état, donc elle ne doit point remuer le spectateur, donc il faut retrancher cette fin du troisième acte. »

FIN DU TROISIÈME ACTE.

ACTE QUATRIÈME[1].

SCÈNE I.

ALCMÉON, THÉANDRE.

ALCMÉON.
Tu le vois, j'ai franchi cet intervalle immense
Que mit du trône à moi mon indigne naissance.
Oui, tout me favorise ; oui, tout sera pour moi.
Vainqueur de tous côtés, on m'aime et je suis roi ;
Tandis que mon rival, méditant sa vengeance,
Va des rois ennemis implorer l'assistance.
L'hymen me paie enfin le prix de ma valeur ;
Je ne vois qu'Ériphyle, un sceptre, et mon bonheur.
THÉANDRE.
Et les dieux !...
ALCMÉON.
Que dis-tu ? ma gloire est leur ouvrage.
Au pied de leurs autels je viens en faire hommage.
Entrons...
(Alcméon et Théandre marchent vers la porte du temple.)
Ces murs sacrés s'ébranlent à mes yeux !...
Quelle plaintive voix s'élève dans ces lieux ?
THÉANDRE.
Ah ! mon fils, de ce jour les prodiges funestes
Sont les avant-coureurs des vengeances célestes.
Craignez...
ALCMÉON.
L'air s'obscurcit... Qu'entends-je ? quels éclats !

---

1. Ce quatrième acte a subi bien des remaniements. Voltaire en trouvait le début froid, mauvais, insupportable. (G. A.)

ACTE IV, SCÈNE I.

THÉANDRE.

O ciel !

ALCMÉON.

La terre tremble et fuit devant mes pas.

THÉANDRE.

Les dieux même ont brisé l'éternelle barrière
Dont ils ont séparé l'enfer et la lumière.
Amphiaraüs, dit-on, bravant les lois du sort,
Apparaît aujourd'hui du séjour de la mort :
Moi-même, dans la nuit, au milieu du silence,
J'entendais une voix qui demandait vengeance.
« Assassins, disait-elle, il est temps de trembler ;
Assassins, l'heure approche, et le sang va couler.
La vérité terrible éclaire enfin l'abîme
Où dans l'impunité s'était caché le crime. »
Ces mots, je l'avouerai, m'ont glacé de terreur.

ALCMÉON.

Laisse, laisse aux méchants l'épouvante et l'horreur.
C'est sur leurs attentats que mon espoir se fonde ;
Ce sont eux qu'on menace, et si la foudre gronde,
La foudre me rassure, et ce ciel que tu crains,
Pour les mieux écraser, la mettra dans mes mains.

THÉANDRE.

Eh ! c'est ce qui pour vous m'effraie et m'intimide.

ALCMÉON.

Crains-tu donc que mon bras ne punisse Hermogide?
Lui, l'ennemi des dieux, des hommes et des lois!
Lui, dont la main versa tout le sang de nos rois !
Quand pourrai-je venger ce meurtre abominable?

THÉANDRE.

Je souhaite, Alcméon, qu'il soit le moins coupable.

ALCMÉON.

Comment, que me dis-tu?

THÉANDRE.

De tristes vérités.
Peut-être contre vous les dieux sont irrités.

ALCMÉON.

Contre moi !

THÉANDRE.

Des héros imitateur fidèle,
Vous jurez aux forfaits une guerre immortelle ;
Vous vous croyez, mon fils, armé pour les venger ;

Gardez de les défendre et de les partager.

ALCMÉON.

Comment! que dites-vous?

THÉANDRE.

Vous êtes jeune encore :
A peine aviez-vous vu votre première aurore,
Quand ce roi malheureux descendit chez les morts.
Peut-être ignorez-vous ce qu'on disait alors,
Et de la cour du roi quel fut l'affreux langage.

ALCMÉON.

Eh bien?

THÉANDRE.

Je vais vous faire un trop sensible outrage;
Le secret est horrible, il faut le révéler :
Je vous tiens lieu de père, et je dois vous parler.

ALCMÉON.

Eh bien! que disait-on? achève.

THÉANDRE.

Que la reine
Avait lié son cœur d'une coupable chaîne ;
Qu'au barbare Hermogide elle promit sa main,
Et jusqu'à son époux conduisit l'assassin.

ALCMÉON.

Rends grâce à l'amitié qui pour toi m'intéresse :
Si tout autre que toi soupçonnait la princesse,
Si quelque audacieux avait pu l'offenser...
Mais que dis-je! toi-même, as-tu pu le penser?
Peux-tu me présenter ce poison que l'envie
Répand aveuglément sur la plus belle vie?
Tu connais peu la cour; mais la crédulité
Aiguise ainsi les traits de la malignité;
Vos oisifs courtisans, que les chagrins dévorent,
S'efforcent d'obscurcir les astres qu'ils adorent :
Si l'on croit de leurs yeux le regard pénétrant,
Tout ministre est un traître, et tout prince un tyran :
L'hymen n'est entouré que de feux adultères,
Le frère à ses rivaux est vendu par ses frères ;
Et sitôt qu'un grand roi penche vers son déclin,
Ou son fils, ou sa femme, ont hâté son destin.
Je hais de ces soupçons la barbare imprudence :
Je crois que sur la terre il est quelque innocence;
Et mon cœur, repoussant ces sentiments cruels,

Aime à juger par lui du reste des mortels.
Qui croit toujours le crime, en paraît trop capable.
A mes yeux comme aux tiens Hermogide est coupable :
Lui seul a pu commettre un meurtre si fatal ;
Lui seul est parricide.

THÉANDRE.

Il est votre rival :
Vous écoutez sur lui vos soupçons légitimes ;
Vous trouvez du plaisir à détester ses crimes.
Mais un objet trop cher...

ALCMÉON.

Ah ! ne l'offense plus ;
Et garde le silence, ou vante ses vertus.

SCÈNE II.

ÉRIPHYLE, ALCMÉON, THÉANDRE, ZÉLONIDE,
SUITE DE LA REINE.

ÉRIPHYLE.

Roi d'Argos, paraissez, et portez la couronne ;
Vos mains l'ont défendue, et mon cœur vous la donne.
Je ne balance plus : je mets sous votre loi
L'empire d'Inachus, et vos rivaux, et moi.
J'ai fléchi de nos dieux les redoutables haines ;
Leurs vertus sont en vous, leur sang coule en mes veines ;
Et jamais sur la terre on n'a formé de nœuds
Plus chers aux immortels, et plus dignes des cieux.

ALCMÉON.

Ils lisent dans mon cœur : ils savent que l'empire
Est le moindre des biens où mon courage aspire.
Puissent tomber sur moi leurs plus funestes traits,
Si ce cœur infidèle oubliait vos bienfaits !
Ce peuple qui m'entend, et qui m'appelle au temple,
Me verra commander, pour lui donner l'exemple ;
Et, déjà par mes mains instruit à vous servir,
N'apprendra de son roi qu'à vous mieux obéir.

ÉRIPHYLE.

Enfin la douce paix vient rassurer mon âme :
Dieux ! vous favorisez une si pure flamme !

Vous ne rejetez plus mon encens et mes vœux!
(A Alcméon.)
Recevez donc ma main...

SCÈNE III.

LES ACTEURS PRÉCÉDENTS, L'OMBRE D'AMPHIARAÜS.

(Le temple s'ouvre, l'ombre d'Amphiaraüs paraît à l'entrée de ce temple, dans une posture menaçante.)

L'OMBRE D'AMPHIARAÜS.
Arrête, malheureux!
ÉRIPHYLE.
Amphiaraüs! ô ciel! où suis-je?
ALCMÉON.
Ombre fatale,
Quel dieu te fait sortir de la nuit infernale?
Quel est ce sang qui coule? et quel es-tu?
L'OMBRE.
Ton roi.
Si tu prétends régner, arrête, et venge-moi.
ALCMÉON.
Eh bien! mon bras est prêt; parle, que dois-je faire?
L'OMBRE.
Me venger sur ma tombe.
ALCMÉON.
Eh! de qui?
L'OMBRE.
De ta mère[1].
ALCMÉON.
Ma mère! que dis-tu? quel oracle confus!
Mais l'enfer le dérobe à mes yeux éperdus.
Les dieux ferment leur temple!
(L'ombre rentre dans le temple, qui se referme.)

---

1. « L'ombre d'Amphiaraüs, dit M. A. Lacroix dans son *Histoire de l'influence de Shakespeare sur le théâtre français*, apparaît en plein jour, c'est à tous qu'elle s'adresse, le crime qu'elle pense apprendre était soupçonné depuis longtemps...; dans ses discours, il n'y a plus rien qui nous impressionne... Shakespeare avait bien pris soin que l'ombre, dans sa pièce, ne vînt pas occasionner le trouble ni jeter l'effroi dans l'âme de Gertrude... L'ombre (chez Voltaire) s'offre à Ériphyle «dans une posture menaçante », tout à l'opposé de celle du père d'Hamlet... C'est une ombre manquée. »

SCÈNE IV.

ÉRIPHYLE, suite, ALCMÉON, THÉANDRE, ZÉLONIDE.

THÉANDRE.
O prodige effroyable!
ALCMÉON.
O d'un pouvoir funeste oracle impénétrable!
ÉRIPHYLE.
A peine ai-je repris l'usage de mes sens!
Quel ordre ont prononcé ces horribles accents?
De qui demandent-ils le sanglant sacrifice?
ALCMÉON.
Ciel! peux-tu commander que ma mère périsse!
ÉRIPHYLE, à Théandre.
Votre épouse, sa mère, a terminé ses jours.
ALCMÉON.
Hélas! le ciel vous trompe et me poursuit toujours.
Théandre jusqu'ici m'a tenu lieu de père;
Je ne suis pas son fils, et je n'ai plus de mère.
ÉRIPHYLE.
Vous n'êtes point son fils! Dieux! que d'obscurités!
ALCMÉON.
Je n'entends que trop bien ces mânes irrités.
Je commence à sentir que les destins sont justes,
Que je ne suis point né pour ces grandeurs augustes;
Que j'ai dû me connaître.
ÉRIPHYLE.
Ah! qui que vous soyez,
Cher Alcméon, mes jours à vos jours sont liés.
ALCMÉON.
Non, reine, devant vous je ne dois point paraître.
ÉRIPHYLE, à Théandre.
Il n'est point votre fils! et qui donc peut-il être?
ALCMÉON.
Je suis le vil jouet des destins en courroux:
Je suis un malheureux trop indigne de vous.
ÉRIPHYLE.
Hélas! au nom des traits d'une si vive flamme,

Par l'amour et l'effroi qui remplissent mon âme,
Par ce cœur que le ciel forma pour vous aimer,
Par ces flambeaux d'hymen que je veux rallumer,
Ne vous obstinez point à garder le silence.
Hélas! je m'attendais à plus de confiance.
(A Théandre, qui était dans le fond du théâtre avec la suite de la reine.)
Théandre, revenez, parlez, répondez-moi.
Sans doute il est d'un sang fait pour donner la loi.
Quel héros, ou quel dieu lui donna la naissance?

THÉANDRE.

Mes mains ont autrefois conservé son enfance;
J'ai pris soin de ses jours à moi seul confiés.
Le reste est inconnu; mais si vous m'en croyez,
Si parmi les horreurs dont frémit la nature,
Vous daignez écouter ma triste conjecture,
Vous n'achèverez point cet hymen odieux.

ÉRIPHYLE.

Ah! je l'achèverai, même en dépit des dieux.
(A Alcméon.)
Oui, fussiez-vous le fils d'un ennemi perfide,
Fussiez-vous né du sang du barbare Hermogide,
Je veux être éclaircie.

ALCMÉON.

                Eh bien, souffrez du moins
Que je puisse un moment vous parler sans témoins.
Pour la dernière fois vous m'entendez peut-être;
Je vous avais trompée, et vous m'allez connaître.

ÉRIPHYLE.

Sortez. De toutes parts ai-je donc à trembler?

SCÈNE V.

ÉRIPHYLE, ALCMÉON.

ALCMÉON.

Il n'est plus de secrets que je doive céler.
Connu par ma fortune et par ma seule audace,
Je cachais aux humains les malheurs de ma race;
Mais je ne me repens, au point où je me vois,
Que de m'être abaissé jusqu'à rougir de moi.

Voilà ma seule tache et ma seule faiblesse.
J'ai craint tant de rivaux dont la maligne adresse
A d'un regard jaloux sans cesse examiné,
Non pas ce que je suis, mais de qui je suis né,
Et qui de mes exploits rabaissant tout le lustre,
Pensaient ternir mon nom quand je le rends illustre.
J'ai cru que ce vil sang dans mes veines transmis,
Plus pur par mes travaux, était d'assez grand prix,
Et que lui préparant une plus digne course,
En le versant pour vous j'ennoblissais sa source.
Je fis plus : jusqu'à vous l'on me vit aspirer,
Et, rival de vingt rois, j'osai vous adorer.
Ce ciel, enfin, ce ciel m'apprend à me connaître ;
Il veut confondre en moi le sang qui m'a fait naître ;
La mort entre nous deux vient d'ouvrir ses tombeaux,
Et l'enfer contre moi s'unit à mes rivaux.
Sous les obscurités d'un oracle sévère,
Les dieux m'ont reproché jusqu'au sang de ma mère.
Madame, il faut céder à leurs cruelles lois ;
Alcméon n'est point fait pour succéder aux rois.
Victime d'un destin que même encor je brave,
Je ne m'en cache plus, je suis fils d'un esclave.

ÉRIPHYLE.

Vous, seigneur ?

ALCMÉON.

Oui, madame ; et, dans un rang si bas,
Souvenez-vous qu'enfin je ne m'en cachai pas ;
Que j'eus l'âme assez forte, assez inébranlable,
Pour faire devant vous l'aveu qui vous accable ;
Que ce sang, dont les dieux ont voulu me former,
Me fit un cœur trop haut pour ne vous point aimer.

ÉRIPHYLE.

Un esclave !

ALCMÉON.

Une loi fatale à ma naissance
Des plus vils citoyens m'interdit l'alliance.
J'aspirais jusqu'à vous dans mon indigne sort :
J'ai trompé vos bontés, j'ai mérité la mort.
Madame, à mon aveu vous tremblez de répondre ?

ÉRIPHYLE.

Quels soupçons ! quelle horreur vient ici me confondre !
Dans les mains d'un esclave autrefois j'ai remis...

M'avez-vous pardonné, destins trop ennemis?
O criminelle épouse! ô plus coupable mère!...
Alcméon, dans quel temps a péri votre père?
ALCMÉON.
Lorsque dans ce palais le céleste courroux
Eut permis le trépas du prince votre époux.
ÉRIPHYLE.
O crime!
ALCMÉON.
   Hélas! ce fut dans ma plus tendre enfance
Qu'on fit périr, dit-on, l'auteur de ma naissance,
Dans la confusion que des séditieux
A la mort de leur maître excitaient en ces lieux.
ÉRIPHYLE.
Mais où vous a-t-on dit qu'il termina sa vie?
ALCMÉON.
Ici, dans ce lieu même elle lui fut ravie,
Au pied de ce palais de tant de demi-dieux,
D'où jusque sur son fils vous abaissiez les yeux.
Près du corps tout sanglant de mon malheureux père,
Je fus laissé mourant dans la foule vulgaire
De ces vils citoyens, triste rebut du sort,
Oubliés dans leur vie, inconnus dans leur mort.
Théandre cependant sauva mes destinées;
Il renoua le fil de mes faibles années.
J'ai passé pour son fils : le reste vous est dû.
Vous fîtes mes grandeurs, et je me suis perdu.
ÉRIPHYLE.
M'alarmerais-je en vain? Mais cet oracle horrible...
Le lieu, le temps, l'esclave... ô ciel! est-il possible?
(A Alcméon.)
Théandre dès longtemps vous a sans doute appris
Le nom du malheureux dont vous êtes le fils :
C'était?...
ALCMÉON.
   Qu'importe, hélas! au repos de la Grèce,
Au vôtre, grande reine, un nom dont la bassesse
Redouble encor ma honte et ma confusion?
ÉRIPHYLE.
S'il m'importe? ah! parlez...
ALCMÉON, avec hésitation.
      Il se nommait Phaön.

ACTE IV, SCÈNE V.

ÉRIPHYLE.

(A part.)

Ah ! je n'en doute plus...

(A Alcméon.)

Ma crainte, ma tendresse...

ALCMÉON.

Quelle est en me parlant la douleur qui vous presse ?

ÉRIPHYLE.

Alcméon, votre sang...

ALCMÉON.

D'où vient que vous pleurez ?

ÉRIPHYLE.

Ah ! prince !

ALCMÉON.

De quel nom, reine, vous m'honorez !

ÉRIPHYLE.

* Eh bien ! ne tarde plus, remplis ta destinée ;
* Porte ce fer sanglant sur cette infortunée ;
* Étouffe dans mon sang cet amour malheureux
* Que dictait la nature en nous trompant tous deux ;
* Punis-moi, venge-toi, venge la mort d'un père ;
* Reconnais-moi, mon fils : frappe et punis ta mère !

ALCMÉON.

Moi, votre fils ? grands dieux !

ÉRIPHYLE.

C'est toi dont, au berceau,
Mon indigne faiblesse a creusé le tombeau ;
Toi le fils vertueux d'une mère homicide ;
Toi, dont Amphiaraüs demande un parricide ;
Toi mon sang, toi mon fils, que le ciel en courroux,
Sans ce prodige horrible, aurait fait mon époux !

ALCMÉON.

De quel coup ma raison vient d'être confondue !
Dieux ! sur elle et sur moi puis-je arrêter la vue ?
Je ne sais où je suis : dieux, qui m'avez sauvé,
Reprenez tout ce sang par vos mains conservé.
Est-il bien vrai, madame, on a tué mon père ?
Il veut votre supplice, et vous êtes ma mère ?

ÉRIPHYLE.

* Oui, je fus sans pitié : sois barbare à ton tour,
* Et montre-toi mon fils en m'arrachant le jour.
* Frappe... Mais quoi ! tes pleurs se mêlent à mes larmes ?

*O mon cher fils! ô jour plein d'horreur et de charmes!
*Avant de me donner la mort que tu me dois,
*De la nature encor laisse parler la voix :
*Souffre au moins que les pleurs de ta coupable mère
*Arrosent une main si fatale et si chère.

ALCMÉON.

Cruel Amphiaraüs! abominable loi!
La nature me parle, et l'emporte sur toi.
O ma mère!

ÉRIPHYLE, en l'embrassant.

O cher fils que le ciel me renvoie,
Je ne méritais pas une si pure joie!
J'oublie et mes malheurs, et jusqu'à mes forfaits;
Et ceux qu'un dieu t'ordonne, et tous ceux que j'ai faits.

SCÈNE VI.

ÉRIPHYLE, ALCMÉON, POLÉMON.

POLÉMON.

Madame, en ce moment l'insolent Hermogide,
Suivi jusqu'en ces lieux d'une troupe perfide,
La flamme dans les mains, assiége ce palais.
Déjà tout est armé; déjà volent les traits.
Nos gardes rassemblés courent pour vous défendre;
Le sang de tous côtés commence à se répandre.
Le peuple épouvanté, qui s'empresse ou qui fuit,
Ne sait si l'on vous sert ou si l'on vous trahit.

ALCMÉON.

O ciel! voilà le sang que ta voix me demande;
La mort de ce barbare est ma plus digne offrande.
Reine, dans ces horreurs cessez de vous plonger;
Je suis l'ordre des dieux, mais c'est pour vous venger.

FIN DU QUATRIÈME ACTE.

ACTE CINQUIÈME.

(Sur un côté du parvis on voit, dans l'intérieur du temple de Jupiter, des vieillards et de jeunes enfants qui embrassent un autel; de l'autre côté, la reine, sortant de son palais, soutenue par ses femmes, est bientôt suivie et entourée d'une foule d'Argiens des deux sexes qui viennent partager sa douleur.)

SCÈNE I.

ÉRIPHYLE, ZÉLONIDE, LE CHOEUR.

ZÉLONIDE.

Oui, les dieux irrités nous perdent sans retour;
Argos n'est plus; Argos a vu son dernier jour,
Et la main d'Hermogide en ce moment déchire
Les restes malheureux de ce puissant empire.
De tous ses partisans l'adresse et les clameurs
Ont égaré le peuple et séduit tous les cœurs.
Le désordre est partout; la discorde, la rage,
D'une vaste cité font un champ de carnage;
Les feux sont allumés, le sang coule en tous lieux,
Sous les murs du palais, dans les temples des dieux;
Et les soldats sans frein, en proie à leur furie,
Pour se donner un roi renversent la patrie.
Vous voyez devant vous ces vieillards désolés
Qu'au pied de nos autels la crainte a rassemblés;
Ces vénérables chefs de nos tristes familles,
Ces enfants éplorés, ces mères et ces filles,
Qui cherchent en pleurant d'inutiles secours
Dans le temple des dieux armés contre nos jours.

ÉRIPHYLE, aux femmes qui l'entourent.

Hélas! de mes tourments compagnes gémissantes,
Puis-je au ciel avec vous lever mes mains tremblantes?
J'ai fait tous vos malheurs; oui, c'est moi qui sur vous
Des dieux que j'offensai fais tomber le courroux.
Oui, vous voyez la mère, hélas! la plus coupable,
La mère la plus tendre et la plus misérable.

LE CHŒUR.

Vous, madame!

ÉRIPHYLE.

Alcméon, ce prince, ce héros
Qui soutenait mon trône et qui vengeait Argos,
Lui pour qui j'allumais les flambeaux d'hyménée,
Lui pour qui j'outrageais la nature étonnée,
Lui dont l'amitié tendre abusait mes esprits...

LE CHŒUR.

Ah! qu'il soit votre époux.

ÉRIPHYLE.

Peuples, il est mon fils.

LE CHŒUR.

Qui! lui?

ÉRIPHYLE.

D'Amphiaraüs c'est le précieux reste.
L'horreur de mon destin l'entraînait à l'inceste :
Les dieux aux bords du crime ont arrêté ses pas.
Dieux, qui me poursuivez, ne l'en punissez pas.
Rendez ce fils si cher à sa mère éplorée;
Sa mère fut cruelle et fut dénaturée;
Que mon cœur est changé! Dieux! si le repentir
Fléchit votre vengeance et peut vous attendrir,
Ne pourrai-je attacher sur sa tête sacrée
Cette couronne, hélas! que j'ai déshonorée?
Qu'il règne, il me suffit, dût-il en sa fureur...

SCÈNE II.

ÉRIPHYLE, ZÉLONIDE, LE CHŒUR, THÉANDRE.

ÉRIPHYLE.

Ah! mon fils est-il roi? mon fils est-il vainqueur?

THÉANDRE.

Il le sera du moins si nos dieux équitables
Secourent l'innocence et perdent les coupables;
Mais jusqu'à ce moment son rival odieux
A partagé l'armée et le peuple et nos dieux.
Hermogide ignorait qu'il combattait son maître :
Le peuple doute encor du sang qui l'a fait naître;

ACTE V, SCÈNE II.

Quelques-uns à grands cris le nommaient votre époux ;
Les autres s'écriaient qu'il était né de vous.
Il ne pouvait, madame, en ce tumulte horrible,
Éclaircir à leurs yeux la vérité terrible ;
Il songeait à combattre, à vaincre, à vous venger :
Mais entouré des siens qu'on venait d'égorger,
De ses tristes sujets déplorant la misère,
Avec le nom de roi prenant un cœur de père,
Il se plaignait aux dieux que le sang innocent
Souillait le premier jour de son règne naissant.
Il s'avance aussitôt ; ses mains ensanglantées
Montrent de l'olivier les branches respectées.
Ce signal de la paix étonne les mutins,
Et leurs traits suspendus s'arrêtent dans leurs mains.
« Amis, leur a-t-il dit, Argos et nos provinces
Ont gémi trop longtemps des fautes de leurs princes ;
Sauvons le sang du peuple, et qu'Hermogide et moi
Attendent de ses mains le grand titre de roi.
Voyons qui de nous deux est plus digne de l'être.
Oui, peuple, en quelque rang que le ciel m'ait fait naître,
Mon cœur est au-dessus, et ce cœur aujourd'hui
Ne veut qu'une vengeance aussi noble que lui.
Pour le traître et pour moi choisissez une escorte
Qui du temple d'Argos environne la porte.
Et toi, viens, suis mes pas sur ce tombeau sacré,
Sur la cendre d'un roi par tes mains massacré.
Combattons devant lui, que son ombre y décide
Du sort de son vengeur et de son parricide. »
Ah ! madame, à ces mots ce monstre s'est troublé ;
Pour la première fois Hermogide a tremblé.
Bientôt il se ranime, et cette âme si fière
Dans ses yeux indignés reparaît tout entière,
Et bravant à la fois le ciel et les remords :
« Va, dit-il, je ne crains ni les dieux ni les morts,
Encor moins ton audace ; et je vais te l'apprendre
Au pied de ce tombeau qui n'attend que ta cendre. »
Il dit : un nombre égal de chefs et de soldats
Vers ce tombeau funeste accompagne leurs pas ;
Et moi des justes dieux conjurant la colère,
Je viens joindre mes vœux aux larmes d'une mère.
Puisse le ciel vengeur être encor le soutien
De votre auguste fils, qui fut longtemps le mien !

ÉRIPHYLE.
Quoi! seul et sans secours il combat Hermogide?
THÉANDRE.
Oui, madame.
ÉRIPHYLE.
Mon fils se livre à ce perfide!
Mon fils, cher Alcméon! mon cœur tremble pour toi ;
Le cruel te trahit s'il t'a donné sa foi.
Ta jeunesse est crédule ; elle est trop magnanime ;
Hermogide est savant dans l'art affreux du crime.
Dans ses piéges sans doute il va t'envelopper.
Sa seule politique est de savoir tromper.
Crains sa barbare main par le meurtre éprouvée,
Sa main de tout ton sang dès longtemps abreuvée.
Allons, je préviendrai ce lâche assassinat ;
Courons au lieu sanglant choisi pour le combat.
Je montrerai mon fils.
THÉANDRE.
Reine trop malheureuse !
Osez-vous approcher de cette tombe affreuse ?
Les morts et les vivants y sont vos ennemis.
ÉRIPHYLE.
Que vois-je ? quel tumulte ! on a trahi mon fils !

SCÈNE III.

ÉRIPHYLE, ALCMÉON, HERMOGIDE, THÉANDRE,

SOLDATS qui entrent sur la scène avec Hermogide.

ÉRIPHYLE, aux soldats d'Hermogide.
Cruels, tournez sur moi votre inhumaine rage.
ALCMÉON.
J'espère en la vertu, j'espère en mon courage.
HERMOGIDE, aux siens.
Amis, suivez-moi tous, frappez, imitez-moi.
ALCMÉON, aux siens.
Vertueux citoyens, secondez votre roi.
(Alcméon, Hermogide, entrent avec leur escorte dans le temple où est le tombeau d'Amphiaraüs.)
ÉRIPHYLE, aux soldats qu'elle suit.
O peuples, écoutez votre reine et sa mère !
(Elle entre après eux dans le temple.)

SCÈNE IV.

THÉANDRE, LE CHOEUR.

THÉANDRE.
Reine, arrête! où vas-tu? crains ton destin sévère.
Ciel! remplis ta justice, et nos maux sont finis;
Mais pardonne à la mère et protége le fils.
Ah! puissent les remords dont elle est consumée
Éteindre enfin ta foudre à nos yeux allumée!
Impénétrables dieux! est-il donc des forfaits
Que vos sévérités ne pardonnent jamais?
Vieillards, qui, comme moi, blanchis dans les alarmes,
Pour secourir vos rois n'avez plus que des larmes;
Vous, enfants, réservés pour de meilleurs destins,
Levez aux dieux cruels vos innocentes mains.

LE CHOEUR.
O vous, maîtres des rois et de la destinée,
Épargnez une reine assez infortunée :
Ses crimes, s'il en est, nous étaient inconnus.
Nos cœurs reconnaissants attestent ses vertus.

THÉANDRE.
Entendez-vous ces cris?... Polémon...

SCÈNE V.

THÉANDRE, POLÉMON, LE CHOEUR, qui se compose du peuple, de ministres du temple, de soldats.

POLÉMON.
Cher Théandre...

THÉANDRE.
Quel désastre ou quel bien venez-vous nous apprendre?
Quel est le sort du prince?

POLÉMON.
Il est rempli d'horreur.

THÉANDRE.
Les dieux l'ont-ils trahi?

POLÉMON.
Non : son bras est vainqueur.

THÉANDRE.

Eh bien?

POLÉMON.

Ah! de quel sang sa victoire est ternie!
Par quelles mains, ô ciel! Ériphyle est punie!
Dans l'horreur du combat, son fils, son propre fils...
Vous conduisiez ses coups, dieux toujours ennemis!
J'ai vu, n'en doutez point, une horrible furie
D'un héros malheureux guider le bras impie.
Il vole vers sa mère; il ne la connaît pas,
Il la traîne, il la frappe... Ô jour plein d'attentats!
O triste arrêt des dieux, cruel, mais légitime!
Tout est rempli, le crime est puni par le crime.
Ministre infortuné des décrets du destin,
Lui seul ignore encor les forfaits de sa main.
Hélas! il goûte en paix sa victoire funeste.

SCÈNE VI.

ALCMÉON, HERMOGIDE, THÉANDRE, POLÉMON, SUITE D'ALCMÉON, SOLDATS D'HERMOGIDE, CAPTIFS, LE CHŒUR.

ALCMÉON, à ses soldats.

Enchaînez ce barbare, épargnez tout le reste :
Il a trop mérité ces supplices cruels
Réservés par nos lois pour les grands criminels;
Sa perte par mes mains serait trop glorieuse :
Ainsi que ses forfaits que sa mort soit honteuse.

(A Hermogide.)

Et pour finir ta vie avec plus de douleur,
Traître, vois, en mourant, ton roi dans ton vainqueur.
Tes crimes sont connus, ton supplice commence.
Vois celui dont ta rage avait frappé l'enfance;
Vois le fils de ton roi.

HERMOGIDE.

Son fils! ah! dieux vengeurs!
Quoi! j'aurais cette joie au comble des malheurs!
Quoi! tu serais son fils! est-il bien vrai?

ALCMÉON.

Perfide,
Qui peut te transporter ainsi?

HERMOGIDE.
                Ton parricide.
ALCMÉON.
Qu'on suspende sa mort... Arrête, éclaircis-moi,
Ennemi de mon sang...
HERMOGIDE.
                    Je le suis moins que toi.
Va, je te crois son fils, et ce nom doit me plaire ;
Je suis vengé : tu viens d'assassiner ta mère.
ALCMÉON.
Monstre !
HERMOGIDE.
    Tourne les yeux : je triomphe, je voi
Que vous êtes tous deux plus à plaindre que moi.
Je n'ai plus qu'à mourir.
                            (On l'emmène.)

SCÈNE VII.

ALCMÉON, ÉRIPHYLE, THÉANDRE, ZÉLONIDE,
SUITE DE LA REINE, LE CHOEUR.

ALCMÉON.
            Ah ! grands dieux ! quelle rage
(Il aperçoit Ériphyle.)
Malheureux !... quel objet !... que vois-je !
ÉRIPHYLE, soutenue par ses femmes.
                                Ton ouvrage.
Ma main, ma faible main volait à ton secours ;
Je voulais te défendre, et tu tranches mes jours.
ALCMÉON.
Qui ! moi ! j'aurais sur vous porté mon bras impie !
Moi ! qui pour vous cent fois aurais donné ma vie !
Ma mère ! vous mourez !
ÉRIPHYLE.
            Je vois à ta douleur
Que les dieux malgré toi conduisaient ta fureur.
Du crime de ton bras ton cœur n'est pas complice ;
Ils égaraient tes sens pour hâter mon supplice.
Je te pardonne...
ALCMÉON.
Ah ! dieux !

(A sa suite.)
Courez... qu'un prompt secours...
ÉRIPHYLE.
Épargne-toi le soin de mes coupables jours.
Je ne demande point de revoir la lumière;
Je finis sans regret cette horrible carrière...
Approche-toi, du moins; malgré mes attentats,
Laisse-moi la douceur d'expirer dans tes bras.
Ferme ces tristes yeux qui s'entr'ouvrent à peine.

ALCMÉON, se jetant aux genoux d'Ériphyle.
Ah! j'atteste des dieux la vengeance inhumaine,
Je jure par mon crime et par votre trépas
Que mon sang à vos yeux...
ÉRIPHYLE.
Mon fils, n'achève pas.
ALCMÉON.
Moi! votre fils! qui, moi! ce monstre sanguinaire!
ÉRIPHYLE.
Va, tu ne fus jamais plus chéri de ta mère.
Je vois ton repentir... il pénètre mon cœur...
Le mien n'a pu des dieux apaiser la fureur.
Un moment de faiblesse, et même involontaire,
A fait tous mes malheurs, a fait périr ton père...
Souviens-toi des remords qui troublaient mes esprits...
Souviens-toi de ta mère... ô mon fils... mon cher fils!
C'en est fait.
(Elle meurt.)
ALCMÉON.
Sois content, impitoyable père!
Tu frappes par mes mains ton épouse et ma mère.
Viens combler mes forfaits, viens la venger sur moi,
Viens t'abreuver du sang que j'ai reçu de toi.
Je succombe, je meurs, ta rage est assouvie.
(Il tombe évanoui.)
THÉANDRE.
Secourez Alcméon, prenez soin de sa vie.
Que de ce jour affreux l'exemple menaçant
Rende son cœur plus juste, et son règne plus grand.

FIN D'ÉRIPHYLE.

VARIANTES

DE LA TRAGÉDIE D'*ÉRIPHYLE*.

Page 461, scène 1re. — Dans l'édition de 1779, qui a été suivie pour les réimpressions faites jusqu'à ce jour, il y avait un personnage de plus, le grand-prêtre de Jupiter; et voici quel était le début de la pièce :

SCÈNE I.

LE GRAND-PRÊTRE, THÉANDRE, SUITE DU GRAND-PRÊTRE.

LE GRAND-PRÊTRE.

Allez, ministres saints, annoncez à la terre
La justice du ciel et la fin de la guerre.
Des pompes de la paix que ces murs soient parés.
Quelle paix ! dieux vengeurs !... Théandre, demeurez.
Le sort va s'accomplir : la sagesse éternelle
A béni de vos soins la piété fidèle.
Cet enfant par mes mains à la mort arraché,
Ce présent des destins, chez vous longtemps caché,
Par des exploits sans nombre aujourd'hui justifie
L'œil pénétrant des dieux qui veilla sur sa vie.
Alcméon désormais est le soutien d'Argos;
La victoire a suivi le char de ce héros;
Et lorsque devant lui deux rois vaincus fléchissent,
De sa gloire sur vous les rayons rejaillissent :
Alcméon dans Argos passe pour votre fils.

THÉANDRE.

Depuis qu'entre mes mains cet enfant fut remis,
Ses vertus m'ont donné des entrailles de père.
Je m'indigne en secret de son destin sévère;
J'ose accuser des dieux l'irrévocable loi
Qui le fit naître esclave avec l'âme d'un roi;
Qui se plut à produire au sein de la bassesse
Le plus grand des héros dont s'honora la Grèce.

LE GRAND-PRÊTRE.

Aux yeux des immortels et devant leur splendeur,
Il n'est point de bassesse, il n'est point de grandeur.
Le plus vil des humains, le roi le plus auguste,
Tout est égal pour eux; rien n'est grand que le juste.

Quels que soient ses aïeux, les destins aujourd'hui
De leurs ordres sacrés se reposent sur lui.
Songez à cet oracle, à cette loi suprême,
Que la reine autrefois a reçu des dieux même :
« Lorsqu'en un même jour deux rois seront vaincus,
Tes mains prépareront un second hyménée :
Ces temps, ce jour affreux, feront la destinée
Et des peuples d'Argos, et du sang d'Inachus. »
Ce jour est arrivé. Votre élève intrépide
A vaincu les deux rois de Pylos et d'Élide.
Tous vos chefs divisés qui désolaient Argos,
Ce puissant Hermogide, et tous ces rois rivaux,
Dans une ombre de paix ont assoupi leur haine ;
Ils ont remis leur sort à la voix de la reine ;
Et l'hymen d'Ériphyle est bientôt déclaré.
Vous, si du dernier roi le nom vous est sacré,
D'Amphiaraüs encor si vous aimez la gloire,
Si ce roi malheureux vit dans votre mémoire,
Dans le cœur d'Alcméon gravez ces sentiments :
Conduisez sa vertu... mais tremblez...

THÉANDRE.

       Dieux puissants !
Que nous annoncez-vous ?

LE GRAND-PRÊTRE.

       Voici le jour peut-être
Qui va redemander le sang de votre maître.
La vengeance implacable, et qui marche à pas lents,
Descend du haut des cieux après plus de quinze ans.
Gardez que d'Alcméon le courage inutile
Contre ces dieux vengeurs ne protège Ériphyle.

THÉANDRE.

Quoi ! ce jour qui semblait marqué par leurs bienfaits...

LE GRAND-PRÊTRE.

Jamais jour ne sera plus terrible aux forfaits :
Il faut d'Amphiaraüs venger la mort funeste.
Dans une obscure nuit les dieux cachent le reste.

THÉANDRE.

Il n'est donc que trop vrai : ce prince infortuné,
Ce grand Amphiaraüs est mort assassiné.
Quoi ! sa femme elle-même aurait pu... la barbare !
Hélas ! quand de bons rois le ciel toujours avare
A ses tristes sujets ravit Amphiaraüs,
Il m'en souvient assez ; un murmure confus,
Quelques secrètes voix, que je croyais à peine,
De cette mort funeste osaient charger la reine.
Mais quel mortel hardi pouvait jeter les yeux
Dans la nuit qui couvrait ce mystère odieux ?
Nos timides soupçons ont tremblé de paraître ;
Ce bruit s'est dissipé.

LE GRAND-PRÊTRE.

      Le ciel l'a fait renaître.
La Vérité terrible, avec des yeux vengeurs,
Vient sur l'aile du Temps et lit au fond des cœurs :
Son flambeau redoutable éclaire enfin l'abîme

Où dans l'impunité s'était caché le crime.
THÉANDRE.
O mon maître ! ô grand roi lâchement égorgé,
Je mourrai satisfait si vous êtes vengé !
Comment dois-tu finir, solennelle journée
Que le destin fixa pour ce grand hyménée ?
Ah ! pour ce nouveau choix quel étrange appareil !
Ce matin, devançant le retour du soleil,
La reine était en pleurs, interdite, éperdue ;
Elle a d'Amphiaraüs embrassé la statue ;
Dans son appartement elle n'osait rentrer ;
Une secrète horreur semblait la pénétrer.
Tel est des criminels le partage effroyable :
Ciel ! qu'elle doit souffrir si son cœur est coupable !
LE GRAND-PRÊTRE.
Bientôt de ces horreurs vous serez éclairci.
Suivez-moi dans ce temple.
THÉANDRE.
Ah ! seigneur, la voici.

SCÈNE II.

**ÉRIPHYLE, ZÉLONIDE, LE GRAND-PRÊTRE,
THÉANDRE, SUITE DE LA REINE.**

(Ériphyle paraît accablée de tristesse.)

ZÉLONIDE, à la reine.
* Princesse, rappelez votre force première :
* Que vos yeux sans frémir s'ouvrent à la lumière.
ÉRIPHYLE.
Ah dieux !
ZÉLONIDE.
Puissent ces dieux dissiper votre effroi !
ÉRIPHYLE, au grand-prêtre.
Eh quoi ! ministre saint, vous fuyez devant moi !
Demeurez ; secourez votre reine éperdue ;
Écartez cette main sur ma tête étendue.
* Un spectre épouvantable en tous lieux me poursuit
* Les dieux l'ont déchaîné de l'éternelle nuit.
* Je l'ai vu, ce n'est point une erreur passagère
* Que produit du sommeil la vapeur mensongère :
* Le sommeil, à mes yeux refusant ses douceurs,
* N'a point sur mon esprit répandu ses erreurs.
Je l'ai vu, je le vois... Cette image effrayante
A mes sens égarés demeure encor présente.
Du sein de ces tombeaux de cent rois mes aïeux,
Il a percé l'abîme, il marche dans ces lieux.
Ces voiles malheureux qu'ici l'hymen m'apprête,
Sanglants et déchirés, semblaient couvrir sa tête,
Et cachaient son visage à mon œil alarmé :
D'un glaive étincelant son bras était armé.

J'entends encor ses cris et ses plaintes funestes.
Vous, confident sacré des volontés célestes,
Répondez : quel est donc ce fantôme cruel ?
Est-ce un dieu des enfers, ou l'ombre d'un mortel ?
* Quel pouvoir a brisé l'éternelle barrière
* Dont le ciel sépara l'enfer et la lumière ?
* Les mânes des humains, malgré l'arrêt du sort,
* Peuvent-ils revenir du séjour de la mort ?

LE GRAND-PRÊTRE.

* Oui : du ciel quelquefois la justice suprême
* Suspend l'ordre éternel établi par lui-même.
* Il permet à la mort d'interrompre ses lois,
* Pour l'effroi de la terre et l'exemple des rois.

ÉRIPHYLE.

Hélas! lorsque le ciel à vos autels m'entraîne,
Et d'un second hymen me fait subir la chaîne,
M'annonce-t-il la mort, ou défend-il mes jours ?
S'arme-t-il pour ma perte, ou bien pour mon secours ?
Que veut cet habitant du ténébreux abîme ?
Que vient-il m'annoncer ?

LE GRAND-PRÊTRE.

Il vient punir le crime.

(Il sort.)

SCÈNE III.

ÉRIPHYLE, ZÉLONIDE.

ÉRIPHYLE.

Quelle réponse, ô ciel ! et quel présage affreux !

ZÉLONIDE.

Ce jour semblait pour vous des jours le plus heureux.
De ces rois ennemis l'audace est confondue ;
Par les mains d'Alcméon la paix vous est rendue ;
Ces princes qui briguaient l'empire et votre main,
D'un mot de votre bouche attendent leur destin.

ÉRIPHYLE.

Le bras d'Alcméon seul a fait tous ces miracles.

ZÉLONIDE.

Les destins à vos vœux ne mettront plus d'obstacles.
Songez à votre gloire, à tous ces rois rivaux,
A l'hymen qui pour vous rallume ses flambeaux.

ÉRIPHYLE.

Moi, rallumer encor ces flammes détestées !
Moi, porter aux autels des mains ensanglantées !
Moi, choisir un époux ! ce nom cher et sacré
Par ma faiblesse horrible est trop déshonoré :
* Qu'on détruise à jamais ces pompes solennelles.
* Quelles mains s'uniraient à mes mains criminelles ?
Je ne puis...

ZÉLONIDE.

Rassurez votre cœur éperdu ;

Hermogide bientôt...
ÉRIPHYLE.
Quel nom prononces-tu, etc.?

Deux des vers de cette version (scène 1re) se retrouvent à peu près dans *Mérope*, acte IV, scène 1re :

> Je croirais que ses yeux ont pénétré l'abîme
> Où dans l'impunité s'était caché mon crime.

Dans la même scène 1re d'*Ériphyle*, suivant une autre version, après le vers : *Je mourrai satisfait si vous êtes vengé*, on lisait :

> Qu'avec étonnement cependant je contemple
> Les couronnes de fleurs dont vous parez le temple !
> La publique allégresse ici parle à mes yeux
> Du bonheur de la terre et des faveurs des dieux.

LE GRAND-PRÊTRE.

> La Grèce ainsi l'ordonne ; et voici la journée
> Que, pour ce nouveau choix, elle a déterminée.
> Hermogide et les rois d'Élide et de Pylos
> Qui briguaient cet hymen et désolaient Argos,
> Suspendant aujourd'hui leur discorde et leur haine,
> Ont remis leurs destins à la voix de la reine :
> Elle doit en ce lieu disposer de sa foi,
> Se choisir un époux et nous donner un roi.

THÉANDRE.

> O ciel ! souffririez-vous que le traître Hermogide
> Reçût ce noble prix d'un si lâche homicide ?

LE GRAND-PRÊTRE.

> La reine hésite encore, et craint de déclarer
> Celui que de son choix elle veut honorer.
> Mais quel que soit enfin le dessein d'Ériphyle,
> Les temps sont accomplis : son choix est inutile.

THÉANDRE.

> Pour un hymen, grands dieux ! quel étrange appareil !
> Ce matin, devançant le retour du soleil,
> J'ai vu dans ce palais la garde redoublée ;
> La reine était en pleurs, interdite, troublée ;
> Dans son appartement elle n'osait rentrer ;
> Une secrète horreur semblait la pénétrer ;
> Elle invoquait les dieux et, tremblante, éperdue,
> De son premier époux embrassait la statue.

Enfin, dans la scène III, au lieu des vers 5, 6, 7 et 8 des variantes, une autre version présente ceux-ci :

> Vous êtes libre enfin.

ÉRIPHYLE.

> La liberté, la paix,
> Dans mon cœur déchiré ne rentreront jamais.

ZÉLONIDE.

> Aujourd'hui cependant, maîtresse de vous-même,

Page 465, vers 26 :

ZÉLONIDE.
Quoi vous ! de quels forfaits seriez-vous donc coupable ?
ÉRIPHYLE.
Je n'ai pu jusqu'ici t'avouer tant d'horreurs.
Les malheureux sans peine exhalent leurs douleurs ;
Mais, hélas ! qu'il en coûte à déclarer sa honte !
ZÉLONIDE.
Une douleur injuste, un vain effroi vous dompte ;
La vertu la plus pure eut toujours tous vos soins :
Votre cœur n'aime qu'elle.
ÉRIPHYLE.
Il le voudrait du moins.
Tu n'étais pas à moi lorsqu'un triste hyménée
Au sage Amphiaraüs unit ma destinée.
ZÉLONIDE.
Vous sortiez de l'enfance, etc.

Dans *Brutus* (acte II, scène 1re), Titus dit à Messala :

On confie aisément des malheurs qu'on surmonte ;
Mais qu'il est accablant de parler de sa honte !

Page 466, vers 17. — Après ce vers, une version présente ceux que voici :

D'un autre hymen alors on m'imposa la loi ;
On demanda mon cœur, il n'était plus à moi.
Il fallut étouffer ma passion naissante,
D'autant plus forte en moi qu'elle était innocente,
Que la main de mon père avait formé nos nœuds,
Que mon sort en changeant ne changea point mes feux ;
Et qu'enfin le devoir, armé pour me contraindre,
Les ayant allumés, eut peine à les éteindre.
Cependant tu le sais, Athènes, Sparte, Argos,
Envoyèrent à Thèbe un peuple de héros.
Mon époux y courut ; le jaloux Hermogide
S'éloigna sur ses pas des champs de l'Argolide ;
Je reçus ses adieux : ô funestes moments.
Cause de mes malheurs, source de mes tourments !
Je crus pouvoir lui dire, en mon désordre extrême,
Que je serais à lui si j'étais à moi-même.
J'en dis trop, Zélonide, et faible que je suis,
Mes yeux mouillés de pleurs expliquaient mes ennuis.
De mes soupirs honteux je ne fus pas maîtresse ;
Même en le condamnant je flattais sa tendresse.
J'avouais ma défaite...

Dans une autre version on lit :

Amphiaraüs parut et changea mon destin :
Il obtint de mon père et l'empire et ma main.
Il régna : je l'armai de ce fer redoutable,
Du fer sacré des rois dont une main coupable

Osa depuis... enfin je lui donnai ma foi ;
Je lui devais mon cœur, il n'était plus à moi.
Ingrate à ce héros, qui seul m'aurait dû plaire,
Je portais dans ses bras une amour étrangère.
Objet de mes remords, objet de ma pitié,
Demi-dieu, dont je fus la coupable moitié,
Quand tu quittas ces lieux, quand ce traître Hermogide
Te fit abandonner les champs de l'Argolide,
Pourquoi le vis-je encor ? Trop faible que je suis,
Mon front mal déguisé fit parler mes ennuis.
L'aveugle ambition dont il brûlait dans l'âme
De son fatal amour empoisonna la flamme ;
Il entrevit le trône ouvert à ses désirs ;
Il expliqua mes pleurs, mes regrets, mes soupirs,
Comme un ordre secret que ma timide bouche
Hésitait de prescrire à sa rage farouche.
Je t'en ai dit assez ; et mon époux est mort.

ZÉLONIDE.

Le roi dans un combat vit terminer son sort ?

ÉRIPHYLE.

Argos le croit ainsi ; mais une main impie,
Ou plutôt ma faiblesse, a terminé sa vie.
Hermogide en secret l'immola sous ses coups.
Le cruel, tout couvert du sang de mon époux,
Vint armé de ce fer, instrument de sa rage,
Qui des droits à l'empire était l'auguste gage ;
Et d'un assassinat pour moi seule entrepris,
Au pied de nos autels il demanda le prix.
Grands dieux ! qui m'inspirez des remords légitimes,
Mon cœur, vous le savez, n'est point fait pour les crimes ;
Il est né vertueux : je vis avec horreur
Le coupable ennemi qui fut mon séducteur ;
Je détestai l'amour, et le trône, et la vie.

ZÉLONIDE.

Eh ! ne pouviez-vous point punir sa barbarie ?
Étiez-vous sourde aux cris de ce sang innocent ?

ÉRIPHYLE.

Celui qui le versa fut toujours trop puissant;
Et son habileté, secondant son audace,
De ce crime aux mortels a dérobé la trace.
Je ne pus que pleurer, me taire, et le haïr.
Le ciel en même temps s'arma pour me punir ;
La main des dieux, sur moi toujours appesantie,
Opprima mes sujets, persécuta ma vie.
Les princes de Cyrrha, d'Élide, et de Pylos,
Se disputaient mon cœur et l'empire d'Argos ;
De nos chefs divisés les brigues et les haines
De l'État qui chancelle embarrassaient les rênes :
Plus terrible qu'eux tous, plus grand, plus dangereux,
Sûr de ses droits au trône, et fier de ses aïeux,
Mêlant à ses forfaits la force et le courage,
Et briguant à l'envi ce sanglant héritage,
Le barbare Hermogide a disputé contre eux
Et le prix de son crime, et l'objet de ses feux.

Et moi, sur mon hymen, sur le sort de la guerre,
Je consultai la voix du maître du tonnerre :
A sa divinité, dont ces lieux sont remplis,
J'offris en frémissant mon encens et mes cris.
Sans doute tu l'appris : cet oracle funeste,
Ce triste avant-coureur du châtiment céleste,
Cet oracle me dit de ne choisir un roi
Que quand deux rois vaincus fléchiraient sous ma loi ;
Mais qu'alors d'un époux vengeant le sang qui crie,
Mon fils, mon propre fils, m'arracherait la vie.

ZÉLONIDE.

Juste ciel ! Eh ! que faire en cette extrémité ?

ÉRIPHYLE.

O mon fils ! que de pleurs ton destin m'a coûté !
Trop de crainte, peut-être, et trop de prévoyance
M'ont fait injustement éloigner son enfance.
Je n'osais ni trancher ni sauver ses destins ;
J'abandonnai son sort à d'étrangères mains ;
Il mourut pour sa mère ; et ma bouche infidèle
De son trépas ici répandit la nouvelle.
Je l'arrachai pleurant de mes bras maternels.
Quelle perte, grands dieux! et quels destins cruels !
J'ôte à mon fils le trône, à mon époux la vie ;
Et ma seule faiblesse a fait ma barbarie.
Mais tant d'horreurs encor ne peuvent égaler
Ce détestable hymen dont tu m'oses parler.

SCÈNE IV.

ÉRIPHYLE, ZÉLONIDE, POLÉMON.

ÉRIPHYLE.

Eh bien ! cher Polémon, que venez-vous me dire ?

POLÉMON.

J'apporte à vos genoux les vœux de cet empire ;
Son sort dépend de vous ; le don de votre foi
Fait la paix de la Grèce et le bonheur d'un roi.
Ce long retardement à moi-même funeste
De nos divisions peut ranimer le reste.
Euryale, Tydée, et ces rois repoussés,
Vaincus par Alcméon, ne sont pas terrassés.
Dans Argos incertain leur parti peut renaître ;
Hermogide est puissant ; le peuple veut un maître :
Il se plaint, il murmure, et, prompt à s'alarmer,
Bientôt malgré vous-même il pourrait le nommer.

Dans une autre version, après ce vers de la scène III,

Que quand deux rois vaincus fléchiraient sous ma loi,

on lisait :

Je chérissais mon fils : la crainte et la tendresse
De mes sens désolés partageaient la faiblesse.

Mon fils me consolait de la mort d'un époux ;
Mais il fallait le perdre ou mourir par ses coups.
Trop de crainte peut-être, etc.

Page 468, vers 18. — Au lieu de ce vers et des neuf qui le suivent, l'édition de 1779 porte :

ÉRIPHYLE.
On veut que je l'épouse, et qu'il soit votre roi ?
POLÉMON.
Madame, avec respect on suivra votre loi ;
Prononcez : un seul mot réglera nos hommages.
ÉRIPHYLE.
Mais du peuple Hermogide a-t-il tous les suffrages ?
POLÉMON.
S'il faut parler, madame, avec sincérité,
Ce prince est dans ces lieux moins cher que redouté.
On croit qu'à son hymen, etc.

Ibid., vers 30. — Ce vers et les trois qui le suivent ne sont pas dans l'édition de 1779.

Page 469, vers 4. — Ce vers et les trois qui le suivent manquent aussi dans l'édition de 1779.

Page 470, vers 1re. — Dans l'édition de 1779, l'acte commence ainsi :

Alcméon, j'ai pitié de voir tant de faiblesse ;
L'erreur qui vous séduit, la douleur qui vous presse,
De vos désirs. . . . .
Éclatent . . . . et parlent. . .

Ibid., vers 14 :

Pardonnez, cher ami, je ne me connais pas ;
La reine, oui, je l'avoue, oui, sa fatale vue
Porte au fond de mon âme une atteinte inconnue.
Je ne veux pas voiler à vos regards discrets
L'erreur de mon jeune âge, et mes troubles secrets.
Je vous dirai bien plus : l'aspect du diadème
Semble emporter mon âme au delà de moi-même. (1779.)

Ibid., vers 25 :

Bannissons loin de moi le funeste soupçon
Qui règne en mon esprit et trouble ma raison. (1779.)

Page 471, vers 1er :

Écoutez : j'ai moi-même élevé votre enfance ;
Souffrez-moi quelquefois, généreux Alcméon,
L'autorité d'un père aussi bien que le nom.

Ibid., vers 8 :

J'ai d'un profond secret couvert votre origine ;
Mais vous la connaissez ; et cette âme divine

Du haut de sa fortune et parmi tant d'éclat
Devrait baisser les yeux sur son premier état.
Gardez que quelque jour cet orgueil téméraire
N'attire sur vous-même une triste lumière,
N'éclaire enfin l'envie, et montre à l'univers
Sous vos lauriers pompeux la honte de vos fers.

Page 472, vers 3 :

Pliez à votre état ce fougueux caractère,
Qui d'un brave guerrier ferait un téméraire ;
C'est un des ennemis qu'il vous faut subjuguer.
Né pour servir le trône, et non pour le briguer,
Sachez vous contenter de votre destinée ;
D'une gloire assez haute elle est environnée :
N'en recherchez point d'autre. Eh! qui sait si les dieux,
Qui toujours sur vos pas ont attaché les yeux,
Qui, pour venger Argos et pour calmer la Grèce,
Ont voulu vous tirer du sein de la bassesse,
N'ont point encor sur vous quelques secrets desseins ?
Peut-être leur vengeance est mise entre vos mains.
Le sang de votre roi, dont la terre est fumante,
Élève encore au ciel une voix gémissante.
Sa voix est entendue, et les dieux aujourd'hui
Contre ses assassins se déclarent pour lui.
Le grand-prêtre déjà voit la foudre allumée,
Qui se cache à nos yeux dans la nue enfermée.
Enfin que feriez-vous si les arrêts du ciel
Vous pressaient de punir un meurtre si cruel?
Si, chargé malgré vous de leur ordre suprême,
Vous vous trouviez entre eux et la reine elle-même?
S'il vous fallait choisir...

SCÈNE II.

ALCMÉON, THÉANDRE, POLÉMON.

POLÉMON.
La reine en ce moment
Vous mande de l'attendre en cet appartement. (1779.

Ibid., vers 16 :

THÉANDRE, à part.
Prête à nommer un roi, qu'aurait-elle à lui dire?
D'Amphiaraüs, ô dieux, daignez vous souvenir. (1779.)

Page 473, vers 31 :

Vous me quittez! eh quoi! pourriez-vous donc penser
Qu'Ériphyle hésitât à vous récompenser?
Que craignez-vous, etc.? (1779.)

Page 474, vers 4. — Après ce vers, on lisait dans une copie :

> On ne s'étonne point que l'heureux Hermogide
> L'emporte sur les rois de Pylos et d'Élide :
> Il est du sang des dieux et de nos premiers rois.
> Puisse-t-il mériter l'honneur de votre choix !
> Ce choix sans doute...

Page 475, vers 9 :

> Jours trop infortunés, vous ne fûtes remplis
> Qu'à pleurer mon époux, qu'à regretter mon fils !
> Leur souvenir fatal a toutes mes tendresses.
> *Malheureuse ! est-ce à toi d'éprouver des faiblesses ?
> Pénétré de remords, etc.

Ibid., vers 15 :

> Pourquoi donc à son nom redoublez-vous vos plaintes ?
> Pardonnez à mon zèle, et permettez mes craintes.
> Songez que si l'amour décidait aujourd'hui...

Ibid., vers 20 :

> L'amour n'est pas si pur, l'amour n'est pas si tendre.
> Non, plus je m'examine, et plus j'ose approuver
> Les sentiments secrets qui m'ont su captiver.
> *Ce n'est point par les yeux que mon âme est vaincue :
> *Ne crains pas qu'à ce point de mon rang descendue,
> *Écoutant de mes sens le charme empoisonneur,
> *Je donne à la beauté le prix de la valeur.
> Je chéris sa vertu, j'aime ce que j'admire.
>
> ZÉLONIDE.
> Ah ! dieux ! oseriez-vous le nommer à l'empire ?
> Préférer à des rois un simple citoyen ?
> Déshonorer le trône ?
>
> ÉRIPHYLE.
> Il en est le soutien.
> Et le sang dont il est fût-il plus vil encore,
> Je ne vois point de rang qu'Alcméon déshonore.
> En de si pures mains ce sceptre enfin remis
> Deviendrait respectable à nos dieux ennemis.
> Mais une loi plus sainte et m'éclaire et me guide :
> Je chéris Alcméon, je déteste Hermogide ;
> Et je vais rejeter, en ce funeste jour,
> Les conseils de la haine et la voix de l'amour.
> Nature, etc.

Page 477, vers 7. — Ce vers et les trois qui le suivent sont, dans une copie, remplacés par ceux-ci :

> Devons-nous redouter un fantôme odieux ?
> Vivant, je l'ai vaincu : mort, est-il dangereux ?
> D'un œil indifférent voyons ces vains prodiges.
> Que peuvent contre nous les morts et leurs prestiges ?

Voltaire a dit depuis, dans *Alzire*, acte Ier, scène v :

> Vivant, je l'ai vaincu ; mort, doit-il être à craindre ?

Page 478, vers 23 :

> Argos n'a plus de rois, et c'était trop attendre
> Pour les suivre aux enfers ou régner sur leur cendre.
> Je n'ai plus, il est vrai, ce fer si révéré
> Qu'on croit ici du trône être un gage assuré ;
> Mais je conserve, au moins, de cette auguste place
> Des gages plus certains, la constance et l'audace :
> Mon destin se décide, etc.

Page 479, vers 6. — Entre ce vers et le suivant, on lisait dans l'édition de 1779 :

EUPHORBE.

> Eh ! qui choisir que vous ? cet empire aujourd'hui
> Demande un bras puissant qui lui serve d'appui.
> Que dis-je ? vous l'aimiez, seigneur, et tant de flamme...

HERMOGIDE.

> Moi ! que cette faiblesse ait amolli mon âme !
> Hermogide amoureux ! ah ! qui veut être roi,
> Ou n'est pas fait pour l'être, ou sait régner sur soi.
> * A la reine engagé, je pris sur sa jeunesse
> * Cet heureux ascendant que les soins, la souplesse,
> * L'attention, le temps, savent si bien donner
> * Sur un cœur sans desseins, facile à gouverner.
> Le bandeau de l'amour, et l'art trompeur de plaire,
> De mes vastes desseins ont voilé le mystère ;
> Mais de tout temps, crois-moi, la soif de la grandeur
> Fut le seul sentiment qui régna sur mon cœur.

EUPHORBE.

> Tout vous portait au trône, et les vœux de l'armée,
> Et la voix de ce peuple et de la renommée,
> Et celle de la reine en qui vous espériez.

HERMOGIDE.

> Par quels funestes nœuds mes destins sont liés !
> * Son époux et son fils, privés de la lumière,
> * Du trône à mon courage entr'ouvraient la barrière,
> * Quand la main de nos dieux la ferma sous mes pas.
> Je sais que j'eus les vœux du peuple et des soldats ;
> Mais la voix de ces dieux, ou plutôt de nos prêtres,
> M'a dépouillé quinze ans du rang de mes ancêtres.
> Il fallut succomber aux superstitions
> * Qui sont, bien plus que nous, les rois des nations ;
> Et le zèle aveuglé d'un peuple fanatique
> Fut plus fort que mon bras et que ma politique.

Ces vers sont presque tous dans la scène Ire du premier acte. Au lieu des quatre derniers vers ci-dessus, on lit dans une autre version :

> Tel est l'esprit du peuple endormi dans l'erreur ;

Un prodige apparent, un pontife en fureur,
Un oracle, une tombe, une voix fanatique,
Sont plus forts que mon bras et que ma politique.
Il fallut obéir aux superstitions,
Qui sont, bien plus que nous, les rois des nations;
Et, loin de les braver, moi-même avec adresse
De ce peuple aveuglé caresser la faiblesse.

Page 479, vers 13 :

L'un d'eux, je l'avouerai, me trouble et m'importune ;
Son destin, qui s'élève, étonne ma fortune.
Je le crains malgré moi.
EUPHORBE.
Quoi! ce jeune Alcméon,
Ce soldat qui vous doit sa fortune et son nom?
HERMOGIDE.
Oui, ce fils de Théandre, et qui fut mon ouvrage,
*Qui sous moi de la guerre a fait l'apprentissage,
Maître de trop de cœurs à mon char arrachés,
Au bonheur qui je suit les a tous attachés.
Par ses heureux exploits ma grandeur est ternie.

Page 480, vers 7. — Au lieu de ce vers et des suivants, une copie porte :

Crois-tu que d'Alcméon l'orgueil présomptueux
Jusqu'à ce rang auguste osât porter ses vœux?
Penses-tu qu'il aspire à l'hymen de la reine?
EUPHORBE.
Il n'aura pas, sans doute, une audace si vaine.
Mais, seigneur, cependant, savez-vous qu'aujourd'hui
Ériphyle en secret a vu Théandre ici?
Qu'elle les a quittés les yeux baignés de larmes?
HERMOGIDE.
Tout m'est suspect de lui : tout me remplit d'alarmes,
Ce seul moment encore il faut la ménager ;
Dans un moment je règne, et je vais me venger.
Tout va sentir ici mon pouvoir et ma haine :
Je saurai... mais on entre, et j'aperçois la reine.

Ibid., dernier vers :

Par l'esclave Corèbe en secret élevé,
Fut porté, fut nourri, dans l'enceinte sacrée
Dont le ciel à mon sexe a défendu l'entrée ;
Dans ces terribles lieux, qu'ont souvent habité
Ces dieux vengeurs, ces dieux dont je tiens la clarté.
C'est là qu'avec Corèbe, enfermé dès l'enfance,
Mon fils de son destin n'eut jamais connaissance.
Mon amour maternel...

Page 481, vers 31 :

Et le prince et Corèbe ont ici leur tombeau.
J'étouffai malgré moi ce monstre en son berceau:

J'enfonçai dans ses flancs cette royale épée,
Par son père autrefois sur moi-même usurpée;
Et soit décret des dieux, soit pitié, soit horreur,
Je ne pus de son sein tirer le fer vengeur.
Sa dépouille sanglante en mes mains demeurée,
De cette mort si juste est la preuve assurée.
La reine, qui m'entend et que je vois frémir,
Me doit au moins le jour qu'un fils dut lui ravir.
J'atteste mes aïeux...

Page 483, vers 7 :

Et près de vous, enfin, que sont-ils à mes yeux?
Vous avez des vertus, ils n'ont que des aïeux.
J'ai besoin d'un vengeur, et non pas d'un vain titre.
Régnez : de mon destin soyez l'heureux arbitre.
Peuple...

Page 486, scène 1re. — Dans l'édition de 1779, cette scène commençait tout autrement :

ALCMÉON.

Tout est en sûreté : ce palais est tranquille,
Et je réponds du peuple, et surtout d'Ériphyle.

THÉANDRE.

Pensez plus au péril dont vous êtes pressé;
Il est rival et prince et, de plus, offensé.
Il songe à la vengeance, il la jure; il l'apprête :
J'entends gronder l'orage autour de votre tête :
Son rang lui donne ici des soutiens trop puissants,
Et ses heureux forfaits lui font des partisans.
Cette foule d'amis qu'à force d'injustices...

ALCMÉON.

Lui, des amis ! Théandre, il n'a que des complices,
Plus prêts à le trahir que prompts à le venger;
Des cœurs nés pour le crime, et non pour le danger.
Je compte sur les miens : la guerre et la victoire
Nous ont longtemps unis par les nœuds de la gloire,
Avant que tant d'honneurs, sur ma tête amassés,
Traînassent après moi des cœurs intéressés :
Ils sont tous éprouvés, vaillants, incorruptibles;
La vertu qui nous joint nous rend tous invincibles :
Leurs bras victorieux m'aideront à monter
A ce rang qu'avec eux j'appris à mériter.
Mon courage a franchi cet intervalle immense
Que mit du trône à moi mon indigne naissance :
L'hymen va me payer le prix de ma valeur :
Je ne vois qu'Ériphyle, un sceptre, et mon bonheur.

THÉANDRE.

Mais ne craignez-vous point ces prodiges funestes
Qu'étalent à vos yeux les vengeances célestes?
Ces tremblements soudains, ces spectres menaçants,
Ces morts dont le retour est l'effroi des vivants !
D'une timide main ces victimes frappées,

VARIANTES D'ÉRIPHYLE.

Au fer qui les poursuit dans le temple échappées,
Ce silence des dieux, garant de leur courroux,
Tout me fait craindre ici, tout m'afflige pour vous.
Du ciel qui nous poursuit la vengeance obstinée
Semble se déclarer contre votre hyménée.

ALCMÉON.
Mon cœur fut toujours pur; il honora les dieux :
J'espère en leur justice, et je ne crains rien d'eux.
De quel indigne effroi ton âme est-elle atteinte?
Ah! les cœurs vertueux sont-ils nés pour la crainte?
Mon orgueilleux rival ne saurait me troubler ;
Tout chargé de forfaits, c'est à lui de trembler.
C'est sur ses attentats que mon espoir se fonde;
C'est lui qu'un dieu menace ; et si la foudre gronde,
La foudre me rassure; et le ciel, que tu crains,
Pour l'en mieux écraser la mettra dans mes mains.

THÉANDRE.
Le ciel n'a pas toujours puni les plus grands crimes ;
Il frappe quelquefois d'innocentes victimes.
Amphiaraüs fut juste, et vous ne savez pas
Par quelles mains ce ciel a permis son trépas.

ALCMÉON.
Hermogide !

THÉANDRE.
Souffrez que, laissant la contrainte,
Seigneur, un vieux soldat vous parle ici sans feinte.

ALCMÉON.
Tu sais combien mon cœur chérit la vérité.

THÉANDRE.
Je connais de ce cœur toute la pureté.
Des héros de la Grèce imitateur fidèle, etc.

Page 488, vers 8 :

Mais je vous trahirais à le dissimuler.

Ibid., vers 20 :

J'ai peu connu la cour; mais la crédulité, etc.

Ibid., vers 24 :

Là, si vous en croyez leur coup d'œil pénétrant.

Page 489, vers 8 :

. . . . Ah! ne l'outragez plus.

Page 490, vers 2 :

Suivez mes pas : entrons...
(Le temple s'ouvre; l'ombre d'Amphiaraüs paraît dans une posture menaçante.)

L'OMBRE.
Arrête, malheureux !

ÉRIPHYLE.
Amphiaraüs lui-même! où suis-je?

Page 490, vers 6 :

L'OMBRE.

Arrête, obéis-moi.

ALCMÉON.

Eh bien! mon bras est prêt; parle, que faut-il faire?

Page 491, vers 7. — Au lieu de ce vers et des cinq qui le suivent, on lit, dans l'édition de 1779, les six que voici :

Madame, le destin, qui m'a trahi toujours,
M'a ravi dès longtemps les auteurs de mes jours.
Théandre jusqu'ici m'a tenu lieu de père ;
Je ne suis point son fils, et je n'ai plus de mère.

ÉRIPHYLE.

Que prétendez-vous donc, mânes trop irrités?

ALCMÉON.

Je commence à percer dans ces obscurités.

Ibid., vers 14 :

Que mon sort est trop loin de ces grandeurs augustes.
J'eusse été trop heureux : mais les mânes jaloux
Du sein de leurs tombeaux s'élèvent contre nous,
Préviennent votre honte, et rompent l'hyménée
Dont s'offensaient ces dieux de qui vous êtes née.

ÉRIPHYLE.

Ah! que me dites-vous? hélas!

ALCMÉON.

Souffrez du moins, etc.

Page 492, vers 24 :

Connu par ma fortune et par ma seule audace,
Je cachais aux humains la honte de ma race.
J'ai cru qu'un sang trop vil en mes veines transmis...

Page 493, vers 32. — Après ce vers, on lit dans une copie les quatre que voici :

Mais du rang que je perds et du cœur que j'adore,
Songez que mon rival est plus indigne encore,
Plus haï de nos dieux, et qu'avec plus d'horreur
Amphiaraüs en lui verrait son successeur.

Ibid., dernier vers :

Un esclave!.. son âge... et ses augustes traits...
Hélas! apaisez-vous, dieux vengeurs des forfaits ;
Voulez-vous ou finir ou combler ma misère?
Alcméon, dans quel temps a péri votre père?
Quel fut son nom? Parlez.

ALCMÉON.

J'ignore encor ce nom
Qui ferait votre honte et ma confusion.

ÉRIPHYLE.
Mais comment mourut-il? où perdit-il la vie?
En quel temps?

ALCMÉON.
C'est ici qu'elle lui fut ravie,
Après qu'aux champs thébains le céleste courroux.

Page 494, vers 7 :

Qu'on m'enleva, dit-on, l'auteur de ma naissance,
Au pied de ce palais, etc.

Ibid., vers 18 :

Un prêtre de ces lieux sauva mes destinées.

Ibid., vers 20 :

Théandre m'éleva; le reste vous est dû.
J'osai trop m'élever, et je me suis perdu.

Ibid., vers 24 :

Qu'on cherche le grand-prêtre. Hélas! déjà les dieux,
Soit pitié, soit courroux, l'amènent à mes yeux.

SCÈNE IV[1].

ÉRIPHYLE, ALCMÉON, LE GRAND-PRÊTRE, une épée à la main.

LE GRAND-PRÊTRE, à Alcméon.
L'heure vient, armez-vous, recevez cette épée;
Jadis de votre sang un traître l'a trempée.
Allez, vengez Argos, Amphiaraüs, et vous.

ÉRIPHYLE.
Que vois-je? c'est le fer que portait mon époux,
Le fer que lui ravit le barbare Hermogide.
Tout me retrace ici le crime et l'homicide;
La force m'abandonne à cet objet affreux.
Parle : qui t'a remis ce dépôt malheureux?
Quel dieu te l'a donné?

LE GRAND-PRÊTRE.
Le dieu de la vengeance.

(A Alcméon.)

Voici ce même fer qui frappa votre enfance,
Qu'un cruel, malgré lui ministre du destin,
Troublé par ses forfaits, laissa dans votre sein.
Ce dieu qui dans le crime effraya cet impie,
Qui fit trembler sa main, qui sauva votre vie,
Qui commande au trépas, ouvre et ferme le flanc,
Venge un meurtre par l'autre, et le sang par le sang,

---

1. C'est ainsi que cette scène est intitulée dans l'édition de 1779, parce qu'on n'avait pas noté comme scènes l'apparition de l'ombre d'Amphiaraüs, ni sa disparition. (B.)

M'ordonna de garder ce fer toujours funeste
Jusqu'à l'instant marqué par le courroux céleste.
La voix, l'affreuse voix qui vient de vous parler
Me conduit devant vous pour vous faire trembler.
ÉRIPHYLE.
Achève : romps le voile ; éclaircis le mystère.
Son père, cet esclave ?...
LE GRAND-PRÊTRE.
      Il n'était point son père ;
Un sang plus noble crie.
ÉRIPHYLE.
      Ah ! seigneur ! ah ! mon roi !
Fils d'un héros...
ALCMÉON.
     Quels noms vous prodiguez pour moi !
ÉRIPHYLE, se jetant entre les bras de Zélonide.
Je ne puis achever ; je me meurs, Zélonide.
LE GRAND-PRÊTRE, à Alcméon, en lui donnant l'épée.
Je laisse entre vos mains ce glaive parricide :
C'est un don dangereux ; puisse-t-il désormais
Ne point servir, grands dieux, à de nouveaux forfaits !

SCÈNE V.

ALCMÉON, ÉRIPHYLE.

ÉRIPHYLE.
Eh bien ! ne tarde plus, etc.

Page 495, vers 13 :

C'est toi qui fus frappé par les mains d'Hermogide ;
C'est toi qui m'es rendu, mais pour le parricide.

Page 497, acte V. — Le cinquième acte de la présente édition est tout différent de l'ancienne version ; voici, en variante, l'acte entier de l'ancien texte :

ACTE CINQUIÈME.

SCÈNE I.

ALCMÉON, THÉANDRE, POLÉMON, SOLDATS.

ALCMÉON.
Vous trahirai-je en tout, ô cendres de mon père !
Quoi ! ce fier Hermogide a trompé ma colère !
Quoi ! la nuit nous sépare, et ce monstre odieux
Partage encor l'armée, et ce peuple, et les dieux !
Retranché dans ce temple, aux autels qu'il profane,

VARIANTES D'ÉRIPHYLE.

*Il me brave : il jouit du ciel qui le condamne[1]!
(A Polémon.)
Allez.

POLÉMON.
Et qu'avez-vous, seigneur, à ménager?
Tous les lieux sont égaux, quand il faut se venger;
Vous régnez sur Argos...

ALCMÉON.
Argos m'en est plus chère;
Avec le nom de roi, je prends un cœur de père.
Me faudrait-il verser, dans mon règne naissant,
Pour un seul ennemi, tant de sang innocent?
Est-ce à moi de donner le sacrilège exemple
D'attaquer les dieux même, et de souiller leur temple?
Ils poursuivent déjà ce cœur infortuné
Qui protége contre eux ce sang dont je suis né.
Va, dis-je, Polémon, va; c'est de ta prudence
Que ton maître et ce peuple attendent leur vengeance.
Agis, parle, promets; que surtout d'Alcméon
Il ne redoute point d'indigne trahison;
Fais qu'il s'éloigne au moins de ce temple funeste.
Rends-moi mon ennemi; mon bras fera le reste.

(Polémon sort.)

(A Théandre.)
Et vous, de cette enceinte et de ces vastes tours
Avez-vous parcouru les plus secrets détours?
Du palais de la reine a-t-on fermé les portes?

THÉANDRE.
J'ai tout vu, j'ai partout disposé vos cohortes.
Cependant votre mère...

ALCMÉON.
A-t-on soin de ses jours?

THÉANDRE.
Ses femmes en tremblant lui prêtent leur secours;
Elle a repris ses sens; son âme désolée
Sur ses lèvres encore à peine est rappelée.
Elle cherche le jour, le revoit et gémit[2].

---

1. Après ce vers, on lit dans une copie :

   POLÉMON.
   Achevez sa défaite, achevez vos projets;
   Venez, forcez ce traître.

   ALCMÉON.
   Épargnons mes sujets.
   Dès ce moment je règne, et dès ce moment même,
   Comptable aux citoyens de mon pouvoir suprême,
   Au péril de mon sang je veux les épargner:
   Je veux, en les sauvant, commencer à régner.
   Je leur dois encor plus, je dois le grand exemple
   De révérer les dieux et d'honorer leur temple.
   Je ne souffrirai point que le sang innocent
   Souille leur sanctuaire et mon règne naissant.
   Va, dis-je, Polémon, etc.

2. Imitation de ce vers de l'*Énéide* (IV, 692) :

   Quæsivit cœlo lucem, ingemuitque reperta.   (K.)

Elle vous craint, vous aime; elle pleure et frémit.
Elle va préparer un secret sacrifice
A ces mânes sacrés, armés pour son supplice.
Son désespoir l'égare; elle va s'enfermer
Au tombeau de ce roi qu'elle n'ose nommer,
De ce fatal époux, votre malheureux père,
Dont vous savez...

ALCMÉON.
　　　　　　　Grands dieux! je sais qu'elle est ma mère.
THÉANDRE.
Les dieux veulent son sang.
ALCMÉON.
　　　　　　　　　　Je ne l'ai point promis.
Cruels, tonnez sur moi si je vous obéis!
Le malheur m'environne et le crime m'assiége[1].
Je deviens parricide et me rends sacrilége.
Quel choix, et quel destin?

THÉANDRE.
　　　　　　　　　Dans un tel désespoir
Quels conseils désormais pourriez-vous recevoir?
ALCMÉON.
Aucun. Quand le malheur, quand la honte est extrême,
Il ne faut prendre, ami, conseil que de soi-même.
Mon père!... Que veux-tu? chère ombre, apaise-toi[2].
Le nom sacré de fils est-il affreux pour moi?
Je t'entends, et ta voix m'appelle sur ta tombe!
De tous tes ennemis y veux-tu l'hécatombe?
Tu demandes du sang... demeure, attends, choisis,
Ou le sang d'Hermogide, ou le sang de ton fils.

SCÈNE II.

ALCMÉON, THÉANDRE, POLÉMON.

ALCMÉON.
Eh bien! l'as-tu revu cet ennemi farouche?
A lui parler d'accord as-tu forcé ta bouche?
Peut-il bien se résoudre à me voir en ces lieux,
Aux portes de ce temple, à l'aspect de ces dieux,

---

1. Séide, dans *Mahomet* (IV, III):

　　　De sentiments confus une foule m'assiége,
　　　Je crains d'être un barbare, ou d'être sacrilége.　　(K.)

2. Une autre copie porte:

　　　Chère ombre, apaise-toi, prends pitié de ton fils:
　　　Arme et soutiens mon bras contre tes ennemis.
　　　Dans le sang d'Hermogide apaise ta colère,
　　　Ne me fais point frémir de t'avouer pour père.
　　　Quoi! de tous les côtés, plein d'horreur et d'effroi,
　　　Le nom sacré de fils est horrible pour moi!

VARIANTES D'ÉRIPHYLE.

Dans ce parvis sacré, trop plein de sa furie,
Dans la place où lui-même attenta sur ma vie?
Les dieux le livrent-ils à ma juste fureur?
Sait-il ce qui se passe?

POLÉMON.

Il l'ignore, seigneur.
Il ne soupçonne point quel sang vous a fait naître ;
Il méprise son prince, il méconnaît son maître ;
Furieux, implacable, au combat préparé,
Et plus fier que le dieu dans ce temple adoré :
Mais il consent enfin de quitter son asile,
De vous entendre ici, de revoir Ériphyle,
Il veut qu'un nombre égal de chefs et de soldats
Également armés, suivent de loin vos pas.
Il reçoit votre foi qu'à regret je lui porte ;
Je règle votre suite ; il nomme son escorte.

ALCMÉON.

Il va paraître?

POLÉMON.

Il vient ; mais a-t-il mérité
Que vous lui conserviez tant de fidélité?
Doit-on rien aux méchants? et quel respect frivole
Expose votre sang...

ALCMÉON.

J'ai donné ma parole.

POLÉMON.

A qui la tenez-vous? A ce perfide?

ALCMÉON.

A moi.

THÉANDRE.

Et que prétendez-vous?

ALCMÉON.

Me venger, mais en roi.
Argos à mes vertus reconnaîtra son maître.
Mais près du peuple, ami, ne vois-je pas le traître?

THÉANDRE.

Un dieu poursuit ses pas, et le conduit ici :
Il entre en frémissant.

ALCMÉON.

Dieux vengeurs ! le voici.

SCÈNE III.

HERMOGIDE, dans le fond du théâtre; ALCMÉON, THÉANDRE,
POLÉMON, sur le devant; SUITE D'HERMOGIDE.

HERMOGIDE.

D'où vient donc qu'en ces lieux je ne vois pas la reine?
Quel silence! est-ce un piége où mon destin m'entraîn
Rien ne paraît : un lâche a-t-il surpris ma foi?
Qui? moi, craindre! avançons.

ALCMÉON.

Demeure, et connais-moi.

Connais ce fer sacré : l'oses-tu voir encore[1]?
HERMOGIDE.
Oui, c'est le fer d'un roi qu'un sujet déshonore.
ALCMÉON.
Te souvient-il du sang dont l'a souillé ta main?
HERMOGIDE.
Peux-tu bien demander...
ALCMÉON.
Malheureux assassin,
Quel esclave a percé ces mains de sang fumantes?
Quel enfant innocent... Eh quoi! tu t'épouvantes!
Tu t'en vantais tantôt, tu te tais; tu frémis!
Meurtrier de ton roi, sais-tu quel est son fils?
HERMOGIDE.
Ciel! tous les morts ici renaissent pour ma perte.
Son fils!
ALCMÉON.
De tes forfaits l'horreur est découverte;
Revois Amphiaraüs, vois son sang, vois ton roi.
HERMOGIDE.
Je ne vois rien ici que ton manque de foi.
Tremble, qui que tu sois; et devant que je meure,
Puisque tu m'as trahi...
ALCMÉON.
Non, barbare, demeure.
Connais-moi tout entier : sache au moins que mon bras
Ne sait point se venger par des assassinats.
Je dois de tes forfaits te punir avec gloire;
J'attends ton châtiment des mains de la victoire
Et ce sang de tes rois, qui te parle aujourd'hui,
Ne veut qu'une vengeance aussi noble que lui.
Sans suite, ainsi que moi, viens, si tu l'oses, traître,
Chercher encor ma vie, et combattre ton maître.
Suis mes pas.
HERMOGIDE.
Où vas-tu?
ALCMÉON.
Sur ce tombeau sacré,
Sur la cendre d'un roi par tes mains massacré.
Combattons devant lui, que son ombre y décide
Du sort de son vengeur et de son homicide.
L'oses-tu?
HERMOGIDE.
Si je l'ose! en peux-tu bien douter?

---

1. Une autre version porte :

Vois-tu ce fer sacré?
HERMOGIDE.
Que vois-je? le fer même
Qu'Amphiaraüs reçut avec son diadème!
ALCMÉON.
Te souvient-il du sang dont l'a souillé ta main?
HERMOGIDE.
Qu'oses-tu demander?

VARIANTES D'ÉRIPHYLE.

Et les morts où ton bras sont-ils à redouter ?
Viens te rendre au trépas : viens, jeune téméraire,
M'immoler ou mourir, joindre ou venger ton père.
ALCMÉON.
(Le grand-prêtre entre.)
Qu'aucun de vous ne suive ; et vous, prêtre des dieux,
Ne craignez rien ; mon bras n'a point souillé ces lieux.
Allez au dieu d'Argos immoler vos victimes ;
Je vais tenir sa place en punissant les crimes.

SCÈNE IV.

LE GRAND-PRÊTRE, THÉANDRE, POLÉMON.

THÉANDRE.
Ciel, sois pour la justice, et nos maux sont finis.
LE GRAND-PRÊTRE.
Nos maux sont à leur comble ! il le faut... je frémis¹...
L'ordre est irrévocable... Ah ! mère malheureuse !
C'est la mort qui t'amène à cette tombe affreuse.
THÉANDRE.
Hermogide...
LE GRAND-PRÊTRE.
    Il expire : Alcméon est vainqueur.
C'en est assez, reviens, fuis de ce lieu d'horreur :
Amphiaraüs te suit ; il t'égare, il t'anime,
Il t'aveugle ; et le crime est puni par le crime.

1. Une autre version donne :

> Nos maux sont à leur comble. Alecto, Némésis,
> Du crime et du malheur messagères fatales,
> Portent vers ce tombeau leurs torches infernales,
> L'orgueil des scélérats ne peut les désarmer ;
> Les pleurs des malheureux ne peuvent les calmer ;
> Il faut que le sang coule, et leurs mains vengeresses
> Punissent les forfaits, et même les faiblesses.
> #### THÉANDRE.
> Ciel ! d'un roi vertueux daigne guider les coups !
> #### LE GRAND-PRÊTRE.
> Le ciel entend nos vœux, mais c'est dans son courroux.
> O conseils éternels ! ô sévères puissances !
> Quelles mains forcez-vous à sortir vos vengeances !
> #### POLÉMON.
> C'est la voix de la reine ! ah ! quels lugubres cris !
> #### LE GRAND-PRÊTRE.
> Infortuné, quels dieux ont troublé tes esprits ?
> Que vas-tu faire ? Et toi, mère trop malheureuse,
> Garde-toi d'approcher de cette tombe affreuse :
> Les morts et les vivants y sont tes ennemis.
> Reine, crains ton époux, crains encor plus ton fils.
> #### ÉRIPHYLE, derrière le théâtre.
> Mon fils, épargne-moi !
> #### ALCMÉON.
>   Tombe à mes pieds, perfide !

THÉANDRE.

C'est la voix de la reine.

POLÉMON.

Ah! quels lugubres cris!

LE GRAND-PRÊTRE.

Crains ton roi, crains ton sang.

ÉRIPHYLE, derrière le théâtre.

Épargne-moi, mon fils!

ALCMÉON, derrière le théâtre.

Reçois le dernier coup, tombe à mes pieds, perfide!

(On entend un cri d'Ériphyle.)

POLÉMON.

Ciel! qu'est-ce que j'entends?

LE GRAND-PRÊTRE.

La voix du parricide.

SCÈNE V.

ALCMÉON, THÉANDRE, LE GRAND-PRÊTRE, POLÉMON.

ALCMÉON.

Je viens de l'immoler : il n'est plus ; je suis roi.
Dieux! dissipez l'horreur qui s'empare de moi.
Mon bras vous a vengés, vous, ce peuple, et mon père ;
Hermogide est tombé, même aux pieds de ma mère ;
Il demandait la vie ; il s'est humilié [1] ;
Et mon cœur une fois s'est trouvé sans pitié.
Rendez-moi cette paix que la justice donne!
Quoi! j'ai puni le crime, et c'est moi qui frissonne!
Ah! pour les scélérats quels sont vos châtiments,
Si les cœurs vertueux éprouvent ces tourments?
Ériphyle, témoin de ma juste vengeance,
Viens régner avec moi. Quoi! tu fuis ma présence?
Tu crains ton fils : tu crains ce bras ensanglanté,
Et cet horrible arrêt que le ciel a dicté!
Vous, courez vers la reine, et calmez ses alarmes :
Dites-lui que nos mains vont essuyer ses larmes.
Mais non, je veux moi-même embrasser ses genoux ;
Allons, je veux la voir...

---

1. Une autre version porte :

Ce monstre enfin n'est plus; Argos en est purgé;
Les dieux sont satisfaits, et mon père est vengé.
J'ai vu sur cette tombe Ériphyle éperdue :
D'où vient qu'en ce moment elle évite ma vue?
Craint-elle de son fils le bras ensanglanté,
Et cet horrible arrêt que mon père a dicté?
Allez, courez vers elle, et calmez ses alarmes.

Les vers 3 et 4 de cette variante se lisent encore ainsi :

Ériphyle est témoin de ma juste vengeance :
D'où vient qu'en ce moment elle fuit ma présence?

SCÈNE VI.

ÉRIPHYLE, soutenue par ses femmes; ALCMÉON, LE GRAND-PRÊTRE, THÉANDRE, POLÉMON, SUITE.

LE GRAND-PRÊTRE.
Ah! que demandez-vous?
ALCMÉON.
Je vais mettre à ses pieds le prix de mon courage[1];
Oui, je veux... Quel objet... que vois-je?
ÉRIPHYLE.
Ton ouvrage.
Les oracles cruels enfin sont accomplis,
Et je meurs par tes mains quand je retrouve un fils;
Le ciel est juste.
ALCMÉON.
Ah! dieux! parricide exécrable!
Vous! ma mère! elle meurt... et j'en serais coupable!
Non! je ne le suis pas, dieux cruels! et mon bras
Dans mon sang à vos yeux...
(On le désarme.)
ÉRIPHYLE.
Mon fils, n'achève pas.

---

[1]. Une autre version porte :

Je vais mettre à ses pieds ce fer si redoutable...
Que dis-je? où suis-je? où vais-je, et quelle horreur m'accable?
D'où vient donc que le sang qui rejaillit sur moi,
Si justement versé, m'inspire un tel effroi?
Je n'ai point cette paix que la justice donne;
Quoi! j'ai puni le crime, et c'est moi qui frissonne!
Dieux! pour les scélérats quels sont vos châtiments,
Si les cœurs vertueux éprouvent leurs tourments?
ÉRIPHYLE.
Le ciel est juste.
ALCMÉON.
Hélas! parricide exécrable!
Vous, ma mère!... elle meurt... et j'en serais coupable!
Moi! moi! dieux inhumains!
ÉRIPHYLE.
Je vois à ta douleur
Que les dieux malgré toi conduisaient ta fureur;
Ta main qu'ils ont guidée a méconnu ta mère.
Ta parricide main ne m'en est pas moins chère :
Ton cœur est innocent; je te pardonne... Hélas!
Laisse-moi la douceur d'expirer dans tes bras.
Ferme ces tristes yeux qui s'entr'ouvrent à peine.
ALCMÉON, à ses genoux.
J'atteste de ces dieux la vengeance et la haine :
Je jure par mon crime et par votre trépas
Que mon sang devant vous...
ÉRIPHYLE.
Mon fils, n'achève pas.
Indigne que je suis du sacré nom de mère,
J'ose encor te dicter ma volonté dernière.
Il faut vivre et régner.

Je péris par ta main ; ton cœur n'est pas complice.
Les dieux t'ont aveuglé pour hâter mon supplice.
Je meurs contente... approche... après tant d'attentats
Laisse-moi la douceur d'expirer dans tes bras.
(Alcméon se jette aux genoux d'Ériphyle.)
Indigne que je suis du sacré nom de mère,
J'ose encor te dicter ma volonté dernière.
Il faut vivre et régner : le fils d'Amphiaraüs
Doit réparer ma vie à force de vertus.
Un moment de faiblesse, et même involontaire,
A fait tous mes malheurs, a fait périr ton père.
Souviens-toi des remords qui troublaient mes esprits :
*Souviens-toi de ta mère... ô mon fils... mon cher fils...
C'en est fait...

ALCMÉON.

Elle expire... impitoyable père[1] !
Sois content : j'ai tué ton épouse et ma mère.
Viens combler nos forfaits, viens la venger sur moi,
Viens t'abreuver du sang que j'ai reçu de toi.
Je renonce à ton trône, au jour que je déteste,
A tous les miens... ta tombe est tout ce qui me reste.
Mânes qui m'entendez ! dieux ! enfers en courroux,
*Je meurs au sein du crime, innocent malgré vous!

---

1. Une autre version donne :

LE GRAND-PRÊTRE.

La lumière à ses yeux est ravie.
Secourez Alcméon ; prenez soin de sa vie ;
Que de ce jour affreux l'exemple menaçant
Rende son cœur plus juste et son règne plus grand.

FIN DES VARIANTES D'ÉRIPHYLE.

ZAÏRE

TRAGÉDIE EN CINQ ACTES

REPRÉSENTÉE, POUR LA PREMIÈRE FOIS, LE 13 AOUT 1732.

Est etiam crudelis amor,

AVERTISSEMENT

POUR LA PRÉSENTE ÉDITION.

Le 29 mai 1732, Voltaire écrivait à Cideville :
« J'ai cru que le meilleur moyen d'oublier la tragédie d'*Ériphyle* était d'en faire une autre. Tout le monde me reproche ici que je ne mets pas d'amour dans mes pièces. Ils en auront cette fois-ci, je vous jure, et ce ne sera pas de la galanterie. Je veux qu'il n'y ait rien de si turc, de si chrétien, de si amoureux, de si tendre, de si furieux que ce que je versifie à présent pour leur plaire. J'ai déjà l'honneur d'en avoir fait un acte. Ou je suis fort trompé, ou ce sera la pièce la plus singulière que nous ayons au théâtre. Les noms de Montmorenci, de saint Louis, de Saladin, de Jésus et de Mahomet s'y trouveront. On y parlera de la Seine et du Jourdain, de Paris et de Jérusalem. On aimera, on baptisera, on tuera, et je vous enverrai l'esquisse dès qu'elle sera brochée. » Et dans une lettre du 10 juillet, il reprend, cette fois en rimant :

> « Oui, je vais, mon cher Cideville,
> Vous envoyer incessamment
> La pièce où j'unis hardiment
> Et l'Alcoran et l'Évangile,
> Et justaucorps et doliman,
> Et la babouche et le bas blanc,
> Et le plumet et le turban... »

La pièce fut achevée en vingt-deux jours, si nous en croyons l'avertissement.

« Elle fut représentée le 13 août, non pas sans agitation et sans troubles, dit M. G. Desnoiresterres. Les acteurs, peut-être dépaysés dans ce monde oriental et chrétien, jouèrent médiocrement. Le parterre, où les ennemis contre-balançaient les amis, était tumultueux et ne laissait pas tomber quelques négligences provenant de la hâte et de l'effervescence avec lesquelles l'ouvrage avait été écrit. Bref, si l'émotion désarma le plus grand nombre, les protestations ne firent pas défaut, et l'auteur, tout le premier, se garda bien de les considérer comme non avenues. Il s'empressa, au contraire, d'effacer les taches qui lui avaient été signalées, de limer cette versification un peu lâche et incorrecte qui, à son avis, n'approchait pas de la versification d'*Ériphyle*. Mais ce travail de remaniement n'était pas du goût d'Orosmane.

« L'acteur Dufresne le prenait de haut avec les auteurs. Lors des représentations du *Glorieux,* il ne se donnait pas même la peine de lire les corrections du poëte ; quant à Destouches, il l'avait consigné à sa porte. Voltaire et ses retouches étaient menacés du même sort. Mais ce dernier était de plus dure composition, et Dufresne cette fois ne fut pas le plus fort. Le comédien grand seigneur donnait un dîner ; un magnifique pâté lui fut envoyé sans qu'on sût d'où il venait. Lorsqu'on l'ouvrit à l'entremets, on aperçut une douzaine de perdrix ayant toutes au bec de petits papiers qu'on s'empressa de déployer : c'étaient autant de passages corrigés de *Zaïre*. Pour le coup il fallut bien se rendre et loger dans sa mémoire ces corrections du poëte. »

Le 25 août, Voltaire écrit de nouveau à Cideville : « Ma satisfaction s'augmente en vous la communiquant. Jamais pièce ne fut si bien jouée que Zaïre à la quatrième représentation. Je vous souhaitais bien là : vous auriez vu que le public ne hait pas votre ami. Je parus dans une loge, et tout le parterre me battit des mains. Je rougissais, je me cachais, mais je serais un fripon si je ne vous avouais pas que j'étais sensiblement touché. Il est doux de n'être pas honni dans son pays. »

Laroque s'avisa de lui demander de faire l'analyse de *Zaïre* dans le *Mercure*, et, pour la première fois, on vit un auteur raconter sa pièce dans un journal et en indiquer assez doucement les défauts.

Mlle Gaussin contribua beaucoup au succès de *Zaïre*. Voltaire lui adressa une épître charmante qui fut longtemps dans toutes les mémoires. Voltaire rendit aussi hommage à Dufresne :

> Quand Dufresne ou Gaussin, d'une voix attendrie,
> Font parler Orosmane, Alzire, Zénobie,
> Le spectateur charmé, qu'un beau trait vient saisir,
> Laisse couler des pleurs, enfants de son plaisir.

Zaïre eut neuf représentations dans sa nouveauté, et fut reprise le 12 novembre pour être jouée vingt et une fois consécutives. C'était alors un succès très-rare. Les acteurs avaient fait un effort vers la vérité du costume, en s'affublant de turbans, ce qui avait coûté trente livres à la Comédie.

Les représentations de *Zaïre* ayant été interrompues par l'indisposition de Mlle Gaussin, Voltaire fit jouer sa pièce en société chez Mme de Fontaine-Martel. Mlle de Lambert figura Zaïre ; Mlle de Grandchamp, Fatime ; le marquis de Thibouville, Orosmane ; et M. d'Herbigny, Nérestan. Quant au rôle du vieux, du chrétien, du fanatique Lusignan, il fut rempli, — devinez par qui ? — par Voltaire lui-même, qui le jouait, raconte-t-on, avec frénésie.

On sait l'immense succès de *Zaïre* au dix-huitième siècle et dans le commencement de celui-ci. Laharpe disait : « On a disputé et l'on disputera longtemps encore sur cette question interminable : Quelle est la plus belle tragédie du théâtre français ? Et il y a de bonnes raisons pour que ceux mêmes qui pourraient le mieux discuter cette question n'entreprennent pas de la décider. L'art dramatique est composé de tant de parties différentes, et il est susceptible de produire des impressions si diverses qu'il est à peu près impossible ou qu'un même ouvrage réunisse tous les mérites au même degré, ou qu'il plaise également à tous les hommes. Tout ce qu'on peut affirmer en connaissance de cause, c'est que telle pièce excelle par tel ou tel endroit ; et si l'on s'en rapporte aux effets du théâtre, si souvent et si vivement manifestés depuis plus de cinquante ans, si l'on consulte l'opinion la plus générale dans toutes les classes de spectateurs, je ne crois pas trop hasarder en assurant que *Zaïre* est la plus touchante de toutes les tragédies qui existent. » Et plus loin, il semble enchérir encore sur la louange : « Je regarde *Zaïre*, dit-il, comme un drame égal à ce qu'il y a de plus beau pour la conception et l'ensemble, et supérieur à tout pour l'intérêt. »

Zaïre n'a pas gardé tout à fait dans l'opinion publique le haut rang où la plaçait la critique de la fin du siècle dernier. Mais elle n'a pas disparu de la scène. Le mouvement qui y règne, la passion qui l'anime, la font vivre. Nous avons vu une reprise de cette tragédie au mois d'août 1874, et depuis elle a continué d'être affichée par intervalles.

L'interprétation actuelle est bonne, sans atteindre à la perfection. Mlle Sarah Bernhardt remplit le rôle de Zaïre. Il est douteux que ce rôle ait été plus mélodieusement soupiré par Mlle Gaussin. M. Mounet-Sully a fait du personnage d'Orosmane une création assez bizarre, mais non vulgaire. Il l'a rapproché, plus peut-être que l'auteur ne l'aurait voulu, du type shakespearien, Othello, qui l'a évidemment inspiré. Les autres rôles sont convenablement tenus ; et la tragédie de Voltaire est jouée avec une mise en scène, des décors et des costumes ayant une couleur orientale qu'on ne s'imaginait pas de son temps. Le public a fait à ces représentations un favorable accueil.

AVERTISSEMENT

DES ÉDITIONS DE 1738 ET 1742[1].

Ceux qui aiment l'histoire littéraire seront bien aises de savoir comment cette pièce fut faite. Plusieurs dames avaient reproché à l'auteur qu'il n'y avait pas assez d'amour dans ses tragédies; il leur répondit qu'il ne croyait pas que ce fût la véritable place de l'amour, mais que, puisqu'il leur fallait absolument des héros amoureux, il en ferait tout comme un autre. La pièce fut achevée en vingt-deux jours : elle eut un grand succès. On l'appelle à Paris *tragédie chrétienne*, et on l'a jouée fort souvent à la place de *Polyeucte*.

Zaïre a fourni depuis peu un événement singulier à Londres. Un gentilhomme anglais, nommé M. Bond, passionné pour les spectacles, avait fait traduire cette pièce; et avant de la donner au théâtre public, il la fit jouer, dans la grande salle des bâtiments d'York, par ses amis. Il y représentait le rôle de Lusignan : il mourut sur le théâtre au moment de la reconnaissance. Les comédiens l'ont jouée depuis avec succès.

1. Des deux alinéas qui composent cet *Avertissement*, le premier existait dès 1738 ; le second fut ajouté en 1742, et supprimé dès 1746.
Le 4 décembre 1732 on joua sur le théâtre italien *Arlequin au Parnasse, ou la Folie de Melpomène*, comédie critique de la tragédie de *Zaïre* (par l'abbé Nadal), imprimée dans le tome Ier des *Parodies du nouveau théâtre italien*, où l'on trouve aussi *les Enfants trouvés, ou le Sultan poli par l'amour*, autre parodie, par Dominique, Romagnesi et Fr. Riccoboni, jouée sur le théâtre italien le 9 décembre 1732, imprimée plusieurs fois séparément. M. de Soleinne possède le manuscrit d'une *Zaïre, parodie en un acte et en vers*. Une quatrième parodie, en cinq actes et en vers, a été imprimée à la fin du dix-huitième siècle, sous le titre de *Caquire, par M. de Vessaire*. On l'attribue à un Lyonnais nommé Bécombes. J.-B. Rousseau fit insérer dans le *Glaneur* (n° 28 de 1733) une critique de *Zaïre;* on y répondit dans le *Mercure* d'avril 1733, page 651. L'extrait d'une *Lettre sur Zaïre* fait partie du tome XVII de la *Bibliothèque française*, page 384. L'abbé Nadal, outre la parodie qu'il a faite, a écrit une *Lettre à Mme la comtesse de F...*, *sur la tragédie de Zaïre :* on la trouve dans ses *OEuvres*. Des *Notes critiques sur Zaïre*, par d'Açarq, sont imprimées aux pages 148-165 de ses *Observations sur Boileau*, etc., 1770, in-8°. Un émailleur mit, en 1756, *Zaïre* en figures d'émail : voyez l'*Année littéraire*, 1756, tome VIII, p. 45.
C'est parmi les *Épîtres* que j'ai placé celle à Mlle Gaussin ; et dans la *Correspondance* (année 1732) que j'ai mis la *Lettre de Voltaire à M. de Laroque;* pièces qui, jusqu'à ce jour, ont fait partie des préliminaires de *Zaïre*. (B.)

ÉPITRE DÉDICATOIRE

A M. FALKENER, MARCHAND ANGLAIS [1].

(1733)

Vous êtes Anglais, mon cher ami, et je suis né en France; mais ceux qui aiment les arts sont tous concitoyens. Les honnêtes gens qui pensent ont à peu près les mêmes principes, et ne composent qu'une république : ainsi il n'est pas plus étrange de voir aujourd'hui une tragédie française dédiée à un Anglais, ou à un Italien, que si un citoyen d'Éphèse ou d'Athènes avait autrefois adressé son ouvrage à un Grec d'une autre ville. Je vous offre donc cette tragédie comme à mon compatriote dans la littérature, et comme à mon ami intime.

Je jouis en même temps du plaisir de pouvoir dire à ma nation de quel œil les négociants sont regardés chez vous ; quelle estime on sait avoir en Angleterre pour une profession qui fait la grandeur de l'État, et avec quelle supériorité quelques-uns d'entre vous représentent leur patrie dans le parlement, et sont au rang des législateurs.

Je sais bien que cette profession est méprisée de nos petits-maîtres; mais vous savez aussi que nos petits-maîtres et les vôtres

---

1. L'intitulé que je donne à cette *Épître* est celui qu'elle a dans les premières éditions. On voit, par les lettres de Voltaire à Cideville et à Formont, de la fin de 1732 et du commencement de 1733, ainsi que par celle à Thiériot du 24 février 1733, que l'on n'accorda la permission d'imprimer cette dédicace qu'avec des suppressions. Une copie de la pièce entière ayant été communiquée à M. Lequien, en 1820, les morceaux supprimés en 1733 furent par lui donnés en variantes, et c'est sous cette forme qu'on les trouvera ici. (B.)

C'était la première fois qu'on adressait une dédicace à un *marchand*. Cela parut d'une hardiesse inconcevable. Falkener, dont Voltaire exilé avait été l'hôte, et auquel il témoignait par cette dédicace toute sa gratitude, fut bafoué par les parodistes. On le représentait sous le nom de *Kafener*, habillé grossièrement, une pipe à la bouche, et parlant pesamment. (G. A.)

sont l'espèce la plus ridicule qui rampe avec orgueil sur la surface de la terre.

Une raison encore qui m'engage à m'entretenir de belles-lettres avec un Anglais plutôt qu'avec un autre, c'est votre heureuse liberté de penser; elle en communique à mon esprit; mes idées se trouvent plus hardies avec vous.

> Quiconque avec moi s'entretient
> Semble disposer de mon âme :
> S'il sent vivement, il m'enflamme;
> Et s'il est fort, il me soutient.
> Un courtisan pétri de feinte
> Fait dans moi tristement passer
> Sa défiance et sa contrainte;
> Mais un esprit libre et sans crainte
> M'enhardit et me fait penser.
> Mon feu s'échauffe à sa lumière,
> Ainsi qu'un jeune peintre, instruit
> Sous Le Moine et sous Largillière,
> De ces maîtres qui l'ont conduit
> Se rend la touche familière;
> Il prend malgré lui leur manière,
> Et compose avec leur esprit.
> C'est pourquoi Virgile se fit
> Un devoir d'admirer Homère;
> Il le suivit dans sa carrière,
> Et son émule il se rendit
> Sans se rendre son plagiaire[1].

Ne craignez pas qu'en vous envoyant ma pièce je vous en fasse une longue apologie : je pourrais vous dire pourquoi je n'ai pas donné à Zaïre une vocation plus déterminée au christianisme, avant qu'elle reconnût son père, et pourquoi elle cache son secret à son amant, etc.; mais les esprits sages qui aiment à rendre justice verront bien mes raisons sans que je les indique : pour les

---

1. Passage retranché en 1733, et imprimé pour la première fois en 1820.

> Sans se rendre son plagiaire.
> Ainsi dans les bras d'un mari,
> Une femme lui faisant fête,
> De son amant tendre et chéri
> Se remplit vivement la tête :
> Elle voit là son cher objet;
> Elle en a l'âme possédée,
> Et fait un fils qui, trait pour trait,
> Est bientôt le vivant portrait
> De celui dont elle eut l'idée.

critiques déterminés, qui sont disposés à ne pas me croire, ce serait peine perdue que de les leur dire.

Je me vanterai seulement avec vous d'avoir fait une pièce assez simple, qualité dont on doit faire cas de toutes façons.

> Cette heureuse simplicité
> Fut un des plus dignes partages
> De la savante antiquité.
> Anglais, que cette nouveauté
> S'introduise dans vos usages.
> Sur votre théâtre infecté
> D'horreurs, de gibets, de carnages,
> Mettez donc plus de vérité,
> Avec de plus nobles images.
> Addison l'a déjà tenté;
> C'était le poëte des sages,
> Mais il était trop concerté;
> Et dans son *Caton* si vanté,
> Ses deux filles, en vérité,
> Sont d'insipides personnages.
> Imitez du grand Addison
> Seulement ce qu'il a de bon;
> Polissez la rude action
> De vos Melpomènes sauvages;
> Travaillez pour les connaisseurs
> De tous les temps, de tous les âges;
> Et répandez dans vos ouvrages
> La simplicité de vos mœurs.

Que messieurs les poëtes anglais ne s'imaginent pas que je veuille leur donner *Zaïre* pour modèle : je leur prêche la simplicité naturelle et la douceur des vers; mais je ne me fais point du tout le saint de mon sermon. Si *Zaïre* a eu quelque succès, je le dois beaucoup moins à la bonté de mon ouvrage qu'à la prudence que j'ai eu de parler d'amour le plus tendrement qu'il m'a été possible. J'ai flatté en cela le goût de mon auditoire : on est assez sûr de réussir quand on parle aux passions des gens plus qu'à leur raison. On veut de l'amour, quelque bon chrétien que l'on soit, et je suis très-persuadé que bien en prit au grand Corneille de ne s'être pas borné, dans *Polyeucte*, à faire casser les statues de Jupiter par les néophytes; car telle est la corruption du genre humain, que peut-être

> De Polyeucte la belle âme
> Aurait faiblement attendri,

Et les vers chrétiens qu'il déclame
Seraient tombés dans le décri,
N'eût été l'amour de sa femme
Pour ce païen son favori,
Qui méritait bien mieux sa flamme
Que son bon dévot de mari.

Même aventure à peu près est arrivée à Zaïre. Tous ceux qui vont aux spectacles m'ont assuré que, si elle n'avait été que convertie, elle aurait peu intéressé; mais elle est amoureuse de la meilleure foi du monde, et voilà ce qui a fait sa fortune. Cependant il s'en faut bien que j'aie échappé à la censure.

Plus d'un éplucheur intraitable
M'a vétillé, m'a critiqué :
Plus d'un railleur impitoyable
Prétendait que j'avais croqué,
Et peu clairement expliqué
Un roman très-peu vraisemblable,
Dans ma cervelle fabriqué;
Que le sujet en est tronqué,
Que la fin n'est pas raisonnable;
Même on m'avait pronostiqué
Ce sifflet tant épouvantable,
Avec quoi le public choqué
Régale un auteur misérable.
Cher ami, je me suis moqué
De leur censure insupportable :
J'ai mon drame en public risqué;
Et le parterre favorable,
Au lieu de siffler, m'a claqué.
Des larmes même ont offusqué
Plus d'un œil, que j'ai remarqué
Pleurer de l'air le plus aimable.
Mais je ne suis point requinqué
Par un succès si désirable :
Car j'ai comme un autre marqué
Tous les déficits de ma fable.
Je sais qu'il est indubitable
Que, pour former œuvre parfait,
Il faut se donner au diable;
Et c'est ce que je n'ai pas fait[1].

---

1. VARIANTE :   Et c'est ce que je n'ai pas fait.

Si on peut répondre de quelque chose, j'imagine que cette pièce de théâtre sera la dernière que je risquerai. J'aime les lettres; mais plus je les aime, plus je suis

Je n'ose me flatter que les Anglais fassent à *Zaïre* le même honneur qu'ils ont fait à *Brutus*[1], dont on a joué la traduction sur le théâtre de Londres. Vous avez ici la réputation de n'être ni assez dévots pour vous soucier beaucoup du vieux Lusignan, ni assez tendres pour être touchés de Zaïre. Vous passez pour aimer mieux une intrigue de conjurés qu'une intrigue d'amants. On croit qu'à votre théâtre on bat des mains au mot de *patrie*, et chez nous à celui d'*amour*; cependant la vérité est que vous mettez de l'amour tout comme nous dans vos tragédies. Si vous n'avez pas

fâché de les voir peu accueillir : on jouit ici avec un peu trop d'indifférence des plaisirs qu'un homme procure avec beaucoup de peine. Voici, par exemple, un spectacle représenté à la cour : on y va par étiquette, comme à une cérémonie ordinaire, sans daigner s'y intéresser, sans s'informer souvent du nom de l'auteur, que pour l'accabler en passant d'un mot de critique médisante, et souvent absurde. Enfin ce même public qui l'a applaudi va le voir tourner en ridicule au théâtre italien et à la foire, et jouit de son humiliation avec plus de joie qu'il n'a joui de ses veilles. Ce n'est pas tout : la calomnie le poursuit avec fureur; on cherche à le perdre quand on ne peut l'avilir. Si l'homme de lettres est médiocre, il tombe dans le mépris le plus humiliant; s'il réussit, il se fait les ennemis les plus cruels. Je sais, et il faut le dire aux étrangers pour l'honneur de ma nation, il n'y a point de pays dans l'Europe où il y ait tant de belles fondations pour les arts. Nous avons des académies de toute espèce; mais le frelon y prend trop souvent la place de l'abeille. Ce n'est pas assez de ces honneurs frivoles souvent avilis par ceux qu'on en veut orner; on trouve dans ces lieux avec étonnement le faiseur de madrigaux, souvent encore des gens plus obscurs, que rien ne sauve du mépris public que leur peu de renommée. Le mérite, que quelquefois on y admet, ou s'y refuse, ou s'y voit avec indignation : il semble même que, pour remplir cette place, il faille être plus accablé de la risée publique qu'honoré des applaudissements qu'on donne aux auteurs révérés. Les têtes qu'on y couronne de laurier n'en sont pas à tel point couvertes qu'on n'y découvre encore les restes du chardon qui ceignait leur front sacré. Mais quand il serait vrai que ces places fondées pour le mérite ne fussent remplies que par lui, que sont-elles sans les récompenses? et que deviennent les arts, s'ils ne sont soutenus par les regards du maître, et par l'attrait [le] plus flatteur de la considération? Ils peuvent dépérir au milieu des abris élevés par eux; abris que le temps détruit tous les jours; bâtiments dont la mémoire subsiste, et dont à peine on reconnaît la trace : les arbres plantés par Louis XIV dégénèrent faute de culture. Le public aura toujours du goût; mais les grands maîtres manqueront : un sculpteur, dans son académie, verra des hommes médiocres à côté de lui, et n'élèvera pas sa pensée jusqu'à Girardon et [à] Puget; un peintre se contentera d'être supérieur à son confrère, et ne songera pas à égaler le Poussin. Louis XIV donnait d'un coup d'œil une noble émulation à tous les artistes. M. Colbert, le père des arts sous ce grand roi, encourageait à la fois un Racine et un Van Robais; il portait notre commerce et notre gloire par delà les Indes; il étendait les libéralités de son maître sur des étrangers, étonnés d'être connus et récompensés par notre cour. Partout où était le mérite, il avait un protecteur dans Louis XIV.

1. M. de Voltaire s'est trompé; on a traduit et joué *Zaïre* en Angleterre avec beaucoup de succès (note de 1738). Voyez, ci-après, la lettre à M. le chevalier Falkener. (B.)

la réputation d'être tendres, ce n'est pas que vos héros de théâtre ne soient amoureux, mais c'est qu'ils expriment rarement leur passion d'une manière naturelle. Nos amants parlent en amants, et les vôtres ne parlent encore qu'en poëtes.

Si vous permettez que les Français soient vos maîtres en galanterie, il y a bien des choses en récompense que nous pourrions prendre de vous. C'est au théâtre anglais que je dois la hardiesse que j'ai eue de mettre sur la scène les noms de nos rois et des anciennes familles du royaume. Il me paraît que cette nouveauté pourrait être la source d'un genre de tragédie qui nous est inconnu jusqu'ici, et dont nous avons besoin. Il se trouvera sans doute des génies heureux qui perfectionneront cette idée, dont *Zaïre* n'est qu'une faible ébauche. Tant que l'on continuera en France de protéger les lettres, nous aurons assez d'écrivains. La nature forme presque toujours des hommes en tout genre de talent ; il ne s'agit que de les encourager et de les employer. Mais si ceux qui se distinguent un peu n'étaient soutenus par quelque récompense honorable, et par l'attrait plus flatteur de la considération, tous les beaux-arts pourraient bien dépérir au milieu des abris élevés pour eux, et ces arbres plantés par Louis XIV dégénéreraient faute de culture : le public aurait toujours du goût, mais les grands maîtres manqueraient. Un sculpteur, dans son académie, verrait des hommes médiocres à côté de lui, et n'élèverait pas sa pensée jusqu'à Girardon et au Puget ; un peintre se contenterait de se croire supérieur à son confrère, et ne songerait pas à égaler le Poussin. Puissent les successeurs de Louis XIV suivre toujours l'exemple de ce grand roi, qui donnait d'un coup d'œil une noble émulation à tous les artistes ! Il encourageait à la fois un Racine et un Van Robais... Il portait notre commerce et notre gloire par delà les Indes; il étendait ses grâces sur des étrangers, étonnés d'être connus et récompensés par notre cour. Partout où était le mérite, il avait un protecteur dans Louis XIV.

> Car de son astre bienfaisant
> Les influences libérales,
> Du Caire au bord de l'Occident,
> Et sous les glaces boréales,
> Cherchaient le mérite indigent.
> Avec plaisir ses mains royales
> Répandaient la gloire et l'argent :
> Le tout sans brigue et sans cabales.
> Guillelmini, Viviani,
> Et le céleste Cassini,

> Auprès des lis venaient se rendre,
> Et quelque forte pension
> Vous aurait pris le grand Newton,
> Si Newton avait pu se prendre.
> Ce sont là les heureux succès
> Qui faisaient la gloire immortelle
> De Louis et du nom français.
> Ce Louis était le modèle
> De l'Europe et de vos Anglais.
> On craignait que, par ses progrès,
> Il n'envahît à tout jamais
> La monarchie universelle;
> Mais il l'obtint par ses bienfaits.

Vous n'avez pas chez vous des fondations pareilles aux monuments de la munificence de nos rois, mais votre nation y supplée. Vous n'avez pas besoin des regards du maître pour honorer et récompenser les grands talents en tout genre. Le chevalier Steele et le chevalier Wanbruck étaient en même temps auteurs comiques et membres du parlement. La primatie du docteur Tillotson, l'ambassade de M. Prior, la charge de M. Newton, le ministère de M. Addison, ne sont que les suites ordinaires de la considération qu'ont chez vous les grands hommes. Vous les comblez de biens pendant leur vie, vous leur élevez des mausolées et des statues après leur mort; il n'y a point jusqu'aux actrices célèbres qui n'aient chez vous leur place dans les temples à côté des grands poètes.

> Votre Oldfield[1] et sa devancière
> Bracegirdle la minaudière,
> Pour avoir su dans leurs beaux jours
> Réussir au grand art de plaire,
> Ayant achevé leur carrière,
> S'en furent avec le concours
> De votre république entière,
> Sous un grand poêle de velours,
> Dans votre église pour toujours
> Loger de superbe manière.
> Leur ombre en paraît encor fière,
> Et s'en vante avec les Amours :
> Tandis que le divin Molière[2],

---

1. Fameuse actrice mariée à un seigneur d'Angleterre (1748).

2. VARIANTE :
> Tandis que le sage Molière,
> Bien plus digne d'un tel honneur,
> Obtient à peine la faveur
> D'un misérable cimetière,

Bien plus digne d'un tel honneur,
A peine obtint le froid bonheur
De dormir dans un cimetière;
Et que l'aimable Lecouvreur,
A qui j'ai fermé la paupière,
N'a pas eu la même faveur
De deux cierges et d'une bière,
Et que monsieur de Laubinière
Porta la nuit, par charité,
Ce corps autrefois si vanté,
Dans un vieux fiacre empaqueté,
Vers le bord de notre rivière.
Voyez-vous pas à ce récit
L'Amour irrité qui gémit,
Qui s'envole en brisant ses armes,
Et Melpomène tout en larmes,
Qui m'abandonne, et se bannit
Des lieux ingrats qu'elle embellit
Si longtemps de ses nobles charmes[1]?

Tout semble ramener les Français à la barbarie dont Louis XIV et le cardinal de Richelieu les ont tirés. Malheur aux politiques qui ne connaissent pas le prix des beaux-arts! La terre est couverte de nations aussi puissantes que nous. D'où vient cependant que nous les regardons presque toutes avec peu d'estime? C'est par la raison qu'on méprise dans la société un homme riche dont l'esprit est sans goût et sans culture. Surtout ne croyez pas que cet

> Et que l'aimable Lecouvreur,
> A qui j'ai fermé la paupière,
> Ne put trouver un enterreur;
> Et que monsieur de Laubinière
> Porta la nuit, par charité,
> Ce corps autrefois si vanté,
> Dans un vieux fiacre empaqueté,
> Vers les bords de notre rivière.
> Que mon cœur en a palpité!
> Cher ami, que j'ai détesté
> La rigueur inhospitalière
> Dont ce cher objet fut traité !
> Cette gothique indignité
> N'a-t-elle donc pas révolté
> Les Muses et l'Europe entière?
> Voyez-vous pas, etc.

1. VARIANTE : Si longtemps de ses nobles charmes?

Voilà en partie, mon cher Falkener, les raisons pour lesquelles je prends congé, comme je le crois, et comme je ne l'assure pourtant pas, de notre théâtre français. Permettez-moi d'ajouter à cette épître dédicatoire, dictée par mon cœur et par ma liberté, une petite pièce de vers assez connue dans ce pays-ci, et qui trouve naturellement, etc.

empire de l'esprit, et cet honneur d'être le modèle des autres peuples, soit une gloire frivole : ce sont les marques infaillibles de la grandeur d'un peuple. C'est toujours sous les plus grands princes que les arts ont fleuri, et leur décadence est quelquefois l'époque de celle d'un État. L'histoire est pleine de ces exemples ; mais ce sujet me mènerait trop loin. Il faut que je finisse cette lettre déjà trop longue, en vous envoyant un petit ouvrage qui trouve naturellement sa place à la tête de cette tragédie. C'est une épître en vers à celle qui a joué le rôle de Zaïre[1] : je lui devais au moins un compliment pour la façon dont elle s'en est acquittée :

> Car le prophète de la Mecque
> Dans son sérail n'a jamais eu
> Si gentille Arabesque ou Grecque ;
> Son œil noir, tendre et bien fendu,
> Sa voix, et sa grâce intrinsèque,
> Ont mon ouvrage défendu
> Contre l'auditeur qui rebèque ;
> Mais quand le lecteur morfondu
> L'aura dans sa bibliothèque,
> Tout mon honneur sera perdu.

Adieu, mon ami ; cultivez toujours les lettres et la philosophie, sans oublier d'envoyer des vaisseaux dans les échelles du Levant. Je vous embrasse de tout mon cœur.

VOLTAIRE.

---

1. Voyez, parmi les poésies, l'*Épître à Mademoiselle Gaussin*.

A M. LE CHEVALIER

FALKENER

AMBASSADEUR D'ANGLETERRE A LA PORTE OTTOMANE

(1736)

Mon cher ami (car votre nouvelle dignité d'ambassadeur rend seulement notre amitié plus respectable, et ne m'empêche pas de me servir ici d'un titre plus sacré que le titre de ministre : le nom d'ami est bien au-dessus de celui d'excellence),

Je dédie à l'ambassadeur d'un grand roi et d'une nation libre le même ouvrage que j'ai dédié au simple citoyen, au négociant anglais[1].

Ceux qui savent combien le commerce est honoré dans votre patrie n'ignorent pas aussi qu'un négociant y est quelquefois un législateur, un bon officier, un ministre public.

Quelques personnes corrompues par l'indigne usage de ne rendre hommage qu'à la grandeur, ont essayé de jeter un ridicule sur la nouveauté d'une dédicace faite à un homme qui n'avait alors que du mérite. On a osé, sur un théâtre consacré au mauvais goût et à la médisance, insulter à l'auteur de cette dédicace, et à celui qui l'avait reçue : on a osé lui reprocher d'être un négociant[2].

---

1. Ce que M. de Voltaire avait prévu dans sa dédicace de *Zaïre* est arrivé : M. Falkener a été un des meilleurs ministres, et est devenu un des hommes les plus considérables de l'Angleterre. C'est ainsi que les auteurs devraient dédier leurs ouvrages, au lieu d'écrire des lettres d'esclave à des gens dignes de l'être (1752).

2. On joua une mauvaise farce à la Comédie italienne de Paris, dans laquelle on insultait grossièrement plusieurs personnes de mérite, et entre autres M. Falkener. Le sieur Hérault, lieutenant de police, permit cette indignité, et le public la siffla (1748). C'est ce même Hérault à qui M. de Voltaire disait un jour : « Monsieur, que fait-on à ceux qui fabriquent de fausses lettres de cachet ? — On les pend. — C'est toujours bien fait, en attendant qu'on traite de même ceux qui en signent de vraies. » (K.)

Il ne faut point imputer à notre nation une grossièreté si honteuse, dont les peuples les moins civilisés rougiraient. Les magistrats qui veillent parmi nous sur les mœurs, et qui sont continuellement occupés à réprimer le scandale, furent surpris alors ; mais le mépris et l'horreur du public pour l'auteur connu de cette indignité sont une nouvelle preuve de la politesse des Français.

Les vertus qui forment le caractère d'un peuple sont souvent démenties par les vices d'un particulier. Il y a eu quelques hommes voluptueux à Lacédémone. Il y a eu des esprits légers et bas en Angleterre. Il y a eu dans Athènes des hommes sans goût, impolis et grossiers, et on en trouve dans Paris.

Oublions-les, comme ils sont oubliés du public, et recevez ce second hommage : je le dois d'autant plus à un Anglais que cette tragédie vient d'être embellie à Londres. Elle y a été traduite et jouée avec tant de succès, on a parlé de moi sur votre théâtre avec tant de politesse et de bonté, que j'en dois ici un remerciement public à votre nation.

Je ne peux mieux faire, je crois, pour l'honneur des lettres, que d'apprendre ici à mes compatriotes les singularités de la traduction et de la représentation de *Zaïre* sur le théâtre de Londres.

M. Hill, homme de lettres, qui paraît connaître le théâtre mieux qu'aucun auteur anglais, me fit l'honneur de traduire ma pièce, dans le dessein d'introduire sur votre scène quelques nouveautés, et pour la manière d'écrire les tragédies, et pour celle de les réciter. Je parlerai d'abord de la représentation.

L'art de déclamer était chez vous un peu hors de la nature : la plupart de vos acteurs tragiques s'exprimaient souvent plus en poëtes saisis d'enthousiasme qu'en hommes que la passion inspire. Beaucoup de comédiens avaient encore outré ce défaut; ils déclamaient des vers ampoulés, avec une fureur et une impétuosité qui est au beau naturel ce que les convulsions sont à l'égard d'une démarche noble et aisée.

Cet air d'emportement semblait étranger à votre nation; car elle est naturellement sage, et cette sagesse est quelquefois prise pour de la froideur par les étrangers. Vos prédicateurs ne se permettent jamais un ton de déclamateur. On rirait chez vous d'un avocat qui s'échaufferait dans son plaidoyer. Les seuls comédiens étaient outrés. Nos acteurs, et surtout nos actrices de Paris, avaient ce défaut, il y a quelques années : ce fut Mlle Lecouvreur qui les en corrigea. Voyez ce qu'en dit un auteur italien de beaucoup d'esprit et de sens :

La leggiadra Couvreur sola non trotta
Per quella strada dove i suoi compagni
Van di galoppo tutti quanti in frotta;
Se avvien ch' ella pianga, o che si lagni
Senza quegli urli spaventosi loro,
Ti muove sì che in pianger l'accompagni.

Ce même changement que Mlle Lecouvreur avait fait sur notre scène, Mlle Cibber vient de l'introduire sur le théâtre anglais, dans le rôle de Zaïre[1]. Chose étrange que, dans tous les arts, ce ne soit qu'après bien du temps qu'on vienne enfin au naturel et au simple!

Une nouveauté qui va paraître plus singulière aux Français, c'est qu'un gentilhomme de votre pays[2], qui a de la fortune et de la considération, n'a pas dédaigné de jouer sur votre théâtre le rôle d'Orosmane. C'était un spectacle assez intéressant de voir les deux principaux personnages remplis, l'un par un homme de condition, et l'autre par une jeune actrice de dix-huit ans, qui n'avait pas encore récité un vers en sa vie.

Cet exemple d'un citoyen qui a fait usage de son talent pour la déclamation n'est pas le premier parmi vous. Tout ce qu'il y a de surprenant en cela, c'est que nous nous en étonnions.

Nous devrions faire réflexion que toutes les choses de ce monde dépendent de l'usage et de l'opinion. La cour de France a dansé sur le théâtre avec les acteurs de l'Opéra, et on n'a rien trouvé en cela d'étrange, sinon que la mode de ces divertissements ait fini. Pourquoi sera-t-il plus étonnant de réciter que de danser en public? Y a-t-il d'autre différence entre ces deux arts, sinon que l'un est autant au-dessus de l'autre que les talents où l'esprit a quelque part sont au-dessus de ceux du corps? Je le répète encore, et je le dirai toujours : aucun des beaux-arts n'est méprisable, et il n'est véritablement honteux que d'attacher de la honte aux talents.

Venons à présent à la traduction de *Zaïre*, et au changement qui vient de se faire chez vous dans l'art dramatique.

Vous aviez une coutume à laquelle M. Addison, le plus sage de vos écrivains, s'est asservi lui-même, tant l'usage tient lieu de

---

1. « Hill, dit Lessing, confia le rôle de Zaïre à une jeune fille qui n'avait pas encore joué la tragédie. C'était la femme du comédien Colley Cibber, et elle avait dix-huit ans. Sa tentative fut un coup de maître. Il est à remarquer que l'actrice française qui joua Zaïre était aussi une débutante. » (G. A.)
2. C'était un parent de Hill.

raison et de loi. Cette coutume peu raisonnable était de finir chaque acte par des vers d'un goût différent du reste de la pièce ; et ces vers devaient nécessairement renfermer une comparaison. Phèdre, en sortant du théâtre, se comparait poétiquement à une biche; Caton, à un rocher; Cléopâtre, à des enfants qui pleurent jusqu'à ce qu'ils soient endormis.

Le traducteur de *Zaïre* est le premier qui ait osé maintenir les droits de la nature contre un goût si éloigné d'elle. Il a proscrit cet usage ; il a senti que la passion doit parler un langage vrai, et que le poëte doit se cacher toujours pour ne laisser paraître que le héros [1].

C'est sur ce principe qu'il a traduit, avec naïveté et sans aucune enflure, tous les vers simples de la pièce, que l'on gâterait si on voulait les rendre beaux.

> On ne peut désirer ce qu'on ne connaît pas. (Acte I, scène I.)

> J'eusse été près du Gange esclave des faux dieux,
> Chrétienne dans Paris, musulmane en ces lieux. (I, I.)

> Mais Orosmane m'aime, et j'ai tout oublié. (I, I.)

> Non, la reconnaissance est un faible retour,
> Un tribut offensant, trop peu fait pour l'amour. (I, I.)

> Je me croirais haï d'être aimé faiblement. (I, II.)

> Je veux avec excès vous aimer et vous plaire. (I, II.)

> L'art n'est pas fait pour toi, tu n'en as pas besoin. (IV, II.)

> L'art le plus innocent tient de la perfidie. (IV, II.)

---

1. « Il est vrai, dit Lessing, que les Anglais, depuis Shakespeare et peut-être bien avant lui, avaient l'habitude de terminer par deux vers rimés leurs pièces écrites en vers blancs. Mais que ces vers ne dussent renfermer que des comparaisons, et cela *nécessairement*, voilà ce qui est entièrement faux ; et je ne sais pas comment M. de Voltaire a pu dire cela au nez d'un Anglais qu'il devait bien soupçonner d'avoir lu les poëtes tragiques de sa nation. En second lieu, il n'est pas vrai de dire que Hill, dans sa traduction de *Zaïre*, s'est affranchi de cette coutume. Peut-on croire que M. de Voltaire n'ait pas examiné de plus près que moi ou que tout autre la traduction de sa pièce? Non. Et cela doit être pourtant. Car il est aussi certain que chaque acte de la *Zaïre* anglaise se termine par deux ou quatre vers rimés, qu'il est certain qu'elle est écrite en vers blancs. Ces vers, il est vrai, ne renferment pas de comparaisons ; mais, comme je l'ai dit, dé tous les vers rimés par lesquels Shakespeare, Johnson, Dryden, Otway, Rowe, etc., terminent leurs

Tous les vers qui sont dans ce goût simple et vrai sont rendus mot à mot dans l'anglais. Il eût été aisé de les orner, mais le traducteur a jugé autrement que quelques-uns de mes compatriotes : il a aimé et il a rendu toute la naïveté de ces vers. En effet, le style doit être conforme au sujet. *Alzire*, *Brutus* et *Zaïre* demandaient, par exemple, trois sortes de versification différente.

Si Bérénice se plaignait de Titus, et Ariane de Thésée, dans le style de *Cinna*, Bérénice et Ariane ne toucheraient point.

Jamais on ne parlera bien d'amour, si l'on cherche d'autres ornements que la simplicité et la vérité.

Il n'est pas question ici d'examiner s'il est bien de mettre tant d'amour dans les pièces de théâtre. Je veux que ce soit une faute, elle est et sera universelle ; et je ne sais quel nom donner aux fautes qui font le charme du genre humain.

Ce qui est certain, c'est que, dans ce défaut, les Français ont réussi plus que toutes les autres nations anciennes et modernes mises ensemble. L'amour paraît sur nos théâtres avec des bienséances, une délicatesse, une vérité qu'on ne trouve point ailleurs. C'est que de toutes les nations, la française est celle qui a le plus connu la société.

Le commerce continuel, si vif et si poli, des deux sexes a introduit en France une politesse assez ignorée ailleurs.

La société dépend des femmes. Tous les peuples qui ont le malheur de les enfermer sont insociables. Et des mœurs encore austères parmi vous, des querelles politiques, des guerres de religion, qui vous avaient rendus farouches, vous ôtèrent, jusqu'au temps de Charles II, la douceur de la société, au milieu même de la liberté. Les poëtes ne devaient donc savoir, ni dans aucun pays, ni même chez les Anglais, la manière dont les honnêtes gens traitent l'amour.

La bonne comédie fut ignorée jusqu'à Molière, comme l'art d'exprimer sur le théâtre des sentiments vrais et délicats fut ignoré jusqu'à Racine, parce que la société ne fut, pour ainsi dire, dans sa perfection que de leur temps. Un poëte, du fond de son cabinet,

---

pièces, il y en a certes bien cent contre cinq qui sont dans le même cas. Qu'a donc fait Hill de particulier ? Mais aurait-il eu même ce singulier mérite dont le loue Voltaire, qu'il ne serait pas vrai de dire encore que son exemple a eu l'influence qu'on lui attribue là. Car, jusqu'à cette heure, il paraît autant (pour ne pas dire plus) de tragédies anglaises avec des fins d'acte rimées que sans de telles fins. Et Hill lui-même ne s'est jamais affranchi complètement de cette vieille mode dans ses tragédies dont plusieurs sont postérieures à sa traduction de *Zaïre*. » (G. A.)

ne peut peindre des mœurs qu'il n'a point vues ; il aura plus tôt fait cent odes et cent épîtres qu'une scène où il faut faire parler la nature.

Votre Dryden, qui d'ailleurs était un très-grand génie, mettait dans la bouche de ses héros amoureux, ou des hyperboles de rhétorique, ou des indécences, deux choses également opposées à la tendresse.

Si M. Racine fait dire à Titus[1] :

« Depuis cinq ans entiers chaque jour je la vois,
Et crois toujours la voir pour la première fois; »

votre Dryden fait dire à Antoine :

« Ciel ! comme j'aimai ! Témoin les jours et les nuits qui suivaient en dansant sous vos pieds. Ma seule affaire était de vous parler de ma passion ; un jour venait, et ne voyait rien qu'amour ; un autre venait, et c'était de l'amour encore. Les soleils étaient las de nous regarder, et moi, je n'étais point las d'aimer. »

Il est bien difficile d'imaginer qu'Antoine ait en effet tenu de pareils discours à Cléopâtre.

Dans la même pièce, Cléopâtre parle ainsi à Antoine :

« Venez à moi, venez dans mes bras, mon cher soldat; j'ai été trop longtemps privée de vos caresses. Mais quand je vous embrasserai, quand vous serez tout à moi, je vous punirai de vos cruautés en laissant sur vos lèvres l'impression de mes ardents baisers. »

Il est très-vraisemblable que Cléopâtre parlait souvent dans ce goût, mais ce n'est point cette indécence qu'il faut représenter devant une audience respectable.

Quelques-uns de vos compatriotes ont beau dire : « C'est là la pure nature »; on doit leur répondre que c'est précisément cette nature qu'il faut voiler avec soin.

Ce n'est pas même connaître le cœur humain, de penser qu'on doit plaire davantage en présentant ces images licencieuses ; au contraire, c'est fermer l'entrée de l'âme aux vrais plaisirs. Si tout est d'abord à découvert, on est rassasié ; il ne reste plus rien à désirer, et on arrive tout d'un coup à la langueur en croyant courir à la volupté. Voilà pourquoi la bonne compagnie a des plaisirs que les gens grossiers ne connaissent pas.

---

1. *Bérénice*, acte II, scène II.

Les spectateurs, en ce cas, sont comme les amants qu'une jouissance trop prompte dégoûte : ce n'est qu'à travers cent nuages qu'on doit entrevoir ces idées qui feraient rougir, présentées de trop près. C'est ce voile qui fait le charme des honnêtes gens ; il n'y a point pour eux de plaisir sans bienséance.

Les Français ont connu cette règle plus tôt que les autres peuples, non pas parce qu'ils sont *sans génie et sans hardiesse*, comme le dit ridiculement l'inégal et impétueux Dryden, mais parce que, depuis la régence d'Anne d'Autriche, ils ont été le peuple le plus sociable et le plus poli de la terre ; et cette politesse n'est point une chose arbitraire, comme ce qu'on appelle civilité ; c'est une loi de la nature qu'ils ont heureusement cultivée plus que les autres peuples.

Le traducteur de *Zaïre* a respecté presque partout ces bienséances théâtrales, qui vous doivent être communes comme à nous ; mais il y a quelques endroits où il s'est livré encore à d'anciens usages.

Par exemple, lorsque, dans la pièce anglaise, Orosmane vient annoncer à Zaïre qu'il croit ne la plus aimer, Zaïre lui répond en se roulant par terre. Le sultan n'est point ému de la voir dans cette posture ridicule et de désespoir, et le moment d'après il est tout étonné que Zaïre pleure.

Il lui dit cet hémistiche (acte IV, scène II) :

Zaïre, vous pleurez !

Il aurait dû lui dire auparavant :

Zaïre, vous vous roulez par terre !

Aussi ces trois mots, *Zaïre, vous pleurez*, qui font un grand effet sur notre théâtre, n'en ont fait aucun sur le vôtre, parce qu'ils étaient déplacés. Ces expressions familières et naïves tirent toute leur force de la seule manière dont elles sont amenées. *Seigneur, vous changez de visage*, n'est rien par soi-même ; mais le moment où ces paroles si simples sont prononcées dans *Mithridate* (acte III, scène VI) fait frémir.

Ne dire que ce qu'il faut, et de la manière dont il le faut, est, ce me semble, un mérite dont les Français, si vous m'en exceptez, ont plus approché que les écrivains des autres pays. C'est, je crois, sur cet art que notre nation doit en être crue. Vous nous apprenez des choses plus grandes et plus utiles : il serait honteux à nous de ne le pas avouer. Les Français qui ont écrit contre les découvertes du chevalier Newton sur la lumière en rougissent ; ceux qui combattent la gravitation en rougiront bientôt.

Vous devez vous soumettre aux règles de notre théâtre, comme nous devons embrasser votre philosophie. Nous avons fait d'aussi bonnes expériences sur le cœur humain que vous sur la physique. L'art de plaire semble l'art des Français, et l'art de penser paraît le vôtre. Heureux, monsieur, qui, comme vous, les réunit !

AVERTISSEMENT

(DE L'AUTEUR [1])

On a imprimé Français par un *a*, et on en usera ainsi dans la nouvelle édition de *la Henriade*. Il faut en tout se conformer à l'usage, et écrire autant qu'on peut comme on prononce ; il serait ridicule de dire en vers : les *François* et les *Anglois,* puisqu'en prose tout le monde prononce *Français*. Il n'est pas même à croire que jamais cette dure prononciation, *François,* revienne à la mode. Tous les peuples adoucissent insensiblement la prononciation de leur langue. Nous ne disons plus la *Roine,* mais la *Reine. Août* se prononce *Oût,* etc. On dira toujours *Gaulois* et *Français,* parce que l'idée d'une nation grossière inspire naturellement un son plus dur, et que l'idée d'une nation plus polie communique à la voix un son plus doux. Les Italiens en sont venus jusqu'à retrancher l'*h* absolument. Chez les Anglais, la moitié des consonnes qui remplissaient leurs mots, et qui les rendaient trop durs, ne se prononcent plus. En un mot, tout ce qui contribue à rendre une langue plus douce sans affectation doit être admis.

1. Cet *Avertissement* ne se trouve que dans l'édition de 1736. (B.)

PERSONNAGES[1]

OROSMANE, soudan de Jérusalem.
LUSIGNAN, prince du sang des rois de Jérusalem.
ZAÏRE, } esclaves du soudan.
FATIME,
NÉRESTAN, } chevaliers français.
CHATILLON,
CORASMIN, } officiers du soudan.
MÉLÉDOR,
UN ESCLAVE.
SUITE.

La scène est au sérail de Jérusalem.

---

[1]. Noms des acteurs qui jouèrent dans *Zaïre* : Quinault-Dufresne (Orosmane), Legrand, La Thorillière, Dubreuil, Bercy, Sarrazin (Lusignan) Grandval (Nérestan); Mlle Gaussin (Zaïre), Mme Jouvenot (Fatime). — Recette : 3,060 livres. (G. A.

ZAÏRE

TRAGÉDIE

ACTE PREMIER.

SCÈNE I.

ZAÏRE, FATIME.

FATIME.
Je ne m'attendais pas, jeune et belle Zaïre,
Aux nouveaux sentiments que ce lieu vous inspire.
Quel espoir si flatteur, ou quels heureux destins
De vos jours ténébreux ont fait des jours sereins?
La paix de votre cœur augmente avec vos charmes.
Cet éclat de vos yeux n'est plus terni de larmes;
Vous ne les tournez plus vers ces heureux climats
Où ce brave Français devait guider nos pas!
Vous ne me parlez plus de ces belles contrées
Où d'un peuple poli les femmes adorées
Reçoivent cet encens que l'on doit à vos yeux;
Compagnes d'un époux et reines en tous lieux,
Libres sans déshonneur, et sages sans contrainte,
Et ne devant jamais leurs vertus à la crainte!
Ne soupirez-vous plus pour cette liberté?
Le sérail d'un soudan, sa triste austérité,
Ce nom d'esclave enfin, n'ont-ils rien qui vous gêne?
Préférez-vous Solyme aux rives de la Seine?

ZAÏRE.
On ne peut désirer ce qu'on ne connaît pas.
Sur les bords du Jourdain le ciel fixa nos pas.
Au sérail des soudans dès l'enfance enfermée,

Chaque jour ma raison s'y voit accoutumée.
Le reste de la terre, anéanti pour moi,
M'abandonne au soudan qui nous tient sous sa loi;
Je ne connais que lui, sa gloire, sa puissance :
Vivre sous Orosmane est ma seule espérance;
Le reste est un vain songe.
FATIME.
Avez-vous oublié
Ce généreux Français, dont la tendre amitié
Nous promit si souvent de rompre notre chaîne ?
Combien nous admirions son audace hautaine !
Quelle gloire il acquit dans ces tristes combats
Perdus par les chrétiens sous les murs de Damas !
Orosmane vainqueur, admirant son courage,
Le laissa sur sa foi partir de ce rivage.
Nous l'attendons encor; sa générosité
Devait payer le prix de notre liberté :
N'en aurions-nous conçu qu'une vaine espérance ?
ZAÏRE.
Peut-être sa promesse a passé sa puissance.
Depuis plus de deux ans il n'est point revenu.
Un étranger, Fatime, un captif inconnu,
Promet beaucoup, tient peu, permet à son courage
Des serments indiscrets pour sortir d'esclavage.
Il devait délivrer dix chevaliers chrétiens,
Venir rompre leurs fers, ou reprendre les siens :
J'admirai trop en lui cet inutile zèle;
Il n'y faut plus penser.
FATIME.
Mais s'il était fidèle,
S'il revenait enfin dégager ses serments,
Ne voudriez-vous pas ?...
ZAÏRE
Fatime, il n'est plus temps.
Tout est changé...
FATIME.
Comment ? que prétendez-vous dire ?
ZAÏRE.
Va, c'est trop te céler le destin de Zaïre ;
Le secret du soudan doit encor se cacher ;
Mais mon cœur dans le tien se plaît à s'épancher.
Depuis près de trois mois, qu'avec d'autres captives

ACTE I, SCÈNE I.

On te fit du Jourdain abandonner les rives,
Le ciel, pour terminer les malheurs de nos jours,
D'une main plus puissante a choisi le secours.
Ce superbe Orosmane...

FATIME.

Eh bien !

ZAÏRE.

Ce soudan même,
Ce vainqueur des chrétiens... chère Fatime... il m'aime...
Tu rougis... je t'entends... garde-toi de penser
Qu'à briguer ses soupirs je puisse m'abaisser;
Que d'un maître absolu la superbe tendresse
M'offre l'honneur honteux du rang de sa maîtresse,
Et que j'essuie enfin l'outrage et le danger
Du malheureux éclat d'un amour passager.
Cette fierté qu'en nous soutient la modestie,
Dans mon cœur à ce point ne s'est pas démentie.
Plutôt que jusque-là j'abaisse mon orgueil,
Je verrais sans pâlir les fers et le cercueil.
Je m'en vais t'étonner; son superbe courage
A mes faibles appas présente un pur hommage :
Parmi tous ces objets à lui plaire empressés,
J'ai fixé ses regards à moi seule adressés ;
Et l'hymen, confondant leurs intrigues fatales,
Me soumettra bientôt son cœur et mes rivales.

FATIME.

Vos appas, vos vertus, sont dignes de ce prix ;
Mon cœur en est flatté plus qu'il n'en est surpris.
Que vos félicités, s'il se peut, soient parfaites.
Je me vois avec joie au rang de vos sujettes.

ZAÏRE.

Sois toujours mon égale, et goûte mon bonheur :
Avec toi partagé, je sens mieux sa douceur.

FATIME.

Hélas ! puisse le ciel souffrir cet hyménée !
Puisse cette grandeur qui vous est destinée,
Qu'on nomme si souvent du faux nom de bonheur,
Ne point laisser de trouble au fond de votre cœur !
N'est-il point en secret de frein qui vous retienne ?
Ne vous souvient-il plus que vous fûtes chrétienne ?

ZAÏRE.

Ah ! que dis-tu ? pourquoi rappeler mes ennuis ?

Chère Fatime, hélas! sais-je ce que je suis?
Le ciel m'a-t-il jamais permis de me connaître?
Ne m'a-t-il pas caché le sang qui m'a fait naître?

FATIME.

Nérestan, qui naquit non loin de ce séjour,
Vous dit que d'un chrétien vous reçûtes le jour.
Que dis-je? cette croix qui sur vous fut trouvée,
Parure de l'enfance, avec soin conservée,
Ce signe des chrétiens, que l'art dérobe aux yeux
Sous le brillant éclat d'un travail précieux ;
Cette croix, dont cent fois mes soins vous ont parée,
Peut-être entre vos mains est-elle demeurée
Comme un gage secret de la fidélité
Que vous deviez au Dieu que vous avez quitté.

ZAÏRE.

Je n'ai point d'autre preuve, et mon cœur qui s'ignore
Peut-il admettre un dieu que mon amant abhorre?
La coutume, la loi plia mes premiers ans
A la religion des heureux musulmans.
Je le vois trop : les soins qu'on prend de notre enfance
Forment nos sentiments, nos mœurs, notre croyance.
J'eusse été près du Gange esclave des faux dieux,
Chrétienne dans Paris, musulmane en ces lieux.
L'instruction fait tout ; et la main de nos pères
Grave en nos faibles cœurs ces premiers caractères
Que l'exemple et le temps nous viennent retracer,
Et que peut-être en nous Dieu seul peut effacer.
Prisonnière en ces lieux, tu n'y fus renfermée
Que lorsque ta raison, par l'âge confirmée,
Pour éclairer ta foi te prêtait son flambeau :
Pour moi, des Sarrasins esclave en mon berceau,
La foi de nos chrétiens me fut trop tard connue.
Contre elle cependant, loin d'être prévenue,
Cette croix, je l'avoue, a souvent malgré moi
Saisi mon cœur surpris de respect et d'effroi :
J'osais l'invoquer même avant qu'en ma pensée
D'Orosmane en secret l'image fût tracée.
J'honore, je chéris ces charitables lois
Dont ici Nérestan me parla tant de fois ;
Ces lois qui, de la terre écartant les misères,
Des humains attendris font un peuple de frères ;
Obligés de s'aimer, sans doute ils sont heureux.

FATIME.

Pourquoi donc aujourd'hui vous déclarer contre eux?
A la loi musulmane à jamais asservie,
Vous allez des chrétiens devenir l'ennemie;
Vous allez épouser leur superbe vainqueur.

ZAÏRE.

Qui lui refuserait le présent de son cœur?
De toute ma faiblesse il faut que je convienne;
Peut-être sans l'amour j'aurais été chrétienne;
Peut-être qu'à ta loi j'aurais sacrifié :
Mais Orosmane m'aime, et j'ai tout oublié.
Je ne vois qu'Orosmane, et mon âme enivrée
Se remplit du bonheur de s'en voir adorée.
Mets-toi devant les yeux sa grâce, ses exploits;
Songe à ce bras puissant, vainqueur de tant de rois,
A cet aimable front que la gloire environne :
Je ne te parle point du sceptre qu'il me donne;
Non, la reconnaissance est un faible retour,
Un tribut offensant, trop peu fait pour l'amour.
Mon cœur aime Orosmane, et non son diadème[1];
Chère Fatime, en lui je n'aime que lui-même.
Peut-être j'en crois trop un penchant si flatteur;
Mais si le ciel, sur lui déployant sa rigueur,
Aux fers que j'ai portés eût condamné sa vie,
Si le ciel sous mes lois eût rangé la Syrie,
Ou mon amour me trompe, ou Zaïre aujourd'hui
Pour l'élever à soi descendrait jusqu'à lui.

FATIME.

On marche vers ces lieux; sans doute c'est lui-même.

ZAÏRE.

Mon cœur, qui le prévient, m'annonce ce que j'aime.

---

1. Ces vers rappellent ceux de *Bérénice*, acte II, sc. v :

> Titus, ah! plût au ciel que, sans blesser ta gloire,
> Un rival plus puissant voulût tenter ma foi,
> Et pût mettre à mes pieds plus d'empires que toi!
> Que de sceptres sans nombre il pût payer ma flamme!
> Que ton amour n'eût rien à donner que ton âme!
> C'est alors, cher Titus, qu'aimé, victorieux,
> Tu verrais de quel prix ton cœur est à mes yeux.

Dans la même *Bérénice*, acte Ier, sc. IV, on lit :

> ... Moi, dont l'ardeur extrême,
> Je vous l'ai déjà dit, n'aime en lui que lui-même,
> Mais qui, loin des grandeurs dont il est revêtu,
> Aurais choisi son cœur et cherché sa vertu. (B.)

Depuis deux jours, Fatime, absent de ce palais,
Enfin son tendre amour le rend à mes souhaits.

SCÈNE II.

OROSMANE, ZAÏRE, FATIME.

OROSMANE.

Vertueuse Zaïre, avant que l'hyménée
Joigne à jamais nos cœurs et notre destinée,
J'ai cru, sur mes projets, sur vous, sur mon amour,
Devoir en musulman vous parler sans détour.
Les soudans qu'à genoux cet univers contemple,
Leurs usages, leurs droits, ne sont point mon exemple ;
Je sais que notre loi, favorable aux plaisirs,
Ouvre un champ sans limite à nos vastes désirs ;
Que je puis à mon gré, prodiguant mes tendresses,
Recevoir à mes pieds l'encens de mes maîtresses ;
Et tranquille au sérail, dictant mes volontés,
Gouverner mon pays du sein des voluptés.
Mais la mollesse est douce, et sa suite est cruelle ;
Je vois autour de moi cent rois vaincus par elle ;
Je vois de Mahomet ces lâches successeurs,
Ces califes tremblants dans leurs tristes grandeurs,
Couchés sur les débris de l'autel et du trône,
Sous un nom sans pouvoir languir dans Babylone :
Eux qui seraient encore, ainsi que leurs aïeux,
Maîtres du monde entier s'ils l'avaient été d'eux.
Bouillon leur arracha Solyme et la Syrie ;
Mais bientôt, pour punir une secte ennemie,
Dieu suscita le bras du puissant Saladin ;
Mon père, après sa mort, asservit le Jourdain ;
Et moi, faible héritier de sa grandeur nouvelle,
Maître encore incertain d'un État qui chancelle,
Je vois ces fiers chrétiens, de rapine altérés,
Des bords de l'Occident vers nos bords attirés ;
Et lorsque la trompette et la voix de la guerre
Du Nil au Pont-Euxin font retentir la terre,
Je n'irai point, en proie à de lâches amours,
Aux langueurs d'un sérail abandonner mes jours.

ACTE I, SCÈNE II.

J'atteste ici la gloire, et Zaïre, et ma flamme,
De ne choisir que vous pour maîtresse et pour femme,
De vivre votre ami, votre amant, votre époux,
De partager mon cœur entre la guerre et vous.
Ne croyez pas non plus que mon honneur confie
La vertu d'une épouse à ces monstres d'Asie,
Du sérail des soudans gardes injurieux,
Et des plaisirs d'un maître esclaves odieux.
Je sais vous estimer autant que je vous aime,
Et sur votre vertu me fier à vous-même.
Après un tel aveu, vous connaissez mon cœur;
Vous sentez qu'en vous seule il a mis son bonheur.
Vous comprenez assez quelle amertume affreuse
Corromprait de mes jours la durée odieuse,
Si vous ne receviez les dons que je vous fais
Qu'avec ces sentiments que l'on doit aux bienfaits.
Je vous aime, Zaïre, et j'attends de votre âme
Un amour qui réponde à ma brûlante flamme.
Je l'avouerai, mon cœur ne veut rien qu'ardemment ;
Je me croirais haï d'être aimé faiblement.
De tous mes sentiments tel est le caractère.
Je veux avec excès vous aimer et vous plaire.
Si d'un égal amour votre cœur est épris,
Je viens vous épouser, mais c'est à ce seul prix ;
Et du nœud de l'hymen l'étreinte dangereuse
Me rend infortuné s'il ne vous rend heureuse.

ZAÏRE.

Vous, seigneur, malheureux ! Ah ! si votre grand cœur
A sur mes sentiments pu fonder son bonheur,
S'il dépend en effet de mes flammes secrètes,
Quel mortel fut jamais plus heureux que vous l'êtes !
Ces noms chers et sacrés, et d'amant, et d'époux,
Ces noms nous sont communs : et j'ai par-dessus vous
Ce plaisir si flatteur à ma tendresse extrême,
De tenir tout, seigneur, du bienfaiteur que j'aime ;
De voir que ses bontés font seules mes destins ;
D'être l'ouvrage heureux de ses augustes mains ;
De révérer, d'aimer un héros que j'admire.
Oui, si parmi les cœurs soumis à votre empire
Vos yeux ont discerné les hommages du mien,
Si votre auguste choix...

SCÈNE III.

OROSMANE, ZAÏRE, FATIME, CORASMIN.

CORASMIN.
Cet esclave chrétien
Qui sur sa foi, seigneur, a passé dans la France,
Revient au moment même, et demande audience.

FATIME.
O ciel!

OROSMANE.
Il peut entrer. Pourquoi ne vient-il pas?

CORASMIN.
Dans la première enceinte il arrête ses pas.
Seigneur, je n'ai pas cru qu'aux regards de son maître,
Dans ces augustes lieux un chrétien pût paraître.

OROSMANE.
Qu'il paraisse. En tous lieux, sans manquer de respect,
Chacun peut désormais jouir de mon aspect.
Je vois avec mépris ces maximes terribles
Qui font de tant de rois des tyrans invisibles.

SCÈNE IV.

OROSMANE, ZAÏRE, FATIME, CORASMIN, NÉRESTAN.

NÉRESTAN.
Respectable ennemi qu'estiment les chrétiens,
Je reviens dégager mes serments et les tiens;
J'ai satisfait à tout; c'est à toi d'y souscrire;
Je te fais apporter la rançon de Zaïre,
Et celle de Fatime, et de dix chevaliers,
Dans les murs de Solyme illustres prisonniers.
Leur liberté par moi trop longtemps retardée,
Quand je reparaîtrais leur dut être accordée:
Sultan, tiens ta parole; ils ne sont plus à toi,
Et dès ce moment même ils sont libres par moi.

Mais, grâces à mes soins, quand leur chaîne est brisée,
A t'en payer le prix ma fortune épuisée,
Je ne le cèle pas, m'ôte l'espoir heureux
De faire ici pour moi ce que je fais pour eux.
Une pauvreté noble est tout ce qui me reste.
J'arrache des chrétiens à leur prison funeste;
Je remplis mes serments, mon honneur, mon devoir;
Il me suffit : je viens me mettre en ton pouvoir;
Je me rends prisonnier, et demeure en otage.

OROSMANE.

Chrétien, je suis content de ton noble courage;
Mais ton orgueil ici se serait-il flatté
D'effacer Orosmane en générosité?
Reprends ta liberté, remporte tes richesses,
A l'or de ces rançons joins mes justes largesses :
Au lieu de dix chrétiens que je dus t'accorder,
Je t'en veux donner cent; tu les peux demander.
Qu'ils aillent sur tes pas apprendre à ta patrie
Qu'il est quelques vertus au fond de la Syrie;
Qu'ils jugent en partant qui méritait le mieux,
Des Français ou de moi, l'empire de ces lieux.
Mais parmi ces chrétiens que ma bonté délivre,
Lusignan ne fut point réservé pour te suivre :
De ceux qu'on peut te rendre il est seul excepté;
Son nom serait suspect à mon autorité :
Il est du sang français qui régnait à Solyme;
On sait son droit au trône, et ce droit est un crime :
Du destin qui fait tout, tel est l'arrêt cruel;
Si j'eusse été vaincu, je serais criminel.
Lusignan dans les fers finira sa carrière,
Et jamais du soleil ne verra la lumière.
Je le plains, mais pardonne à la nécessité
Ce reste de vengeance et de sévérité.
Pour Zaïre, crois-moi, sans que ton cœur s'offense,
Elle n'est pas d'un prix qui soit en ta puissance;
Tes chevaliers français, et tous leurs souverains,
S'uniraient vainement pour l'ôter de mes mains;
Tu peux partir.

NÉRESTAN.

    Qu'entends-je? Elle naquit chrétienne.
J'ai pour la délivrer ta parole et la sienne;
Et quant à Lusignan, ce vieillard malheureux,

Pourrait-il?...

OROSMANE.

Je t'ai dit, chrétien, que je le veux.
J'honore ta vertu; mais cette humeur altière,
Se faisant estimer, commence à me déplaire :
Sors, et que le soleil, levé sur mes États,
Demain près du Jourdain ne te retrouve pas.

(Nérestan sort.)

FATIME.

O Dieu, secourez-nous!

OROSMANE.

Et vous, allez, Zaïre,
Prenez dans le sérail un souverain empire;
Commandez en sultane, et je vais ordonner
La pompe d'un hymen qui vous doit couronner.

SCÈNE V.

OROSMANE, CORASMIN.

OROSMANE.

Corasmin, que veut donc cet esclave infidèle?
Il soupirait... ses yeux se sont tournés vers elle;
Les as-tu remarqués?

CORASMIN [1].

Que dites-vous, seigneur?
De ce soupçon jaloux écoutez-vous l'erreur?

OROSMANE.

Moi, jaloux! qu'à ce point ma fierté s'avilisse!
Que j'éprouve l'horreur de ce honteux supplice!
Moi, que je puisse aimer comme l'on sait haïr[2]?
Quiconque est soupçonneux invite à le trahir.

---

1. Corasmin remplace l'Iago de Shakespeare. Mais ce confident, dit M. Villemain, est aussi insignifiant que celui d'Othello est infernal. C'est le bon Corasmin. (G. A.)

2. Molière, dans la comédie des *Fâcheux*, dit, en parlant des jaloux, acte II, scène IV :

De ces gens dont l'amour est fait comme la haine.

On retrouve dans la scène des deux amants du *Dépit amoureux* plusieurs sentiments de la deuxième scène du quatrième acte entre Orosmane et Zaïre :

Madame, il fut un temps où mon âme charmée...

Je vois à l'amour seul ma maîtresse asservie;
Cher Corasmin, je l'aime avec idolâtrie :
Mon amour est plus fort, plus grand que mes bienfaits.
Je ne suis point jaloux... si je l'étais jamais...
Si mon cœur... Ah! chassons cette importune idée :
D'un plaisir pur et doux mon âme est possédée.
Va, fais tout préparer pour ces moments heureux
Qui vont joindre ma vie à l'objet de mes vœux.
Je vais donner une heure aux soins de mon empire,
Et le reste du jour sera tout à Zaïre[1].

1. Othello dit : « Viens, Desdemone, je n'ai qu'une heure pour te parler d'amour, des affaires du monde et de mes conseils; il faut obéir au temps. »

FIN DU PREMIER ACTE.

ACTE DEUXIÈME.

SCÈNE I.

NÉRESTAN, CHATILLON.

CHATILLON.
O brave Nérestan, chevalier généreux,
Vous qui brisez les fers de tant de malheureux,
Vous, sauveur des chrétiens, qu'un Dieu sauveur envoie,
Paraissez, montrez-vous, goûtez la douce joie
De voir nos compagnons pleurant à vos genoux,
Baiser l'heureuse main qui nous délivre tous.
Aux portes du sérail en foule ils vous demandent;
Ne privez point leurs yeux du héros qu'ils attendent,
Et qu'unis à jamais sous notre bienfaiteur...

NÉRESTAN.
Illustre Chatillon, modérez cet honneur;
J'ai rempli d'un Français le devoir ordinaire :
J'ai fait ce qu'à ma place on vous aurait vu faire.

CHATILLON.
Sans doute; et tout chrétien, tout digne chevalier,
Pour sa religion se doit sacrifier;
Et la félicité des cœurs tels que les nôtres
Consiste à tout quitter pour le bonheur des autres.
Heureux, à qui le ciel a donné le pouvoir
De remplir comme vous un si noble devoir !
Pour nous, tristes jouets du sort qui nous opprime,
Nous, malheureux Français, esclaves dans Solyme,
Oubliés dans les fers, où longtemps, sans secours,
Le père d'Orosmane abandonna nos jours,
Jamais nos yeux sans vous ne reverraient la France.

NÉRESTAN.
Dieu s'est servi de moi, seigneur : sa providence

De ce jeune Orosmane a fléchi la rigueur.
Mais quel triste mélange altère ce bonheur!
Que de ce fier soudan la clémence odieuse
Répand sur ses bienfaits une amertume affreuse!
Dieu me voit et m'entend ; il sait si dans mon cœur
J'avais d'autres projets que ceux de sa grandeur.
Je faisais tout pour lui : j'espérais de lui rendre
Une jeune beauté, qu'à l'âge le plus tendre
Le cruel Noradin fit esclave avec moi,
Lorsque les ennemis de notre auguste foi,
Baignant de notre sang la Syrie enivrée,
Surprirent Lusignan vaincu dans Césarée.
Du sérail des sultans sauvé par des chrétiens,
Remis depuis trois ans dans mes premiers liens,
Renvoyé dans Paris sur ma seule parole,
Seigneur, je me flattais, espérance frivole!
De ramener Zaïre à cette heureuse cour
Où Louis des vertus a fixé le séjour.
Déjà même la reine, à mon zèle propice,
Lui tendait de son trône une main protectrice.
Enfin, lorsqu'elle touche au moment souhaité,
Qui la tirait du sein de la captivité,
On la retient... Que dis-je?... Ah! Zaïre elle-même,
Oubliant les chrétiens pour ce soudan qui l'aime...
N'y pensons plus... Seigneur, un refus plus cruel
Vient m'accabler encor d'un déplaisir mortel ;
Des chrétiens malheureux l'espérance est trahie.

CHATILLON.

Je vous offre pour eux ma liberté, ma vie ;
Disposez-en, seigneur, elle vous appartient.

NÉRESTAN.

Seigneur, ce Lusignan, qu'à Solyme on retient,
Ce dernier d'une race en héros si féconde,
Ce guerrier dont la gloire avait rempli le monde,
Ce héros malheureux, de Bouillon descendu,
Aux soupirs des chrétiens ne sera point rendu.

CHATILLON.

Seigneur, s'il est ainsi, votre faveur est vaine :
Quel indigne soldat voudrait briser sa chaîne,
Alors que dans les fers son chef est retenu?
Lusignan, comme à moi, ne vous est pas connu.

Seigneur, remerciez le ciel, dont la clémence
A pour votre bonheur placé votre naissance
Longtemps après ces jours à jamais détestés,
Après ces jours de sang et de calamités,
Où je vis sous le joug de nos barbares maîtres
Tomber ces murs sacrés conquis par nos ancêtres.
Ciel ! si vous aviez vu ce temple abandonné,
Du Dieu que nous servons le tombeau profané,
Nos pères, nos enfants, nos filles et nos femmes,
Au pied de nos autels expirant dans les flammes,
Et notre dernier roi, courbé du faix des ans,
Massacré sans pitié sur ses fils expirants !
Lusignan, le dernier de cette auguste race,
Dans ces moments affreux ranimant notre audace,
Au milieu des débris des temples renversés,
Des vainqueurs, des vaincus, et des morts entassés,
Terrible, et d'une main reprenant cette épée,
Dans le sang infidèle à tout moment trempée,
Et de l'autre à nos yeux montrant avec fierté
De notre sainte foi le signe redouté,
Criant à haute voix : « Français, soyez fidèles... »
Sans doute en ce moment, le couvrant de ses ailes,
La vertu du Très-Haut, qui nous sauve aujourd'hui,
Aplanissait sa route, et marchait devant lui ;
Et des tristes chrétiens la foule délivrée
Vint porter avec nous ses pas dans Césarée.
Là, par nos chevaliers, d'une commune voix,
Lusignan fut choisi pour nous donner des lois.
O mon cher Nérestan ! Dieu, qui nous humilie,
N'a pas voulu sans doute, en cette courte vie,
Nous accorder le prix qu'il doit à la vertu ;
Vainement pour son nom nous avons combattu.
Ressouvenir affreux, dont l'horreur me dévore !
Jérusalem en cendre, hélas ! fumait encore,
Lorsque dans notre asile attaqués et trahis,
Et livrés par un Grec à nos fiers ennemis,
La flamme, dont brûla Sion désespérée,
S'étendit en fureur aux murs de Césarée :
Ce fut là le dernier de trente ans de revers ;
Là, je vis Lusignan chargé d'indignes fers :
Insensible à sa chute, et grand dans ses misères,
Il n'était attendri que des maux de ses frères.

Seigneur, depuis ce temps, ce père des chrétiens,
Resserré loin de nous, blanchi dans ses liens,
Gémit dans un cachot, privé de la lumière,
Oublié de l'Asie et de l'Europe entière.
Tel est son sort affreux : qui pourrait aujourd'hui,
Quand il souffre pour nous, se voir heureux sans lui ?

NÉRESTAN.

Ce bonheur, il est vrai, serait d'un cœur barbare.
Que je hais le destin qui de lui nous sépare !
Que vers lui vos discours m'ont sans peine entraîné !
Je connais ses malheurs, avec eux je suis né ;
Sans un trouble nouveau je n'ai pu les entendre ;
Votre prison, la sienne, et Césarée en cendre,
Sont les premiers objets, sont les premiers revers
Qui frappèrent mes yeux à peine encore ouverts.
Je sortais du berceau ; ces images sanglantes
Dans vos tristes récits me sont encor présentes.
Au milieu des chrétiens dans un temple immolés,
Quelques enfants, seigneur, avec moi rassemblés,
Arrachés par des mains de carnage fumantes
Aux bras ensanglantés de nos mères tremblantes,
Nous fûmes transportés dans ce palais des rois,
Dans ce même sérail, seigneur, où je vous vois.
Noradin m'éleva près de cette Zaïre,
Qui depuis... pardonnez si mon cœur en soupire,
Qui depuis égarée en ce funeste lieu,
Pour un maître barbare abandonna son Dieu.

CHATILLON.

Telle est des musulmans la funeste prudence.
De leurs chrétiens captifs ils séduisent l'enfance ;
Et je bénis le ciel, propice à nos desseins,
Qui dans vos premiers ans vous sauva de leurs mains.
Mais, seigneur, après tout, cette Zaïre même,
Qui renonce aux chrétiens pour le soudan qui l'aime,
De son crédit au moins nous pourrait secourir :
Qu'importe de quel bras Dieu daigne se servir ?
M'en croirez-vous ? Le juste, aussi bien que le sage,
Du crime et du malheur sait tirer avantage.
Vous pourriez de Zaïre employer la faveur
A fléchir Orosmane, à toucher son grand cœur,
A nous rendre un héros que lui-même a dû plaindre,
Que sans doute il admire, et qui n'est plus à craindre.

NÉRESTAN.

Mais ce même héros, pour briser ses liens,
Voudra-t-il qu'on s'abaisse à ces honteux moyens?
Et quand il le voudrait, est-il en ma puissance
D'obtenir de Zaïre un moment d'audience?
Croyez-vous qu'Orosmane y daigne consentir?
Le sérail à ma voix pourra-t-il se rouvrir?
Quand je pourrais enfin paraître devant elle,
Que faut-il espérer d'une femme infidèle,
A qui mon seul aspect doit tenir lieu d'affront,
Et qui lira sa honte écrite sur mon front?
Seigneur, il est bien dur, pour un cœur magnanime,
D'attendre des secours de ceux qu'on mésestime :
Leurs refus sont affreux, leurs bienfaits font rougir.

CHATILLON.

Songez à Lusignan, songez à le servir.

NÉRESTAN.

Eh bien!... Mais quels chemins jusqu'à cette infidèle
Pourront... On vient à nous. Que vois-je! ô ciel! c'est elle.

SCÈNE II.

ZAÏRE, CHATILLON, NÉRESTAN.

ZAÏRE, à Nérestan.

C'est vous, digne Français, à qui je viens parler.
Le soudan le permet, cessez de vous troubler;
Et rassurant mon cœur, qui tremble à votre approche,
Chassez de vos regards la plainte et le reproche.
Seigneur, nous nous craignons, nous rougissons tous deux;
Je souhaite et je crains de rencontrer vos yeux.
L'un à l'autre attachés depuis notre naissance,
Une affreuse prison renferma notre enfance;
Le sort nous accabla du poids des mêmes fers,
Que la tendre amitié nous rendait plus légers.
Il me fallut depuis gémir de votre absence;
Le ciel porta vos pas aux rives de la France :
Prisonnier dans Solyme, enfin je vous revis;
Un entretien plus libre alors m'était permis.
Esclave dans la foule, où j'étais confondue,
Aux regards du soudan je vivais inconnue :

ACTE II, SCÈNE II.

Vous daignâtes bientôt, soit grandeur, soit pitié,
Soit plutôt digne effet d'une pure amitié,
Revoyant des Français le glorieux empire,
Y chercher la rançon de la triste Zaïre :
Vous l'apportez : le ciel a trompé vos bienfaits ;
Loin de vous, dans Solyme, il m'arrête à jamais.
Mais quoi que ma fortune ait d'éclat et de charmes,
Je ne puis vous quitter sans répandre des larmes.
Toujours de vos bontés je vais m'entretenir,
Chérir de vos vertus le tendre souvenir,
Comme vous, des humains soulager la misère,
Protéger les chrétiens, leur tenir lieu de mère ;
Vous me les rendez chers, et ces infortunés...

NÉRESTAN.

Vous, les protéger ! vous, qui les abandonnez !
Vous, qui des Lusignan foulant aux pieds la cendre...

ZAÏRE.

Je la viens honorer, seigneur, je viens vous rendre
Le dernier de ce sang, votre amour, votre espoir :
Oui, Lusignan est libre, et vous l'allez revoir.

CHATILLON.

O ciel ! nous reverrions notre appui, notre père !

NÉRESTAN.

Les chrétiens vous devraient une tête si chère !

ZAÏRE.

J'avais sans espérance osé la demander :
Le généreux soudan veut bien nous l'accorder :
On l'amène en ces lieux.

NÉRESTAN.

          Que mon âme est émue !

ZAÏRE.

Mes larmes, malgré moi, me dérobent sa vue ;
Ainsi que ce vieillard, j'ai langui dans les fers ;
Qui ne sait compatir aux maux qu'on a soufferts[1] !

NÉRESTAN.

Grand Dieu ! que de vertu dans une âme infidèle !

---

1. Ce vers est une imitation de celui de Virgile (*Æn*, I, v. 634) :

    Non ignara mali miseris succurrere disco.   (K.)

SCÈNE III.

ZAÏRE, LUSIGNAN, CHATILLON, NÉRESTAN,
PLUSIEURS ESCLAVES CHRÉTIENS.

LUSIGNAN.
Du séjour du trépas quelle voix me rappelle[1] ?
Suis-je avec des chrétiens?... Guidez mes pas tremblants.
Mes maux m'ont affaibli plus encor que mes ans.
(En s'asseyant.)
Suis-je libre en effet?
ZAÏRE.
Oui, seigneur, oui, vous l'êtes.
CHATILLON.
Vous vivez, vous calmez nos douleurs inquiètes.
Tous nos tristes chrétiens...
LUSIGNAN.
O jour! ô douce voix!
Chatillon, c'est donc vous? c'est vous que je revois!
Martyr, ainsi que moi, de la foi de nos pères,
Le Dieu que nous servons finit-il nos misères?
En quels lieux sommes-nous? Aidez mes faibles yeux.
CHATILLON.
C'est ici le palais qu'ont bâti vos aïeux ;
Du fils de Noradin c'est le séjour profane.
ZAÏRE.
Le maître de ces lieux, le puissant Orosmane,
Sait connaître, seigneur, et chérir la vertu.
(En montrant Nérestan.)
Ce généreux Français, qui vous est inconnu,
Par la gloire amené des rives de la France,
Venait de dix chrétiens payer la délivrance ;
Le soudan, comme lui, gouverné par l'honneur,
Croit, en vous délivrant, égaler son grand cœur.
LUSIGNAN.
Des chevaliers français tel est le caractère[2] ;

---

1. Cet épisode de Lusignan, que tous les critiques s'accordent à trouver admirable, est de l'invention de Voltaire. (G. A.)
2. Voltaire dit dans *la Henriade* (chant III) :
Des courtisans français tel est le caractère.

Leur noblesse en tout temps me fut utile et chère.
Trop digne chevalier, quoi! vous passez les mers
Pour soulager nos maux, et pour briser nos fers?
Ah! parlez, à qui dois-je un service si rare?

NÉRESTAN.

Mon nom est Nérestan ; le sort, longtemps barbare,
Qui dans les fers ici me mit presque en naissant,
Me fit quitter bientôt l'empire du Croissant.
A la cour de Louis, guidé par mon courage,
De la guerre sous lui j'ai fait l'apprentissage ;
Ma fortune et mon rang sont un don de ce roi,
Si grand par sa valeur, et plus grand par sa foi.
Je le suivis, seigneur, au bord de la Charente,
Lorsque du fier Anglais la valeur menaçante,
Cédant à nos efforts trop longtemps captivés,
Satisfit en tombant aux lis qu'ils ont bravés[1].
Venez, prince, et montrez au plus grand des monarques
De vos fers glorieux les vénérables marques ;
Paris va révérer le martyr de la croix,
Et la cour de Louis est l'asile des rois[2].

LUSIGNAN.

Hélas! de cette cour j'ai vu jadis la gloire.
Quand Philippe à Bovine enchaînait la victoire,
Je combattais, seigneur, avec Montmorenci,
Melun, d'Estaing, de Nesle, et ce fameux Couci.
Mais à revoir Paris je ne dois plus prétendre :
Vous voyez qu'au tombeau je suis prêt à descendre :
Je vais au Roi des rois demander aujourd'hui
Le prix de tous les maux que j'ai soufferts pour lui.
Vous, généreux témoins de mon heure dernière,
Tandis qu'il en est temps, écoutez ma prière :
Nérestan, Chatillon, et vous... de qui les pleurs
Dans ces moments si chers honorent mes malheurs,
Madame, ayez pitié du plus malheureux père,
Qui jamais ait du ciel éprouvé la colère,
Qui répand devant vous des larmes que le temps
Ne peut encor tarir dans mes yeux expirants.

---

1. On trouve dans un poëme de l'abbé Du Jarry :

> Tandis que les sapins, les chênes élevés,
> Satisfont en tombant aux vents qu'ils ont bravés. (K.)

2. C'est le mot du duc d'Orléans, régent. (B.)

Une fille, trois fils, ma superbe espérance,
Me furent arrachés dès leur plus tendre enfance;
O mon cher Chatillon, tu dois t'en souvenir!
CHATILLON.
De vos malheurs encor vous me voyez frémir.
LUSIGNAN.
Prisonnier avec moi dans Césarée en flamme,
Tes yeux virent périr mes deux fils et ma femme.
CHATILLON.
Mon bras chargé de fers ne les put secourir.
LUSIGNAN.
Hélas! et j'étais père, et je ne pus mourir!
Veillez du haut des cieux, chers enfants que j'implore,
Sur mes autres enfants, s'ils sont vivants encore.
Mon dernier fils, ma fille, aux chaînes réservés,
Par de barbares mains pour servir conservés,
Loin d'un père accablé, furent portés ensemble
Dans ce même sérail où le ciel nous rassemble.
CHATILLON.
Il est vrai, dans l'horreur de ce péril nouveau,
Je tenais votre fille à peine en son berceau;
Ne pouvant la sauver, seigneur, j'allais moi-même
Répandre sur son front l'eau sainte du baptême,
Lorsque les Sarrasins, de carnage fumants,
Revinrent l'arracher à mes bras tout sanglants.
Votre plus jeune fils, à qui les destinées
Avaient à peine encore accordé quatre années,
Trop capable déjà de sentir son malheur,
Fut dans Jérusalem conduit avec sa sœur.
NÉRESTAN.
De quel ressouvenir mon âme est déchirée!
A cet âge fatal j'étais dans Césarée;
Et tout couvert de sang, et chargé de liens,
Je suivis en ces lieux la foule des chrétiens.
LUSIGNAN.
Vous... seigneur!... Ce sérail éleva votre enfance?...
(En les regardant.)
Hélas! de mes enfants auriez-vous connaissance?
Ils seraient de votre âge, et peut-être mes yeux...
Quel ornement, madame, étranger en ces lieux?
Depuis quand l'avez-vous?

ACTE II, SCENE III.

ZAÏRE.
Depuis que je respire.
Seigneur... eh quoi! d'où vient que votre âme soupire?
(Elle lui donne la croix.)

LUSIGNAN.
Ah! daignez confier à mes tremblantes mains...

ZAÏRE.
De quel trouble nouveau tous mes sens sont atteints!
(Il l'approche de sa bouche en pleurant.)
Seigneur, que faites-vous?

LUSIGNAN.
O ciel! ô Providence!
Mes yeux, ne trompez point ma timide espérance;
Serait-il bien possible? oui, c'est elle... je voi
Ce présent qu'une épouse avait reçu de moi,
Et qui de mes enfants ornait toujours la tête,
Lorsque de leur naissance on célébrait la fête;
Je revois... je succombe à mon saisissement.

ZAÏRE.
Qu'entends-je? et quel soupçon m'agite en ce moment?
Ah, seigneur!...

LUSIGNAN.
Dans l'espoir dont j'entrevois les charmes,
Ne m'abandonnez pas, Dieu qui voyez mes larmes!
Dieu mort sur cette croix, et qui revis pour nous,
Parle, achève, ô mon Dieu! ce sont là de tes coups.
Quoi! madame, en vos mains elle était demeurée?
Quoi! tous les deux captifs, et pris dans Césarée?

ZAÏRE.
Oui, seigneur.

NÉRESTAN.
Se peut-il?

LUSIGNAN.
Leur parole, leurs traits,
De leur mère en effet sont les vivants portraits.
Oui, grand Dieu! tu le veux, tu permets que je voie!...
Dieu, ranime mes sens trop faibles pour ma joie!
Madame... Nérestan... soutiens-moi, Chatillon...
Nérestan, si je dois vous nommer de ce nom,
Avez-vous dans le sein la cicatrice heureuse
Du fer dont à mes yeux une main furieuse...

NÉRESTAN.

Oui, seigneur, il est vrai.

LUSIGNAN.

Dieu juste! heureux moments!

NÉRESTAN, se jetant à genoux.

Ah, seigneur! ah, Zaïre!

LUSIGNAN.

Approchez, mes enfants.

NÉRESTAN.

Moi, votre fils!

ZAÏRE.

Seigneur!

LUSIGNAN.

Heureux jour qui m'éclaire!
Ma fille, mon cher fils! embrassez votre père.

CHATILLON.

Que d'un bonheur si grand mon cœur se sent toucher!

LUSIGNAN.

De vos bras, mes enfants, je ne puis m'arracher.
Je vous revois enfin, chère et triste famille,
Mon fils, digne héritier... vous... hélas! vous, ma fille!
Dissipez mes soupçons, ôtez-moi cette horreur,
Ce trouble qui m'accable au comble du bonheur.
Toi qui seul as conduit sa fortune et la mienne,
Mon Dieu qui me la rends, me la rends-tu chrétienne?
Tu pleures, malheureuse, et tu baisses les yeux!
Tu te tais! je t'entends! ô crime! ô justes cieux!

ZAÏRE.

Je ne puis vous tromper; sous les lois d'Orosmane...
Punissez votre fille... elle était musulmane.

LUSIGNAN.

Que la foudre en éclats ne tombe que sur moi!
Ah! mon fils! à ces mots j'eusse expiré sans toi.
Mon Dieu! j'ai combattu soixante ans pour ta gloire;
J'ai vu tomber ton temple, et périr ta mémoire;
Dans un cachot affreux abandonné vingt ans,
Mes larmes t'imploraient pour mes tristes enfants;
Et lorsque ma famille est par toi réunie,
Quand je trouve une fille, elle est ton ennemie!
Je suis bien malheureux... C'est ton père, c'est moi,
C'est ma seule prison qui t'a ravi ta foi.

ACTE II, SCÈNE III.

Ma fille, tendre objet de mes dernières peines,
Songe au moins, songe au sang qui coule dans tes veines ;
C'est le sang de vingt rois, tous chrétiens comme moi ;
C'est le sang des héros, défenseurs de ma loi ;
C'est le sang des martyrs... O fille encor trop chère !
Connais-tu ton destin ? sais-tu quelle est ta mère ?
Sais-tu bien qu'à l'instant que son flanc mit au jour
Ce triste et dernier fruit d'un malheureux amour,
Je la vis massacrer par la main forcenée,
Par la main des brigands à qui tu t'es donnée !
Tes frères, ces martyrs égorgés à mes yeux,
T'ouvrent leurs bras sanglants, tendus du haut des cieux ;
Ton Dieu que tu trahis, ton Dieu que tu blasphèmes,
Pour toi, pour l'univers, est mort en ces lieux mêmes ;
En ces lieux où mon bras le servit tant de fois,
En ces lieux où son sang te parle par ma voix.
Vois ces murs, vois ce temple envahi par tes maîtres ;
Tout annonce le Dieu qu'ont vengé tes ancêtres.
Tourne les yeux, sa tombe est près de ce palais ;
C'est ici la montagne où, lavant nos forfaits,
Il voulut expirer sous les coups de l'impie ;
C'est là que de sa tombe il rappela sa vie.
Tu ne saurais marcher dans cet auguste lieu,
Tu n'y peux faire un pas, sans y trouver ton Dieu ;
Et tu n'y peux rester, sans renier ton père,
Ton honneur qui te parle, et ton Dieu qui t'éclaire.
Je te vois dans mes bras, et pleurer, et frémir ;
Sur ton front pâlissant Dieu met le repentir ;
Je vois la vérité dans ton cœur descendue ;
Je retrouve ma fille après l'avoir perdue ;
Et je reprends ma gloire et ma félicité
En dérobant mon sang à l'infidélité.

NÉRESTAN.

Je revois donc ma sœur !... Et son âme...

ZAÏRE.

Ah ! mon père,
Cher auteur de mes jours, parlez, que dois-je faire ?

LUSIGNAN.

M'ôter, par un seul mot, ma honte et mes ennuis,
Dire : Je suis chrétienne.

ZAÏRE.

Oui... seigneur... je le suis.

LUSIGNAN.
Dieu, reçois son aveu du sein de ton empire !

SCÈNE IV.

ZAÏRE, LUSIGNAN, CHATILLON, NÉRESTAN, CORASMIN.

CORASMIN.
Madame, le soudan m'ordonne de vous dire
Qu'à l'instant de ces lieux il faut vous retirer,
Et de ces vils chrétiens surtout vous séparer.
Vous, Français, suivez-moi ; de vous je dois répondre.
CHATILLON.
Où sommes-nous, grand Dieu ! Quel coup vient nous confondre !
LUSIGNAN.
Notre courage, amis, doit ici s'animer.
ZAÏRE.
Hélas, seigneur !
LUSIGNAN.
O vous que je n'ose nommer,
Jurez-moi de garder un secret si funeste.
ZAÏRE.
Je vous le jure.
LUSIGNAN.
Allez, le ciel fera le reste.

FIN DU DEUXIÈME ACTE[1].

---

1. Voltaire avait lu *Zaïre* à Mlle Quinault, sœur du célèbre Dufresne qui joua Orosmane d'original. Cette actrice, qui joignait à un grand talent comique beaucoup d'esprit naturel, de finesse et de gaieté, sachant combien Voltaire, sur tout ce qui avait rapport à ses pièces, était facile à alarmer, se divertit d'autant plus à lui faire une plaisanterie sur son ouvrage, qu'elle-même assurément n'y attachait aucune conséquence. Quand elle eut entendu cet acte : « Savez-vous, lui dit-elle, comment il faut intituler cette pièce ? *La Procession des Captifs.* » Voltaire jeta un cri d'effroi.

« Mademoiselle, si vous ne me donnez votre parole d'honneur de ne jamais répéter cette plaisanterie, jamais *Zaïre* ne sera représentée; il ne faudrait que faire circuler ce mot dans le parterre pour la faire tomber. » On peut imaginer que Mlle Quinault lui promit tout ce qu'il voulut. Mais ce qu'on aurait peine à croire, si l'on ne savait comment Voltaire était jugé aux premières représentations de ses pièces, c'est que le deuxième acte de *Zaïre*, la première fois qu'il fut joué, produisit peu d'effet, et même excita des murmures dans le parterre pendant qu'on pleurait dans les loges; c'est du moins ce que l'auteur m'a dit plus d'une fois. Mais ce moment d'injustice fut très-court, et, dès la seconde représentation, la pièce fut aux nues. Ce n'est guère que le premier jour que les envieux et les mauvais plaisants cherchent à troubler l'impression du moment, et quand cette impression est aussi vive et aussi vraie que celle d'une tragédie telle que *Zaïre*, elle s'accroît sans cesse, et va bientôt aussi loin qu'elle doit aller. (LAHARPE.)

ACTE TROISIÈME.

SCÈNE I.

OROSMANE, CORASMIN.

OROSMANE.
Vous étiez, Corasmin, trompé par vos alarmes ;
Non, Louis contre moi ne tourne point ses armes ;
Les Français sont lassés de chercher désormais
Des climats que pour eux le destin n'a point faits ;
Ils n'abandonnent point leur fertile patrie,
Pour languir aux déserts de l'aride Arabie,
Et venir arroser de leur sang odieux
Ces palmes, que pour nous Dieu fait croître en ces lieux.
Ils couvrent de vaisseaux la mer de la Syrie.
Louis, des bords de Chypre, épouvante l'Asie ;
Mais j'apprends que ce roi s'éloigne de nos ports ;
De la féconde Égypte il menace les bords ;
J'en reçois à l'instant la première nouvelle ;
Contre les mamelucs son courage l'appelle ;
Il cherche Méledin, mon secret ennemi ;
Sur leurs divisions mon trône est affermi.
Je ne crains plus enfin l'Égypte ni la France.
Nos communs ennemis cimentent ma puissance,
Et, prodigues d'un sang qu'ils devraient ménager,
Prennent en s'immolant le soin de me venger.
Relâche ces chrétiens, ami, je les délivre ;
Je veux plaire à leur maître, et leur permets de vivre :
Je veux que sur la mer on les mène à leur roi,
Que Louis me connaisse, et respecte ma foi.
Mène-lui Lusignan ; dis-lui que je lui donne
Celui que la naissance allie à sa couronne ;
Celui que par deux fois mon père avait vaincu,
Et qu'il tint enchaîné, tandis qu'il a vécu.

CORASMIN.
Son nom cher aux chrétiens...
OROSMANE.
Son nom n'est point à craindre.
CORASMIN.
Mais, seigneur, si Louis...
OROSMANE.
Il n'est plus temps de feindre,
Zaïre l'a voulu ; c'est assez : et mon cœur,
En donnant Lusignan, le donne à mon vainqueur.
Louis est peu pour moi ; je fais tout pour Zaïre ;
Nul autre sur mon cœur n'aurait pris cet empire.
Je viens de l'affliger, c'est à moi d'adoucir
Le déplaisir mortel qu'elle a dû ressentir
Quand, sur les faux avis des desseins de la France,
J'ai fait à ces chrétiens un peu de violence.
Que dis-je? ces moments, perdus dans mon conseil,
Ont de ce grand hymen suspendu l'appareil :
D'une heure encore, ami, mon bonheur se diffère ;
Mais j'emploierai du moins ce temps à lui complaire.
Zaïre ici demande un secret entretien
Avec ce Nérestan, ce généreux chrétien...
CORASMIN.
Et vous avez, seigneur, encor cette indulgence ?
OROSMANE.
Ils ont été tous deux esclaves dans l'enfance ;
Ils ont porté mes fers, ils ne se verront plus ;
Zaïre enfin de moi n'aura point un refus.
Je ne m'en défends point ; je foule aux pieds pour elle
Des rigueurs du sérail la contrainte cruelle.
J'ai méprisé ces lois dont l'âpre austérité
Fait d'une vertu triste une nécessité.
Je ne suis point formé du sang asiatique :
Né parmi les rochers, au sein de la Taurique,
Des Scythes mes aïeux je garde la fierté,
Leurs mœurs, leurs passions, leur générosité :
Je consens qu'en partant Nérestan la revoie ;
Je veux que tous les cœurs soient heureux de ma joie.
Après ce peu d'instants, volés à mon amour,
Tous ses moments, ami, sont à moi sans retour.
Va, ce chrétien attend, et tu peux l'introduire.
Presse son entretien, obéis à Zaïre.

SCÈNE II.

CORASMIN, NÉRESTAN.

CORASMIN.
En ces lieux, un moment, tu peux encor rester.
Zaïre à tes regards viendra se présenter.

SCÈNE III.

NÉRESTAN.

En quel état, ô ciel! en quels lieux je la laisse!
O ma religion! ô mon père! ô tendresse!
Mais je la vois.

SCÈNE IV.

ZAÏRE, NÉRESTAN.

NÉRESTAN.
      Ma sœur, je puis donc vous parler;
Ah! dans quel temps le ciel nous voulut rassembler!
Vous ne reverrez plus un trop malheureux père.
ZAÏRE.
Dieu! Lusignan?...
NÉRESTAN.
      Il touche à son heure dernière.
Sa joie, en nous voyant, par de trop grands efforts,
De ses sens affaiblis a rompu les ressorts;
Et cette émotion dont son âme est remplie,
A bientôt épuisé les sources de sa vie.
Mais, pour comble d'horreurs, à ces derniers moments,
Il doute de sa fille et de ses sentiments;
Il meurt dans l'amertume, et son âme incertaine
Demande en soupirant si vous êtes chrétienne.

ZAÏRE.

Quoi! je suis votre sœur, et vous pouvez penser
Qu'à mon sang, à ma loi, j'aille ici renoncer?

NÉRESTAN.

Ah! ma sœur, cette loi n'est pas la vôtre encore ;
Le jour qui vous éclaire est pour vous à l'aurore ;
Vous n'avez point reçu ce gage précieux
Qui nous lave du crime, et nous ouvre les cieux.
Jurez par nos malheurs, et par votre famille,
Par ces martyrs sacrés de qui vous êtes fille,
Que vous voulez ici recevoir aujourd'hui
Le sceau du Dieu vivant qui nous attache à lui.

ZAÏRE.

Oui, je jure en vos mains, par ce Dieu que j'adore,
Par sa loi que je cherche, et que mon cœur ignore,
De vivre désormais sous cette sainte loi...
Mais, mon cher frère... hélas! que veut-elle de moi?
Que faut-il?

NÉRESTAN.

      Détester l'empire de vos maîtres,
Servir, aimer ce Dieu qu'ont aimé nos ancêtres,
Qui, né près de ces murs, est mort ici pour nous,
Qui nous a rassemblés, qui m'a conduit vers vous.
Est-ce à moi d'en parler? Moins instruit que fidèle,
Je ne suis qu'un soldat, et je n'ai que du zèle.
Un pontife sacré viendra jusqu'en ces lieux
Vous apporter la vie, et dessiller vos yeux.
Songez à vos serments, et que l'eau du baptême
Ne vous apporte point la mort et l'anathème.
Obtenez qu'avec lui je puisse revenir.
Mais à quel titre, ô ciel! faut-il donc l'obtenir?
A qui le demander dans ce sérail profane?...
Vous, le sang de vingt rois, esclave d'Orosmane!
Parente de Louis, fille de Lusignan!
Vous chrétienne, et ma sœur, esclave d'un soudan!
Vous m'entendez... je n'ose en dire davantage :
Dieu, nous réserviez-vous à ce dernier outrage?

ZAÏRE.

Ah! cruel, poursuivez, vous ne connaissez pas
Mon secret, mes tourments, mes vœux, mes attentats.
Mon frère, ayez pitié d'une sœur égarée,
Qui brûle, qui gémit, qui meurt désespérée.

Je suis chrétienne, hélas!... j'attends avec ardeur
Cette eau sainte, cette eau qui peut guérir mon cœur.
Non, je ne serai point indigne de mon frère,
De mes aïeux, de moi, de mon malheureux père.
Mais parlez à Zaïre, et ne lui cachez rien ;
Dites... quelle est la loi de l'empire chrétien ?...
Quel est le châtiment pour une infortunée
Qui, loin de ses parents, aux fers abandonnée,
Trouvant chez un barbare un généreux appui,
Aurait touché son âme, et s'unirait à lui ?

NÉRESTAN.

O ciel! que dites-vous ? Ah! la mort la plus prompte
Devrait...

ZAÏRE.

C'en est assez ; frappe, et préviens ta honte.

NÉRESTAN.

Qui ? vous ? ma sœur !

ZAÏRE.

C'est moi que je viens d'accuser.
Orosmane m'adore,... et j'allais l'épouser.

NÉRESTAN.

L'épouser ! est-il vrai, ma sœur ? est-ce vous-même ?
Vous, la fille des rois ?

ZAÏRE.

Frappe, dis-je ; je l'aime.

NÉRESTAN.

Opprobre malheureux du sang dont vous sortez,
Vous demandez la mort, et vous la méritez :
Et si je n'écoutais que ta honte et ma gloire,
L'honneur de ma maison, mon père, sa mémoire ;
Si la loi de ton Dieu, que tu ne connais pas,
Si ma religion ne retenait mon bras,
J'irais dans ce palais, j'irais, au moment même,
Immoler de ce fer un barbare qui t'aime,
De son indigne flanc le plonger dans le tien,
Et ne l'en retirer que pour percer le mien.
Ciel! tandis que Louis, l'exemple de la terre,
Au Nil épouvanté ne va porter la guerre
Que pour venir bientôt, frappant des coups plus sûrs,
Délivrer ton Dieu même, et lui rendre ces murs :
Zaïre, cependant, ma sœur, son alliée,
Au tyran d'un sérail par l'hymen est liée !

Et je vais donc apprendre à Lusignan trahi!
Qu'un Tartare est le Dieu que sa fille a choisi!
Dans ce moment affreux, hélas! ton père expire,
En demandant à Dieu le salut de Zaïre.
ZAÏRE.
Arrête, mon cher frère... arrête, connais-moi;
Peut-être que Zaïre est digne encor de toi.
Mon frère, épargne-moi cet horrible langage;
Ton courroux, ton reproche est un plus grand outrage,
Plus sensible pour moi, plus dur que ce trépas
Que je te demandais, et que je n'obtiens pas.
L'état où tu me vois accable ton courage;
Tu souffres, je le vois; je souffre davantage.
Je voudrais que du ciel le barbare secours
De mon sang, dans mon cœur, eût arrêté le cours,
Le jour qu'empoisonné d'une flamme profane,
Ce pur sang des chrétiens brûla pour Orosmane,
Le jour que de ta sœur Orosmane charmé...
Pardonnez-moi, chrétiens; qui ne l'aurait aimé!
Il faisait tout pour moi; son cœur m'avait choisie;
Je voyais sa fierté pour moi seule adoucie.
C'est lui qui des chrétiens a ranimé l'espoir;
C'est à lui que je dois le bonheur de te voir :
Pardonne; ton courroux, mon père, ma tendresse,
Mes serments, mon devoir, mes remords, ma faiblesse,
Me servent de supplice, et ta sœur en ce jour
Meurt de son repentir plus que de son amour.
NÉRESTAN.
Je te blâme, et te plains; crois-moi, la Providence
Ne te laissera point périr sans innocence :
Je te pardonne, hélas! ces combats odieux;
Dieu ne t'a point prêté son bras victorieux.
Ce bras, qui rend la force aux plus faibles courages,
Soutiendra ce roseau plié par les orages.
Il ne souffrira pas qu'à son culte engagé,
Entre un barbare et lui ton cœur soit partagé.
Le baptême éteindra ces feux dont il soupire,
Et tu vivras fidèle, ou périras martyre.
Achève donc ici ton serment commencé :
Achève, et dans l'horreur dont ton cœur est pressé,
Promets au roi Louis, à l'Europe, à ton père,
Au Dieu qui déjà parle à ce cœur si sincère,

De ne point accomplir cet hymen odieux
Avant que le pontife ait éclairé tes yeux,
Avant qu'en ma présence il te fasse chrétienne,
Et que Dieu par ses mains t'adopte et te soutienne.
Le promets-tu, Zaïre?...
ZAÏRE.
Oui, je te le promets :
Rends-moi chrétienne et libre ; à tout je me soumets.
Va, d'un père expirant va fermer la paupière ;
Va, je voudrais te suivre, et mourir la première.
NÉRESTAN.
Je pars ; adieu, ma sœur, adieu : puisque mes vœux
Ne peuvent t'arracher à ce palais honteux,
Je reviendrai bientôt par un heureux baptême
T'arracher aux enfers, et te rendre à toi-même.

SCÈNE V.

ZAÏRE.

Me voilà seule, ô Dieu ! que vais-je devenir ?
Dieu, commande à mon cœur de ne te point trahir !
Hélas ! suis-je en effet Française, ou Musulmane ?
Fille de Lusignan, ou femme d'Orosmane ?
Suis-je amante, ou chrétienne ? O serments que j'ai faits !
Mon père, mon pays, vous serez satisfaits !
Fatime ne vient point. Quoi ! dans ce trouble extrême,
L'univers m'abandonne ! on me laisse à moi-même !
Mon cœur peut-il porter, seul et privé d'appui,
Le fardeau des devoirs qu'on m'impose aujourd'hui ?
A ta loi, Dieu puissant ! oui, mon âme est rendue ;
Mais fais que mon amant s'éloigne de ma vue.
Cher amant ! ce matin l'aurais-je pu prévoir,
Que je dusse aujourd'hui redouter de te voir ?
Moi qui, de tant de feux justement possédée,
N'avais d'autre bonheur, d'autre soin, d'autre idée,
Que de t'entretenir, d'écouter ton amour,
Te voir, te souhaiter, attendre ton retour !
Hélas ! et je t'adore, et t'aimer est un crime !

SCÈNE VI.

ZAÏRE, OROSMANE.

OROSMANE.

Paraissez, tout est prêt, et l'ardeur qui m'anime
Ne souffre plus, madame, aucun retardement ;
Les flambeaux de l'hymen brillent pour votre amant :
Les parfums de l'encens remplissent la mosquée ;
Du dieu de Mahomet la puissance invoquée
Confirme mes serments et préside à mes feux.
Mon peuple prosterné pour vous offre ses vœux :
Tout tombe à vos genoux ; vos superbes rivales,
Qui disputaient mon cœur, et marchaient vos égales,
Heureuses de vous suivre et de vous obéir,
Devant vos volontés vont apprendre à fléchir.
Le trône, les festins, et la cérémonie,
Tout est prêt : commencez le bonheur de ma vie.

ZAÏRE.

Où suis-je, malheureuse ? Ô tendresse ! ô douleur !

OROSMANE.

Venez.

ZAÏRE.

Où me cacher ?

OROSMANE.

Que dites-vous ?

ZAÏRE.

Seigneur !

OROSMANE.

Donnez-moi votre main ; daignez, belle Zaïre...

ZAÏRE.

Dieu de mon père, hélas ! que pourrai-je lui dire ?

OROSMANE.

Que j'aime à triompher de ce tendre embarras !
Qu'il redouble ma flamme et mon bonheur !

ZAÏRE.

Hélas !

OROSMANE.

Ce trouble à mes désirs vous rend encor plus chère ;
D'une vertu modeste il est le caractère.

Digne et charmant objet de ma constante foi,
Venez, ne tardez plus.

ZAÏRE.

Fatime, soutiens-moi...
Seigneur...

OROSMANE.

O ciel! eh quoi!

ZAÏRE.

Seigneur, cet hyménée
Était un bien suprême à mon âme étonnée.
Je n'ai point recherché le trône et la grandeur.
Qu'un sentiment plus juste occupait tout mon cœur!
Hélas! j'aurais voulu qu'à vos vertus unie,
Et méprisant pour vous les trônes de l'Asie,
Seule et dans un désert, auprès de mon époux,
J'eusse pu sous mes pieds les fouler avec vous.
Mais... seigneur... ces chrétiens...

OROSMANE.

Ces chrétiens... Quoi! madame,
Qu'auraient donc de commun cette secte et ma flamme!

ZAÏRE.

Lusignan, ce vieillard accablé de douleurs,
Termine en ces moments sa vie et ses malheurs.

OROSMANE.

Eh bien! quel intérêt si puissant et si tendre
A ce vieillard chrétien votre cœur peut-il prendre?
Vous n'êtes point chrétienne; élevée en ces lieux,
Vous suivez dès longtemps la foi de mes aïeux.
Un vieillard qui succombe au poids de ses années
Peut-il troubler ici vos belles destinées?
Cette aimable pitié, qu'il s'attire de vous,
Doit se perdre avec moi dans des moments si doux.

ZAÏRE.

Seigneur, si vous m'aimez, si je vous étais chère...

OROSMANE.

Si vous l'êtes, ah! Dieu!

ZAÏRE.

Souffrez que l'on diffère...
Permettez que ces nœuds, par vos mains assemblés...

OROSMANE.

Que dites-vous? ô ciel! est-ce vous qui parlez?
Zaïre!

ZAÏRE.
Je ne puis soutenir sa colère.
OROSMANE.
Zaïre!

ZAÏRE.
Il m'est affreux, seigneur, de vous déplaire;
Excusez ma douleur... Non, j'oublie à la fois
Et tout ce que je suis, et tout ce que je dois.
Je ne puis soutenir cet aspect qui me tue.
Je ne puis... Ah! souffrez que loin de votre vue,
Seigneur, j'aille cacher mes larmes, mes ennuis,
Mes vœux, mon désespoir, et l'horreur où je suis.

(Elle sort.)

SCÈNE VII.

OROSMANE, CORASMIN.

OROSMANE.
Je demeure immobile, et ma langue glacée
Se refuse aux transports de mon âme offensée.
Est-ce à moi que l'on parle? Ai-je bien entendu?
Est-ce moi qu'elle fuit? O ciel! et qu'ai-je vu?
Corasmin, quel est donc ce changement extrême?
Je la laisse échapper! je m'ignore moi-même[1].

CORASMIN.
Vous seul causez son trouble, et vous vous en plaignez!
Vous accusez, seigneur, un cœur où vous régnez!

OROSMANE.
Mais pourquoi donc ces pleurs, ces regrets, cette fuite,
Cette douleur si sombre en ses regards écrite?
Si c'était ce Français!... quel soupçon! quelle horreur!
Quelle lumière affreuse a passé dans mon cœur!
Hélas! je repoussais ma juste défiance :
Un barbare, un esclave aurait cette insolence!

---

1. « Le jaloux Orosmane, écrit Lessing, est une figure bien froide en face du jaloux de Shakespeare. Et pourtant Othello fut certainement l'original d'Orosmane. Cibber dit que Voltaire s'est emparé de la torche qui a mis le feu au bûcher tragique de Shakespeare. Il aurait dû dire que Voltaire n'avait pris qu'un tison de ce bûcher flamboyant, et encore un tison fumeux, sans clarté ni chaleur. » (G. A.)

Cher ami, je verrais un cœur comme le mien
Réduit à redouter un esclave chrétien!
Mais, parle; tu pouvais observer son visage,
Tu pouvais de ses yeux entendre le langage;
Ne me déguise rien, mes feux sont-ils trahis?
Apprends-moi mon malheur... Tu trembles... tu frémis...
C'en est assez.
CORASMIN.
Je crains d'irriter vos alarmes.
Il est vrai que ses yeux ont versé quelques larmes;
Mais, seigneur, après tout, je n'ai rien observé
Qui doive...
OROSMANE.
A cet affront je serais réservé!
Non, si Zaïre, ami, m'avait fait cette offense,
Elle eût avec plus d'art trompé ma confiance.
Le déplaisir secret de son cœur agité,
Si ce cœur est perfide, aurait-il éclaté?
Écoute, garde-toi de soupçonner Zaïre.
Mais, dis-tu, ce Français gémit, pleure, soupire:
Que m'importe après tout le sujet de ses pleurs?
Qui sait si l'amour même entre dans ses douleurs?
Et qu'ai-je à redouter d'un esclave infidèle,
Qui demain pour jamais se va séparer d'elle?
CORASMIN.
N'avez-vous pas, seigneur, permis, malgré nos lois,
Qu'il jouît de sa vue une seconde fois?
Qu'il revînt en ces lieux?
OROSMANE.
Qu'il revînt, lui, ce traître?
Qu'aux yeux de ma maîtresse il osât reparaître?
Oui, je le lui rendrais, mais mourant, mais puni,
Mais versant à ses yeux le sang qui m'a trahi;
Déchiré devant elle; et ma main dégouttante
Confondrait dans son sang le sang de son amante...
Excuse les transports de ce cœur offensé;
Il est né violent, il aime, il est blessé.
Je connais mes fureurs, et je crains ma faiblesse;
A des troubles honteux je sens que je m'abaisse.
Non, c'est trop sur Zaïre arrêter un soupçon;
Non, son cœur n'est point fait pour une trahison.
Mais ne crois pas non plus que le mien s'avilisse

A souffrir des rigueurs, à gémir d'un caprice,
A me plaindre, à reprendre, à redonner ma foi ;
Les éclaircissements sont indignes de moi.
Il vaut mieux sur mes sens reprendre un juste empire;
Il vaut mieux oublier jusqu'au nom de Zaïre.
Allons, que le sérail soit fermé pour jamais ;
Que la terreur habite aux portes du palais ;
Que tout ressente ici le frein de l'esclavage.
Des rois de l'Orient suivons l'antique usage.
On peut, pour son esclave oubliant sa fierté,
Laisser tomber sur elle un regard de bonté ;
Mais il est trop honteux de craindre une maîtresse ;
Aux mœurs de l'Occident laissons cette bassesse.
Ce sexe dangereux, qui veut tout asservir,
S'il règne dans l'Europe, ici doit obéir.

FIN DU TROISIÈME ACTE.

ACTE QUATRIÈME.

SCÈNE I.

ZAÏRE, FATIME.

FATIME.
Que je vous plains, madame, et que je vous admire !
C'est le Dieu des chrétiens, c'est Dieu qui vous inspire ;
Il donnera la force à vos bras languissants
De briser des liens si chers et si puissants.
ZAÏRE.
Eh ! pourrais-je achever ce fatal sacrifice ?
FATIME.
Vous demandez sa grâce, il vous doit sa justice :
De votre cœur docile il doit prendre le soin.
ZAÏRE.
Jamais de son appui je n'eus tant de besoin.
FATIME.
Si vous ne voyez plus votre auguste famille,
Le Dieu que vous servez vous adopte pour fille ;
Vous êtes dans ses bras, il parle à votre cœur ;
Et quand ce saint pontife, organe du Seigneur,
Ne pourrait aborder dans ce palais profane...
ZAÏRE.
Ah ! j'ai porté la mort dans le sein d'Orosmane.
J'ai pu désespérer le cœur de mon amant !
Quel outrage, Fatime, et quel affreux moment !
Mon Dieu, vous l'ordonnez !... j'eusse été trop heureuse.
FATIME.
Quoi ! regretter encor cette chaîne honteuse !
Hasarder la victoire, ayant tant combattu !

ZAÏRE.

Victoire infortunée! inhumaine vertu!
Non, tu ne connais pas ce que je sacrifie.
Cet amour si puissant, ce charme de ma vie,
Dont j'espérais, hélas! tant de félicité,
Dans toute son ardeur n'avait point éclaté.
Fatime, j'offre à Dieu mes blessures cruelles,
Je mouille devant lui de larmes criminelles
Ces lieux où tu m'as dit qu'il choisit son séjour;
Je lui crie en pleurant : Ote-moi mon amour,
Arrache-moi mes vœux, remplis-moi de toi-même;
Mais, Fatime, à l'instant les traits de ce que j'aime,
Ces traits chers et charmants, que toujours je revoi,
Se montrent dans mon âme entre le ciel et moi.
Eh bien! race des rois, dont le ciel me fit naître,
Père, mère, chrétiens, vous mon Dieu, vous mon maître,
Vous qui de mon amant me privez aujourd'hui,
Terminez donc mes jours, qui ne sont plus pour lui!
Que j'expire innocente, et qu'une main si chère
De ces yeux qu'il aimait ferme au moins la paupière!
Ah! que fait Orosmane? Il ne s'informe pas
Si j'attends loin de lui la vie ou le trépas[1];
Il me fuit, il me laisse, et je n'y peux survivre.

FATIME.

Quoi! vous! fille des rois, que vous prétendez suivre,
Vous, dans les bras d'un Dieu, votre éternel appui...

ZAÏRE.

Eh! pourquoi mon amant n'est-il pas né pour lui?
Orosmane est-il fait pour être sa victime?
Dieu pourrait-il haïr un cœur si magnanime?
Généreux, bienfaisant, juste, plein de vertus;
S'il était né chrétien, que serait-il de plus?
Et plût à Dieu du moins que ce saint interprète,
Ce ministre sacré que mon âme souhaite,
Du trouble où tu me vois vînt bientôt me tirer!
Je ne sais, mais enfin j'ose encore espérer
Que ce Dieu, dont cent fois on m'a peint la clémence,
Ne réprouverait point une telle alliance :

---

1. Hermione dit, en parlant de Pyrrhus *(Andromaque,* acte V, scène I) :

. . . . Il ne s'informe pas
Si l'on souhaite ailleurs sa vie ou son trépas.   (K).

Peut-être, de Zaïre en secret adoré,
Il pardonne aux combats de ce cœur déchiré ;
Peut-être, en me laissant au trône de Syrie,
Il soutiendrait par moi les chrétiens de l'Asie.
Fatime, tu le sais, ce puissant Saladin,
Qui ravit à mon sang l'empire du Jourdain,
Qui fit comme Orosmane admirer sa clémence,
Au sein d'une chrétienne il avait pris naissance.

FATIME.

Ah ! ne voyez-vous pas que pour vous consoler...

ZAÏRE.

Laisse-moi ; je vois tout ; je meurs sans m'aveugler :
Je vois que mon pays, mon sang, tout me condamne ;
Que je suis Lusignan, que j'adore Orosmane ;
Que mes vœux, que mes jours à ses jours sont liés.
Je voudrais quelquefois me jeter à ses pieds,
De tout ce que je suis faire un aveu sincère.

FATIME.

Songez que cet aveu peut perdre votre frère,
Expose les chrétiens, qui n'ont que vous d'appui,
Et va trahir le Dieu qui vous rappelle à lui.

ZAÏRE.

Ah ! si tu connaissais le grand cœur d'Orosmane !

FATIME.

Il est le protecteur de la loi musulmane,
Et plus il vous adore, et moins il peut souffrir
Qu'on vous ose annoncer un Dieu qu'il doit haïr.
Le pontife à vos yeux en secret va se rendre,
Et vous avez promis...

ZAÏRE.

Eh bien ! il faut l'attendre.
J'ai promis, j'ai juré de garder ce secret :
Hélas ! qu'à mon amant je le tais à regret !
Et pour comble d'horreur je ne suis plus aimée.

SCENE II.

OROSMANE, ZAÏRE.

OROSMANE.

Madame, il fut un temps où mon âme charmée,

Écoutant sans rougir des sentiments trop chers,
Se fit une vertu de languir dans vos fers.
Je croyais être aimé, madame, et votre maître,
Soupirant à vos pieds, devait s'attendre à l'être :
Vous ne m'entendrez point, amant faible et jaloux,
En reproches honteux éclater contre vous;
Cruellement blessé, mais trop fier pour me plaindre,
Trop généreux, trop grand pour m'abaisser à feindre,
Je viens vous déclarer que le plus froid mépris
De vos caprices vains sera le digne prix.
Ne vous préparez point à tromper ma tendresse,
A chercher des raisons dont la flatteuse adresse,
A mes yeux éblouis colorant vos refus,
Vous ramène un amant qui ne vous connaît plus,
Et qui, craignant surtout qu'à rougir on l'expose,
D'un refus outrageant veut ignorer la cause.
Madame, c'en est fait, une autre va monter
Au rang que mon amour vous daignait présenter;
Une autre aura des yeux, et va du moins connaître
De quel prix mon amour et ma main devaient être.
Il pourra m'en coûter, mais mon cœur s'y résout.
Apprenez qu'Orosmane est capable de tout;
Que j'aime mieux vous perdre, et, loin de votre vue,
Mourir désespéré de vous avoir perdue,
Que de vous posséder, s'il faut qu'à votre foi
Il en coûte un soupir qui ne soit pas pour moi.
Allez, mes yeux jamais ne reverront vos charmes.

ZAÏRE.

Tu m'as donc tout ravi, Dieu témoin de mes larmes!
Tu veux commander seul à mes sens éperdus...
Eh bien! puisqu'il est vrai que vous ne m'aimez plus,
Seigneur...

OROSMANE.

Il est trop vrai que l'honneur me l'ordonne,
Que je vous adorai, que je vous abandonne,
Que je renonce à vous, que vous le désirez,
Que sous une autre loi... Zaïre, vous pleurez?

ZAÏRE.

Ah! seigneur! ah! du moins, gardez de jamais croire
Que du rang d'un soudan je regrette la gloire;
Je sais qu'il faut vous perdre, et mon sort l'a voulu :

Mais, seigneur, mais mon cœur ne vous est pas connu.
Me punisse à jamais ce ciel qui me condamne,
Si je regrette rien que le cœur d'Orosmane!
OROSMANE.
Zaïre, vous m'aimez!
ZAÏRE.
        Dieu! si je l'aime, hélas!
OROSMANE.
Quel caprice étonnant, que je ne conçois pas!
Vous m'aimez! Eh! pourquoi vous forcez-vous, cruelle,
A déchirer le cœur d'un amant si fidèle?
Je me connaissais mal; oui, dans mon désespoir,
J'avais cru sur moi-même avoir plus de pouvoir.
Va, mon cœur est bien loin d'un pouvoir si funeste.
Zaïre, que jamais la vengeance céleste
Ne donne à ton amant, enchaîné sous ta loi,
La force d'oublier l'amour qu'il a pour toi!
Qui? moi? que sur mon trône une autre fût placée!
Non, je n'en eus jamais la fatale pensée.
Pardonne à mon courroux, à mes sens interdits,
Ces dédains affectés, et si bien démentis;
C'est le seul déplaisir que jamais, dans ta vie,
Le ciel aura voulu que ta tendresse essuie.
Je t'aimerai toujours... Mais d'où vient que ton cœur
En partageant mes feux, différait mon bonheur?
Parle. Était-ce un caprice? est-ce crainte d'un maître,
D'un soudan, qui pour toi veut renoncer à l'être?
Serait-ce un artifice? épargne-toi ce soin;
L'art n'est pas fait pour toi, tu n'en as pas besoin:
Qu'il ne souille jamais le saint nœud qui nous lie!
L'art le plus innocent tient de la perfidie.
Je n'en connus jamais, et mes sens déchirés,
Pleins d'un amour si vrai...
ZAÏRE.
        Vous me désespérez.
Vous m'êtes cher, sans doute, et ma tendresse extrême
Est le comble des maux pour ce cœur qui vous aime.
OROSMANE.
O ciel! expliquez-vous. Quoi! toujours me troubler?
Se peut-il?...
ZAÏRE.
        Dieu puissant, que ne puis-je parler!

ACTE IV, SCÈNE II.

OROSMANE.

Quel étrange secret me cachez-vous, Zaïre?
Est-il quelque chrétien qui contre moi conspire?
Me trahit-on? parlez.

ZAÏRE.

    Eh! peut-on vous trahir?
Seigneur, entre eux et vous vous me verriez courir :
On ne vous trahit point, pour vous rien n'est à craindre;
Mon malheur est pour moi, je suis la seule à plaindre.

OROSMANE.

Vous, à plaindre! grand Dieu!

ZAÏRE.

      Souffrez qu'à vos genoux
Je demande en tremblant une grâce de vous.

OROSMANE.

Une grâce! ordonnez, et demandez ma vie.

ZAÏRE.

Plût au ciel qu'à vos jours la mienne fût unie!
Orosmane... Seigneur... permettez qu'aujourd'hui,
Seule, loin de vous-même, et toute à mon ennui,
D'un œil plus recueilli contemplant ma fortune,
Je cache à votre oreille une plainte importune...
Demain, tous mes secrets vous seront révélés.

OROSMANE.

De quelle inquiétude, ô ciel! vous m'accablez :
Pouvez-vous?...

ZAÏRE.

    Si pour moi l'amour vous parle encore,
Ne me refusez pas la grâce que j'implore.

OROSMANE.

Eh bien! il faut vouloir tout ce que vous voulez;
J'y consens; il en coûte à mes sens désolés.
Allez, souvenez-vous que je vous sacrifie
Les moments les plus beaux, les plus chers de ma vie.

ZAÏRE.

En me parlant ainsi, vous me percez le cœur.

OROSMANE.

Eh bien! vous me quittez, Zaïre?

ZAÏRE.

      Hélas! seigneur.

SCÈNE III.

OROSMANE, CORASMIN.

OROSMANE.
Ah! c'est trop tôt chercher ce solitaire asile,
C'est trop tôt abuser de ma bonté facile ;
Et plus j'y pense, ami, moins je puis concevoir
Le sujet si caché de tant de désespoir.
Quoi donc! par ma tendresse élevée à l'empire,
Dans le sein du bonheur que son âme désire,
Près d'un amant qu'elle aime, et qui brûle à ses pieds,
Ses yeux, remplis d'amour, de larmes sont noyés!
Je suis bien indigné de voir tant de caprices :
Mais moi-même, après tout, eus-je moins d'injustices?
Ai-je été moins coupable à ses yeux offensés?
Est-ce à moi de me plaindre? on m'aime, c'est assez.
Il me faut expier, par un peu d'indulgence,
De mes transports jaloux l'injurieuse offense.
Je me rends : je le vois, son cœur est sans détours ;
La nature naïve anime ses discours.
Elle est dans l'âge heureux où règne l'innocence ;
A sa sincérité je dois ma confiance.
Elle m'aime sans doute ; oui, j'ai lu devant toi,
Dans ses yeux attendris, l'amour qu'elle a pour moi ;
Et son âme, éprouvant cette ardeur qui me touche,
Vingt fois pour me le dire a volé sur sa bouche.
Qui peut avoir un cœur assez traître, assez bas,
Pour montrer tant d'amour, et ne le sentir pas?

SCÈNE IV.

OROSMANE, CORASMIN, MÉLÉDOR.

MÉLÉDOR.
Cette lettre, seigneur, à Zaïre adressée,
Par vos gardes saisie, et dans mes mains laissée...

OROSMANE.
Donne... Qui la portait ?... Donne.
MÉLÉDOR.
Un de ces chrétiens
Dont vos bontés, seigneur, ont brisé les liens :
Au sérail, en secret, il allait s'introduire ;
On l'a mis dans les fers.
OROSMANE.
Hélas ! que vais-je lire ?
Laisse-nous... Je frémis.

SCÈNE V.

OROSMANE, CORASMIN.

CORASMIN.
Cette lettre, seigneur,
Pourra vous éclaircir, et calmer votre cœur.
OROSMANE.
Ah ! lisons : ma main tremble, et mon âme étonnée
Prévoit que ce billet contient ma destinée.
Lisons... « Chère Zaïre, il est temps de nous voir :
Il est vers la mosquée une secrète issue,
Où vous pouvez sans bruit, et sans être aperçue,
Tromper vos surveillants, et remplir notre espoir :
Il faut tout hasarder ; vous connaissez mon zèle :
Je vous attends ; je meurs, si vous n'êtes fidèle. »
Eh bien ! cher Corasmin, que dis-tu ?
CORASMIN.
Moi, seigneur ?
Je suis épouvanté de ce comble d'horreur.
OROSMANE.
Tu vois comme on me traite.
CORASMIN.
O trahison horrible !
Seigneur, à cet affront vous êtes insensible ?
Vous, dont le cœur tantôt, sur un simple soupçon,
D'une douleur si vive a reçu le poison ?
Ah ! sans doute, l'horreur d'une action si noire
Vous guérit d'un amour qui blessait votre gloire.

OROSMANE.

Cours chez elle à l'instant, va, vole, Corasmin :
Montre-lui cet écrit... Qu'elle tremble... et soudain,
De cent coups de poignard que l'infidèle meure.
Mais avant de frapper... Ah! cher ami, demeure;
Demeure, il n'est pas temps. Je veux que ce chrétien
Devant elle amené... Non... je ne veux plus rien...
Je me meurs... je succombe à l'excès de ma rage.

CORASMIN.

On ne reçut jamais un si sanglant outrage.

OROSMANE.

Le voilà donc connu ce secret plein d'horreur[1]!
Ce secret qui pesait à son infâme cœur!
Sous le voile emprunté d'une crainte ingénue,
Elle veut quelque temps se soustraire à ma vue.
Je me fais cet effort, je la laisse sortir;
Elle part en pleurant... et c'est pour me trahir.
Quoi! Zaïre!

CORASMIN.

Tout sert à redoubler son crime.
Seigneur, n'en soyez pas l'innocente victime,
Et de vos sentiments rappelant la grandeur...

OROSMANE.

C'est là ce Nérestan, ce héros plein d'honneur,
Ce chrétien si vanté, qui remplissait Solyme
De ce faste imposant de sa vertu sublime!
Je l'admirais moi-même, et mon cœur combattu
S'indignait qu'un chrétien m'égalât en vertu.
Ah! qu'il va me payer sa fourbe abominable!
Mais Zaïre, Zaïre est cent fois plus coupable.
Une esclave chrétienne, et que j'ai pu laisser
Dans les plus vils emplois languir sans l'abaisser!
Une esclave! elle sait ce que j'ai fait pour elle!
Ah! malheureux!

CORASMIN.

Seigneur, si vous souffrez mon zèle,
Si, parmi les horreurs qui doivent vous troubler,
Vous vouliez...

---

1. C'est par ce vers que Boucher d'Argis commença son fameux rapport sur les événements des 5 et 6 octobre 1789. (G. A.)

ACTE IV, SCÈNE V.

OROSMANE.

Oui, je veux la voir et lui parler.
Allez, volez, esclave, et m'amenez Zaïre.

CORASMIN.

Hélas! en cet état que pourrez-vous lui dire?

OROSMANE.

Je ne sais, cher ami, mais je prétends la voir.

CORASMIN.

Ah! seigneur, vous allez, dans votre désespoir,
Vous plaindre, menacer, faire couler ses larmes.
Vos bontés contre vous lui donneront des armes;
Et votre cœur séduit, malgré tous vos soupçons,
Pour la justifier cherchera des raisons.
M'en croirez-vous? cachez cette lettre à sa vue,
Prenez pour la lui rendre une main inconnue :
Par là, malgré la fraude et les déguisements,
Vos yeux démêleront ses secrets sentiments,
Et des plis de son cœur verront tout l'artifice.

OROSMANE.

Penses-tu qu'en effet Zaïre me trahisse?...
Allons, quoi qu'il en soit, je vais tenter mon sort,
Et pousser la vertu jusqu'au dernier effort.
Je veux voir à quel point une femme hardie
Saura de son côté pousser la perfidie.

CORASMIN.

Seigneur, je crains pour vous ce funeste entretien;
Un cœur tel que le vôtre...

OROSMANE.

Ah! n'en redoute rien.
A son exemple, hélas! ce cœur ne saurait feindre.
Mais j'ai la fermeté de savoir me contraindre :
Oui, puisqu'elle m'abaisse à connaître un rival...
Tiens, reçois ce billet à tous trois si fatal :
Va, choisis pour le rendre un esclave fidèle;
Mets en de sûres mains cette lettre cruelle;
Va, cours... Je ferai plus, j'éviterai ses yeux;
Qu'elle n'approche pas... C'est elle, justes cieux!

SCÈNE VI.

OROSMANE, ZAÏRE.

ZAÏRE.
Seigneur, vous m'étonnez ; quelle raison soudaine,
Quel ordre si pressant près de vous me ramène?
OROSMANE.
Eh bien! madame, il faut que vous m'éclaircissiez :
Cet ordre est important plus que vous ne croyez ;
Je me suis consulté... Malheureux l'un par l'autre,
Il faut régler, d'un mot, et mon sort et le vôtre.
Peut-être qu'en effet ce que j'ai fait pour vous,
Mon orgueil oublié, mon sceptre à vos genoux,
Mes bienfaits, mon respect, mes soins, ma confiance,
Ont arraché de vous quelque reconnaissance.
Votre cœur, par un maître attaqué chaque jour,
Vaincu par mes bienfaits, crut l'être par l'amour.
Dans votre âme, avec vous, il est temps que je lise ;
Il faut que ses replis s'ouvrent à ma franchise ;
Jugez-vous : répondez avec la vérité
Que vous devez au moins à ma sincérité.
Si de quelque autre amour l'invincible puissance
L'emporte sur mes soins, ou même les balance,
Il faut me l'avouer, et dans ce même instant,
Ta grâce est dans mon cœur ; prononce, elle t'attend ;
Sacrifie à ma foi l'insolent qui t'adore :
Songe que je te vois, que je te parle encore,
Que ma foudre à ta voix pourra se détourner,
Que c'est le seul moment où je peux pardonner.
ZAÏRE.
Vous, seigneur! vous osez me tenir ce langage!
Vous, cruel! Apprenez que ce cœur qu'on outrage,
Et que par tant d'horreurs le ciel veut éprouver,
S'il ne vous aimait pas, est né pour vous braver.
Je ne crains rien ici que ma funeste flamme ;
N'imputez qu'à ce feu qui brûle encor mon âme,
N'imputez qu'à l'amour, que je dois oublier,

ACTE IV, SCÈNE VI.

La honte où je descends de me justifier.
J'ignore si le ciel, qui m'a toujours trahie,
A destiné pour vous ma malheureuse vie.
Quoi qu'il puisse arriver, je jure par l'honneur,
Qui, non moins que l'amour, est gravé dans mon cœur,
Je jure que Zaïre, à soi-même rendue,
Des rois les plus puissants détesterait la vue ;
Que tout autre, après vous, me serait odieux.
Voulez-vous plus savoir, et me connaître mieux?
Voulez-vous que ce cœur, à l'amertume en proie,
Ce cœur désespéré devant vous se déploie?
Sachez donc qu'en secret il pensait malgré lui
Tout ce que devant vous il déclare aujourd'hui ;
Qu'il soupirait pour vous, avant que vos tendresses
Vinssent justifier mes naissantes faiblesses ;
Qu'il prévint vos bienfaits, qu'il brûlait à vos pieds,
Qu'il vous aimait enfin, lorsque vous m'ignoriez ;
Qu'il n'eut jamais que vous, n'aura que vous pour maître.
J'en atteste le ciel, que j'offense peut-être ;
Et si j'ai mérité son éternel courroux,
Si mon cœur fut coupable, ingrat, c'était pour vous.

OROSMANE.

Quoi! des plus tendres feux sa bouche encor m'assure!
Quel excès de noirceur! Zaïre!... Ah, la parjure!
Quand de sa trahison j'ai la preuve en ma main!

ZAÏRE.

Que dites-vous? Quel trouble agite votre sein?

OROSMANE.

Je ne suis point troublé. Vous m'aimez?

ZAÏRE.

Votre bouche
Peut-elle me parler avec ce ton farouche
D'un feu si tendrement déclaré chaque jour?
Vous me glacez de crainte en me parlant d'amour.

OROSMANE.

Vous m'aimez?

ZAÏRE.

Vous pouvez douter de ma tendresse!
Mais, encore une fois, quelle fureur vous presse?
Quels regards effrayants vous me lancez! hélas!
Vous doutez de mon cœur?

OROSMANE.
Non, je n'en doute pas.
Allez, rentrez, madame[1].

SCÈNE VII.

OROSMANE, CORASMIN.

OROSMANE.
Ami, sa perfidie
Au comble de l'horreur ne s'est pas démentie ;
Tranquille dans le crime, et fausse avec douceur,
Elle a jusques au bout soutenu sa noirceur.
As-tu trouvé l'esclave? as-tu servi ma rage?
Connaîtrai-je à la fois son crime et mon outrage?
CORASMIN.
Oui, je viens d'obéir ; mais vous ne pouvez pas
Soupirer désormais pour ses traîtres appas :
Vous la verrez sans doute avec indifférence,
Sans que le repentir succède à la vengeance ;
Sans que l'amour sur vous en repousse les traits.
OROSMANE.
Corasmin, je l'adore encor plus que jamais.
CORASMIN.
Vous? ô ciel! vous?
OROSMANE.
Je vois un rayon d'espérance.
Cet odieux chrétien, l'élève de la France,
Est jeune, impatient, léger, présomptueux ;
Il peut croire aisément ses téméraires vœux :
Son amour indiscret, et plein de confiance,
Aura de ses soupirs hasardé l'insolence !
Un regard de Zaïre aura pu l'aveugler :
Sans doute il est aisé de s'en laisser troubler.
Il croit qu'il est aimé, c'est lui seul qui m'offense ;
Peut-être ils ne sont point tous deux d'intelligence.
Zaïre n'a point vu ce billet criminel,
Et j'en croyais trop tôt mon déplaisir mortel.

. Tout cela est imité de Shakespeare.

Corasmin, écoutez... dès que la nuit plus sombre
Aux crimes des mortels viendra prêter son ombre,
Sitôt que ce chrétien chargé de mes bienfaits,
Nérestan, paraîtra sous les murs du palais,
Ayez soin qu'à l'instant ma garde le saisisse ;
Qu'on prépare pour lui le plus honteux supplice,
Et que chargé de fers il me soit présenté.
Laissez, surtout, laissez Zaïre en liberté.
Tu vois mon cœur, tu vois à quel excès je l'aime !
Ma fureur est plus grande, et j'en tremble moi-même.
J'ai honte des douleurs où je me suis plongé ;
Mais malheur aux ingrats qui m'auront outragé [1] !

1. L'acteur qui joua le mieux le rôle d'Orosmane fut Lekain. On sait qu'il n'avait aucun avantage extérieur ; mais les femmes ne s'écriaient pas moins en entendant l'amant de Zaïre : « Comme il est beau ! » C'est après avoir joué ce rôle à la cour qu'il eut son ordre de réception. On voulut prévenir Louis XV contre lui ; mais Louis XV, étonné de cette opposition, dit : « Il m'a fait pleurer, moi, qui ne pleure guère. » Et Lekain fut admis sur ce mot. (G. A.)

FIN DU QUATRIÈME ACTE.

ACTE CINQUIÈME[1].

SCÈNE I.

OROSMANE, CORASMIN, un esclave.

OROSMANE.

On l'a fait avertir, l'ingrate va paraître.
Songe que dans tes mains est le sort de ton maître;
Donne-lui le billet de ce traître chrétien;
Rends-moi compte de tout, examine-la bien :
Porte-moi sa réponse. On approche... c'est elle.
(A Corasmin.)
Viens, d'un malheureux prince ami tendre et fidèle,
Viens m'aider à cacher ma rage et mes ennuis.

SCÈNE II.

ZAÏRE, FATIME, l'esclave.

ZAÏRE.

Eh! qui peut me parler dans l'état où je suis?
A tant d'horreurs, hélas! qui pourra me soustraire?
Le sérail est fermé! Dieu! si c'était mon frère!
Si la main de ce Dieu, pour soutenir ma foi,
Par des chemins cachés, le conduisait vers moi!
Quel esclave inconnu se présente à ma vue?
L'ESCLAVE.
Cette lettre, en secret dans mes mains parvenue,
Pourra vous assurer de ma fidélité.

---

1. Comparez le cinquième acte de *Mariamne*, page 210.

ZAÏRE.

Donne.

(Elle lit.)

FATIME, à part, pendant que Zaïre lit.

Dieu tout-puissant ! éclate en ta bonté ;
Fais descendre ta grâce en ce séjour profane ;
Arrache ma princesse au barbare Orosmane !

ZAÏRE, à Fatime.

Je voudrais te parler.

FATIME, à l'esclave.

Allez, retirez-vous ;
On vous rappellera, soyez prêt ; laissez-nous.

SCÈNE III.

ZAÏRE, FATIME.

ZAÏRE.

Lis ce billet : hélas ! dis-moi ce qu'il faut faire ;
Je voudrais obéir aux ordres de mon frère.

FATIME.

Dites plutôt, madame, aux ordres éternels
D'un Dieu qui vous demande au pied de ses autels.
Ce n'est point Nérestan, c'est Dieu qui vous appelle.

ZAÏRE.

Je le sais, à sa voix je ne suis point rebelle,
J'en ai fait le serment : mais puis-je m'engager,
Moi, les chrétiens, mon frère, en un si grand danger ?

FATIME.

Ce n'est point leur danger dont vous êtes troublée ;
Votre amour parle seul à votre âme ébranlée.
Je connais votre cœur ; il penserait comme eux,
Il hasarderait tout, s'il n'était amoureux.
Ah ! connaissez du moins l'erreur qui vous engage.
Vous tremblez d'offenser l'amant qui vous outrage !
Quoi ! ne voyez-vous pas toutes ses cruautés,
Et l'âme d'un Tartare à travers ses bontés ?
Ce tigre, encor farouche au sein de sa tendresse,
Même en vous adorant, menaçait sa maîtresse...
Et votre cœur encor ne s'en peut détacher ?

Vous soupirez pour lui?
ZAÏRE.
Qu'ai-je à lui reprocher?
C'est moi qui l'offensais, moi qu'en cette journée
Il a vu souhaiter ce fatal hyménée ;
Le trône était tout prêt, le temple était paré,
Mon amant m'adorait, et j'ai tout différé.
Moi, qui devais ici trembler sous sa puissance,
J'ai de ses sentiments bravé la violence ;
J'ai soumis son amour, il fait ce que je veux,
Il m'a sacrifié ses transports amoureux.
FATIME.
Ce malheureux amour, dont votre âme est blessée,
Peut-il en ce moment remplir votre pensée?
ZAÏRE.
Ah! Fatime, tout sert à me désespérer :
Je sais que du sérail rien ne peut me tirer ;
Je voudrais des chrétiens voir l'heureuse contrée,
Quitter ce lieu funeste à mon âme égarée ;
Et je sens qu'à l'instant, prompte à me démentir,
Je fais des vœux secrets pour n'en jamais sortir.
Quel état! quel tourment! Non, mon âme inquiète
Ne sait ce qu'elle doit, ni ce qu'elle souhaite ;
Une terreur affreuse est tout ce que je sens.
Dieu! détourne de moi ces noirs pressentiments ;
Prends soin de nos chrétiens, et veille sur mon frère!
Prends soin, du haut des cieux, d'une tête si chère!
Oui, je le vais trouver, je lui vais obéir :
Mais dès que de Solyme il aura pu partir,
Par son absence alors à parler enhardie,
J'apprends à mon amant le secret de ma vie :
Je lui dirai le culte où mon cœur est lié ;
Il lira dans ce cœur, il en aura pitié.
Mais dussé-je au supplice être ici condamnée,
Je ne trahirai point le sang dont je suis née.
Va, tu peux amener mon frère dans ces lieux.
Rappelle cet esclave.

SCÈNE IV.

ZAÏRE.

O Dieu de mes aïeux !
Dieu de tous mes parents, de mon malheureux père,
Que ta main me conduise, et que ton œil m'éclaire !

SCÈNE V.

ZAÏRE, L'ESCLAVE.

ZAÏRE.

Allez dire au chrétien qui marche sur vos pas
Que mon cœur aujourd'hui ne le trahira pas,
Que Fatime en ces lieux va bientôt l'introduire.
(A part.)
Allons, rassure-toi, malheureuse Zaïre !

SCÈNE VI.

OROSMANE, CORASMIN, L'ESCLAVE.

OROSMANE.

Que ces moments, grand Dieu, sont lents pour ma fureur !
(A l'esclave.)
Eh bien ! que t'a-t-on dit ? réponds, parle.
L'ESCLAVE.
                            Seigneur,
On n'a jamais senti de si vives alarmes.
Elle a pâli, tremblé, ses yeux versaient des larmes ;
Elle m'a fait sortir, elle m'a rappelé,
Et d'une voix tremblante, et d'un cœur tout troublé,
Près de ces lieux, seigneur, elle a promis d'attendre
Celui qui, cette nuit, à ses yeux doit se rendre.

OROSMANE.
(A l'esclave.)   (A Corasmin.)
Allez, il me suffit... Ote-toi de mes yeux,
Laisse-moi : tout mortel me devient odieux.
Laisse-moi seul, te dis-je, à ma fureur extrême ;
Je hais le monde entier, je m'abhorre moi-même.

SCÈNE VII.

OROSMANE.

Où suis-je? ô ciel! où suis-je? où porté-je mes vœux?
Zaïre, Nérestan... couple ingrat, couple affreux!
Traîtres, arrachez-moi ce jour que je respire,
Ce jour souillé par vous!... Misérable Zaïre,
Tu ne jouiras pas... Corasmin, revenez.

SCÈNE VIII.

OROSMANE, CORASMIN.

OROSMANE.
Ah! trop cruel ami, quoi! vous m'abandonnez!
Venez ; a-t-il paru, ce rival, ce coupable?
CORASMIN.
Rien ne paraît encore.
OROSMANE.
                O nuit! nuit effroyable!
Peux-tu prêter ton voile à de pareils forfaits?
Zaïre!... l'infidèle!... après tant de bienfaits!
J'aurais d'un œil serein, d'un front inaltérable,
Contemplé de mon rang la chute épouvantable ;
J'aurais su, dans l'horreur de la captivité,
Conserver mon courage et ma tranquillité ;
Mais me voir à ce point trompé par ce que j'aime!
CORASMIN.
Eh! que prétendez-vous dans cette horreur extrême?
Quel est votre dessein?

ACTE V, SCÈNE VIII.

OROSMANE.
        N'entends-tu pas des cris ?
    CORASMIN.
Seigneur...
        OROSMANE.
        Un bruit affreux a frappé mes esprits.
On vient.
    CORASMIN.
    Non, jusqu'ici nul mortel ne s'avance ;
Le sérail est plongé dans un profond silence ;
Tout dort ; tout est tranquille ; et l'ombre de la nuit...
    OROSMANE.
Hélas ! le crime veille, et son horreur me suit.
A ce coupable excès porter sa hardiesse !
Tu ne connaissais pas mon cœur et ma tendresse !
Combien je t'adorais ! quels feux ! Ah ! Corasmin,
Un seul de ses regards aurait fait mon destin ;
Je ne puis être heureux, ni souffrir que par elle.
Prends pitié de ma rage. Oui, cours... Ah, la cruelle !
    CORASMIN.
Est-ce vous qui pleurez ? vous, Orosmane ? ô cieux !
    OROSMANE.
Voilà les premiers pleurs qui coulent de mes yeux.
Tu vois mon sort, tu vois la honte où je me livre ;
Mais ces pleurs sont cruels, et la mort va les suivre ;
Plains Zaïre, plains-moi ; l'heure approche ; ces pleurs
Du sang qui va couler sont les avant-coureurs.
    CORASMIN.
Ah ! je tremble pour vous.
    OROSMANE.
        Frémis de mes souffrances,
Frémis de mon amour, frémis de mes vengeances.
Approche, viens, j'entends... je ne me trompe pas.
    CORASMIN.
Sous les murs du palais quelqu'un porte ses pas.
    OROSMANE.
Va saisir Nérestan, va, dis-je, qu'on l'enchaîne ;
Que tout chargé de fers à mes yeux on l'entraîne !

SCÈNE IX.

OROSMANE, ZAÏRE ET FATIME, marchant pendant la nuit dans l'enfoncement du théâtre.

ZAÏRE.

Viens, Fatime.

OROSMANE.

Qu'entends-je! Est-ce là cette voix
Dont les sons enchanteurs m'ont séduit tant de fois?
Cette voix qui trahit un feu si légitime?
Cette voix infidèle, et l'organe du crime?
Perfide!... vengeons-nous... quoi! c'est elle? ô destin!
(Il tire son poignard.)
Zaïre! ah Dieu!... ce fer échappe de ma main.

ZAÏRE, à Fatime.

C'est ici le chemin, viens, soutiens mon courage.

FATIME.

Il va venir.

OROSMANE.

Ce mot me rend toute ma rage.

ZAÏRE.

Je marche en frissonnant, mon cœur est éperdu...
Est-ce vous, Nérestan, que j'ai tant attendu?

OROSMANE, courant à Zaïre.

C'est moi que tu trahis.; tombe à mes pieds, parjure!

ZAÏRE, tombant dans la coulisse[1].

Je me meurs, ô mon Dieu[2]!

OROSMANE.

J'ai vengé mon injure.
Otons-nous de ces lieux. Je ne puis... Qu'ai-je fait?...
Rien que de juste... Allons, j'ai puni son forfait.

---

1. C'est tomber selon les règles classiques; on n'assassinait pas sur le théâtre. Voltaire proteste contre cette prétendue loi dans sa préface de *Brutus*, p. 319.

2. « De toutes les tragédies qui sont au théâtre, dit Jean-Jacques Rousseau, nulle autre ne montre avec plus de charme le pouvoir de l'amour et l'empire de la beauté, et on y apprend encore, pour surcroît de profit, à ne pas juger sa maîtresse sur les apparences. Qu'Orosmane immole Zaïre à sa jalousie, une femme sensible y voit sans effroi le transport de la passion : car c'est un moindre malheur de périr par la main de son amant que d'en être médiocrement aimée. »

Ah! voici son amant que mon destin m'envoie,
Pour remplir ma vengeance et ma cruelle joie.

SCÈNE X.

OROSMANE, ZAÏRE, NÉRESTAN, CORASMIN, FATIME, esclaves.

OROSMANE.

Approche, malheureux, qui viens de m'arracher,
De m'ôter pour jamais ce qui me fut si cher ;
Méprisable ennemi, qui fais encor paraître
L'audace d'un héros avec l'âme d'un traître ;
Tu m'imposais ici pour me déshonorer.
Va, le prix en est prêt, tu peux t'y préparer.
Tes maux vont égaler les maux où tu m'exposes,
Et ton ingratitude, et l'horreur que tu causes.
Avez-vous ordonné son supplice ?

CORASMIN.

Oui, seigneur.

OROSMANE.

Il commence déjà dans le fond de ton cœur.
Tes yeux cherchent partout, et demandent encore
La perfide qui t'aime, et qui me déshonore.
Regarde, elle est ici.

NÉRESTAN.

Que dis-tu ? Quelle erreur ?

OROSMANE.

Regarde-la, te dis-je.

NÉRESTAN.

Ah ! que vois-je ! Ah, ma sœur !
Zaïre !... elle n'est plus ! Ah, monstre ! Ah, jour horrible[1] !

OROSMANE.

Sa sœur ! Qu'ai-je entendu ? Dieu ! serait-il possible ?

NÉRESTAN.

Barbare, il est trop vrai ; viens épuiser mon flanc
Du reste infortuné de cet auguste sang.
Lusignan, ce vieillard, fut son malheureux père ;
Il venait dans mes bras d'achever sa misère,

---

1. L'effet théâtral est grand, dit M. Villemain, malgré cette exclamation assez froide : *Sa sœur ! qu'ai-je entendu !*

Et d'un père expiré j'apportais en ces lieux
La volonté dernière, et les derniers adieux ;
Je venais, dans un cœur trop faible et trop sensible,
Rappeler des chrétiens le culte incorruptible.
Hélas! elle offensait notre Dieu, notre loi ;
Et ce Dieu la punit d'avoir brûlé pour toi.

OROSMANE.

Zaïre!... Elle m'aimait? Est-il bien vrai, Fatime?
Sa sœur?... J'étais aimé?

FATIME.

Cruel! voilà son crime.
Tigre altéré de sang, tu viens de massacrer
Celle qui, malgré soi constante à t'adorer,
Se flattait, espérait que le Dieu de ses pères
Recevrait le tribut de ses larmes sincères,
Qu'il verrait en pitié cet amour malheureux,
Que peut-être il voudrait vous réunir tous deux.
Hélas! à cet excès son cœur l'avait trompée ;
De cet espoir trop tendre elle était occupée ;
Tu balançais son Dieu dans son cœur alarmé.

OROSMANE.

Tu m'en as dit assez. O ciel! j'étais aimé!
Va, je n'ai pas besoin d'en savoir davantage...

NÉRESTAN.

Cruel! qu'attends-tu donc pour assouvir ta rage?
Il ne reste que moi de ce sang glorieux
Dont ton père et ton bras ont inondé ces lieux ;
Rejoins un malheureux à sa triste famille,
Au héros dont tu viens d'assassiner la fille.
Tes tourments sont-ils prêts? Je puis braver tes coups ;
Tu m'as fait éprouver le plus cruel de tous.
Mais la soif de mon sang, qui toujours te dévore,
Permet-elle à l'honneur de te parler encore?
En m'arrachant le jour, souviens-toi des chrétiens
Dont tu m'avais juré de briser les liens ;
Dans sa férocité, ton cœur impitoyable
De ce trait généreux serait-il bien capable?
Parle ; à ce prix encor je bénis mon trépas.

OROSMANE, allant vers le corps de Zaïre.

Zaïre!

CORASMIN.

Hélas! seigneur, où portez-vous vos pas?

ACTE V, SCÈNE X.

Rentrez, trop de douleur de votre âme s'empare ;
Souffrez que Nérestan...

NÉRESTAN.

Qu'ordonnes-tu, barbare ?

OROSMANE, après une longue pause.

Qu'on détache ses fers. Écoutez, Corasmin,
Que tous ses compagnons soient délivrés soudain.
Aux malheureux chrétiens prodiguez mes largesses ;
Comblés de mes bienfaits, chargés de mes richesses,
Jusqu'au port de Joppé vous conduirez leurs pas.

CORASMIN.

Mais, seigneur...

OROSMANE.

Obéis, et ne réplique pas ;
Vole, et ne trahis point la volonté suprême
D'un soudan qui commande, et d'un ami qui t'aime ;
Va, ne perds point de temps, sors, obéis...

(A Nérestan.)

Et toi,
Guerrier infortuné, mais moins encor que moi,
Quitte ces lieux sanglants ; remporte en ta patrie
Cet objet que ma rage a privé de la vie.
Ton roi, tous tes chrétiens, apprenant tes malheurs,
N'en parleront jamais sans répandre des pleurs.
Mais si la vérité par toi se fait connaître,
En détestant mon crime, on me plaindra peut-être.
Porte aux tiens ce poignard, que mon bras égaré
A plongé dans un sein qui dut m'être sacré ;
Dis-leur que j'ai donné la mort la plus affreuse
A la plus digne femme, à la plus vertueuse,
Dont le ciel ait formé les innocents appas ;
Dis-leur qu'à ses genoux j'avais mis mes États ;
Dis-leur que dans son sang cette main s'est plongée ;
Dis que je l'adorais, et que je l'ai vengée [1].

(Il se tue.)

(Aux siens.)

Respectez ce héros, et conduisez ses pas [2].

---

1. Comparez Shakespeare.
2. *Zaïre* fut traduite en italien par Gozzi, qui amplifia au dénoûment : « Après qu'Orosmane s'est frappé, dit Lessing, Voltaire lui fait dire encore quelques mots pour nous rassurer sur le sort de Nérestan. Qu'imagine Gozzi ? L'Italien, trouvant sans doute trop froid de faire mourir un Turc aussi tranquillement, met dans la

NÉRESTAN.

Guide-moi, Dieu puissant! je ne me connais pas.
Faut-il qu'à t'admirer ta fureur me contraigne,
Et que dans mon malheur ce soit moi qui te plaigne!

bouche d'Orosmane une tirade pleine d'exclamations, de gémissements et de désespoir. Il est curieux de voir combien le goût allemand diffère du goût italien. Pour l'italien, Voltaire est trop bref; pour l'allemand, il est trop long. A peine Orosmane aurait dit qu'il adorait Zaïre et qu'il la vengerait, à peine se serait-il donné le coup mortel, que nous ferions baisser le rideau. » Lessing dit encore : « Chez aucune nation *Zaïre* n'a rencontré de critiques plus acharnées que chez les Hollandais. Frédéric Duim, parent sans doute du célèbre acteur de ce nom, qui jouait sur le théâtre d'Amsterdam, trouva d'autant plus à critiquer qu'il ne trouvait rien de plus facile que de faire mieux. Il fit, en effet, une *autre* Zaïre, *Zaïre ou la Turque convertie*, pièce dans laquelle la conversion de Zaïre était l'affaire principale, et qui se terminait par le sacrifice qu'Orosmane faisait de son amour, et par le renvoi de la chrétienne Zaïre dans son pays, avec tous les honneurs dus au rang qui lui était destiné. Le vieux Lusignan mourait de joie. » (G. A.)

FIN DE ZAÏRE.

VARIANTES

DE LA TRAGÉDIE DE ZAÏRE.

Page 560, vers 15. — Édition de 1740 :

> Peut-il suivre une loi que mon amant abhorre ?
> La coutume en ces lieux plia mes premiers ans.

Page 561, vers 5. — Dans la lettre à Cideville, du 4 janvier 1733, on trouve une autre version de ces vers. (B.)

Page 565, vers 20. — Édition de 1740 :

> Des Lusignan ou moi l'empire de ces lieux.

Page 571, vers 5. — Édition de 1736 :

> . . . . Eh ! qui peut aujourd'hui.

Page 577, vers 14. — Un manuscrit dans les bureaux de la police contenait de plus ces quatre vers :

> Et toi, cher instrument du salut des mortels,
> Gage auguste d'un Dieu vivant sur nos autels,
> Bois rougi de son sang, relique incorruptible,
> Croix sur qui s'accomplit ce mystère terrible ;
> Dieu mort sur cette croix, etc.

Ces vers m'ont été communiqués par M. H. de La Porte, membre de la Société des Bibliophiles. (B.)

Page 582, vers 14. — Au Théâtre-Français on dit *Mamelus*. Toutes les éditions données du vivant de Voltaire et les éditions de Kehl portent aussi *Mamelus*. Mais, à l'exemple de quelques éditeurs récents, j'ai mis *Mamelucs*. (B.)

Page 585, vers 17. — Édition de 1736 :

> Qui naquit, qui souffrit, qui mourut en ces lieux,
> Qui nous a rassemblés, qui m'amène à vos yeux.

Page 589, vers 7. — Édition de 1736 :

> Mes sujets prosternés offrent pour vous leurs vœux,
> Venez ; en ce moment, vos superbes rivales...

Page 590, vers 2. — Fatime n'est point nommée en tête de la scène ; on lit dans l'édition de 1767 :

> Ah ! grand Dieu, soutiens-moi !

C'est aussi ce que j'ai entendu au Théâtre-Français. (B.)

Page 591, vers 15. — Édition de 1736 :

> Peut-être accusiez-vous ce trouble trop charmant
> Que l'innocence inspire à l'espoir d'un amant.

Page 593, vers 6. — Édition de 1736 :

> Corasmin, que ces murs soient fermés à jamais.

Ibid., vers 10. — Édition de 1736 :

> On peut, sans s'avilir, oubliant sa fierté,
> Jeter sur son esclave un regard de bonté ;
> Mais il est trop honteux de craindre une maîtresse ;
> Aux mœurs de l'Occident laissons cette faiblesse.

Dans l'édition de 1738 les deux premiers vers sont tels qu'on les lit à présent dans le texte ; mais les deux derniers sont remplacés par ceux-ci :

> Mais il est trop honteux d'avoir une faiblesse ;
> Aux mœurs de l'Occident laissons cette bassesse. (B.)

Page 596, vers 9. — Édition de 1736.

FATIME.
Eh ! ne voyez-vous pas que, pour vous excuser...
ZAÏRE.
Oui, je vois tout, hélas ! je meurs sans m'abuser.
Je vois, etc.

Page 598, vers 5. — Éditions de 1733, 1736, 1738 :

> Quel caprice odieux que je ne conçois pas !

Page 607, vers 5. — Toutes les éditions portaient :

> Ayez soin qu'à l'instant la garde le saisisse.

lorsqu'en 1817 j'ai mis *ma garde,* d'après un errata manuscrit de feu Decroix. (B.)

FIN DES VARIANTES DE ZAÏRE.

TABLE

DES PIÈCES CONTENUES DANS LE PREMIER VOLUME

DU THÉATRE.

———

	Pages.
INTRODUCTION au théâtre de Voltaire	1
AVERTISSEMENT de l'édition du théâtre de Voltaire publiée en 1768	1
ŒDIPE. — AVERTISSEMENT sur l'*OEdipe*	7
LETTRES écrites en 1719, qui contiennent la critique de l'*OEdipe* de Sophocle, de celui de Corneille, et de celui de l'auteur. — Lettre I, écrite au sujet des calomnies dont on avait chargé l'auteur	11
Lettre II	17
Lettre III, contenant la critique de l'*OEdipe* de Sophocle	18
Lettre IV, contenant la critique de l'*OEdipe* de Corneille	28
Lettre V, qui contient la critique du nouvel *OEdipe*	35
Lettre VI, qui contient une dissertation sur les chœurs	42
Lettre VII, à l'occasion de plusieurs critiques qu'on a faites d'*OEdipe*	44
PRÉFACE de l'édition de 1730	47
Des trois unités	48
De l'opéra	52
Des tragédies en prose	53
ŒDIPE, tragédie	59
VARIANTES de la tragédie d'*OEdipe*	112
FRAGMENTS D'ARTÉMIRE. — AVERTISSEMENT des éditeurs de l'édition de Kehl	121
FRAGMENTS D'ARTÉMIRE, tragédie	123
VARIANTES des *Fragments d'Artémire*	153
MARIAMNE. — AVERTISSEMENT sur les tragédies de *Mariamne*	157
PRÉFACE (de l'auteur)	161
MARIAMNE, tragédie	171
VARIANTES de la tragédie de *Mariamne*	220
VARIANTES contenant les changements occasionnés par la substitution du rôle de Sohême à celui de Varus	227

TABLE DES MATIÈRES.

                                                                    Pages.
L'INDISCRET. — AVERTISSEMENT pour la présente édition. 243

   A madame la marquise de Prie 245

   L'INDISCRET, comédie. 247

   VARIANTES de l'*Indiscret*. 275

LA FÊTE DE BÉLÉBAT. — AVERTISSEMENT des éditeurs de l'édition
   de Kehl. 279

   LA FÊTE DE BÉLÉBAT. A Son Altesse sérénissime mademoiselle de Cler-
     mont. 281

   VARIANTES de *la Fête de Bélébat*. 298

BRUTUS. — AVERTISSEMENT pour la présente édition. 301

   AVERTISSEMENT des éditeurs de l'édition de Kehl. 309

   DISCOURS sur la tragédie à mylord Bolingbroke. 311
     De la rime et de la difficulté de la versification française 312
     Tragédies en prose . . . . *Ibid.*
     Exemple de la difficulté des vers français. 313
     La rime plaît aux Français, même dans les comédies. . . . . . *Ibid.*
     Caractère du théâtre anglais. 314
     Défaut du théâtre français. . . . . *Ibid.*
     Exemple du *Caton* anglais. 315
     Comparaison du *Manlius* de M. de La Fosse avec la *Venise sauvée* de
       M. Otway 316
     Examen du *Jules César* de Shakespeare . . . . *Ibid.*
     Spectacles horribles chez les Grecs. 318
     Bienséances et unités 319
     Cinquième acte de *Rodogune*. 320
     Pompe et dignité du spectacle dans la tragédie. . . . . . . *Ibid.*
     De l'amour. 322

   BRUTUS, tragédie 327

   VARIANTES de la tragédie de *Brutus*. 382

LES ORIGINAUX. — AVERTISSEMENT de Beuchot. 393

   LES ORIGINAUX, comédie 395

   ENTRÉE des diverses nations après la danse 449

   VARIANTES des *Originaux* 451

ÉRIPHYLE. — AVERTISSEMENT pour la présente édition. 455

   AVERTISSEMENT des éditeurs de Kehl 456

   DISCOURS prononcé avant la représentation d'*Ériphyle*. . . 457

   ÉRIPHYLE, tragédie 461

   VARIANTES de la tragédie d'*Ériphyle*. 505

TABLE DES MATIÈRES.

	Pages.
ZAÏRE. — Avertissement pour la présente édition.	533
Avertissement des éditions de 1738 et 1742.	536
Épître dédicatoire à M. Falkener, marchand anglais.	537
A M. le chevalier Falkener, ambassadeur d'Angleterre à la Porte ottomane (seconde épître dédicatoire).	547
Avertissement (de l'auteur).	555
Zaïre, tragédie.	557
Variantes de la tragédie de *Zaïre*	619

FIN DE LA TABLE.

PARIS. — Impr. J. CLAYE. — A. QUANTIN et C*, rue St-Benoît.

www.ingramcontent.com/pod-product-compliance
Lightning Source LLC
Chambersburg PA
CBHW071159230426
43668CB00009B/1016